CHEFS-D'OEUVRE

DE

L'ÉLOQUENCE

FRANÇAISE

ET DE LA TRIBUNE ANGLAISE.

NOUVELLES PUBLICATIONS.

Collection des Classiques publiés par la Société de l'Enseignement catholique.

EN VENTE :

CORNELIUS-NEPOS.
PHÈDRE.
HORACE.
VIRGILE.
SALLUSTE.

SOUS PRESSE :

COMMENTAIRES DE CÉSAR : *de bello gallico.*
JUSTIN.
ÉVANGILE SELON SAINT LUC.   (texte grec.)
ACTES DES APOTRES.   *id.*
ILIADE D'HOMÈRE, les trois premiers chants.   *id.*

    Les autres auteurs paraîtront successivement et sans interruption. Ces éditions, préparées sous la direction de M. Sionnet, sont revues sur les meilleurs textes par des hommes profondément versés dans les langues grecque et latine, et spécialement exercés dans ce genre de travaux, tels que MM. Théobald Fix, Sinner, de Longueville, Kerloc'h, de Poisier, etc. On s'attache principalement à éclaircir les auteurs que l'on édite au moyen d'une ponctuation qui peut tenir lieu d'un commentaire perpétuel. Les épreuves sont revues à Paris avec le plus grand soin par les professeurs qui ont préparé l'édition, et l'on croit pouvoir affirmer que l'on est arrivé à ce degré de correction si nécessaire dans les éditions classiques, et malheureusement si difficile à obtenir.
    Comme toutes les éditions seront stéréotypées, s'il échappe quelques incorrections, elles disparaîtront à mesure qu'elles nous seront signalées.

CHEFS-D'OEUVRE
DE
L'ÉLOQUENCE
FRANÇAISE
ET
DE LA TRIBUNE ANGLAISE,

EXTRAITS DE

D'AGUESSEAU, BEAUMARCHAIS, BOSSUET, BOURDALOUE, BUFFON, BENJAMIN CONSTANT, FÉNÉLON, FLÉCHIER, FOY, GUÉNARD, CAMILLE JORDAN, LALLY-TOLENDAL, LAMARQUE, LOYSEAU DE MAULÉON, MACCARTHY, MANUEL, MARTIGNAC, MASSILLON, MAURY, MIRABEAU, PELLISSON, CASIMIR PERRIER, J.-J. ROUSSEAU, DE SERRE, THOMAS, VERGNIAUD, DE BONALD, DE LA BOURDONNAYE, MM. ARAGO, ODILON BARROT, DE FITZ-JAMES, LAINÉ, BRESSON, DE CHATEAUBRIAND, DUPIN aîné, FRAISSYNOUS, GUIZOT, H. LACORDAIRE, DE LAMARTINE, DE MONTALEMBERT, PAGÈS (de l'Arriége), ROYER-COLLARD; et DE BURKE, BYRON, CHATAM, O'CONNEL, FOX;

Avec des notices historiques, des réflexions critiques et des jugemens sur les différens genres d'éloquence, le génie des orateurs et le mérite des discours; tirés de

D'Alembert, Anquetil, Bausset, Bernardin de Saint-Pierre, Hugues Blair, Chesterfield, Condorcet, Dussault, Fénélon, Fontanes, La Harpe, Marmontel, Maury, Rollin, J.-J. Rousseau, Thomas, Voltaire, Ballanche, MM. de Chateaubriand, de Gerando, Jacotot, Jay, de Lacretelle, Lemercier, Picot, Thiéry, Thiers, Villemain, etc., etc.;

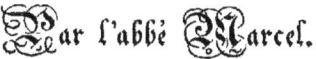

Par l'abbé Marcel.

Deuxième partie.

QUATRIÈME ÉDITION.

TRIBUNE.

Paris,

LIBRAIRIE DE LA SOCIÉTÉ DE L'ENSEIGNEMENT CATHOLIQUE,
RUE PIERRE-SARRASIN, 7.

1838.

TRIBUNE.

IDÉE DU GENRE.

Toutes les fois qu'il est question de persuader des hommes, on doit poser pour principe qu'il est indispensable de produire la conviction en agissant sur l'entendement. Les discours faits pour les assemblées populaires permettent un style véhément et déclamatoire; mais ce serait une grande erreur d'en conclure qu'ils n'ont pas besoin d'un solide raisonnement. Ceux que l'on composerait d'après cette fausse conception pourraient avoir l'éclat de l'éloquence, mais ils n'en auraient point les effets..... Le peuple même est meilleur juge, en fait de bon sens et de raisonnement, qu'on n'est quelquefois porté à le croire; et lorsqu'il s'agit d'affaires, un homme simple, qui va droit au fait, l'emporte presque toujours sur un orateur plein d'art et d'étude, qui met les fleurs de la rhétorique à la place du raisonnement. A plus forte raison, lorsqu'un orateur public s'adresse à une assemblée où se trouvent des hommes d'une éducation cultivée et d'un entendement exercé, doit-il être circonspect, et ne pas traiter légèrement ses auditeurs. *Cura sit verborum, sollicitudo, rerum.* « Prenez soin des mots ; mais réservez votre sollicitude pour les choses. » On ne saurait rappeler trop souvent cet avis de Quintilien à ceux qui étudient l'art oratoire.

En second lieu, pour acquérir l'art de gouverner par la parole une assemblée populaire, c'est, à mon avis, une règle essentielle, que l'orateur soit persuadé lui-même de ce qu'il veut persuader aux autres. Jamais, tant qu'on peut l'éviter, il ne faut adopter un argument ou un point de vue dans une question discutée, si on ne le croit pas bon et vrai. Il est bien rare, il n'arrive peut-être jamais qu'un homme se montre éloquent s'il ne parle comme il pense, si ce n'est pas son propre sentiment qu'il énonce. Le langage sincère et qui part du cœur est le seul qui porte avec lui la conviction. La haute éloquence doit toujours être le fruit de la passion ou d'une émotion très-vive : c'est là ce qui rend un homme persuasif; ce qui prête à son génie une force qui, en tout autre temps, lui est étrangère. Quel n'est donc pas le désavantage de sa situation, lorsqu'il ne sent rien de ce qu'il dit, et qu'il est obligé de feindre des émotions qu'il n'éprouve pas!

La nature des débats qui ont lieu dans les assemblées populaires, permet rarement à l'orateur de préparer un discours à l'avance et en détail, comme le permet toujours la chaire, et quelquefois aussi le barreau. Il faut que les argumens suivent le cours des débats; et comme il est impossible de prévoir la forme que ceux-ci doivent prendre, tout orateur qui se reposera sur un discours écrit et composé à l'avance dans son cabinet, sera souvent entraîné hors du terrain qu'il aura choisi. Il trouvera la place prise et ses raisonnemens éludés par une tournure imprévue. Que si, malgré cela, il persiste à faire usage du discours qu'il a préparé, il s'exposera souvent à jouer un rôle assez ridicule. Il y a parmi nous un préjugé général, et qui n'est pas sans fondement, contre l'usage de porter aux assemblées publiques des discours préparés. La seule occasion où ils puissent convenir est à l'ouverture d'un débat, parce que l'orateur est le maître de choisir et de limiter son sujet. Mais à mesure que les débats s'engagent et que les partis opposés s'échauffent, de tels discours deviennent toujours plus déplacés : ils n'ont pas l'air naturel, et ne paraissent point nés du sein de la discussion : on y aperçoit trop l'étude et l'envie de briller; et par conséquent, quoiqu'ils puissent être applaudis à cause de leur élégance, ils sont rarement aussi propres à persuader que des discours plus libres et moins travaillés.

Ceci toutefois ne tend nullement à jeter de la défaveur sur l'usage de méditer son sujet et de préparer ce qu'on doit dire : au contraire, si l'on néglige cette précaution, et qu'on se fie entièrement à sa facilité, on contractera infailliblement l'habitude de parler d'une manière lâche et sans ordre. Mais la méditation ou préparation utile en ce cas est celle qui porte sur tout le sujet, et non celle qui en travaille avec soin quelque partie. Pour ce qui est du fond du sujet, on ne saurait trop le méditer; il faut le faire au point de nous en rendre maîtres, et de connaître à fond tout ce qui y a rapport. Mais pour les mots et les phrases, il peut très-aisément arriver qu'on les prépare trop, et qu'on donne par-là au discours un air de recherche et d'apprêt. A la vérité, jusqu'à ce qu'un jeune orateur ait acquis assez de confiance et de présence d'esprit pour commander à son expression ce que l'habitude seule peut lui donner, il fera bien peut-être de confier à sa mémoire tout le discours qu'il veut prononcer ; mais lorsqu'après quelques essais on aura pris plus d'assurance, on se trouvera bien de ne pas s'assujettir à une méthode aussi gênante. On écrira quelques phrases du début, pour commencer sans embarras et sans confusion, et, pour le reste, on se contentera de courtes notes, contenant, selon leur ordre, les chefs et les pensées principales sur lesquels on se propose d'insister, sans se mettre en peine des mots qui seront suggérés par la chaleur du débit. Ces notes succinctes, offrant toute la substance du discours, condensée dans un petit espace, seront très-utiles à ceux surtout qui débutent dans la carrière : elles leur feront contracter le goût de l'exactitude, qu'on court risque de perdre lorsqu'on est appelé à parler fréquemment ; elles les engageront même à s'occuper plus profondément de leur sujet, et à l'envisager de plus près : enfin elles leur aideront à distribuer leurs pensées avec ordre et méthode.

Ceci me conduit à remarquer que, dans tous les genres de discours publics, rien n'est plus essentiel qu'une méthode claire et convenable au sujet. Je n'entends point ici, par méthode, des subdivisions régulières et formellement énoncées, comme celles d'un sermon ; car, dans une assemblée populaire, à moins qu'un orateur ne soit un homme d'une imposante autorité, et que le sujet ne soit à la fois important et soigneusement préparé, trop d'apprêt dans la division peut rebuter ceux qui écoutent. La simple annonce de tant de chefs principaux et subordonnés est au moins pour eux d'un fâcheux présage, puisqu'elle paraît les menacer d'un long discours. Mais, quoique la méthode ne doive pas être toujours formellement indiquée, elle ne doit jamais être négligée dans un discours un peu étendu....

Considérons maintenant le style et l'expression qui conviennent à l'éloquence des assemblées populaires ; sans contredit, c'est dans de telles assemblées que l'on peut employer la manière la plus animée dont les discours publics soient susceptibles. Le seul aspect d'une assemblée nombreuse, occupée d'une discussion importante, et attentive au discours d'un seul, suffit pour élever l'âme de l'orateur et échauffer son imagination. Cette disposition le rend capable de produire de fortes impressions, et autorise les efforts qu'il a faits pour y parvenir. La passion s'enflamme aisément au milieu d'un grand nombre d'hommes : là, tous les mouvemens se communiquent par la sympathie mutuelle qui s'établit entre l'orateur et ceux qui l'écoutent ; là peuvent trouver place ces figures hardies que j'ai fait considérer comme le langage naturel de la passion. La chaleur du discours, la véhémence et le feu des pensées et des sentimens ; ces élans d'une âme fortement émue, qu'inspirent l'amour du bien public et la vue d'un grand objet, forment les traits caractéristiques de l'éloquence populaire portée à son plus haut point de perfection.

Toutefois, la liberté que dans ce genre d'éloquence nous accordons à l'orateur, de se livrer à des mouvemens passionnés et à toute la véhémence du sentiment dont il est plein, doit toujours être soumise aux restrictions qu'indiquent le goût et la prudence....

Un style fort et mâle convient surtout à ce genre d'éloquence ; et le langage métaphorique, convenablement employé, y produit un heureux effet. Si les métaphores sont brillantes, animées, descriptives, on y passe quelques inexatitudes qu'on aurait remarquées et critiquées dans un ouvrage écrit. Dans le cours d'une déclamation rapide, l'éclat de la figure fait impression, et l'inexatitude échappe.

Pour ce qui est du degré de concision ou de développement qui convient à l'éloquence populaire, il n'est pas aisé d'en poser les bornes. Je sais qu'on a coutume de recommander la manière développée dans ce genre de discours : je suis porté à croire toutefois qu'on peut à cet égard courir risque de s'égarer. En fesant trop usage du style développé, un orateur perd souvent plus en force qu'il ne gagne en clarté. Il est souvent bien évident, sans doute, qu'en s'adressant à une multitude d'hommes assemblés, il ne faut pas parler par sentences et par apophthegmes : il faut expliquer ses pensées et les inculquer. Mais souvent on porte ce soin jusqu'à l'excès. Souvenons-nous toujours que, quelque plaisir que nous prenions à nous entendre, nos auditeurs sont très-sujets à s'en lasser ; et que, lorsqu'une fois la lassitude commence à se faire sentir, toute notre éloquence est en pure perte....

Quant au débit, il suffira d'observer ici qu'en parlant à des assemblées composées d'hommes de divers états et de divers caractères, le débit ferme et assuré est le plus convenable. L'arrogance et la présomption sont sans contredit toujours repoussantes, et on doit éviter jusqu'à la moindre apparence de pareils défauts. Mais il y a un ton d'assurance que l'homme le plus modeste peut prendre lorsqu'il est fortement persuadé de ce qu'il avance ; et cette manière est la plus propre à faire une impression générale. Un homme qui parle faiblement et avec hésitation, laisse voir qu'il se défie lui-même de son opinion ; et ce sentiment n'est pas propre à la faire adopter aux autres.

Voilà les principales idées que la réflexion et l'observation m'ont suggérées, relativement aux caractères distinctifs de l'éloquence qui convient aux assemblées. (Hugues Blair.)

Le genre délibératif est plus en usage dans les républiques que dans les monarchies. Cependant Patru revendique, pour les modernes, les discours que l'on peut faire dans les délibérations des corps de magistrature. *Ce genre*, dit-il, *pouvait être de saison dans le temps de la fronde;* ce qui veut dire qu'il ne pouvait plus avoir lieu sous Louis XIV, qui ne permettait pas que les parlemens délibérassent sur les matières de gouvernement. Mais ce qui nous reste de ces discussions parlementaires dans les mémoires du temps, et particulièrement dans ceux du cardinal de Retz, qui en rapporte de longs morceaux, est lourd, diffus, de mauvais goût et ennuyeux. Patru ne parle pas des assemblées nationales ; c'est pourtant là qu'il aurait trouvé plus aisément quelque chose de ce qu'il cherchait, et un discours du chancelier de L'hopital, à l'ouverture des états-généraux, est sans comparaison ce qui nous reste de plus solide, de plus sain, de plus noble, de mieux pensé et de mieux senti dans tous nos monumens du seizième siècle.

Et en effet, quel champ pour l'éloquence que ces assemblées, sans contredit les plus augustes de toutes ! Quelle carrière pour un vrai citoyen, soit qu'il ait déjà cultivé le talent de la parole, soit que le patriotisme, capable, comme toute grande passion, de transformer les hommes, ait fait de lui tout-à-coup un orateur ! Placé dans le sein même de la patrie, au-dessus de toutes les craintes, ou parce qu'elle peut le garantir de tous les dangers, ou parce qu'elle offre des motifs suffisans pour les braver tous ; au-dessus de tous les intérêts particuliers, parce qu'aux yeux de la raison, ils se réunissent tous alors dans l'intérêt général, rien ne lui manque de ce qui peut échauffer le cœur, élever et fortifier l'âme, et donner à l'esprit des lumières nouvelles : ni la grandeur des sujets, puisqu'ils embrassent les destinées publiques et les générations futures, ni ce double aiguillon des difficultés et des encouragemens, selon les anciens maîtres, si nécessaire à l'orateur ; car il est ici en présence de toutes les passions ou connues ou cachées, généreuses ou abjectes ; il est de toutes parts assiégé, pressé, heurté par la contradiction, ou repoussé, entraîné, enlevé par l'assentiment général. Il faut donc qu'il repousse des attaques furieuses, ou qu'il démasque un silence perfide. Il est au milieu de tous les préjugés, qui sont en même temps un épais et lourd bouclier fait pour mettre les esprits bornés et timides à couvert de la raison, et une arme acérée et dangereuse dont les esprits artificieux se servent pour intimider la raison même. Il est au milieu des accès de l'esprit d'innovation, espèce de fièvre la plus terrible, qui offusque le cerveau des vapeurs de l'orgueil et de l'ignorance, et, allant bientôt jusqu'à la frénésie, se saisit du glaive pour tout abattre, faute de savoir s'en servir pour élaguer. Que d'ennemis à combattre! mais aussi que de forces et de moyens pour le patriote, le vrai philosophe, l'homme éloquent! Car tous ces caractères, qui fesaient l'ancien orateur, doivent alors être ceux du nôtre. Il jouit de toute la liberté, de toute la dignité d'une nation entière, en parlant devant elle et pour elle. Les principes éternels de toute justice sont là dans toute leur puissance naturelle, invoqués devant la puissance qui a le droit de les appliquer; ils sont là pour servir l'homme de bien qui saura en faire un digne usage, pour faire rougir le méchant qui oserait les démentir ou les repousser. Enfin, ce n'est point ici l'effet toujours incertain et variable d'une lecture particulière, où chacun a tout le loisir de lutter contre sa conscience, et de se préparer des défenses et des refuges. J'ose dire à l'orateur de la patrie : Si tous les représentans sont réunis pour t'entendre, s'ils délibèrent après t'avoir entendu, c'est pour assurer ton triomphe et le sien. J'en atteste un des plus nobles attributs de la nature humaine : l'empire de la vérité éloquente sur les hommes rassemblés. Les plus justes et les plus sensibles reçoivent la première impression; ils la communiquent aux plus faibles, et l'étendent en la redoublant de proche en proche; la conscience agit dans tous; dans les uns, le courage dit tout haut *oui*; dans les autres, la honte craint de dire *non*; et s'il reste un petit nombre de rebelles opiniâtres, ils sont renversés, attérés, étouffés par cette irrésistible impulsion, par ce rapide contre-coup qui ébranle toute la masse d'une assemblée; et, comme la première lame des mers du Nouveau-Monde pousse le dernier flot qui vient frapper les plages du nôtre, de même la vérité, partant de l'extrémité d'un vaste espace, accrue et fortifiée dans sa route, vient frapper à l'extrémité opposée son plus violent adversaire, qui, lorsqu'elle arrive avec toute cette force, n'en a plus assez pour lui résister.

O utinam!...... Mais pour que l'éloquence politique acquière généralement cet empire, il faut supposer d'abord que l'esprit national est généralement bon et sain, comme il l'était dans les beaux siècles de la Grèce et de Rome; et il faudrait s'attendre à un effet tout contraire, si une nation nombreuse se trouvait tout-à-coup composée de parleurs et d'auditeurs précisément à l'époque où, ayant perdu le frein de la religion et de la morale, elle aurait aussi rompu le joug de toute autorité. Alors le talent même, dans ceux qui parleraient, serait le plus souvent asservi et dépravé par ceux qui écouteraient, ou n'en serait pas écouté; alors les caractères dominans des orateurs de cette multitude insensée, seraient ou la complaisance servile qui flatte les passions et les vices, ou la grossière effronterie de l'ignorance, ivre du plaisir d'avoir tant d'auditeurs dignes d'elle; ou l'horrible impudence du crime déchaîné, parlant en maître devant des complices et des esclaves. (LA HARPE.)

L'éloquence politique (le mot le dit assez) n'appartient qu'aux états libres. Son théâtre est une assemblée populaire; sa plus grande puissance, la parole soudaine excitée par la chaleur du débat..... Où pourrait-on chercher ailleurs que dans la Grèce la première forme, le plus heureux développement de cette éloquence? Elle y était le gouvernement et le spectacle des peuples tout à la fois. Ici, la multitude des faits, des souvenirs, embarrasse la pensée, et permet à peine de saisir quelques traits distincts ou dominans. Toutefois, ce qui nous frappe d'abord, c'est ce caractère de logique et d'imagination qui appartenait à l'éloquence politique des Grecs. En même temps que chez eux la philosophie entrait dans l'éloquence, elle protestait contre elle. La réforme tentée par la philosophie était ennemie de la domination exercée par les orateurs. Ce premier trait ne vous semble-t-il pas marquer une différence entre l'éloquence politique des anciens, et celle qui naquit en France du développement des idées générales, et de l'esprit d'indépendance philosophique? Dans l'antiquité grecque, la philosophie considérait l'éloquence comme une force injuste et passionnée qui trompait les hommes en flattant leurs préjugés, et les tyrannisait au milieu d'un état libre. Au contraire, dans nos états modernes, et surtout en France, ce sont les idées philosophiques, dans leur hardiesse, qui ont enhardi la parole; ce sont toutes les doctrines dont les philosophes modernes avaient, pendant un demi-siècle, rempli leurs ouvrages qui, tout-à-coup, assaillirent la tribune, et se proclamèrent elles-mêmes à haute voix.

Mais une plus grande différence, c'était celle des climats, des imaginations, des mœurs. Bien que l'esprit des Grecs fût singulièrement dialecticien et subtil, la condition de l'éloquence, pour eux, c'était la pureté, l'élégance, l'harmonie du langage. Rien n'était plus sévère, plus délicat sur le goût que cet auditoire démocratique d'Athènes. Cicéron le remarque: devant le peuple athénien, un orateur n'eût osé se servir d'un terme dur ou inusité. « *Eorum religioni quum serviret orator, nullum verbum insolens, nullum odiosum ponere audebat.* » Le plus grand et le plus austère des orateurs athéniens, dans une cause qui intéresse le salut commun, est obligé de s'excuser d'avoir manqué à l'élégance attique, et de rappeler aux Athéniens que le sort de la Grèce ne dépend pas d'un geste oratoire.

Cependant, Messieurs, cette perfection de langage, qui semblait être imposée aux orateurs de l'antiquité grecque, comment l'accorder avec cette condition de soudaineté si puissante dans le débat politique? Périclès, selon Plutarque, n'allait jamais à la place publique sans avoir demandé aux dieux la grâce de ne rien dire d'imprudent, rien qui ne fût nécessaire, rien qui ne fût convenable. Cette prière était tout une préparation oratoire. Phocion, silencieux au pied de la tribune, cherchait, avant d'y monter, comment il exprimerait en moins de mots ce qu'il avait à dire. La préméditation seule en effet peut donner la concision du langage. Qui doute cependant, Messieurs, malgré ces exemples, que, dans le mouvement d'une assemblée populaire, la parole des orateurs d'Athènes ne fût souvent subite, improvisée? Pour persuader les autres, il faut penser avec eux, en même temps qu'eux. Vous lisez dans les rhétoriques d'excellens préceptes sur l'action, sur la perfection du geste, la force et la vérité du débit. Rien de mieux; tous ces conseils vous apprennent à simuler à grande peine ce que vous feriez naturellement si vos paroles étaient l'expression soudaine de vos sentimens et de votre âme. Il peut y avoir beaucoup d'art, mais il n'y a plus de vérité lorsqu'on récite au lieu de sentir. On n'est plus orateur; on est acteur. La perfection même du débit, s'il n'est pas l'accent involontaire de l'âme, deviendrait un défaut, en trahissant l'artifice.

Je sais que les rhéteurs anciens ont compté la mémoire parmi les qualités essentielles à l'orateur. Mais cette mémoire n'était pas celle des phrases et des mots; c'était une vive sensibilité qui retient toutes les impressions qu'elle a reçues, retrouve subitement toutes les idées qui l'ont frappée, et se ranime plutôt qu'elle ne se ressouvient. C'était une attention vaste et sûre qui parcourt rapidement toutes les parties d'une cause, d'un sujet, et n'oublie rien, par la force même du raisonnement et la nécessité de la méthode. En lisant les discours de Démosthènes, même les plus travaillés, ces discours où Longin ne voyait pas une phrase, pas une expression que l'on pût changer ou déplacer sans détruire la justesse et l'énergie du langage, vous remarquerez cependant des choses soudaines, imprévues pour l'orateur, des expressions qui ont dû lui être données par l'accident du combat. Dans son plaidoyer contre Eschine, il répond à des objections qu'il vient d'entendre. S'il refuse l'ordre de discussion que veut lui imposer son adversaire, s'il développe sa défense comme il l'avait préméditée, il y entremêle cependant des répliques soudaines, il en cherche l'occasion, il interpelle Eschine; il attend, il défie sa réponse, et triomphe de son silence qu'il ne pouvait prévoir.

Parmi les écrits de Démosthènes, on a conservé des fragmens assez courts qui devaient trouver place dans des discours presque entièrement improvisés. Il y a, par exemple, tout un recueil d'exordes. Cette précaution était devenue précepte pour Cicéron. Vous vous souvenez que ce grand maître de tous les secrets de la parole dit quelque part que l'orateur doit être assuré du commencement de son discours, qu'ensuite, animé par la parole même, il achèvera sous l'inspiration du moment. Cicéron, par une belle similitude, rappelle que les rameurs font voguer d'abord une barque à force de bras, puis s'arrêtent, tenant les rames suspendues; mais le mouvement une fois donné pousse la barque en avant. C'est ainsi que le discours soudain, que la parole pressée par l'impulsion première du discours écrit, conserve le même élan et la même vigueur.

Si de la Grèce, entrevue rapidement, nous passons à Rome, nous y retrouvons les même caractères de l'éloquence politique, l'audace et la soudaineté, avec des intérêts plus grands. L'éloquence grecque était presque renfermée dans Athènes; elle agissait sur des hommes libres, en qui la liberté avait développé tous les dons de l'intelligence; mais elle n'avait pas ce vaste théâtre, cette puissance d'action que la parole trouva dans Rome. C'est à Rome peut-être que nous devons chercher le plus haut degré de l'éloquence politique, considérée tout à la fois comme puissance et comme art. Là, paraît tout entier cet empire, que, dans la société antique, la parole exerçait sur les hommes assemblés. Nul doute que l'art moderne ne soit resté loin de ces exemples.

Vous souvenez-vous du passage où Rousseau, donnant la supériorité à la vie sauvage sur la vie sociale, allègue pour motif que, dans la vie sauvage, l'homme endurci, développé par l'exercice et le besoin, se porte tout entier partout; que ses membres plus agiles, sa vue plus perçante, tous ses organes plus subtils ou plus forts, sont comme autant d'armes attachées à lui-même, et toujours prêtes; tandis que l'homme social, l'homme civilisé, peut à peine, par mille secours étrangers, mille moyens artificiels, remplacer cette force primitive que le sauvage a seulement conservée ? On pourrait, Messieurs, avec plus de justesse, appliquer ce contraste à l'orateur antique, mis en parallèle avec l'écrivain moderne. L'orateur antique, tel que Cicéron nous le montre, tel qu'il aime à le décrire, avait bien en soi cette force immédiate, complète, indépendante. C'était l'homme en qui la voix, la pensée, l'âme étaient le mieux développées pour une action soudaine. Ce n'était pas dans un seul discours qu'il mettait son génie ; il ne fesait pas une œuvre en quelque sorte distincte de lui-même ; il se portait tout entier partout, opposant, comme une armure naturelle, sa force oratoire à tous les accidens de la vie sociale ; aux inimitiés, aux périls. Dans nos temps modernes, il se rencontre parfois un homme qui fait un livre meilleur que lui, c'est-à-dire qui, s'aidant de tous les moyens de la civilisation littéraire et de l'art industriel d'écrire, travaillant, imitant, raccommodant, compose un certain nombre de pages qui renferment un certain nombre d'idées ; tandis que lui-même, pris sur le fait, sommé de parler, ne montrerait pas le quart du talent qu'il a mis dans son ouvrage.

De même, Messieurs, en sens inverse, un orateur de Rome, un Galba, un Crassus étaient bien supérieurs à leurs écrits. Ils trouvaient au moment un génie qu'ils n'ont pas laissé sur papier. Cicéron nous l'apprend. Leurs ouvrages, que nous avons perdus, n'étaient plus eux-mêmes. Ils n'avaient rien d'exact, de poli, de complet. Mais, dans la chaleur du combat, lorsqu'il avait fallu montrer l'homme armé du don naturel et soudain de la parole, le guerrier de la tribune, alors ils avaient été puissans, grands, admirables ; ils avaient accompli l'œuvre de l'orateur. (M. VILLEMAIN.)

TRIBUNE FRANÇAISE.

TABLEAU DE L'ASSEMBLÉE CONSTITUANTE.

Historiens du génie français, observateurs de l'influence des lettres sur les réformes sociales, nous sommes obligés de nous arrêter dans une curieuse contemplation devant cette grande époque, et devant les hommes qui lui ont surtout donné l'empreinte éclatante qu'elle gardera dans la postérité. Je le sais ; cette mémorable assemblée a commis toutes les fautes de l'inexpérience et toutes celles que commande la nécessité. Dans cette étonnante activité, dans ce travail de destruction et de reconstruction qui consuma trente mois, une foule d'erreurs métaphysiques se mêlaient à l'énergie de la faction et de la liberté. Jamais tant de contrastes de la rêverie spéculative et de l'activité turbulente du Forum ne furent accumulés ; et cela même est un des caractères les plus originaux, les plus ineffaçables de l'époque. Je le sais bien aussi, dans cette France si ingénieuse, si oisive, si littéraire; après ce long règne du *bon plaisir*, après ce silence entrecoupé par des plaisanteries de salon, ces voix fortes qui retentissent tout-à-coup, ces douze cents hommes réunis dans une assemblée, ce sénat, qui est un Forum, devaient singulièrement étonner les esprits. Il y avait sans doute du prestige et du mensonge dans l'admiration que sentirent les contemporains, à la vue d'un spectacle si grand, mais surtout si nouveau. Ainsi, reproches légitimes que la froide postérité peut adresser maintenant aux âmes ardentes de ces premiers régénérateurs de la France, explication de l'enthousiasme exagéré qu'ils inspirèrent, puissance incalculable de cette grande innovation de la parole publique, indépendamment du génie des orateurs, ce sont là, Messieurs, des choses qu'il faut d'abord séparer du caractère général de cette assemblée qui, connue sous le nom d'États-Généraux, s'appela bientôt Assemblée nationale, puis Assemblée constituante, et ne sera jamais oubliée dans l'histoire du monde....

Elle s'empara de la tribune , comme par droit de conquête. Il y eut quelque chose de violent, de victorieux dans son avénement; et dès-lors, le même caractère devait s'imprimer à tous ses actes.

Toutefois, par la disposition des esprits, par cette origine littéraire et philosophique que la réforme sociale avait parmi nous, par l'influence de ces théories dont Rousseau avait été le tribun éloquent et rêveur, on vit, au milieu des grands coups-d'état législatifs, au milieu même des désordres, des séditions du dehors et de tous les accidens d'une vaste et terrible révolution, un caractère d'abstraction et de généralité régner dans les délibérations de l'assemblée nouvelle. Tous les problèmes du publiciste se trouvèrent réunis dans un court intervalle. Ainsi donc, il serait difficile de choisir un sujet plus vaste de réflexions, d'études historiques, morales, oratoires; il serait difficile de voir jamais l'esprit de l'homme plus actif et plus novateur, en aussi peu de temps...

Jamais carrière plus vaste ne fut ouverte à l'ambition et à l'énergie du talent oratoire ; et c'est pour cela que cette époque, lors même qu'elle est confusément montrée, parle si fortement aux âmes. Une puissance extraordinaire de renouvellement et de création lui fut donnée sous la loi inévitable du bouleversement et du désordre ; il y a de quoi admirer et de quoi trembler. Par là, cette époque est singulièrement instructive et dramatique ; par là, Messieurs, l'homme qui fut le plus puissant organe, la voix vivante de cette époque, me paraît supérieur, non pas en habileté, en génie, mais en domination sur l'esprit des hommes, aux orateurs politiques, dont je vous ai parlé jusqu'à présent....

Quelle admiration sans estime, quel étonnement ne doit pas s'attacher à Mirabeau lorsque, après avoir arrêté votre attention sur la grandeur de la mission offerte à l'assemblée constituante, vous considérez de quels élémens était formée cette assemblée ! Que d'hommes remarquables par les lumières, le talent, la générosité des sentimens étaient réunis de toutes les parties du royaume ! Un écivain anglais a dit du parlement de 1640 : « Aucune époque n'a produit de plus grands hommes que ceux qui siégeaient dans cette assemblée ; ils avaient les talens et les intentions nécessaires pour rendre la patrie heureuse, si, par un fatal enchaînement de circonstances, l'Angleterre n'eût été mûre pour sa ruine. » Ces paroles s'appliquent bien mieux aux hommes de l'Assemblée constituante. Tout ce que l'habitude des travaux de la pensée, le vif sentiment de la civilisation, la science spéculative peuvent offrir de talens et de lumières, étaient là réunis : des ecclésiastiques savans et éclairés, des magistrats habiles, une foule d'hommes ingénieux, quelques hommes éloquens, composaient cette élite de la France.

C'était un homme rare et supérieur, sous quelques rapports, que ce jeune Barnave, dont la vie, le talent, les opinions même, rien ne fut achevé, et qui mourut avant d'être lui-même. C'était un sage politique, digne d'être admiré dans le parlement d'Angleterre, que que ce Mounier, si hardi dans les assemblées provinciales du Dauphiné, si modéré dans l'Assemblée constituante, et qui montra toujours, au milieu des violences de la tribune et des émeutes populaires, une raison lumineuse et prévoyante. C'était un homme remarquable par tout pays libre, qu'Adrien Duport, qui, dans une époque d'inexpérience et d'essai, répandit tant d'idées justes et praticables sur le système judiciaire, dans ses rapports avec la liberté civile.

L'abbé Maury, que je n'admire pas, qui, dans l'éloquence religieuse, manquait de naturel, et paraissait avoir plus d'art que de foi ; l'abbé Maury, qui prenait souvent l'emphase pour le talent, était cependant un homme à qui l'énergie de ses organes, plutôt que de sa pensée, une forte et tenace mémoire, une immense capacité de travail, l'esprit de tout le monde, pillé par ses réminiscences et toujours à ses ordres, donnaient une puissante action de tribune,

Cazalès était, par nature et par instinct, tout ce que l'abbé Maury voulait devenir à force de travail et d'étude. Ce jeune officier de cavalerie, publiciste pour avoir lu Montesquieu, se sentit orateur en présence d'une grande assemblée. Ses discours ont quelque chose de libre, d'énergique; et toute la puissance de l'esprit novateur se montre même dans la manière dont Cazalès défend l'ancien ordre social.

Parmi les hommes dont la voix se fesait entendre plus rarement, ou même qui n'approchèrent pas de l'orageuse tribune, que d'esprits distingués, que de talens divers qui furent célèbres dans d'autres époques!... Un homme célèbre de nos jours, qui, dans sa verte vieillesse, conserve toute la puissance de la dialectique et de l'éloquence, M. de Montlosier y prit rarement la parole. Ses discours, il est vrai, furent éclatans et mémorables..... Lorsque l'on discutait la confiscation des biens du clergé, c'est lui qui s'écriait avec tant d'énergie : « Vous voulez les chasser de leurs palais ? Eh bien ! ils se réfugieront dans la cabane du pauvre qu'ils ont souvent nourri et consolé. Vous voulez leur arracher leur croix d'or ? Eh bien ! ils prendront une croix de bois ; et c'est une croix de bois qui a sauvé le monde. »

Voilà, Messieurs, les mouvemens d'éloquence et d'imagination qui, dans cette assemblée, échappaient à des hommes que l'ambition de la tribune tentait rarement, et dont la voix ne s'élevait que par intervalles. Quelle devait être la vivacité de génie, la puissance oratoire de l'homme qui était éminent parmi des hommes si distingués, et dominait une telle élite de talens divers !   (M. Villemain.)

L'Assemblée nationale, transférée à Paris, ne resta que peu de temps à l'archevêché. Elle s'établit ensuite dans une salle de manége, voisine des Tuileries. Ce local, trop peu commode et d'une longueur disproportionnée à sa largeur, n'était décoré d'aucun ornement. On avait ménagé des deux côtés des tribunes assez spacieuses pour des spectateurs qui formaient une autre représentation du peuple. Bien avant l'aube du jour, ces spectateurs venaient prendre ou réserver leurs places. Des jeunes gens se dévouaient à ces fatigues pour assister aux orages souvent majestueux de cette assemblée ; mais la plupart des places étaient envahies par une foule salariée à laquelle on distribuait, sans aucune ombre de mystère, les mets, les vins, les liqueurs et les pièces d'argent. Le fauteuil du président et le bureau des secrétaires séparaient les députés populaires de ceux que l'on nommait aristocrates. Les premiers occupaient le côté gauche, et les autres le côté droit. Comme les gradins s'élevaient en amphithéâtre, aux extrémités, nombre de députés du côté gauche remplissaient en foule cette sorte d'éminence, qui depuis reçut ce nom de Montagne, si fameux et si redouté dans les annales révolutionnaires......

L'assemblée agitait au hasard toute sorte de matières ; car elle gouvernait tout par ses comités ou à l'aide de pétitions qui lui arrivaient de toutes parts. Depuis Moyse et Lycurgue, il n'avait jamais existé un pouvoir de législation plus absolu. Les articles de constitution se décrétaient suivant telle circonstance donnée. Le plus souvent on les fesait précéder par une discussion solennelle, mais qui était d'abord froidement dogmatique. Les discours écrits étaient ordinairement des traités de droit public, dans lesquels on se fesait une loi de remonter au premier état du genre humain, aux conventions des deux premiers hommes. Lors même que ces discours étaient plus précis, plus positifs, ils avaient rarement le puissant attrait d'une réfutation réciproque et subite. Mais à mesure que la décision approchait, le débat devenait plus vif entre les mains des principaux orateurs qui recouraient à l'arme brillante de l'improvisation. La tribune, assiégée par l'élite des deux camps, était emportée tantôt par la rapidité de la course, tantôt par un combat athlétique, tantôt par l'avantage d'une voix aiguë, ou d'une voix tonnante. Ce poste était peu sûr. L'homme le plus éloquent ne pouvait s'y faire entendre sans être vingt fois assailli par une tempête de vociférations, de murmures, de huées, ou par des sarcasmes plus cruels encore qu'un bruit injurieux. Figurez-vous le frémissement alternatif d'un millier d'hommes dont plusieurs voyaient leur existence mise en problème, qui combattaient pour leur Dieu, pour leur roi, et dont les autres procédaient avec fureur, avec fanatisme, à ce qu'ils appelaient la régénération sociale. Le désespoir des vaincus s'exprimait souvent par un rire sinistre, et la joie des vainqueurs par un rire inhumain ; on se lançait des cartels qui devenaient bientôt tellement collectifs, qu'ils eussent appelé deux cents combattans sur le pré. Ajoutez à ce bruit celui de deux mille spectateurs, pour la plupart acteurs éprouvés dans les scènes de révolution, auxiliaires, juges et tyrans du parti démocratique. Dès qu'ils avaient fourni une salve d'applaudissemens, entendez, entendez la voix du peuple souverain ! s'écriaient des courtisans démagogues. Se taisait-on un moment, on entendait du dehors le bruit, les menaces ; les cris de fureur de dix ou vingt mille hommes stationnés par groupes dans le jardin des Tuileries, sur la terrasse des Feuillans, et qui portaient leurs clameurs jusqu'aux oreilles du roi. Les députés du côté droit avaient à traverser ces formidables rangs pour se rendre à leur poste. C'étaient les croix épiscopales qui appelaient le plus l'outrage et la malédiction, et jamais les prélats n'avaient plus à craindre les violences populaires que lorsqu'ils venaient de se dévouer à la pauvreté par un sacrifice fait à leur conscience. Toutefois, pendant le cours de l'Assemblée constituante, le peuple n'effectua point ses menaces envers les députés, et n'alla point jusqu'à des crimes que ses chefs ne lui demandaient pas. Si telles étaient les séances du matin, qu'on juge de celles du soir. Quand le tumulte était au comble, le président, dont la voix était lassée et la sonnette impuissante, proclamait, en se couvrant, l'interruption de la séance, et l'ordre renaissait par degrés. Il est difficile d'imaginer combien de vives et de piquantes saillies s'échappaient d'un tel désordre ; quel effet produisaient les expressions chevaleresques de plusieurs militaires, tels que MM. d'Ambli et de Lautrec ; l'onction et la dignité pastorales de certains prélats, tel que M. l'évêque de Clermont ; le choc des réparties brillantes qui s'engageaient entre Mirabeau et le vicomte son frère, M. de Talleyrand et l'abbé Maury ; l'agréable surprise que causaient des traits de grâce, de politesse et de générosité ; le respect que certains présidens de l'assemblée, et particulièrement MM. de Clermont-Tonnerre, le marquis de Bonnai, l'abbé de Montesquiou, d'André et Bureau de Puzy, inspiraient par leur fermeté et leur impartialité courageuse ; enfin tout ce qu'offraient de curieux, d'affligeant, de comique, d'étourdissant, le contraste entre les anciennes mœurs françaises qui brillaient de leur dernière grâce, et les mœurs nouvelles qui se dirigeaient vers la liberté, avec des illusions dignes de la jeunesse. J'ai vu d'illustres étrangers, qui assistaient aux débats de l'Assemblée constituante, s'étonner également et qu'une délibération si tumultueuse ne produisît pas des lois plus violentes, plus anarchiques, et qu'une telle réunion d'hommes de talent et de probité ne produisît pas des lois plus justes, plus prudentes et mieux coordonnées.

(M. de Lacretelle.)

MIRABEAU.

Honoré Riquetti, comte de Mirabeau, descendait d'une ancienne famille de Provence originaire de Naples, et n'était point indifférent à

l'avantage de la noblesse, lorsqu'il déclamait le plus contre les nobles.
(M. DE LACRETELLE). Ses dehors frappaient à son désavantage : sa taille ne présentait qu'un ensemble de contours massifs ; la vue ne supportait qu'avec répugnance son teint gravé, olivâtre, ses joues sillonnées de coutures, ses yeux s'enfonçant sous un haut sourcil et dans un enchâssement plombé, sa bouche irrégulièrement fendue, enfin sa tête énorme, hérissée d'une forêt de cheveux et posée sur une large poitrine.
(M. LEMERCIER.)

Il semblait quelquefois tirer avantage de sa laideur même et de l'effroi qu'il inspirait. Quand on venait de le provoquer fortement dans l'assemblée : « Je vais, disait-il, leur présenter la hure. » Il réunissait, par une déclamation artificielle et calquée sur celle de Le Kain, à corriger les désavantages d'un organe qui passait souvent des sons rauques à des sons singulièrement aigus. Quand il improvisait, son élocution était d'abord lourde, embarrassée, surchargée de grands mots et de néologismes ; mais il semblait forcer les auditeurs à participer au travail difficile de sa pensée, aux orages de son âme, et chacun attendait avec frémissement les grands coups de tonnerre de son éloquence.
(M. DE LACRETELLE.)

C'était cette inspiration, cette puissance de vie, qui établissait la supériorité de Mirabeau sur les rivaux de son éloquence, et qui lui fesait dire de Barnave : *Je n'ai jamais entendu parler aussi longtemps, aussi vite et aussi bien ; mais il n'y a point de divinité en lui.* Le talent de bien dire n'était pas à ses yeux le but, mais seulement un moyen. Il ne s'occupait point de la pureté de l'expression, pourvu qu'il fît saillir sa pensée, en la revêtant de formes vives, inattendues et entraînantes. Les mouvemens tumultueux de l'assemblée, le choc des contradictions, les altercations personnelles donnaient à ses facultés l'ébranlement nécessaire à leur prodigieux effet : il avait besoin d'être ému, et s'il ne l'était pas, ou s'il n'abordait pas la tribune avec des idées arrêtées, son élocution se traînait péniblement, vague, obscure et embarrassée. Mais quand, sûr de lui-même, appuyé d'un travail préalable, ou saisi par une illumination soudaine, il renvoyait à ses adversaires des saillies pénétrantes, découvrait par des répliques accablantes le défaut de leurs armes, ou leur imposait par l'audace de la parole, les plus habiles redoutaient de descendre dans l'arène où il les provoquait. Les esprits sages désespéraient du succès de la raison en présence de ce foyer de passions brûlantes, et le vulgaire des membres du côté droit, incapable de répondre à Mirabeau, s'en dédommageait en lui adressant des cartels.
(MM. BEAULIEU ET FOISSET.)

Du reste, il était souple, caressant; et l'hyperbole qui régnait dans ses flatteries semblait échapper à la force de ses impressions. C'était un homme vicieux, à qui il restait une assez belle imagination pour concevoir et pour exprimer de nobles sentimens; vénal, prodigue et obéré, jusque dans le cours de ses actions les plus basses il se sentait relevé par une haute ambition. Il brûlait d'être à la fois le Fox et le Pitt de son pays. Voyait-il les esprits portés à quelque blâme de ses actions ? Il affectait de se dessiner noblement. Tel que je viens de le dépeindre, dans sa jeunesse il avait été en amour un séducteur habile. Sa plus déplorable victime avait été madame Lemonnier, femme du premier président de Besançon. Déjà marié lui-même, il l'avait enlevée, conduite en Hollande. Un arrêt de cour souveraine l'avait condamné par contumace à être décapité. Son père le fit enlever en Hollande et conduire par une lettre de cachet à Vincennes. C'est de cette prison, où il resta deux ans, qu'il écrivit à madame Lemonnier ces lettres dont on a le recueil, et qui sont quelquefois tendres avec délicatesse, quelquefois grossièrement libertines. Sorti de Vincennes, il oublia cette Sophie dont la pensée avait paru remplir toute son âme; et madame Lemonnier, restée seule dans l'univers, se donna la mort. Mirabeau revint, mais en tyran, à la jeune épouse qu'il avait délaissée, et dont il avait reçu une dot considérable. Elle détesta ce joug et voulut le briser par une séparation de corps et de biens. Mirabeau, en plaidant contre elle, fit connaître les étonnantes ressources de ses talens oratoires : mais il succomba sous sa mauvaise réputation. Auteur infatigable et saisissant toujours l'à-propos du moment, il n'avait encore acquis qu'une gloire incertaine. Son usage était d'acheter, quelquefois même de piller des ouvrages où il plaçait des pages éloquentes. Il se garda bien d'abandonner une méthode si facile quand l'empire de l'assemblée constituante lui fut décerné. M. DE LACRETELLE.

On lui a contesté la propriété d'un grand nombre de ses discours; et l'on a dit, avec quelque fondement, qu'en même temps que le Génevois Duroveray l'initiait dans la tactique des mouvemens populaires, Clavière lui fournissait les thèmes de ses productions relatives aux finances; lui-même publiait qu'il devait à Lamourette le discours qu'il prononça sur la constitution civile du clergé, et à Champfort une diatribe sur les académies, destinée pareillement à l'épreuve de la tribune; on nomme encore les véritables auteurs de l'adresse pour le renvoi des troupes, du discours sur le *veto*, du travail sur le système monétaire, de l'œuvre posthume contre la faculté de tester. Des hommes à talens, et même beaucoup d'hommes médiocres, dont il fécondait par ses propres vues l'étroite capacité, attirés par son ascendant, lui apportaient la contribution de leurs veilles. Ces offrandes de l'amitié n'étaient le plus souvent que des canevas dont il avait donné le programme : Mirabeau s'emparait de ce travail brut, et se l'appropriait en lui imprimant le cachet de sa force et de son originalité. Indépendamment des ressorts qu'il fesait jouer en se concertant avec ses affidés, auxquels il distribuait des rôles à l'appui de ses propositions ; l'enchaînement et la graduation savante de ses preuves, l'effet bien calculé de ses allusions, l'art de reproduire sous un jour nouveau la question qu'avaient déjà envisagée de nombreux orateurs, un fonds d'amertume, de causticité, une habileté de déduction développée par de longues habitudes polémiques, et par-dessus tout, une action oratoire irrésistible, lui assuraient la domination de la parole.

MM. Beaulieu et Foisset

Sa plus grande force était dans sa colère. Cette passion, par un singulier phénomène, en l'élevant au-dessus des souvenirs importuns et des tristes témoignages de sa conscience, lui inspirait comme subitement de l'ordre dans ses pensées, un éclat vif et pur dans les images, de l'à-propos, des saillies, enfin des mouvemens généreux. Élevé à cette hauteur, il gouvernait l'assemblée comme il savait se gouverner lui-même. Son instruction politique était variée, nette et profonde. Même en fesant le mal, il ne rompait pas avec l'espoir de faire le bien : c'était un orateur incorrect, brusque, pénible ; mais adroit, puissant, redoutable et quelquefois sublime. La vertu en eût fait un orateur accompli.

M. de Lacretelle.

M. Mirabeau est puissant en logique, en mouvemens, en expressions. Il est vraiment éloquent ; c'est l'homme le plus capable d'entraîner une grande assemblée. Et combien de fois ne l'a-t-il pas prouvé ? Comme écrivain, il pourrait épurer davantage son style ; mais nous n'avons pas encore sur la diction l'oreille aussi délicate que les Athéniens, ou même que les Romains du temps de Cicéron ; et nous ne sommes sévères sur la correction et le goût que le livre à la main. Il a de plus un avantage précieux, c'est la présence d'esprit. Il se possède lorsqu'il émeut les autres, et rarement il lui arrive de donner prise sur lui en passant la mesure. En cela, comme en tout le reste, bien différent de tel autre de nos députés (*), à qui j'ai entendu donner le nom de grand orateur, du moins par un parti, et qui n'est en effet

---

(*) L'abbé Maury.

qu'un rhéteur élégant quand il n'est pas un sophiste emporté ; qui n'attaque jamais de front une grande question, mais qui commence par dénaturer ou écarter le principe, et se jette ensuite dans les accessoires et les lieux communs, où il brille par l'élocution ; qui, prenant l'audace pour l'énergie, risque à tout moment les assertions et les déclamations les plus révoltantes, et oublie que l'orateur ne saurait se discréditer lui-même sans discréditer sa cause, et que l'observation des convenances est une des premières règles de l'art oratoire, d'autant plus importante que tout le monde en est juge, et que, quand vous la violez, vos adversaires triomphent et vos partisans rougissent.....

Un de ses grands avantages, qui n'appartient qu'à l'homme naturellement éloquent, c'est qu'il l'était sur-le-champ, dans toutes les circonstances et sur tous les sujets (*). Ce n'est pas à dire qu'il eût pu faire dans le moment un discours sur une matière importante, épineuse et étendue, aussi bien que s'il eût été préparé. Non ; cela n'est pas dans la nature, et nulle force de génie ne peut suppléer soudainement à ce qui demande une force de réflexions. Mais dans les occasions où il ne fallait que l'aperçu d'un esprit juste et le mouvement d'une âme libre, il s'exprimait aussi bien qu'il est possible, et les termes ne lui manquaient pas, parce qu'il ne manquait ni de sentimens, ni d'idées. De là tant de paroles mémorables qu'on a retenues de lui, et qui sortaient impétueusement de son âme quand elle était émue ; de là aussi ces répliques victorieuses, ces élans irrésistibles, qui emportaient d'emblée la décision quand il réfutait des adversaires. Comme il était alors préparé sur la discussion dans laquelle il avait déjà fait entendre une opinion méditée, les idées affluaient, parce qu'en énonçant un avis il avait prévu toutes les objections, et que, pour un bon raisonneur, les réponses aux objections sont toujours contenues dans les principes. Joignez-y le mouvement de réaction qui naît de la résistance ; c'est alors qu'il tonnait ; que, devenu plus fort par l'obstacle, armé de la conviction intérieure, bouillant de l'impatience d'un esprit droit qui rencontre la déraison sur son passage, il déployait une énergie renversante ; que sa voix

(*) Voilà de grands éloges ; mais ces éloges étaient pour le public. La Harpe parle autrement de Mirabeau dans sa correspondance avec le grand-duc de Russie. Il va jusqu'à dire qu'*il n'a nulle idée des bienséances nécessaires dans une grande assemblée*, qu'*il a le langage et le ton d'un bateleur devant les hommes éclairés*, qu'*il manque absolument de goût et de mesure*. Tout-à-l'heure l'admiration était excessive ; à présent l'injustice est palpable.

remplissait l'assemblée; que ses gestes, ses regards, toute son action extérieure ébranlaient et soulevaient, pour ainsi dire, l'auditoire entier; que l'enchaînement rapide de ses raisonnemens, l'abondance d'expressions heureuses et fortes qui se succédaient comme par inspiration, la chaleur des mouvemens qui précipitaient les phrases les unes sur les autres, l'éclat des figures, qui chez lui étaient toujours des pensées, fesaient véritablement de Mirabeau le dominateur des hommes rassemblés, et rappelaient ces mots remarquables qu'il avait dits quelque temps avant la révolution, à propos d'une femme alors très-puissante qui se refusait à une demande qu'il croyait juste : *Dites-lui qu'elle a tort de me refuser, et que le moment n'est pas loin où le talent sera aussi une puissance.*

Aussi Mirabeau n'a jamais été plus grand, à mon avis, que lorsqu'il improvisait. Quoi de plus beau que ce discours de vingt lignes, recueilli sur-le-champ, lorsqu'il s'agissait d'envoyer au roi une troisième députation pour le renvoi des troupes, après deux réponses négatives?

« Dites-lui que les hordes étrangères dont nous sommes investis ont
« reçu hier la visite des princes, des princesses, des favoris, des fa-
« vorites, et leurs caresses, et leurs exhortations, et leurs présens;
« dites-lui que toute la nuit ces satellites étrangers, gorgés d'or et
« de vin, ont prédit dans leurs chants impies l'asservissement de
« la France, et que leurs vœux brutaux invoquaient la destruction
« de l'Assemblée nationale; dites-lui que, dans son palais même, les
« courtisans ont mêlé leurs danses au son de cette musique barbare,
« et que telle fut l'avant-scène de la Saint-Barthélemy; dites lui que
« ce Henri, dont l'univers bénit la mémoire, celui de ses aïeux qu'il
« voulait prendre pour modèle, fesait passer des vivres dans Paris
« révolté qu'il assiégeait en personne; et que ses conseillers féroces
« font rebrousser les farines que le commerce apporte dans Paris fidèle
« et affamée. » La Harpe.

Parmi les organes publics, les hérauts d'armes de notre révolution, il est un homme qui d'abord domina tous les autres par l'audace comme par le génie. Ces doctrines si hardies, ces principes de la souveraineté populaire, que Pitt invoquait à l'appui de son autorité, elles n'étaient dans les mains de Mirabeau que des leviers pour mettre sous le seuil de la monarchie, et la faire sauter tout entière.

Jetez-le dans un état libre et constitué, placez-le dans le parlement d'Angleterre, sa force démagogique disparaît. Il est le rival de Fox et le successeur de Pitt. Elevé sous le régime absolu, il en reçut les souillures.... La vie de Mirabeau fut longuement traînée dans tous les scandales du désordre, du vice, et, j'ai honte de le dire, quelquefois de la bassesse. Cet homme puissant, ce génie de la parole, il ressemble au lion de Milton, dans le premier débrouillement du chaos, moitié lion, moitié fange, et pouvant à peine se dégager de la boue qui l'enveloppe, lors même que déjà il rugit et s'élance.

Ses vices sont sur lui comme un poids qui le déprime et le retient encore quand il se montre homme de génie. Mémorable exemple! les fautes de cet homme, cet arriéré de honte qui lui restait, arrête sa gloire, l'empêche d'être grand et utile comme il l'eût été, le rabaisse à des actions avilissantes au moment où il est porté au sommet de la puissance publique. Vous rappellerai-je sa vie? Dirai-je en même temps que, dans cette vie, il faut faire la part et du régime au milieu duquel il fut élevé, et des irritantes tyrannies, des traitemens iniques auxquels il fut soumis?....

Cet homme était déplacé dans l'ancien ordre social, tout à la fois par l'injuste oppression qu'il avait subie, et par les fautes qui le déshonoraient. Un grand mouvement ébranle la France; la convocation des états-généraux a retenti: Mirabeau secoue la fange de sa robe; il court à Marseille, pour devenir tribun, député, puissance....

Maintenant, comment faire connaître cet homme? Choisirai-je les discussions de principes? Choisirai-je les accidens d'éloquence? Qu'est-ce qui le rendit si puissant? Ce n'étaient pas ses théories; c'était cette parole électrique et violente qui jaillissait de lui comme la foudre.

On était là depuis trois ou quatre jours à discuter pour savoir quel nom prendrait l'assemblée; on était là à se débattre entre des titres plus ou moins systématiques: Mirabeau parle, et tout le génie du soulèvement populaire anime ses paroles. Et, dans cette séance mémorable, où l'assemblée devint assemblée nationale en refusant de se retirer, quelle est la voix qui détermina cette résistance soudaine? C'est la voix de l'orateur; c'est la parole insolente et toute-puissante de Mirabeau.

« Les communes de France ont résolu de délibérer. Nous avons
« entendu les intentions qu'on a suggérées au roi; et vous qui ne sau-
« riez être son organe auprès de l'assemblée nationale, vous qui n'avez
« ici ni place, ni voix, ni droit de parler; allez dire à votre maître (*)

(*) M. de Dreux-Brezé, fils du grand-maître des cérémonies de la cour de Louis XVI, a donné sur ce point un démenti public à M. Villemain, à la tribune de la chambre des pairs, dans la session de 1833.

« que nous sommes ici par la puissance du peuple, et qu'on ne nous
« en arrachera que par la force des baïonnettes. »

Eh, Messieurs, redirais-je ces paroles, si elles n'étaient pas devenues toutes froides et tout historiques pour nous? Laissez-nous examiner innocemment, et d'une manière instructive pourtant, ces grands souvenirs de nos annales publiques. Qu'importe maintenant que ces paroles de Mirabeau, si énergiques et si véhémentes, retentissent encore devant vous? M'accusera-t-on de les avoir lues dans l'histoire? Croit-on que, lorsque vous voyez aujourd'hui un roi vénéré sur le trône, et des assemblées à la fois fortes et paisibles, il soit dangereux et irritant pour personne de se souvenir de ce turbulent discours qui a commencé l'ère nouvelle de la France? Non, sans doute....

Personne de vous, peut-être, n'a connu Mirabeau; mais si nous consultons les mémoires du temps, si, dans ses paroles à demi-figées sur le papier, nous cherchons à reconnaître l'inspiration primitive, nous voyons un homme audacieux par le caractère autant que par le génie, attaquant avec véhémence lorsqu'il aurait eu peine à se défendre, fesant passer le mépris qu'on lui avait d'abord montré pour le premier des préjugés qu'il veut détruire, y réussissant à force de hardiesse et de talent, et ressaisissant par l'éloquence l'ascendant sur les passions populaires qu'il cesse de flatter. Ces dons naturels, cette voix tonnante, cette action, tout cela était enseveli dans les livres des rhéteurs; mais tout cela est ressuscité par Mirabeau. Cet homme était né orateur; sa tête énorme, grossie par son énorme chevelure; sa voix âpre et dure, longtemps traînante avant d'éclater; son débit, d'abord lourd, embarrassé, tout, jusqu'à ses défauts, impose et subjugue.

Il commence par de lentes et graves paroles qui excitent une attente mêlée d'anxiété. Lui-même il attend sa colère; mais qu'un mot échappe du sein de la tumultueuse assemblée, ou qu'il s'impatiente de sa propre lenteur, tout hors de lui, l'orateur s'élève. Ses paroles jaillissent énergiques et nouvelles; son improvisation devient pure et correcte en restant véhémente, hardie, singulière; il méprise, il menace, il insulte. Une sorte d'impunité est acquise à ses paroles comme à ses actions. Il refuse des duels avec insolence, et fait taire les factions du haut de la tribune.

Cette puissance oratoire le suit partout avec une majesté théâtrale. Après la séance fameuse où tous les nobles de l'assemblée avaient abandonné leurs titres, le comte Mirabeau n'avait plus été désigné dans les feuilles publiques que sous son ancien et obscur nom de famille;

Riquetti. La plaisanterie parut mauvaise à l'orgueilleux tribun ; et, s'approchant des logographes en descendant de la tribune : « *Avec votre Riquetti*, dit-il, *vous avez désorienté l'Europe pendant trois jours.* »

Les discours médités de Mirabeau surpassaient encore, pour la vigueur et la logique, sa parole improvisée. A la vérité, il a des hommes de talent à son service ; il a des ouvriers qui travaillent à son éloquence ; il est parfois plagiaire à la tribune, comme il l'était dans les gros volumes qu'il compilait pour vivre pendant les mauvais jours de sa jeunesse ; mais il est plagiaire inspiré, et par un mouvement, par un mot, il rend éloquent comme lui ce qu'il emprunte aux autres...

Nous ne nous arrêterons à aucun détail littéraire pour analyser le génie de Mirabeau ; nous chercherons à expliquer son influence, par le rapport intime de sa parole avec la nouveauté et la violence des situations où il se trouvait ; ce sera pour nous une rhétorique expérimentale toute en faits et en actions.

Un des premiers caractères de Mirabeau, c'était la force lumineuse et pratique de son esprit. Beaucoup d'illusions généreuses et de théories dominaient dans l'assemblée. Tous ces hommes que la lecture de Rousseau et des autres écrivains philosophes passionnait pour la liberté n'avaient pas cependant la science de la liberté ; car, dans nos états modernes, la liberté est une science encore plus qu'une passion...... Au contraire, l'esprit de Mirabeau était tout politique ; et cette forme violente, cette vivacité tribunitienne dont il couvre ses pensées n'est qu'un emprunt qu'il fait à l'esprit de son temps, ou une satisfaction qu'il lui donne. Mais, chose remarquable ! ce qui est chez lui artificiel, convenu, est cependant plein de vigueur, d'originalité, de vérité. Malgré la sagesse intime et cachée de ses projets, ce qu'il jette à son auditoire, cette véhémence de langage, ces déclarations populaires, tout cela est aussi animé, aussi contagieux, aussi puissant que si l'âme de l'orateur eût été bouleversée dans ses derniers replis, et agitée de toutes les passions d'un vrai tribun emporté par ses paroles.

Voilà le premier trait caractéristique de cet homme ; toutes les puissances et tous les effets de la parole passionnée lui arrivent à la fois. Ironie mordante, amère, mépris superbe qu'il jette du haut de son éloquence sur tous ceux qui le contredisent, impunité naturelle, incontestée à tout ce qu'il ose faire et dire, voilà ses priviléges.... On a dit, et j'ai répété, que Mirabeau avait de nombreux coopérateurs de sa gloire ; que dans la dissipation de sa vie et l'accablement de ses travaux, souvent il s'aidait ou de l'esprit littéraire de Champfort, ou de la science de M. Dumont, ou de la rhétorique de Cerutti, ou du talent de tout autre. Mais il ne me paraît jamais plus éloquent, plus puissant, que lorsqu'il ne peut avoir de secours, lorsqu'il se défend sur l'heure, lorsque de toutes parts assailli, serré de près, acculé à la tribune, il se retourne et donne un coup de défense à côté de lui.

Qu'une brusque et injurieuse interruption éclate contre l'orateur, qu'une menace forcenée lui soit lancée de loin ou qu'un adversaire habile le prenne corps à corps, sa parole est irrésistible et d'une effroyable amertume; demandez à l'abbé Maury (*).

Quelquefois sa parole est si réellement soudaine, qu'elle s'abandonne elle-même, avant d'être achevée. S'il aperçoit, pendant qu'il parle encore, un mouvement dans l'assemblée, une résistance trop forte, il se rétracte avec passion; et, par une secousse violente donné à son esprit et à celui des autres, il les domine encore en changeant lui-même d'opinion.

On a dit, il est vrai, que dans les derniers mois de sa laborieuse carrière, quelquefois à la tribune, il éprouvait une sorte de pesanteur et d'embarras; que ses idées arrivaient lentement, ou n'arrivaient pas; qu'il chargeait ses phrases de longs adverbes, pour attendre sa colère. C'est, je le crois, que cet esprit vigoureux était impuissant à parler sans idées. Il ne voulait pas, il ne pouvait pas avoir cette stérile facilité qui répand des mots plus ou moins harmonieux, plus ou moins liés, dans l'absence des sentimens et des pensées. Non; quand son esprit, ou inquiet, ou épuisé, ne trouvait pas de quoi parler, il le montrait; et puis l'impatience de ce retard avoué lui rendait bientôt son énergie; il compensait le temps qui lui manquait par un effort plus actif de la pensée; et après quelques minutes d'anxiété, d'embarras, il se retrouvait tout entier; sa pensée jaillissait rapide comme la colère, substantielle et serrée comme la méditation. Car il avait médité en un moment par la vigueur interne de son esprit.

M. Villemain.

(*) S'il a fait contracter quelque dette en ce point à l'abbé Maury, celui-ci l'a payé en bonne monnaie; voyez par exemple le *discours sur la constitution civile du clergé*.

SANCTION ROYALE.

La question de la sanction royale fut discutée avec vigueur et talent sans amener un résultat heureux. Il n'était aucun des cahiers des trois ordres qui ne prescrivît aux députés de respecter la sanction du roi ainsi que l'inviolabilité de sa personne.... Le serment du jeu de paume avait renversé l'initiative royale pour tous les projets constitutionnels. Les meilleurs esprits n'osèrent rien réclamer pour cette initiative ; grand nombre de députés auraient bien voulu, malgré les termes impératifs de leur mandat, supprimer tout-à-fait la sanction royale, ou la rendre du moins complètement inutile pour les actes constitutionnels ; mais ils aimèrent mieux éluder la difficulté ; car leur projet était de masquer une république sous un vain simulacre de monarchie. Ils imaginèrent le système d'un *veto suspensif*, dont l'effet devait cesser à une seconde ou à une troisième législature. Les royalistes se réveillèrent de la langueur où ils étaient plongés, pour maintenir toute l'énergie de la sanction royale. L'abbé Maury défendit avec force et talent le *veto* absolu, et, à l'étonnement général, trouva un second dans le comte de Mirabeau. Les variations apparentes d'un homme de cette trempe doivent être examinées : à la différence de plusieurs de ses systématiques collègues, il marchait au milieu d'une révolution en examinant toujours quel parti il en pourrait tirer pour son ambition ou pour sa fortune ; il n'aimait pas les crimes gratuits. Les désordres présens n'éloignaient jamais sa pensée d'un ordre qu'il serait appelé à conduire ou à ramener ; il combattait la cour en la plaignant, et les regards toujours un peu tournés vers l'or qu'elle pourrait lui distribuer... Dans son discours sur la sanction royale, on eût en vain cherché les traces d'un homme occupé de pensées séditieuses ; il y fesait une guerre aussi franche qu'habile à tous les prestiges de la fausse liberté qu'on adorait alors.... Toute la France répéta, mais avec l'accent de la surprise et de la colère, les paroles énergiques échappées à ce tribun toujours maître de lui-même et de sa pensée.....
« J'aimerais mieux vivre à Constantinople qu'en France, si l'on y
« pouvait faire des lois sans la sanction royale. » On ne les comprit

dans toute leur force et leur vérité, que lorsque l'on fut tombé sous le joug de la Convention nationale.   M. DE LACRETELLE.

Mirabeau, dans le débat sur le veto, remonta à toutes les idées fondamentales de la monarchie constitutionelle, et, sauf quelques expressions violentes qui étaient là pour être applaudies, développa avec une haute sagesse, comme l'aurait fait M. Pitt, le principe nécessaire de la sanction royale.   M. VILLEMAIN.

DISCOURS.

MESSIEURS,

Dans la monarchie la mieux organisée, l'autorité royale est toujours l'objet des craintes des meilleurs citoyens ; celui que la loi met au-dessus de tous devient aisément le rival de la loi. Assez puissant pour protéger la constitution, il est souvent tenté de la détruire. La marche uniforme qu'a suivie partout l'autorité des rois n'a que trop enseigné la nécessité de les surveiller. Cette défiance, salutaire en soi, nous porte naturellement à désirer de contenir un pouvoir si redoutable. Une secrète terreur nous éloigne malgré nous des moyens dont il faut armer le chef suprême de la nation, afin qu'il puisse remplir les fonctions qui lui sont assignées.

Cependant, si l'on considère de sang-froid les principes et la nature d'un gouvernement monarchique institué sur la base de la souveraineté du peuple ; si l'on examine attentivement les circonstances qui donnent lieu à sa formation, on verra que le monarque doit être considéré plutôt comme le protecteur des peuples que comme l'ennemi de leur bonheur.

Deux pouvoirs sont nécessaires à l'existence et aux fonctions du corps politique : celui de vouloir, et celui d'agir. Par le premier, la société établit les règles qui doivent la conduire au but qu'elle se propose, et qui est incontestablement le bien de tous. Par le second, ces règles s'exécutent, et la force publique sert à faire triompher la société des obstacles que cette exécution pourrait rencontrer dans l'opposition des volontés individuelles.

Chez une grande nation, ces deux pouvoirs ne peuvent être exercés par elle-même ; de là la nécessité des représentans du peuple pour l'exercice de la faculté de vouloir ou de la puissance législative ; de là encore la nécessité d'une autre espèce de représentant pour l'exercice de la faculté d'agir ou de la puissance exécutive.

Plus la nation est considérable, plus il importe que cette dernière puissance soit active ; de là, nécessité d'un chef unique et suprême, d'un gouvernement monarchique dans les grands états, ou les convulsions, les démembremens, seraient infiniment à craindre s'il n'existait une force suffisante pour en réunir toutes les parties et tourner vers un centre commun leur activité.

L'une et l'autre de ces puissances sont également nécessaires, également chères à la nation. Il y a cependant ceci de remarquable, c'est que la puissance exécutive, agissant continuellement sur le peuple, est dans un rapport plus immédiat avec lui ; que, chargée du soin de maintenir l'équilibre, d'empêcher les partialités, les préférences vers lesquelles le petit nombre tend sans cesse au préjudice du plus grand, il importe à ce même peuple que cette puissance ait constamment en main un moyen sûr de se maintenir.

Ce moyen existe dans le droit attribué au chef suprême de la nation d'examiner les actes de la puissance législative, et de leur donner ou de leur refuser le caractère sacré de loi.

Appelé par son institution même à être tout à la fois l'exécuteur de la loi et le protecteur du peuple, le monarque pourrait être forcé de tourner contre le peuple la force publique, si son intervention n'était pas requise pour compléter les actes de la législation, en les déclarant conformes à la volonté générale.

Cette prérogative du monarque est particulièrement essentielle dans tout état où le pouvoir législatif ne pouvant en aucune manière être exercé par le peuple lui-même, il est forcé de le confier à des représentans.

La nature des choses ne tournant pas nécessairement le choix de ces représentans vers les plus dignes, mais vers ceux que leur situation, leur fortune et des circonstances particulières désignent comme pouvant faire le plus volontiers le sacrifice de leur temps à la chose publique, il résultera toujours du choix de ces représentans du peuple une espèce d'aristocratie de fait, qui, tendant sans cesse à acquérir une consistance légale, deviendra également hostile pour le monarque à qui elle voudra s'égaler, et pour le peuple qu'elle cherchera toujours à tenir dans l'abaissement.

De là cette alliance naturelle et nécessaire entre le prince et le peuple contre toute espèce d'aristocratie ; alliance fondée sur ce qu'ayant les mêmes intérêts, les mêmes craintes, ils doivent avoir un même but, et par conséquent une même volonté.

Si, d'un côté, la grandeur du principe dépend de la prospérité du peuple, le bonheur du peuple repose principalement sur la puissance tutélaire du prince.

Ce n'est donc point pour son avantage particulier que le monarque intervient dans la législation, mais pour l'intérêt même du peuple ; et c'est dans ce sens que l'on peut et que l'on doit dire que la sanction royale n'est point la prérogative du monarque, mais la propriété, le domaine de la nation.

J'ai supposé jusqu'ici un ordre de choses vers lequel nous marchons à grands pas, je veux dire une monarchie organisée et constituée; mais comme nous ne sommes point encore arrivés à cet ordre de choses, je dois m'expliquer hautement. Je pense que le droit de suspendre et même d'arrêter l'action du corps législatif, doit appartenir au roi, quand la constitution sera faite, et qu'il s'agira seulement de la maintenir. Mais ce droit d'arêter, *ce veto* ne saurait s'exercer quand il s'agit de créer la constitution : je ne conçois pas comment on pourrait disputer à un peuple le droit de se donner à lui-même la constitution par laquelle il lui plaît d'être gouverné désormais.

Cherchons donc uniquement si, dans la constitution à créer, la sanction royale doit entrer comme partie intégrante de la législature.

Certainement, à qui ne saisit que les surfaces, de grandes objections s'offrent contre l'idée d'un *veto* exercé par un individu quelconque contre le vœu des représentans du peuple. Lorsqu'on suppose que l'assemblée nationale, composée de ses vrais élémens, présente au prince le fruit de ses délibérations par tête, lui offre le résultat de la discussion la plus libre et la plus éclairée, le produit de toutes les connaissances qu'elle a pu recueillir, il semble que c'est là tout ce que la prudence humaine exige pour constater, je ne dis pas seulement la volonté, mais la raison générale; et sans doute, sous ce point de vue abstrait, il paraît répugner au bon sens d'admettre qu'un homme seul ait le droit de répondre : Je m'oppose à cette volonté, à cette raison générale. Cette idée devient même plus choquante encore, lorsqu'il doit être établi par la constitution que l'homme armé de ce terrible *veto* le sera de toute la force publique, sans laquelle la volonté générale ne peut jamais être assurée de son exécution.

Toutes ces objections disparaissent devant cette grande vérité, que sans un droit de résistance dans la main du dépositaire de la force publique, cette force pourrait souvent être réclamée et employée malgré lui à exécuter des volontés contraires à la volonté générale.

Or, pour démontrer par un exemple que ce danger existerait si le prince était dépouillé du *veto* sur toutes les propositions de loi que lui présenterait l'assemblée nationale, je ne demande que la supposition d'un mauvais choix de représentans, et deux réglemens intérieurs déjà proposés et autorisés par l'exemple de l'Angleterre; savoir : l'exclusion du public de la chambre nationale, sur la simple réquisition d'un membre de l'assemblée, et l'interdiction aux papiers publics de rendre compte de ses délibérations.

Ces deux réglemens obtenus, il est évident qu'on passerait bientôt à l'expulsion de tout membre indiscret; et la terreur du despotisme de l'assemblée agissant sur l'assemblée même, il ne faudrait plus, sous un prince faible, qu'un peu de temps et d'adresse pour établir *légalement* la domination de douze cents aristocrates, réduire l'autorité royale à n'être que l'instrument passif de leurs volontés, et replonger le peuple dans cet état d'avilissement qui accompagne toujours la servitude du prince.

Le prince est le représentant perpétuel du peuple, comme les députés sont ses représentans élus à certaines époques. Les droits de l'un, comme ceux des autres, ne sont fondés que sur l'utilité de ceux qui les ont établis.

Personne ne réclame contre le *veto* de l'assemblée nationale, qui n'est effectivement qu'un droit du peuple confié *à ses représentans* pour s'opposer à toute proposition qui tendrait au rétablissement du despotisme ministériel. Pourquoi donc réclamer contre le *veto* du prince, qui n'est aussi qu'un droit du peuple *confié spécialement au prince*, parce que le prince est aussi intéressé que le peuple à prévenir l'établissement de l'aristocratie?

Mais, dit-on, les députés du peuple dans l'assemblée nationale n'étant revêtus du pouvoir que pour un temps limité, et n'ayant aucune partie du pouvoir exécutif, l'abus qu'ils peuvent faire de leur *veto* ne peut être d'une conséquence aussi funeste que celui qu'un prince inamovible opposerait à une loi juste et raisonnable.

Premièrement, si le prince n'a pas le *veto*, qui empêchera les représentans du peuple de prolonger, et bientôt après d'éterniser leur députation (c'est ainsi, et non comme on vous l'a dit, par la suppression de la chambre des pairs, que le long parlement renversa la liberté politique de la Grande-Bretagne)? Qui les empêchera même de s'approprier la partie du pouvoir exécutif qui dispose des emplois et des grâces? Manqueront-ils de prétextes pour justifier cette usurpation? Les emplois sont si scandaleusement remplis! les grâces si indignement prostituées! etc.

Secondement, le *veto*, soit du prince, soit des députés à l'assemblée nationale, n'a d'autre vertu que d'arrêter une proposition : il ne peut donc résulter d'un *veto*, quel qu'il soit, qu'une inaction du pouvoir exécutif à cet effet.

Troisièmement, le *veto* du prince peut, sans doute, s'opposer à une bonne loi; mais il peut préserver d'une mauvaise, dont la possibilité ne saurait être contestée.

Quatrièmement, je supposerai qu'en effet le *veto* du prince empêche l'établissement de la loi la plus sage et la plus avantageuse à la nation. Qu'arrivera-t-il *si le retour* ANNUEL *de l'assemblée nationale est aussi solidement assuré que la couronne sur la tête du prince qui la porte*, c'est-à-dire si le retour annuel de l'assemblée nationale est assuré par une loi *vraiment constitutionnelle*, qui défende, sous peine de conviction d'imbécilité, de proposer ni la concession d'aucune espèce d'impôt, ni l'établissement de la force militaire pour plus d'une année ? Supposons que le prince ait usé de son *veto*; l'assemblée déterminera d'abord si l'usage qu'il en a fait, a ou n'a pas des conséquences fâcheuses pour la liberté. Dans le second cas, la difficulté élevée par l'interposition du *veto* se trouvant nulle ou d'une légère importance, l'assemblée nationale votera l'impôt et l'armée pour le terme ordinaire; et dès-lors tout reste dans l'ordre accoutumé.

Dans le premier cas, l'assemblée aura divers moyens d'influer sur la volonté du roi : elle pourra refuser l'impôt; elle pourra refuser l'armée; elle pourra refuser l'un et l'autre, ou simplement ne les voter que pour un terme très-court. Quel que soit celui de ces partis qu'adopte l'assemblée, le prince, menacé de la paralysie du pouvoir exécutif à une époque connue, n'a plus d'autre moyen que d'en appeler à son peuple, en dissolvant l'assemblée.

Si donc alors le peuple renvoie les mêmes députés à l'assemblée, ne faudra-t-il pas que le prince *obéisse* ? car c'est là le vrai mot, quelque idée qu'on lui ait donnée jusqu'alors de sa prétendue souveraineté, lorsqu'il cesse d'être uni d'opinion avec son peuple et que le peuple est éclairé.

Supposez maintenant le droit du *veto* enlevé au prince, et le prince obligé de sanctionner une mauvaise loi : vous n'avez plus l'espoir que dans une insurrection générale, dont l'issue la plus heureuse serait probablement plus funeste aux indignes représentans du peuple que la dissolution de leur assemblée. Mais est-il bien certain que cette insurrection ne serait funeste qu'aux indignes représentans du peuple ?... J'y vois encore une ressource pour les partisans du despotisme des ministres. J'y vois le danger imminent de la paix publique troublée et peut-être violée; j'y vois l'incendie presque inévitable, et trop long-temps à craindre dans un état où une révolution si nécessaire, mais si rapide, a laissé des germes de division et de haine que l'affermissement de la constitution, par les travaux successifs de l'assemblée, peut seul étouffer.

Vous le voyez, Messieurs, j'ai partout supposé la permanence de l'assemblée nationale, et j'en ai même tiré tous mes argumens en faveur de la sanction royale, qui me paraît le rempart inexpugnable de la liberté politique, pourvu que le roi ne puisse jamais s'obstiner dans son *veto* sans dissoudre, ni dissoudre sans convoquer immédiatement une autre assemblée ; parce que la constitution ne doit pas permettre que le corps social soit jamais sans représentans, pourvu qu'une loi constitutionnelle déclare tous les impôts, et même l'armée, annulés de droit, trois mois après la dissolution de l'assemblée nationale ; pourvu enfin que la responsabilité des ministres soit toujours exercée avec la plus inflexible rigueur. Et quand la chose publique ne devrait pas s'améliorer chaque année des progrès de la raison publique, ne suffirait-il pas, pour nous décider à prononcer l'annualité de l'assemblée nationale, de jeter un coup d'œil sur l'effrayante étendue de nos devoirs ?

Les finances seules appellent peut-être pour un demi-siècle nos travaux.

Qui de nous, j'ose le demander, a calculé l'action immédiate et la réaction plus éloignée de cette multitude d'impôts qui nous écrasent, sur la richesse générale, dont on reconnaît enfin que l'on ne peut plus se passer ?

Est-il un seul de nos impôts dont on ait imaginé d'approfondir l'influence sur l'aisance du travailleur, aisance sans laquelle une nation ne peut jamais être riche ?

Savez-vous jusqu'à quel point l'inquisition, l'espionnage et la délation assurent le produit des uns ? Êtes-vous assez instruits que le génie fiscal n'a recours qu'au fusil, à la potence et aux galères, pour prévenir la diminution des autres ?

Est-il impossible d'imaginer quelque chose de moins ridiculement absurde, de moins horriblement partial, que ce système de finances que nos grands financiers ont trouvé si bien balancé jusqu'à présent ?

A-t-on des idées assez claires de la propriété, et ces idées sont-elles assez repandues dans la généralité des hommes pour assurer aux lois qu'elles produiront cette espèce d'obéissance qui ne répugne jamais à l'homme raisonnable, et qui honore l'homme de bien ?

Aurez-vous jamais un crédit national, aussi longtemps qu'une loi ne vous garantira pas que tous les ans la nation assemblée recevra, des administrateurs des finances, un compte exact de leur gestion ; que tous les créanciers de l'état pourront demander chaque année à la nation le paiement des intérêts qui lui sont dus ; que tous les ans enfin, l'étranger saura où trouver la nation qui craindra toujours de se déshonorer, ce qui n'inquiétera jamais les ministres?

Si vous passez des finances au Code civil et criminel, ne voyez-vous pas que l'impossibilité d'en rédiger qui soient dignes de vous avant une longue période ne saurait vous dispenser de profiter des lumières qui seront l'acquisition de chaque année? Vous en reposerez-vous encore, pour les améliorations provisoires qui peuvent s'adapter aux circonstances, sur des ministres qui croiront avoir tout fait quand ils auront dit : *Le roi sait tout, car je lui ai tout appris ; et je n'ai fait qu'exécuter ses ordres absolus, que je lui ai dit de me donner?*

Peut-être, pour éloigner le retour des assemblées nationales, on vous proposera une commission intermédiaire. Mais cette commission intermédiaire fera ce que ferait l'assemblée nationale, et alors je ne vois pas pourquoi celle-ci ne se rassemblerait pas ; ou elle n'aura pas le pouvoir de faire ce que ferait l'assemblée, et alors elle ne la suppléera pas. Et ne voyez-vous pas d'ailleurs que cette commission deviendrait le corps où le ministère viendrait se recruter, et que, pour y parvenir, on deviendrait insensiblement le docile instrument de la cour et de l'intrigue?

On a soutenu que le peu d'esprit public s'oppose au retour annuel de l'assemblée nationale. Mais comment formerez-vous mieux cet esprit public qu'en rapprochant les époques où chaque citoyen sera appelé à en donner des preuves? Pouvait-il exister, cet esprit public, quand la fatale division des ordres absorbait tout ce qu'elle n'avilissait pas? Quand tous les citoyens, grands et petits, n'avaient d'autres ressources contre les humiliations et l'insouciance, et d'autre dédommagement de leur nullité, que le spectacle, la chasse, l'intrigue, la cabale, le jeu, tous les vices?

On a objecté les frais immenses d'une élection et d'une assemblée nationale annuelle.

Tout est calculé : trois millions forment la substance de cette grande objection. Et que sont trois millions pour une nation qui en paie six cents, et qui n'en aurait pas trois cents cinquante à payer, si depuis trente ans elle avait eu annuellement une assemblée nationale?

On a été jusqu'à me dire : « *Qui voudra être membre de l'assemblée nationale*, si elle a des sessions annuelles? » Et je réponds à ces étranges paroles: Ce ne sera pas vous, qui le demandez....; mais ce sera tout digne membre du clergé qui voudra et qui pourra prouver aux malheureux combien le clergé est utile.....; tout digne membre de la noblesse qui voudra et pourra prouver à la nation que lui aussi peut la servir de plus d'une manière....; ce sera tout membre des communes qui voudra pouvoir dire à tout noble enorgueilli de son titre : Combien de fois avez-vous siégé parmi les législateurs?

Enfin, les Anglais, qui ont tout fait, dit-on, s'assemblent néanmoins tous les ans, et trouvent toujours quelque chose à faire....; et les Français, qui ont tout à faire, ne s'assembleraient pas tous les ans !....

Nous aurons donc une assemblée permanente, et cette institution sublime serait à elle seule le contre-poids suffisant du *veto* royal.

Quoi! disent ceux qu'un grand pouvoir effraie, parce qu'ils ne savent le juger que par ses abus, le *veto* royal serait sans limites? Il n'y aurait pas un moment déterminé par la constitution où ce *veto* ne pourrait plus entraver la puissance législative? Ne serait-ce pas un despotisme, que le gouvernement où le roi pourrait dire : Voilà la volonté de mon peuple ; mais la mienne lui est contraire, et c'est la mienne qui prévaudra?

Ceux qui sont agités de cette crainte proposent ce qu'ils appellent un *veto suspensif*, c'est-à-dire que le roi pourra refuser sa sanction à un projet de loi qu'il désapprouve ; il pourra dissoudre l'assemblée nationale ou en attendre une nouvelle ; mais si cette nouvelle assemblée lui représente la même loi qu'il a rejetée, il sera forcé de l'admettre.

Voici leur raisonnement dans toute sa force : « Quand le roi refuse de sanctionner la loi que l'assemblée nationale lui propose, il est à supposer qu'il juge cette loi contraire aux intérêts du peuple, ou qu'elle usurpe sur le pouvoir exécutif qui réside en lui, et qu'il doit défendre : dans ce cas, il en appelle à la nation ; elle nomme une nouvelle législature, elle confie son vœu à ses nouveaux représentans ; par conséquent, elle prononce : il faut que le roi se soumette, ou qu'il dénie l'autorité du tribunal suprême auquel lui-même en avait appelé. »

Cette objection est très-spécieuse, et je ne suis parvenu à en sentir la fausseté qu'en examinant la question sous tous ses aspects ; mais on a pu déjà voir, et l'on remarquera davantage encore dans le cours des opinions que :

1° Elle suppose faussement qu'il est impossible qu'une seconde législature n'apporte pas le vœu du peuple.

2° Elle suppose faussement que le roi sera tenté de prolonger son *veto* contre le vœu connu de la nation.

3° Elle suppose que le *veto suspensif* n'a point d'inconvéniens, tandis qu'à plusieurs égards il a les mêmes inconvéniens que si l'on n'accordait au roi aucun *veto*.

T. II. 3

Il a fallu rendre la couronne héréditaire pour qu'elle ne fût pas une cause perpétuelle de bouleversement. Il en est résulté la nécessité de rendre la personne du roi irréprochable et sacrée, sans quoi on n'aurait jamais mis le trône à l'abri des ambitieux. Or, quelle n'est pas déjà la puissance d'un chef héréditaire et rendu inviolable! Le refus de faire exécuter une loi qu'il jugerait contraire à ses intérêts, dont sa qualité de chef du pouvoir exécutif le rend gardien, ce refus suffira-t-il pour le faire déchoir de ses hautes prérogatives? Ce serait détruire d'une main ce que vous auriez élevé de l'autre; ce serait associer à une précaution de paix et de sûreté le moyen le plus propre à soulever sans cesse les plus terribles orages.

Passez de cette considération aux instrumens du pouvoir, qui doivent être entre les mains du chef de la nation. C'est à vingt-cinq millions d'hommes qu'il doit commander; c'est sur tous les points d'une étendue de trente mille lieues carrées que son pouvoir doit être sans cesse prêt à se montrer pour protéger ou défendre: et l'on prétendrait que le chef, dépositaire légitime des moyens que ce pouvoir exige, pourrait être contraint de faire exécuter des lois qu'il n'aurait pas consenties! Mais par quels troubles affreux, par quelles insurrections convulsives et sanguinaires voudrait-on donc nous faire passer pour combattre sa résistance? Quand la loi est sous la sauvegarde de l'opinion publique, elle devient vraiment impérieuse pour le chef que vous avez armé de toute la force publique. Mais quel est le moment où l'on peut compter sur cet empire de l'opinion publique? N'est-ce pas lorsque le chef du pouvoir exécutif a lui-même donné son consentement à la loi, et que ce consentement est connu de tous les citoyens? N'est-ce pas uniquement alors que l'opinion publique la place irrévocablement au-dessus de lui, et le force, sous peine de devenir un objet d'horreur, à exécuter ce qu'il a promis? Car son consentement, en qualité de chef de la puissance exécutive, n'est autre chose que l'engagement solennel de faire exécuter la loi qu'il vient de revêtir de sa sanction.

Et qu'on ne dise pas que les généraux d'armées sont dépositaires de très-grandes forces, et sont néanmoins obligés d'obéir à des ordres supérieurs, quelle que soit leur opinion sur la nature de ces ordres. Les généraux d'armées ne sont pas des chefs héréditaires; leur personne n'est pas inviolable; leur autorité cesse en la présence de celui dont ils exécutent les ordres: et, si l'on voulait pousser plus loin la comparaison, l'on serait forcé de convenir que ceux-là sont pour l'ordinaire de très-mauvais généraux, qui exécutent des dispositions qu'ils n'ont pas approuvées. Voilà donc les dangers que vous allez courir. Et dans quel but? Où est le véritable efficace du *veto* suspensif?

N'est-il pas besoin, comme dans mon système, que certaines précautions contre le *veto* royal soient prises dans la constitution ? Si le roi renverse les précautions, ne se mettra t-il pas aisément au-dessus de la loi? Votre formule est donc inutile dans votre propre théorie; et je la prouve dangereuse dans la mienne.

On ne peut supposer le refus de la sanction royale que dans deux cas : dans celui où le monarque jugerait que la loi proposée blesserait les intérêts de la nation, et dans celui où, trompé par ses ministres, il résisterait à des lois contraires à leurs vues personnelles.

Or, dans l'une et l'autre de ces suppositions, le roi ou ses ministres, privés de la faculté d'empêcher la loi par le moyen paisible d'un *veto* légal, n'auraient-ils pas recours à une résistance illégale et violente, selon qu'ils mettraient à la loi plus ou moins d'importance ? Peut-on douter qu'ils ne préparassent leurs moyens de très-bonne heure ? Car il est toujours facile de préjuger le degré d'attachement que la puissance législative aura pour sa loi. Il se pourrait donc que le pouvoir législatif se trouvât enchaîné, à l'instant marqué par la constitution, pour rendre le *veto* royal impuissant; tandis que si ce *veto* reste toujours possible, la résistance illégale et violente devenant inutile au prince, ne peut plus être employée sans en faire, aux yeux de toute la nation, un révolté contre la constitution, circonstance qui rend bientôt une telle résistance infiniment dangereuse pour le roi lui-même, et surtout pour ses ministres. Remarquez bien que ce danger n'est plus le même lorsque ce prince n'aurait résisté qu'à une loi qu'il n'aurait pas consentie.

Dans ce dernier cas, comme la résistance violente et illégale peut toujours être appuyée par des prétextes plausibles, l'insurrection du pouvoir exécutif contre la constitution trouve toujours des partisans, surtout quand elle est le fait du monarque. Avec quelle facilité la Suède n'est-elle pas retournée au despotisme, pour avoir voulu que son roi, quoique héréditaire, ne fût que l'instrument passif et aveugle des volontés du sénat?

N'armons donc pas le roi contre le pouvoir législatif, en lui fesant entrevoir un instant quelconque où l'on se passerait de sa volonté, et où, par conséquent, il n'en serait que l'exécuteur aveugle et forcé. Sachons voir que la nation trouvera plus de sûreté et de tranquillité dans des lois expressément consenties par son chef, que dans des résolutions où il n'aurait aucune part, et qui contrasteraient avec la puissance dont il faudrait, en tout état de cause, le revêtir. Sachons que, dès que nous avons placé la couronne dans une famille désignée, que nous en avons fait le patrimoine de ses aînés, il est imprudent de les alarmer en les assujétissant à un pouvoir législatif dont la force reste en leurs mains, et où cependant leur opinion serait méprisée. Ce mépris revient enfin à la personne ; et le dépositaire de toutes les forces de l'empire français ne peut pas être méprisé sans les plus grands dangers.

Par une suite de ces considérations puisées dans le cœur humain et dans l'expérience, le roi doit avoir le pouvoir d'agir sur l'assemblée nationale, en la fesant réélire. Cette sorte d'action est nécessaire pour laisser au roi un moyen légal et paisible de faire à son tour agréer des lois qu'il jugerait utiles à la nation, et auxquelles l'assemblée nationale résisterait : rien ne serait moins dangereux ; car il faudrait bien que le roi comptât sur le vœu de la nation si, pour faire agréer une loi, il avait recours à une élection de nouveaux membres ; et quand la nation et le roi se réunissent à désirer une loi, la résistance du corps législatif ne peut plus avoir que deux causes : ou la corruption de ses membres, et alors le remplacement est un bien ; ou un doute sur l'opinion publique, et alors le meilleur moyen de l'éclairer est, sans doute, une élection de nouveaux membres.

Je me résume en un seul mot, Messieurs : annualité de l'assemblée nationale ; annualité de l'armée ; annualité de l'impôt ; responsabilité des ministres ; et la sanction royale, sans restriction écrite, mais parfaitement limitée de fait, sera le *palladium* de la liberté nationale, et le plus précieux exercice de la liberté du peuple.

CONTRIBUTION DU QUART.

PREMIER DISCOURS.

Necker voyait tout périr, tout s'abîmer autour de lui ; il prit le parti de la franchise, et ne vit plus de salut que dans une mesure extrême. Après un tableau énergique et fidèle de la détresse du trésor royal et des causes multipliées qui l'aggravaient de jour en jour, il osa proposer à l'assemblée nationale une contribution nouvelle qui s'élèverait au quart du revenu de chaque particulier. Un tel sacrifice paraissait exhorbitant, soit à ceux qui venaient de s'en imposer ou d'en subir de considérables, soit à ceux qui étaient partis de leur province avec l'espoir de réduire les fardeaux du peuple. On contestait les calculs du ministre; malgré sa vieille réputation en finance, on jugeait de son inhabileté par son désespoir. En vain avait-il montré l'affreuse perspective d'être obligé de cesser bientôt le paiement de la dette publique et la solde des armées : plusieurs députés populaires ne voulaient voir, dans cette nouvelle contribution du quart du revenu, qu'un moyen que s'assurait la cour pour menacer de nouveau la liberté. Pour cette fois, le nom de M. Necker ne rassurait plus ces esprits ombrageux. La manière dont il signalait les désordres présens leur semblait déceler la haine secrète pour une révolution dont il n'était plus l'idole. D'ailleurs la cour ne pouvait-elle pas le renvoyer encore une fois, et recommencer, avec de nouveaux trésors, un projet qu'elle avait inutilement tenté dans sa détresse? La discussion était sombre, menaçante, se surchargeait de nouveaux incidens, se croisait par de nouveaux embarras, semblait faite pour harceler, décourager le ministre, ruiner sans retour les finances, et briser les derniers et faibles ressorts de l'ordre social. Mirabeau comprit toute l'étendue du danger. Il vit en frémissant les désastres qui allaient résulter d'un aveugle esprit d'opposition, et vint noblement au secours du roi, de son ministre, du repos de la France et de l'honneur français. M. DE LACRETELLE.

MESSIEURS,

Demander des détails sur des objets de détail, c'est s'éloigner de la question. Il y a déjà trois jours que le ministre des finances vous a peint les dangers qui nous environnent, avec l'énergie que réclame une situation presque désespérée; il vous demande les secours les plus urgens; il vous indique des moyens; il vous presse de les accepter. Votre comité des finances vient de vous soumettre un rapport parfaitement conforme à l'avis du ministre: c'est sur cet avis et sur ce rapport qu'il s'agit de délibérer.

Mais telle est ici la fatalité de nos circonstances : nous avons d'autant moins le temps et les moyens nécessaires pour délibérer, que la résolution à prendre est plus décisive et plus importante. Les revenus de l'état sont anéantis, le trésor est vide, la force publique est sans ressort; et c'est demain, c'est aujourd'hui, c'est à cet instant même que l'on a besoin de votre intervention.

Dans de telles circonstances, Messieurs, il me paraît impossible, soit d'offrir un plan au premier ministre des finances, soit d'examiner celui qu'il nous propose.

Offrir un plan n'est pas notre mission, et nous n'avons pas une seule des connaissances préliminaires indispensables pour essayer de se former un ensemble des besoins de l'état et de ses ressources.

Examiner le projet du premier ministre des finances, c'est une entreprise tout-à-fait impraticable. La seule vérification de ses chiffres consumerait des mois entiers; et si les objections qu'on pourrait lui faire ne portent que sur des données hypothétiques, les seules que la nature de notre gouvernement nous ait permis jusqu'ici de nous procurer, n'aurait-on pas mauvaise grâce de trop presser des objections de cette nature, dans des momens si pressés et si critiques?

Il n'est pas de votre sagesse, Messieurs, de vous rendre responsables de l'événement, soit en vous refusant à des moyens que vous n'avez pas le loisir d'examiner, soit en leur en substituant que vous n'avez pas celui de combiner et de réfléchir. La confiance sans bornes que la nation a montrée dans tous les temps au ministre des finances que ses acclamations ont rappelé, vous autorise suffisamment, ce me semble, à lui en montrer une illimitée dans les circonstances. Acceptez ses propositions sans les garantir, puisque vous n'avez pas le temps de les juger; acceptez-les de confiance dans le ministre, et croyez qu'en lui déférant cette espèce de dictature provisoire, vous remplissez vos devoirs de citoyens et de représentans de la nation.

M. Necker réussira, et nous bénirons ses succès, que nous aurons d'autant mieux préparés que notre déférence aura été plus entière et notre confiance plus docile. Que si, ce qu'à Dieu ne plaise, le premier ministre des finances échouait dans sa pénible entreprise, le vaisseau public recevrait sans doute une grande secousse sur l'écueil où son pilote chéri l'aurait laissé toucher; mais ce heurtement ne vous découragerait pas: vous seriez là, Messieurs; votre crédit serait intact; la chose publique resterait tout entière....

Acceptons de plus heureux présages; décrétons les propositions du premier ministre des finances; et croyons que son génie, aidé des ressources naturelles du plus beau royaume du monde, et du zèle fervent d'une assemblée qui a donné et qui doit encore de si beaux exemples, saura se montrer au niveau de nos besoins et de nos circonstances.

Ce discours entraîna l'assemblée; on allait, par acclamation, adopter le décret suivant:

« *L'assemblée nationale, vu l'urgence des circonstances, dé-*
» *crète un secours extraordinaire du quart des revenus de chaque*
» *citoyen, et renvoie, pour le mode, au pouvoir exécutif.* »
L'orateur reprit :

En énonçant mon avis, je n'ai point entendu, Messieurs, rédiger ma proposition en décret. Un décret d'une importance aussi majeure ne peut être imaginé et rédigé au milieu du tumulte. J'observe que le décret, tel qu'il vient de vous être proposé, ne peut pas être le mien, et je désapprouve la sécheresse de ces mots : *renvoie, pour le mode, au pouvoir exécutif*. Encore une fois, Messieurs, *la confiance* illimitée de la nation dans le ministre des finances justifiera la vôtre ; mais il n'en faut pas moins que l'émanation du décret que vous avez à porter soit expressément provoquée par le ministre. Je vois encore un nouvel inconvénient dans la rédaction du décret : il faut bien se garder de laisser croire au peuple que la perception et l'emploi de la charge que vous allez consentir ne sera ni sûre, ni administrée par ses représentans. En demandant, Messieurs, que votre délibération soit prise sans aucun délai, je demande aussi que la rédaction du décret soit mûrement réfléchie, et je me retirerai de l'assemblée pour me livrer à ce travail, si vous me l'ordonnez.

Tout le monde l'invite à se retirer : il sort en effet et reparait le moment d'après, en présentant un projet de décret.

DEUXIÈME DISCOURS.

M. d'Eprémesnil, en combattant ce projet, témoigne combien il est surpris de trouver l'éloge de M. Necker dans un projet de décret rédigé par Mirabeau.

Mirabeau :
Il me semble que j'ai rarement été inculpé de flagornerie. Lorsque, dans l'arrêté dont l'assemblée m'a chargé de lui présenter le projet, j'ai rappelé la confiance sans bornes que la nation a montrée au premier ministre des finances, c'est un fait que j'ai raconté, ce n'est pas un éloge que j'ai donné. Je me suis rigoureusement conformé à l'esprit de la décision que l'assemblée nationale paraissait adopter, je veux dire, l'acceptation, de confiance, d'un plan que les circonstances ne nous laissaient pas le loisir d'examiner, et la déclaration que cette confiance dans le ministre nous paraissait autorisée par celle que lui avaient montrée nos commettans.

Lorsque je me suis retiré pour préparer ce que l'assemblée avait bien voulu me charger de rédiger, on a beaucoup dit que j'allais *rapporter de l'éloquence, et non un décret*. Lorsque je reviens, on accuse mon projet de décret *de sécheresse*, *d'aridité*, *de malveillance*. Les amis du ministre insinuent que je veux le compromettre en sauvant de toute responsabilité, dans une occasion si délicate, l'assemblée nationale. D'un autre côté, on semble croire que je veux faire manquer les mesures du gouvernement, en spécifiant dans le décret de l'assemblée qu'elle accepte le plan du ministre, de confiance en l'homme, et sans discuter son projet.

La vérité ne se trouve jamais qu'au milieu des assertions exagérées; mais s'il est difficile de répondre à des imputations contradictoires, il me sera très-facile de mettre à leur aise ceux qui font de grands efforts pour tâcher de me deviner.

Je n'ai point l'honneur d'être l'ami du premier ministre des finances; mais je serais son ami le plus tendre, que, citoyen avant tout, et représentant de la nation, je n'hésiterais pas un instant à le compromettre plutôt que l'assemblée nationale. Ainsi l'on m'a deviné, ou plutôt on m'a entendu; car je n'ai jamais prétendu me cacher. Je ne crois pas, en effet, que le crédit de l'Assemblée nationale doive être mis en balance avec celui du premier ministre des finances; je ne crois pas que le salut de la monarchie doive être attaché à la tête d'un mortel quelconque; je ne crois pas que le royaume fût en péril quand M. Necker se serait trompé; et je crois que le salut public serait très-compromis si une ressource vraiment nationale avait avorté, si l'assemblée avait perdu son crédit et manqué une opération décisive.

Il faut donc, à mon avis, que nous autorisions une mesure profondément nécessaire, à laquelle nous n'avons, quant à présent, rien à substituer; il ne faut pas que nous l'épousions, que nous en fassions notre œuvre propre, quand nous n'avons pas le temps de la juger.

Mais de ce qu'il me paraîtrait profondément impolitique de nous rendre les garans des succès de Necker, il ne s'ensuit pas qu'il ne faille, à mon sens, seconder son projet de toutes nos forces, et tâcher de lui rallier tous les esprits et tous les cœurs.

Personne n'a le droit de me demander ce que je pense individuellement d'un plan sur lequel mon avis est que nous ne devons pas nous permettre de discussion. Cependant, afin d'éviter toute ambiguité, et de déjouer toutes les insinuations qui ne tendent qu'à aiguiser ici les méfiances, je déclare que j'opposerais à ce plan de grandes objections, s'il s'agissait de le juger. Je crois que dans les circonstances infiniment critiques qui nous enveloppent, il fallait créer un grand moyen sans la ressource du crédit ; qu'il fallait, en s'adressant au patriotisme, craindre ses réponses ; craindre surtout cet égoïsme concentré, fruit de la longue habitude du despotisme ; cet égoïsme qui désire de grands sacrifices à la sûreté publique, pourvu qu'il n'y contribue pas ; qu'on devait redouter cette multitude d'incidens qui naissent chaque jour, et dont les mauvais effets circulent dans le royaume longtemps après qu'ils ont pris fin autour de nous ; que les circonstances ne promettant pas un retour de confiance assez prochain pour en faire usage immédiatement, se servir du crédit des ressources volontaires, c'était exposer de très-bonnes mesures à être usées quand les sujets d'alarmes ne subsisteront plus ; qu'en un mot, c'était d'une contribution forcée qu'il fallait attendre des succès. Et qu'on ne dise pas que ce genre de contribution était impossible ; car de deux choses l'une : ou nous pouvons encore compter sur la raison des peuples et sur une force publique suffisante pour effectuer une mesure nécessaire à leur salut, ou nous ne le pouvons plus. Dans le premier cas, si la contribution était sagement ordonnée, elle réussirait ; dans le second, peu nous importerait qu'elle échouât, car il serait prouvé que le mal serait à son dernier période.

Mais cette opinion, comme toute autre, n'est pas une démonstration ; je puis avoir tort, et je n'ai pas même le temps de m'assurer si j'ai tort ou raison. Forcé de choisir en un instant pour la patrie, je choisis le plan que, de confiance pour son auteur, elle préférerait elle-même ; et je conseille à l'Assemblée nationale de prendre le parti qui me paraît devoir inspirer à la nation le plus de confiance, sans compromettre ses véritables ressources.

Quant à la prétendue sécheresse du décret que je propose, j'ai cru jusqu'ici que la rédaction des arrêtés du corps législatif ne devait avoir d'autre mérite que la concision et la clarté. J'ai cru qu'un arrêté de l'Assemblée nationale ne devait pas être un élan de rhéteur ou même d'orateur ; mais je suis loin de penser qu'il faille négliger en cette occasion les ressources de l'éloquence et de la sensibilité. Malheur à qui ne souhaite pas au premier ministre des finances tous les succès dont la France a un besoin si éminent ! Malheur à qui pourrait mettre des opinions ou des préjugés en balance avec la patrie ! Malheur à qui n'abjurerait pas toute rancune, toute méfiance, toute haine, sur l'autel public ! Malheur à qui ne seconderait pas de toute son influence les propositions et les projets de l'homme que la nation elle-même semble avoir appelé à la dictature ! Et vous, Messieurs, qui, plus que tous autres, avez et devez avoir la confiance des peuples, vous devez plus particulièrement sans doute au ministre des finances votre concours et vos recommandations patriotiques. Écrivez une adresse à vos commettans, où vous leur montriez ce qu'ils doivent à la chose publique, l'évidente nécessité de leur secours et leur irrésistible efficacité, la superbe perspective de la France, l'ensemble de ses besoins, de ses ressources, de ses droits, de ses espérances, ce que vous avez fait, ce qu'il vous reste à faire, et la certitude où vous êtes que tout est possible, que tout est facile à l'honneur, à l'enthousiasme français.... Composez, Messieurs, publiez cette adresse ; j'en fais la motion spéciale ; c'est, j'en suis sûr, un grand ressort, un grand mobile de succès pour le chef de vos finances. Mais, avant tout, donnez-lui des bases positives ; donnez-lui celles qu'il vous demande par une adhésion de confiance à ses propositions, et que, par votre fait, du moins, il ne rencontre plus d'obstacles à ses plans de liquidation et de prospérité.

TROISIÈME DISCOURS.

M. de Lally-Tolendal proposa d'adopter le plan de M. Necker, et de renvoyer la rédaction du décret au comité des finances. Cette motion fit naître des contestations très-vives sur ces deux manières d'approuver le plan du ministre, « Les momens étaient chers, et on les perdait en difficultés de détails. Mirabeau avait déjà parlé trois fois. Il était quatre heures du soir, rien ne se décidait ; et, de lassitude, comme il arrive souvent après une longue discussion, on était prêt à renvoyer encore l'affaire au comité ; il reprend la parole une quatrième fois, et ramasse toutes ses forces pour emporter le décret..... Ce discours est, dans son genre, un des plus admirables monumens de l'éloquence française. »   La Harpe.

Messieurs,

Au milieu de tant de débats tumultueux, ne pourrais-je donc pas ramener à la délibération du jour par un petit nombre de questions bien simples ?

Daignez, Messieurs, daignez me répondre.

Le premier ministre des finances ne vous a-t-il pas offert le tableau le plus effrayant de notre situation actuelle ?

Ne vous a-t-il pas dit que tout délai aggravait le péril ? qu'un jour, une heure, un instant pouvaient le rendre mortel ?

Avons-nous un plan à substituer à celui qu'il nous propose ? *Oui!* a crié quelqu'un dans l'assemblée. Je conjure celui qui répond *oui*, de considérer que son plan n'est pas connu, qu'il faut du temps pour le développer, l'examiner, le démontrer; que, fût-il immédiatement soumis à notre délibération, son auteur a pu se tromper ; que, fût-il exempt de toute erreur, on peut croire qu'il s'est trompé; que, quand tout le monde a tort, tout le monde a raison ; qu'il se pourrait donc que l'auteur de cet autre projet, même en ayant raison, eût tort contre tout le monde, puisque, sans l'assentiment de l'opinion publique, le plus grand talent ne saurait triompher des circonstances.... Et moi aussi je ne crois pas les moyens de M. Necker les meilleurs possibles ; mais le ciel me préserve, dans une situation si critique, d'opposer les miens aux siens. Vainement je les tiendrais pour préférables : on ne rivalise pas en un instant une popularité prodigieuse, conquise par des services éclatans ; une longue expérience ; la réputation du premier talent de financier connu : et, s'il faut tout dire, des hasards, une destinée telle qu'elle n'échut en partage à aucun autre mortel.

Il faut donc en revenir au plan de M. Necker.

Mais avons-nous le temps de l'examiner, de sonder ses bases, de vérifier ses calculs? Non, non, mille fois non. D'insignifiantes questions, des conjectures hasardées, des tâtonnemens infidèles, voilà tout ce qui, dans ce moment, est en notre pouvoir. Qu'allons-nous donc faire par le renvoi de la délibération ? Manquer le moment décisif; acharner notre amour-propre à changer quelque chose à un ensemble que nous n'avons pas même conçu, et diminuer, par notre intervention indiscrète, l'influence d'un ministre dont le crédit financier est et doit être plus grand que le nôtre.... Messieurs, certainement il n'y a là ni sagesse ni prévoyance... ; mais du moins y a-t-il de la bonne foi?

Oh ! si des déclarations moins solennelles ne garantissaient pas notre respect pour la foi publique, notre horreur pour l'infâme mot de banqueroute, j'oserais scruter les motifs secrets, et peut-être, hélas ! ignorés de nous-mêmes, qui nous font si imprudemment reculer au moment de proclamer l'acte d'un grand dévouement, certainement inefficace s'il n'est pas rapide et vraiment abandonné. Je dirais à ceux qui se familiarisent peut-être avec l'idée de manquer aux engagemens publics, par la crainte de l'excès des sacrifices, par la terreur de l'impôt.... : Qu'est-ce donc que la banqueroute, si ce n'est le plus inique, le plus inégal, le plus désastreux des impôts ?.... Mes amis, écoutez un mot, un seul mot.

Deux siècles de déprédations et de brigandages ont creusé le gouffre où le royaume est près de s'engloutir. Il faut le combler, ce gouffre effroyable. Eh bien ! voici la liste des propriétaires français. Choisissez parmi les plus riches, afin de sacrifier moins de citoyens. Mais choisissez ; car ne faut-il pas qu'un petit nombre périsse pour sauver la masse du peuple ? Allons, ces deux mille notables possèdent de quoi combler le déficit. Ramenez l'ordre dans vos finances, la paix et la prospérité dans le royaume. Frappez, immolez sans pitié ces tristes victimes, précipitez-les dans l'abîme ; il va se refermer..... Vous reculez d'horreur... Hommes inconséquens! Hommes pusillanimes! Eh! ne voyez-vous donc pas qu'en décrétant la banqueroute, ou, ce qui est plus odieux encore, en la rendant inévitable sans la décréter, vous vous souillez d'un acte mille fois plus criminel, et, chose inconcevable ! gratuitement criminel ; car enfin, cet horrible sacrifice ferait du moins disparaître le *déficit*. Mais croyez-vous, parce que vous n'aurez pas payé, que vous ne devrez plus rien ? Croyez-vous que les milliers, les millions d'hommes qui perdront en un instant par l'explosion terrible ou par ses contre-coups, tout ce qui fesait la consolation de leur vie, et peut-être leur unique moyen de la sustenter, vous laisseront paisiblement jouir de votre crime ? Contemplateurs stoïques des maux incalculables que cette catastrophe vomira sur la France, impassibles égoïstes, qui pensez que ces convulsions du désespoir et de la misère passeront comme tant d'autres, et d'autant plus rapidement qu'elles seront plus violentes, êtes-vous bien sûrs que tant d'hommes sans pain vous laisseront tranquillement savourer les mets dont vous n'aurez voulu diminuer ni le nombre ni la délicatesse ?.... Non, vous périrez, et, dans la conflagration universelle que vous ne frémissez pas d'allumer, la perte de votre honneur ne sauvera pas une seule de vos détestables jouissances ?

Voilà où nous marchons..... J'entends parler de patriotisme, d'invocations du patriotime. Ah ! ne prostituez pas ces mots de patrie et de patriotisme. Il est donc bien magnanime l'effort de donner une portion de son revenu pour sauver tout ce qu'on possède ! Eh ! Messieurs, ce n'est là que de la simple arithmétique ; et celui qui hésitera ne peut désarmer l'indignation que par le mépris que doit inspirer sa stupidité. Oui, Messieurs, c'est la prudence la plus ordinaire, la sagesse triviale, c'est votre intérêt le plus grossier que j'invoque. Je ne vous dis plus comme autrefois : Donnerez-vous les premiers aux nations le spectacle d'un peuple assemblé pour manquer à la foi publique ? Je ne vous dis plus : Eh ! quels titres avez-vous à la liberté ? Quels moyens vous resteront pour la maintenir, si dès votre premier pas vous surpassez les turpitudes des gouvernemens les plus corrompus ; si le besoin de votre concours et de votre surveillance n'est pas le garant de votre contitution ?....
Je vous dis : vous serez tous entraînés dans la ruine universelle ;

et les premiers intéressés au sacrifice que le gouvernement vous demande, c'est vous-mêmes.

Votez donc ce subside extraordinaire ; et puisse-t-il être suffisant ! Votez-le, parce que si vous avez des doutes sur les moyens (doutes vagues et non éclaircis), vous n'en avez pas sur sa nécessité et sur notre impuissance à le remplacer, immédiatement du moins. Votez-le, parce que les circonstances publiques ne souffrent aucun retard, et que nous serions comptables de tout délai. Gardez-vous de demander du temps : le malheur n'en accorde jamais..... Eh ! Messieurs, à propos d'une ridicule motion du Palais-Royal, d'une risible insurrection qui n'eut jamais d'importance que dans les imaginations faibles, ou les desseins pervers de quelques hommes de mauvaise foi, vous avez entendu naguère ces mots forcenés : *Catilina est aux portes de Rome, et l'on délibère*. Et certes, il n'y avait autour de nous ni Catilina, ni périls, ni factions, ni Rome..... Mais aujourd'hui la banqueroute, la hideuse banqueroute est là; elle menace de consumer, vous, vos propriétés, votre honneur..... et vous délibérez !

Non, l'on ne délibéra plus; des cris d'enthousiasme attestèrent la victoire de l'orateur.

Ceux qui ont étudié les immortels orateurs de l'antiquité ne retrouvent-ils pas ici le talent des Cicéron et des Démosthène, mais plus particulièrement la manière de ce dernier ; cette accumulation graduée de moyens, de preuves et d'effets ; cet art de s'insinuer d'abord dans l'esprit des auditeurs en captivant l'attention, de la redoubler par des suspensions ménagées, de la frapper par de violentes secousses. Mirabeau procède ici comme les grands maîtres : il fait briller d'abord la lumière du raisonnement, il subjugue la pensée, il fouille ensuite plus avant, et va remuer les passions secrètes jusqu'au fond de l'âme : l'intérêt, la crainte, l'espérance, la honte, l'amour-propre ; il frappe partout ; et quand il se sent enfin le plus fort, voyez alors comme il parle de haut, comme il domine, comme il mêle l'ironie à l'indignation; comme, en récapitulant tous les motifs, il porte les derniers coups ! C'est ainsi que l'on mène les hommes par la parole ; c'est par des morceaux de cette force (et il en a beaucoup) qu'il a mérité le titre de Démosthène français. La Harpe.

DROIT DE PAIX ET DE GUERRE.

On n'avait encore rien statué sur le droit de paix et de guerre, lorsqu'un différent, qui s'était élevé entre l'Angleterre et l'Espagne, et qui pouvait amener l'intervention de la France comme puissance maritime et comme liée à l'Espagne par le pacte de famille, vint fournir l'occasion de régler ce point constitutionnel.....; la nature des choses indiquait que toute mesure de ce genre tenait essentiellement au pouvoir exécutif. La constitution anglaise était sur ce point d'une grande autorité, et l'exemple de cette nation prouvait qu'il n'y avait aucun danger à laisser au roi le droit de paix et de guerre; car les deux chambres, qui partagent avec lui le pouvoir législatif, restant maîtresses de voter les fonds pour la guerre, de donner ou de retirer leur appui, peuvent à leur gré y mettre un terme ou la prolonger. Mais l'assemblée s'était fait une loi de mépriser la constitution anglaise et l'expérience. D'ailleurs elle commençait à craindre une ligue des puissances européennes contre la France; et toujours armée de défiance contre le roi qu'elle asservissait, elle le voyait toujours prêt à faire cause commune avec des rois qui parleraient de le venger. Les philosophes du dix-huitième siècle s'étaient efforcés d'exciter une salutaire horreur pour la guerre et les conquêtes. La plupart des membres de l'assemblée, formés à leurs leçons, croyaient que le jour viendrait bientôt où les peuples pourraient traiter entre eux de la paix universelle. Cette illusion les avait conduits à un principe fort contraire au témoignage de l'histoire, c'est que les rois sont essentiellement guerriers, et les états libres essentiellement pacifiques. Le triumvirat de MM. Dupont, Barnave et Alexandre de Lameth, voulut profiter de ces dispositions de l'assemblée pour enlever au roi le droit de paix et de guerre; car ils fondaient toutes les espérances de leur ambition sur une popularité sans bornes, et se flattaient follement de ressusciter le pouvoir, du jour où le pouvoir leur serait confié.

Les défenseurs de l'autorité monarchique, MM. de Cazalès, Maury, de Boisgelin, Malouet et Clermont-Tonnerre, se prépraraient au combat sans espérance de vaincre, lorsqu'ils virent entrer Mirabeau dans leurs rangs. Avant le 5 octobre, il avait donné un pareil exemple, en défendant le veto absolu. Alors il paraissait défendre la monarchie, même au profit d'un prince dont il favorisait l'usurpation. Ici son motif paraissait plus pur *et plus noble, ou du moins inspiré par une plus noble prévoyance. On ne pensait plus guère au duc d'Orléans. Dailleurs son parti ne se serait pas fait scrupule de lui offrir l'autorité royale toute démantelée, et on aurait encore regardé le présent comme trop digne de lui. Il tardait à Mirabeau de défendre les débris de l'autorité monarchique contre l'agression opiniâtre du triumvirat. Les excès de la révolution le fatiguaient, il y voulait un terme, parce qu'il aspirait à la puissance et à la gloire. Il était convaincu que, du rôle d'un défenseur de l'autorité royale, il passerait bientôt à celui de son ministre. L'épreuve était périlleuse. Quand il eut résolu de la tenter, il ne craignit et ne rougit point d'accepter quelque don secret de la cour. Jamais son talent ni celui de l'abbé Maury ne s'éleva aussi haut que dans cette discussion.*

M. DE LACRETELLE.

PREMIER DISCOURS.

Le premier discours de Mirabeau, à ce sujet, ne saurait être rapidement analysé, ni rapporté par fragmens; ce discours est méthodique, clair, énergique, plein d'idées justes, et incline visiblement à faire prédominer l'autorité du roi dans la décision de la guerre. Quelques phrases d'une singulière violence, quelques menaces démocratiques, sont une espèce de rançon que la popularité de l'orateur payait pour la sagesse de ses vues politiques. On s'étonne que tant de détours et de subterfuges n'enchaînent pas son génie.

M. VILLEMAIN.

Si je prends la parole sur une matière soumise depuis cinq jours à de longs débats, c'est seulement pour établir l'état de la question, laquelle, à mon avis, n'a pas été posée ainsi qu'elle devait l'être. Un pressant péril dans le moment actuel, de grands dangers dans l'avenir, ont dû exciter toute l'attention du patriotisme; mais l'importance de la question a aussi son propre danger. Ces mots de guerre et de paix sonnent fortement à l'oreille, reveillent et trompent l'imagination, excitent les passions les plus impérieuses; la fierté, le courage, se lient aux plus grands objets: aux victoires, aux conquêtes, au sort des empires; surtout à la liberté; surtout à la durée de cette constitution naissante que tous les Français ont juré de maintenir. Et lorsqu'une question de droit public se présente dans un si imposant appareil, quelle attention ne faut-il pas sur soi-même pour concilier, dans une discussion aussi grave, la raison froide, la profonde méditation de l'homme d'état, avec l'émotion bien excusable que doivent inspirer les craintes qui nous environnent?

Faut-il déléguer au roi l'exercice du droit de faire la paix et la guerre, ou doit-on l'attribuer au corps législatif? C'est ainsi, Messieurs, c'est avec cette alternative qu'on a jusqu'à présent énoncé la question, et j'avoue que cette manière de la poser la rendrait insoluble pour moi-même. Je ne crois pas que l'on puisse, sans anéantir la constitution, déléguer au roi l'exercice du droit de faire la paix ou la guerre; je ne crois pas non plus que l'on puisse attribuer exclusivement ce droit au corps législatif, sans nous préparer des dangers d'une autre nature, et non moins redoutables. Mais sommes-nous forcés de faire un choix exclusif? Ne peut-on pas, pour une des fonctions du gouvernement, qui tient tout à la fois de l'action et de la volonté, de l'exécution et de la délibération, faire concourir au même but, sans les exclure l'un par l'autre, les deux pouvoirs qui constituent la force de la nation et qui représentent sa sagesse? Ne peut-on pas restreindre les droits, ou plutôt les abus de l'ancienne royauté, sans paralyser la force publique? Ne peut-on pas, d'un autre côté, connaître le vœu national sur la guerre et la paix par l'organe suprême d'une assemblée représentative, sans transporter parmi nous les inconvéniens que nous découvrons dans cette partie du droit public des républiques anciennes et de quelques états de l'Europe? En un mot, car c'est ainsi que je me suis proposé à moi-même la question générale que j'avais à résoudre, ne doit-on pas attribuer concurremment le droit de faire la paix et la guerre aux deux pouvoirs que notre constitution a consacrés?

Avant de nous décider sur ce nouveau point de vue, je vais d'abord examiner avec vous, si, dans la pratique de la guerre et de la paix, la nature des choses, leur marche invincible, ne nous indiquent pas les époques où chacun des deux pouvoirs peut agir séparément; les points où leur concours se rencontre, les fonctions qui leur sont communes et celles qui leur sont propres; le moment où il faut délibérer et celui où il faut agir. Croyez, Messieurs, qu'un tel examen nous conduira bien plus facilement à la vérité que si nous nous bornions à une simple théorie.

Et d'abord, est-ce au roi ou au corps législatif à entretenir des relations extérieures, à veiller à la sûreté de l'empire, à faire, à ordonner les préparatifs nécessaires pour le défendre?

Si vous décidez cette première question en faveur du roi, et je ne sais comment vous pourriez la décider autrement, sans créer dans le même royaume deux pouvoirs exécutifs, vous êtes contraints de reconnaître, par cela seul, que souvent une première hostilité sera repoussée avant que le corps législatif ait eu le temps de manifester aucun vœu, ni d'approbation, ni d'improbation ; or, qu'est-ce qu'une première hostilité reçue et repoussée, si ce n'est un état de guerre, non dans la volonté, mais dans le fait?

Je m'arrête à cette première hypothèse pour vous en faire sentir la vérité et les conséquences. Des vaisseaux sont envoyés pour garantir nos colonies ; des soldats sont placés sur nos frontières. Vous convenez que ces préparatifs, que ces moyens de défense appartiennent au roi : or, si ces vaisseaux sont attaqués, si ces soldats sont menacés, attendront-ils pour se défendre que le corps législatif ait approuvé ou improuvé la guerre ? Non, sans doute. Eh! bien, j'en conclus que, par cela seul, la guerre existe et que la nécessité en a donné le signal. De là, il résulte que, presque dans tous les cas, il ne peut y avoir de délibération à prendre; que, pour savoir si l'on donnera suite à une première hostilité, c'est-à-dire, si l'état de guerre devra être continué : je dis, presque dans tous les cas. En effet, Messieurs, il ne sera jamais question, pour des Français, dont la constitution vient d'épurer les idées de justice, de faire ou de concerter une guerre offensive, c'est-à-dire, d'attaquer les peuples voisins lorsqu'ils ne nous attaquent point. Dans cette supposition, sans doute, la délibération devrait précéder même les préparatifs ; mais une telle guerre doit être regardée comme un crime, et j'en ferai l'objet d'un article de décret.

Il ne s'agit donc que d'une guerre défensive où l'ennemi a commis des hostilités, et nous voilà dans un état passif de guerre; ou, sans qu'il y ait encore des hostilités, les préparatifs de l'ennemi en annoncent le dessein : déjà, par cela seul, la paix étant troublée, nos préparatifs de défense deviennent indispensables.

Il est un troisième cas : c'est lorsqu'il faut décider si un droit contesté ou usurpé sera repris, ou maintenu par la force des armes, et je n'oublierai pas d'en parler; mais jusque là je ne vois pas qu'il puisse être question, pour le corps législatif, de délibérer. Le moment viendra où les préparatifs de défense excèdent les fonds ordinaires, la nécessité de faire de plus grands préparatifs devra être notifiée au corps législatif, et je ferai connaître quels sont alors ses droits.

Mais quoi ! direz-vous, le corps législatif n'aura-t-il pas toujours le pouvoir d'empêcher le commencement de l'état de guerre? Non, car c'est comme si vous demandiez s'il est un moyen d'empêcher qu'une nation voisine ne nous attaque : et quel moyen prendriez-vous?

Ne ferez-vous aucuns préparatifs? vous ne repousserez point les hostilités, mais vous les souffrirez. L'état de guerre sera le même.

Chargerez-vous le corps législatif des préparatifs de défense?

Vous n'empêcherez pas pour cela l'agression ; et comment concilierez-vous cette action du corps législatif avec celle du pouvoir exécutif ?

Forcerez-vous le pouvoir exécutif de vous notifier ses moindres préparatifs, ses moindres démarches ? Vous violerez toutes les règles de la prudence ; l'ennemi, connaissant toutes vos précautions, toutes vos mesures, les déjouera ; vous rendrez les préparatifs inutiles : autant vaudrait-il n'en point ordonner.

Bornerez-vous l'étendue des préparatifs ? Mais le pouvez-vous avec tous les points de contact qui vous lient à l'Europe, à l'Inde, à l'Amérique, à tout le globe ? Mais ne faut-il pas que vos préparatifs soient dans la proportion de ceux des états voisins ? Mais les hostilités commencent-elles moins entre deux vaisseaux qu'entre deux escadres ? Mais ne serez-vous pas forcés d'accorder chaque année une certaine somme pour des armemens imprévus ? Ne faut-il pas que cette somme soit relative à l'étendue de vos côtes, à l'importance de votre commerce, à la distance de vos possessions lointaines, à la force de vos ennemis ? Cependant, Messieurs, je le sens aussi vivement que tout autre ; il faut bien se garder de surprendre notre vigilance par ces difficultés ; car il importe qu'il existe un moyen d'empêcher que le pouvoir exécutif n'abuse même du droit de veiller à la défense de l'Etat : qu'il ne consume en armemens inutiles des sommes immenses ; qu'il ne prépare des forces pour lui-même en feignant de les destiner contre un ennemi ; qu'il n'excite, par un trop grand appareil de défense, la jalousie ou la crainte de nos voisins : sans doute il le faut. Mais la marche naturelle des événemens nous indique comment le corps législatif réprimera de tels abus ; car, d'un côté, s'il faut des armemens plus considérables que ne le comporte l'extraordinaire des guerres, le pouvoir exécutif ne pourra les entreprendre sans y être autorisé, et vous aurez le droit de forcer à la négociation de la paix, de refuser les fonds demandés. D'un autre côté, la prompte notification que le pouvoir exécutif sera tenu de faire de l'état de guerre, soit imminent, soit commencé, ne vous laissera-t-elle pas tous les moyens imaginables de veiller à la liberté publique ?

Ici je comprends, Messieurs, le troisième cas dont j'ai parlé, celui d'une guerre à entreprendre pour recouvrer ou conserver une possession ou un droit : ce qui rentre dans la guerre défensive. Il semble d'abord que, dans une telle hypothèse, le corps législatif aurait à délibérer, même sur les préparatifs ; mais tâchez d'appliquer, mais réalisez ce cas hypothétique. Un droit est-il usurpé ou contesté ? le pouvoir exécutif, chargé des relations extérieures, tente d'abord de le recouvrer par la négociation. Si ce premier moyen est sans succès et que le droit soit important, laissez encore au pouvoir exécutif le droit des préparatifs de défense ; mais forcez-le à notifier aux représentans de la nation l'usurpation dont il se plaint, le droit qu'il réclame, tout comme il sera forcé de notifier un état imminent ou commencé. Vous établirez par ce moyen une marche uniforme dans tous les cas ; et je vais démontrer qu'il suffit que le concours du pouvoir législatif commence à l'époque de la notification dont je viens de parler, pour concilier parfaitement l'intérêt national avec le maintien de la force publique.

Les hostilités sont donc ou commencées ou imminentes. Quels sont alors les devoirs du pouvoir exécutif? Quels sont les droits du pouvoir législatif?

Je viens de l'annoncer ; le pouvoir exécutif doit notifier sans aucun délai l'état de guerre ou comme existant, ou comme prochain, ou comme nécessaire, en faire connaître les causes, demander les fonds, requérir la réunion du corps législatif, s'il n'est point assemblé.

Le corps législatif, à son tour, a quatre sortes de mesures à prendre : la première est d'examiner si les hostilités étant commencées, l'agression coupable n'est pas venue de nos ministres ou de quelque agent du pouvoir exécutif. Dans un tel cas, l'auteur de l'agression doit être poursuivi comme criminel de lèse-nation. Faites une telle loi, et vous bornerez vos guerres au seul exercice du droit d'une juste défense ; et vous aurez plus fait pour la liberté publique que si, pour attribuer exclusivement le droit de la guerre au corps représentatif, vous perdiez les avantages que l'on peut tirer de la royauté.

La seconde mesure est d'approuver, de décider la guerre, si elle est nécessaire, de l'improuver, si elle est inutile ou injuste ; de requérir le roi de négocier la paix, et de l'y forcer en refusant les fonds ; voilà, Messieurs, le véritable droit du corps législatif. Les pouvoirs alors ne sont pas confondus ; les formes des divers gouvernemens ne sont pas violées, et l'intérêt national est conservé. Au reste, Messieurs, lorsque je propose de faire approuver ou improuver la guerre par le corps législatif, tandis que je lui refuse le droit exclusif de délibérer la paix ou la guerre, ne croyez pas que j'élude en cela la question, ni que je propose la même délibération sous une forme différente. L'exercice du droit de faire la paix et la guerre n'est pas simplement une action ni un acte de pure volonté ; il tient au contraire à ces deux principes, il exige le concours des deux pouvoirs ; et toute la théorie de cette question ne consiste qu'à assigner, soit au corps législatif, soit au pouvoir exécutif, le genre de concours qui, par sa nature, lui est plus propre qu'aucun autre. Faire délibérer exclusivement le corps législatif sur la paix et sur la guerre, comme autrefois en délibérait le sénat de Rome, comme en délibèrent les états de Suède, la diète de Pologne, la confédération de Hollande, ce serait faire d'un roi de France un stathouder ou un consul ; ce serait choisir entre les deux délégués de la nation celui qui, quoique épuré sans cesse par le choix du peuple, par le renouvellement continuel des élections, ne peut cependant prendre seul, et exclusivement de l'autre, des délibérations utiles sur une telle matière. Donner, au contraire, au pouvoir législatif le droit de délibérer par forme d'approbation, d'improbation, de réquisition de la paix, de poursuite contre un ministre coupable, de refus de contributions, c'est le faire concourir à l'exercice d'un droit national par les moyens qui appartiennent à la nature d'un tel corps.

Cette différence est donc très-marquée et conduit au but, en conservant les deux pouvoirs dans toute leur intégrité ; tandis qu'autrement vous vous trouverez forcés de faire un choix exclusif entre deux délégués qui doivent marcher ensemble.

La troisième mesure du corps législatif consiste dans une suite de moyens que j'indique, et dont je lui attribue le droit.

Le premier est de ne point prendre de vacance tant que dure la guerre.

Le second, de prolonger la session dans le cas d'une guerre imminente.

Le troisième, de réunir, en telle quantité qu'il le trouvera nécessaire, la garde nationale du royaume, dans le cas où le roi ferait la guerre en personne.

Le quatrième (même après avoir approuvé la guerre), de requérir, toutes les fois qu'il le jugera convenable, le pouvoir exécutif de négocier la paix.

Je m'arrête un instant sur ces deux derniers moyens, parce qu'ils font connaître parfaitement le système que je propose.

De ce qu'il peut y avoir des dangers à faire délibérer la guerre directement et exclusivement par le corps législatif, quelques personnes soutiennent que le droit de la guerre et de la paix n'appartient qu'au monarque ; elles affectent même le doute que la nation puisse légitimement disposer de ce droit, tandis qu'elle a pu déléguer la royauté. Eh ! qu'importe en effet à ces hommes de placer à côté de notre constitution une autorité sans bornes, toujours capable de la renverser ! La chérissent-ils cette constitution ? Est-elle leur ouvrage comme le nôtre ? Veulent-ils la rendre immortelle comme la justice et la raison ?

D'un autre côté, de ce que le concours du monarque, dans l'exercice du droit de faire la paix ou la guerre, peut présenter des dangers (et il en présente en effet), d'autres concluent qu'il faut le priver même du droit d'y concourir. Or, en cela, ne veulent-ils pas une chose impossible, à moins d'ôter au roi les préparatifs de la paix et de la guerre? Ne veulent-ils pas une chose inconstitutionnelle, puisque vos décrets ont accordé au roi une sorte de concours, même dans les actes purement législatifs? Pour moi, j'établis le contre-poids des dangers qui peuvent naître du pouvoir royal dans la constitution même, dans le banlancement des pouvoirs, dans le concours des deux délégués de la nation, dans les forces intérieures que vous donnera cette garde nationale, seul équilibre propre au gouvernement représentatif contre une armée placée aux frontières : et félicitez-vous, Messieurs, de cette découverte. Si votre constitution est immuable, c'est de là que naîtra sa stabilité.

D'un autre côté, si j'attribue au corps législatif, même après avoir approuvé la guerre, le droit de requérir le pouvoir exécutif, de négocier la paix, remarquez que par cela je n'entends pas donner exclusivement au corps législatif le droit de délibérer la paix: ce serait retomber dans tous les inconvéniens dont j'ai déjà parlé. Qui connaîtra le moment de faire la paix, si ce n'est celui qui tient le fil de toutes les relations politiques? Déciderez-vous aussi que les agens employés pour cela ne correspondront qu'avec vous? Leur donnerez-vous des instructions? Répondrez-vous à leurs dépêches? Les remplacerez-vous, s'ils ne remplissent pas toute votre attente? Découvrirez-vous, dans des discussions solennelles provoquées par un membre du corps législatif, les motifs secrets qui vous porteront à faire la paix, ce qui souvent serait le moyen le plus assuré de ne pas l'obtenir? Et lors même que nos ennemis désireront la paix comme nous, votre loyauté vous fît-elle une loi de ne rien dissimuler, forcerez-vous aussi les envoyés des puissances ennemies à l'éclat d'une discussion?

Je distingue donc le droit de requérir le pouvoir exécutif de faire la paix, d'un ordre donné pour la conclure, et de l'exercice exclusif du droit de faire la paix. Car est-il une autre manière de remplir l'intérêt national que celle que je propose? Lorsque la guerre est commencée, il n'est plus au pouvoir d'une nation de faire la paix; l'ordre même de faire retirer les troupes arrêtera-t-il l'ennemi? Fût-on disposé à des sacrifices, sait-on si les conditions ne seront pas tellement onéreuses, quel'honneur ne permette pas de les accepter? La paix même étant entamée, la guerre cesse-t-elle pour cela? C'est donc au pouvoir exécutif à choisir le moment convenable pour une négociation, à la préparer en silence, à la conduire avec habileté : c'est au pouvoir législatif à le requérir de s'occuper sans relâche de cet objet important ; c'est à lui à faire punir le ministre ou l'agent coupable qui, dans une telle fonction, ne remplirait pas ses devoirs ; c'est à lui encore à ratifier le traité de paix lorsque les conditions en sont arrêtées. Voilà les limites que l'intérêt public ne permet pas d'outrepasser et que la nature même des choses à posées.

Enfin la quatrième mesure du corps législatif est de redoubler d'attention pour remettre sur-le-champ la force publique dans son état permanent quand la guerre vient à cesser. Ordonnez alors de congédier sur-le-champ les troupes extraordinaires, fixez un court délai pour leur séparation, bornez la continuation de leur solde jusqu'à cette époque et rendez le ministre responsable ; poursuivez-le comme coupable, si des ordres aussi importans ne sont pas exécutés : voilà ce que prescrit encore l'intérêt public.

j'ai suivi, Messieurs, le même ordre de questions pour savoir à qui doit appartenir le droit de faire des traités d'alliance, de commerce et toutes les conventions qui peuvent être nécessaires au bien de l'état. Je me suis demandé d'abord à moi-même si nous devions renoncer à faire des traités ; et cette question se réduit à savoir si, dans l'état actuel de notre commerce et de celui de l'Europe, nous devons abandonner au hasard l'influence des autres puissances sur nous et notre réaction sur l'Europe ; si, parce que nous changerons tout-à-coup notre système politique (et en effet que d'erreurs, que de préjugés n'aurons-nous pas à détruire!) nous forcerons les autres nations de changer le leur ; si, pendant longtemps, notre paix et la paix des autres peut être autrement conservée que par un équilibre qui empêche une réunion soudaine de plusieurs peuples contre un seul? Le temps viendra sans doute où nous n'aurons que des amis et point d'alliés, où la liberté du commerce sera universelle, où l'Europe ne sera qu'une grande famille. Mais l'espérance a aussi son fanatisme ; serons-nous assez heureux pour que, dans un instant, le miracle auquel nous devons notre liberté se répète avec éclat dans les deux mondes?

S'il nous faut encore des traités, celui-là seul pourra les préparer, les arrêter, qui aura le droit de les négocier ; car je ne vois pas qu'il pût être utile ni conforme aux bases du gouvernement que nous avons déjà consacrées, d'établir que le corps législatif communiquera sans intermédiaire avec les autres puissances. Ces traités vous seront notifiés sur-le-champ ; ces traités n'auront de force qu'autant que le corps législatif les approuvera. Voilà encore les justes bornes du concours entre les deux pouvoirs ; et ce ne sera pas même assez de refuser l'approbation d'un traité dangereux : la responsabilité des ministres vous offre encore ici le moyen de punir son coupable auteur.

Je n'examine pas s'il serait plus avantageux qu'un traité ne fût conclu qu'après l'approbation du corps législatif ; car qui ne sent pas que le résultat est le même, et qu'il est bien plus avantageux pour nous-mêmes qu'un traité devienne irrévocable, par cela seul que le corps législatif l'aura ratifié, que si, même après son approbation, les autres puissances avaient encore le droit de la refuser?

N'y a-t-il point d'autres précautions à prendre sur les traités? et ne serait-il pas de la dignité, de la loyauté d'une convention nationale, de déterminer d'avance, pour elle-même et pour toutes les autres nations, non ce que les traités pourront renfermer, mais ce qu'ils ne renfermeront jamais? Je pense, sur cette question comme plusieurs des préopinans : je voudrais qu'il fût déclaré que la nation française renonce à toute espèce de conquête et qu'elle n'emploiera jamais ses forces contre la liberté d'aucun peuple.

Voilà, Messieurs, le système que je me suis fait sur l'exercice du droit de la paix et de la guerre : mais je dois présenter d'autres motifs de mon opinion; je dois surtout faire connaître pourquoi je me suis si fortement attaché à ne donner au corps législatif que le concours nécessaire à l'exercice de ce droit, sans le lui attribuer exclusivement : le concours dont je viens de parler peut seul prévenir tous ces dangers.

Et d'abord, pour vous montrer que je ne me suis dissimulé aucune objection, voici ma profession de foi sur la théorie de la question, considérée indépendamment de ses rapports politiques. Sans doute la paix et la guerre sont des actes de souveraineté qui n'appartiennent qu'à la nation; et peut-on nier le principe, à moins de supposer que les nations sont esclaves? Mais il ne s'agit pas du droit en lui-même, il s'agit de la délégation.

D'un autre côté, quoique tous les préparatifs et toute la direction de la guerre et de la paix tiennent à l'action du pouvoir exécutif, on ne peut pas se dissimuler que la déclaration de la guerre et de la paix ne soit un acte de pure volonté; que toute hostilité, que tout traité de paix ne soit en quelque sorte traductible par ces mots : *moi, nation, je fais la guerre, je fais la paix*. Et dès lors comment un seul homme, comment un roi, un ministre pourra-t-il être l'organe de la volonté de tous? Comment l'exécuteur de la volonté générale pourra-t-il être en même temps l'organe de cette volonté?

Je ne me suis pas dissimulé non plus tous les dangers qu'il peut y avoir de confier à un seul homme le droit, ou plutôt le moyen de ruiner l'état, de disposer des citoyens, de compromettre la sûreté de l'empire, d'attirer sur nos têtes, comme un génie malfesant, tous les fléaux de la guerre. Ici, comme tant d'autres, je me suis rappelé les noms de ces ministres impies, ordonnant des guerres exécrables pour se rendre nécessaires ou pour écarter un rival. Ici j'ai vu l'Europe incendiée pour le gant d'une duchesse trop tard ramassé. Je me suis peint ce roi guerrier et conquérant, s'attachant ses soldats par la corruption et par la victoire, tenté de redevenir despote en rentrant dans ses états, fomentant un parti au-dedans de l'empire, et renversant les lois avec ce même bras que les lois seules avaient armé.

Eh bien, Messieurs, discutons ces objections; examinons si les moyens que l'on propose pour écarter ces dangers n'en feront pas naître d'autres non moins funestes, non moins redoutables à la liberté publique.

Je ne dirai qu'un mot sur les principes. Sans doute le roi n'est point l'organe de la volonté publique; mais il n'est point étranger non plus à l'expression de cette volonté. Ainsi, lorsque je me borne à demander le concours des deux délégués de la nation, je suis parfaitement dans les principes constitutionnels.

D'un autre côté, je vous prie d'observer qu'en examinant si l'on doit attribuer le droit de souveraineté à tel délégué de la nation plutôt qu'à tel autre, au délégué qu'on appelle *roi*, ou au délégué graduellement épuré et renouvelé, qui s'appellera *corps législatif*, il faut écarter toutes les idées vulgaires d'incompatibilité; qu'il dépend de la nation de préférer pour tel acte individuel de sa volonté le délégué qu'il lui plaira; qu'il ne peut donc être question, puisque nous déterminons ce choix, que de consulter, non l'orgueil national, mais l'intérêt public, seule et digne ambition d'un grand peuple. Toutes les subtilités disparaissent ainsi pour faire place à cette question :

Par qui est-il plus utile que le droit de faire la paix ou la guerre soit exercé?

Remarquez d'ailleurs que ce point de vue est étranger à mon système; ceux-là doivent répondre à l'objection d'incomptabilité, qui veulent attribuer exclusivement au roi l'exercice du droit de la paix et de la guerre; mais ce système, je le combats avec tous les bons citoyens. On parle d'un droit exclusif, et je ne parle que d'un concours.

Voyons maintenant le danger de chaque système.

Je vous demande à vous-même, sera-t-on mieux assuré de n'avoir que des guerres justes, équitables, si l'on délègue exclusivement à une assemblée de sept cents personnes l'exercice du droit de faire la guerre? Avez-vous prévu jusqu'où les mouvemens passionnés, jusqu'où l'exaltation du courage et d'une fausse dignité pourraient porter et justifier l'imprudence? Nous avons entendu un de nos orateurs vous proposer, si l'Angleterre fesait à l'Espagne une guerre injuste, de franchir sur-le-champ les mers, de renverser une nation sur l'autre, de jouer dans Londres même, avec ces fiers Anglais, au dernier écu, au dernier homme, et nous avons tous applaudi ; et je me suis surpris moi-même applaudissant ; et un mouvement oratoire a suffi pour tromper un instant votre sagesse. Croyez-vous que de pareils mouvemens, si jamais le corps législatif délibère directement et exclusivement, ne vous porteront pas à des guerres désastreuses, et que vous ne confondrez pas le conseil du courage avec celui de l'expérience ? Pendant qu'un des membres proposera de délibérer, on demandera la guerre à grands cris ; vous verrez autour de vous une armée de citoyens. Vous ne serez pas trompés par des ministres ; ne le serez-vous jamais par vous-mêmes ?

Il est un autre genre de danger qui n'est propre qu'au corps législatif, dans l'exercice exécutif du droit de la paix et de la guerre ; c'est qu'un tel corps ne peut être soumis à aucune espèce de responsabilité. Je sais bien qu'une victime est un faible dédommagement d'une guerre injuste ; mais quand je parle de responsabilité, je ne parle point de vengeance : ce ministre que vous supposez ne devoir se conduire que d'après son caprice, un jugement l'attend, sa tête sera le prix de son imprudence. Vous avez eu des Louvois sous le despotisme, en aurez-vous encore sous le régime de la liberté ?

On parle du frein de l'opinion publique pour les représentans de la nation ; mais l'opinion publique souvent égarée, même par des sentimens dignes d'éloges, ne servira qu'à la séduire ; mais l'opinion publique ne va pas atteindre séparément chaque membre d'une grande assemblée.

Ce Romain qui, portant la guerre dans les plis de sa toge, menaçait de secouer en la déroulant tous les fléaux de la guerre, celui-là devait sentir toute l'importance de sa mission. Il était seul ; il tenait en ses mains une grande destinée ; il portait la terreur ; mais le sénat nombreux qui l'envoyait au milieu d'une discussion orageuse et passionnée, avait-il éprouvé cet effroi que le redoutable et douteux avenir de la guerre doit inspirer ? On vous l'a déjà dit, Messieurs, voyez les peuples libres ; c'est par des guerres plus ambitieuses, plus barbares qu'ils se sont toujours distingués.

Voyez les assemblées politiques, c'est toujours sous le charme de la passion qu'elles ont décrété la guerre. Vous le connaissez tous le trait de ce matelot qui fit, en 1740, résoudre la guerre de l'Angleterre contre l'Espagne. *Quand les Espagnols m'ayant mutilé me présentèrent la mort, je recommandai mon âme à Dieu et ma vengeance à ma patrie.* C'était un homme bien éloquent que ce matelot, mais la guerre qu'il alluma n'était ni juste ni politique ; ni le roi d'Angleterre, ni les ministres ne le voulaient. L'émotion d'une assemblée, quoique moins nombreuse et plus assouplie que la nôtre aux combinaisons de l'insidieuse politique, en décida.

Voici des considérations bien plus importantes. Comment ne redoutez-vous pas, Messieurs, les dissentions intérieures qu'une délibération inopinée sur la guerre, prise sans le concours du roi par le corps législatif, pourra faire naître, et dans son sein et dans tout le royaume ? Souvent entre deux partis qui embrasseront violemment des opinions contraires, la délibération sera le fruit d'une lutte opiniâtre, décidée seulement par quelques suffrages ; et en pareil cas, si la même division s'établit dans l'opinion publique, quel succès espérez-vous d'une guerre qu'une grande partie de la nation désapprouvera ? Observez la diète de Pologne : plusieurs fois une délibération sur la guerre ne l'a excitée que dans son sein. Jetez les yeux sur ce qui vient de se passer en Suède ; en vain le roi a forcé en quelque sorte le suffrage des états ; les dissidens ont presque obtenu le coupable succès de faire échouer la guerre. La Hollande avait déjà présenté cet exemple : la guerre était déclarée contre le vœu d'un simple stathouder ; quel fruit avons-nous recueilli d'une alliance qui nous avait coûté tant de soins, tant de trésors ? Nous allons donc mettre un germe de dissentions civiles dans notre constitution, si nous fesons exercer exclusivement le droit de guerre par le corps législatif ; et comme le *veto* suspensif que vous avez accordé au roi ne pourrait pas s'appliquer à de telles délibérations, les dissentions dont je parle n'en seront que plus redoutables.

Je m'arrête un instant, Messieurs, sur cette considération, pour vous faire sentir que dans la pratique des gouvernemens on est souvent forcé de s'écarter, même pour l'intérêt public, de la rigoureuse pureté d'une abstraction philosophique : vous avez vous-mêmes décrété que l'exécuteur de la volonté nationale aurait, dans certains cas, le droit de suspendre l'effet de la première manifestation de cette volonté ; qu'il pourrait appeler de la volonté connue des représentans de la nation à la volonté présumée de la nation. Or, si nous avons donné un tel concours au monarque, même dans les actes législatifs qui sont si étrangers à l'action du pouvoir exécutif, comment, pour suivre la chaîne des mêmes principes, ne ferions-nous pas concourir le roi, je ne dis pas seulement à le direction de la guerre, mais à la délibération sur la guerre ?

Ecoutons s'il le faut le danger des dissentions civiles. Eviterez-vous aussi facilement celui de la lenteur des délibérations sur une telle matière, si vous n'en bornez pas l'objet aux seuls cas où le concours ou la volonté du corps législatif est indispensable? Ne craignez-vous pas que votre force publique ne soit paralysée comme elle l'est en Pologne, en Hollande et dans toutes les républiques. Ne craignez-vous pas que cette lenteur n'augmente encore, soit parce que notre constitution prend insensiblement les formes d'une grande confédération, soit parce qu'il est inévitable que les départemens n'acquièrent une grande influence sur le corps législatif? Ne craignez-vous pas que le peuple, instruit que ses représentans déclarent directement la guerre en son nom, ne reçoive par cela même une impulsion dangereuse vers la démocratie, ou plutôt l'oligarchie; que la vœu de la guerre et de la paix ne parte du sein des provinces, ne soit compris bientôt dans les pétitions, et ne donne à une grande masse d'hommes toute l'agitation qu'un objet aussi important est capable d'exciter? Ne craignez-vous pas que le corps législatif, malgré sa sagesse, ne soit porté à franchir les limites de ses pouvoirs, par les suites presque inévitables qu'entraîne l'exercice exclusif du droit de la guerre et de la paix? Ne craignez-vous pas que, pour seconder le succès d'une guerre qu'il aura votée sans le concours du monarque, il ne veuille influer sur sa direction, sur le choix des généraux, surtout s'il peut leur imputer des revers; et qu'il ne porte sur les démarches du chef de la nation cette surveillance inquiète qui serait, par le fait, un second pouvoir exécutif?

Ne comptez-vous encore pour rien l'inconvénient d'une assemblée non permanante, obligée de se rassembler dans le temps qu'il faudrait employer à délibérer, l'incertitude, l'hésitation qui accompagneront toutes les démarches du pouvoir exécutif, qui ne saura jamais jusqu'où les ordres provisoires pourront s'étendre? Les inconvéniens mêmes d'une délibération publique et inopinée sur les motifs de se préparer à la guerre ou à la paix: délibération dont tous les secrets d'un état (et longtemps encore nous aurons de pareils secrets) sont souvent les élémens?

Enfin, ne comptez-vous pour rien le danger de transporter les formes républicaines à un gouvernement qui est tout à la fois représentatif et monarchique? Je vous prie de considérer ce danger par rapport à notre constitution, à nous-mêmes, et au roi.

Par rapport à notre constitution, pouvons-nous espérer de la maintenir, si nous composons notre gouvernement de différentes formes opposées entre elles? J'ai soutenu moi-même qu'il n'existe qu'un seul principe de gouvernement pour toutes les nations, je veux dire leur souveraineté: mais il n'est pas moins certain que les diverses manières de déléguer les pouvoirs, donnant aux gouvernemens de chaque nation des formes différentes, dont l'unité, dont l'ensemble constituent toute la force, dont l'opposition au contraire fait naître dans un état des sources éternelles de division, jusqu'à ce que la forme dominante ait renversé toutes les autres; et de là naissent, indépendamment du despotisme, tous les bouleversemens des empires.

Rome ne fut détruite que par ce mélange de formes royales, aristocratiques et démocratiques. Les orages qui ont si souvent agité plusieurs états de l'Europe n'ont point d'autre cause. Les hommes tiennent à la distribution du pouvoir; les pouvoirs sont exercés par des hommes; les hommes abusant d'une autorité qui n'est pas suffisamment arrêtée, en franchissent les limites. C'est ainsi que le gouvernement monarchique se change en despotique; et voilà pourquoi nous avons besoin de prendre tant de précautions. Mais c'est encore ainsi que le gouvernement représentatif devient oligarchique, selon que les deux pouvoirs, faits pour se balancer, l'emportent l'un sur l'autre et s'envahissent au lieu de se contenir.

Or, Messieurs, excepté le seul cas d'une république proprement dite, ou d'une grande confédération sans un chef unique, ou d'une monarchie dont le chef est réduit à une vaine représentation, qu'on me cite un seul peuple qui ait exclusivement attribué l'exercice de la guerre et de la paix à un sénat. On prouvera très-bien, dans la théorie, que le pouvoir exécutif conservera toute sa force, si tous les préparatifs, toute la direction, toute l'action, appartiennent au roi, et si le corps législatif a seul le droit exclusif de dire: *je veux la guerre ou la paix.* Mais montrez-moi comment le corps représentatif, tenant de si près à l'action du pouvoir exécutif, ne franchira pas les limites presque insensibles qui les séparent. Je le sais, la séparation existe encore. L'action n'est pas la volonté; mais cette ligne de démarcation est bien plus facile à démontrer qu'à conserver; et n'est-ce pas s'exposer à confondre les pouvoirs, ou plutôt n'est-ce pas déjà les confondre en véritable pratique sociale, que de les rapprocher de si près? N'est-ce pas d'ailleurs nous écarter des principes que notre constitution a déjà consacrés?

Si j'examine les inconvéniens de l'attribution exclusive au corps législatif, par rapport à nous-mêmes, c'est-à-dire par rapport aux obstacles que les ennemis du bien public n'ont cessé de vous opposer dans votre carrière, que de nouveaux contradicteurs n'allez-vous pas exciter parmi ces citoyens qui ont espéré de pouvoir concilier toute l'énergie de la liberté avec la prérogative royale! Je ne parle que de ceux-là, non des flatteurs, non de courtisans; de ces hommes avilis qui préfèrent le despotisme à la liberté; non de ceux qui ont osé soutenir dans cette tribune que nous n'avions pas eu le droit de changer la constitution de l'état ; ou que l'exercice du droit de la paix et de la guerre est indivisible de la royauté, ou que le conseil, si souvent corrompu, dont s'entourent les rois, est un plus fidèle organe de l'intérêt public que les représentans choisis par le peuple : ce n'est point de ces blasphémateurs, ni de leurs impiétés ni de leurs impuissans efforts que je veux parler, mais de ces hommes qui, faits pour être libres, redoutent cependant les commotions du gouvernement populaire ; de ces hommes qui, après avoir regardé la permanence d'une assemblée nationale comme la seule barrière du despotisme, regardent aussi la royauté comme une utile barrière contre l'aristocratie.

Enfin, par rapport au roi, par rapport à ses successeurs, quel sera l'effet inévitable d'une loi qui concentrerait exclusivement dans le corps législatif le droit de faire la paix ou la guerre? Pour les rois faibles, la privation de l'autorité ne sera qu'une cause de découragement et d'inertie. Mais la dignité royale n'est-elle donc plus au nombre des propriétés nationales? Un roi environné de perfides conseils, ne se voyant plus l'égal des autres rois, se croira détrôné: il n'aurait rien perdu, qu'on lui persuaderait le contraire ; et les choses n'ont de prix, et jusqu'à un certain point de réalité, que dans l'opinion. Un roi juste croira du moins que le trône est environné d'écueils, et tous les ressorts de la force publique se relâcheront : un roi ambitieux, mécontent du lot que la constitution lui aura donné, sera l'ennemi de cette constitution dont il doit être le garant et le gardien.

Faut-il donc pour cela redevenir esclaves? Faut-il, pour diminuer le nombre des mécontens, souiller notre immortelle constitution par de fausses mesures, par de faux principes? Ce n'est pas ce que je propose, puisqu'il s'agit au contraire de savoir si le double concours que j'accorde au pouvoir exécutif et au corps législatif, dans l'exercice du droit de la guerre et de la paix, ne serait pas plus favorable à la liberté nationale.

Ne croyez pas que j'aie été séduit par l'exemple de l'Angleterre, qui laisse au roi l'entier exercice du droit de la paix et de la guerre. Je le condamne moi-même cet exemple.

Là le roi ne se borne pas à repousser les hostilités ; il les commence, il les ordonne : je vous propose, au contraire, de poursuivre comme coupables les ministres ou les agens qui auront fait une guerre offensive.

Là le roi déclare la guerre par une simple proclamation en son nom ; et une telle proclamation étant un acte véritablement national, je suis bien éloigné de croire, ni qu'elle doive être faite au nom du roi chez une nation libre, ni qu'il puisse y avoir une déclaration de guerre sans le concours du corps législatif.

Là le roi n'est pas forcé de convoquer le parlement lorsqu'il commence la guerre ; et souvent, durant un long intervalle, le corps législatif non rassemblé est privé de tout moyen d'influence, pendant que le monarque, déployant toutes les forces de l'empire, entraîne la nation dans des mesures qu'elle ne pourra prévenir lorsqu'elle sera consultée : je vous propose, au contraire, de forcer le roi à notifier sur-le-champ les hostilités ou imminentes ou commencées, et de décréter que le corps législatif sera tenu de se rassembler à l'instant.

Là le chef de l'état peut faire la guerre pour s'agrandir, pour conquérir, c'est-à-dire pour s'exercer au métier de la tyrannie : js vous propose au contraire, de déclarer à toute l'Europe que vous n'emploierez jamais la force publique contre la liberté d'aucun peuple.

Là le roi n'éprouve d'autre obstacle que le refus des fonds publics, et l'énorme dette nationale prouve assez que cette barrière est insuffisante, et que l'art d'appauvrir les nations est un moyen de despotisme non moins redoutable que tout autre : je vous propose, au contraire, d'attribuer au corps législatif le droit d'approuver ou d'improuver la guerre, d'empêcher qu'on ne recoure à la voie des armes lorsqu'il n'y a point encore d'hostilités, et même lorsque la guerre a été approuvée, de requérir le roi de négocier la paix.

Enfin les milices de l'Angleterre ne sont pas organisées de manière à servir de contre-poids à la force publique, qui est tout entière dans les mains du roi : et je propose, au contraire, d'attribuer au corps législatif, si le roi fait la guerre en personne, le droit de réunir telle portion de la garde nationale du royaume en tel lieu qu'il jugera convenable ; et sans doute une telle précaution vous parût-elle dangereuse ou inutile, vous organiserez du moins cette force intérieure, de manière à faire une armée pour la liberté publique, comme vous en avez une pour garantir vos frontières.

Voyons maintenant s'il reste encore des objections que je n'aie pas détruites dans le système que je combats.

Le roi, dit-on, pourra donc faire des guerres injustes, des guerres anti-nationales? Mais une telle objection ne saurait s'adresser à moi, qui ne veux accorder au roi qu'un simple concours dans l'exercice du droit de la guerre. Et, comment, dans mon système, pourrait-il y avoir des guerres anti-nationales ? Je vous le demande à vous-mêmes. Est-ce de bonne foi qu'on dissimule l'influence d'un corps législatif toujours présent, toujours surveillant ; qui pourra non-seulement refuser des fonds, mais approuver ou improuver la guerre, mais requérir la négociation de la paix ? Ne comptez-vous encore pour rien l'influence d'une nation organisée dans toutes ses parties, qui exercera constamment le droit de pétition dans les formes légales ? Un roi despote serait arrêté dans ses projets ; un roi citoyen, un roi placé au milieu d'un peuple armé ne le sera-t-il pas ?

On demande qui veillera pour le royaume, lorsque le pouvoir exécutif déploiera toutes ses forces ? Je réponds : la loi, la constitution, l'équilibre toujours maintenu de la force intérieure avec la force exérieure.

On dit que *nous ne sommes pas encadrés pour la liberté comme l'Angleterre* ; mais aussi nous avons de plus grands moyens de conserver la liberté, et je propose de plus grandes précautions.

Notre constitution n'est point encore affermie ; on peut nous susciter une guerre pour avoir le prétexte de déployer une grande force et de la tourner bientôt contre nous. Eh bien ! ne négligeons pas ces craintes ; mais distinguons le moment présent des effets durables d'une constitution, et ne rendons pas éternelles les dispositions provisoires que la circonstance extraordinaire d'une grande convention nationale pourra nous suggérer : mais si vous portez les défiances du moment dans l'avenir, prenez garde qu'à force d'exagérer les craintes nous ne rendions les préservatifs pires que les maux ; et qu'au lieu d'unir les citoyens par la liberté, nous ne les divisions en deux partis toujours prêts à conspirer l'un contre l'autre. Si à chaque pas on nous menace de la résurrection du despotisme écrasé ; si l'on nous oppose sans cesse les dangers d'une très-petite partie de la force publique, malgré plusieurs millions d'hommes armés pour la constitution, quel autre moyen nous reste-t-il ? Périssons dans ce moment ! Qu'on ébranle les voûtes de ce temple, et mourons aujourd'hui libres, si nous devons être esclaves demain !

Il faut, continue-t-on, restreindre l'usage de la force publique dans les mains du roi. Je le pense comme vous, et nous ne différons que dans les moyens. Prenez garde qu'en voulant les restreindre vous ne l'empêchiez d'agir.

Mais, dans la rigueur des principes, l'état de guerre peut-il jamais commencer sans que la nation ait décidé si la guerre doit être faite ?

Je réponds : L'intérêt de la nation est que toute hostilité soit repoussée par celui qui a la direction de la force publique ; voilà ce que j'entends par un état de guerre. L'intérêt de la nation est que les préparatifs de guerre des nations voisines soient balancés par les nôtres ; voilà, sous un autre rapport, un état de guerre. Nulle délibération ne peut précéder ces événemens, ces préparatifs. C'est lorsque l'hostilité ou la nécessité de la défense, de la voie des armes, ce qui comprend tous les cas, sera notifiée au corps législatif, qu'il prendra les mesures que j'indique ; il approuvera ou improuvera ; il requerra de négocier la paix ; il accordera ou refusera les fonds de la guerre ; il poursuivra les ministres ; il disposera de la force intérieure ; il confirmera le traité de paix ou refusera de le ratifier. Je ne connais que ce moyen de faire concourir utilement le corps législatif à l'exercice du droit de paix et de guerre, c'est-à-dire, à un pouvoir mixte qui tient tout à la fois de l'action et de la volonté.

Les préparatifs même, dites-vous encore, qui seront laissés dans la main du roi, ne seront-ils pas dangereux ? Sans doute, ils le seront ; mais ce danger est inévitable dans tous les systèmes. Il est bien évident que, pour concentrer utilement dans le corps législatif l'exercice exclusif du droit de paix et de guerre, il faudrait lui laisser aussi le soin d'en ordonner les préparatifs. Mais le pouvez-vous sans changer la force du gouvernement ? Et si le roi doit être chargé des préparatifs ; s'il est forcé par la nature, par l'étendue de nos possessions, de les disposer à une grande distance, ne faut-il pas lui laisser aussi la plus grande latitude dans les moyens ? Borner les préparatifs, ne serait-ce pas les détruire ? Or, je demande si, lorsque les préparatifs existent, le commencement de l'état de guerre dépend de nous ou du hazard, ou de l'ennemi. Je demande si souvent plusieurs combats n'auront pas été donnés avant que le roi en soit instruit ; avant que la notification puisse en être faite à la nation ?

Mais ne pourrait-on pas faire concourir le corps législatif à tous les préparatifs de guerre, pour en diminuer le danger ? Ne pourrait-on pas les faire surveiller par un comité pris dans l'assemblée nationale ? Prenez garde : nous confondrions tous les pouvoirs en confondant l'action avec la volonté, la direction avec la loi ; bientôt le pouvoir exécutif ne serait que l'agent d'un comité ; nous ne ferions pas seulement les lois, nous gouvernerions ; car, quelles seront les bornes de ce concours, de cette surveillance ? C'est en vain que vous voudrez en assigner : malgré votre prévoyance, elles seront toutes violées.

Prenez garde encore. Ne craignez-vous pas de paralyser le pouvoir exécutif par ce concours de moyens ? Lorsqu'il s'agit de l'exécution, ce qui doit être fait par plusieurs personnes n'est jamais bien fait par aucune. Où serait d'ailleurs, dans un tel ordre de choses, cette responsabilité qui doit être l'égide de notre nouvelle constitution ?

Enfin encore, n'a-t-on rien à craindre d'un roi qui, couvrant les complots du despotisme sous l'apparence d'une guerre nécessaire, rentrerait dans le royaume avec une armée victorieuse, non pour reprendre son poste de roi-citoyen, mais pour reconquérir celui des tyrans ?

Eh bien ! qu'arrivera-t-il ? Je suppose qu'un roi conquérant et guerrier, réunissant aux talens militaires les vices qui corrompent les hommes et les qualités aimables qui les captivent, ne soit pas un prodige, et qu'il faille faire des lois pour des prodiges.

Je suppose qu'aucun corps d'une armée nationale n'eût assez de patriotisme et de vertu pour résister à un tyran, et qu'un tel roi conduisît des Français contre des Français, aussi facilement que César, qui n'était pas né sur le trône, fit passer le Rubicon à des Gaulois.

Mais je vous demande si cette objection n'est pas commune à tous les systèmes? Si nous n'aurons jamais à armer une grande force publique, parce que ce sera au corps législatif à exercer exclusivement le droit de faire la guerre?

Je vous demande si, par une telle objection, vous ne transportez pas précisément aux monarchies l'inconvénient des républiques? Car c'est surtout dans les états populaires que de tels succès sont à craindre. C'est parmi les nations qui n'avaient point de rois que ces succès ont fait des rois. C'est pour Carthage, c'est pour Rome, que des citoyens tels qu'Annibal et César étaient dangereux. Tarissez l'ambition; faites qu'un roi n'ait à regretter que ce que la loi ne peut accorder; faites de la magistrature du monarque ce qu'elle doit être; et ne craignez plus qu'un roi rebelle, abdiquant lui-même la couronne, s'expose à courir de la victoire à l'échafaud.

Ici des murmures interrompent l'orateur; M. d'Eprémesnil se lève et dit : Je demande que M. de Mirabeau soit rappelé à l'ordre; il oublie que la personne du roi a été déclarée inviolable.

Mirabeau :

Je me garderai bien de répondre à l'inculpation de mauvaise foi qui m'est faite; vous avez tous entendu ma supposition d'un roi despote et révolté qui vient avec une armée de Français conquérir la place des tyrans ; or, un roi dans ce cas, n'est plus un roi (La salle retentit d'applaudissemens.)

Il serait difficile et inutile de continuer une discussion déjà bien longue, au milieu d'applaudissemens et d'improbations également exagérés, également injustes. J'ai parlé, parce que je n'ai pas cru pouvoir m'en dispenser dans une occasion aussi importante : j'ai parlé d'après ma conscience et ma pensée; je ne dois à cette assemblée que ce qui me paraît la vérité, et je l'ai dite. Je l'ai dite assez fortement peut-être, quand je luttais contre les puissances ; je serais indigne d'être compté parmi les amis de la liberté, si je dissimulais ma pensée, quand je penche pour un parti mitoyen entre l'opinion de ceux que j'aime et que j'honore, et l'avis des hommes qui ont montré le plus de dissentiment avec moi depuis le commencement de cette assemblée.

Vous avez saisi mon système; il consiste à attribuer concurremment le droit de faire la paix et la guerre aux deux pouvoirs que la constitution a consacrés. Je crois avoir combattu avec avantage les argumens qu'on alléguera sur cette question en faveur de tous les systèmes exclusifs. Il est une seule objection insoluble qui se trouve dans tous comme dans le mien, et qui embarrassera toujours les diverses questions qui avoisineront la confusion des pouvoirs; c'est de déterminer les moyens d'obvier au dernier degré de l'abus. Je n'en connais qu'un, on n'en trouvera qu'un, et je l'indiquerai par cette locution triviale, et peut-être de mauvais goût, que je me suis déjà permise dans cette tribune, mais qui peint nettement ma pensée. C'est *le tocsin de la nécessité* qui seul peut donner le signal, quand le moment est venu de remplir l'imprescriptible devoir de la résistance ; devoir toujours impérieux lorsque la constitution est violée, toujours triomphant lorsque la résistance est juste et vraiment nationale.

Je vais vous lire mon projet de décret : il n'est pas bon, il est incomplet. Un décret sur le droit de la paix et de la guerre ne sera jamais véritablement le code moral du droit des gens, qu'alors que vous aurez constitutionnellement organisé l'armée, la flotte, les finances, vos gardes nationales et vos colonies ; je désire donc vivement qu'on perfectionne mon projet de décret, je désire que l'on en propose un meilleur. Je ne chercherai pas à dissimuler le sentiment de défiance avec lequel je vous l'apporte ; je ne cacherai pas même mon profond regret, que l'homme qui a posé les bases de la constitution, et qui a le plus contribué à votre grand ouvrage ; que l'homme qui a révélé au monde les véritables principes du gouvernement représentatif, se condamne lui-même à un silence que je déplore, que je trouve coupable, à quelque point que ses immenses services aient été méconnus; que l'abbé Siéyes (je lui demande pardon, je le nomme) ne vienne pas poser lui-même dans la constitution un des plus grands ressorts de l'ordre social. J'en ai d'autant plus de douleur, qu'écrasé d'un travail trop au-dessus de mes forces intellectuelles, sans cesse ravi au recueillement et à la méditation qui sont les premières puissances de l'homme, je n'avais pas porté mon esprit sur cette question, accoutumé que j'étais à me reposer sur ce grand penseur de l'achèvement de son ouvrage. Je l'ai pressé, conjuré, supplié au nom de l'amour de la patrie, ce sentiment bien autrement énergique et sacré, de nous doter de ses idées, de ne pas laisser cette lacune dans la constitution : il m'a refusé, je vous le dénonce. Je vous conjure à mon tour d'obtenir son avis qui ne doit pas être un secret; d'arracher enfin au découragement un homme dont je regarde le silence et l'inaction comme une calamité publique.

Après ces aveux de la candeur desquels vous me saurez gré, du moins, voulez-vous me dispenser de lire mon projet de décret? 'J'en serai reconnaissant *(on dit de toutes parts :* lisez, lisez.) Vous voulez que je le lise, souvenez-vous que je n'ai fait que vous obéir, et que j'ai eu le courage de vous déplaire pour vous servir.

L'orateur donne lecture de son projet de décret.

DEUXIÈME DISCOURS.

Ce discours et le décret proposé par Mirabeau trouvèrent un adversaire redoutable par le talent et plus encore par la popularité. Cette palme démocratique, qui fesait la gloire de Mirabeau et que des bruits obscurs commençaient à lui disputer, elle est brisée sur sa tête par son jeune rival. Mirabeau peut en un moment être précipité de ce trône chancelant de l'opinion publique; il est accusé comme un déserteur de la cause populaire. Il arrive à l'Assemblée, et sur son passage des clameurs injurieuses le désignent et le menacent. On crie devant lui : « *La grande trahison du comte de Mirabeau!* » *Il entre dans la salle : l'impression récente et profonde du discours de Barnave, les passions de la foule, et cette irrésistible action d'un préjugé général, tout est contre Mirabeau; disons-le même, quoiqu'il eût raison dans le débat, le sentiment des motifs intéressés auxquels il obéissait autant qu'à la vérité, devait au fond de l'âme l'embarrasser et l'affaiblir.*

Toutefois, rien n'est abaissé dans sa contenance, rien n'est affaibli dans son accent. Il est prêt, avec toutes ses forces, à lutter contre un déchaînement populaire, comme il avait lutté contre le pouvoir absolu.

Il prend la parole. Je ne vous rappelle pas auparavant le discours de Barnave; c'est par impartialité; dénué d'une expression vive et durable, le discours de Barnave ne frapperait pas aujourd'hui les esprits; on ne concevrait plus la puissance qu'il recevait et de la voix de l'orateur, et de l'émotion de l'Assemblée, et de toute l'ardeur des passions de parti; il paraîtrait seulement froid et méthodique; mais alors il était éloquent. Tenons-le pour tel; admettons, sans le relire, et d'après l'enthousiasme contemporain, que Barnave a vivement plaidé la cause du parti populaire, qu'il a signalé les guerres injustes et malheureuses entreprises par les rois; qu'il a vivement intéressé toutes les passions démocratiques. Rappelez-vous que Mirabeau est obligé de se justifier lui-même, avant de défendre son opinion; qu'il est perdu s'il a tort, perdu s'il a raison contre le préjugé populaire; que, menacé de toutes parts, il n'a pour appui que son talent. M. Villemain.

C'est quelque chose, sans doute, pour rapprocher les oppositions, que d'avouer nettement sur quoi l'on est d'accord et sur quoi l'on diffère. Les discussions amiables valent mieux pour s'entendre que les insinuations calomnieuses, les inculpations forcenées, les haines de la rivalité, les machinations de l'intrigue et de la malveillance. On répand depuis huit jours que la section de l'Assemblée nationale qui veut le concours de la volonté royale dans l'exercice du droit de la paix et de la guerre est parricide de la liberté publique; on répand les bruits de perfidie, de corruption; on invoque les vengeances populaires pour soutenir la tyrannie des opinions. On dirait qu'on ne peut sans crime, avoir deux avis dans une des questions les plus délicates et les plus difficiles de l'organisation sociale. C'est une étrange manie, c'est un déplorable aveuglement que celui qui anime ainsi les uns contre les autres des hommes qu'un même but, un sentiment indestructible devraient, au milieu des débats les plus acharnés, toujours rapprocher, toujours réunir; des hommes qui substituent ainsi l'irascibilité de l'amour-propre au culte de la patrie, et se livrent les uns les autres aux préventions populaires.

Et moi aussi, on voulait, il y a peu de jours, me porter en triomphe; et maintenant, on crie dans les rues: LA GRANDE TRAHISON DU COMTE DE MIRABEAU!... Je n'avais pas besoin de cette leçon pour savoir qu'il est peu de distance du Capitole à la roche Tarpéïenne; mais l'homme qui combat pour la raison, pour la patrie, ne se tient pas si aisément pour vaincu. Celui qui a la conscience d'avoir bien mérité de son pays et surtout de lui être encore utile; celui que ne rassasie pas une vaine célébrité, et qui dédaigne les succès d'un jour pour la véritable gloire; celui qui veut dire la vérité, qui veut faire le bien public, indépendamment des mobiles mouvemens de l'opinion populaire; cet homme porte avec lui la récompense de ses services, le charme de ses peines et le prix de ses dangers; il ne doit attendre sa moisson, sa destinée, la seule qui l'intéresse, la destinée de son nom, que du temps, ce juge incorruptible, qui fait justice à tous. Que ceux qui prophétisaient depuis huit jours mon opinion sans la connaître, qui calomnient en ce moment mon discours sans l'avoir compris, m'accusent d'encenser des idoles impuissantes au moment où elles sont renversées, ou d'être le vil stipendié des hommes que je n'ai pas cessé de combattre; qu'ils dénoncent comme un ennemi de la révolution, celui qui peut-être n'y a pas été inutile, et qui, cette révolution fût-elle étrangère à sa gloire, pourrait, là seulement, trouver sa sûreté; qu'ils livrent aux fureurs du peuple trompé celui qui depuis vingt ans combat toutes les oppressions, qui parlait aux Français de liberté, de constitution, de résistance, lorsque ses vils calomniateurs suçaient le lait des cours et vivaient de tous les préjugés dominans:

que m'importe? Ces coups de bas en haut ne m'arrêteront pas dans ma carrière. Je leur dirai: Répondez, si vous pouvez; calomniez ensuite tant que vous voudrez.

Alors, serrant de près son adversaire, opposant à chaque argument subtil une réponse énergique et simple, s'élevant à toutes les vues de la politique, sans paraître abandonner les passions qu'il a besoin de ménager, Mirabeau reprend tous ses avantages à force de talent. M. VILLEMAIN.

Je rentre donc dans la lice, armé de mes seuls principes et de la fermeté de ma conscience. Je vais poser à mon tour le véritable point de la difficulté avec toute la netteté dont je suis capable, et je prie tous ceux de mes adversaires qui ne m'entendront pas, de m'arrêter, afin que je m'exprime plus clairement, car je suis décidé à déjouer les reproches tant répétés d'évasion, de subtilité, d'entortillage ; et, s'il ne tient qu'à moi, cette journée dévoilera le secret de nos loyautés respectives. M. Barnave m'a fait l'honneur de ne répondre qu'à moi ; j'aurai pour son talent le même égard; et je vais à mon tour essayer de le réfuter.

Vous avez dit : Nous avons institué deux pouvoirs distincts, le pouvoir législatif et le pouvoir exécutif; l'un est chargé d'exprimer la volonté nationale, et l'autre de l'exécuter ; ces deux pouvoirs ne doivent jamais se confondre.

Vous avez appliqué ces principes à la question sur laquelle nous délibérons, c'est-à-dire, à l'exercice du droit de la paix et de la guerre.

Vous avez dit : Il faut distinguer l'action et la volonté : l'action appartiendra au roi, la volonté au corps législatif. Ainsi, lorsqu'il s'agira de déclarer la guerre, cette déclaration étant un acte de volonté, ce sera au corps législatif à la faire,

Après avoir exposé ce principe, vous l'avez appliqué à chaque article de mon décret. Je suivrai la même marche: je discuterai d'abord le principe général, j'examinerai ensuite l'application que vous en avez faite à l'exercice du droit de la paix et de la guerre; enfin, je vous suivrai pas à pas dans la critique de mon décret.

Vous dites que nous avons deux délégués distincts, l'un pour l'action, l'autre pour la volonté; je le nie.

Le pouvoir exécutif, dans tout ce qui tient à l'action, est certainement très-distinct du pouvoir législatif; mais il n'est pas vrai que le corps législatif soit entièrement indépendant du pouvoir exécutif, même dans l'expression de la volonté générale.

En effet, quel est l'organe de cette volonté, d'après notre

constitution ? C'est tout à la fois l'assemblée des représentans de la nation, ou le corps législatif, et le représentant du pouvoir exécutif, ce qui a lieu de cette manière : le corps législatif délibère et déclare la volonté générale ; le représentant du pouvoir exécutif a le double droit, ou de sanctionner la résolution du corps législatif, et cette sanction consomme la loi ; ou d'exercer le *veto* qui lui est accordé pour un certain espace de temps ; et la constitution a voulu que, durant cette période, la résolution du corps législatif ne fût pas loi ; il n'est donc pas exact de dire que notre constitution a établi deux délégués entièrement distincts, même lorsqu'il s'agit d'exprimer la volonté générale. Nous avons, au contraire, deux représentans qui concourent ensemble dans la formation de la loi, dont l'un fournit une espèce de vœu secondaire, exerce sur l'autre une sorte de contrôle, met dans la loi sa portion d'influence et d'autorité. Ainsi, la volonté générale ne résulte pas de la simple volonté du corps législatif.

Suivons maintenant l'application de votre principe à l'exercice du droit de la paix et de la guerre.

Vous avez dit : Tout ce qui n'est que volonté, en ceci comme dans tout le reste, retourne à son principe naturel, et ne peut être énoncé que par le pouvoir législatif ; ici je vous arrête, et je découvre votre sophisme en un seul mot, que vous-même avez proféré : ainsi vous ne m'échapperez pas.

Dans votre discours vous attribuez exclusivement l'énonciation de la volonté générale.... à qui ? *Au pouvoir législatif* ; dans votre décret, à qui l'attribuez-vous ? *au corps législatif.* Sur cela, je vous rappelle à l'ordre. Vous avez *forfait* à la constitution. Si vous entendez que le corps législatif est le pouvoir législatif, vous renversez par cela seul toutes les lois que nous avons faites : si, lorsqu'il s'agit d'exprimer la volonté générale, en fait de guerre, le corps législatif suffit...., par cela seul, le roi n'ayant ni participation, ni influence, ni contrôle, ni rien de tout ce que nous avons accordé au pouvoir exécutif par notre système social, vous auriez en législation deux principes différens, l'un pour la législation ordinaire, l'autre pour la législation en fait de guerre, c'est-à-dire, pour la crise la plus terrible qui puisse agiter le corps politique ; tantôt vous aurez besoin, et tantôt vous n'auriez pas besoin, pour l'expression de la volonté générale, de l'adhésion du monarque.... Et c'est vous qui parlez d'omogénéité, d'unité, d'ensemble dans la constitution ! Ne dites pas que cette distinction est vaine ; elle l'est si peu, elle est tellement importante à mes yeux et à ceux de tous les bons citoyens qui soutiennent ma doctrine, que si vous voulez substituer dans votre décret, à ces mots : *le corps législatif,* ceux-ci : *le pouvoir législatif,* et définir cette expression en l'appelant un acte de l'assemblée nationale sanctionné par le roi, nous serons, par cela seul, d'accord sur les principes ; mais vous reviendrez alors à mon décret, parce qu'il accorde moins au roi.... Vous ne me répondez pas.... Je continue.

Cette contraction devient encore plus frappante dans l'application que vous avez faite vous-même de votre principe au cas d'une déclaration de guerre.

Vous avez dit : Une déclaration de guerre n'est qu'un acte de volonté ; donc c'est au corps législatif à l'exprimer.

J'ai sur cela deux questions à vous faire, dont chacune embrasse deux cas différens.

Première question. Entendez-vous que la déclaration de guerre soit tellement propre au corps législatif que le roi n'ait pas l'initiative, ou entendez-vous qu'il ait l'initiative ?

Dans le premier cas, s'il n'a pas l'initiative, entendez-vous qu'il n'ait pas aussi le *veto* ? Dès-lors, voilà le roi sans concours dans l'acte le plus important de la volonté nationale. Comment conciliez-vous avec cela les droits que la constitution a donnés au monarque ? Comment la conciliez-vous avec l'intérêt public ? Vous aurez autant de provocateurs de la guerre que l'homme passionné.

Y a-t-il, ou non, de grands inconvéniens à cette disposition ? Vous ne niez pas qu'il n'y en ait.

Y en a-t-il, au contraire, à accorder l'initiative au roi ? J'entends par l'initiative une notification, un message quelconque ; vous ne sauriez y trouver aucun inconvénient.

Voyez, d'ailleurs, l'ordre naturel des choses. Pour délibérer, il faut être instruit ; par qui le serez-vous, si ce n'est par le surveillant des relations extérieures ?

Ce serait une étrange constitution que celle qui, ayant conféré au roi le pouvoir exécutif suprême, donnerait un moyen de déclarer la guerre, sans que le roi en provoquât la délibération par les rapports dont il est chargé ; votre assemblée ne serait plus délibérante, mais agissante ; elle gouvernerait.

Vous accordez donc l'initiative au roi.

Passons au second cas.

Si vous accordez au roi l'initiative, ou vous supposez qu'elle consistera dans une simple notification, ou vous supposez que le roi déclarera le parti qu'il veut prendre.

Si l'initiative du roi doit se borner à une simple notification, le roi, par le fait, n'aura aucun concours à une déclaration de guerre.

Si l'initiative du roi consiste, au contraire, dans la déclaration du parti qu'il croit devoir être pris, voici la double hypothèse sur laquelle je vous prie de raisonner avec moi.

Entendez-vous que le roi, se décidant pour la guerre, le corps législatif puisse délibérer la paix ? Je ne trouve à cela aucun inconvénient. Entendez-vous, au contraire, que, le roi voulant la paix, le corps législatif puisse ordonner la guerre et la lui faire soutenir malgré lui ? Je ne puis adopter votre système, parce qu'ici naissent des inconvéniens auxquels il est impossible de remédier.

De cette guerre, délibérée malgré le roi, résulterait bientôt une guerre d'opinion contre le monarque, contre tous ses agens. La surveillance la plus inquiète présiderait à toutes les opérations ; le désir de les seconder, la défiance contre les ministres, porteraient le corps législatif à sortir de ses propres limites. On proposerait des comités d'exécution militaire, comme on vous a proposé naguère des comités d'exécution politique ; le roi ne serait plus que l'agent de ces comités ; nous aurions deux pouvoirs exécutifs, ou plutôt le corps législatif régnerait.

Ainsi, par la tendance d'un pouvoir sur l'autre, notre propre constitution se dénaturerait entièrement ; de monarchique qu'elle doit être, elle deviendrait purement aristocratique. Vous n'avez pas répondu à cette objection, et vous n'y répondrez jamais. Vous ne parlez que de réprimer les abus ministériels, et moi je vous parle des moyens de réprimer les abus d'une assemblée représentative ; je vous parle d'arrêter la pente insensible de tout gouvernement vers la forme dominante qu'on lui imprime.

Si, au contraire, le roi voulant la guerre, vous bornez les délibérations du corps législatif à consentir la guerre, ou à décider qu'elle ne doit pas être faite, et à forcer le pouvoir exécutif de négocier la paix, vous évitez tous les inconvéniens : et remarquez bien, car c'est ici que se distingue éminemment mon système, que vous restez parfaitement dans les principes de la constitution.

Le *veto* du roi se trouve, par la nature des choses, presqu'entièrement émoussé en fait d'exécution ; il peut rarement avoir lieu en matière de guerre. Vous parez à cet inconvénient ; vous rétablissez la surveillance, le contrôle respectif qu'a voulu la constitution, en imposant aux deux délégués de la nation, à ses représentans amovibles et à son représentant inamovible, le devoir mutuel d'être d'accord lorsqu'il s'agit de guerre. Vous attribuez ainsi au corps législatif la seule faculté qui puisse le faire concourir sans inconvénient à l'exercice de ce terrible droit. Vous remplissez en même temps l'intérêt national autant qu'il est en vous, puisque vous n'aurez besoin, pour arrêter le pouvoir exécutif, que d'exiger qu'il mette le corps législatif continuellement à portée de délibérer sur tous les cas qui peuvent se présenter.

Il me semble, Messieurs, que le point de la difficulté est enfin complétement connu; et, pour un homme à qui tant d'applaudissemens étaient préparés dedans et dehors de cette salle, M. Barnave n'a point du tout abordé la question. Ce serait un triomphe trop facile maintenant que de le poursuivre dans les détails, où, s'il a fait voir du talent de parleur, il n'a jamais montré la moindre connaissance d'un homme d'état, ni des affaires humaines. Il a déclamé contre ces maux que peuvent faire et qu'ont fait les rois; et il s'est bien gardé de remarquer que, dans notre constitution, le monarque ne peut plus désormais être despote, ni rien faire arbitrairement; et il s'est bien gardé surtout de parler des mouvemens populaires, quoiqu'il eût lui-même donné l'exemple de la facilité avec laquelle les amis d'une puissance étrangère pourraient influer sur l'opinion d'une assemblée nationale en ameutant le peuple autour d'elle, et en procurant dans les promenades publiques des battemens de mains à leurs agens. Il a cité Périclès fesant la guerre pour ne pas rendre ses comptes ; ne semblerait-il pas, à l'entendre, que Périclès ait été un roi, ou un ministre despotique? Périclès était un homme qui, sachant flatter les passions populaires, et se faire applaudir à propos en sortant de la tribune, par ses largesses ou celles de ses amis, a entraîné à la guerre du Péloponèse... qui? l'assemblée nationale d'Athènes.

J'en viens à la critique de mon projet de décret, et je passerai rapidement en revue les diverses objections:

Article premier. « Que le droit de faire la paix et la guerre appartient à la nation. »

M. Barnave soutient que cet article est inutile. Pourquoi donc inutile? Nous n'avons pas délégué la royauté, nous l'avons reconnue, comme préexistante à notre constitution : or, puisqu'on a soutenu dans cette assemblée que le droit de faire la paix et la guerre est inhérent à la royauté, puisqu'on a prétendu que nous n'avions pas même la faculté de le déléguer, j'ai donc pu, j'ai dû énoncer dans mon décret que le droit de la paix et de la guerre appartient à la nation. Où est le piège?

Second article. « Que l'exercice du droit de la paix et de « la guerre doit être délégué concurremment au corps législatif « et au pouvoir exécutif, de la manière suivante. » Selon M. Barnave, cet article est contraire aux principes, et dévoile le piége de mon décret. Telle est en effet la question, la véritable question qui nous agite. Parlez nettement : les deux délégués de la nation doivent-ils concourir ou non à l'expression de la volonté générale ? S'ils doivent y concourir, peut-on donner à l'un d'eux une délégation exclusive dans l'exercice du droit de la paix et de la guerre? Comparez mon article avec le vôtre : vous ne parlez ni d'initiative proprement dite, ni de proposition, ni de sanction de la part du roi. Si je ne parle pas non plus ni de proposition, ni de sanction, je remplace ce concours par un autre. La ligne qui nous sépare est donc bien connue : c'est moi qui suis dans la constitution, c'est vous qui vous en écartez. Il faudra bien que vous y reveniez. De quel côté est le piége ?

Il est, dites-vous, en ce que je n'exprime pas de quelle manière le concours de ces deux délégués doit s'exercer. Quoi ! je ne l'exprime pas ! Que signifient donc ces mots : *de la manière suivante*, et quel est l'objet des articles qui suivent ? N'ai-je pas dit nettement, dans plusieurs de ces articles, que la notification est au roi, et la résolution, l'approbation, l'improbation à l'assemblée nationale ? Ne résulte-t-il pas évidemment de chacun de mes articles, que le roi ne pourra jamais entreprendre la guerre, ni même la continuer, sans la décision du corps législatif ? Où est le piége ? Je ne connais qu'un seul piége dans cette discussion ; c'est d'avoir affecté de ne donner au corps législatif que la décision de la guerre et de la paix, et cependant d'avoir, par le fait, au moyen d'une réticence, d'une déception de mots, exclu entièrement le roi de toute participation, de toute influence à l'exercice du droit de la paix et de la guerre.

Je ne connais qu'un seul piége dans cette affaire ; mais ici un peu de maladresse vous l'a dévoilé : c'est en désignant la déclaration de la guerre dans l'exercice du droit comme un acte de pure volonté, de l'avoir en conséquence attribué au corps législatif seul, comme si le corps législatif, qui n'est pas le pouvoir législatif, avait, sans nul concours du monarque, l'attribution exclusive de la volonté.

Troisième article. Nous sommes d'accord.

Quatrième article. Vous avez prétendu que je n'avais exigé la notification que dans le cas d'hostilité ; que j'avais supposé que toute hostilité était une guerre ; et qu'ainsi je laissais faire la guerre sans le concours du corps législatif. Quelle insigne mauvaise foi ! J'ai exigé la notification dans le cas d'*hostilités imminentes ou commencées, d'un allié à soutenir, d'un droit à conserver par la force des armes* : ai-je, ou non, compris tous les cas ? Où est le piége ?

J'ai dit, dans mon discours, que souvent les hostilités précéderaient toute délibération ; j'ai dit que ces hostilités pourraient être telles, que l'état de guerre fût commencé : qu'avez-vous répondu ? Qu'il n'y avait guerre que par la déclaration de guerre. Mais disputons-nous sur les choses ou sur les mots ? Vous avez dit sérieusement ce que M. de Bougainville disait au combat de la Grenade, dans un moment de gaîté héroïque ; les boulets roulaient sur son bord, il cria à ses officiers : *Ce qu'il y a d'aimable, Messieurs, c'est que nous ne sommes point en guerre ;* et en effet elle n'était pas déclarée.

Vous vous êtes longuement étendu sur le cas actuel de l'Espagne. Une hostilité existe ; l'assemblée nationale d'Espagne n'aurait-elle pas à délibérer ? Oui, sans doute, et je l'ai dit, et mon décret a formellement prévu ce cas ; ce sont des hostilités commencées, un droit à conserver, une guerre imminente. Donc, avez-vous conclu, l'hostilité ne constitue pas l'état de guerre. Mais si, au lieu de deux navires pris et relâchés dans le Nootkasound, il y avait eu combat entre deux vaisseaux de guerre ; si, pour les soutenir, deux escadres s'étaient mêlées de la querelle, si un général entreprenant eût poursuivi le vaincu jusque dans ses ports ; si une île importante avait été enlevée, n'y aurait-il pas alors état de guerre ? Ce sera tout ce que vous voudrez ; mais, puisque votre décret ni le mien ne présentent le moyen de faire devancer de pareilles aggressions par la délibération du corps législatif, vous conviendrez que ce n'est pas là la question : mais où est le piége ?

Cinquième article. J'ai voulu parler d'un fait possible, et que vous ne prévoyez pas dans votre décret ; dans le cas d'une hostilité reçue et repoussée, il peut exister une agression coupable ; la nation doit avoir le droit d'en poursuivre l'auteur, et de le punir : il ne suffit pas alors de ne pas faire la guerre, il faut réprimer celui qui, par une démarche imprudente ou perfide, aurait couru le risque ou tenté de nous y engager. J'en indique le moyen : est-ce là un piége ? Mais, dites-vous, je suppose donc que le pouvoir exécutif a le droit de commencer les hostilités, de commettre une agression. Non, je ne lui donne pas ce droit, puisque je le lui ôte formellement ; je ne permets pas l'agression, puisque je propose de la punir. Que fais-je donc ? Je raisonne sur un fait possible, et que ni vous ni moi ne pouvons prévenir. Je ne puis pas faire que le dépositaire suprême de toutes les forces nationales n'ait pas de grands moyens et les occasions d'en abuser ; mais cet inconvénient ne se trouve-t-il pas dans tous les systèmes ? Ce sera, si vous le voulez, le mal de la royauté : mais prétendez-vous que des institutions humaines, qu'un gouvernement fait par des hommes, pour des hommes, soient exempts d'inconvéniens ? Prétendez-vous, parce que la royauté a des dangers, nous faire renoncer aux avantages de la royauté ? Dites-le nettement ; alors ce sera à nous de déterminer si, parce que le feu brûle, nous devons nous priver de la chaleur, de la lumière que nous empruntons de lui. Tout peut se soutenir, excepté l'inconséquence : dites-nous qu'il ne faut pas de roi ; ne nous dites pas qu'il ne faut qu'un roi impuissant, inutile.

Articles VI, VII et VIII. Vous ne les avez pas attaqués, je crois; ainsi nous sommes d'accord. Mais convenez que celui qui impose au pouvoir exécutif des limitations qu'aucun autre décret n'a présentées, n'a pas doté d'usurpation la puissance royale, comme on n'a pas rougi de le dire; convenez qu'aussi bien qu'un autre, il sait munir de précautions constitutionnelles les droits du peuple ; convenez que, lorsque ce peuple égaré le menace, il défend encore ce peuple mieux que vous.

Article IX. « Car, dans le cas où le roi fera la guerre en personne, le corps législatif aura le droit de réunir tel nombre de gardes nationales, et dans tel endroit qu'il le trouvera convenable. » Vous me faites un grand reproche d'avoir proposé cette mesure. Elle a des inconvéniens, sans doute ; quelle institution n'en a pas? Si vous l'aviez saisie, vous auriez vu que si cette mesure avait été, comme vous l'avez dit, un accessoire nécessaire à mon système, je ne me serais pas borné à l'appliquer au cas, très-rare sans doute, où le roi ferait la guerre en personne, mais que je l'aurais indiquée pour tous les cas de guerre indéfiniment. Si dans tout cela il y a un piége, ce piége est tout entier dans votre argumentation, et non dans le système de celui qui veut écarter le roi du commandement des armées hors des frontières, parce qu'il ne pense pas que le surveillant universel de la société doive être concentré dans des fonctions aussi hasardeuses; il n'est pas dans le système de celui qui met dans votre organisation sociale le seul moyen d'insurrection régulière qui décide des principes de votre constitution. Il y a évidemment de la mauvaise foi à chercher la faiblesse de mon système ou quelque intention artificieuse dans la prévoyance d'un inconvénient présenté par tous ceux qui ont parlé avant moi, et qui existe également dans toutes les théories; car il est évident qu'un roi guerrier peut être égaré par ses passions, et servi par ses légions, élevées à la victoire, soit que le pouvoir législatif, soit que le pouvoir exécutif ait commencé la guerre. Si, dans toutes les hypothèses constitutionnelles, ce malheur terrible peut également se prévoir, il n'y a d'autre remède à lui opposer qu'un remède. Vous et moi reconnaissons également le devoir de l'insurrection dans des cas infiniment rares; est-ce un moyen si coupable que celui qui rend l'insurrection plus méthodique et plus terrible ? est-ce un piége que d'avoir assigné aux gardes nationales leur véritable destination ? Eh! que sont ces troupes, sinon les troupes de la liberté ? Pourquoi les avons-nous instituées, si elles ne sont pas éternellement destinées à conserver ce qu'elles ont conquis?.... Au reste, c'est vous qui le premier nous avez exagéré ce danger; il existe ou il n'existe pas : S'il n'existe pas, pourquoi l'avez-vous fait tant valoir ? S'il existe, il menace mon système comme le vôtre. Alors acceptez mon moyen, ou donnez-en un autre, ou n'en prenez point du tout; cela m'est égal à moi, qui ne crois à ce danger que comme à un prodige : aussi donnai-je mon consentement à l'amendement de M. Le Chapelier, qui retranche cet article.

Il est plus que temps de terminer ces longs débats. Désormais j'espère que l'on ne dissimulera plus le vrai point de la difficulté. Je veux le concours du pouvoir exécutif à l'expression de la volonté générale en fait de paix et de guerre, comme la constitution le lui a attribué dans toutes les parties déjà fixées de notre système social.... Mes adversaires ne le veulent pas. Je veux que la surveillance de l'un des délégués du peuple ne l'abandonne pas dans les opérations les plus importantes de la politique; et mes adversaires veulent que l'un des délégués possède exclusivement la faculté du droit de la guerre, comme si, lors même que le pouvoir exécutif serait étranger à la confection de la volonté générale, nous avions à délibérer sur le seul fait de la déclaration de la guerre, et que l'exercice du droit n'entraînât pas une série d'opérations mixtes, où l'action et la volonté se pressent et se confondent.

Voilà la ligne qui nous sépare. Si je me trompe, encore une fois, que mon adversaire m'arrête, ou plutôt qu'il substitue dans son décret à ces mots, *le corps législatif,* ceux-ci, *le pouvoir législatif,* c'est-à-dire, un acte émané des représentans de la nation et sanctionné par le roi ; et nous sommes parfaitement d'accord, sinon dans la pratique, du moins dans la théorie; et nous verrons alors si mon décret ne réalise pas mieux que tout autre cette théorie.

On vous a proposé de juger la question par le parallèle de ceux qui soutiennent l'affirmative et la négative. On vous a dit que vous verriez, d'un côté, des hommes qui espèrent s'avancer dans les armées ou parvenir à gérer les affaires étrangères ; des hommes qui sont liés avec les ministres et leurs agens ; de l'autre, « le citoyen paisible, vertueux, ignoré, sans ambition, qui trouve « son bonheur et son existence dans l'existence, dans le bonheur « commun. »

Je ne suivrai pas cet exemple. Je ne crois pas qu'il soit plus conforme aux convenances de la politique qu'aux principes de la morale, d'affiler le poignard dont on ne saurait blesser ses rivaux sans en ressentir bientôt sur son propre sein les atteintes. Je ne crois pas que des hommes qui doivent servir la cause publique en véritables frères d'armes, aient bonne grâce à se combattre en vils gladiateurs, à lutter d'imputations et d'intrigues, et non de lumières et de talens ; à chercher dans la ruine et la dépression les uns des autres de coupables succès, des trophées d'un jour nuisibles à tout, et même à la gloire. Mais je vous dirai : Parmi ceux qui soutiennent ma doctrine vous compterez tous les hommes modérés qui ne croient pas que la sagesse soit dans les extrêmes, ni que le courage de démolir ne doive jamais faire place à celui de reconstruire : vous compterez la plupart de ces énergiques citoyens qui, au commencement des états-généraux (c'est ainsi que s'appelait alors cette convention nationale, encore garottée dans les langes de la liberté), foulèrent aux pieds tant de préjugés, bravèrent tant de périls, déjouèrent tant de résistances pour passer au sein des communes, à qui ce dévouement donna les encouragemens et la force qui ont vraiment opéré votre révolution glorieuse: vous y verrez ces tribuns du peuple que la nation comptera long-temps encore, malgré les glapissemens de l'envieuse médiocrité, au nombre des libérateurs de la patrie : vous y verrez des hommes dont le nom désarme la calomnie, et dont les libellistes les plus effrénés n'ont pas essayé de ternir la réputation ni d'hommes privés ni d'hommes publics ; des hommes, enfin, qui sans tache, sans intérêt et sans crainte, s'honoreront jusqu'au tombeau de leurs amis et de leurs ennemis.

Je conclus à ce que l'on mette en délibération mon projet de décret, amendé par M. Le Chapelier.

A demi vaincu dans cette lutte, obligé de transformer en partie son opinion, Mirabeau triompha par son éloquence. Son discours fut accueilli par des appaudissemens presque unanimes, et le projet de décret présenté par lui fut adopté avec de légers amendemens.

MAURY.

L'abbé Maury, pauvre ecclésiastique du comtat d'Avignon, s'était lié avec les philosophes dans sa jeunesse intrigante, et leur crédit n'avait pas été inutile pour lui faire obtenir une excellente abbaye. L'art académique et les recherches d'un rhéteur consommé perçaient un peu trop dans ses sermons ; mais son panégyrique de Saint-Vincent de Paul avait paru plein d'onction et d'effet. Depuis, il avait secondé les opérations politiques de MM. de Brienne et de Lamoignon, et tracé les préambules de leurs édits. A cette époque, il fut en butte à mille sarcasmes. La satire chercha des scandales dans sa vie privée. Par un maintien hardi, des regards peu modestes, des propos peu mesurés et une pétulance en quelque sorte militaire, il prêtait quelque vraisemblance aux accusations qui se débitaient contre ses mœurs. Député aux états-généraux, il se dévoua courageusement à la défense de son ordre. La faction d'Orléans, après le 14 juillet, l'avait inscrit sur les listes de proscriptions. Il s'effraya, partit pour la Flandre; il fut arrêté à Péronne, menacé du massacre, sauvé par le courage des officiers municipaux de cette ville, et surtout par sa présence d'esprit. L'assemblée nationale le réclama; il y revint braver tous les dangers. Il s'était dit : Je périrai dans la révolution, ou, en la combattant, j'obtiendrai le chapeau de cardinal. Je ne crois pas que personne ait poussé plus loin que lui le courage de résister à des factieux, à des bourreaux. Il traversait les groupes les plus furieux, d'un pas vif et ferme, répondait à leurs menaces par des saillies pleines d'assurance et de gaîté, et redoublait de véhémence à la tribune contre la démagogie triomphante. Une connaissance parfaite de l'histoire; une vivacité d'esprit qui lui en fesait appliquer les résultats avec d'heureux à-propos; un style constamment soutenu, fleuri, harmonieux; une mémoire prodigieuse qui donnait l'éclat de l'improvisation à plusieurs de ses discours écrits; une prononciation rapide, ferme et habilement accentuée; le don des réparties; l'art de prolonger une ironie amère : voilà quels étaient ses avantages à la tribune; mais il semblait plus occupé du plaisir d'humilier ses adversaires que du désir de les vaincre. Il n'avait point cet accent de persuasion intime qui, même dans les discussions sévères, remue les entrailles des auditeurs. Il brillait hors de propos, et laissait quelquefois s'énerver sa dialectique par des lieux communs élégamment traités.

M. DE LACRETELLE.

L'abbé Maury avait un organe imposant, sonore, et une facilité de débit extraordinaire; mais, si l'on peut s'exprimer ainsi, une violence dans l'imagination, qui lui nuisait souvent. Personne dans l'assemblée ne posait une question plus nettement que lui, et personne, dans le commencement du discours, ne la développait avec plus d'ordre et de clarté. Orateur abondant et nerveux, il n'était pas moins habile logicien; mais les interpellations de ses adversaires, les cris qu'ils provoquaient dans l'assemblée, dérangeaient la succession de ses idées, que souvent il ne retrouvait plus; non qu'il fût intimidé de leurs interruptions et des vociférations des tribunes : il les bravait, au contraire, avec une imperturbable fermeté ; mais sa propre impatience, et la volonté de repousser immédiatement leurs attaques, le mettaient hors de lui-même ; et il arrivait souvent que la fin de ses discours n'était plus en rapport avec le commencement. Ses adroits adversaires savaient très-bien que leurs interruptions et leurs huées étaient un moyen sûr de mettre ce brillant orateur en défaut ; aussi ne les lui ménageaient-ils pas. Voici quelques traits d'un portrait de Maury, par un homme qui siégeait alors à ses côtés dans l'assemblée constituante, et qui s'est bien éloigné depuis de ses premiers erremens : « Maury, dit l'abbé de Pradt, était fort d'un amas immense de richesses acquises par le travail, doué d'une mémoire heureuse, vaste réservoir pour l'étude, pourvu d'un sang froid que rien ne trouble, puissant par l'enchaînement des idées qu'il a l'art de présenter toujours liées ensemble....; toujours clair dans ses idées, correct dans son style, peut-être le seul parmi ceux qui parurent dans cette arène, sous la dictée duquel on eût pu recueillir un discours conforme aux règles sévères du langage.... Il excellait à cacher ce qu'il ne savait pas... Il eût pu être l'orateur et l'interprète d'un parti ; Mirabeau en aurait été le créateur et le conducteur. Le premier ne voyait dans les hommes qu'un auditoire ; le second ne voyait dans un auditoire que des hommes et des machines de guerre. »

MM. Beaulieu et Picot.

VENTE DES BIENS DU CLERGÉ D'ALSACE.

Les chapitres de Strasbourg avaient, dans un mémoire à l'assemblée nationale, prétendu que leurs possessions leur étant garanties par les traités de Westphalie et de Brunswick, ne pouvaient être comprises dans les décrets qui prononçaient l'expoliation du clergé de France, et que, nonobstant ces décrets qui ne les concernaient pas, ils continueraient de se regarder comme légitimes possesseurs de leurs biens. La délibération sur ce mémoire avait été ajournée, et n'avait jamais été reprise depuis. Ces chapitres, en conséquence, prévinrent leurs fermiers, par un avis circulaire écrit en allemand, que c'était aux receveurs des chapitres qu'il fallait encore, comme par le passé, payer leurs redevances.

M. Diétrick, maire de Strasbourg, luthérien de religion, zélé révolutionnaire par principe, à ces deux titres, ennemi naturel du clergé catholique, dénonça bien vite cet avis, comme tendant à soulever les peuples, comme un signal de contre-révolution, comme un acte attentatoire à l'autorité du sénat auguste, comme, etc.

Le zèle du comité ecclésiastique ne s'endormit pas ; il se hâta de faire son rapport, et en chargea M. Chasset, digne successeur de M. Chabroud.

Le rapporteur lut l'acte des chapitres avec les yeux de M. Diétrick, c'est-à-dire, avec ceux de la prévention et de la haine : il y trouva les mêmes attentats qu'y voyait le maire de Strasbourg ; et, de plus, par la comparaison du procès-verbal de l'assemblée avec l'avis du chapitre écrit en allemand, il prétendit découvrir, dans cette dernière pièce, une *altération criminelle* de la première, un faux caractérisé, et conclut qu'il fallait prier le roi de faire poursuivre, arrêter et punir les auteurs de tant d'attentats.

Le jour pour faire passer ce décret était bien choisi, c'était un dimanche, jour où les membres du côté droit étaient ordinairement en petit nombre. Par malheur, survint M. l'abbé Maury, qu'on n'attendait pas ; s'étant informé de l'objet qui causait la fermentation de l'assemblée, dans le mouvement d'une juste indignation, il sauta à la tribune, et, quoiqu'il n'eût pu prévoir le sujet de la délibération, quoiqu'il n'eût pas eu un moment à réfléchir, il prononça le discours suivant, l'un des plus éloquens qu'il eût encore fait retentir dans cette tribune à jamais célèbre.

DISCOURS.

La question qui est soumise dans ce moment à votre décision, ne sera pas difficile ; c'est une simple question de fait.

Toutes les fois qu'une proposition est faite à cette assemblée dans les formes ordinaires de nos délibérations, vous n'avez que trois manières de la juger : il faut ou l'écarter par la question préalable, ou la décider par un décret, ou la suspendre par un ajournement. Cette dernière forme suppose que vous manquez de temps ou d'une instruction suffisante pour prononcer défininiment. La question alors reste entière ; et il faut nécessairement la discuter avant de la décréter.

Ces principes sont clairs et incontestables ; appliquons-les au rapport que vous venez d'entendre. Je lis dans votre procès-verbal du mardi 22 septembre 1789, *qu'on vous a présenté un mémoire du clergé d'Alsace, et un extrait des délibérations des chambres ecclésiastiques de Strasbourg et de Weissembourg, par lequel le clergé qui les compose, déclare ne pouvoir adhérer aux arrêts du 4 août et jours subséquens, n'ayant pas donné à cet égard des pouvoirs suffisans à ses députés, et supplie l'assemblée de prendre en considération les motifs déduits dans le mémoire. Un membre voulait faire rejeter cette adresse, comme contenant une protestation : un autre prétend que cette réserve ne regarde que les princes de l'empire : un autre, que le clergé d'Alsace devait confondre ses intérêts dans ceux de la nation : un autre, qu'il n'y a point de protestation prononcée. Après la discussion,* ON A DEMANDÉ L'AJOURNEMENT, ET IL A ÉTÉ DÉCIDÉ QU'IL AURAIT LIEU.

Or, voici comme je raisonne sur ce récit, consigné dans votre procès-verbal. Vous voyez qu'on a épuisé, à l'occasion de ce mémoire du clergé d'Alsace, toutes les formes de délibération. Un membre voulait le faire juger et rejeter au fond. Avez-vous accueilli sa demande ? non, le décret définitif n'a pas été mis aux voix. Un autre demandait que la proposition fût mise à l'écart par la question préalable. Avez-vous écouté cette motion ? Non : vous en avez entendu le motif, et vous n'en avez pas même discuté l'injustice. Enfin, un autre a demandé l'ajournement, et vous avez prononcé que l'ajournement aurait lieu. Il est donc démontré que les raisons, les prérogatives, les exceptions et les oppositions du clergé d'Alsace ont été ajournées. Il est de principe que l'ajournement est suspensif. Vous n'avez donc rien décidé sur les droits du clergé d'Alsace.

Ici on interrompt l'orateur ; on lui dit que le procès-verbal a été rédigé par l'abbé d'Aymar, qui l'a falsifié, et qu'à tous égards un procès-verbal ne prouve rien, parce qu'on est assuré que l'assemblée n'a jamais voulu ajourner la question.

La voie de l'inscription de faux contre le procès-verbal, répond l'abbé Maury, est ouverte à tout le monde. Si quelqu'un est tenté d'y recourir, qu'il se lève et qu'il s'explique. Une seule voix aura plus de poids que toutes ces tumultueuses réclamations, qui ne prouvent autre chose que l'embarras ou plutôt l'impossibilité de me répondre... Personne ne se montre? Je conclus de ce silence que je peux poursuivre, et je me hâte de fortifier mon assertion par quelques raisonnements que je recommande à l'attention de mes adversaires.

Quand vous avez délibéré sur le mémoire du clergé d'Alsace, il est bien manifeste que vous avez voulu décider quelque chose. Or, si vous n'avez pas ajourné la pétition, apprenez-moi de grâce ce que vous avez décrété. Permettez à mon respect pour cette assemblée de ne pas vous croire aussi absurdes que vous le seriez, si vous adoptiez l'étrange commentaire de M. Chasset.

Votre procès-verbal atteste un ajournement, et il faut bien que cette décision littérale de votre procès-verbal existe, ou que cette auguste assemblée ait rendu un décret digne des Petites-Maisons. Du reste, ne craignez rien pour votre gloire, je vais la défendre contre les sophismes de votre rapporteur.

Je sais bien, Messieurs, qu'aujourd'hui la réclamation du clergé d'Alsace ne vous embarrasserait guère; vous avez fait de si étonnans progrès dans la conquête des biens d'autrui, que le suprême moyen de la question préalable étoufferait bientôt la voix du téméraire qui oserait plaider ici la cause de la justice au tribunal de la force. Mais, dans le mois de septembre 1789, souffrez que je vous le rappelle avec respect, votre éducation législative n'était pas si avancée; vous aviez encore alors la circonspection et la réserve que vous commandait l'incertitude de votre renommée; depuis ce temps votre gloire a parfaitement dissipé vos scrupules, et vous n'avez montré dans l'invasion des biens du clergé, que la morale des conquérans. Je suppose que le 23 du même mois de septembre, un bénéficier d'Alsace eût écrit dans cette province que l'assemblée nationale avait ajourné les réclamations des ecclésiastiques contre votre décret, et je demande si à cette époque on aurait osé lui faire un crime de s'être prévalu d'un décret d'ajournement rendu la veille.... Oui! Vous dites oui, et moi je dis non, et la raison est de mon avis. Très-certainement vous n'auriez pas osé contredire cette assertion. Or, le clergé d'Alsace est aujourd'hui dans la même situation où l'a placé votre décret du 22 septembre. Vous ne crûtes pas pouvoir juger alors le fond de la question; vous ne vous en êtes plus occupés: elle reste donc entière, et votre ajournement vous condamne à l'examiner avant de prononcer.

Cette réclamation est fondée sur les clauses du traité de Westphalie, qui en réunissant l'Alsace à la couronne, garantit aux corps ecclésiastiques et aux bénéficiers de cette province toutes leurs possessions. Je n'examine pas dans ce moment le mérite de cette garantie; cette discussion appartient au fond de la cause;

mais je dis que cette considération vous a paru à vous-mêmes du plus grand poids. Vous n'auriez assurément pas accueilli les réclamations du clergé, des bénéficiers de nos anciennes provinces, contre vos décrets relatifs au clergé. Pourquoi avez-vous donc fait une distinction en faveur de l'Alsace? Pourquoi avez-vous ajourné l'examen de ses titres? J'entends dire autour de moi que le décret du 22 septembre n'a rien de commun avec le fameux décret de spoliation du clergé du 2 novembre suivant. Votre décret d'ajournement sur le mémoire du clergé d'Alsace a prononcé une exception provisoire en faveur de ce clergé, et l'exception étant une fois établie, elle embrasse manifestement tous les décrets subséquens, relatifs aux propriétés ecclésiastiques.

Cette seule réponse suffit pour repousser le raisonnement puéril de M. Lameth. Je l'avertis seulement que je vais m'en faire un nouveau titre pour le confondre; car, si vous avez ajourné les réclamations du clergé d'Alsace contre le décret du 4 août qui supprimait la dîme, vous êtes tenus à bien plus forte raison d'ajourner et d'examiner les oppositions contre la confiscation de ses propriétés foncières. Le traité de Westphalie, sur lequel il se fonde, et qu'il vous a dénoncé, lui garantit plus littéralement encore ses domaines que les dîmes.

Lorsque M. l'évêque de Spire s'est élevé contre vos décrets; lorsque plusieurs autres bénéficiers de l'empire ont revendiqué avec lui leurs possessions en Alsace, leur mémoire vous a été transmis par le ministre des affaires étrangères; vous l'avez renvoyé à votre comité féodal; vous en avez ajourné la discussion, et vous avez joint cet ajournement à celui que vous ne doutiez certainement pas alors d'avoir prononcé en faveur du clergé d'Alsace.

Lorsque M. le cardinal de Rohan vous a écrit en vous adressant sa démission, vous avez entendu la lecture de sa lettre avec l'attention la plus menaçante et la plus sévère; vous l'avez interrompue vingt fois par les murmures les plus bruyans; vous avez répondu majestueusement, par de longs éclats de rire, à la touchante sensibilité avec laquelle il vous parlait de ses créanciers, auxquels il avait délégué ses revenus. Mais, à l'endroit de cette lettre, où M. le cardinal de Rohan vous rappelait l'ajournement de la grande question relative au clergé d'Alsace, vous n'osâtes point contredire ce fait dont vous ne doutiez pas alors plus que lui; et je vous rends grâce, dans ce moment, de ne vous être point avilis alors par des huées et par des éclats de rire, qui conviennent toujours mal à des spoliateurs en présence de leurs victimes.

Vous avez donc ajourné la demande du clergé d'Alsace; vous avez reconnu votre ajournement, et je vous invite à faire quelques réflexions sur les inconvéniens très-graves qu'il y aurait à dépouiller le clergé catholique, dans une province où vos décrets ont conservé les possessions du clergé luthérien. Cette manière si différente de traiter les deux religions, est d'autant plus digne d'éveiller votre prudence, que le maire de Strasbourg, qui ose provoquer aujourd'hui vos rigueurs avec un si fanatique acharnement, est lui-même luthérien.

Passons maintenant à l'examen des autres articles du décret qui vous est proposé par votre comité ecclésiastique, ou plutôt anti-ecclésiastique (*murmures*).

Si on me fâche, je n'appellerai pas simplement ce comité anti-ecclésiastique; je l'appellerai anti-chrétien, et je demanderai d'être admis à la preuve. Est-ce bien ce comité, ou un comité de recherches, un comité de l'inquisition que nous venons d'entendre? Il faut être nourri des maximes des Néron, des Phalaris et des Tibère, pour n'être pas révoltés des principes atroces que le rapporteur vient de nous débiter, dans cette tribune, avec un sang froid qui ajoute infiniment à leur barbarie. Quoi! Messieurs, on ose vous proposer de fonder une procédure criminelle sur une traduction anonyme que personne n'avoue, et dont on ne nous désigne pas même l'auteur; sur une traduction dans une langue dont M. Chasset ne sait pas un seul mot, et que nous n'entendons pas nous-mêmes? Ah ! la toute-puissance de cette assemblée n'est que trop connue dans le royaume; mais elle ne va pourtant pas jusqu'à créer des crimes imaginaires, jusqu'à fabriquer des délits illusoires, pour motiver des poursuites trop réelles. Voilà donc jusqu'où peut s'avilir; voilà donc jusqu'où peut s'aveugler l'esprit de persécution dans un comité dont les membres sont dispensés de rougir. C'est vous, implacables calomniateurs, qui êtes les véritables ennemis de l'assemblée nationale ; c'est vous qui avez voulu faire distiller dans nos décrets le venin de la haine dont vos âmes sont remplies. Et vous osez vous asseoir parmi les législateurs de la France ! vous osez, dans votre superbe délire, nous inviter à devenir les complices de vos absurdes fureurs! Je ne vous dénonce pas aux tribunaux, puisque vous êtes inviolables ; mais je vous dénonce à l'opinion, qui nous doit une justice exemplaire de votre audace et de vos lâches persécutions ; je vous dénonce à la France entière, dont vous profanez la confiance, et dont vous déshonorez le caractère national.

Eh! quel est donc le délit que M. Chasset impute au clergé d'Alsace? Les bénéficiers de Saint-Pierre-le-Vieux de Strasbourg, ont écrit à quelques citoyens, tentés d'acquérir des biens ecclésiastiques dans cette province, qu'ils les invitaient *à faire de sérieuses réflexions sur leur projet,* parce que l'assemblée nationale avait prononcé un ajournement sur cette question, relativement à l'Alsace. Est-on rebelle, est-on factieux, est-on l'ennemi de l'état, est-on criminel de lèse-nation, quand on invite les acquéreurs de nos biens à faire *de sérieuses réflexions*? Eh bien, je vais me rendre coupable de ce grand crime, sous les yeux de la France entière. J'invite donc hautement tous ceux qui sont tentés de s'approprier nos dépouilles, à faire de sérieuses et de très-serieuses réflexions; et je me livre à toutes les poursuites criminelles que mérite une pareille déclaration de ma bouche. Ce n'est pas seulement à mes concitoyens, c'est au corps législatif lui-même que j'adresse cette invitation. Oui, c'est vous, Messieurs, que je somme dans ce moment de faire de sérieuses réflexions sur la spoliation du clergé et sur la vente de nos biens. Les véritables falsificateurs de nos décrets sont ceux qui en étendent arbitrairement les dispositions, ceux qui en dénaturent le sens, ceux qui en exagèrent la rigueur, et qui préparent à des acquéreurs de mauvaise foi, des moyens invincibles de dépossession, en fondant leur propriété sur des commentaires de pure imagination. Les coupables auxquels j'impute cette grande infidélité nationale ne sont pas inconnus. Si l'on vous eût proposé, le 2 du mois de novembre dernier, comme on l'aurait dû, pour se conformer à la discussion, de décréter si la nation était ou n'était pas propriétaire des biens ecclésiastiques, jamais cette révoltante confiscation n'eût été prononcée: mais on nous déclara qu'on voulait simplement *consacrer* le principe; que l'on ne pensait point à nous dépouiller de nos biens, et encore moins à les aliéner: et on surprit ainsi la bonne foi de plusieurs membres de cette assemblée, en fesant passer un décret qui déclare que les biens ecclésiastiques sont à la disposition de la nation, mais qu'elle n'en disposera que d'après les renseignemens et le vœu des provinces. Est-ce là, Messieurs, un titre de propriété? Est-ce avec une pareille clause que quelqu'un d'entre vous croirait et voudrait devenir propriétaire? Ce mot de propriétaire est-il donc assez indifférent pour qu'on puisse le suppléer par une périphrase? Avez-vous été assez modérés envers le clergé, pour vous flatter que, dans un temps calme, on interprétera vos décrets contre nous pour en augmenter encore la rigueur? Croira-t-on sérieusement à une propriété que vous n'avez pas osé vous attribuer vous-mêmes? Un mari a les biens de sa femme à sa disposition: en est-il pour cela le véritable propriétaire? Avez-vous consulté les provinces, comme vous vous y êtes engagés par votre décret? Cette condition dirimante a-t-elle été remplie!

Voilà, Messieurs, de sérieuses réflexions que les bénéficiers d'Alsace auraient pu suggérer à leurs concitoyens; je les divulgue hautement dans cette assemblée, et je vous déclare que je les répandrai dans tout le royaume. L'avidité serait-elle assez hardie pour ne pas s'arrêter, pour ne pas réfléchir du moins sur le bord de l'abîme où l'on se flatte de nous avoir précipités? Mais que m'importe son audace, qui sera d'autant moins dangereuse qu'elle aura moins calculé les dangers de l'avenir? Je le répète, Messieurs, faites-y vous-mêmes de sérieuses réflexions. Oui, réfléchissez, il en est temps; l'Europe vous observe; la France commence à vous juger, et si l'opinion publique vous échappe, quel sera le sort de tant de décrets, qui partent de cette assemblée pour porter chaque jour la désolation dans toutes nos provinces? L'enthousiasme ne règne qu'un moment; la raison, la justice, la vérité sont éternelles.

Je conclus donc à ce que l'assemblée nationale, fesant droit sur l'ajournement prononcé le 22 septembre 1789, au sujet de la demande du clergé d'Alsace, mette à l'ordre du jour, mercredi prochain, la discussion des titres particuliers qui doivent établir une exception en faveur du clergé de cette province, relativement aux biens ecclésiastiques; et que, sur le surplus des conclusions du comité, elle déclare qu'il n'y a lieu à délibérer.

Je demande d'avance la parole, pour défendre le clergé d'Alsace avec le traité de Westphalie à la main.

L'éloquence foudroyante de M. l'abbé Maury, triompha de la fureur des ennemis du clergé. La délation calomnieuse du maire luthérien, le rapport insidieux et l'érudition allemande de M. Chasset, les sophismes puérils de M. de Lameth, la bile de M. Rewbel, la haine universelle contre le clergé, toutes les passions furent forcées de céder à l'empire de la raison, du sentiment, de l'éloquence, portés à leur plus haut degré.

CONSTITUTION CIVILE DU CLERGÉ.

A l'approche d'une persécution qui se déclarait, le clergé parut se réjouir de voir une voie de salut ouverte pour la religion au dix-huitième siècle. Quelques orateurs exposèrent brièvement tous les articles de la constitution civile du clergé, qui, pour engager et soumettre le clergé de France, avaient besoin du concours des formes canoniques et de l'autorité spirituelle. L'évêque de Clermont, prélat d'un maintien élevé, calme, imposant, prononça d'une voix ferme et avec un accent de persuasion au-dessus duquel il n'y a aucun pouvoir de l'éloquence, des paroles qui jetèrent l'étonnement et le trouble parmi les partisans des mesures les plus rigoureuses. On voyait que son sacrifice était consommé, ainsi que celui de ses confrères apostoliques; que la pauvreté leur était devenue chère; que désormais les prédications du désert leur paraissaient seules faites pour ramener le siècle égaré; qu'un pressentiment religieux, en leur montrant toutes leurs souffrances, toutes leurs tortures prochaines, leur découvrait que la religion allait refleurir sous la hache des bourreaux. C'était le soir. Les paroles solennelles de l'évêque de Clermont roulaient profondément dans la vaste enceinte, et ressemblaient aux paroles prophétiques des mourans. Ceux qui allaient lancer la persécution paraissaient plus interdits que ceux qui allaient en être les victimes. La Montagne était muette d'effroi. Les tribunes s'étonnaient de n'oser plus proférer des blasphèmes. Cent cinquante évêques ou curés demandèrent qu'il leur fût permis d'en référer au saint siége ou à un concile qui serait convoqué. Toute demande de cette nature fut écartée par l'ordre du jour. M. DE LACRETELLE.

C'est dans ces circonstances que le discours suivant fut prononcé.

DISCOURS.

MESSIEURS,

Le calme profond avec lequel nous avons entendu hier le rapport et la discussion d'une cause dans laquelle le clergé de France vous est dénoncé avec tant de rigueur, nous donne droit d'espérer que vous voudrez bien écouter aujourd'hui avec la même attention et la même impartialité, les faits et les principes que nous venons invoquer, dans ce moment, pour notre légitime défense. Nous avons besoin que votre neutralité la plus manifeste nous réponde ici de votre justice. On nous dit de toute part que nous venons mettre en question un parti pris irrévocablement; que notre sort est fixé par les conclusions de vos comités; que le décret est proclamé d'avance; que nous nous élevons inutilement contre une détermination invariablement adoptée; et que la majorité de l'assemblée nationale est impatiente de prononcer le fatal arrêt de suprématie, qui doit reléguer tous les ecclésiastiques du royaume entre l'apostasie et la proscription, entre l'indigence et le parjure.

La solennité de cette discussion nous place déjà devant vous, dans une situation d'autant plus périlleuse, qu'à l'infériorité ordinaire du nombre, ce combat vient encore ajouter l'inégalité particulière des armes. Nos adversaires nous attaquent avec des principes philosophiques; et ils nous invitent à leur opposer les moyens que la théologie nous fournit. Hélas, Messieurs, cette science divine aurait dû être toujours étrangère, sans doute, à cette tribune; mais puisqu'elle y est interrogée aujourd'hui, vous pardonnerez du moins à la nécessité qui nous obligera de vous parler son langage, pour éclairer votre justice.

Remontons d'abord à l'origine de cette constitution. Cette chaîne de faits doit nous conduire à l'époque où vos délibérations ont excédé vos pouvoirs, et ont signalé votre incompétence.

Au moment où l'on nous dit, pour la première fois, dans cette assemblée, que la constitution du clergé allait devenir l'objet de vos travaux, nous prévîmes que cette prétendue organisation civile serait, pour les ministres de l'Église, un véritable code spirituel; et nos craintes n'ont été que trop justifiées. M. l'évêque de Clermont, que nous choisîmes dès-lors pour organe, vous renouvela l'hommage de notre respectueuse déférence pour vos décrets purement temporels; mais, après avoir ainsi acquitté notre dette comme citoyens, nous vous déclarâmes par sa bouche, que, la juridiction ecclésiastique vous étant absolument étrangère, il nous serait impossible d'adhérer, et même de participer à aucune délibération relative aux droits et à la discipline de l'Église. Nous avons été fidèles à cet engagement solennel; et nous nous sommes imposé le silence le plus absolu, durant le cours de ces discussions qui blessaient tous nos droits, en attaquant tous les principes.

Le même prélat qui vous notifia si loyalement nos motifs et nos moyens de récusation, ajouta que, si la nation nous demandait de salutaires réformes, le clergé de France s'y prêterait avec zèle, pourvu qu'il lui fût permis d'y procéder suivant les formes canoniques. Pour y parvenir, il vous offrit aussitôt, en notre nom, la convocation d'un concile nationale; et cette proposition si régulière, que vous ne daignâtes pourtant pas discuter, fut repoussée par l'improbation la plus soudaine et la plus éclatante. Il ne nous restait plus alors qu'une seule route canonique à suivre. Nous y entrâmes aussitôt; en invoquant le recours ordinaire au chef visible de l'Église, à ce pontife si exact et si modéré, que le trône a montré encore plus grand, tandis qu'il rabaisse toujours les hommes vulgaires ; à cet illustre émule de Benoît XIV, que l'éminence de ses vertus, l'intégrité éclairée de ses principes, et la haute réputation de sagesse et de prévoyance dont il jouit dans toute l'Europe, rendent également digne de votre confiance et de la nôtre, dans une cause dont la discipline de l'Église lui défère la décision. Le pape est en effet le chef suprême et l'organe de l'Église universelle, le défenseur ordinaire des saints canons, et le réformateur légitime des abus qui s'introduisent dans le gouvernement ecclésiastique. Vous ne vous expliquâtes point alors, Messieurs, sur cette forme légale que nous avions solennellement réclamée ; et, sans nous déclarer si votre intention était de procéder d'une manière définitive, ou purement préparatoire, à la nouvelle constitution du clergé, vous la réglâtes promptement sans être arrêtés par aucune opposition, ni même par aucune représentation qui eût été, dans notre bouche, un dangereux aveu de votre compétence. La voix publique nous apprit ensuite que le roi avait sanctionné vos décrets vers la fin du mois d'août, mais qu'il les avait adressés au souverain pontife, dont l'intervention était nécessaire pour les rendre exécutoires, en les munissant du sceau de l'autorité pontificale. Nous avons attendu, avec la plus religieuse résignation, la décision du vicaire de Jésus-Christ, dont nous avions invoqué nous-mêmes la juridiction, conformément aux règles invariablement suivies dans l'Église de France depuis plusieurs siècles.

Après avoir démontré à l'assemblée que la sagesse et la modération, que la décence seule lui fesait un devoir d'attendre la réponse du souverain pontife, l'orateur continue :

S'il faut en croire nos adversaires (car nous en avons, et beaucoup, parmi nos juges), ce refus de notre adhésion est purement arbitraire : c'est une aveugle jalousie de puissance qui nous égare, et nous compromettons, sans aucun véritable intérêt, la tranquillité publique dans tout le royaume. Il nous importe donc, Messieurs, d'écarter cette objection tant rabattue dans le rapport amical et conciliatoire de M. Voidel, renforcé de toute la théologie de M. de Mirabeau. Nous sommes impatiens de vous révéler cet intérêt vraiment noble, puisqu'il est fondé sur le devoir, cet intérêt national, cet intérêt religieux, qui commande aujourd'hui notre résistance (*murmures dans l'Assemblée*). Si les murmures qui m'interrompent dans ce moment me décèlent d'avance votre opinion, où est donc votre impartialité judiciaire ? S'ils m'avertissent au contraire de prouver ce que j'avance, ils sont prématurés ; car il faut bien que j'énonce ma proposition avant d'en fournir la preuve. La justice et l'humanité vous prescrivent cette patience de discussion, que le seul ordre naturel des idées me donnerait le droit d'attendre de vous, si la bienséance ne suffisait pas pour vous forcer d'écouter du moins les victimes que l'on veut vous faire immoler, sans leur montrer une colère qui pénètre d'horreur, quand elle est jointe à l'autorité suprême. Je vais donc prouver que nous ne sommes pas sans intérêt, dans l'opposition légale et suspensive que nous avons manifestée (*nouveaux murmures*). Eh ! Messieurs, vous renverserez d'un souffle tous ces obstacles qui vous irritent. La toute-puissance que vous avez usurpée ne doit donc pas nous empêcher d'élever devant vous les barrières de la raison, puisque vous avez d'avance la certitude de les franchir.

Oui, Messieurs, il est un intérêt noble que nous pouvons avouer hautement, un intérêt que la loi sacrée du dépôt met pour nous au rang des devoirs, un intérêt qui se lie à la perpétuité de la foi dans cet empire, l'intérêt de la stabilité de nos places, et de l'inamovibilité de nos titres : c'est une dette que nous avons contractée envers nos successeurs, lorsque nous avons reçu notre institution canonique. Je le répète donc avec toute l'intrépidité de la conviction la plus intime, et en portant à tous mes adversaires le défi de me répondre, je ne dis point, par des murmures insignifians, mais par des raisons plausibles ; il est de l'intérêt de la religion, il est de l'intérêt des peuples eux-mêmes, que les ecclésiastiques n'obtempèrent point, sans le concours de la puissance spirituelle, à vos nouveaux décrets relatifs au clergé. L'intérêt de la religion est, sans doute, que la chaîne des pasteurs se perpétue dans ce royaume, auquel sa primogéniture dans l'ordre de la foi donne un rang si éminent parmi les autres empires chrétiens. Or, comment s'y perpétuerait-elle, si le ministère pastoral était amovible ; s'il reposait sur des bases toujours vacillantes ; si les liens sacrés de famille spirituelle, entre le pasteur et le troupeau, était dissolubles au gré des puissances temporelles; si l'on pouvait exclure arbitrairement des églises les évêques et les curés, qu'une institution canonique et régulière y a placés? Que deviendrait enfin la discipline de l'église chrétienne, si vous pouviez, sans consulter aucune de ces règles, renverser un siège épiscopal que votre seule autorité n'a point établi, et destituer ainsi des ministres de la religion que vous n'avez jamais institués ?

Ici, Messieurs, pour mieux découvrir ces contradictions qui démontrent votre incompétence, remontons à l'origine de la puissance législative qui appartient à l'Eglise. Le divin fondateur de la société chrétienne a nécessairement conféré à ses apôtres et à leurs successeurs ; l'autorité nécessaire à sa perpétuité, le pouvoir de prêcher la doctrine qu'il avait enseignée, d'administrer les sacremens qu'il avait établis, d'instituer les ministres qu'il avait chargés de ces fonctions sacrées, et par conséquent, le droit de déterminer le territoire de leur juridiction, puisque cette mission est la mesure de leurs devoirs, enfin la faculté de faire des lois et des réglemens, indispensables pour développer le véritable esprit de la religion.

L'orateur établit cette doctrine par les monumens les plus authentiques de la tradition, c'est-à-dire, par l'usage constamment suivi dans l'Eglise, par les décisions des conciles, par l'autorité des Pères, par celle de Fleury et de Bossuet. Il continue ainsi :

Si la puissance civile est autorisée à prononcer ainsi arbitrairement, et sans la participation de l'Eglise, la suppression des cures et des évêchés, toutes ces magistratures sacrées deviennent amovibles. Les pasteurs ne sont plus unis à leurs troupeaux par cette sainte alliance qui les attachait les uns aux autres comme un père à ses enfans ; leurs titres ne sont plus que des commissions revocables à sa volonté. Je ne vois plus dans l'ordre pastoral, que des cosmopolites sans patrie, sans domicile fixe, sans famille spirituelle ; et je demande si les peuples doivent bénir une innovation qui, en rendant l'existence légale des ministres du culte toujours précaire et incertaine, les prive des secours, des conseils, des exemples d'un pasteur qui ne peut plus se dévouer à son ministère, lorsqu'il est incertain de son état ?

Il est évident, Messieurs, que si vous pouvez abolir aujourd'hui cinquante-trois évêchés dans le royaume, sans aucune forme légale, et par un acte absolu de votre volonté toute-puissante, vous aurez la faculté de supprimer arbitrairement, et en un instant, et sans contradiction, tous les titres de bénéfice que vous conservez encore dans l'empire. Vous expulserez donc, à votre gré, tous les pasteurs qui auront le malheur de vous déplaire, et vous n'aurez pas même besoin de les accuser pour les proscrire. Ne vous êtes-vous donc proposé que de déplacer le despotisme en France, et de vous l'approprier au lieu de l'anéantir ? Eh ! par quelle inconcevable contradiction, voudriez-vous nous soumettre à ces dépositions arbitraires, après avoir mis la stabilité de tous les autres états, sous la garantie tutélaire de la loi ? Quoi ! vous avez décrété qu'un sous-lieutenant d'infanterie ne pourrait pas être destitué de son emploi, sans le jugement préalable d'un conseil de guerre ; et vous prétendez refuser la même inamovibilité et les mêmes garanties judiciaires à vos pasteurs ! Par où ont-ils donc mérité cette exhérédation de la loi? On ne cesse d'abuser ici, contre nous, des principes d'une liberté qui nous sera toujours précieuse, pourvu qu'elle ne dégénère point en licence. Eh bien! c'est cette liberté que nous invoquons. C'est la conséquence imméditate de la parité de vos décrets que nous réclamons dans cette assemblée, en demandant que l'on ne puisse pas ériger ou supprimer nos titres, sans recourir aux formes canoniques. Les formes de la loi sont la protection ou plutôt la propriété commune de tous les citoyens. Comment voulez-vous que nous renoncions au seul bouclier qui puisse nous défendre, et que nous reconnaissions la légitimité de ces despotiques dépositions, qui ferait de tous vos pasteurs des mercenaires livrés, de leur propre aveu, à la merci de toutes les haines, de tous les caprices, de tous les changemens administratifs qui compromettraient chaque jour leur existence légale?

Remarquez, Messieurs, que je suis loin de contester le droit de supprimer un titre de bénéfice, lorsque le bien public l'exige. Une pareille prétention, je le sais, serait insoutenable ; mais je dis qu'il est impossible d'attaquer mes principes avec quelque pudeur, lorsque je me réduis à demander que vous ne soyez point affranchis des formes légales dans vos suppressions. Ce jugement préalable est un droit de citoyen, dont vous ne pouvez pas nous dépouiller. Vous reconnaissez que tous les évêques de l'église de France ont été légalement destitués, lorsque, sans leur imputer le moindre délit, sans les traduire en causes sans autre sentence qu'une réforme *de propre mouvement*, vous les sacrifiez en un instant à un nouveau mode d'administration temporelle? Est-ce ainsi que s'opère la vacance d'un siége épiscopal? Les pasteurs qui abandonneraient ainsi leurs troupeaux, déserteraient leur Eglise; mais ils n'anéantiraient pas leurs titres. Les lois ont sagement établi que la démission volontaire elle-même ne fait pas vaquer un bénéfice, jusqu'à ce qu'elle ait été légalement acceptée. Or, si le concours du collateur est nécessaire pour ouvrir une simple vacance; même par voie de démission, une suppression pourra-t-elle s'effectuer sans le concours, ni du titulaire, ni du supérieur ecclésiastique? Procéder ainsi, Messieurs, c'est laisser une Eglise vide, ce n'est pas prononcer l'extinction d'un titre qui subsistera toujours, jusqu'à ce qu'un juge compétent l'ait supprimé.

Vous n'exigerez pas sans doute sérieusement, que nous nous arrêtions à la misérable difficulté dont on a osé se prévaloir dans cette tribune, pour écarter l'invincible ascendant de ces principes de droit public, quand on a dit que le corps constituant était affranchi de toutes les règles. Si les règles n'existent plus, lorsque cette prétendue autorité, que vous vous arrogez sans titre et sans mission, se déploie dans un état, comment avez-vous pu être constitués vous-mêmes ? Si vous nous ramenez à l'origine de la société, si vous supposez que nous sortons des forêts de la Germanie, où est donc l'acte de cette convention qui vous a constitués corps constituant ? Non, ce n'est pas de la nation française, c'est de vous seuls que vous tenez cette prétendue et extravagante mission. Ne voyez-vous pas qu'à force d'étendre votre autorité, vous la sapez par ses fondemens ? Nous vous déclarons que nous ne reconnaissons pas, que nous ne reconnaîtrons jamais cette autorité constituante, dans la réunion des députés des baillages, que le roi seul a convoqués sans prétendre abdiquer sa couronne, pour la recevoir de vos mains. Nous répétons, surtout, que si vous étiez un corps constituant, vous auriez le droit de définir, de diviser et de déléguer tous les pouvoirs, mais que vous ne pourriez en retenir aucun, parce que la réunion des pouvoirs est l'essence du despotisme, et que le despotisme n'a jamais pu être institué légalement. Vous ne serez plus dangereux, Messieurs, le jour où vous déclarerez à la nation que cette autorité despotique vous est dévolue. Il nous suffira que vous manifestiez franchement vos prétentions, pour établir invinciblement la nullité radicale de tous vos décrets (*violens murmures*). Pardonnez, Messieurs, si ma raison ne fléchit pas ici devant la logique des murmures. Je n'entends pas la langue que vous me parlez en tumulte, lorsque vous n'articulez aucun mot. C'est ainsi qu'on arrête un opinant, je le sais bien ; ce n'est pas ainsi qu'on le réfute. Si vous voulez me répondre, voici les assertions que je vous somme de combattre. Vous n'êtes point un corps constituant. Si vous prétendez l'être, vous n'êtes plus un corps constitué. Si vous l'étiez en effet, votre mission se bornerait à décréter une constitution, sans vous autoriser à exercer aucun pouvoir politique, sous peine de vous dénoncer aussitôt vous-mêmes à la nation, comme une assemblée de tyrans (*nouveaux et plus violens murmures*). Je vous avertis que la conséquence naturelle de vos bruyantes et indécentes clameurs, c'est que vous êtes réduits à la nécessité de m'interrompre continuellement, parce que vous sentez l'imposibilité de me répondre.

Examinons à présent si vous avez, comme corps législatif, le droit de vous affranchir, à notre préjudice, de ces formes légales que vous ne pouvez méconnaître en votre prétendue qualité de corps constituant. Tout ce qui protége les droits des citoyens, ne peut leur être refusé par des législateurs. On ne peut, en effet, nous dépouiller au nom de la loi, d'une prérogative que la loi nous avait accordée, pour assurer son propre empire. Or, les formes légales sont les garans de nos droits. Vous ne pouvez donc pas nous en contester le recours. C'est à vous à décréter les lois ; mais ce n'est point à vous à les appliquer, à les faire exécuter, et encore moins à vous soustraire vous-mêmes à leur joug honorable, et à nous apprendre à les fouler aux pieds. Tout homme qui sait calculer les conséquences des principes politiques, doit adjurer une patrie où les législateurs sont magistrats, et où les mêmes représentans du peuple, qui ont fixé la législation, prétendent influer sur l'administration de la justice.

Mais que dis-je, Messieurs; ce n'est pas seulement à cette monstrueuse confusion de pouvoirs que l'on vous invite : on veut que vous exerciez, avec le ministère judiciaire, tous les pouvoirs publics, le pouvoir ecclésiastique, le pouvoir exécutif, et je dirais le pouvoir judiciaire, si cette autorité était au nombre des pouvoirs politiques; mais il est de l'essence des pouvoirs politiques d'être indépendans les uns des autres ; et l'autorité judiciaire dépend essentiellement du pouvoir législatif, qui dirige ses décisions, et du pouvoir exécutif, qui les fait observer; d'où il résulte qu'elle n'est point un troisième pouvoir politique, mais une simple partie intégrante du pouvoir exécutif. Je dénonce dans ce moment, à la nation toute entière, cette scandaleuse coalition de tous les pouvoirs que vous prétendez exercer; je vous la dénonce à vous-mêmes, comme la violation la plus manifeste de vos décrets. S'il est vrai que vous puissiez supprimer de plein droit les cures et les évêchés du royaume, et qu'une loi générale opère ces extinctions particulières, vous agissez à la fois en législateurs, en pontifes, en juges, et il ne manque plus à votre magistrature universelle que le ministère des huissiers. Ah ! si l'on disait à cinq cents lieues de Paris, qu'il existe dans le monde une puissance à laquelle sont dévolues les fonctions de pontifes, de législateurs et de juges, ce ne serait pas sans doute, dans cette capitale, ce serait dans le le divan de Constantinople ou d'Ispahan que l'on croirait devoir en chercher le modèle. C'est dans ces malheureuses contrées, où le sceptre de fer du despotisme tient la raison, la justice, la liberté honteusement asservies, que l'on voit d'imbéciles sultans s'ériger tour-à-tour, par le fait, en législateurs, ou plutôt en lois vivantes, en califes et en cadis; mais ce ne sera pas dans une nation qui parle de liberté, que les principes constitutifs du despotisme seront opposés avec succès à une classe entière de citoyens qui réclament la protection ordinaire des lois. Admettez-nous donc, Messieurs, à l'ancien droit commun du royaume, aux prérogatives de cette nouvelle constitution, qui n'a pu légitimer contre nous seuls le despotisme. Le dernier des citoyens, retiré dans son humble cabane, ne doit pas en être chassé sans un jugement légal. Telle est la forme sacrée des voies de fait ; et ce sont aussi des voies de fait que vous prenez, pour écarter, par la force, des titulaires qui n'ont pas encore été jugés. Si l'on supprime aujourd'hui un seul évêché, sans suivre la force reçue dans l'Eglise, il n'y aura pas dans le royaume un seul prélat qu'une nouvelle loi ne puisse déposer demain; et il est de principe qu'une loi ne saurait jamais être légitimement dirigée contre un seul individu....

Vous prétendez dans ce moment, vous, M. de Menou, en votre qualité de théologien de notre comité militaire, qu'en avançant ces principes que vous ne connaissez pas, dites-vous, je fais l'apologie du comité ecclésiastique, et que je sers ainsi la chose publique sans le vouloir? Sans le vouloir ! J'ignore si votre théologie vous a appris à mieux deviner mes intentions que votre logique ne vous a enseigné l'art de réfuter mes raisonnemens. Eh bien! je continue donc à servir la chose publique, à votre gré; j'arrive avec vous à l'article de notre comité ecclésiastique, dont votre indiscrète citation semble me recommander la gloire, et qui ne doit pas être étranger en effet à cette discussion.

Lorsque l'assemblée nationale a rendu ses décrets, sur quelque matière que ce puisse être, elle les présente à la sanction du roi, qui est chargé de leur exécution; et notre ministère législatif est dès-lors consommé. Si notre comité ecclésiastique s'était contenté de nous communiquer ses projets incendiaires, nous les aurions jugés, sans pouvoir lui faire un crime des hérésies, ou même des persécutions qu'il nous proposait d'adopter; mais ses entreprises ont été la source principale des troubles qui agitent la France ; et je ne saurais m'élever avec assez de force contre cette *bureaucratie* de nos comités, plus redoutable, plus despotique mille fois que la bureaucratie des ministres. Nos comités sont établis pour nous seuls ; ce sont des sections particulières de cette assemblée, que la nation ne connaît point. Nos comités ne devraient jamais correspondre avec les provinces ; et cependant ce sont eux qui, souvent à notre insu, gouvernent le royaume, et en règlent les destinées. Votre comité ecclésiastique, où je ne vois pas un seul évêque, où l'on trouve à peine un petit nombre de curés connus par la haine qu'ils ont vouée au clergé, exercent tous les jours une prérogative qui n'appartient pas à l'Assemblée nationale elle-même (*murmures*). Non, Messieurs, vos prétentions ne sont pas plus des droits, que vos murmures ne sont des raisons. Non, vous n'êtes pas autorisés à correspondre individuellement et législativement avec les citoyens. C'est à la nation tout entière que vous devez parler, si vous ne voulez pas que vos relations extérieures soient, aux yeux de toute l'Europe, des certificats authentiques de tyrannie.

Votre comité ecclésiastique ne cesse pourtant d'exciter la fermentation la plus dangereuse dans toutes les parties de l'empire, en correspondant sans mission avec les bénéficiers, avec le corps ecclésiastique, avec les municipalités et les départemens. C'est lui qui ose leur transmettre des ordres que vous n'avez pas le droit de donner. C'est lui qui, par l'organe d'un chef de bureau, qu'il appelle fastueusement son président, a écrit au corps administratif : *Osez tout contre le clergé, vous serez soutenus.* (*Cris et tumulte.*) Vous avez beau m'interrompre, vous ne perdrez pas un mot de ma censure. Vous demandez à répondre ? Vous avez en effet grand besoin d'une apologie. Attendez donc que l'accusation soit entière ; car je n'ai pas encore tout dit, et il faut tout dire aujourd'hui, pour n'y plus revenir. Je veux tirer enfin de vous la justice que me promet l'opinion publique, en révélant à cette assemblée l'esprit dont vous êtes animés. C'est votre comité ecclésiastique, Messieurs, qui a usurpé le pouvoir exécutif, et qui s'est fait modestement roi de France, en préjugeant à son profit la vacance du trône, pour toute la partie des décrets qui nous concerne. C'est lui qui a écrit dans toutes nos provinces des lettres aussi fastueuses que barbares, dans lesquelles, manquant aux lois les plus communes de la décence, il a adopté les formules les plus hautaines des chancelleries allemandes. C'est lui qui s'est érigé en mandataire de l'Assemblée nationale, et qui s'est chargé de faire exécuter vos décrets sans vos ordres ; qui a prévenu la réponse du saint siége, que vous sembliez attendre avec tant de modération ; lui qui a provoqué les persécutions et les soulèvemens populaires qui vous sont dénoncés ; lui qui s'est emparé de toutes les autorités, qui a aggravé la rigueur de vos décrets, en enjoignant aux municipalités de fermer les églises des chapitres, d'interdire aux chanoines l'habit canonial, l'entrée du chœur et les fonctions de la prière publique. Qu'il parle donc maintenant, ce comité, et qu'il nous dise en vertu de quel droit il a donné de pareils ordres ; qu'il nous dise quel est le décret qui l'a institué pouvoir exécutif, et qui l'a autorisé à renouveler les horreurs des Huns, des Visigoths et des Vandales, en condamnant à la solitude d'un vaste désert, ces sanctuaires d'où les lévites sont bannis comme des criminels d'état, et autour desquels les peuples consternés viennent observer, avec une religieuse terreur, les ravages qui attestent votre terrible puissance, comme on va voir après un orage les débris d'une enceinte abandonnée qui vient d'être frappée de la foudre !

Je bénirai à jamais, Messieurs, le jour où il m'a été enfin permis de soulager mon âme du poids d'une si accablante douleur, en vous dénonçant ces entreprises, ces abus d'autorité, ces excès de rigueur ajoutés à tant d'autres rigueurs, ce luxe de persécution qui a dicté ces paroles par lesquelles la haine, fatiguée de la multitude de ses victimes, et après avoir épuisé toutes les vengeances, semble encore implorer au loin contre nous de nouveaux oppresseurs, en promettant impunité et protection à tous ses complices : *Osez tout contre le clergé, vous serez soutenus !*

Il me semble dans ce moment, Messieurs, qu'on n'est plus si pressé de me répondre ? Je continue donc, faute d'interlocuteurs, à servir seul la chose publique, et je laisse là votre comité, pour discuter les moyens de l'un de ses principaux oracles. M. de Mirabeau, en nous lisant une dissertation théologique dans la cause du clergé, a solennellement abjuré le principe qu'il professait il y a trois ans, dans son ouvrage très-peu lu sur *la monarchie prussienne.*

« C'est à l'Église, disait-il alors, c'est à l'Église dont la hié-
« rarchie est de droit divin, à régler la manière de juger les
« causes, et en qui réside la puissance d'ordonner sur chacune ;
« car vouloir régler les droits de la hiérarchie chrétienne établie
« par Dieu même, comme dit le concile de Trente, c'est assu-
« rément le plus grand attentat de la puissance politique contre la
« puissance religieuse. »

Voilà quel était alors l'opinion de ce même adversaire, qui dénonce aujourd'hui au peuple, comme des ennemis de la nation, tous les ministres du culte qui professent encore la même doctrine. On dirait qu'il n'affecte de louer la religion que pour s'autoriser à flétrir le clergé. A Dieu ne plaise cependant que je veuille rapprocher ici les principes édifians que M. de Mirabeau a posés en faveur du christianisme, des conséquences qu'il en a tirées. Il ne nous est permis de scruter les intentions de personne ; et, sans examiner les motifs de tant de figures de rhétorique, nous nous emparons au nom de la religion de tous les hommages qui lui ont été rendus dans cette tribune. Nous pourrions peut-être observer, en résumant tout ce que nous avons entendu, qu'il est des hommes qui ont perdu le droit de louer publiquement la vertu, et de s'ériger en censeurs du vice ; mais écartons les personnalités ; et discutons la doctrine de M. de Mirabeau. Cet orateur a parfaitement saisi le grand principe nécessaire à sa thèse, quand il a dit que chaque évêque, exerçant son autorité de droit divin, jouissait de la même juridiction dans toutes les églises, et qu'il était ainsi l'évêque universel partout où il remplissait les fonctions épiscopales. Mon intention est de rapporter fidèlement la pensée, et même les expressions de M. de Mirabeau. Si je me trompe dans une citation si importante, il est présent, je le supplie de me redresser.

Mirabeau se lève pour répondre à cette interpellation, et l'orateur poursuit ainsi.

Puisque vous voulez bien, Monsieur, répondre à ma question, je vous supplie de déclarer si vous n'avez pas dit que chaque évêque, jouissant d'une juridiction illimitée, était, en vertu de son ordination, évêque universel de toutes les églises ; et que cette proposition était la citation textuelle du premier des quatre fameux articles du clergé de France, en 1682. Voilà, Monsieur, ce que j'ai cru entendre : je vous prie de me dire si ma mémoire ne m'a point trompé.

Non, Monsieur, répond Mirabeau, ce n'est point là ce que j'ai dit : Ces ridicules paroles ne sont jamais sorties que de votre bouche. Voici ce que j'ai dit : J'ai avancé que chaque évêque tenait sa juridiction de son ordination ; que l'essence d'un caractère divin était de n'être circonscrit par aucune limite, et par conséquent, d'être universel suivant le premier article de la déclaration du clergé, en 1682. Voilà, Monsieur, ce que j'ai dit, mais je n'ai jamais prétendu que l'ordination fit d'un évêque un évêque universel (cette explication est suivie des bruyans applaudissemens des tribunes).

Eh bien ! nous sommes d'accord. C'est bien à ces mêmes assertions, monsieur de Mirabeau, que je vais répondre ; et j'espère qu'il me sera facile de vous faire expier dans un instant les applaudissemens dont les tribunes viennent de couvrir votre naïve explication.

Voici d'abord le premier article de la déclaration du clergé de 1682, que vous invoquez : *L'Eglise n'a aucun droit direct ni indirect sur le temporel du roi.* Voulez-vous entendre le second : *L'autorité de l'Église est supérieure à celle du pape, non-seulement dans les temps de schisme mais encore dans l'ordre commun, conformément à la décision du concile de Constance.* Voici le troisième : *Le pape est soumis aux canons ; et c'est dans la charge éminente qu'il a reçue de veiller à leur exécution, qu'il trouve le principe et l'exercice de la prééminence du siége apostolique.* Le quatrième enfin prononce que *les décrets du souverain pontife ne sont irréformables que lorsqu'ils sont acceptés par le consentement de l'église universelle.* Vous voyez qu'il n'y a rien de commun entre votre proposition et ces quatre fameux articles. Il n'est pas même question de la juridiction épiscopale dans les quatre propositions de l'église gallicane. Vous avez donc cité à faux pour en imposer à cette assemblée ; et la vérité a le droit de vous donner à vous, ou plutôt à votre écrivain, le démenti le plus authentique.

Mais c'est à vous que je reviens, et je vais vous prouver : 1° que vous avez réellement dit ce que je vous ai attribué, et que les matières ecclésiastiques vous sont si peu familières, qu'en croyant le désavouer, vous venez de le confirmer de la manière la plus incontestable ; 2° Que ce que vous avez dit est absolument insoutenable en principe; et que vous n'entreprendrez pas même de me répliquer, sans vous engager plus avant dans le piége où vous êtes pris. Il ne s'agit plus ici d'une erreur de mémoire ou d'un défaut de bonne foi. Raisonnons, et voyons si votre logique est plus sûre et plus ferme que votre érudition.

Vous reconnaissez formellement nous avoir dit que chaque évêque tenait sa juridiction spirituelle de son ordination, et que ce pouvoir divin n'était circonscrit par les limites d'aucun diocèse. Or, si la juridiction d'un évêque, si sa puissance spirituelle n'est limitée par aucune circonscription diocésaine, chaque évêque a donc partout la même autorité ; chaque évêque a le droit d'exercer partout une juridiction commune à tous les territoires, et égale sur tous les territoires ; chaque évêque est donc dans l'Église un évêque universel. Je ne vous ai donc pas cité à faux, puisque vous venez de répéter, avec la plus édifiante simplicité, ce que vous aviez dit d'abord, et ce que je vous avais fait dire. La seule différence qu'il y ait entre votre nouvelle version et la première, c'est que vous venez, je ne sais pourquoi, de délayer dans une longue phrase, ce que, d'après vos maîtres, vous aviez d'abord exprimé dans un seul mot, *évêque universel*. Il est donc vrai que vous avez réellement dit ce que je vous ai attribué ; et si votre phrase signifie autre chose, elle ne peut plus avoir aucun sens. Je ne dirai point alors, en discutant votre réponse, que *ces ridicules paroles ne sont sorties que de votre bouche*, mais je dirai, et cette assemblée dira comme moi, que votre proposition n'a pu sortir que d'une tête absurde. Remerciez à présent les tribunes des applaudissemens flatteurs qu'elles vous ont prodigués, lorsque vous avez eu la charité de me dénoncer à leur savante improbation par votre désaveu. Si vous êtes si tenté de répliquer, parlez ; je vous cède la parole.... Vous ne dites rien ?.... Cherchez tranquillement quelque subtilité dont je puisse faire aussitôt une justice exemplaire.... Vous ne dites plus rien ? Je poursuis donc, et après vous avoir restitué ces mêmes paroles, que vous avez trouvées si concluantes dans votre bouche et si ridicules dans la mienne, j'attaque directement votre argument. Je vais vous mettre en état de juger vous-même des principes théologiques qui vous ont fait tant d'honneur dans les tribunes.

Le caractère épiscopal est d'institution divine. C'est la puissance de l'ordre que l'évêque reçoit par sa consécration ; mais la juridiction épiscopale émane de la mission de l'Église. C'est l'Église qui indique à chaque pasteur la portion du troupeau qu'elle lui confie. Un évêque *in partibus,* à qui l'Église n'a pu donner aucune juridiction actuelle, n'en a réellement aucune, quoiqu'il ait la plénitude du caractère épiscopal ; et cependant il résulterait de votre système, qui n'admet aucune circonscription diocésaine, qu'un évêque *in partibus* aurait la même autorité spirituelle dans cette capitale que M. l'archevêque de Paris. Jugez du principe par les conséquences.

Mais je veux vous parler un autre langage, et, par une comparaison à votre portée théologique, je veux éclaircir cette doctrine que vous avez mal comprise, lorsque vous l'avez professée avec tant de confiance dans cette tribune.

Un juge est investi du droit de juger, qu'il reçoit du corps législatif et du roi. S'il prétendait juger les différends, étrangers à son ressort, et choisir à son gré les justiciables, tous les jugemens seraient nuls, parce qu'ils excéderaient les bornes de sa juridiction. Il en est de même dans le gourvernement ecclésiastique. Le pouvoir de l'ordre est de droit divin, mais l'exercice de ce pouvoir, c'est-à-dire la juridiction, est déterminée par l'Église, qui assigne à tous les pasteurs du premier et du second ordre leur territoire et leur troupeau. C'est l'Église seule qui a fait ce partage. C'est l'Église seule qui délègue la juridiction à chaque évêque, après qu'il a reçu le pouvoir radical de l'ordination. Chaque diocèse a ainsi un pasteur. S'il en avait plusieurs, il n'en aurait aucun. Il est donc faux que chaque évêque soit un évêque universel. Voilà cependant le principe qu'il faut admettre, pour autoriser la puissance temporelle à créer, à supprimer, à réunir arbitrairement des diocèses sans l'intervention de l'Église, comme l'Assemblée nationale prétend en exercer le droit. Je demande maintenant à M. de Mirabeau, si je n'ai pas été exact dans mes citations, et si je ne suis pas à l'abri de toute réplique dans mes raisonnemens ? Puisqu'il s'obstine à se taire devant vous, je prends acte de son silence, comme d'un témoignage non équivoque de son adhésion forcée à mes principes.

Jamais cette dénomination d'*évêque universel* n'a souillé les canons de la discipline ecclésiastique....

Il est impossible qu'un décret du corps législatif puisse conférer la juridiction spirituelle aux nouveaux évêques, dont on érige les siéges, et aux anciens prélats dont on agrandit le territoire. C'est le pape seul, qui, depuis plusieurs siècles, exerce les pouvoirs de l'église universelle, pour établir ou pour supprimer les évêchés et les métropoles, et les parties intéressées doivent toujours être entendues dans ces causes majeures, qui exigent le concert des deux puissances.....

Est-il un théologien, est-il un canoniste, qui ait jamais enseigné que l'on pouvait supprimer légalement, je ne dis pas un évêché, mais le moindre titre ecclésiastique, sans l'intervention de l'autorité spirituelle? Nous défions nos adversaires de nous en citer un seul exemple dans toute l'histoire de l'Église. C'est donc la cause de la discipline que nous défendons, en réclamant ces formes légales auxquelles nous ne renoncerons jamais. (*Cris et tumulte.*) Le tumulte de cette assemblée pourra bien étouffer ma voix, mais elle n'étouffera point la vérité. La vérité ainsi repoussée et méconnue reste toute vivante dans le fond de mon cœur, et la nation m'entend quand je me tais! Cette nation, au nom de laquelle vous prétendez m'interrompre et me contredire, vous a envoyés ici pour faire des lois, et non pas pour me dicter mes opinions. De quel côté sont, dans ce moment, les innovations de principes? Est-ce nous qui imaginons des systèmes contraires à toutes les règles? Est-ce nous qui mettons sans cesse l'autorité à la place de la raison? Est-ce nous enfin que vous osez accuser d'être des novateurs, tandis que, pour atteindre notre doctrine dans vos bruyantes discussions, vous êtes obligés de fouler aux pieds les principes de tous les écrivains estimés de tous les états catholiques, de toutes les églises et de tous les siècles? Ah! vous marchez avec tant de rapidité dans vos voies de destruction, que vous devez du moins permettre à vos victimes de tendre les chaînes de la loi devant vous, quand vous vous élancez, armés de toute votre puissance, pour nous anéantir. Vous voulez marquer, dites-vous, tous vos nouveaux départemens du signe auguste de la foi des chrétiens. Eh! Messieurs, ne sauriez-vous donc ériger ces monumens de votre piété, sans y attacher pour trophées les signaux de votre révolte contre la religion?

L'orateur réfute les sophismes qu'on oppose à cette doctrine; il montre le ridicule de la disposition constitutionnelle qui attribue à tout citoyen actif, et par conséquent aux juifs et aux protestans, le droit d'élire les évêques; il prouve que jamais l'élection n'a et n'a pu dispenser les élus de l'institution canonique; et, après avoir flétri la conduite du comité des recherches, il en montre les funestes résultats. M. de la Laurencie, évêque de Nantes, avait refusé de reconnaître la nouvelle démarcation de son diocèse. Le peuple irrité voulut attenter à sa vie, et le prélat aurait été infailliblement la victime de cette insurrection populaire, s'il n'était parvenu à s'évader.

La postérité ne le croira pas, sans doute, je m'y attends; mais vous le croirez, vous qui l'avez entendu. A Dieu ne plaise que je croie avoir besoin, dans ce moment, d'exciter votre intérêt, en faveur de M. l'évêque de Nantes, par les justes hommages que je me plairais, en toute autre circonstance, à rendre devant vous, à un prélat honoré jusqu'à ce jour, de l'amour et de l'estime de ses diocésains! On ne loue pas l'innocence accusée: on la venge; mais comment la venger de l'adresse scandaleuse qui vous a été présentée? Les applaudissemens incroyables qui ont si souvent interrompu cette lecture, qu'il eût fallu arrêter d'une autre manière, me ferment la bouche dans ce moment. Non, je ne dirai rien de cette pièce étrange : vous l'avez jugée ; mais je dirai à votre rapporteur : est-ce bien sérieusement que vous faites un crime à M. l'évêque de Nantes, de s'être éloigné d'une ville, où le peuple égaré demandait sa tête? Est-ce au prix de sa vie, que nos canonistes du comité des recherches, prétendent l'obliger à la résidence? Faut-il que son sang coule au milieu d'un peuple bourreau qui semble en être altéré? Ah ! ne vous plaignez pas de ceux qui épargnent un grand crime à la multitude trompée? Tremblez plutôt, au moment où vos victimes ne fuiront plus devant le fer des assassins, au moment où vos principes de liberté vous condamneront à faire des martyrs ; car je vous prédis que vous n'en ferez pas long-temps.

Le même réformateur du clergé, rapporteur ordinaire de votre comité des recherches, a découvert que M. l'archevêque de Paris, membre de cette assemblée, était absent depuis plus d'un an de cette capitale, et qu'il gouvernait tranquillement son diocèse du haut des montagnes de la Savoie. Puisque c'est encore le devoir sacré de la résidence qui réveille le zèle apostolique du dénonciateur, M. Voidel, j'observerai que l'on a quelquefois reproché aux évêques de quitter leur diocèse, pour séjourner dans cette capitale, mais que l'on n'aurait pas soupçonné qu'un archevêque de Paris se retirât par goût à Chambéry, pour s'affranchir de la résidence. Ce reproche, remarquable à tant d'autres égards, l'est surtout par sa nouveauté. Ici, Messieurs, je pourrais être impunément généreux envers M. Voidel. Il n'est personne parmi vous qui ne suppléât dans ce moment aux tristes réfléxions que suggère cet épisode de son rapport. Quoi ! M. l'archevêque de Paris, ce prélat si régulier, si doux, si exact à tous ses devoirs, et dont les ennemis du bien public n'ont que trop bien calculé le caractère pacifique et la trop facile résignation; ce bienfaiteur du peuple, que ses pieuses largesses ont encore plus appauvri que vos décrets, ce représentant de la nation qui, dès le mois de juin 1789, à été lapidé impunément en plein jour, au milieu de Versailles, à l'issue de l'une de nos séances, entre l'Assemblée nationale et le trône, sans qu'il se soit permis de rendre aucune plainte contre ses bourreaux, sans qu'aucun procès-verbal ait constaté un attentat si mémorable, sans qu'il vous ait dénoncé cette persécution effrayante, qui a donné à l'Europe entière de si terribles doutes sur la liberté de nos opinions ; ce prélat qui, durant trois mois entiers a pris part à nos délibérations, après une pareille catastrophe, et qui, ne trouvant plus de protection suffisante dans les tribunaux, s'est vu obligé, malgré son inviolabilité, de demander à cette assemblée un congé qu'il a obtenu, et d'aller chercher sa sûreté dans une terre étrangère ; c'est ce même homme que vous osez accuser de s'être éloigné de son diocèse ! C'est cette retraite, c'est cet exil involontaire, qui lui a fait verser tant de pleurs, que vous lui reprochez ! Et, sans respect pour ses vertus, pour son malheur, pour son silence du moins, qui devrait vous être si précieux, vous le traduisez devant nous comme le prévaricateur des lois de la résidence ! Ah ! Messieurs, qu'il nous soit permis de nous environner, aux yeux des peuples, de ces inculpations glorieuses, auxquelles sont réduits les dénonciateurs des ministres de la religion. Non, nous ne leur répondrons plus, nous répéterons seulement les accusations qu'ils inventent, et le clergé de France sera vengé !

Certes, il faut pourtant l'avouer, et le tableau de cette séance en fournit la preuve : nos adversaires ont ici de grands avantages sur nous ; ils préparent de loin et en silence le rapprochement des griefs qu'ils veulent nous imputer. Quand ils ont ramassé dans les ténèbres les armes que la calomnie leur présente dans toutes les parties de cet empire, plusieurs comités, qui ne sont jamais gênés dans leurs opinions par la présence de nos partisans, se réunissent à notre insu pour tracer le plan du combat qu'ils doivent nous livrer. Un rapporteur est choisi pour servir d'organe à ces conseils clandestins, où chacun apporte en tribut les moyens de nuire. L'orateur, ainsi renforcé par cette conspiration mystérieuse, se renferme alors pour nous *travailler en constitution*. Il donne l'ordre à ses coopérateurs, qui se disposent à soutenir l'attaque. Dès que les agresseurs sont prêts, le jour du combat est choisi ; on nous annonce tout-à-coup une séance extraordinaire dont l'objet nous est inconnu. La foudre nous frappe avant l'éclair. La délibération s'ouvre par un long et perfide rapport, renforcé à chaque page par ces violentes déclarations, qui commandent aux tribunes la manœuvre législative des applaudissemens. Les orateurs préparés en faveur du décret s'emparent alors de la parole, et nous lisent, avec toute la véhémence d'une inspiration soudaine, leurs discours composés à loisir. Si nous demandons l'ajournement pour préparer notre défense, ajournement qu'on ne refuse jamais dans les tribunaux ordinaires, pour les plus légers intérêts, un délai de deux jours nous est refusé. Nous n'avons pas même le temps de la réflexion, seule puissance qui nous reste à invoquer en défendant nos droits. Que dis-je? Si nous paraissons sur l'arène, nous ne pouvons le plus souvent être entendus. Il faut recevoir, comme une grâce, la liberté d'improviser à la tribune, comme je le fais à présent, après une foule de lecteurs qui ont écrit leurs plaidoyers dans la tranquille solitude du cabinet. Inspirés par nos premiers mouvemens, nous nous élançons au combat; nous nous livrons à une discussion cent fois interrompue. Mais, je m'arrête, Messieurs, vous savez comment on nous écoute, et l'Europe sait comment on nous juge.

Après avoir démontré l'inutilité d'un nouveau serment, l'orateur s'écrie :

Quoi! cette constitution qui devait assurer le bonheur de tous les Français, cette constitution qui, en remplissant tous les vœux des peuples, ne semblait appeler dans ce sanctuaire que des bénédictions et des actions de grâce, a-t-elle donc besoin que chacun de vos décrets, soutenu par des coups d'autorité, aille chercher dans le ciel un garant qu'il ne saurait trouver dans la reconnaissance de la nation? Pourquoi n'osez-vous donc plus vous fier à l'opinion de vos concitoyens? Pourquoi tant de sermens pour nous lier à nos intérêts? Craignez-vous que nous ne puissions pas être heureux par vos nouvelles lois, sans en avoir fait à Dieu la promesse solennelle? Louis XI exigeait sans cesse des sermens de ses sujets. Henri IV ne leur en demandait point; il ne tourmentait pas la conscience de ses peuples; il était juste et bon, il se confiait à la sienne. Ah! laissez, laissez aux tyrans ces ombrageuses inquiétudes du remords, qui voudraient, à force de sermens s'associer la religion même pour complice. Le serment est superflu quand on fait des heureux : le serment est insuffisant quand on ne fait que des victimes.

Les ministres de la religion sont d'autant plus autorisés à juger, je ne dis pas seulement vos lois, mais encore vos intentions, avec la plus légitime méfiance, qu'il ne resterait plus de morale publique dans le royaume, s'ils donnaient jamais aux peuples l'exemple du parjure. Nous confronterons donc vos décrets avec nos consciences. On veut nous faire opter ici entre les lois de l'Église, que nous ne pouvons enfreindre, et les modiques restes de nos fortunes, tristes débris qui ont échappé à votre avidité, lorsque vous nous avez fait si indécemment notre part, en confisquant nos biens, et que vous regardez peut-être à présent comme des dons de votre munificence. Mais nous nous souviendrons, Messieurs, qu'au moment même où l'on veut nous placer dans cette alternative, on vous a proposé de suspendre, par un décret, toutes les ordinations dans le royaume. Nous ne scruterons pas, dans cette tribune, des motifs qui ne sauraient échapper ni à nos amis ni à nos ennemis. Nous nous abstiendrons de caractériser une persécution qui renouvellerait, pour l'Église, cette époque de désastre et de gloire, où les pontifes de la religion, dévoués au ministère du martyre, étaient obligés d'aller se cacher au fond des cavernes, pour imposer les mains à leurs successeurs. Ces tableaux malheureusement trop prophétiques, paraîtraient peut-être de calomnieuses exagérations, aux yeux de ceux de nos adversaires qui ne sont pas dans le secret du parti auquel ils servent d'instrumens....

Quels que soient vos principes religieux, Messieurs, le corps législatif doit sentir la nécessité d'environner les premiers pasteurs de la considération publique. Législateurs d'un jour, législateurs de quelques journaux serviles, vous regardez comme de bons Français tous ceux que la révolution a enrichis, tandis que vous dénoncez comme de mauvais patriotes tous ceux qu'elle a ruinés (*Violens murmures*). Vous avez beau m'interrompre, en répondant par des murmures à mes raisons, comme si mes raisons étaient des injures. Eh ! que craignez-vous, pour vous abaisser aux menaces ; le règne de la justice n'est point encore arrivé ; mais le moment de la vérité est venu, et vous allez l'entendre. Nous dirons donc que lorsque vous vîntes inviter le clergé, au nom d'un Dieu de paix, à prendre place dans cette assemblée, parmi les représentans de la nation, il ne devait pas s'attendre à s'y voir livré, du haut de cette tribune, au mépris et à la rage des peuples. Nous dirons qu'il y a autant de lâcheté que d'injustice, à attaquer des hommes qui ne peuvent opposer aux outrages que la patience, et à la fureur que la résignation. Nous dirons à nos détracteurs, que si le tombeau dans lequel ils croient nous avoir ensevelis ne leur paraît pas encore assez profond pour leur répondre de notre anéantissement, ce seront leurs injures, ce seront leurs persécutions qui nous en feront sortir avec gloire, pour reconquérir l'estime et l'intérêt de la nation, et que la pitié publique nous vengera bientôt du mal que nous a fait l'envie (*cris à l'ordre*) !

Vous demandez qu'on me rappelle à l'ordre ? Eh ! à quel ordre me rappellerez-vous? Je ne m'écarte ni de la question, ni de la justice, ni de la décence, ni de la vérité. Les orateurs qui m'ont précédé dans cette tribune n'ont pas été rappelés à l'ordre, quand ils ont insulté sans pudeur et sans ménagement nos supérieurs dans la hiérarchie ; je ne dois donc pas être rappelé à l'ordre, quand je viens décerner au corps épiscopal une juste et solennelle réparation. Tous les vertueux ecclésiastiques du royaume s'empresseront de ratifier cet hommage public de respect, d'attachement, de confiance que nous devons à nos évêques. Nous avons vécu sous leur gouvernement paternel, que l'on ose vous dénoncer comme un gouvernement despotique; et nous vous déclarons que nous avons toujours chéri leur autorité douce et bienfesante qu'il est bien plus facile de calomnier que d'imiter. Nous désavouons hautement les éloges insultans que l'on a prodigués au second ordre du clergé, en déprimant le premier. Le piége est trop grossier pour nous tromper. Nous ne nous séparerons jamais de nos chefs et de nos guides: nous nous ferons gloire de partager tous leurs malheurs; et on ne parviendra plus à nous diviser par des manœuvres, dont une expérience trop récente nous a révélé tous les dangers. Nous souhaitons, Messieurs, que vos prétendus décrets, régénérateurs de l'église de France, ne fassent pas déchoir vos pasteurs de la gloire qui leur appartient depuis trois siècles, d'être, par leur science et leur régularité, le premier clergé de l'univers. L'Europe et la postérité confirmeront ce témoignage incontestable que je leur rends en votre présence. Que dis-je? Leur conduite, dans ce moment de crise et de terreur, va vous apprendre à les connaître. L'intérêt n'a pu les émouvoir: mais la foi est en péril, l'honneur parle, il suffit, tout danger personnel disparaît. Vous verrez, par l'exécution même du fatal décret que vous êtes prêts à prononcer, si vous ne devez pas regarder comme des ennemis de la patrie, les fanatiques persécuteurs qui oppriment et tourmentent sans intérêt, de faibles pasteurs accoutumés à prier pour ceux qui les insultent, et dont la patience a dû vous apprendre, dans la séance d'hier au soir, ce qu'ils savent souffrir et endurer en silence, quand ils défendent les intérêts de la religion. Nous imitons avec enthousiasme le bel exemple de fermeté sacerdotable que vient de donner à toute la France le brave et bon clergé de Quimper. La religion a dû infiniment gagner à tous ces débats, qui ont achevé d'en démontrer politiquement la nécessité. Qu'on ose donc nous vexer en nous demandant des sermens contraires à nos principes! Nous retrouverons cette énergie de courage, qui ne compte plus pour rien le sacrifice de la fortune et de la vie, quand il faut s'immoler au devoir. Prenez-y-garde, Messieurs, il est dangereux de faire des martyrs, il est dangereux de pousser à bout des hommes qui ont une conscience, des hommes qui sont disposés à rendre à César ce qui appartient à César, mais qui veulent aussi rendre à Dieu ce qu'ils doivent à Dieu, et qui, en préférant la mort au parjure, vous prouveront, par l'effusion de leur sang, que s'ils n'ont pas été assez heureux pour se concilier votre bienveillance, ils savent du moins mériter et forcer votre estime.

Je conclus donc à l'ajournement de la motion qui vous a été adressée au nom de quatre de vos comités, jusqu'à ce que le roi ait reçu et nous ait fait transmettre officiellement la réponse du souverain pontife, seul juge compétent que nous puissions reconnaître en matière de discipline ecclésiastique, spécialement lorsqu'il s'agit d'ériger ou de supprimer des siéges épiscopaux dans l'église de France, sans l'intervention d'un concile national.

TABLEAU DE LA CONVENTION.

L'accusation que, dès le commencement de la Convention, les députés de la Gironde portèrent contre Robespierre et Marat, prépara le classement des partis. Dès ce moment l'Assemblée se distribua en côté droit et côté gauche, comme dans les premiers jours de la Constituante. Au côté droit, se placèrent tous les Girondins, et ceux qui, sans être aussi personnellement liés à leur sort, partageaient cependant leur indignation généreuse. Au centre, s'accumulèrent, en nombre considérable, tous les députés honnêtes, mais paisibles, qui, n'étant portés ni par leur caractère, ni par leur talent, à prendre part à la lutte des partis, autrement que par leur vote, cherchaient, en se confondant dans la multitude, l'obscurité et la sécurité. Leur grand nombre dans l'Assemblée, le respect encore très-grand qu'on avait pour elle, l'empressement que le parti jacobin et municipal mettait à se justifier à ses yeux, tout les rassurait.

Ils aimaient à croire que l'autorité de la Convention suffirait, avec le temps, pour dompter les agitateurs ; ils n'étaient pas fâchés d'ajourner l'énergie et de pouvoir dire aux Girondins que leurs accusations étaient hasardées. Ils ne se montraient encore que raisonnables et impartiaux, parfois un peu jaloux de l'éloquence trop fréquente et trop brillante du côté droit ; mais bientôt, en présence de la tyrannie, ils allaient devenir faibles et lâches. On les nomma *la Plaine*, et par opposition, on appela *Montagne* le côté gauche, où tous les jacobins s'étaient amoncelés les uns au-dessus des autres. Sur les degrés de cette Montagne, on voyait les députés de Paris et ceux des départemens qui devaient leur nomination à la correspondance des clubs, ou qui avaient été gagnés depuis leur arrivée, par l'idée qu'il ne fallait faire aucun quartier aux ennemis de la révolution. On y comptait aussi quelques esprits distingués, mais exacts, rigoureux, positifs, auxquels les théories et la philantropie des Girondins déplaisaient comme de vaines abstractions. Cependant les Montagnards étaient peu nombreux encore. La Plaine, unie au côté droit, composait une majorité immense... qui approuvait les attaques des Girondins contre septembre, sauf les personnalités, qui semblaient trop précoces et trop peu fondées.

VERGNIAUD.

La tribune de l'Assemblée législative a laissé, usque près de son terme, peu de souvenirs. Tout était alors dans une fausse position; l'un des pouvoirs élémentaires des sociétés, quels que soient leurs modes de gouvernement, l'aristocratie avait été bannie de la constitution; il ne restait plus en présence que la royauté, dépouillée d'influence et de prestige, et une démocratie inexpérimentée, qui voulait essayer la domination. Une catastrophe était inévitable : le mouvement des armées étrangères vers la France, les clameurs menaçantes de l'émigration, le soulèvement de la Vendée précipitèrent la crise. C'est alors qu'une nouvelle éloquence, une éloquence toute révolutionnaire, agite la tribune et appelle le peuple à la destruction. Le peuple obéit ; une monarchie de quatorze siècles est en un jour couchée dans la poussière.....

L'orateur de l'époque fut Vergniaud, de la Gironde. Sa parole maîtrisait les imaginations; les grandes formes de l'éloquence, le majestueux développement des périodes, l'abondance et l'éclat des images, l'accumulation des preuves, l'art d'émouvoir, le placèrent au premier rang. Il présida à la tempête qui engloutit le trône ; il voulut alors, avec son parti, s'arrêter ; mais la force de projection qui avait lancé le peuple dans l'anarchie ne pouvait être suspendue par des lois. La révolution, toujours inquiète, avait besoin, pour croire à sa propre existence, d'un despotisme sans limites : elle saisit un sceptre sanglant, et tout courba la tête devant elle.

Telle fut l'origine de ces luttes terribles entre les représentans de la révolution et les hommes qui voulaient fonder la république, et établir les formes légales propres à ce genre de gouvernement. Vergniaud fut encore le premier parmi ces républicains ; mais une lutte vive et prolongée répugnait à l'indolence naturelle de son caractère ; il semble, en méditant ses discours, qu'il pressentait sa destinée ; il y a souvent de la douleur, quelquefois des gémissemens dans son éloquence ; on voit que de sombres présages obsèdent et attristent son imagination. Lorsqu'au nom de la France, au nom de ses amis, il veut repousser la solidarité des attentats révolutionnaires ; lorsqu'il s'efforce d'arrêter le mouvement anarchique du peuple, c'est ainsi qu'il parle aux habitans de Paris :

« Qui pourrait habiter une cité où régneraient la désolation et la mort,
» etc. (Voyez le premier discours, page 126).

« Profitons, s'écriait-il, dans une autre conjoncture, profitons des
» leçons de l'expérience. Nous pouvons bouleverser les empires par des
» victoires ; mais nous ne ferons de révolutions chez les peuples que
» par le spectacle de notre bonheur. Nous voulons renverser les trônes ,
» prouvons que nous savons être heureux avec une république ! Si nos
» principes se propagent avec tant de lenteur chez les nations étrangè-
» res, c'est que leur éclat est obscurci par des sophismes anarchiques,
« des mouvemens tumultueux et surtout par un crêpe ensanglanté.

« Lorsque les peuples se prosternèrent pour la première fois devant
« le soleil pour l'appeler père de la nature , pensez-vous qu'il fût voilé
« par ces nuages destructeurs qui portent les tempêtes ? Non, sans
« doute, brillant de gloire il s'avançait alors dans l'immensité de l'espace,
« et répandait sur l'univers la fécondité et la lumière.

« Hé bien ! dissipons par notre fermeté ces nuages qui enveloppent
« notre horizon politique ! Foudroyons l'anarchie, non moins ennemie
« de la liberté que le despotisme ! Fondons la liberté sur les lois et une
« sage constitution ! Bientôt vous verrez les trônes s'écrouler, les sceptres
« se briser ; et les peuples , étendant leurs bras vers vous, proclamer par
« des cris de joie la fraternité universelle ! »

Ce genre d'éloquence, où tout est image et sentiment, représente bien l'état d'exaltation et de violence où la société était plongée. Mais Vergniaud et son parti voulaient des lois : le sanglant génie des révolutions leur répondait par l'organe mugissant de Danton, son orateur.

« Une nation en révolution est comme l'airain qui bout et se régénère

« dans le creuset. La statue de la liberté n'est pas fondue ; le métal bouil-
« lonne, et si vous n'en surveillez le fourneau, vous en serez tous brûlés.

« Montrez-vous révolutionnaires, montrez-vous peuple, et alors la li-
« berté n'est plus en péril. Les nations qui veulent être grandes doivent,
« comme les héros, être élevées à l'école du malheur.

« J'insiste sur ce qui est plus qu'une loi, sur ce que la nécessité vous
« commande. Soyez peuple ! Que tout homme qui porte encore dans
« son cœur une étincelle de liberté ne s'éloigne pas du peuple ! Nous ne
« sommes pas ses pères, nous sommes ses enfans : exposons-lui nos be-
« soins, nos ressources ; disons-lui qu'il sera inviolable s'il veut être
« uni. »

A ces paroles du tribun révolutionnaire, le peuple s'ébranle ; l'ennemi
s'enfuit avec consternation, comme le voyageur surpris, qui s'éloigne, en
frémissant, du Vésuve irrité. La Gironde périt, consumée dans l'embrâsement général, la révolution est sauvée ; mais que deviendra la liberté ?

M. Jay.

Doué d'une extrême facilité, il ne devait qu'à la nature cette éloquence
passionnée, cette improvisation brillante, ce débit entraînant, qui, plus
tard, lui valut des succès à la fois si éclatans et si funestes... La plupart
des députés de la Gironde étaient des orateurs distingués ; aucun ne
disputait à Vergniaud la palme de l'éloquence : eux-mêmes le proclamaient le chef de leur parti ; cependant il n'en fut jamais le meneur. Il
avait toutes les qualités de l'orateur, mais aucune de celles qui font
l'homme d'état. L'amour des plaisirs, et surtout le goût de la paresse le
tenaient dans une sorte d'engourdissement, dont il ne sortait qu'en se
fesant violence : son réveil était terrible pour les adversaires de son parti ;
et, selon l'expression d'un contemporain, la foudre de Mirabeau se rallu-
mait dans les mains de Vergniaud.....

Biographie universelle.

Les passions éveillaient peu ce tribun, le laissaient sommeiller au milieu des agitations de parti ; et, ne le portant pas au devant des hommes,
ne l'exposaient guère à leur haine. Cependant il n'était point indifférent
Il avait un cœur noble, une belle et lucide intelligence, et le feu oisif de
son être, s'y portant par intervalle, l'échauffait, l'élevait jusqu'à la sublime énergie. Il n'avait pas la vivacité des reparties de Guadet, mais il s'a-
nimait à la tribune, il y répandait une éloquence abondante, et, grâce à
une souplesse d'organe extraordinaire, il rendait ses pensées avec une facilité, une fécondité d'expression, qu'aucun homme n'a égalées. L'élocution de Mirabeau était, comme son caractère, inégale et forte ; celle de
Vergniaud, toujours élégante et noble, devenait, avec les circonstances,

grande et énergique. Mais toutes les exhortations de l'épouse de Rolland ne réussissaient pas toujours à éveiller cet athlète, souvent dégoûté des hommes, souvent opposé aux imprudences de ses amis, et peu convaincu surtout de l'utilité des paroles contre la force.   M. Thiers.

Vergniaud resta muet pendant les affreuses journées de septembre... Mais, le 16, profitant habilement de l'occasion que lui offrait une discussion ouverte sur la manière languissante dont se poursuivaient les travaux du camp de Paris, il donna un libre cours à l'indignation que lui avaient inspirée les forfaits des septembriseurs. « Les proscriptions passées, s'écria-t-il, le bruit des proscriptions futures, les troubles intérieurs, ces haines particulières, ces arrestations arbitraires, ces violations de la propriété, enfin cet oubli de toutes les lois, ont répandu la consternation et l'effroi. L'homme de bien se cache, il fuit avec horreur ces scènes de sang : il est des hommes, au contraire, à la fois hypocrites et féroces, qui ne se montrent que dans les calamités publiques, comme il est des insectes malfesans que la terre ne produit que dans les orages. Ces hommes répandent sans cesse les soupçons, les méfiances, les jalousies, les haines, les vengeances ; ils sont avides de sang : dans leurs propos séditieux, ils *aristocratisent* la vertu même, pour acquérir le droit de la fouler aux pieds ; ils *démocratisent* le crime, pour pouvoir s'en rassasier, sans avoir à redouter le glaive de la justice, etc. » L'assemblée entendit avec enthousiasme ce discours, dont la haute éloquence empruntait une nouvelle force des honorables sentimens qui alors animaient l'orateur. Dès le lendemain, le vol du garde-meuble fournit à Vergniaud un nouveau prétexte de tonner contre la commune de Paris, dans un moment où elle pouvait disposer de sa vie. Il se surpassa lui-même, et produisit surtout un effet inexprimable, lorsqu'il en vint à ces paroles : « Les Parisiens aveuglés osent se dire libres ! Ah! ils ne sont plus esclaves, il est vrai, des tyrans couronnés ; mais ils le sont des hommes les plus vils, des plus détestables tyrans ! Il est temps de briser ces chaînes honteuses, d'écraser cette nouvelle tyrannie ! Il est temps que ceux qui ont fait trembler les hommes de bien tremblent à leur tour ! Je n'ignore pas qu'ils ont des poignards à leurs ordres : eh! dans la nuit du 2 septembre, n'ont-ils pas voulu les diriger contre plusieurs d'entre nous ? Dans leurs listes de proscription, n'ont-ils pas désigné au peuple plusieurs d'entre nous comme des traîtres ? Et ma tête aussi est proscrite ! La calomnie veut étouffer ma voix ; mais elle peut encore se faire entendre ici ; et, je vous en atteste, jusqu'au coup qui me frappera de mort, elle tonnera de tout ce qu'elle a de forces contre les crimes et les scélérats ! »

Le 10 mars, des pétitionnaires, excités par les montagnards de l'assemblée, vinrent demander sa tête ainsi que celle de Gensonné et de Guadet. La veille, les Girondins auraient été assassinés sur leurs bancs par les brigands des tribunes, si, avertis à temps de ce complot, ils ne s'étaient abstenus de se rendre à la séance du soir. Trois jours après, Vergniaud dénonça cette conspiration à l'assemblée... C'est dans ce discours qu'il comparait la révolution à Saturne dévorant successivement tous ses enfans. C'est là encore qu'on trouve cette suite de belles images: « Un tyran de l'antiquité avait un lit de fer sur lequel il fesait étendre ses victimes, mutilant celles qui étaient plus grandes que le lit, disloquant douloureusement celles qui l'étaient moins pour leur faire atteindre le niveau. Ce tyran aimait l'égalité : ô peuple, voilà celle des scélérats qui te déchirent par leurs fureurs ! L'égalité pour l'homme social n'est que celle des droits ; on te la représente sous l'emblème de deux tigres qui se déchirent ; vois-la sous l'emblème plus consolant de deux frères qui s'embrassent ! Celle que l'on veut te faire adopter, fille de la haine et de la jalousie, est toujours armée de poignards. La vraie égalité, fille de la nature, au lieu de les diviser, unit les hommes par les liens d'une fraternité universelle...... Ta liberté ! des monstres l'étouffent, et offrent à ton culte égaré la licence. La licence, comme tous les faux dieux, a ses druides, qui veulent la nourrir de victimes humaines. »   Biographie universelle.

PROCÈS DE LOUIS XVI.

Le défenseur de Louis XVI avait été entendu et l'accusé, après avoir ajouté quelques mots, était reconduit au Temple. A peine avait-il quitté la Convention, qu'un orage violent s'y était élevé. Les uns voulaient qu'on ouvrît la discussion ; les autres se plaignant des délais éternels qu'on apportait à la décision de ce procès, demandaient sur-le-champ l'appel nominal, en disant que dans tout tribunal, après avoir ouï l'accusé, on passait aux voix. Lanjuinais nourrissait, depuis le commencement du procès, une indignation que son caractère impétueux ne lui permettait plus de contenir. Il s'élance à la tribune, et, au milieu des cris qu'excite sa présence, il demande non pas un délai pour la discussion,

T. II.   8

mais l'annulation même de la procédure ; il s'écrie que le temps des hommes féroces est passé, qu'il ne faut pas deshonorer l'assemblée en lui fesant juger Louis XVI. Il laisse échapper le mot de *conspirateurs*, un tumulte épouvantable s'élève de toutes parts. Il continue au milieu du bruit, et finit en déclarant qu'*il aimerait mieux périr mille fois que de condamner, contre toutes les lois, le tyran même le plus abominable !* Une foule d'orateurs lui succèdent, et le tumulte ne fait que s'accroître. On ne veut plus rien entendre, on quitte sa place, on se mêle, on se forme par groupes, on s'injurie, on se menace, et le président est obligé de se couvrir. Après une heure d'agitation, le calme se rétablit enfin, et l'assemblée, adoptant l'avis de ceux qui demandaient la discussion sur le procès de Louis XVI, déclare que la discussion est ouverte, et qu'elle sera continuée, toutes affaires cessantes, jusqu'à ce que l'arrêt soit rendu.

La discussion est donc reprise ; la foule des orateurs déjà entendus reparaît à la tribune. Saint-Just s'y montre de nouveau... D'autres orateurs succèdent à Saint-Just, et on attend avec impatience que les girondins prennent la parole... Vergniaud convint, devant quelques amis, de l'attendrissement qu'il éprouvait. Sans être aussi touchés, peut-être, les autres étaient tous disposés à s'intéresser à la victime, et, dans cette situation, ils imaginèrent un moyen qui décèle leur émotion et l'embarras de leur position : ce moyen était l'appel au peuple..... Salles proposa et soutint le premier le système de l'appel au peuple..... Cette opinion fut écoutée avec des dispositions très-diverses. Serres demande l'appel au peuple. Barbaroux combat la justification de Louis XVI, sans prendre de conclusions.... Buzot se prononce pour l'appel au peuple..... Rabaut Saint-Etienne s'indigne de cette cumulation de pouvoirs qu'exerce la Convention..... Faure demande le rapport de tous les décrets portant la mise en jugement. Le sombre Robespierre reparait enfin, tout plein de colère et d'amertume. « *Lui aussi, dit-il, avait été touché et avait senti chan-*
« *celer dans son cœur la vertu républicaine, en présence du coupable*
« *humilié devant la puissance souveraine. Mais la dernière preuve de*
« *dévouement qu'on devait à la patrie, c'était d'étouffer tout mouve-*
« *ment de sensibilité.* » Il répète alors tout ce qui a été dit sur la compétence de la Convention, sur les délais éternels apportés à la vengeance nationale, sur les ménagemens gardés envers le tyran, tandis qu'on attaque sans aucune espèce de réserve les plus chauds amis de la liberté ; il prétend que cet appel au peuple n'est qu'une ressource semblable à celle qu'avait imaginée Guadet, en demandant le scrutin épuratoire ; que cette ressource perfide avait pour but de remettre tout en question, et la dé—

putation actuelle, et le 10 août, et la république elle-même. Ramenant toujours la question à lui-même et à ses ennemis, il compare la situation actuelle à celle de juillet 1791, lorsqu'il s'agissait de juger Louis XVI pour sa fuite à Varennes. Robespierre y avait joué un rôle important. Il rappelle et ses dangers, et les efforts heureux de ses adversaires pour replacer Louis XVI sur le trône, et la fusillade du Champ-de-Mars qui s'en était suivie, et les périls que Louis XVI, replacé sur le trône, avait fait courir à la chose publique ; il signale perfidement ses adversaires d'aujourd'hui comme étant les mêmes que ses adversaires d'autrefois; il se présente comme exposé, et la France avec lui, au même danger qu'alors, et toujours par les intrigues de ces fripons qui s'appellent exclusivement les honnêtes gens. « Aujourd'hui, ajoute Robespierre, ils se taisent sur les « grands intérêts de la patrie, ils s'abstiennent de prononcer leur opinion « sur le dernier roi ; mais leur sourde et pernicieuse activité produit tous « les troubles qui agitent la patrie ; et pour égarer la majorité saine, mais « souvent trompée, ils poursuivent les plus chauds patriotes sous le titre de « minorité factieuse. La minorité, s'écrie-t-il, se changea souvent en ma-« jorité, en éclairant les assemblées trompées. La vertu fut toujours en mi-« norité sur la terre! Sans cela la terre serait-elle peuplée de tyrans et d'es-« claves? Hampden et Sidney étaient de la minorité, car ils expirèrent sur « un échafaud. Les Critias, les Anitus, les César, les Celodius, étaient de « majorité, mais Socrate était de la minorité, car il avala la ciguë ; Ca-« ton était de la minorité, car il déchira ses entrailles. » Robespierre recommande ensuite le calme au peuple pour ôter tout prétexte à ses adversaires, qui présentent de simples applaudissemens donnés à ses députés fidèles pour une rébellion. « Peuple, s'écrie-t-il, garde tes applaudissemens, fuis le spectacle de nos débats! Loin de tes yeux « nous n'en combattrons pas moins. » Il termine enfin en demandant que Louis XVI soit sur-le-champ déclaré coupable et condamné à mort.

Les orateurs se succèdent le 28, le 29, et jusqu'au 31. Vergniaud prend enfin la parole pour la première fois, et on écoute avec un empressement extraordinaire, les Girondins s'exprimant par la bouche de leur plus grand orateur et rompant un silence dont Robespierre n'était pas le seul à les accuser. M. THIERS.

Le discours que Vergniaud prononça en cette circonstance est sans contredit son chef-d'œuvre. Il fit d'autant plus d'impression qu'il fut entièrement improvisé. A travers quelques concessions, qu'exigeaient l'esprit du temps, on y démêle l'intention évidente de sauver les jours du roi. Il était impossible de le défendre plus habilement dans la position où il se trouvait. Vergniaud annonçait les événemens qui suivraient la mort de Louis, comme si le livre de cette terrible histoire eût été ouvert sous ses yeux. Jamais il n'avait déployé, avec plus d'éclat, ces images qui donnent à son éloquence un caractère tout particulier...... Tout ce que le génie du Dante a pu concevoir de plus sombre, semble au-dessous de la terrible image par laquelle Vergniaud terminait son admirable improvisation . (BIOGRAPHIE UNIVERSELLE.)

OPINION DE VERGNIAUD

POUR L'APPEL AU PEUPLE (*).

Citoyens, dans une question aussi importante par ses relations intimes avec la tranquillité publique et la gloire nationale, il importe de ne pas prendre ses passions pour des principes, ou les mouvemens de son âme pour des mesures de sûreté générale. Permettez que, pour parvenir à un résultat digne de vous, je vous présente quelques idées sur la souveraineté du peuple; j'y tiens, parce que je les crois vraies. Qu'on me démontre, non par des menaces ou des calomnies, qui ne sont propres qu'à confirmer un homme libre dans son opinion, mais par des raisonnemens solides, qu'elles sont fausses, et je suis prêt à les abondonner.

Qu'est-ce que la souveraineté du peuple dont on parle sans cesse, à laquelle j'aime à penser qu'on ne veut pas rendre un hommage dérisoire, à laquelle je suis sûr du moins que la convention nationale rendra un hommage sincère?

C'est le pouvoir de faire les lois, les réglemens, en un mot, tous les actes qui intéressent la félicité du corps social. Le peuple exerce ce pouvoir ou par lui-même, ou par des représentans : dans ce dernier cas, et c'est le nôtre, les décisions des représentans du peuple sont exécutées comme lois, mais pourquoi? parce qu'elles sont présumées être l'expression de la volonté générale. De cette présomption seule dérive leur force, de cette présomption seule dérive le caractère qui les fait respecter.

(*) Séance du 31 décembre 1792.

D'où il résulte que le peuple conserve, comme un droit inhérent à sa souveraineté, celui d'approuver ou d'improuver ; d'où il résulte que, si la volonté présumée ne se trouve pas conforme à la volonté générale, le peuple conserve, comme un droit inhérent à sa souveraineté, celui de manifester son vœu, et qu'à l'instant où cette manifestation a lieu, doit disparaître la volonté présumée, c'est-à-dire, la décision de la représentation nationale. Enlever au peuple ce droit, ce pouvoir, ce serait le dépouiller de la souveraineté, la transférer, par une usurpation criminelle, sur la tête des représentans qu'il aurait choisis ; ce serait transformer ses représentans en rois ou en tyrans.

Votre conduite a été conforme à ces principes ; seulement vous avez distingué entre l'acte constitutionnel et les actes purement législatifs, réglementaires, ou de sûreté générale. L'acte constitutionnel étant la base de l'organisation sociale, le pacte qui unit les citoyens entre eux, vous avez pensé avec raison qu'il devait être soumis à l'acceptation formelle de tous les membres du corps social. Quant aux actes purement législatifs, ou réglementaires, comme ils sont nécessairement très-multipliés, qu'ils varient suivant les lieux, les temps, les circonstances ; comme il serait contraire à la nature du gouvernement représentatif de les soumettre à la délibération du peuple, qui ne choisit des représentans que parce que la trop vaste étendue de son territoire ou d'autres causes ne lui permettent pas d'exercer la souveraineté par lui-même, vous avez aussi pensé avec raison que c'était assez de les soumettre à une ratification tacite ; c'est-à-dire, qu'il suffisait, pour les faire exécuter, qu'il n'y eût pas de réclamation du peuple, auquel reste dans tous les temps le droit de manifester son vœu. Je réduis ces diverses propositions à une seule : tout acte émané des représentans du peuple est un acte de tyrannie, une usurpation de la souveraineté, s'il n'est pas soumis ou à la ratification formelle, ou à la ratification tacite du peuple. Donc le jugement que vous rendrez sur Louis doit être soumis à l'une de ces deux ratifications.

Dirait-on que, même après son exécution, votre jugement sera soumis à la ratification tacite ? Ce serait là outrager le peuple avec la plus haute impudence. Il n'y a de ratification tacite, le silence ne peut être regardé comme une approbation, que lorsque celui qui se tait a la faculté de se faire entendre avec quelque fruit ; or, il est évident que, si votre jugement était exécuté, le peuple n'aurait à présenter que des réclamations stériles et purement illusoires.

On a voulu vous assimiler aux tribunaux ordinaires, et, de

ce que les jugemens de ceux-ci ne sont soumis à aucune sanction du peuple, on a conclu qu'il n'était pas dans les principes d'y soumettre les vôtres.

Quelle dissemblance ! Et comment, de bonne foi, a-t-on pu produire une semblable objection?

Les juges des tribunaux sont, il est vrai des mandataires du peuple; mais leur mandat n'a aucun caractère de représentation; ils n'ont point de volonté individuelle à exprimer; ils ne sont que les organes d'une volonté générale déjà exprimée par la loi: ils ne font qu'appliquer cette loi; c'est par elle que le peuple sanctionne d'avance leurs jugemens.

Vous, citoyens, vous êtes tout à la fois et mandataires du peuple et ses représentans; votre vœu particulier est toujours présumé l'expression du vœu général, quoique non encore manifesté; et c'est précisément cette présomption qui, en fesant sa force, le soumet à la nécessité d'une ratification formelle ou tacite. C'est comme représentans du peuple que vous vous êtes déclarés juges de Louis; c'est comme représentans du peuple que vous avez réuni sur votre tête les fonctions de juré d'accusation, de juré de jugement, de législateurs pour déterminer les formes du jugement, et de juges pour appliquer la peine dans le jugement. Cette cumulation de pouvoirs était légitime, dit-on, parce que ceux que vous avez reçus du peuple sont sans bornes.... A cet égard, j'observe que, quelque étendus que soient vos pouvoirs, ils finissent, par leur nature, là où commence le despotisme: le peuple, en vous nommant ses représentans, n'a pas entendu se donner des despotes. Cette cumulation de pouvoirs était légitime, soit; néanmoins elle est si effrayante, elle est une telle monstruosité dans l'ordre politique, si jamais elle se reproduisait (et, avec la maxime que vos pouvoirs sont sans bornes, qui empêchera qu'elle se reproduise!) que, si elle se reproduisait, je ne crains pas de le dire, elle nous conduirait avec rapidité à la tyrannie. Pendant la durée de votre session, il n'émanera pas de vous un seul acte qui, pour être légitimé, ait un aussi grand besoin de la ratification du peuple.

S'il était nécessaire de considérations pour assurer le triomphe de vérités aussi évidentes, il en est une bien puissante que je pourrais invoquer. Lorsque Louis accepta la constitution, le peuple lui dit : *Tes ministres répondront de tes actions; toi, tu seras inviolable.* Je n'entends point dégrader ma raison en me rendant l'apologiste du dogme absurde de l'inviolabilité : l'inviolabilité, telle qu'il faudrait la supposer pour assurer l'impunité à Louis; l'inviolabilité pleine et entière qui couvrirait tous les crimes des rois serait une soustraction de l'individu appelé roi à la souveraineté nationale, et de la part du peuple, une renonciation à la souveraineté en faveur du même individu. Or, cette soustraction, cette renonciation, réprouvée par la nature, ne sauraient être légitimées par aucun décret, par aucune loi. Ce principe, long-temps étouffé sous la masse de nos préjugés, est aujourd'hui universellement reconnu, et le constater ce serait nier l'existence de la lumière ; cependant, s'il est vrai que Louis ne peut se prévaloir de l'inviolabilité qui lui a été promise contre le peuple qu'il a trahi, il n'est pas moins certain que le peuple seul peut punir Louis, sans avoir égard à l'inviolabilité dont lui-même l'avait investi. Je m'explique : ce ne fut pas seulement l'assemblée des représentans du peuple qui promit l'inviolabilité à Louis ; ce fut le peuple lui-même, ce furent tous les citoyens individuellement, par le serment individuel qu'ils prêtèrent de maintenir la constitution. Aujourd'hui, vous pouvez déclarer comme un principe d'éternelle vérité, que la promesse d'inviolabilité faite à Louis, par le peuple, ne fut point obligatoire pour le peuple ; mais au peuple seul, il appartient de déclarer qu'il ne veut pas tenir sa promesse. Vous pouvez déclarer comme un principe d'éternelle vérité que le peuple ne peut jamais renoncer valablement au droit de punir un oppresseur ; mais au peuple seul il appartient de déclarer qu'il veut user d'un droit terrible auquel il avait renoncé. Vous n'êtes pas dans une hypotèse ordinaire : ici, le vœu de la volonté générale s'est manifesté ; elle s'est déclarée pour l'inviolabilité. Exprimez un vœu contraire, si le salut public vous semble le commander ; mais n'entreprenez de substituer ce vœu particulier à la volonté générale, déjà connue, que lorsque celle-ci aura donné son consentement. Autrement, vous usurpez la souveraineté ; vous vous rendez coupables d'un des crimes dont vous voulez punir Louis.

On a prétendu qu'il y aurait des difficultés insurmontables à faire délibérer les assemblées primaires ; que ce serait arracher les laboureurs à leur charrue, les ouvriers à leurs ateliers ; que ce serait fatiguer les citoyens, épuiser leurs forces en dissertations sur des formalités de barreau, des subtilités de chicane ; on a ajouté que les puissances étrangères, mettant à profit ce grand épuisement de nos forces et le temps que nous emploierions à de misérables discussions, envahiraient une seconde fois notre territoire, et que, si les vrais amis de la liberté se réunissaient pour les repousser, ils auraient la douleur, en combattant pour la patrie, de redouter pour elle la résurrection de la tyrannie.....

Je l'avouerai, dans cette déclamation extrêmement attendrissante, j'ai vu une grande prétention à la sensibilité ; j'y cherche encore une raison qui puisse me déterminer. Où sont en effet ces grandes difficultés? Propose-t-on de renvoyer aux assemblées primaires le mémoire de Louis, les pièces produites contre lui, et le jugement de la Convention, et de soumettre le tout à leur examen, de la même manière que le jugement d'un sénéchal était soumis à l'examen d'un parlement? Oh! vraiment, ce serait une absurdité politique. Précisons nos idées, et fesons en sorte de nous entendre. Nous avons deux devoirs à remplir : le premier, de donner au peuple un moyen d'exprimer son vœu sur un acte important de la représentation nationale ; le second, de lui indiquer un mode simple, et qui n'entraîne aucun inconvénient. De quoi s'agit-il donc? Le voici : ou nous raisonnons dans l'hypothèse de l'opinion de Salles, ou dans celle d'un jugement rendu que vous enverriez à la ratification.

Au premier cas, vous aurez prononcé sur la question de fait, sur celle de savoir si Louis est ou n'est pas coupable. De quoi auront à s'occuper les assemblées primaires? De l'application de la peine. Dans l'hypothèse d'un jugement rendu, ce jugement suppose aussi la question de fait décidée. De quoi auront encore à s'occuper les assemblées primaires? De la confirmation ou du changement de la peine prononcée par le jugement. Dans les deux cas, il n'est question pour elles que de délibérer sur le choix de la peine à infliger à Louis. Et comment feront-elles ce choix? Rien n'est plus simple : vous indiquerez un jour où elles se réuniront ; vous indiquerez un mode de scrutin ; chaque citoyen exprimera son vœu, qu'il jettera dans l'urne, et chaque assemblée primaire fera le dépouillement de ses scrutins. Peut-être on objectera que, si les citoyens votent par scrutin et sans discussion, il leur sera impossible de choisir le genre de peine que la politique désigne comme le plus utile dans les circonstances actuelles..... Je réponds que les considérations que l'on voudrait puiser dans l'ordre politique, pour ou contre le jugement de Louis, n'ont de force que par les doutes qui s'élèvent sur la volonté générale. L'incertitude sur la conformité du vœu du peuple avec celui de la convention pourrait seule favoriser les projets des agitateurs, ou fournir aux puissances étrangères des moyens d'attaquer la Convention, et préparer, avec la ruine de la représentation nationale, celle de la liberté. Que cette incertitude disparaisse, que le vœu de la nation entière, tel qu'il puisse être, se prononce fortement, et les craintes s'évanouissent avec le prétexte des troubles.

On a dit que nous n'avions pas le droit de restreindre, dans les assemblées primaires, l'exercice de la souveraineté; qu'une fois convoquées pour délibérer sur la peine à infliger à Louis, elles pourront si elles le veulent, entrer dans l'examen de tous les détails du procès.... Mais, si telle était la volonté du peuple, qu'aurait-il besoin d'attendre votre décret? Vos pouvoirs dépendent de lui ; sa souveraineté est indépendante de vous. Les assemblées primaires ne délibéreront que sur l'objet que vous leur aurez soumis; une puissance irrésistible les retiendra dans le cercle que vous aurez tracé; c'est la même qui, après le décret de l'assemblée législative portant convocation de la Convention nationale, les détermina à suivre scrupuleusement, soit sur le mode d'élection, soit sur le nombre des députés, toutes les règles indiquées par le décret; c'est la même qui les déterminera à suivre, lorsqu'il sera question d'accepter ou de refuser la nouvelle constitution, les règles que vous leur offrirez sur les formes de leur délibération ; c'est la puissance de la raison ; c'est le sentiment intime de la nécessité de se conduire avec uniformité dans toute la république; c'est le sentiment intime de l'impossibilité de se livrer à des discussions qui, pouvant varier à l'infini dans six mille assemblées primaires, précipiteraient la république dans une espèce de chaos. Ce sentiment agit victorieusement à l'époque dont j'ai parlé, de la convocation de la Convention nationale ; vous vous êtes flattés qu'il agirait victorieusement à l'époque où serait présentée la nouvelle constitution: par quels motifs croiriez-vous qu'il agira moins victorieusement, lorsqu'il faudra prononcer sur le sort de Louis?

On nous a parlé de discordes, d'intrigues, de guerre civile ; on nous a présenté les tableaux les plus désastreux.

Des discordes! on a donc pensé que les agitateurs exerçaient dans les départemens le même empire qu'une honteuse faiblesse leur a laissé usurper à Paris? C'est là une erreur très-grave; ces hommes pervers se sont bien répandus sur la surface de la république; fidèles à la mission qu'ils avaient reçue, ils ont employé tous leurs efforts pour exciter des troubles ; mais partout ils ont été repoussés avec mépris; partout on a donné le plus insigne témoignage de respect pour la loi, en ménageant le sang impur qui coule dans leurs veines: dans les départemens, on obéit à la volonté générale; on sait que la liberté politique et individuelle est fondée sur cette obéissance. Chaque assemblée primaire enverra le résultat de son scrutin à son district; chaque district enverra le recensement des scrutins de ses assemblées primaires à son département ; chaque département enverra le recensement des scrutins de ses districts à la Convention nationale ; la Convention nationale proclamera le résultat du recensement général ; et, j'en jure par l'amour de tous les Français pour la patrie, par leur dévouement à la cause de la liberté, par leur fidélité inébranlable à la loi, il n'en est pas un seul qui se permette de murmurer contre le résultat proclamé!

Mais l'intrigue! l'intrigue sauvera le roi!.... On a cherché à faire entendre que la majorité de la nation est composée d'intrigans, d'aristocrates, de feuillans, de modérés, de ces *honnêtes gens* contre-révolutionnaires dont Lafayette a parlé à cette barre; et, pour accréditer une calomnie atroce contre la majorité de ce peuple, qu'en d'autres circonstances on flagorne avec tant de bassesse, on a eu l'impudeur de diffamer l'espèce humaine; on s'est écrié que la vertu avait toujours été en minorité sur la terre!.... Citoyens, Catilina fut en minorité dans le sénat romain, et si cette minorité conspiratrice eût prévalu, c'en était fait de Rome, du sénat et de la liberté! Citoyens, dans l'assemblée constituante, jusqu'à la révision de moins, Cazalès et Maury furent aussi en minorité; et, si minorité, moitié nobiliaire, moitié sacerdotale, eût réussi, par ses saintes et nobles insurrections, à étouffer le zèle de la majorité, c'en était fait de la révolution, et vous ramperiez encore aux pieds de ce Louis, qui n'a plus de sa grandeur passée que le remords d'en avoir abusé! Citoyens, les rois sont en minorité sur la terre, et, pour enchaîner les peuples, ils disent aussi que la vertu est en minorité; ils disent aussi que la majorité des peuples est composée d'intrigans auxquels il faut imposer silence par la terreur, si l'on veut préserver les empires d'un bouleversement général.

La majorité de la nation composée d'Intrigans, d'aristocrates, de feuillans!..... Ainsi, d'après ceux qui émettent une opinion si honorable à leur patrie, je vois qu'il n'y a, dans toute la république, de vraiment purs, de vraiment vertueux, de vraiment dévoués au peuple et à la liberté, qu'eux-mêmes, et peut-être une centaine de leurs amis, qu'ils auront la générosité d'associer à leur gloire! Ainsi, pour qu'ils puissent fonder un gouvernement digne des principes qu'ils professent, je pense qu'il serait convenable de bannir du territoire français toutes ces familles dont le feuillantisme est si perfide, la corruption si profonde; de changer la France en un vaste désert, et, pour sa plus prompte régénération et sa plus grande gloire, de la livrer à leurs sublimes conceptions.

Des discordes! des intrigues! des guerres civiles!.... Mais vous avez voté pour le décret portant que celui qui abolit la royauté et que la nouvelle constitution seront présentés à l'acceptation du peuple ; vous n'avez craint ni intrigues, ni guerres civiles: pourquoi tant de sécurité dans un cas, tant de frayeur dans l'autre? Si vous craignez sérieusement que la présentation du jugement de Louis à la ratification du peuple produise la guerre civile, pourquoi ne redoutez-vous pas ce terrible effet de la présentation du décret qui déclare le gouvernement républicain? Ou, s'il est vrai que vous ne craignez pas que la présentation de ce décret entraîne des discordes, pourquoi feignez-vous de croire qu'on ne peut, sans les faire naître, demander la sanction du peuple sur le jugement de Louis? Soyez conséquens dans vos frayeurs, ou renoncez à nous persuader de leur sincérité.

On a senti combien il serait facile de dissiper tous ces fantômes dont on a voulu nous effrayer, et, pour atténuer d'avance la force des réponses qu'on prévoyait, on a eu recours au plus lâche, au plus vil des moyens, à la calomnie : on a représenté ceux qui ont adopté l'opinion de Salles comme des conspirateurs contre la liberté, comme des amis de la royauté ; on nous assimile aux Lameth, aux Lafayette, et à tous ces courtisans du trône que nous avons aidé à renverser !

On nous accuse ! Certes, je n'en suis pas étonné ; il est des hommes dont, par leur essence, chaque souffle est une imposture, comme il est de la nature du serpent de n'exister que pour la distillation du venin.

On nous accuse ! Ah ! si nous avions l'insolent orgueil ou l'hypocrite ambition de nos accusateurs ; si comme eux nous aimions à nous targuer du peu de bien que nous avons fait, nous dirions avec quel courage nous avons constamment lutté contre la tyrannie des rois, et contre la tyrannie plus dangereuse encore des brigands qui, dans le mois de septembre, voulurent fonder leur puissance sur les débris de la puissance royale. Nous dirions que nous avons concouru, au moins par notre suffrage, au décret qui a fait disparaître la distinction aristocratique entre les citoyens actifs et inactifs, et appelé également tous les membres du corps social à l'exercice de la souveraineté. Nous dirions surtout que, le 10 août, nous n'avons quitté ce fauteuil que pour venir à cette tribune proposer le décret de suspension de Louis, tandis que tous ces vaillans Brutus, si prêts à égorger les tyrans désarmés, ensevelissaient leurs frayeurs dans un souterrain, et y attendaient l'issue du combat que la liberté livrait au despotisme.

On nous accuse, on nous dénonce, comme on faisait le 2 septembre, au fer des assassins. Mais nous savons que Tiberius Gracchus périt par les mains d'un peuple égaré, qu'il avait constamment défendu : son sort n'a rien qui nous épouvante ; tout notre sang est au peuple ; en le versant pour lui, nous n'aurons qu'un regret ; ce sera de n'en avoir pas davantage à lui offrir.

On nous accuse, si ce n'est de vouloir allumer la guerre civile dans les départemens, au moins de provoquer des troubles à Paris, en soutenant une opinion qui déplait aux vrais amis de la liberté....,

Mais pourquoi une opinion exciterait-elle des troubles ? Parce que ces vrais amis de la liberté menacent de la mort les citoyens qui ont le malheur de ne pas raisonner comme eux? Serait-ce ainsi qu'on voudrait nous prouver que la Convention nationale est libre? Il y aura des troubles dans Paris, et c'est vous qui les annoncez!.... J'admire la sagacité d'une pareille prophétie! Ne vous semble-t-il pas en effet très-difficile, citoyens, de prédire l'incendie d'une maison, alors qu'on y porte soi-même la torche qui doit l'embraser?

Oui, ils veulent la guerre civile, les hommes qui font un précepte de l'assassinat des amis de la tyrannie, et qui, en même temps, désignent comme amis de la tyrannie les victimes que leur haine veut immoler. Ils veulent la guerre civile, les hommes qui appellent les poignards contre les représentans de la nation, et l'insurrection contre les lois. Ils veulent la guerre civile, les hommes qui demandent la dissolution du gouvernement, l'anéantissement de la Convention. Ils demandent l'anéantissement de la Convention, la dissolution du gouvernement, les hommes qui érigent en principe, non pas ce que personne ne désavoue, que, dans une grande assemblée, une minorité peut quelquefois rencontrer la vérité, et la majorité tomber dans l'erreur, mais que c'est à la minorité à se rendre juge des erreurs de la majorité, à légitimer ses jugemens par des insurrections ; que c'est aux Catilina à régner dans le sénat ; que la volonté particulière doit être substituée à la volonté générale, c'est-à-dire, la volonté de quelques insolens oppresseurs à celle du peuple, et la tyrannie à la liberté. Ils veulent la guerre civile, les hommes qui enseignent ces maximes éversives de tout ordre social dans cette tribune, dans les assemblées populaires, dans les places publiques. Ils veulent la guerre civile, les hommes qui accusent la raison d'un feuillantisme perfide, la justice d'une deshonorante pusillanimité, et l'humanité, la sainte humanité de conspiration ; ceux qui proclament traître tout citoyen qui n'est pas à la hauteur du brigandage et de l'assassinat; ceux enfin qui pervertissent toutes les idées de morale, et, par des discours artificieux, des flagorneries hypocrites, ne cessent de pousser le peuple aux excès les plus déplorables.

La guerre civile, pour avoir proposé de rendre un hommage à la souveraineté du peuple !.... A votre avis, la souveraineté des peuples est donc une calamité pour le genre humain! Je vous entends; vous voulez régner.

Votre ambition était plus modeste dans la journée du Champ-de-Mars; vous rédigiez alors, vous fesiez signer une pétition qui avait pour objet de consulter le peuple sur le sort de Louis, revenant de Varennes ; votre cœur n'était point tourmenté par la crainte des discordes ; il ne lui en coûtait rien pour reconnaître la souveraineté du peuple. Serait-ce qu'elle favorisait alors vos vues secrètes, qu'aujourd'hui elle les contrarie? N'existe-t-il pour vous d'autre souveraineté que celle de vos passions? Insensés ! Avez-vous pu vous flatter que la France a brisé le sceptre des rois pour courber la tête sous un joug aussi avilissant !

On a parlé de courage, de grandeur d'âme ; ce serait, dit-on, une faiblesse de ne pas faire exécuter votre jugement avant d'avoir pris le vœu du peuple... Je ne connais pour un législateur d'autre grandeur que la constance à ne pas dévier des principes. Je sais que dans les révolutions on est quelquefois réduit à voiler la statue de la loi ; mais il me semble qu'on abuse étrangement de cette maxime. Quand on veut faire une révolution contre la tyrannie, il faut voiler la statue de la loi qui consacre ou protége la tyrannie : quand vous voilerez la statue de la loi qui qui consacre la souveraineté du peuple, vous commencerez une révolution qui tournera au profit des tyrans. Il fallait du courage le 10 août pour attaquer Louis XVI dans sa toute-puissance : en faut-il tant pour envoyer au supplice Louis vaincu et désarmé? Un soldat cimbre entre dans la prison de Marius pour l'égorger; effrayé, à l'aspect de sa victime, il s'enfuit sans oser la frapper. Si ce soldat eût été membre d'un sénat, doutez-vous qu'il eût hésité à voter la mort d'un tyran? Quel courage trouvez-vous à faire un acte dont un lâche serait capable ?

On croit nous presser en disant que, si votre jugement est envoyé à la ratification du peuple, vous ne traitez plus Louis comme un autre homme ; vous violez les principes de l'égalité... Mais, l'a-t-on regardé comme un autre homme, quand on vous a fait décréter que ce serait vous qui le jugeriez? A-t-on respecté les principes de l'égalité, quand on l'a éloigné des tribunaux où sont jugés tous les citoyens, et qu'on a tenté de vous induire à le juger vous-mêmes sans observer aucune forme? Louis n'est pas un accusé ordinaire ; on le sait bien : on ne cesse de crier que son existence sera le germe d'une fermentation continuelle.... Pourquoi ne pas examiner si sa mort ne causera pas de plus grands désordres ?

J'aime trop la gloire de mon pays, pour proposer à la Convention de se laisser influencer, dans une occasion aussi solennelle, par la considération de ce que feront ou ne feront pas les puissances étrangères ; cependant, à force d'entendre dire que nous agissions dans ce jugement comme pouvoir politique, j'ai pensé qu'il ne serait contraire ni à votre dignité, ni à la raison, de parler un instant politique.

Il est probable qu'un des motifs pour lesquels l'Angleterre ne rompt pas encore ouvertement la neutralité, et qui détermine l'Espagne à la promettre, c'est la crainte de hâter la perte de Louis par une accession à la ligue formée contre nous.

Soit que Louis vive, soit qu'il meure, il est possible que ces puissances se déclarent nos ennemis; mais la condamnation donne une probabilité de plus à la déclaration; et il est sûr que, si la déclaration a lieu, sa mort en sera le prétexte.

Vous vaincrez ces nouveaux ennemis, je le crois; le courage de nos soldats et la justice de notre cause m'en sont garans. Cependant résistons un peu à l'ivresse de nos premiers succès : ce sera un accroissement considérable à vos dépenses; ce sera un nouveau recrutement à faire pour vos armées; ce sera une armée navale à créer; ce sera de nouveaux risques pour votre commerce, qui a déjà tant souffert par le désastre de vos colonies; ce sera de nouveaux dangers pour vos soldats, qui, pendant que vous disposerez ici tranquillement de leurs destinées, affrontent les rigueurs de l'air, les intempéries des saisons, les fatigues, les maladies et la mort.

Et si la paix, devenue plus difficile; si la guerre, par un prolongement funeste, conduit vos finances à un épuisement auquel on ne peut songer sans frémir; si elle vous force à de nouvelles émissions d'assignats, qui feront croître dans une proportion effrayante le prix des denrées de première nécessité; si elle augmente la misère publique par des atteintes nouvelles portées à votre commerce; si elle fait couler des flots de sang sur le continent et sur les mers, quels grands services vos calculs politiques auront-ils rendus à l'humanité? Quelle reconnaissance vous devra la patrie pour avoir fait, en son nom, et au mépris de sa souveraineté méconnue, un acte de vengeance, devenu la cause ou seulement le prétexte d'événemens si calamiteux? Oserez-vous lui vanter vos victoires? Je ne parle pas de défaites et de revers; j'éloigne de ma pensée tout présage sinistre; mais, par le concours naturel des événemens même les plus prospères, elle sera entraînée à des efforts qui la consumeront; sa population s'affaiblira par le nombre prodigieux d'hommes que la guerre dévore; il n'y aura pas une seule famille qui n'ait à pleurer son père ou son fils; l'agriculture manquera bientôt de bras; les ateliers seront abandonnés; vos trésors écoulés appelleront de nouveaux impôts; le corps social, fatigué des assauts que lui livreront au dehors des ennemis puissans, des secousses convulsives que lui imprimeront les factions intérieures, tombera dans une langueur mortelle. Craignez qu'au milieu de ses triomphes, la France ne ressemble à ces monumens fameux qui dans l'Égypte ont vaincu le temps : l'étranger qui passe s'étonne de leur grandeur; s'il veut y pénétrer, qu'y trouve-t-il? Des cendres inanimées et le silence des tombeaux.

Citoyens, celui d'entre vous qui céderait à des craintes personnelles serait un lâche, indigne de siéger dans le sénat français ; mais les craintes sur le sort de la patrie, si elles supposent quelquefois des conceptions étroites, des erreurs de l'esprit, honorent au moins le cœur. Je vous ai exposé une partie des miennes ; j'en ai d'autres encore, et je vais vous les dire.

Lorsque Cromwell, qu'on vous a déjà cité, voulut préparer la dissolution du parlement, avec lequel il avait renversé le trône et fait monter Charles Ier sur l'échafaud, il lui fit des propositions insidieuses qu'il savait bien devoir révolter la nation, mais qu'il eut soin de faire appuyer par des applaudissemens soudoyés et de grandes clameurs : le parlement céda ; bientôt la fermentation fut générale ; et Cromwell brisa sans effort l'instrument dont il s'était servi pour arriver à la suprême puissance.

N'avez-vous pas entendu dans cette enceinte et ailleurs des hommes crier avec fureur : *Si le pain est cher, la cause en est au Temple ; si le numéraire est rare, si nos armées sont mal approvisionnées, la cause en est au Temple ; si nous avons à souffrir chaque jour du spectacle de l'indigence, la cause en est au Temple!*

Ceux qui tiennent ce langage n'ignorent pas cependant que la cherté du pain, le défaut de circulation dans les subsistances, la mauvaise administration dans les armées, et l'indigence dont le spectacle nous afflige, tiennent à d'autres causes que celle du Temple. Quels sont donc leurs projets? Qui me garantira que ces mêmes hommes, qui s'efforcent continuellement d'avilir la Convention, et qui peut-être y auraient réussi, si la majesté du peuple, qui réside en elle, pouvait dépendre de leurs perfidies ; que ces mêmes hommes, qui proclament partout qu'une nouvelle révolution est nécessaire, qui font déclarer telle ou telle section en état d'insurrection permanente, qui disent à la commune que, lorsque la Convention a succédé à Louis, on n'a fait que changer de tyrans, et qu'il faut une autre journée du 10 août ; que ces mêmes hommes, qui ne parlent que de complots, de mort, de traîtres, de proscriptions ; qui publient dans les assemblées de section et dans leurs écrits qu'il faut nommer un *défenseur* à la république ; qu'il n'y a qu'un chef qui puisse la sauver ; qui me garantira, dis-je, que ces mêmes hommes ne crieront pas, après la mort de Louis, avec la plus grande violence : *Si le pain est cher, la cause en est dans la Convention ; si le numéraire est rare, si nos armées sont mal approvisionnées, la cause en est dans la Convention ; si la machine du gouvernement se traîne avec peine, la cause en est dans la Convention, chargée de la diriger ; si les calamités de la guerre se sont accrues par les déclarations de l'Angleterre et de l'Espagne, la cause en est dans la Convention, qui a provoqué ces déclarations par la condamnation précipitée de Louis?*

Qui me garantira qu'à ces cris séditieux de la turbulence anarblique ne viendront pas se rallier l'aristocratie, avide de vengeance ; la misère, avide de changement ; et jusqu'à la pitié, que des préjugés invétérés auront excitée sur le sort de Louis? Qui me garantira que, dans cette nouvelle tempête, où l'on verra ressortir de leurs repaires les tueurs du 2 septembre, on ne vous présentera pas, tout couvert de sang, et comme un libérateur, ce *défenseur*, ce chef qu'on dit être devenu si nécessaire? Un chef! ah! si telle était leur audace, il ne paraîtrait que pour être à l'instant percé de mille coups! Mais, à quelles horreurs ne serait pas livré Paris! Paris, dont la postérité admirera le courage héroïque contre les rois, et ne concevra jamais l'ignominieux asservissement à une poignée de brigands, rebut de l'espèce humaine, qui s'agitent dans son sein et le déchirent en tous sens par les mouvemens convulsifs de leur ambition et de leur fureur ! Qui pourrait habiter une cité où régneraient la désolation et la mort! Et vous, citoyens industrieux, dont le travail fait toute la richesse, et pour qui les moyens de travail seraient détruits ; vous qui avez fait de si grands sacrifices à la révolution, et à qui on enlèverait les derniers moyens d'existence ; vous, dont les vertus, le patriotisme ardent et la bonne foi ont rendu la séduction si facile, que deviendriez-vous? Quelles seraient vos ressources? Quelles mains essuieraient vos larmes et porteraient des secours à vos familles désespérées?

Iriez-vous trouver ces faux amis, ces perfides flatteurs qui vous auraient précipités dans l'abime? Ah! fuyez-les plutôt! redoutez leur réponse ! Je vais vous l'apprendre. Vous leur demanderiez du pain ; ils vous diraient : *Allez dans les carrières disputer à la terre quelques lambeaux sanglans des victimes que nous avons égorgées ! Ou : voulez-vous du sang? Prenez, en voici ! Du sang et des cadavres, nous n'avons pas d'autre nourriture à vous offrir !....* Vous frémissez, citoyens ! O ma patrie, je demande acte à mon tour des efforts que je fais pour te sauver de cette crise déplorable !

Mais non ; ils ne luiront jamais sur nous ces jours de deuil! Ils sont lâches, les assassins! Ils sont lâches, nos petits Marius ! Nourris de la fange du marais où ce tyran, célèbre au moins par de grandes qualités, fut réduit à se cacher un jour, ils savent que, s'ils osaient tenter l'exécution de quelqu'un de leurs complots contre la sûreté de la Convention, Paris lui-même sortirait enfin de sa torpeur ; que tous les départemens se réuniraient à lui pour les écraser de leurs vengeances, et leur faire expier, dans le plus juste des supplices, les forfaits dont ils n'ont que trop souillé la plus mémorable des révolutions ; ils le savent, et leur lâcheté sauvera la république de leur rage.

Je suis sûr du moins que la liberté n'est pas en leur puissance;

que, souillée de sang, mais victorieuse, elle trouverait un empire et des défenseurs invincibles dans les départemens ; mais la ruine de Paris, la division en gouvernemens fédératifs, qui en serait le résultat, tous ces désordres aussi possibles et plus probables peut-être que les guerres civiles dont on nous a menacés, ne sont-ils pas d'une assez haute considération pour mériter d'être mis dans la balance où vous pesez la vie de Louis ?

Un des préopinans a paru affecté de la crainte de voir prédominer dans cette assemblée l'opinion de consulter le vœu du peuple : je suis bien plus tourmenté par le pressentiment de voir prédominer l'opinion contraire. Pour peu que l'on connaisse le cœur humain, on sait quelle puissante influence les cris de proscription et la crainte de passer pour un homme sans énergie exercent sur les consciences ; je sais d'ailleurs que l'opinion que je combats est celle de plusieurs patriotes dont je respecte également le courage, les lumières et la probité.

En tous cas, je déclare que, tel que puisse être le décret qui sera rendu par la Convention, je regarderais comme traître à la patrie celui qui ne s'y soumettrait pas : les opinions sont libres jusqu'à la manifestation du vœu de la majorité ; elles le sont même après ; mais alors du moins l'obéissance est un devoir.

Que si, en effet, l'opinion de consulter le peuple l'emportait, et que des séditieux, s'élevant contre ce triomphe de la souveraineté nationale, se missent en état de rebellion, voilà votre poste ! Voilà le camp où vous attendrez sans pâlir vos ennemis ! Qu'importe la mort à qui a fait son devoir ? Il meurt avec gloire. Qu'importerait la vie à qui l'aurait trahi ! La honte et le remords le suivraient partout.

Je me résume. Tout acte émané des représentans du peuple est un attentat à sa souveraineté, s'il n'est pas soumis à sa ratification formelle ou tacite. Le peuple, qui a promis l'inviolabilité à Louis, peut seul déclarer qu'il veut user du droit de punir, auquel il avait renoncé. Des considérations puissantes vous prescrivent de vous conformer aux principes ; si vous y êtes fidèles, vous n'encourrez aucun reproche, et si le peuple veut la mort de Louis, il l'ordonnera : si, au contraire, vous les violez, vous encourrez au moins le reproche de vous être écartés de votre devoir ; et quelle effrayante responsabilité cette déviation ne fait-elle pas peser sur vos têtes ! Je n'ai plus rien à dire.

L'improvisation de Vergniaud avait produit, sur ses auditeurs de tous les côtés, une impression profonde et une admiration générale. Robespierre avait été atterré sous cette franche et entraînante éloquence. Cependant Vergniaud avait ébranlé, mais n'avait pas entraîné l'assemblée, qui hésitait entre les deux partis.

Plusieurs orateurs furent successivement entendus, pour ou contre l'appel au peuple; Brissot, Gensonné, Pétion, le soutinrent à leur tour. Enfin, un orateur eut sur la question une influence décisive; ce fut Barrère. Par sa souplesse, son éloquence évasive et froide, il était le modèle et l'oracle du milieu. Il parla longuement sur le procès, l'envisagea sous tous les rapports, des faits, des lois et de la politique, et fournit des motifs de condamnation à tous les faibles qui ne demandaient que des raisons spécieuses pour céder. Sa médiocre argumentation servit de prétexte à tous ceux qui tremblaient, et dès cet instant le malheureux roi fut condamné.
M. Thiers.

ATTAQUE DE ROBESPIERRE
CONTRE LES GIRONDINS.

La section de la Halle-aux-Blés, qui était l'une des plus violentes, fit une pétition, sous la présidence de Marat, et l'envoya aux Jacobins, aux sections et à la commune, pour qu'elle reçût leur approbation, et que, sanctionnée ainsi par toutes les autorités de la capitale, elle fût solennellement présentée par le maire Pache à la Convention. Dans cette pétition, colportée de lieux en lieux, et universellement connue, il était dit qu'une partie de la Convention était corrompue, qu'elle conspirait avec les accapareurs, qu'elle était complice de Dumouriez, et qu'il fallait la remplacer par les suppléans..... Robespierre, passionné pour les querelles personnelles, soutient la pétition et demande à déchirer le voile. On lui accorde la parole, et il commence contre les Girondins la plus amère, la plus atroce diffamation qu'il se fût encore permise.... Après avoir longuement développé son artificieux tissu de calomnies, il propose d'envoyer au tribunal révolutionnaire les complices de Dumouriez, tous les d'Orléans et leurs amis. « Quant aux députés Guadet, Gensonné, Vergniaud, etc., ce serait, dit-il avec une méchante ironie, un sacrilège que d'accuser d'aussi honnêtes gens, et, sentant mon impuissance à leur égard, je m'en remets à la sagesse de l'assemblée. »

Les tribunes et la Montagne applaudirent leur *vertueux* orateur. Les Girondins étaient indignés de cet infâme système, auquel une haine perfide avait autant de part qu'une défiance naturelle de caractère ; car il y avait dans ce discours un art singulier à rapprocher les faits, à prévenir les objections, et Robespierre avait montré dans cette lâche accusation plus de véritable talent que dans ses déclamations ordinaires. Vergniaud s'élance à la tribune, le cœur oppressé, et demande la parole avec tant de vivacité, d'instance, de résolution, qu'on la lui accorde, et que les tribunes et la Montagne finissent par la lui laisser sans trouble. Il oppose au discours médité de Robespierre un discours improvisé avec la chaleur du plus éloquent et du plus innocent des hommes. M. THIERS.

RÉPONSE DE VERGNIAUD (*).

Vergniaud, qui a remplacé immédiatement son accusateur à la tribune, prend la parole d'un ton calme :
J'oserai répondre à Monsieur Robespierre....
A ces mots, les tribunes éclatent en murmures. Vergniaud recommence plusieurs fois sa phrase ; il est toujours interrompu.
Je demande acte à la Convention de ce que les hommes, qui ont accueilli avec une si avide complaisance la calomnie, s'opposent à ce que je confonde l'imposteur qui en a distillé le poison.

Le bruit continue ; Vergniaud reste à la tribune : sa constance et les efforts du président lui obtiennent enfin de se faire entendre. Bientôt il a conquis l'attention générale ; la facilité, la méthode, le charme qui règnent dans son improvisation attachent, entraînent ses adversaires eux-mêmes : mais ils n'admirent que l'orateur ; le girondin leur est toujours odieux.

J'oserai répondre à monsieur Robespierre, qui, par un roman perfide, artificieusement écrit dans le silence du cabinet, et par de froides ironies, vient provoquer de nouvelles discordes dans le sein de la Convention ; j'oserai lui répondre sans méditation ; je n'ai pas comme lui besoin d'art ; il suffit de mon âme.

(*) 10 avril 1793, en séance permanente.

Je parlerai, non pour moi ; c'est le cœur navré de la plus profonde douleur que, lorsque la patrie réclame tous les instans de notre existence politique, je vois la Convention réduite, par des dénonciations où l'absurdité seule peut égaler la scélératesse, à la nécessité de s'occuper de misérables intérêts individuels ; je parlerai pour la patrie, au sort de laquelle, sur les bords de l'abîme où on l'a conduite, les destinées d'un de ses représentans qui peut et qui veut la servir ne sont pas tout à fait étrangères ; je parlerai, non pour moi ; je sais que, dans les révolutions, la lie des nations s'agite, et, s'élevant sur la surface politique, paraît quelques momens animer les hommes de bien. Dans mon intérêt personnel j'aurais attendu patiemment que ce règne passager s'évanouît ; mais puisqu'on brise le ressort qui comprimait mon âme indignée, je parlerai pour éclairer la France qu'on égare. Ma voix, qui de cette tribune a porté plus d'une fois la terreur dans ce palais d'où elle a concouru à précipiter le tyran, la portera aussi dans l'âme des scélérats qui voudraient substituer leur tyrannie à celle de la royauté.

Je vais d'abord réfuter les ridicules accusations de monsieur Robespierre ; je parlerai ensuite de la pétition qui vous a été dénoncée par Pétion, et que monsieur Robespierre a su si bien vous faire perdre de vue, et, à mon tour, je ferai connaître à la France les véritables complices de Dumouriez. Je déclare au reste que, dans les accusations tout étant personnel, je n'entends point ravir à mes collègues dénoncés l'avantage de se défendre eux-mêmes, et que je réponds pour moi seul.

Je déclare enfin que je parlerai avec toute l'énergie qui convient à un homme libre, mais que je veillerai sur moi pour me préserver des passions qui pourraient amortir le feu de celle qui doit nous animer tous, de l'amour de la république. En vain on cherche à m'aigrir ; je ne seconderai pas les projets infâmes de ceux qui, pour faciliter le triomphe des puissances liguées contre nous, travaillent à distraire notre attention des mesures nécessaires à notre défense, et s'efforcent de nous faire entr'égorger, comme les soldats de Cadmus, pour livrer notre place vacante au despote qu'ils ont l'audace de vouloir nous donner.

Vergniaud répond à chaque inculpation de Robespierre ce que chacun y peut répondre, d'après la simple connaissance des faits. Il a provoqué la déchéance par son discours de juillet. Un peu avant le 10 août, doutant du succès de l'insurrection, ne sachant même pas si elle aurait lieu, il a indiqué à un envoyé de la cour ce qu'elle devait faire pour se réconcilier avec la nation et sauver la patrie. Le 10 août, il a siégé, au bruit du canon, tandis que monsieur Robespierre était dans une cave. Il n'a pas fait pronon-

cer la déchéance, parce que le combat était douteux, et il a proposé de nommer un gouverneur au dauphin, parce que, dans le cas où la royauté réussirait à se maintenir, une bonne éducation donnée au jeune prince assurait l'avenir de la France. *Lui et ses amis ont fait déclarer la guerre, parce qu'elle était déjà déclarée de fait, et qu'il valait mieux la déclarer ouvertement, et se défendre, que la souffrir sans la faire. Lui et ses amis ont été portés au ministère et dans les comités, par la voix publique. Dans la commission des vingt-un de l'assemblée législative, ils se sont opposés à ce qu'on quittât Paris, et ils ont préparé les moyens que la France a déployés dans l'Argonne. Dans le comité de sûreté générale de la Convention ils ont travaillé constamment, et à la face de leurs collègues, qui pouvaient assister à leurs travaux. Lui, Robespierre, l'a déserté et n'y a jamais paru. Ils n'ont pas calomnié Paris, mais combattu les assassins qui usurpaient le nom de Parisiens, et déshonoraient Paris et la république. Ils n'ont pas perverti l'opinion publique ; car, pour sa part, il n'a pas écrit une seule lettre, et ce que Rolland a répondu est connu de tout le monde. Lui et ses amis ont demandé l'appel au peuple, dans le procès de Louis XVI, parce qu'ils ne croyaient pas que, dans une question aussi importante, on pût se passer de l'adhésion nationale. Pour lui, il connait à peine Dumouriez, et ne l'a vu que deux fois : la première, au retour de l'Argonne, la seconde, au retour de la Belgique; mais Danton, Santerre, le voyaient, le félicitaient, le couvraient de caresses, et le fesaient dîner tous les jours avec eux. Quant à Égalité, il ne le connait pas davantage. Les montagnards seuls l'ont connu et fréquenté ; et, lorsque les Girondins l'attaquaient, les montagnards l'ont constamment défendu.* M. Thiers.

Après avoir suivi Robespierre dans les détails de son accusation, je vais le suivre dans ses généralités. A son avis, nous sommes des *meneurs*, des *intrigans*, des *modérés*....

Nous sommes des *meneurs*!

Robespierre a-t-il voulu dire que nous dirigeons les travaux de la Convention nationale, que nous influençons ses décisions, que nous ne désemparons pas de la tribune, que nous fesons rendre les décrets? Mais c'est là une imposture dont toute la Convention peut rendre témoignage. Donne-t-il un autre sens à ce mot de *meneur*? qu'il s'explique, ou qu'il me dispense de lui répondre.

Nous sommes des *intrigans*!

Et où avons-nous intrigué? dans les sections? Nous y a-t-on vus exciter les passions du peuple par des discours bien féroces et des motions bien incendiaires? le flatter pour usurper sa faveur, et le précipiter dans un abîme de misères, en le poussant à des excès destructeurs du commerce, des arts et de l'industrie? Non : nous n'avons pas été jaloux de cette gloire ; nous l'avons laissée à nos adversaires. Est-ce dans le sein de la Convention, pour faire passer tel ou tel décret, nommer tel ou tel président, tel ou tel secrétaire? Hé bien, s'il est un membre dans cette assemblée dont il me soit arrivé, dans une seule occasion, de solliciter le suffrage, soit pour une opinion, soit pour une personne, qu'il ose se lever et m'accuser!

Pourquoi avons-nous intrigué? Pour satisfaire notre ambition personnelle? Mais, le 10 août, nous a-t-on vus proposer de prendre les ministres dans le sein de l'assemblée législative? Nous jouissions cependant d'une grande popularité ; l'occasion était belle ; nous pouvions croire sans présomption que le choix tomberait sur quelqu'un d'entre nous : nous ne l'avons pas fait. Où sont donc les preuves de cette passion de fortune ou de pouvoir dont on nous accuse? Aurions-nous au moins intrigué pour faire donner des places à nos parens, à nos amis? Danton s'est glorifié d'avoir sollicité et obtenu des places pour des hommes qu'il croyait bons citoyens. Si, ce que j'ignore, quelqu'un de nous a suivi la même règle de conduite, comment pourrait-on lui faire un crime de ce qui n'a pas paru blâmable en Danton? quant à moi, à l'exception de cinq ou six attestations de civisme que j'ai signées, et auxquelles il est possible que les ministres aient eu quelque égard, je n'ai sollicité individuellement ni auprès d'eux, ni auprès de leurs agens, ni dans les comités de l'assemblée législative, ni dans ceux de la Convention nationale, et je n'ai pas fait donner même une place de garçon de bureau (*applaudissemens*). Ceux qui m'accusent d'intrigue ou d'ambition pourraient-ils faire la même déclaration?

Enfin Robespierre nous accuse d'être devenus tout à coup des *modérés*, des *feuillans*.

Nous *modérés*! Je ne l'étais pas le 10 août, Robespierre, quand tu étais caché dans ta cave! Des modérés! Non, je ne le suis pas dans ce sens que je veuille éteindre l'énergie nationale ; je sais que la liberté est toujours active comme la flamme, qu'elle est inconciliable avec ce calme parfait qui ne convient qu'à des esclaves : si l'on n'eût voulu que nourrir ce feu sacré, qui brûle dans mon cœur aussi ardemment que dans celui des hommes qui parlent sans cesse de l'impétuosité de leur caractère, de si grands dissentimens n'auraient pas éclaté dans cette assemblée. Je sais aussi que, dans des temps révolutionnaires, il y aurait autant de folie à prétendre calmer à volonté l'effervescence du peuple, qu'à commander aux flots de la mer d'être tranquilles, quand ils sont battus par les vents ; mais c'est au législateur à prévenir, autant qu'il peut, les désastres de la tempête, par de sages conseils, et si, sous prétexte de révolution, il faut, pour être patriote, se déclarer le protecteur du meurtre et du brigandage, je suis *modéré!*

Depuis l'abolition de la royauté j'ai beaucoup entendu parler de révolution. Je me suis dit : il n'y en a plus que deux possibles : celle des propriétés, ou la loi agraire, et celle qui nous ramènerait au despotisme. J'ai pris la ferme résolution de combattre l'une et l'autre, et tous les moyens indirects qui pourraient nous y conduire. Si c'est là être modéré, nous le sommes tous ; car tous, nous avons voté la peine de mort contre tout citoyen qui proposerait l'une ou l'autre.

J'ai aussi beaucoup entendu parler d'insurrection, de faire lever le peuple, et, je l'avoue, j'en ai gémi. Ou l'insurrection a un objet déterminé, ou elle n'en a pas : au dernier cas, c'est une convulsion pour le corps politique, qui, ne pouvant lui produire aucun bien, doit nécessairement lui faire beaucoup de mal ; la volonté de la faire naître ne peut entrer que dans le cœur d'un mauvais citoyen. Si l'insurrection a un objet déterminé, quel peut-il être ? De transporter l'exercice de la souveraineté dans la république ? L'exercice de la souveraineté est confié à la représentation nationale : donc ceux qui parlent d'insurrection veulent détruire la représentation nationale ; donc ils veulent remettre l'exercice de la souveraineté à un petit nombre d'hommes, où le transporter sur la tête d'un seul citoyen ; donc ils veulent fonder un gouvernement aristocratique, ou rétablir la royauté. Dans les deux cas, ils conspirent contre la république et la liberté ; et s'il faut ou les approuver pour être patriote, ou être modéré en les combattant, je suis *modéré* (*applaudissemens*)! Lorsque la statue de la liberté est sur le trône, l'insurrection ne peut être provoquée que par les amis de la royauté. A force de crier au peuple qu'il fallait qu'il se levât ; à force de lui parler, non pas le langage des lois, mais celui des passions, on a fourni des armes à l'aristocratie ; prenant la livrée et le langage du sans-culotisme, elle a crié dans le département du Finistère : *Vous êtes malheureux ; les assignats perdent : il faut vous lever en masse!* Voilà comme ces exagérations ont nui à la république.

Nous sommes des *modérés!* Mais au profit de qui avons-nous montré cette grande modération ? Au profit des émigrés ? Nous avons adopté contre eux toutes les mesures de rigueur que commandaient également et la justice et l'intérêt national. Au profit des conspirateurs du dedans ? Nous n'avons cessé d'appeler sur leur tête le glaive de la loi ; mais j'ai repoussé la loi qui menaçait de proscrire l'innocent comme le coupable. On parlait sans cesse de mesures terribles, de mesures révolutionnaires..... Je les voulais aussi ces mesures terribles, mais contre les seuls ennemis de la patrie ; je ne voulais pas qu'elles compromissent la sûreté des bons citoyens parce que quelques scélérats auraient intérêt à les perdre ; je voulais des punitions, et non des proscriptions. Quelques hommes ont paru faire consister leurs patriotisme à tourmenter, à faire verser des larmes : j'aurais voulu qu'il ne fît que des heureux. La Convention est le centre autour duquel doivent se rallier tous les citoyens ; peut-être que leurs regards ne se fixent pas toujours sur elle sans inquiétude et sans effroi : j'aurais voulu qu'elle fût le centre de toutes les affections et de toutes les espérances. On a cherché à consommer la révolution par la terreur : j'aurais voulu la consommer par l'amour. Enfin, je n'ai pas pensé que, semblables aux prêtres et aux farouches ministres de l'inquisition, qui ne parlent de leur Dieu de miséricorde qu'au milieu des bûchers, nous dûssions parler de liberté au milieu des poignards et des bourreaux. (*Applaudissemens.*)

Nous, des *modérés!* Ah ! qu'on nous rende grâce de cette modération dont on nous fait un crime. Si, lorsque, dans cette tribune, on est venu secouer les torches de la discorde et outrager avec la plus insolente audace la majorité des représentans du peuple ; si, lorsqu'on s'est écrié avec autant de fureur que d'imprudence : *Plus de trève, plus de paix entre nous!* nous eussions cédé aux mouvemens de la plus juste indignation ; si nous avions accepté le cartel contre-révolutionnaire qu'on nous présentait, je le déclare à mes accusateurs, de quelques soupçons dont on nous environne, de quelques calomnies dont on veuille nous flétrir, nos noms sont encore plus estimés que les leurs ; on aurait vu accourir de tous les départemens, pour combattre les hommes du 2 septembre, des hommes également redoutables à l'anarchie et aux tyrans ! Nos accusateurs et nous, nous serions peut-être déjà consumés par le feu de la guerre civile. Notre modération a sauvé la république de ce fléau terrible, et, par notre silence, nous avons bien mérité de la patrie. (*Applaudissemens.*)

Je n'ai laissé sans réponse aucune des calomnies, aucune des divagations de Robespierre. J'examine maintenant la pétition dénoncée par Pétion ; mais comme cette pétition tient à un complot général, permettez que je prenne les faits d'un peu plus haut.

Le 10 mars, une conjuration éclata contre la Convention nationale : je vous la dénonçai ; je nommai quelques-uns des chefs ; je vous lus les arrêtés, pris au nom de deux sections par quelques intrigans qui s'étaient glissés dans leur sein. On feignit de révoquer les faits en doute; on regarda comme incertaine l'existence des arrêtés; cependant les faits étaient attestés, même par la municipalité de Paris; l'existence des arrêtés fut confirmée par les sections, qui vinrent les désavouer et vous en dénoncer les auteurs.

Vous ordonnâtes, par un décret, que les coupables seraient poursuivis devant le tribunal révolutionnaire. Le crime est avéré : quelles têtes sont tombées? aucune. Quel complice a été seulement arrêté? aucun. Vous-mêmes avez concouru à rendre votre décret illusoire. Vous aviez mandé Fournier à votre barre : Fournier convint qu'il s'était trouvé dans le premier rassemblement formé aux Jacobins; que, de là, il avait été aux Cordeliers, lieu du rendez-vous général ; que, dans ce rendez-vous, il avait été question de sonner le tocsin, de fermer les barrières, et d'égorger une partie de la Convention ; mais par ce qu'il ajouta que, dans ces scènes, où il avait été acteur, il n'avait apporté aucune mauvaise intention, et comme si celle d'égorger une partie de la Convention n'eût pas dû être réputée mauvaise, vous lui rendites la liberté, en ordonnant qu'il serait entendu comme témoin, s'il y avait lieu, devant le tribunal révolutionnaire. C'est à peu près comme si à Rome le sénat eût décrété que Lentulus pourrait servir de témoin dans la conjuration de Catilina.

Cette incroyable faiblesse rendit impuissant le glaive des lois, et apprit à vos ennemis que vous n'étiez pas redoutables pour eux. Aussitôt, il se forma un nouveau complot, qui s'est manifesté par la formation de ce comité central qui devait correspondre avec tous les départemens ; ce complot a été déjoué par le patriotisme de la section du Mail, qui vous l'a dénoncé. Vous avez mandé à votre barre les membres de ce comité central : ont-ils obéi à votre décret? sont-ils venus? Non. Qui êtes-vous donc? Avez-vous cessé d'être les représentans du peuple? Où sont les hommes nouveaux qu'il a investis de sa toute-puissance ?

Ainsi, on insulte à vos décrets; ainsi vous êtes honteusement ballottés de complots en complots. Pétion vous en a dévoilé un nouveau dans la pétition de la Halle-aux-Blés : on prépare la dissolution de la représentation nationale, en accusant sa majorité de corruption; on y verse sur elle l'opprobre à pleines coupes ; on y annonce la volonté bien formelle de changer la forme du gouvernement, puisqu'on y manifeste celle de concentrer l'exercice de l'autorité souveraine dans le petit nombre d'hommes que l'on y représente comme seuls dignes de la confiance publique. Ce n'est pas une pétition que l'on vient soumettre à votre sagesse ; ce sont des ordres suprêmes qu'on ose vous dicter. On vous prévient que c'est pour la dernière fois que l'on vous dit la vérité ; on vous prévient que vous n'avez plus à choisir qu'entre votre expulsion ou subir la loi qu'on vous impose..... Et, sur ces insolentes menaces, sur ces outrages sanglans, on vous propose tranquillement l'ordre du jour, ou une simple improbation ! Et comment voulez-vous que les bons citoyens vous soutiennent, si vous ne savez vous soutenir vous-mêmes ? Citoyens, si vous n'étiez que de simples individus, je vous dirais: êtes-vous des lâches ? Hé bien, abandonnez-vous au hasard des évènemens ; attendez avec stupidité que l'on vous égorge ou que l'on vous chasse.... Mais il ne s'agit pas ici de votre salut personnel ; vous êtes les représentans du peuple ; il y va du salut de la république ; vous êtes les dépositaires de sa liberté et de sa gloire. Si vous êtes dissous, l'anarchie vous succède, et le despotisme succède à l'anarchie. Tout homme qui conspire contre vous est l'allié de l'Autriche ; vous en êtes convaincus, puisque vous avez décrété qu'il serait puni de mort. Voulez-vous être conséquens, faites exécuter votre décret, ou rapportez-le, ou ordonnez que les barrières de la France seront ouvertes aux Autrichiens, et que vous serez les esclaves du premier brigand qui voudra vous enchaîner (*applaudissemens.*)

Vous cherchez les complices de Dumouriez ? Les voilà, les voilà ! Ce sont ceux qui ont conjuré le 10 mars, et les hommes qui leur ont accordé protection et assuré l'impunité. Rappelez-vous la coïncidence de cette première conjuration avec les premiers désastres de la Belgique : pensez-vous qu'elle soit un simple effet du hasard ?

Ce sont ceux qui ont formé le comité central dénoncé par la section du Mail, et les faux patriotes qui les ont protégés.

Ce sont les provocateurs de la criminelle adresse adoptée par quelques intrigans, par quelques scélérats au nom de la section de la Halle-aux-Blés, qui, j'en suis sûr, ne la connaît pas. Tous ces hommes veulent, comme Dumouriez, l'anéantissement de la Convention ; tous ces hommes, comme Dumouriez, veulent un roi.

Là, je reprends le reproche que l'on a eu l'impudence de nous adresser, de complicité avec Dumouriez. Pour qui travaille Dumouriez ? Ce n'est pas pour lui ; il n'a pas la folie de vouloir être roi ; ce ne peut être que pour le fils aîné de d'Orléans, qui sert dans son armée, et dont plusieurs fois il nous a fait l'éloge, et qui s'est déclaré pour être de moitié dans l'exécution de ses complots. Quoi ! nous les complices de Dumouriez ! et c'est un Bourbon qu'il veut mettre sur le trône ! On a donc oublié que nous avons demandé l'expulsion de tous les Bourbons. Nous les complices de Dumouriez! On a donc oublié quels sont ceux qui ont combattu notre demande. Nous les complices de Dumouriez! On a donc oublié que nous avons sans cesse dénoncé la faction d'Orléans. Nous les complices de Dumouriez! On a donc oublié les persécutions que nous ont attirées ces dénonciations courageuses. Nous les complices de Dumouriez! On a donc oublié qu'au milieu des orages d'une séance de plus de huit heures, nous fîmes rendre le décret qui bannissait tous les Bourbons de la république. Nous les complices de Dumouriez! On a donc oublié quels furent ceux qui firent rapporter le décret. Quoi! Dumouriez conspire pour un Bourbon; nous avons lutté sans cesse pour obtenir le bannissement des Bourbons; et c'est nous qu'on accuse ! Quoi! Dumouriez conspire pour un Bourbon; nous avons voulu qu'on expulsât tous les Bourbons de la république; et ceux-là qui les ont ouvertement protégés accueillent avec des applaudissemens scandaleux l'accusation dirigée contre nous ! Non, cet excès d'audace, de méchanceté et de délire n'égarera pas l'opinion sur les vrais coupables (*applaudissemens.*)

J'ai répondu à tout; j'ai confondu Robespierre dans chacune de ses allégations; j'attendrai tranquillement que la nation prononce entre moi et mes ennemis.

Citoyens, je termine cette discussion, aussi douloureuse pour mon âme que fatale pour la chose publique, à qui elle a ravi un temps précieux. Je pensais que la trahison de Dumouriez produirait une crise heureuse, en ce qu'elle nous rallierait tous par le sentiment d'un danger commun; je pensais qu'au lieu de songer à nous perdre les uns les autres, nous ne nous occuperions que de sauver la patrie : par quelle fatalité prépare-t-on au dehors des pétitions qui viennent dans notre sein fomenter la haine et les divisions? Par quelle fatalité des représentans du peuple ne cessent-ils de faire de cette enceinte le foyer de leurs calomnies et de leurs passions? Vous savez si j'ai dévoré en silence les amertumes dont on m'abreuve depuis six mois, si j'ai su sacrifier à ma patrie les plus justes ressentimens; vous savez si, sous peine de lâcheté, sous peine de m'avouer coupable, sous peine de compromettre le peu de bien qu'il m'est encore permis d'espérer de faire, j'ai pu me dispenser de mettre dans tout leur jour les impostures et la méchanceté de Robespierre. Puisse cette journée être la dernière que nous perdions en débats scandaleux!

Le talent de Vergniaud avait captivé jusqu'à ses ennemis. Sa bonne foi, sa touchante éloquence avaient intéressé et entraîné la grande majorité de l'assemblée, et on lui prodigue de toutes parts les plus vifs témoignages d'intérêt et de satisfaction.

FOY.

Si l'on est parvenu à s'entendre; si la restauration et la liberté parlent le même langage, nous le devons aux membres de l'une et de l'autre chambre qui ont formé l'opposition constitutionnelle ; nous le devons surtout au grand orateur que la mort vient d'enlever à la France en deuil, à l'illustre général Foy, honneur de la tribune nationale et modèle accompli des vertus militaires et civiles. La liberté n'a jamais manqué de talens, et je pourrais en citer dont la mémoire vivra toujours ; mais il lui fallait du génie : le général Foy se présenta et fut accepté. Son éloquence, trempée dans les feux de la république, dans la gloire du consulat, dans l'héroïsme de l'empire, réunissait les qualités nécessaires pour imposer à la malveillance, pour commander l'attention et le respect. Je ne crains pas d'être accusé d'injustice et d'exagération, en disant qu'il a été l'orateur de l'époque.

Il a été l'orateur de l'époque, parce qu'il en a connu les besoins ; parce qu'il a senti que, dans notre état social, la royauté devait être l'alliée naturelle de la liberté ; qu'elles devaient se soutenir l'une et l'autre, et que la contre-révolution, ou, ce qui est la même chose, le despotisme, ne serait définitivement vaincu que par cette alliance. Il s'est retranché dans la Charte nationale et royale, comme un général habile dans une forteresse assiégée. Secondé par quelques braves, il en a défendu les approches avec une infatigable fermeté : quand la brèche a été faite par les dernières lois sur les élections et la septennalité, il a été debout sur la brèche, ralliant à sa voix éloquente tous les amis de la liberté.

On se rappelle l'impression profonde que produisirent ses premières paroles, dans les débats sur la réduction du traitement de la légion-d'honneur.

« Pendant un quart de siècle, dit-il, presque tous nos citoyens ont « été soldats : depuis la paix, nos soldats sont redevenus citoyens. Souvenirs, sentimens, espérances, tout fut, tout est resté commun entre la masse du peuple et notre vieille armée. Aussi les paroles qui s'élèvent de cette tribune, pour consoler de nobles misères, sont-elles recueillies avec avidité jusque dans les moindres hameaux : il y a de l'écho en France, quand on prononce ici les noms d'honneur et de patrie. »

Après une discussion entraînante et irrésistible ; après avoir dit que la réduction du traitement réduit à l'aumône un grand nombre de légionnaires, l'orateur s'écrie :

« Oui, Messieurs, à l'aumône ! qui de nous n'a pas vu des hommes, « naguère ennoblis par le commandement, que la faim condamne au- « jourd'hui aux travaux les plus grossiers ? Qui de nous n'en rencontre « pas tous les jours, qu'une noble pudeur force à cacher, sous leurs « vêtemens délabrés, le ruban que leur sang a rougi ? Qui de nous n'a « pas déposé le denier de la veuve dans des mains mutilées par le fer « de l'ennemi ?

« Hâtons-nous de demander au trône de faire taire des cris accusa- « teurs ! Les honneurs accordés aux souvenirs du passé ne sont pas per- « dus pour la génération qui s'avance ; ils animeront d'un principe « d'activité salutaire cette jeune armée, qu'un ministre habile (*) a donné « en deux ans à la France, et dont il a quitté trop tôt la direction pour « l'achèvement de son œuvre patriotique ; trop tôt, peut-être, pour « notre avenir, comme nation indépendante. La justice rendue aux bra- « ves sera, pour notre état social, une source d'améliorations. Il n'est « pas bon que les notabilités naturelles, légales, compatibles avec les « droits de tous, se heurtent entr'elles. Tâchons que la considération « universelle embrasse tout ce qui est honnête et généreux. Croyez-moi « tout le monde y gagnera. La gloire héritée vivra plus paisible et re- « cueillera plus de respects, quand elle ne sera plus hostile envers la « gloire acquise. La grande propriété retrouvera sa juste part d'influence « dans l'état, lorsque tous les Français seront unis de cœur et d'habitude, « dans leur hommage aux services rendus et aux droits acquis, dans leur » fidélité au roi et à la Charte, dans leurs vœux pour l'honneur et l'indé- « pendance de la France. »

Ce genre d'éloquence, majestueuse dans sa simplicité, empreinte de cette franchise militaire qui ne laisse point de nuage sur la pensée, était le langage qui convenait à l'époque ; il fut entendu avec transport : la liberté salua son orateur.....

Avec quelle noblesse de sentimens, quelle sublimité de courage, notre orateur ne repoussa-t-il pas, au nom de la patrie, l'accusation d'un crime affreux dont la contre-révolution voulait charger la liberté, mère de toutes les vertus.

« Un petit-fils de Henry IV nous a été enlevé, dit-il, qui lui res- « semblait d'inclination et de cœur. Comme son immortel aïeul, il a « reçu le coup de mort de la main d'un fanatique. Aussitôt, ont retenti « des cris de vengeance que la douleur n'avait pas inspirés. Des fac-

(*) Le maréchal Gouvion-Saint-Cyr.

« tieux, répudiés par les hommes de toutes les opinions qui ont le
« cœur français, ont voulu rendre la nation complice d'un crime soli-
« taire. N'en a-t-on pas entendu qui s'efforçaient à répandre le soupçon
« jusque sur les vieux défenseurs de la patrie? Ils ne savent donc pas,
« les insensés, que du cœur d'un soldat peut jaillir la colère, mais ja-
« mais la traîtrise. Ils ne savent pas que les braves s'entendent et se
« devinent; et que c'était particulièrement sur le plus jeune des fils de
« notre roi que nous comptions pour les jours du danger, comme lui-
« même avait compté sur nous.

« Il appartient à la sagesse des chambres de défendre contre la rage
« des partis, un trône que le malheur a rendu plus auguste et plus cher
« à la fidélité. Craignons, en fesant une loi odieuse, sans être utile, de
« remplacer la douleur publique par d'autres douleurs qui feraient oublier
« la première. Le prince que nous pleurons pardonnait en mourant à
« son infâme assassin. Oh! comme son âme généreuse se fut indignée,
« s'il eût pu prévoir les angoisses de l'innocent. Fesons, Messieurs, que
« le profit d'une mort sublime ne soit pas perdu pour la maison royale
« et pour la morale publique. Que la postérité ne puisse pas nous re-
« procher qu'aux funérailles d'un Bourbon la liberté des citoyens fut
« immolée pour servir d'hécatombe. La raison d'état le défend, l'hon-
« neur français s'en irrite, la justice en frémit. »

Le général Foy s'apercevait, de temps à autre, que la contre-révolution, en attaquant la liberté, jetait quelquefois un regard menaçant sur
l'œuvre consommée de la révolution. Mais cette œuvre se défend elle-
même, parce qu'en d'autres termes, c'est la société telle qu'elle existe.
Aussi, l'orateur n'a-t-il jamais traité cette question. Il s'est contenté
d'exposer les faits avec simplicité, laissant les conséquences au bon sens
du public. Que de vérité et de sagesse dans les paroles suivantes!

« On a dit que le perfectionnement de l'agriculture et le bonheur des
« paysans étaient l'œuvre de la révolution; on a dit une vérité; c'est
« la révolution qui les a rendus propriétaires, qui leur a donné des
« champs, des jardins, de bons vêtemens. C'est par elle qu'ils voya-
« gent dans des diligences suspendues; c'est par elle qu'ils sont heu-
« reux, c'est par elle qu'ils ont contracté des habitudes d'aisance dont
« ils ne se déferont pas aisément. Et, pourquoi, malgré les fautes de
« l'administration, la France jouit-elle de ce temps calme? C'est parce
« que la propriété est divisée; c'est parce qu'il y a beaucoup de proprié-
« taires, et qu'ils sont intéressés au maintien de l'ordre; mais qu'il vienne
« un jour où, pour refaire la grande propriété, on menace la propriété
« nouvelle, que le privilège reparaisse, et vous verrez ce qui arrivera! »

Ce langage, si remarquable par sa modération dans une question aussi palpitante d'intérêt, ce langage si propre à calmer les passions, cette leçon salutaire donnée par la sagesse à l'imprudence de parti, ce respect des convenances, cette mesure parfaite, tout annonce le citoyen qui possède la qualité la plus essentielle que Cicéron exige de l'orateur, la vertu.

Jamais orateur ne prononça avec plus d'autorité les noms d'*honneur* et de *patrie*. Faut-il s'étonner si tant d'échos en France répétèrent et répètent encore ces mots magiques que la contre-révolution veut abolir? Le général Foy portait à la tribune cette fermeté de caractère qui s'était fortifiée dans les camps. Il y avait quelque chose dans son attitude et dans son regard qui imprimait le respect. Toujours calme au milieu des plus violens débats, il ne se laissait émouvoir ni par le nombre, ni par les clameurs passionnées de ses adversaires. Les interruptions soudaines donnaient encore plus d'élan à son éloquence ; et c'est avec une présence d'esprit admirable qu'il repoussait des attaques imprévues. On se rappelle cette voix contre-révolutionnaire qui, au moment même où il entrait avec chaleur dans une importante discussion, l'interrompit pour lui demander la définition du mot *aristocratie*. « L'aristocratie, « répondit-il sans s'émouvoir, l'aristocratie au dix-neuvième siècle, « c'est la ligue, la coalition de ceux qui veulent consommer sans pro-« duire, vivre sans travailler, occuper toutes les places, sans être en « état de les remplir, envahir tous les honneurs sans les avoir mérités ; « voilà l'aristocratie. » La voix contre-révolutionnaire se tut, et la nation applaudit.

Toutes les hautes questions de justice et d'humanité trouvaient dans le général Foy une éloquence sympathique et un chaleureux défenseur. L'Espagne abandonnée aux angoisses de l'anarchie, aux tortures du fanatisme ; la Grèce réveillée du long sommeil de la servitude, et luttant corps à corps avec le formidable empire de Mahomet ; la révolution sillonnant les vastes contrées de l'Amérique méridionale, y déposant ses germes indestructibles, et appelant ces peuples nouveaux à l'indépendance ; tous ces grands spectacles enflammaient la parole de l'orateur citoyen, et lui inspiraient ces pensées brûlantes, ces mots impérissables qui font battre les cœurs et se fixent dans tous les souvenirs.

Il avait aussi cette éloquence réfléchie, infatigable, qui saisit l'ensemble d'une question, en approfondit les détails, et en déduit toutes les conséquences. Ses études laborieuses, un travail constant d'observations et de comparaisons, avaient enrichi son esprit de connaissances positives et variées. Telle était la netteté de sa pensée, que rien de vague et d'obscur n'y pouvait entrer, et que la vérité en sortait comme une vive lumière. Le sophisme et la mauvaise foi disparaissaient devant lui. Habile administrateur, il redressait tous les écarts de l'administration. Sentinelle vigilante de la fortune et du crédit publics, il les défendait avec une persévérance à toute épreuve; couvert de glorieuses cicatrices, il oubliait que chaque émotion de la tribune était un danger pour lui; il vivait pour la patrie, et il est mort pour elle.

Ne lui demandons point le secret de sa composition; il était tout entier dans son âme. Rien d'étudié, rien de calculé dans sa manière; tout est plein dans ses discours, et, ce qu'il y a de caractéristique, on n'y trouve aucune superfluité. Son abondance n'est jamais stérile : avare de mots, l'expression la plus simple met sa pensée en relief, et cette simplicité est encore un ornement. Si une grande vérité s'offre à sa pensée, il l'énonce avec une énergique précision, et c'est le pivot sur lequel tournent tous ses raisonnemens....

On a voulu comparer le général Foy à d'autres orateurs; celui qui en a le plus approché est ce vertueux Camille Jordan, qui fut son ami, et qui mérita de l'être. Le cœur de Camille Jordan palpitait aussi d'indignation contre les ennemis de la France; l'aspect menaçant de la contre-révolution avait exalté son énergie morale; mais les efforts de la tribune abrégèrent aussi sa vie, et son dernier soupir fut pour la liberté.

Faut-il rappeler Mirabeau et Vergniaud ? Ils ont eu le génie propre à leur époque. Mirabeau, porté par la révolution, avait l'avantage de l'attaque; sa force se multipliait par toutes les forces d'une puissante majorité; il parlait en triomphateur devant un pouvoir vaincu. Le général Foy, au contraire, soutenait les attaques de la contre-révolution, victorieuse et acharnée sur sa proie; toujours en défense, son éloquence était protectrice et non agressive; les élans de cette âme héroïque n'avaient rien d'hostile. La stabilité du trône, la gloire et la prospérité de la patrie, voilà ce qu'il protégeait avec les armes de la raison et les soudaines illuminations du génie.

L'éloquence de Vergniaud était orageuse comme le temps où il lance des foudres, mais il répand peu de lumière. Son admirable langage est rempli d'émotions et d'images; il appelle à son aide tout le pathétique des passions. Le général Foy, s'adressant à la raison publique et aux intérêts de tous, échauffe et éclaire tout à la fois. Il est incomparable, lorsqu'il défend la gloire nationale insultée, et l'honorable misère de ses compagnons d'armes; lorsqu'il conjure le ministère, si prodigue envers ses agens, d'épargner les cent cinquante officiers-généraux de notre vieille armée, atteints dans leur repos et leur existence par ce qu'il nomme « *le dernier coup de canon échappé de Waterloo.* » Le général Foy ne souleva jamais que les plus nobles affections; s'il s'indigne de la calomnie, c'est l'indignation de la vertu ; placé au-dessus des passions vulgaires, il s'oublie lui-même, il ne voit que la patrie, il ne respire que pour la patrie.

OPINION DU GÉNÉRAL FOY

SUR L'INDEMNITÉ DES ÉMIGRÉS (*).

Le droit et la force se disputent le monde ; le droit qui institue et conserve la société ; la force qui subjugue et pressure les nations. On nous propose un projet de loi qui a pour objet de verser l'argent de la France dans les mains des émigrés. Les émigrés ont-ils vaincu?.... Non. Combien sont-ils?.... Deux contre un dans cette chambre ; un sur mille dans la nation (*Murmures prolongés dans la partie droite...... interruption*). Ce n'est donc pas la force, c'est le droit qu'ils peuvent invoquer.

Aussi disent-ils, et les ministres avec eux, que le droit de propriété a été violé à leur égard.... Mais, s'il en est ainsi, Messieurs, ce n'est pas seulement leur propriété immobilière qui appelle l'indemnité ; ce sont aussi les effets mobiliers, les droits utiles, les rentes de toute espèce ; c'est enfin, pour me servir d'un mot qui serait encore fameux, si certains discours ne l'avaient effacé, c'est tout ce qui a été volé..... (*Même mouvement*). Et, pour les biens-fonds, il importe peu de savoir à quel prix les spoliateurs les adjugèrent en 1793, ou les évaluèrent en 1795. C'est la valeur de 1825 qu'il faut rendre ; et, sur ce point les émigrés et les ministres n'ont pas tout dit: ils n'ont pas poussé jusqu'au bout les conséquences du principe qu'ils ont posé.

En effet, Messieurs, s'il y a eu spoliation, elle ne s'est pas faite à huis-clos ; elle a été projetée, commencée, achevée à la face du ciel et de la terre ; pas un Français ne l'a ignoré. Le vendeur n'a pu transférer au premier acquéreur, ni celui-ci aux acquéreurs successifs, ce qu'il ne possédait pas lui-même à titre légitime ; le contrat est passé de main en main, entaché de son impureté originelle ; le détenteur actuel, comme tous ceux qui l'ont précédé, n'est et ne fut jamais qu'un possesseur de mauvaise foi. Or, Messieurs, la condition du possesseur de mauvaise foi est écrite dans votre législation. Quelque amélioration, quelque métamorphose qu'il ait fait subir au sol,

(*) 21 février 1825.

il n'a pu asseoir sur ce sol un droit légal ; il n'a pu rendre siens les fruits de la terre et de son travail ; il est tenu de restituer les produits avec la chose au propriétaire qui la revendique ; et, justement dépossédé de biens injustement acquis et injustement retenus, il ne lui reste qu'à subir le châtiment réservé aux complices d'une spoliation criminelle (*agitation prolongée*).

Ainsi parlerait le droit, dans l'hypothèse ministérielle ; ainsi il jugerait, dût la société être bouleversée jusque dans ses fondemens.... Mais que les amis de l'ordre se rassurent : le droit a parlé, et son langage est autre que le langage des émigrés et des ministres ; le droit est évident, il est palpable, il met au néant les prétentions que formeraient les anciens propriétaires dépossédés. Le vendeur a bien vendu ; l'acquéreur a légalement acheté à un prix qui sera jugé exorbitant, si on fait entrer en ligne de compte les chances d'avanies et de désastres qu'il a courues depuis trente-deux ans (*on rit à droite; interruption prolongée*). Oui, Messieurs, il est devenu, non pas seulement possesseur de bonne foi, mais incontestable propriétaire.

Qu'est-ce, en effet, que le droit?.... C'est, pour les actes des gouvernemens, comme pour ceux des particuliers, la conformité aux lois positives, et à ces principes d'éternelle raison qui sont la base des lois de tous les pays. Ces lois, et je n'entends parler que des anciennes lois du royaume, ces lois, on les a citées à la tribune, et devant elles il n'y a que deux questions à résoudre. L'émigration fut-elle volontaire ou forcée?.... Qu'allèrent demander les émigrés aux étrangers ?

Sur la première question, ils diront que la grande émigration de 1790 et 1791, celle qui forme à elle seule les neuf dixièmes de l'émigration totale, a été volontaire. Ils le diront, parce que c'est la vérité, et parce que déclarer que l'émigration aurait été forcée, ce serait enlever à leur cause le mérite du sacrifice (*sensation à droite*).

A la seconde question : *Qu'allaient demander les émigrés aux étrangers ?* Ils répondront : *la guerre*. La guerre à la suite des envahisseurs de la France, la guerre, sous des chefs et avec des soldats dont, après la victoire, ils n'eussent pu maîtriser l'ambition et la colère (*sensation*) !

Messieurs, il est dans ma nature de chercher des motifs généreux à la plupart des mouvemens qui se font d'entraînement et d'enthousiasme..... Mais les nations aussi ont l'instinct et le devoir de leur conservation. Les nations veulent croire à leur éternité. Toutes et toujours, et aujourd'hui comme autrefois, elles ont combattu, elles combattent encore l'émigration ennemie, des peines les plus terribles dont leurs codes soient armés. Ainsi le veut la loi de nature, la loi de nécessité ; et, si cette loi des lois n'existait pas, il faudrait l'inventer au jour des calamités de la patrie, et la nation qui dérogerait la première à ce principe de durée et de vie ne serait plus une nation ; elle abdiquerait l'indépendance, elle accepterait l'ignominie, elle consommerait sur elle-même un détestable suicide (*vive adhésion à l'extrême gauche*).

Parmi les peines terribles dont sont armés les codes des nations, se présente des premières la confiscation des biens, peine atroce et parfaitement en harmonie avec les idées féodales qui, ne voulant voir dans l'état que des familles, tantôt les agrandissent et les enrichissent outre mesure, en mémoire des services d'un individu, et tantôt punissent l'innocence des enfans en réparation du crime de leur père. La confiscation était de droit commun en France, non pas seulement, comme on l'a remarqué avec justesse, la confiscation prononcée par les jugemens des tribunaux, mais encore celle que fulminaient des actes politiques contre des masses de Français. Les premières familles du royaume, les Luynes, les Beauvilliers, et tant d'autres ; des noms vénérés dans la magistrature, des Letellier, des Lamoignon ; même les dignitaires et les princes de l'église, comme le cardinal de Polignac, n'ont pas tenu à déshonneur de réunir à leurs vastes domaines la dépouille des condamnés et des proscrits. C'était alors l'usage d'en faire des largesses aux courtisans et aux hommes du pouvoir. Il eût été plus régulier et plus moral de les vendre aux enchères publiques, et d'en employer le produit à réparer le dommage qu'avait supporté le corps social.

Ainsi ont fait les assemblées nationales. Mais on objecte que la confiscation fut supprimée en 1790. Oui, Messieurs, elle fut supprimée alors, non par un édit du roi, comme vous l'a dit, à la dernière séance, M. le commissaire du gouvernement, mais par un décret de l'Assemblée constituante *(quelques voix : non, non)*. C'était une loi de la révolution ; une autre loi de la révolution l'a renversée. L'assemblée législative a rétabli la confiscation en 1792 ; et, sous le rapport de la légalité, l'autorité des deux assemblées était de même nature.

Que si cette autorité est attaquée, si on refuse aux assemblées le droit d'appliquer une ancienne et funeste loi du royaume aux cas que cette loi a prévus et définis, arrive la Charte de 1814, redonnant vigueur à toutes les lois qui régissaient la France au jour où elle fut promulguée, aux lois qui avaient exproprié l'émigration, comme à toutes les autres, si bien qu'il a fallu des ordonnances et des lois postérieures pour rétablir les émigrés dans le droit commun, et pour leur remettre les biens dont l'état n'avait pas disposé. La Charte a aboli à toujours la confiscation, et grâces éternelles soient rendues à la mémoire de son auguste auteur. Mais, en créant en ce point une législation nouvelle, elle n'est pas revenue sur les effets de l'ancienne, pas plus pour les émigrés de la révolution que pour les religionnaires de la révocation de l'édit de Nantes. La Charte a rendu à la noblesse des titres, des rangs, des honneurs, mais elle ne lui a pas rendu ses droits utiles supprimés, ses priviléges effacés, ses biens confisqués. Bien plus, elle a, dans son article 9, frappé d'anathème toutes les prétentions possibles des anciens propriétaires à ce qui fut autrefois leur propriété ; elle les a frappés, sans même leur permettre l'espoir d'une compensation éventuelle ; en effet, et pour les empêcher de réclamer le bénéfice de l'article 10, qui assure des indemnités à ceux dont la propriété est prise pour cause d'utilité publique, elle a eu soin de déclarer que ces indemnités devront toujours être préalables. Et comment serait-elle préalable et conforme à la Charte, l'indemnité qu'on accorderait aujourd'hui pour un sacrifice consommé depuis trente ans ?

De cet exposé de la législation et des faits, il résulte que l'émigration n'est pas créancière de la France ; mais, au défaut d'une créance directe sur le pays, tantôt elle somme la royauté d'acquitter une dette particulière, et elle lui demande avec persistance le prix de sa fidélité et de son dévouement, comme si c'était ce dévouement et cette fidélité qui eussent ramené le roi dans le palais de ses ancêtres. Tantôt elle compare ses droits aux droits du trône ; elle élève autel contre autel, légitimité contre légitimité ; et ne l'ai-je pas entendue, à cette même tribune, parlant au nom de je ne sais quelle souveraineté des propriétaires fonciers, protester contre la puissance royale et le vœu de la France *(mouvement en sens divers)*?

Vous repousserez, Messieurs, ces doctrines subversives de la monarchie et de la Charte ; vous ne permettrez pas que des prétentions factieuses établissent parité et solidarité entre la famille de nos rois et d'autres familles. C'est le dogme fondamental de la monarchie héréditaire, que le trône appartient à la nation, qu'il est confondu, identifié avec elle ; que, pour elle et à son seul profit, il est occupé par une race et non par une autre race, par un prince et non par un autre prince. Les propriétés particulières courent de main en main, se vendent et se morcellent pour les jouissances du plus grand nombre ; et, au milieu de cet heureux mouvement, le trône demeure indivisible et immobile pour la sûreté et la tranquillité de tous. S'il arriva un jour qu'une tourmente extraordinaire sépara le monarque de la monarchie, la tourmente a passé ; le prince est rendu au pays. Ceux-là calomnieraient la majesté royale, qui la feraient l'auxiliaire d'une opinion ou d'un parti, et qui placeraient le roi de France ailleurs qu'à la tête des affections et des gloires de l'universalité du peuple français *(mouvement d'adhésion générale)*.

C'est donc aux intérêts généraux, à la paix publique, à la bienveillance nationale, que doivent se recommander les mesures législatives de l'espèce de celle qu'on nous propose ; voilà le seul terrain où elles puissent se présenter avec quelque avantage. Tous les bons esprits sont d'accord sur ce point, qu'il n'est pas bon que de nombreuses familles, des classes entières de citoyens, descendent rapidement de la richesse à la pauvreté. Le mal serait plus grand encore, s'il donnait lieu à accorder de préférence à ces classes déchues les emplois de l'administration, ceux de la diplomatie, les salaires que l'on attribuerait à la pairie, les grades militaires, les pensions, les traitemens ; si le monopole de la puissance et de la fortune publique devenait pour certaines familles comme un autre patrimoine destiné à remplacer le patrimoine que la révolution a dévoré. Ce ne seraient pas alors seulement les cœurs compatissans, ce seraient aussi les esprits judicieux qui pourraient être amenés à provoquer quelque réparation des maux passés, et ils la provoqueraient moins encore pour l'avantage de quelques-uns que dans l'intérêt de l'ordre public.

Mais la réparation, toute de munificence, toute de patriotisme, devrait être demandée à la nation, et non pas imposée par ceux qui sont juges et parties dans leur propre cause ; elle devrait être sagement mesurée sur les ressources du pays. Elle s'adresserait à tous les malheurs, et, dans chaque ordre de malheurs, elle irait chercher les premiers, ceux qui ont été et qui sont encore les plus malheureux ; elle consolerait le dépossédé, ses fils, ses petits-fils, peut-être ses frères, ses sœurs ; mais elle n'appellerait pas des collatéraux éloignés, ou des légataires inconnus, à recueillir un héritage sur lequel ils n'ont pas compté : elle se complairait à reconstruire les fortunes modérées qui, en même temps qu'elles procurent amplement l'aisance de la vie, confèrent la notabilité locale ; mais elle fixerait une limite à la qualité des allocations individuelles, et elle se garderait de refaire de l'opulence et de la grandeur. Elle se garderait surtout d'exhumer les haines du passé. Elle ne demanderait pas si les naufragés se sont précipités de gaîté de cœur dans les écueils, s'ils ont appelé, s'ils ont excité la tempête, ou si c'est la tempête qui est venue les assaillir et les briser. Elle serait, en un mot, la loi de l'union et de l'oubli *(sensation)*.

J'interroge, Messieurs, le projet qui vous est soumis. Voyons jusqu'à quel point et dans quelle mesure il satisfait aux conditions d'une loi de réparation.

Pour deux cents millions, au plus, qu'à retirés la France républicaine de la vente des biens des émigrés, on demande de prime-abord à la France royale un milliard..... Un milliard, Messieurs !.... C'est vingt fois le montant de ce déficit de 1789 qui fit éclater la révolution ; c'est le tiers en sus de la rançon de guerre de 750 millions à laquelle nous condamna, en 1815, la victoire de l'étranger ; c'est plus qu'il ne faudrait pour, à la fois, restaurer nos routes royales et départementales, achever nos canaux, reconstruire nos prisons, élever les forteresses qui manquent à la défense du territoire ;.... Et, pendant cinq années que durera la distribution du milliard, notre crédit sera enchaîné : nous ne pourrons ni parler, ni agir au dehors ; notre place en Europe restera vide, comme si la France venait d'être envahie et conquise une troisième fois.

Ce milliard où ira-t-il ?

A un seul malheur, à une seule classe, à vingt ou trente mille familles ;..,. et, parmi ces trente mille familles, de rechef privilégiées, pour combien croyez-vous que comptent les familles établies dans nos départemens, celles qui possédaient en bien-fonds des fortunes de 5 à 600,000 francs de capital ? Pour combien, Messieurs ?.... Pas pour le quart, pas pour le cinquième, peut-être pas pour le sixième de l'allocation...... Tout ira à la haute noblesse, à la cour, à Paris. C'est là que l'on compte les indemnités par millions, par dix millions, par quinze millions ;... que sais-je? car la complaisance qui prodigue est inépuisable dans son débordement. C'est là que presque tout le milliard viendra s'engouffrer dans une consommation improductive.... Et ceux qui le dévoreront sont déjà de beaucoup les plus riches et les plus rétribués.... Et ce ne sont pas seulement les nationaux et les regnicoles qui prendront part à cette large curée, ce seront encore les étrangers appelés, dans certains cas, à succéder à des familles françaises ; ce seront des hommes, jadis français, que les hasards de l'émigration ont fixés et naturalisés sur la terre étrangère ; ce seront des généraux de l'Autriche et de la Russie qui ont déjà eu leur part du butin fait sur la France *(longue et vive agitation)*.

Le milliard suffira-t-il ?

Eh ! Messieurs, nous ne fesons qu'entrer dans la carrière des indemnités, et, déjà, au bruit du milliard, sont accourus les créanciers des émigrés, les rentiers auxquels l'état a fait banqueroute, la légion-d'honneur confisquée dans son arriéré, au mépris de la Charte et de la loi, les marchands ruinés par le maximum, les colons de St. Domingue, les fournisseurs mal liquidés, les propriétaires de charges, de patronages, de péages, de rentes seigneuriales, ceux dont les maisons ont été détruites dans la Vendée et au siège de Lyon. Viendront plus tard, mais avec des titres plus récens, nos habitans des départemens du Nord et de l'Est, saccagés pendant les invasions de 1814 et de 1815, et dont un seul, mon propre département, présente la perte, officiellement constatée, d'une somme de 74,262,589 francs. Viendront des réclamations si nombreuses et si énormes, que ce ne serait pas assez de toutes les propriétés mobilières et immobilières de la France pour en acquitter le montant.

J'admets que vos ordres du jour repousseront sans cesse des pétitions sans cesse renouvelées ; j'admets que le clergé ne vous demandera pas tout de suite son indemnité, ou la dotation qui doit en tenir lieu ; j'admets que vous n'aurez à compter, quant à présent, qu'avec l'émigration : croyez-vous qu'un milliard lui suffira ?

Ils comprendraient bien mal et le cœur humain et notre situation politique, ceux qui oseraient répondre affirmativement. Pour établir l'opinion contraire, je ne me prévaudrai pas de ce qui a été dit au dehors et au dedans de cette enceinte ; je demande seulement au projet de loi comment et en quelle monnaie il paiera le milliard ?.... C'est du papier qu'on donnera, et du papier qui doit aller à la bourse. Combien croyez-vous qu'il en restera sur ce terrible tapis vert ? Combien de parcelles, successivement liquidées, ne feront que paraître et disparaître ?.... Et, cependant, vous aurez prononcé le mot, funestement expressif, d'*indemnité;* vous l'aurez prononcé, et, dès-lors, votre loi n'est qu'une loi provisoire. Chaque indemnisé, son bordereau sous les yeux, regarde déjà ce qu'il recevra, dans ces cinq années, comme n'étant qu'un à-compte sur ce que vous déclarez lui être dû. A plus forte raison se confirmera-t-il dans sa pensée, alors que cet à-compte sera évanoui. Le milliard de 1825 n'est que le précurseur des milliards qu'on demandera aux successeurs des ministres actuels.

Ce milliard et les autres milliards, où les puisera-t-on ?

Je vois que les premiers fonds de la caisse de l'émigration sont faits au moyen de la solde qu'on retranche à deux cents officiers-généraux qui furent l'honneur de la France, et qu'on a renvoyés lorsqu'ils pouvaient rendre encore de longs et de glorieux services *(mouvemens en sens divers)*. Je vois que les créanciers de l'état verseront, malgré eux, dans cette caisse une portion du capital dont on les dépouillera, en le fesant passer aux porteurs des trois pour cent. Je vois qu'en définitif la dépense sera prélevée sur les biens-fonds, les capitaux et le travail, et qu'elle sera payée indistinctement par les amis et les ennemis de la révolution, par ceux qu'elle a enrichis et par ceux qu'elle a ruinés.

Est-ce à dire qu'il y ait tant de richesses dans le pays, qu'un milliard de plus ou de moins passe inaperçu, et comme noyé dans la masse des sacrifices imposés à la population ? Ici, à Paris, des rues, des quartiers, des villes s'élèvent par enchantement, sans que personne s'enquière si, au plus léger nuage qui apparaîtra à l'horizon, cet échafaudage ne s'écroulera pas comme un château de cartes. L'imagination s'enivre de l'activité d'industrie et de luxe que produit l'accumulation et le tournoiement des capitaux aux environs du palais de la Bourse. Tout cela est pour Paris..... Mais dans les départemens....; vous en arrivez récemment, Messieurs...., dites si les habitans de nos côtes ne voient pas, chaque année, nos armemens maritimes diminuer, notre commerce extérieur se restreindre, et si nos ports de mer, à l'exception d'un seul, ne sont pas vides et déserts presque comme au temps du blocus des Anglais. Dites si notre industrie manufacturière, toute croissante qu'elle est sur quelques points du territoire, ne conçoit pas cependant de vives alarmes, lorsqu'elle compare l'activité de la production à l'exiguité du marché auquel elle est réduite, marché chaque jour plus rétréci par la politique subalterne de notre cabinet. Dites si l'agriculture, cette mère nourricière des peuples, n'est pas en souffrance ; si ses produits, offerts à bas prix sur les marchés, sont toujours assurés d'y trouver des acheteurs ; si les petits propriétaires vivent avec aisance du produit de leurs terres ; si les fermiers de la grande culture trouvent assez d'argent pour payer les fermages !

Cependant, un autre milliard d'impôts ordinaires pèse de tout son poids sur la propriété, les revenus et les salaires. Après dix ans de paix, nous subissons des taxes qui ne furent inventées que pour la guerre, et qui en retiennent encore le nom. Plusieurs de nos départemens sont victimes de monopoles anti-sociaux ; et, malgré la persévérante protestation de la religion et de la morale, nos budgets de chaque année continuent à endurer la souillure de la loterie et d'autres tributs plus chargés encore d'iniquité.

Au reste, Messieurs, quelque limitées ou quelque vastes que soient nos ressources, elles ne pourraient être mieux employées qu'à rétablir l'uniformité sur le sol de la France, et à ramener l'union parmi les Français. La dernière plaie des révolutions, comme aussi la première des contre-révolutions, c'est la discorde civile ; mais cette plaie, toujours ouverte, toujours saignante, vous ne ferez que l'enflammer davantage en adoptant la loi qu'on vous propose : loi de déception, s'il en fut jamais, car elle annonce fastueusement une véritable indemnité, et elle ne donnera pas aux intéressés le tiers, pas le quart de ce qu'elle leur promet, et elle les paiera avec une monnaie mobile où 60 représentent 100, sauf à valoir, suivant les chances, un peu plus ou beaucoup moins que 75 ; loi d'agiotage, car elle transformera en joueurs à la hausse des hommes nés avec l'horreur des tribulations de la Bourse ; et déjà elle fournit de la pâture à cet essaim d'agens d'affaires, ardens à spéculer sur l'incrédulité et l'impatience : loi de servilité, car la distribution des fonds sera faite par des commissions administratives, dans l'ombre, sans recours aux tribunaux, et les hautes classes de la société se trouveront à la merci du ministère des élections de 1824, du ministère de l'amortissement de l'esprit public, du ministère qui professe le principe que la partialité et la corruption sont des moyens de gouvernement : loi d'abnégation politique, car, au moment où les intérêts vitaux des nations se débattent sur la scène du monde, la France, désarmée de son crédit, va consumer, dans des luttes intestines, ses trésors et sa force : loi d'injure au peuple français, car en proclamant que les trente mille qui sont partis ont fait leur devoir, elle accuse et condamne les trente millions qui sont restés : loi d'irritation et de haine, car elle recommence la liste des émigrés ; elle divisera les familles; elle inondera nos tribunaux de procès interminables ; elle ne contentera pas ceux en faveur de qui elle est faite, et elle leur attirera les malédictions des rentiers qu'on dépouille, et de tant de malheureux qui, déboutés de leurs propres réclamations, non-seulement ne seront pas indemnisés, mais devront encore indemniser à leurs frais le malheur privilégié : loi de menace pour les acquéreurs des domaines nationaux..... Et, c'est ici, Messieurs, le vice capital de la mesure.

Les acquéreurs des domaines nationaux suivent pas à pas la marche du parti dominateur. Ils mesurent le chemin qu'il a parcouru depuis 1820, et le chemin qui lui reste à parcourir. Ils lisent les écrits qu'on vous distribue, les pétitions qu'on vous adresse. Ils écoutent avec anxiété votre discussion. Jusqu'à présent, Messieurs, que leur a-t-elle révélé ?... Ceux d'entre vous qui, en s'inscrivant pour la défense du projet de loi, semblaient avoir pris l'engagement de ne pas dépasser les limites financières et morales que le projet a tracées, ceux-là même s'acharnent à outrager et à flétrir les acquéreurs. Ce sont eux qui attaquent leurs titres de propriété, qui refusent au feu roi le droit qu'il a exercé en donnant la charte. Ce sont eux qui veulent qu'on reprenne les biens en nature, ce sont eux qui demandent qu'on les charge de taxes extraordinaires *(sensation)*.

Le président du conseil des ministres a repoussé cette dernière proposition. Mais comment l'a-t-il fait? A-t-il foudroyé de son éloquence les doctrines attentatoires à la Charte ? A-t-il abjuré le prétendu principe de droit que le ministère lui-même a posé, et dont les émigrés n'ont pas encore déduit toutes les conséquences rigoureuses ? A-t-il réhabilité les acquéreurs dans leur honneur et dans leur position sociale? *(Exclamations dans la partie droite. Une voix : Cela dépend-il des ministres ?...)*

Et quand même le ministère eût promis protection et bienveillance, que sont aujourd'hui les promesses du ministère? Est-il en son pouvoir de les accomplir? Quel homme en France ignore au prix de quelles concessions le ministère obtient la prolongation de sa chétive existence? *(Des murmures prolongés interrompent. Quelques voix à l'extrême gauche* : *Oui, oui; cela est vrai.)*

Je ne partage donc pas l'opinion de M. l'orateur du gouvernement, qui vous a dit que *peu de jours suffiront pour effacer les traces de notre discussion, et l'agitation qu'elle fait naître.* Je crois, au contraire, que l'agitation ira toujours croissant; mais en admettant la supposition hasardée de M. de Martignac, après la discussion, la loi restera. Calculons froidement l'action immédiate qu'elle exercera sur la valeur des domaines nationaux.

Si l'allocation que la loi attribue aux émigrés n'était qu'un secours, comme ce secours est accordé sans condition imposée par celui qui donne, et sans obligation contractée par celui qui reçoit, la situation des acquéreurs resterait la même que par le passé, avec cette différence cependant qu'ils seraient exposés à des tracasseries plus fréquentes de la part des anciens propriétaires, qui, ayant à la fois l'argent et le pouvoir, feraient de nouveaux efforts pour rentrer dans leurs biens par voie de transaction, et que, dans certaines localités, les tracasseries ressembleraient fort à la contrainte; avec cette différence encore, que les propriétés d'origine nationale participeraient dans une proportion moindre, ou même ne participeraient pas du tout à la hausse de valeur que donnera aux propriétés d'origine patrimoniale l'affluence, sur le marché, des portions de l'indemnité qui se placeront en biens-fonds. Quel émigré, en effet, achètera les manoirs et les champs qui ont appartenu à d'autres émigrés?

Mais l'allocation n'est pas un secours. Ce n'est pas grâce qu'on veut faire, c'est justice qu'on veut rendre. Ainsi l'a dit l'orateur du gouvernement dans l'exposé des motifs; ainsi l'a répété et amplifié votre commission dans son rapport. La loi qui nous occupe va créer aux émigrés un droit; elle va les constituer créanciers du pays pour la valeur de leurs biens vendus. Or, il est évident que dans le compte ouvert en ce moment avec eux, cette valeur ne leur est pas remboursée intégralement. Tant s'en faut! Ils ne reçoivent qu'un à-compte. Personne n'est donc autorisé à exiger d'eux quittance du tout, puisque ce serait leur demander le sacrifice d'un droit légalement consacré... Et qu'on ne dise pas que l'exigence du droit s'arrête devant l'impossible!... Qui donc assignera, et surtout en matière de finance, le point où commence l'impossible?... Et ce qui est impossible aujourd'hui deviendra facile demain.... La créance des émigrés, en tant qu'elle représente la différence existant entre la quotité de leur indemnité et la valeur réelle de leurs biens vendus, cette créance demeurera, sinon toujours exigible, du moins toujours menaçante, que les créanciers sont fortifiés sur les sommités sociales, et dans les postes du pouvoir *(agitation)*. Or, Messieurs, où est l'hypothèque naturelle de la créance? Où est-elle ailleurs que sur les domaines eux-mêmes qui en sont la cause permanente? Je vous le demande, quel propriétaire dormira en paix sous le poids de pareilles hypothèques, et vis-à-vis de pareils créanciers *(interruption)*? Où trouvera-t-il qui veuille lui acheter des servitudes et des tourmens *(même mouvement)*? Ainsi, en même temps qu'elle accablera l'état de charges monstrueuses, cette grande mesure de l'indemnité ne procurera aucun des biens que l'esprit de conciliation en attendait. Je n'y vois que désordre dans le présent, et trouble dans l'avenir : ce n'est pas moi qui m'associerai à cette œuvre de malheur. Je vote contre le projet de loi.

CAMILLE JORDAN.

Camille Jordan naquit à Lyon, en 1771, d'une famille honorable dans le commerce, où s'étaient perpétuées toutes les bonnes traditions de la plus sévère probité et des mœurs antiques. Il avait à peine dix-huit ans, lorsqu'il se dévoua au culte de la vertu par une de ces résolutions fortes et généreuses qui décident de toute la destinée d'un homme sur la terre. L'étude de la philosophie et les méditations religieuses l'occupèrent pendant toute sa vie et lui firent supporter, avec une douce résignation aux volontés de la Providence, les longues épreuves d'une maladie qui le surprit au milieu de sa carrière. La force de son âme, la netteté de son esprit, son égalité d'humeur, son aimable gaîté, son amour ardent pour l'humanité, pour la patrie, toutes les affections de son cœur se maintinrent au même degré jusqu'au moment où il s'endormit d'un sommeil paisible, comme le pieux duc Mathieu de Montmorency dont il avait l'âme et dont il conserva toujours l'amitié.

Une conviction profonde, un sentiment sérieux, respiraient dans tout ce qui émanait de lui. Il puisait dans cette fidélité au vrai et au juste une fermeté douce, une énergie calme, qui ne se démentirent jamais. C'est à cette source qu'il puisait cette véhémence singulière, si entraînante, qui était comme une émanation de sa nature, et qui fesait le caractère propre et distinctif de son éloquence. Ses discours étaient formés d'un tissu nerveux, étroitement serré, image de sa conviction toujours fortement raisonnée : ils respiraient en même temps une ardeur brûlante, parce qu'ils étaient comme l'éruption spontanée de ses sentimens les plus intimes. Et ceci fait comprendre comment, par une sorte de contradiction, l'homme le plus doux, le plus tolérant, le plus indulgent par caractère, l'ami de toutes les opinions modérées, parut souvent âpre, amer, mordant dans les discussions publiques : il avait une incroyable horreur pour tout ce qui lui paraissait inique ; il était fortement choqué par l'absurdité et l'inconséquence ; mais sévère sur les choses, il n'était point hostile envers les personnes. Ses intentions ne furent jamais soupçonnées, au milieu même des plus violens débats.

Peu d'hommes ont possédé à un aussi haut degré ce courage politique et civil, si nécessaire dans les pays libres, et si rare même chez les peuples qui aspirent à le devenir. Il avait fait de bonne heure l'apprentissage de ce genre de bravoure, pendant les orages qui précédèrent et suivirent le siége de Lyon, en 1793. Député à l'âge de vingt-six ans par sa ville natale au conseil des Cinq-Cents, il affronta avec le calme le plus parfait les haines et les vengeances de l'esprit de parti. Déjà Camille Jordan avait contribué à faire révoquer la déportation et les lois pénales contre les prêtres. Le rapport que, peu de temps après, il fit sur la police des cultes lui acquit une sorte de popularité immense, qui commençait à être de la célébrité. On y retrouve toute cette jeunesse de l'âme, toute cette véhémence d'un noble cœur qui s'indigne de l'injustice.

MM. Ballanche et Degerando.

De tous les orateurs, celui qui excita le plus de tempêtes (au conseil des Cinq-Cents), ce fut Camille Jordan dans son rapport sur le culte. Ce jeune député s'annonçait avec une rare maturité de talens. Les malheurs de Lyon, sa patrie, la part qu'il avait eue à l'héroïque défense de cette ville, avaient beaucoup accru l'énergie de son âme ; mais ce qui dominait en lui, c'était un fonds de bienveillance qui prêtait à ses discours un charme persuasif. Nous l'avons vu dans les jours de la restauration, et lorsqu'il touchait à une mort prématurée, prendre des ombrages pour la cause de la liberté. Peut-on présumer que dans la jeunesse il fût insensible à cette passion ? Mais la liberté sans la religion ne lui paraissait qu'une désastreuse chimère. Il avait conçu le projet d'attaquer dans toutes ses bases ce système de persécution qu'on avait fait sortir de la tolérance philosophique : pour penser en homme d'état, il ne craignait point de penser en chrétien. Organe d'une commission qui voulait renverser toute une législation barbare, il eut à retracer l'histoire de tous ces décrets qui commencèrent par la vente des biens du clergé, pour finir par le culte de la raison. Il parlait devant une partie de ceux qui les avaient rendus, et il paya le tribut d'une pitié et d'une admiration courageuse à la mémoire de tous les prêtres martyrs. Il regretta tant de solennités augustes et touchantes dont l'abolition laissait un vide affreux et dans le corps social et dans la vie de l'homme. Le serment exigé pour la constitution civile du clergé était devenu la plus complète absurdité, depuis que l'on ne reconnaissait plus de clergé, ni d'église, ni de culte. Dans le trop petit nombre de mois où la Convention commençait à faire quelques pas rétrogrades vers le bien, on avait supprimé le serment ; mais on l'avait remplacé par une déclaration imposée à tous les ministres du culte, et ils étaient tenus de reconnaître que toutes les institutions doivent émaner de la souveraineté du peuple, et de jurer haine à la royauté. Les prêtres se refusaient, pour la plupart, à une déclaration condamnée par leurs supérieurs, et qui répugnait à leur conscience ; la persécution s'armait contre eux d'un nouveau refus, qui semblait provenir d'une haine invétérée contre la république. Camille Jordan voulait les affranchir de cette déclaration ; il ne concevait pas qu'en fesant de la religion une affaire privée et complètement indifférente à l'État, on pût encore considérer les prêtres comme fonctionnaires publics. Il lui tardait cependant que la religion fût dégagée d'une existence équivoque, et en quelque sorte clandestine ; il ne pouvait souffrir que la république, après avoir ravi au clergé une dotation magnifique, le laissât livré aux horreurs de l'indigence. Sans insister encore sur ces vœux, l'orateur appuyait d'une éloquence pleine de douceur et de raison les réclamations pressantes et continues du peuple des campagnes, qui redemandait les cloches comme un signal de la prière et de ses plus touchantes réunions. Ce rapport était écrit avec tant de force et de netteté, que les vieux conventionnels en l'écoutant ne montrèrent d'abord qu'une fureur concentrée ; mais le chapitre des cloches excita leur hilarité sinistre ; ils crurent saisir une occasion favorable pour étouffer sous le ridicule une des productions législatives les plus distinguées qui eussent relevé l'honneur de la tribune française. Ce rapport fut voué pour longtemps à ces turlupinades révolutionnaires qui n'avaient jamais manqué d'être l'indice d'une proscription prochaine. L'arrière-ban des philosophes prit parti contre un discours où la philosophie du dix-huitième siècle était représentée comme l'imprudente mère de la révolution. M. Royer-Collard prononça sur le même sujet, mais sans attirer autant d'anathèmes, un discours où commençait à briller un talent qui devait, après un long intervalle, reparaître à la tribune avec plus d'éclat, et surtout avec plus de force.

M. DE LACRETELLE.

RAPPORT
DE CAMILLE JORDAN AU CONSEIL DES CINQ-CENTS,
SUR LA LIBERTÉ DES CULTES.

L'opinion publique sollicitait depuis longtemps une révision des lois portées sur les cultes et leurs ministres : interprêtes fidèles de cette opinion, vous avez, dès les premiers jours de votre session, ordonné qu'on vous en préparât le travail ; votre commission vous apporte le fruit de ses méditations. Je viens, en son nom, vous entretenir des cultes et de leurs ministres, rappeler les principes, y comparer les lois, indiquer les réformes. Quel sujet ! Il appartient à la plus haute législation ; il embrasse les intérêts les plus chers ; il touche aux passions les plus ardentes ; toute la France attend avec une inquiète espérance les résolutions que vous allez adopter. A la vue d'une tâche aussi étendue, votre commission s'est sentie quelquefois effrayée ; plus souvent, nos pensées se sont élevées en présence de ces grands objets ; nous les avons abordés avec une joie mêlée de respect. Heureux, nous sommes-nous dit, d'être appelés par vous à débrouiller le chaos d'une législation informe ! Heureux d'avoir à plaider la cause de la justice et de l'humanité devant une assemblée digne d'en écouter le langage et d'en produire tous les actes ! Le temps de tous les genres de fanatisme est passé ; une douce et tolérante philosophie a fixé son sanctuaire dans ce temple des lois ; toutes les religions, chères au peuple, sont devenues sacrées pour ses représentans ;

tous les intérêts qui les touchent seront ici discutés avec décence, et réglés avec justice.

Cette impartialité qui vous dirige, mes collègues, me répond que la jeunesse et l'expérience de celui qui vous parle ne seront point à vos yeux un préjugé contre le projet qu'il doit vous soumettre ; non, vous m'oublierez au milieu de si grands intérêts, ou vous vous souviendrez que je ne suis ici que l'organe de votre commission ; ce projet lui appartient tout entier. Que si, contre le vœu de mon cœur, il m'échappait, en le proposant, quelque expression imprudente, elle n'appartient qu'à moi, et ne doit nuire qu'à moi.

Votre commission était chargée par vous de revoir tout ensemble les lois sur la police des cultes et les lois contre les prêtres : elle a bientôt compris que ces deux objets distincts, très-étendus, exigeaient une attention exclusive, et ne pouvaient être embrassés dans un seul rapport : ils seront traités à part et vous seront successivement soumis : nous vous parlerons d'abord de la police des cultes, ensuite des lois qui ont ordonné la réclusion ou la déportation des prêtres insermentés. Cet ordre nous était indiqué par la nature même des questions.

L'orateur rappelle les lois relatives à la matière, il continue :

Pour connaître les réformes à opérer dans ces lois, nous ne vous traînerons pas sur leurs détails ; un plan régulier et plus simple s'est offert à nous : cherchons ce qui doit être, avant d'examiner ce qui est ; nous apercevrons d'un coup-d'œil ce qui doit être conservé, et ce qui doit être aboli.

Il n'est pas ici question de maximes abstraites ; il ne s'agit pas de nous livrer à nos spéculations, pour découvrir le meilleur des systèmes. Non, une puissance supérieure s'est expliquée ; le peuple a voulu, sa volonté est déposée dans la constitution ; il faut l'y chercher pour la suivre : tous les principes ne sont ici que des faits.

Or, j'ouvre cette constitution, et la première déclaration qui s'offre à moi, comme le fondement de la législation sur les cultes, c'est qu'ils jouiront d'une entière liberté ; que nul ne peut *être empêché, en se conformant aux lois, de professer le culte qu'il a choisi.* Ici, représentans du peuple, qu'il me soit permis de m'arrêter quelques instans sur ce principe tutélaire. Si longtemps il fut invoqué par ceux qui le violaient avec le plus d'audace ! Si longtemps il ne fut parmi nous qu'une amère dérision, jointe à une cruelle tyrannie ! Aujourd'hui même, à notre insu, il reste tant de dispositions dans nos lois qui en contrarient le véritable esprit, qu'il est juste, sans doute, de le proclamer avec quelque solennité à l'entrée de cette discussion, et de nous pénétrer tous de sa vive lumière. J'oserai le dire, parmi les droits que la constitution assure au peuple, il n'en est pas dont l'exercice lui soit plus cher ; il n'en est pas dont le maintien soit plus sacré pour vous.

La volonté publique sur d'autres points de notre législation a pu changer ; elle a pu ne pas se prononcer toujours avec précision et clarté : ici, elle est unanime, constante, éclatante. Entendez ces voix qui s'élèvent de toutes les parties de la France; faites-les retentir, vous surtout qui, naguère répandus dans les départemens, avez recueilli la libre expression des derniers vœux du peuple ; je vous en prends à témoin ; qu'avez-vous vu dans le sein des familles ? Qu'avez-vous entendu dans les assemblées primaires et électorales ? Quelles recommadations se mêlaient aux touchantes acclamations dont vous fûtes environnés? Partout vos concitoyens réclament le libre exercice de tous les cultes ; partout ces hommes simples et bons, qui couvrent nos campagnes et les fécondent par leurs utiles travaux, tendent leurs mains suppliantes vers les pères du peuple, en leur demandant qu'il leur soit enfin permis de suivre en paix la religion de leur cœur, d'en choisir à leur gré les ministres, et de se reposer, au sein de leurs plus douces habitudes, de tous les maux qu'ils ont soufferts.

Eh ! ne vous étonnez pas de l'intérêt singulier qu'attachent aux idées religieuses tous ces hommes habitués à s'en nourrir. Ce sont elles qui leur assurent des jouissances indépendantes du pouvoir des hommes et des coups du sort ; ce sont elles qui tempèrent, à leurs yeux, cette inégalité des conditions nécessaires à l'existence des sociétés humaines. Leur besoin est senti surtout par les peuples en révolution : alors il faut aux malheureux l'espérance ; elles en font luire les rayons dans l'asile de la douleur ; elles éclairent la nuit même du tombeau ; elles ouvrent devant l'homme mortel et fini d'immenses et magnifiques perspectives. Législateurs, que sont vos autres bienfaits auprès de ce grand bien ! Vous plaignez l'indigent ; les religions le consolent : vous réclamez ses droits ; elles assurent ses jouissances. Ah ! nous avons parlé souvent de notre amour pour le peuple, de notre respect pour ses volontés : si ce langage ne fut pas vain dans nos bouches, respectons avant tout des institutions aussi chères à la multitude. De quelque nom que notre haute philosophie se plaise à les désigner, quelles que soient les jouissances plus exquises auxquelles nous pensons qu'elle nous admet, c'est là où le peuple a arrêté ses volontés ; c'est là où il a fixé ses affections ; il nous suffit, et tous nos systèmes doivent s'abaisser devant sa volonté souveraine.

Mais en accomplissant le vœu de l'humanité, vous suivrez encore le conseil d'une profonde politique : en contenant le peuple, vous affermirez toutes les lois. Oui, législateurs, il est utile, il est précieux pour vous que les religions existent, qu'elles exercent en liberté leur puissante influence : elles seules parlent efficacement de la morale au peuple ; elles ouvrent son cœur aux douces affections. Elles lui impriment le sentiment de l'ordre, elles préparent votre ouvrage, elles l'acheveraient presque sans vous-mêmes. Ah! depuis quelques années, nous avons créé des milliers de lois ; nous avons réformé tous les codes, et jamais plus de crimes ne ravagèrent ce bel empire. Pourquoi? C'est qu'on a fait disparaître du cœur des Français cette grande loi qui y a été gravée par la nature, qui seule enseigne le juste et l'injuste, qui seule donne la sanction à toutes les autres. Faites-la revivre cette loi puissante ; donnez à tous les cultes la faculté de la recréer dans tous les cœurs, nous n'aurons plus besoin de tout cet appareil d'ordonnances et de peines ; le législateur aura peu de choses à faire, parce que les hommes seront bons. Les lois ne sont que le supplément de la moralité des peuples.

Que la liberté que vous accordez à tous les cultes ne soit donc point en vous l'effet d'une égale indifférence, encore moins l'effet d'un égal mépris, comme cette tolérance dont se parèrent longtemps de dangereux sophistes; mais qu'elle soit le fruit d'une sincère affection. Vous ne devez pas seulement les souffrir, vous devez les protéger tous, parce que tous entretiennent la morale, parce que tous sont utiles aux hommes. Il y eut des législateurs qui, touchés de cette salutaire influence des idées religieuses, crurent devoir lier le culte aux lois, et prêter à la religion tout le secours de l'autorité civile, pour s'assurer, en retour, tout l'appui de la religion. Vous n'avez pas adopté leur système. Que du moins une liberté générale supplée à une protection spéciale ; que la force des religions, si elle n'est pas accrue par vos institutions, ne soit jamais contrariée par elles.

Combien il serait terrible d'ailleurs de prétendre y porter des atteintes? Autant la liberté des cultes peut nous servir, en fondant la morale, autant leur proscription peut nous être funeste en compromettant la paix publique. Nous rallumerions une guerre déplorable entre nos concitoyens; nous ne les détacherions pas de leurs dogmes, nous leur ferions abhorrer nos lois ; nous substituerions à la douce vertu, qui eût fait fleurir l'État, le fanatisme aveugle qui le renverse. Non, la pensée de proscrire tous les cultes en France, d'y proscrire un culte quel qu'il soit; cette pensée, après les sanglantes leçons que nous avons reçues, est une pensée impie; elle n'abordera pas les représentans du peuple; elle est exécrée dans cette enceinte. J'en jure par les mânes de cinq cent mille

Français étendus aux plaines de la Vendée, épouvantable monument des fureurs de la persécution, et des excès du fanatisme!

Que tous nos concitoyens soient donc aujourd'hui pleinement rassurés; que tous, catholiques, protestans, assermentés, insermentés, sachent que c'est la volonté du législateur, comme le vœu de la loi, qu'ils suivent en liberté la religion que leur cœur a choisie. Je leur en renouvelle, en votre nom, la promesse sacrée : tous les cultes sont libres en France.

Un second principe se présente: la constitution n'a pas déclaré seulement que tous les cultes seraient libres; elle a voulu que tous fussent égaux devant la loi : elle n'en salarie aucun, et ne permet pas qu'aucun citoyen soit forcé de contribuer aux dépenses d'un culte; elle ne reconnaît point le titre de ministre des cultes, et ne les distingue pas des autres citoyens : ce principe n'a pas besoin de commentaire.

Enfin, il est un troisième principe qui vient modifier les deux précédens, c'est que l'exercice des cultes ne doit pas devenir une occasion de troubles; c'est que leurs partisans doivent être arrêtés et punis, alors qu'ils commenceraient à en abuser pour violer la tranquillité publique. La constitution l'a exprimé par la condition qu'elle met à la liberté du culte : « Nul ne peut être empêché, en se conformant aux lois, d'exercer le culte qu'il a choisi.... »

Ce principe résulte des conditions premières sur lesquelles reposent toutes les sociétés humaines : elles ne furent formées que pour échapper à l'anarchie des volontés privées. On ne peut y être admis qu'en se soumettant à l'ordre général qu'elles établissent; on n'y obtient des droits qu'en respectant ceux des autres; on n'y jouit des bienfaits de la loi qu'en en remplissant les devoirs. Il serait intolérable que la liberté des cultes, accordée sous la restriction de la liberté et de la paix publique, pût être le prétexte de les violer. Les partisans d'un culte qui feraient profession de révolte contre les lois devraient quitter les villes et se réfugier dans les forêts.

C'est l'intérêt bien entendu des partisans eux-mêmes des cultes divers de maintenir avec rigueur ce principe. La liberté dont ils jouissent deviendrait bientôt nulle, s'ils n'étaient préservés de la licence d'un fanatisme aveugle; cette sage restriction est leur mutuelle garantie.

Ainsi point de doute que les sectateurs des cultes ne doivent être surveillés, pour qu'ils ne troublent point l'ordre, et arrêtés au moment qu'ils le troublent.

Mais cette surveillance provisoire ne doit pas attenter à leur liberté jusqu'à l'existence du délit : la loi ne punit pas d'avance; elle ne persécute pas par précaution.

Mais encore, quand le délit existe, c'est l'auteur du délit qu'il faut arrêter, et non pas son culte qu'il faut proscrire.

Toute mesure, qui tend à gêner l'exercice d'un culte et n'est pas expressément exigée par la tranquillité publique, est une vexation.

Toute disposition qui, sans exposer l'ordre, sans attenter à l'égalité des cultes, en facilite l'exercice, est une disposition sage et bienfaisante.

Ces principes établis, il nous suffira maintenant d'en presser les conséquences, de déterminer ce que renferme la liberté des cultes, ce que suppose leur égalité, ce qu'exige la tranquillité publique, de combiner ces résultats; leur combinaison sera la loi que nous cherchons sur la police des cultes.

La première, la plus immédiate conséquence de la liberté des cultes, c'est la liberté absolue des opinions religieuses. Il ne sera pas permis au législateur de s'interposer entre l'homme et la divinité; il ne lui sera pas permis d'exiger du citoyen aucune profession de croyance religieuse, aucun acte qui suppose qu'il a telle ou telle doctrine.

De là suit une grande vérité qu'il est temps de proclamer en France, c'est que, sous la loi de la liberté des cultes, le législateur ne peut plus exiger des sermens.

Le serment est par essence un acte religieux; il est un pacte formé avec les hommes, mais en présence de la divinité; elle y est invoquée comme témoin et comme juge : on suppose qu'elle lit au fond des cœurs, qu'elle commande la vérité et punira le mensonge. Tout cela est renfermé dans ce seul mot: *je le jure*. On y promet ensuite un objet déterminé. Or d'abord il est des hommes dans l'État qui ne croient pas à ces vérités fondamentales de l'existence de Dieu, de la providence divine, et qu'on ne peut contraindre d'y rendre témoignage; il y a des sectes religieuses qui ne permettent pas cette invocation de la divinité que suppose le serment; tels les Quakers, les Anabaptistes. Il y en a qui, quoiqu'en admettant les sermens, n'en usent qu'avec une excessive réserve. Il en est enfin qui, pour mille raisons, peuvent trouver l'objet particulier sur lequel porte le serment, en contradiction avec leurs opinions religieuses. Le législateur ne saurait ici s'ériger en juge, prévoir toutes les opinions, y comparer ses formules, et s'assurer qu'il ne viole pas, par le serment qui lui semble le plus pur, l'innocente liberté des consciences.

Pendant que le serment exige beaucoup des hommes qui professent une certaine religion, il n'impose rien aux hommes qui n'en professent aucune, et sous ce rapport il viole l'égalité politique; il a lié les uns et n'a pas lié les autres. Sous ce rapport encore se manifeste son inutilité. Le législateur prétend l'employer comme garantie, et cette garantie n'atteint pas tous les citoyens ; elle est incertaine et bornée: plus l'empire des opinions religieuses s'affaiblit, plus elle diminue; dans un siècle corrompu, elle est presque annullée. Mais qu'est-il besoin d'invoquer les principes dans une question qu'éclaire une si déplorable expérience? Que ne nous a-t-elle pas dit sur l'abus et l'inutilité des sermens? Jamais, depuis quelques années, le ciel entendit-il plus de sermens d'obéissance aux lois? Jamais fût-il témoin de plus d'infractions aux lois? Jamais le gouvernement s'appuya-t-il davantage sur cette garantie? Jamais en reçut-il une plus faible assistance? Au lieu de contenir les méchans, nos sermens ont tourmenté la conscience des gens de bien; au lieu d'ajouter à la solennité des engagemens, ils ont presque anéanti la simple religion des promesses; ils ont révélé à tous le secret de l'ancienne corruption de nos mœurs; ils en ont précipité la ruine.

Mais, au défaut des sermens pour s'assurer des ministres des cultes, le législateur ne pourra-t-il pas exiger d'eux quelque déclaration particulière? Ne pourra-t-il leur demander, comme la loi de vendémiaire, une simple promesse de soumission aux lois?

Nous avons commencé par reconnaître tous qu'il n'avait assurément jamais été dans l'intention du législateur, en demandant la promesse de soumission, d'attenter à la liberté des cultes; que cette déclaration, bien entendue, fidèlement interprétée, n'exigeant point des citoyens l'approbation des lois, ne les engageant point à faire toutes les actions qu'autorisent les lois, se bornant à exprimer l'obéissance au gouvernement actuellement établi, ne frappait en effet sur aucune opinion religieuse, ne renfermait rien qui ne fût l'étroite obligation de tous les Français, et que ne prescrivissent toutes les religions qu'ils professent. Nous aurions ardemment désiré que tous les ministres des cultes, s'arrêtant à un sens si naturel et si pur, n'eussent point attaché à nos paroles une fausse interprétation, d'où sont nées toutes leurs préventions; qu'ils se fussent ralliés à ces ecclésiastiques respectables de Paris et de quelques départemens, qu'une religion non moins sincère, mais plus éclairée, a préservés de ces excessives frayeurs; que comme eux, sans examiner si nous avions le droit politique d'exiger d'eux des déclarations particulières, ils se fussent empressés de donner à la patrie ce gage touchant de leur obéissance, et qu'ainsi, au mal d'une demande imprudente ne se fût pas joint celui d'un opiniâtre refus. Mais après être convenus de toutes ces vérités, nous n'avons pu nous dissimuler que cette déclaration, parce qu'elle était exigée des prêtres seuls, portait atteinte à l'égalité qui doit régner entre eux et les autres citoyens, parce qu'elle était généralement mal interprétée, violait l'innocente liberté des consciences, que surtout, destinée à garantir l'ordre, elle était devenue inutile, même dangereuse, à la tranquillité publique.

Et d'abord l'égalité est atteinte par elle. Vous ne salariez aucun culte ; vous n'avouez les fonctions d'aucun culte ; il n'y a plus de prêtres devant vous ; il n'y a que des citoyens appelés à un égal traitement devant la loi. Pourquoi donc distinguer encore le prêtre ? Pourquoi lui imposer des déclarations que vous n'exigez pas des autres citoyens ? — Mais cette déclaration est légitime, elle n'est que la promesse de faire ce que tous sont obligés de faire. — Qu'importe ? Vous croyez à la fidélité des autres, sans cette promesse ; leur établissement sur votre territoire, la bonté de vos lois, vous semblent envers eux une suffisante garantie. Pourquoi n'honorez-vous pas ceux-ci de la même confiance ? Pourquoi ne présumez-vous pas aussi leur obéissance sans leur promesse ? — Mais leur ministère est important. — Cela peut être. Toujours n'est-il pas reconnu dans l'État ; vous ne l'avez pas jugé assez grave pour l'ériger en fonction publique : laissez-le se renfermer ici dans le silence des conditions privées. La loi n'a pas connu le prêtre pour l'honorer, elle ne doit pas le connaître pour le soupçonner. Que faites-vous d'ailleurs en le discernant par vos soupçons ? Vous tournez sur lui les regards ; vous lui rendez l'importance que vous prétendiez lui ravir ; vous nous montrez le prêtre là où nous ne devions plus apercevoir que le citoyen.

J'ai dit ensuite, la liberté des consciences est violée par cette déclaration ; oui, la liberté même innocente, la liberté restreinte par la soumission aux lois, dont personne ici ne prétend dispenser les prêtres ; elle l'est, contre vos loyales intentions, par une malheureuse interprétation ; elle l'est, non dans votre sens, à vous qui demandez la promesse, mais dans le sens de ceux dont on l'exige, et qui peut seul, en résultat, déterminer leur conduite. Des scrupules religieux, absolument étrangers à un principe de rébellion, ont dicté la répugnance du plus grand nombre ; des prêtres ont accordé tout ensemble une obéissance effective aux lois, et le refus d'une promesse de soumission aux lois. — Quelle bizarrerie ! quelle contradiction ! direz-vous. — Prenez garde, nous ne prétendons pas justifier ici la solidité de leurs raisonnemens ; il nous suffit de vous montrer, à vous, législateurs philosophes, que ces raisonnemens ont pu se former naturellement et innocemment dans leurs esprits ; que des consciences honnêtes, mais peu éclairées, sont ainsi violées à votre insu, dans l'enceinte de leurs opinions religieuses.

Voici, en effet, l'histoire simple de cette répugnance ; elle naît chez plusieurs, moins de la nature même de l'acte, que d'une prévention générale contre toute espèce de serment et de promesse. Depuis quelques années, on leur a présenté de si insidieuses formules, on a tourmenté leur conscience en tant de manières, qu'elle se refuse violemment aujourd'hui à toute interrogation nouvelle; ils craignent de trouver un piége dans les paroles les plus innocentes ; ils craignent d'encourager le législateur à de plus dangereuses tentatives sur leur liberté ; il faut le dire, après ce qu'ils ont souffert, une telle prévention, si elle est exagérée, est au moins excusable.

Elle se confirme chez d'autres, par une déplorable équivoque; ils remarquent dans votre code plusieurs lois injustes; vous-mêmes le reconnaissez ; tous les jours vous le proclamez à cette tribune. Vous en opérez la réforme. Ils y voient quelques lois qui autorisent des actions contraires à des dogmes particuliers de leur religion ; telle la loi du divorce pour les catholiques : sans doute ils ne voudraient pas, parce qu'une loi leur semble blâmable, se révolter contre elle ; parce qu'il existe des abus, attaquer le gouvernement; mais ils craindraient de paraître approuver les lois qu'ils blâment, ou s'engager à faire les actions qu'ils condamnent; or, ils ont cru trouver dans la promesse, et cet acte d'approbation, et cet engagement; grossière méprise, sans doute! Elle n'exprimait qu'une simple obéissance dont ils reconnaissent l'obligation; elle n'a jamais prétendu leur enlever ce droit imprescriptible du citoyen de tout état libre, de censurer la loi en lui obéissant, elle n'a jamais prétendu les engager à faire toutes les actions qu'autorisent les lois. Il est très-clair qu'on peut obéir à la loi du divorce sans divorcer; mais enfin, c'est ainsi qu'ils l'ont entendu, tous leurs discours vous l'attestent, tous leurs écrits en font foi ; il n'est pas un de leurs argumens bien analysé, qui ne revienne à cette même équivoque. Il n'y a pas là de la logique sans doute; mais au moins il n'y a pas de la révolte.

Enfin, il en est un grand nombre chez qui le refus de la promesse n'a été qu'une simple hésitation ; ils doutaient du sens de la formule ; ils attendaient d'être dirigés par les exemples, et éclairés par les avis de ceux dont leur religion leur apprend à respecter l'autorité. Dans ce doute et cette attente, ils prenaient le parti le plus sûr pour leur conscience timorée, ils s'abstenaient: qu'il y a loin encore d'un pareil scrupule à la rébellion!

La conduite qu'ils ont tenue vient à l'appui de cette explication, votre commission l'a sévèrement examinée ; elle a consulté la correspondance des départemens ; elle a pu recueillir de vagues dénonciations, mais elle n'a acquis aucune preuve positive que les ecclésiastiques non-soumissionnaires se soient distingués par une disposition particulière à la révolte, qu'on les ait surpris violant les lois, ou excitant le peuple à les violer; ils paraissent, en général, renfermés dans l'enceinte de leur ministère religieux, plus étrangers qu'autrefois à nos débats politiques, ne nous reprochant plus que la loi qui les distingue, ne nous demandant plus qu'à être oubliés de nous. Si quelques violences ont éclaté à l'occasion du refus de la promesse, elles n'étaient que les convulsions de la persécution ; les prêtres en étaient les victimes, sans en être les auteurs.

Tout concourt donc à démontrer que le refus de la déclaration n'a point été le refus d'obéir aux lois, qu'il a eu pour principe un scrupule purement religieux : dès lors il rentre dans la classe de toutes ces opinions religieuses dont vous avez promis de maintenir la liberté, sans vous informer de leur vérité. Il mérite l'indulgence du philosophe et les égards du législateur. Mais ne devient-il pas inviolable surtout, si vous réfléchissez que le culte de tant de citoyens en dépend : car enfin il s'agit bien moins des prêtres que du peuple. C'est le peuple, législateurs, qui doit ici fixer toute votre sollicitude ; c'est ce peuple simple et bon qui n'entend rien à ces ardentes querelles, qui croit sur la parole de son prêtre, qu'il faut ici plaindre, et qu'il est temps de consoler. Savez-vous bien que, dans la majorité des départemens, il est la victime innocente du scrupule de ses prêtres et de la sévérité de vos lois? Savez-vous bien que, dans la majorité des départemens, une foule nombreuse, parce que ses ministres ont refusé votre promesse, se voit chassée de ses temples, privée de tout culte public sous le règne de la constitution, sous la loi de la liberté des cultes : le tolérerez-vous plus longtemps? Vous rappellerai-je ce que nous disions sur cette liberté, sur ses rapports avec la morale? Ferai-je de nouveau retentir dans cette enceinte les milliers de voix qui la réclament ?

Quelles raisons, quels motifs de tranquillité publique pourraient autoriser le délai d'un si grand bienfait, le maintien d'une loi si vexatoire ? On en allègue cependant; il faut les examiner; il faut prouver que cette loi qu'on invoque pour conserver l'ordre est inutile, même dangereuse à la tranquillité publique. Eh ! d'abord, en quoi peut-elle la protéger ? Que vous offre-t-elle qui vous rassure ? Une promesse, des paroles de ceux que vous soupçonnez? Quelle garantie ! Législateurs éclairés, est-ce bien dans ce siècle que vous élevez devant vos lois de pareils retranchemens? N'en est-il pas de ces promesses comme des sermens dont nous parlions tout à l'heure? N'est-il pas évident que les bons vous seront fidèles sans le promettre, et que les méchans seront rebelles après avoir promis? Oui, s'il existait parmi nous des ministres assez pervers pour exciter les citoyens à la révolte, qui méconnussent à ce point le grand principe, je ne dis pas de toute religion, mais de toute morale, seraient-ils arrêtés par une vaine formule? Répugneraient-ils, avec la rebellion dans le cœur, à placer le parjure sur leurs lèvres? Quelle contradiction de croire à la parole de ceux dont on ne croit pas la moralité!

Vous avez de plus sûres garanties, j'ose le dire, dans la conduite même des ministres du culte; la plupart ont été soumis, ils le seront encore; que le passé vous réponde de l'avenir. — Dans le caractère dont ils sont revêtus; car je ne sais pourquoi on n'espérerait pas plus de moralité de ceux qui prêchent la morale, et qui en doivent l'exemple, comme ils en donnent la leçon. Dans la doctrine qu'ils professent, il n'est pas une religion qui ne recommande l'obéissance aux autorités établies, qui ne la consacre en la rapportant à l'autorité de Dieu même : c'est le caractère spécial de la religion catholique : elle se concilie avec toutes les formes de gouvernement; mais elle respecte avant tout le gouvernement établi; elle y attache ses sectateurs par les liens les plus forts; de là leur répugnance à s'en séparer, de là le caractère passif qu'ils conservent d'ordinaire à l'origine des révolutions; mais lorsqu'elles sont consommées, ils transportent au nouveau gouvernement toute l'obéissance religieuse qu'ils rendaient à l'ancien; ils n'en ont pas été les plus ardens fondateurs, mais ils s'en montrent les plus fidèles sujets. Que tous ceux qui connaissent l'esprit du catholicisme attestent la vérité de cette explication! Qu'elle serve de réponse aux alarmes de quelques uns, qui affectent de le présenter comme incompatible avec notre république!

Enfin, votre essentielle, votre véritable garantie doit être dans votre propre surveillance, dans une exacte police, dans les lois sévères que nous proposerons contre l'abus des cultes et les délits des prêtres. C'est ainsi qu'il appartient à de sages législateurs de préserver leur ouvrage; ils ne se reposent pas sur la parole d'autrui, mais sur leur propre vigilance; ils ne s'amusent point à faire promettre d'obéir aux lois, mais ils font exécuter les lois.

J'ajoute que cette mesure est dangereuse; si la loi de la promesse subsiste, il faut bien en effet en presser l'exécution; vous voilà engagés à poursuivre ceux qui la refusent, à les destituer de leur ministère, à les punir s'ils le continuent, à les enfermer, à les déporter peut-être : que faites-vous par là? Vous accroissez d'abord chez tous ces ministres du culte les dispositions hostiles que vous leur avez supposées, s'il était vrai que la haine des lois se fût glissée dans leur âme ; elle y était formée surtout par l'intolérance du gouvernement. Vous en reproduisez tous les actes, vous fournissez un nouvel aliment à la haine, un nouveau prétexte à la plainte.

Vous aigrissez le cœur du peuple comme celui des prêtres : son affection pour ses prêtres redouble par la persécution qu'ils éprouvent; ils lui étaient chers, ils lui deviennent sacrés. De quel œil voulez-vous qu'il considère le gouvernement qui frappe sur ces objets de sa vénération, qui lui interdit son culte en proscrivant ses ministres?

Vous leur faites d'ailleurs, à ces simples habitans des campagnes, la plus dangereuse révélation ; vous proclamez devant eux que le refus de la promesse dans leurs prêtres est un refus d'obéir aux lois ; ils ne s'en doutaient pas ; et voilà que peut-être vous donnez l'éveil à leurs consciences timides ; vous leur inspirez un scrupule sur leur propre obéissance aux lois ; vous ébranlez leur fidélité par leur religion même.

Ce n'est pas assez d'avoir multiplié les mécontens, fortifié les mécontentemens ; vous allez placer tous ces hommes aigris dans la situation même où les explosions de leur haine peuvent devenir le plus funestes ; car enfin vous comprenez que c'est en vain que vous ordonnerez des réclusions et des déportations; c'est en vain que vous retomberez dans ce cercle déplorable de vexations qui s'engendrent et se soutiennent l'une par l'autre ; toujours une foule de ces prêtres échapperont à vos mains ; toujours ils exerceront leur ministère, toujours ils seront entourés de leurs nombreux partisans : vous leur interdisez les temples publics, eh bien! ils se réfugieront dans les maisons, les forêts, les cavernes. Les y voyez-vous rassemblés dans la nuit du mystère, au milieu du magique appareil de la persécution ? C'est là que le prêtre parle avec plus d'empire et est écouté avec plus de respect ; c'est là que toutes les imaginations s'ébranlent, que tous les cœurs se réchauffent, que le fanatisme s'engendre, qu'il y a mille fois plus de danger pour vous qu'au milieu de ces temples où n'est pas l'attrait de la persécution, et où n'est l'action de votre police : vous les en avez chassés, quelle imprudence ! C'est précisément parce qu'ils vous étaient suspects qu'il fallait leur en ouvrir toutes les avenues ; c'est parce que leur culte vous semblait dangereux qu'il devait être plus libre, afin qu'il fût public. Oui, c'est au milieu de la place publique que je voudrais appeler sans cesse tous les fanatiques ; c'est là que je voudrais les couvrir des regards de tous : alors le magistrat peut surveiller; alors tous les citoyens veillent avec lui ; alors le crime n'ose se produire, ou, s'il éclate encore, mille voix s'élèvent pour le dénoncer et le poursuivre.

Enfin, cette loi de la soumission compromet la tranquillité publique sous un autre rapport dont vous sentirez l'importance. Amis jaloux de la liberté, gardiens vigilans de la constitution, une telle loi, dont l'exécution suppose tant de recherches inquiètes, tant de mesures rigoureuses, est un véritable ressort révolutionnaire entre les mains de quelques agens de l'autorité; elle est le moyen de toutes les vexations, le texte de toutes les déclamations; c'est grâce à cette loi qu'un régime inquisitorial et militaire s'est établi dans plusieurs départemens, qu'on a violé l'asile des citoyens, qu'on a outragé leur personne, attenté à leur liberté, et enfreint les lois les plus sacrées, pour le maintien d'une simple loi de police. Voyez la ci-devant Belgique, c'est là surtout qu'il faut arrêter ses regards pour achever d'apprécier les effets de cette mesure. Quoique nos lois ne dussent lui être que successivement appliquées, on s'est empressé d'y exécuter celle-ci. Eh bien! elle a couvert de deuil cette belle et malheureuse contrée. La simple hésitation de ses prêtres à promettre une soumission dont ils avaient constamment donné l'exemple, y est devenue le signal d'une persécution religieuse. On a poursuivi les ministres, on a interdit le culte. Un peuple qui place dans ce culte sa suprême jouissance, s'en est vu tout-à-coup dépouillé. En plusieurs villes, des scènes violentes ont éclaté. A Louvain, des soldats sont venus saisir des prêtres au milieu des solennités de leur religion; ils les ont disputés à une multitude indignée, et le sang a coulé aux pieds des autels. Partout, dans ces départemens, l'inquiétude est répandue; partout leurs paisibles citoyens se plaignent avec amertume qu'un nouveau gouvernement qu'ils ne demandaient qu'à chérir, ne s'annonce à eux qu'au bruit des proscriptions, et prétende à les troubler dans leurs plus anciennes et leurs plus chères habitudes.

Et voilà la loi qu'on a pu présenter comme le palladium de la tranquillité publique! c'est-à-dire, qu'au lieu d'annuler l'influence des prêtres, elle la ressuscite; qu'au lieu d'affermir la paix, elle sème la discorde, et que la garantie contre le danger est devenu le danger même.

Vous sentirez donc que cette mesure, peu conforme aux principes, est surtout impérieusement repoussée par les circonstances. Vous vous hâterez d'abolir la loi en annulant toutes les procédures commencées, et tous les jugemens rendus pour cause de son infraction. Vous restituerez aux ministres leur liberté, au peuple son culte. Espérons que ces prêtres sentiront le prix de votre bienfaisante justice, qu'ils vous prouveront leur reconnaissance par leur fidélité, et se croiront d'autant plus obligés d'être soumis aux lois, que vous les dispensez de le promettre. Espérons qu'ils n'oseront pas se prévaloir d'une abrogation qui n'est point une reconnaissance que le législateur avait mal parlé, mais simplement qu'il fut mal entendu, pour adresser d'amers reproches à leurs respectables collègues, qui s'empresseront d'obéir à la loi ; que ceux-là sachent que la patrie a reçu avec sensibilité le gage de leur obéissance, et que vous les couvrirez toujours de votre puissante protection.

Hâtons-nous de presser les autres conséquences des principes établis. Voilà les citoyens dispensés de tout serment, les ministres de toute déclaration ; la liberté des opinions est entière ; ce n'est pas assez : les religions ne se bornent pas à des opinions ; elles n'honorent pas seulement Dieu par le cœur ; elles s'environnent de signes, pour élever l'homme distrait et sensible jusqu'aux spirituelles idées qu'elles lui présentent. Elles ont des assemblées, des cérémonies, des ministres, des instructions, des observances et des fêtes. Proclamer la liberté des cultes, c'est donc autoriser tous ces actes dont se composent les cultes.

Ainsi, d'abord on reconnaît dans les citoyens le droit de choisir leurs ministres, et de leur imposer telles conditions qu'ils jugent convenables. L'étendue de l'autorité religieuse accordée à ces ministres, le mode suivant lequel ils l'exercent, la répartition qu'ils en font, tout cela tient à la nature du culte, et doit être affranchi, comme lui, de l'empire de l'autorité civile.

Ainsi encore, on reconnaît dans les citoyens le droit d'acheter ou de louer des temples pour l'exercice de leurs cultes, de s'y rassembler, d'y ériger les signes de leur croyance, d'en pratiquer les cérémonies, d'en publier la doctrine.

Ils pourront également pratiquer leur culte, et s'environner de ses signes dans les hospices civils et militaires, dans les lieux de détention, où, confinés par des infirmités ou la rigueur des lois, ils ont plus besoin de consolations religieuses.

Ils le pourront dans l'intérieur de leurs maisons : c'est le privilége naturel de tout père de famille d'ériger sa maison en temple domestique. Toutes les religions, surtout la catholique, prescrivent des cérémonies pour les malades et les mourans, qui ne peuvent être exercées que dans son enceinte. La loi qui les proscrirait serait vexatoire ; elle fournirait aux agens de l'autorité un prétexte pour violer l'asile des citoyens, et rappellerait l'odieux système des visites domiciliaires. Il suffira que vous empêchiez par un réglement que des maisons particulières puissent jamais être converties en de véritables églises, où des réunions trop nombreuses échapperaient à la surveillance du magistrat.

Les sectateurs des divers cultes seront en liberté de déterminer des jours pour la célébration de leurs fêtes, de régler le mode de cette célébration ; et si le repos est une des conditions qu'ils y apportent, on ne saurait leur interdire de se reposer aux jours qu'a consacrés leur culte.

Puisqu'il est permis aux partisans des divers cultes de se réunir, ne pourront-ils point avoir quelque moyen de convocation? Faudra-t-il autoriser les cloches? Faudra-t-il rapporter la loi du 12 germinal qui les proscrit? Cette question nous était expressément renvoyée. La commission ne pouvait la passer sous silence ; elle ne vous dissimulera pas qu'elle a quelque temps hésité : elle n'apercevait aucune raison solide qui vînt à l'appui de la loi ; mais on lui disait qu'une forte prévention s'opposait à son abrogation ; on lui assurait qu'il existait des hommes dont l'imagination sur ce point était véritablement frappée, qui avaient lié au son des cloches et à leur seul nom les plus lugubres idées, qui croyaient entendre dans le retentissement de chacune l'éveil d'une religion dominante, ou l'appel d'une contre-révolution. Mais en y réfléchissant mieux, nous n'avons pu nous persuader que de tels préjugés fussent accueillis dans cette enceinte. Nous avons pensé qu'il était de notre devoir et de votre dignité de vous proposer avec franchise ce qui nous semble utile et juste. Vous l'adopterez ou le rejetterez dans votre sagesse. Nous pensons donc que les cloches peuvent et doivent être permises : elles rendent un service précieux à tous les cultes ; elles sont leur moyen de convocation et le plus efficace de tous.

Dans les campagnes où les habitations sont dispersées, très-éloignées du lieu convenu, il n'y a qu'elles qui puissent porter avec rapidité l'avertissement à des distances lointaines ; elles sont une partie importante des cérémonies de certains cultes, d'un culte surtout que professe l'immense majorité des Français, qui, sans doute, ne prétend à aucun privilége, mais a droit à réclamer son complet exercice.

Leur autorisation est donc une conséquence presque inévitable de la liberté des cultes. De grands motifs d'ordre public pourraient seuls les proscrire. Où sont-ils? Qu'à une vague répugnance succèdent enfin des objections précises ; qu'on articule ce qu'on redoute des cloches.

La publicité qu'elles donnent au culte par un signe sonore et sensible. — Mais entendons-nous. Je conçois qu'on a pu penser à proscrire tous les signes du culte hors de l'enceinte des temples ; j'en vois le motif, non dans le danger que par eux les cultes deviennent publics, mais dans le danger que les cultes, s'exerçant par eux hors des temples, ne se dérobent à la surveillance des magistrats. Mais est-il donc possible de proscrire tous les signes extérieurs? Mais faut-il donc qu'une religion, parce qu'elle ne domine pas, ne puisse plus frapper ni les yeux ni les oreilles? Mais l'égalité des religions suppose-t-elle leur invisibilité? Mais ne restera-t-il pas toujours des signes très-sensibles, des temples qui s'offriront aux regards, des voix qui retentiront dans ces temples? Qu'importe que le son d'une cloche se mêle à ces voix? Ce signe est le moins dangereux de tous; il est attaché au temple lui-même; il reste dans l'enceinte de la surveillance du magistrat; que dis-je? Il l'appelle et l'excite sans cesse.

La prépondérance qu'elles peuvent assurer à un culte.—Mais la permission ne sera-t-elle pas égale pour tous? Tous ne pourront-ils pas élever leurs clochers et sonner leurs cloches.

Les divisions que l'usage d'un seul clocher dans une commune peut exciter entre les partisans de cultes divers. — Mais cet usage ne sera-t-il pas réglé comme celui d'un temple unique, par l'autorité et la sagesse des magistrats, conformément aux prudentes dispositions de la loi de prairial?

Un moyen d'insurrection. — Que de choses à proscrire sous ce prétexte : les tambours, les canons, les instrumens, la voix, tout ce qui sert à communiquer avec rapidité la pensée ! Mais le magistrat ne saura-t-il pas toujours qui dispose de ces cloches, et comment en arrêter les abus? Mais en les proscrivant pour les assemblées religieuses, ne les avez-vous pas conservées pour les usages civils? Et si les habitans d'une commune étaient arrivés au degré de fermentation où l'on convoque les rebelles au son des cloches, la cloche du tocsin, comme celle de l'église, ne servirait-elle pas leurs coupables projets? Mais encore le temps de ces excessives frayeurs n'est-il pas passé? Excusables aux jours orageux de la révolution, ne seraient-elles pas ridicules sous le règne d'une constitution acceptée et affermie.

Législateurs, poursuivez avec fermeté votre glorieuse carrière; soyez humains et justes, et ne craignez pas que les cloches du peuple sonnent son insurrection contre vous et vos lois.

L'expérience a répondu à toutes ces alarmes. On a proscrit les cloches: elles sonnent encore; la loi n'est obéie que dans les villes; elle est généralement violée dans les campagnes, et aucune religion ne domine par elles, et aucune insurrection n'éclate par elles. L'unique abus qu'elles présentent aujourd'hui, c'est l'inexécution d'une loi existante; c'est un scandale qu'il est pressant de faire disparaître en en retranchant le principe. Enfin le rapport de cette loi est universellement sollicité. Ces cloches sont non-seulement utiles au peuple; elles lui sont chères, elles composent une des jouissances les plus sensibles que lui présente son culte; lui refuserions-nous cet innocent plaisir? Qu'il est doux pour des législateurs humains de pouvoir contenter à si peu de frais les vœux de la multitude! Qu'il y a de grandeur dans une telle condescendance! Et quelle serait donc cette superstition philosophique qui nous préviendrait contre des cloches, à peu près comme une superstition populaire y attache les femmes de nos villages?

Nous avons parcouru tous les actes du culte qui s'exercent sur les vivans; il en est d'autres dont les morts sont l'objet. C'est ici que la loi doit contracter un nouveau caractère de sagesse et de solennité; c'est ici qu'une grande réforme était invoquée dans notre législation. Votre commission l'a jugée d'une si haute importance, qu'elle a chargé un de ses membres de vous présenter un rapport particulier sur les sépultures. Je vous en annoncerai dès à présent les principaux résultats, afin que l'ordre de ce travail ne soit point interrompu, et que vous puissiez embrasser d'un coup d'œil tout le plan de notre législation sur les cultes.

Nous devons vous proposer de permettre que les sectateurs des divers cultes puissent avoir des lieux particuliers pour leurs sépultures, et exercer, dans leur enceinte seulement, les cérémonies religieuses, le transport des corps restant, comme autrefois, à la disposition des familles, sous l'inspection des magistrats. Cette liberté nous a paru une conséquence immédiate de la liberté des cultes. Pourquoi leurs partisans ne pourraient-ils avoir des cimetières distincts comme des temples divers? Pourquoi ne pourraient-ils y exercer leurs cérémonies comme dans l'enceinte de ces temples? Il est peu de religions qui n'attachent à cette distinction des cimetières une haute importance; il n'en est pas une qui ne prescrive des formes d'ensevelissement, et où ces rits funèbres ne soient chers et sacrés. C'est au milieu des tombeaux qu'elles viennent donner leurs plus graves leçons et offrir leurs plus sublimes espérances. Gardons-nous d'envier à l'homme mourant cette inestimable douceur de léguer sa dépouille mortelle à la terre où reposent ses pères; à ses amis la consolation de consacrer sa tombe par des cérémonies religieuses, et d'y venir répandre des prières avec des larmes; à la religion elle-même le touchant privilége de recevoir l'homme au sortir de la vie, d'envelopper de son manteau sacré cette effroyable catastrophe de la nature humaine, et de planter encore les signaux de la vie au milieu des images de la destruction et du domaine de la mort.

L'ordre public n'en sera pas troublé; ces lieux seront, comme les temples, sous la surveillance du magistrat. Leur exclusive destination sera même la garantie de l'ordre, en prévenant la rencontre, aux mêmes lieux, des partisans de cultes divers, et les scandaleuses querelles qui trop souvent en résultent.

La morale publique en sera surtout raffermie; et voilà le rapport qui doit fixer toute votre attention. Oui, que des esprits bornés n'aperçoivent, dans l'appareil religieux qui entoure les tombeaux, que des monumens de la superstition des peuples, ou des images importunes au repos des vivans : pour vous, législateurs philosophes, vous élevez plus haut vos pensées. Vous avez des citoyens à former ; vous exigez d'eux d'héroïques actions ; vous sentez le besoin d'exalter leur imagination par de grandes perspectives, et d'échauffer leur cœur par de sublimes espérances. Il vous faut leur persuader à tous la dignité et l'immortalité de leur existence ; la froide philosophie n'y peut atteindre ; les signes seuls parlent au peuple ; les cérémonies funèbres sont ces signes, signes puissans, signes magiques qui ébranlent toutes les imaginations, et saisissent tous les cœurs. Vous vous réjouirez donc de voir apparaître la religion au milieu des tombeaux : c'est là que vous enverrez vos citoyens s'attendrir et s'élever tous ensemble, s'entendre répéter qu'ils sont faits pour les siècles, et puiser dans le sentiment de l'immortalité le courage de mourir pour la patrie. Ah ! je le conçois, pourquoi ces tyrans qui ont couvert la France de tombeaux, les dépouillaient de leur pompe ; pourquoi ils envoyaient avec tant d'indécence à la sépulture les déplorables restes de notre humanité : ils avaient besoin de mépriser notre espèce ; ils avaient besoin d'en communiquer le mépris ; il leur fallait étouffer tous ces sentimens généreux dont la réaction leur était si terrible. Mais, dans notre république affranchie, sous un gouvernement d'autant plus affranchi que ses citoyens seront plus vertueux, vous ne les proscrirez pas, ces signes de notre grandeur ; vous rendrez aux sépultures leur décence, et à l'homme le sentiment de sa dignité.

Le rapporteur émet ensuite le vœu qu'on laisse à chaque culte le soin de pourvoir à son entretien et qu'on rende les églises aux communes ; passant ensuite aux moyens de préserver la tranquillité publique, il indique comme de nécessaires et suffisantes garanties la publicité des assemblées religieuses et la concentration des cérémonies dans l'enceinte des édifices destinés aux cultes. Il termine ce chapitre par la définition des délits qui peuvent résulter de l'abus de la liberté des cultes, et par l'exposé des peines destinées à les réprimer.

Notre projet, comme on voit, se divise naturellement en deux grandes sections qui se servent de complément l'une à l'autre. Par l'une, nous garantissons la liberté des cultes ; par l'autre, nous prévenons les abus de cette liberté. Par l'une, nous assurons aux citoyens les bienfaits de la religion ; par l'autre, nous leur conservons tous les avantages de l'ordre public. Ainsi, vous unirez la bienfesance à la sagesse, la justice à la politique ; ainsi vous substituerez à d'incohérentes mesures, dictées, par les circonstances, des lois concordantes, fondées sur les principes et durables comme eux. Ainsi, vous réaliserez cet antique vœu de la philosophie, en offrant au monde le spectacle d'un grand empire, où tous les cultes se déploient à l'ombre d'une égale protection, et où tous inspirent l'affection pour les hommes et le respect pour les lois.

Hâtons-nous, représentans du peuple, d'imprimer à ces lois tutélaires le sceau de notre approbation unanime.

Tous nos concitoyens apprendront à chérir la liberté politique par la liberté religieuse ; vous aurez brisé l'arme la plus puissante de vos ennemis ; vous aurez environné cette assemblée du plus inexpugnable rempart, la confiance et l'amour du peuple. O ! mes collègues, qu'elle est touchante cette popularité qui naît des bonnes lois ! qu'il nous sera doux de poursuivre nos glorieux travaux au milieu des acclamations publiques ! qu'il nous sera consolant, quelque jour, rentrés dans nos foyers, d'y entendre de la bouche de nos concitoyens attendris, ces simples paroles: « Hommes de paix, soyez bénis ! vous nous avez rendu nos temples, nos ministres, la liberté d'adorer le Dieu de nos pères ; vous avez rappelé la concorde dans les familles, la morale dans les cœurs ; vous nous avez fait chérir le législateur, et respecter toutes les lois. »

AFFECTATION DES BOIS DE L'ETAT

A LA CAISSE D'AMORTISSEMENT.

Les questions de finances qui occupèrent la fin de la session de 1817 furent d'une haute importance dans l'ordre politique, puisqu'il s'agissait de résoudre le problème de notre libération.... C'était au crédit public qu'il fallait demander quinze cents millions pour acquitter notre rançon envers l'Europe et accélérer de deux années notre délivrance. La voie des économies ne présentait que des ressources imparfaites, et sans aucune proportion avec l'urgence et l'immensité du besoin. Et si l'on prenait le parti de porter encore plus haut les impôts maintenus sur le pied de guerre tel que Napoléon l'avait établi dans son désespoir, il était impossible de ne pas toucher à la source même des richesses, et les soulèvemens étaient à craindre. On s'était résolu à recourir à des emprunts successifs. Une plus puissante ressource s'offrait encore, c'était la vente d'une partie des bois de l'état, et spécialement de ces bois du clergé, que la chambre de 1815 avait sauvés l'année précédente. On renouvela les plus puissans efforts pour les sauver encore une fois. Nul orateur à la chambre des députés ne fit voir avec plus de soin et d'éclat que M. de Bonald, les argumens offerts à l'opposition royaliste.

M. Lacretelle.

OPINION DE M. DE BONALD. (*)

Messieurs,

. . . .
Je concevrais que, pour remplacer l'emprunt, on nous eût proposé de vendre une partie des bois de l'État; mais, comme on veut à la fois la vente des bois et l'emprunt, moins encore pour payer les étrangers que pour fonder et affermir un système de finances et de crédit public toujours ouvert qui puisse affaiblir et détruire la force du système agricole, qu'on trouve trop monarchique, on médite à la fois et l'emprunt, et la vente actuelle et éventuelle des forêts de l'État.

Les forêts, Messieurs, ne peuvent s'assimiler à aucun autre genre de propriété. Berceau des peuples naissans, asile des peuples malheureux, elles sont le plus précieux trésor des peuples policés. Tous les arts de la société, tous les besoins de la vie en réclament la conservation, parce qu'ils en exigent l'usage : la civilisation même le demande ; car si l'on supposait dans un vaste pays la disette totale de combustible, il n'est pas douteux que la seule crudité des alimens ne ramenât un peuple à la barbarie des mœurs............

Tous les peuples ont fait de leurs forêts plutôt le domaine public que le domaine commun. Les idolâtres en avaient fait des temples, les païens les avaient consacrées à leurs divinités. Les modernes, l'apanage des établissemens publics de la royauté, de

(*) Chambre des députés, séance du 4 mars 1817.

la religion, ou même de la noblesse et des communes, corps qui pouvaient mieux les défendre, et avaient le moins besoin de les aliéner. Dans la main de ces possesseurs, les forêts étaient mises sous la sauve-garde de l'inaliénabilité ou des substitutions perpétuelles, qui conservaient à toutes les générations nos bois, dont toutes avaient la propriété et dont chacune avait l'usufruit.

Je vous le demande, Messieurs, si la France avait un ennemi acharné à sa perte, et qui cherchât péniblement les moyens de faire à son état matériel tout le mal qu'elle a fait elle-même à son état moral et politique, il ne pourrait sans doute dessécher les fleuves qui ornent ses provinces, ni tarir les mers qui baignent ses côtes; il ne pourrait ôter à son sol sa fertilité, à l'air sa salubrité: il ferait vendre ses forêts, seule propriété publique qui lui soit restée.

Et quelle est, Messieurs, la génération qui peut s'arroger le droit de disposer ainsi d'un fonds qui appartient à toutes les générations, d'un bien qui nous a été transmis pour le transmettre, et qui est à la fois et du domaine public et du domaine particulier; car les hommes se sont placés près des forêts comme auprès des fleuves. C'est *le feu et l'eau* que le créateur a donnés à l'homme, et que la justice seule a le droit de ravir au coupable qu'elle condamne.

Et c'est, Messieurs, lorsque la France périt sous la division des terres, cause constante de la cherté toujours croissante des subsistances, ce qui fait que nous mourrons de faim quand chacun aura un arpent de terre à cultiver; c'est à ce moment que vous allez ajouter encore à ce morcellement par la vente des grandes masses des forêts qui vous restent. Je ne puis, je l'avoue, m'expliquer à moi-même ce luxe de destruction, et nous semblons agités, comme les grands coupables de l'antiquité, par une fureur sacrée qui nous force à nous déchirer de nos propres mains, et accomplir cette prédiction d'un de nos plus grands ministres: *La France périra faute de bois.*

L'orateur considère les effets de l'aliénation sous le rapport de la progression croissante du prix des denrées, de celui des combustibles lui-même. Il envisage encore les forêts sous un rapport nouveau, plus général, dit-il, et plus politique.

Les forêts sont le dernier refuge des peuples qui habitent les plaines. Tous ceux qui habitent sur le globe, dans un temps comme dans un autre, y ont trouvé un asile contre l'invasion ; et, en même temps que le sol inculte des forêts offre à l'ennemi moins de subsistances, il arrête l'irruption de nombreuses armées de cavalerie, si redoutable pour les peuples agricoles : c'est pour cette raison que les Maures n'ont pas laissé un seul arbuste dans les deux Castilles, qui sont encore aujourd'hui totalement dépouillées de bois, et où la paille est le seul combustible. Les forêts et les montagnes sont les forteresses de la nature qui conservent les peuples qui s'y retirent, bien plus sûrement que les forteresses de l'art ne défendent les armées qui s'y renferment. Ainsi je ne crains pas de dire que le plus grand mal que l'on puisse faire à un peuple est de le priver de ses forêts. C'était une note d'infamie que les institutions féodales infligeaient au noble félon, et ce n'est pas à nous à nous l'infliger à nous-mêmes.

Je ne vous parlerai pas de la nécessité de rassurer les acquéreurs de biens nationaux : leurs craintes, si elles sont réelles, ont un principe qu'il ne dépend pas de nous de faire cesser. Ainsi vendons 150,000 hectares de bois, vendons en un million, vendons tout, vendons le sol de nos temples et de nos places publiques : ne nous réservons que l'hôpital et le cimetière ; et, si c'est trop encore, vendons jusqu'aux six pieds de terre qui nous restent à tous, je l'espère du moins, de toutes nos ambitions et de toutes nos fortunes, et nous aurons ajouté à notre misère, et nous aurons encore enrichi quelques particuliers sans rien ajouter à la sûreté des acquéreurs.

Voulez-vous cependant que le temps, qui finit tout, les craintes comme les espérances, les peines comme les plaisirs, rassure les acquéreurs ? ne portons plus de mesures nouvelles qui forcément rappellent des malheurs et des fautes que l'oubli doit couvrir. N'allons pas, provocateurs imprudens, en voulant donner des sûretés dont on n'a pas besoin, et qu'on ne demande même pas, exciter des alarmes plus réelles. Au moment où la nation lutte avec tant de peine contre des besoins hors de proportion avec ses ressources, et tend la main aux étrangers pour payer les étrangers eux-mêmes, n'allons pas réveiller le douloureux souvenir d'un gage immense aliéné à quelques uns, au préjudice de tous les autres, aliéné sans profit et sans retour, et qui ne nous laisse aujourd'hui que la peine de tranquilliser ceux qui les possèdent.

Et cependant la nécessité de les rassurer n'est pas même le motif profond et secret de l'aliénation demandée.

Mais enfin nous est-il permis, quand nous le voudrions, de vendre les biens publics qui nous restent ? Et la Charte, qui déclare inviolables toutes les propriétés, a-t-elle excepté de cette inviolabilité les biens de l'État et ceux de la religion ?

Par cela seul que la Charte déclare irrévocables les ventes faites, elle déclare illégales les ventes à faire. L'exception confirme ici le principe, et une loi d'exception pour le passé ne peut être un principe de législation pour l'avenir ; et soyez sûrs, Messieurs, que les nouveaux acquéreurs des biens que l'on veut vendre ne se contenteraient pas de la garantie de l'article 9 de la Charte, si, habiles à se prémunir contre le danger, ils ne voulaient abattre demain les bois qu'ils achèteront aujourd'hui, et si en achetant tout, sol et superficie, ils payaient autre chose que la superficie qu'ils feraient disparaître pour revendre le sol, et certainement sans garantie personnelle. Ainsi je trouve dans la Charte ce qu'il faut pour conserver les forêts nationales, rien de ce qu'il faut pour les aliéner.

Je m'oppose donc à toute aliénation des forêts du domaine public, soit qu'elles aient appartenu au domaine royal ou au domaine religieux.

Quant aux forêts de l'ancien domaine royal, M. de Bonald prétend qu'elles n'ont pu entrer dans le domaine de l'État que comme gage d'hypothèque de la liste civile, et que, par cette raison, elles sont inaliénables.

Les biens de la religion n'ont pas sans doute une origine moins respectable ni une destination moins utile. La Charte ne lui défend pas de posséder, et vous l'avez reconnu vous-mêmes lorsque vous lui avez permis d'acquérir. Pourquoi donc ne pas lui rendre ce qu'elle a possédé et qui n'a pas été vendu. Il est vrai qu'en la dépouillant de ses antiques propriétés, on propose de lui en donner d'équivalentes, aux dépens du domaine royal, ou plutôt on lui assigne un revenu égal sur une partie de ce domaine, dont il ne paraît pas au reste qu'on veuille lui rendre l'administration. Cette disposition, trop bizarre pour n'être pas une combinaison, et dont l'inconséquence même annonce un motif secret, ne peut en avoir d'autre que la crainte de la religion, qui toujours dégénère en haine ; et vous pouvez remarquer, Messieurs, que la mesure proposée concourt avec le ton de mépris pour les ministres de la religion, dont quelques discours prononcés à cette tribune ont fourni l'exemple, et avec cette affectation de réimprimer avec profusion les ouvrages de ses plus fougueux ennemis. La révolution qui a regagné par les conseils ce qu'elle a perdu par les armes, ne veut pas lâcher sa proie, et elle ne peut pardonner à la religion le mal qu'elle lui a fait. C'est là, n'en doutez pas, le levier qui soulève l'Europe à l'insu même de beaucoup de gens qui y ont la main. Certes, je rends grâce à mon siècle de m'avoir donné cette nouvelle preuve de la vérité du Christianisme ; car il est certain, philosophiquement, qu'il n'est pas possible à l'homme de haïr autant ce qui ne serait qu'une erreur, et le néant ne peut être l'objet d'un sentiment aussi fort.

Cependant on sent la nécessité de ne pas trop tôt démasquer ses batteries, et de tromper la conscience des rois et des peuples. Ainsi on donne des biens à la religion, ou une pension sur des biens qui ne lui ont jamais appartenu ; mais on la dépouille de ses propres domaines, on l'exproprie à l'instant qu'on l'enrichit. Ces biens nouveaux lui seront redemandés un jour : gage nouveau d'une nouvelle opération de finances. Donné comme une aumône, reçu comme une faveur, le don pourra être retiré par la main de celui qui le départ, et l'on ne pourrait même étentendre aujourd'hui à ce don fait à la religion, l'irrévocabilité décrétée pour la vente des biens qui lui ont appartenu. Ainsi, on permet aux familles de doter des établissemens publics de religion, de charité ; et déjà s'établit au conseil-d'état une jurisprudence contraire qui peut rendre nulles les intentions du bienfaiteur, en ne permettant pas aux donateurs d'inscrire dans l'acte de donation la clause du retour des biens donnés, en cas que l'objet pour lequel ils donnent ne puisse pas être rempli ; et je peux en mettre sous vos yeux la preuve authentique. Je le demande : d'un côté, cette obstination à retenir les biens de la religion ; de l'autre, les difficultés faites à ceux qui viendront lui donner, sont-elles bien propres à rassurer les donateurs et nous-même, sur les dispositions bienveillantes qu'on nous annonce ?

Si l'on avait mis les frais entiers du culte et de la subsistance de ses ministres à la charge du trésor public, nous n'aurions vu dans cette mesure qu'une conséquence de ces systèmes impolitiques et irréligieux qui mettent les ministres de la religion aux gages des peuples, pour mettre la religion elle-même aux ordres et à la merci des gouvernemens, et le danger de la rendre onéreuse pour la rendre odieuse, et de l'avilir pour la détruire.

Mais, qu'on la dépouille des biens dont six siècles de possession avaient consacré la propriété, pour lui en donner d'autres qui ne lui ont jamais appartenu ;

Qu'on la rende complice de la spoliation de l'État, à l'instant où elle est forcée de gémir sur sa propre spoliation, et qu'ainsi, en la fesant propriétaire, on lui ôte le caractère le plus sacré et le plus auguste de la propriété, l'antiquité de possession ;

Qu'on ne veuille pas lui rendre ce que les familles lui ont donné, à l'instant où on leur permet de lui donner encore.

Que le terrible exemple des malheurs qu'ont attirés sur la propriété privée les violentes mesures de l'assemblée constituante contre la propriété publique, soit perdu pour la génération qui l'a donné ;

Que, dans un temps où les gouvernemens ne peuvent donner aux peuples accablés que les conseils de la résignation, ils ne craignent pas de tarir la source des plus puissantes consolations, en traitant la religion comme une alliée qu'ils redoutent, ou une ennemie qu'il faut ménager ;

Qu'on ne voie pas que cette religion que repoussent les passions des individus, et qu'appellent tous les besoins de la société, sera rendue aux peuples, et, s'il le faut, par des calamités, et lui sera rendue sans nous, malgré nous, et peut-être contre nous;

Que, lorsqu'une nation voisine nous dénonce par l'organe de ses représentans cette conspiration qui menace chez elle la religion et la propriété, qu'elle a renversées chez nous, nous répondions à cette grande leçon, en vendant la propriété de la religion, et en la remplaçant par un don précaire fait à ses ministres ! C'est, en vérité, une conduite si étrange, un tel renversement de raison et de politique que les hommes, même les plus disposés à juger favorablement les actes de l'autorité, ne peuvent s'empêcher d'y soupçonner de secrets motifs, et une profonde combinaison.

Le système des adversaires du projet de la commission est, ce me semble, plus simple et moins tortueux : ils ne demandent pour la religion que les biens qui restent, ni plus ni moins. Ils les demandent, non pour enrichir les prêtres, à qui l'on a reproché leur opulence, plaintes de si bon goût de la part de millionnaires, mais pour doter la religion elle-même, pour la constituer indépendante des temps et des hommes, pour empêcher que les familles, par cet exemple, réparent envers elles le tort des événemens; pour effacer de ce front auguste le signe, honteux pour elle, de salariée, et la marquer du sceau le plus respectable chez une nation de propriétaires, du sceau de la propriété ; pour l'intéresser, si on peut le dire, par son intérêt propre, à recommander aux peuples le respect du bien d'autrui, sans lequel il n'y a point de société, surtout chez un peuple agricole dont les produits, nuit et jour exposés à tous les yeux et à toutes les mains, ne peuvent être défendus que par la religion, qui, pour prévenir l'attentat, interdit même le désir.

Et cependant cette dotation que l'on ôte à la religion, on la donne à la caisse d'amortissement: on constitue la religion de la banque au préjudice de la religion de l'État ; et c'est, dans l'aveuglement général de l'Europe, ce qu'on appelle, ce qu'on croit peut-être de la politique.

Et voyez, Messieurs, où vous conduit ce mépris de la justice qui veut qu'on rende à chacun ce qui lui appartient, et au public comme au particulier ? Il vous conduit à exercer sur vos collègues un genre de tyrannie que l'usurpateur lui-même nous avait épargné, que jamais, au temps de leur triomphe, vos collègues n'ont eu à se reprocher envers vous ; et s'ils ont pu contredire vos opinions politiques, jamais ils n'ont inquiété vos sentimens religieux.

Oui, Messieurs, puisque le malheur des temps nous réduit à réclamer pour les sectateurs de la religion de l'État cette tolérance d'opinions que la Charte accorde à toutes les religions ; si, comme citoyens, nous avons été accoutumés à regarder les biens de la religion comme aussi légitimes que nos propres biens; comme catholiques, nous avons été accoutumés à les regarder comme bien plus sacrés, parce qu'ils avaient une destination plus générale et plus utile. Et je le dis hautement: si, lors de la première confiscation des biens, j'avais eu à prononcer entre le sacrifice des biens publics et celui des biens privés, je n'aurais pas balancé.

Nous avons été accoutumés à regarder les dons faits à un des corps religieux, nombreux en faveur de la religion, comme des dons faits à leur masse commune; et l'assemblée constituante en jugea ainsi, lorsqu'en supprimant les corps réguliers, elle assigna, pour les frais du culte, et l'entretien du seul corps séculier qu'elle conservait, une somme égale au produit de tous les biens-fonds ecclésiastiques. Respectez donc nos répugnances comme nous aurions respecté les vôtres. Nous ne pouvons voir dans le don fait à la religion, en même temps qu'on la dépouille de ses antiques propriétés, qu'un moyen de changer son titre de possession, et d'affaiblir ainsi sa juste et légitime dépendance, sans laquelle il n'y a point d'autorité, comme sans propriété il n'y a point d'indépendance. Nous nous alarmons d'entendre proclamer les mêmes maximes du droit de l'État sur des biens de la religion, que nous avions entendues au commencement de nos troubles, et qui ont eu une si terrible influence sur le sort de la religion et sur le nôtre. L'assemblée constituante a commencé avec autant de vertus que nous, avec plus de talent peut-être ; et voyez où l'ont conduite ces maximes irréligieuses, qui toujours se lient aux révolutions politiques! Et vous en avez aujourd'hui même la preuve dans les rapports des commissions des chambres d'Angleterre sur la conspiration récente qui a éclaté, et qui, dans toute l'Europe, et par des moyens divers, selon les temps et les lieux, veut, suivant l'expression d'un noble ministre, l'athéisme pour religion et l'anarchie pour gouvernement.

Nous ne voyons plus, il est vrai, sur la scène les mêmes hommes; mais nous y entendons les mêmes principes. Les principes sont tout, les hommes rien ; et, une fois lancés dans la société, les principes, bons ou mauvais, entraînent les hommes bien au-delà de leurs intentions, de leur caractère, de leurs vertus et même de leurs vices.

Nous ne consentirons donc jamais à dépouiller la religion du peu qui lui reste de biens, sous le prétexte de lui en rendre d'autres qu'elle aurait perdus, par son acceptation même, tout droit retenir et tout moyen de défendre. Nous n'arracherons pas à notre mère commune le dernier vêtement qui couvre sa nudité ; et serions-nous donc réduits à apprendre à des Chrétiens quel était le respect des païens pour les choses consacrées à leurs dieux, et que les mahométans eux-mêmes n'appliquent jamais à un usage profane une mosquée même abandonnée en ruines ?

Vous donc qui vous croyez un esprit si fort et une conscience si éclairée, respectez la faiblesse de vos frères : c'est à la fois un précepte de la religion et un devoir de la vie civile. N'imitez pas ceux qui, ne croyant pas parce qu'ils ne savent pas, appelent toute conviction de la vérité fanatisme, et tout zèle pour le bien enthousiasme. Songez que si les inspirations de la conscience peuvent être dangereuses lorsqu'elles déterminent l'homme à agir, elles sont toujours respectables, ne fussent-elles que des illusions, lorsqu'elles ne le portent qu'à s'abstenir.

Messieurs, le pouvoir public a demandé au pouvoir domestique, son égal en indépendance, le sacrifice des biens injustement ravis à sa famille, et nous l'avons fait sans murmures. Fugitifs nous-mêmes, et dépouillés pour la cause de nos rois légitimes, nous avons accordé sur les biens qui nous restent des secours en faveur d'Espagnols et même d'Arabes fugitifs pour la cause d'un usurpateur. N'exigez pas davantage de vos collègues. Craignez, en dépouillant, sans motif et même sans prétexte, la religion du reste des biens que la piété de vos pères lui avait donnés, et qui ont été pour elle et pour ses ministres la cause de tant de persécutions et de tant d'outrages ; craignez que la postérité, qui bientôt commencera pour vous comme elle a commencé pour l'assemblée constituante, franchissant le court intervalle qui vous sépare de cette première époque de nos désordres, ne vous confonde avec les premiers spoliateurs de la religion, avec les derniers profanateurs. Ne fournissez pas à l'histoire de nos erreurs une date de plus. Vous surtout qui allez quitter cette assemblée et retourner à la vie privée, n'y rentrez pas avec un remords : laissez aux sessions qui suivront la nôtre à dissiper, si elles veulent, la fortune publique ; et pour l'intérêt de vos enfans, si ce n'est pour le vôtre, prenez soin de votre mémoire. Si le sacrifice est consommé, comme on nous l'a dit, ne poursuivons pas un reste de vie dans les entrailles de la victime : nous y pourrions trouver de sinistres présages.

L'orateur résume sa discussion, et repousse toute proposition de vente des biens publics, comme contraire à la charte, contraire à la politique, contraire à la morale, comme mesure inutile et fausse, même en finances. Il veut qu'on se borne à la voie des em-

prunts, et il annonce le terme qui, dit-il, arrivera infailliblement, où la dette sera éteinte et les bois conservés.

Oui, Messieurs, vous aurez éteint votre dette et conservé vos forêts. Trente ans, quarante ans ne sont rien dans la durée d'une société. Et quel est le père de famille, quel est celui d'entre nous qui, libre de payer quand il voudrait, et comme il voudrait, des dettes à constitutions de rentes, et à une infinité de parties, pouvant en acquitter les intérêts sans réduire la dépense nécessaire de sa maison, préférerait, pour se libérer quelques années plus tôt, vendre (et encore à vil prix) le patrimoine de ses enfans, un patrimoine même substitué? Et croiriez-vous remplir votre serment, et agir en bons et loyaux députés, en conduisant les affaires de l'État sur des principes d'administration qui vous feraient interdire comme prodigues, si vous les suiviez dans la conduite de vos affaires domestiques?

Connaissez votre position, Messieurs, ou daignez écouter ceux qui la connaissent. Tout ce qui a été vendu de biens publics, depuis le retour du roi, a été vendu à vil prix. Tout ce que vous mettrez en vente sera donné ; et les plus belles propriétés de la nation seront échangées contre les plus vils papiers qui puissent traîner sur la place. Des hommes dont rien ne saurait assouvir la cupidité ni désarmer les haines, fondent déjà sur la vente de nos forêts l'accroissement de leur fortune particulière et la ruine de la fortune publique. Aujourd'hui qu'il n'y a plus en France de particulier assez opulent pour solder le désordre, c'est dans l'État lui-même qu'on cherche des ressources pour troubler l'État. Le prix de ces forêts sera employé, contre l'espoir et le vœu de ceux qui en proposent la vente, à troubler la France ; et si ces chênes que vous voulez abattre, semblables à ceux de Dodone, rendaient des oracles, ils vous prédiraient des malheurs.

Mais, Messieurs, la nation a conçu d'autres espérances. Elle ne vous a pas envoyés pour favoriser de honteuses et coupables spéculations. Les députés de la session de 1815 ont eu l'honneur de sauver les biens des communes et ceux de la religion. Une plus grande gloire vous est réservée, et les députés de 1816 sauveront les biens de la religion et ceux de la royauté.

Je vote contre l'aliénation d'aucune partie des domaines publics et l'affectation d'aucune partie de leur capital à la dotation de la caisse d'amortissement.

Un orateur se leva pour répondre subitement à ce discours, fruit d'un habile et long travail. Cet adversaire des hautes prétentions qu'on élevait en faveur du clergé, était ce même Camille Jordan, qui, sous le règne du directoire, fut condamné à l'exil de

Sinnamary, pour avoir voulu affranchir les prêtres d'une formule de serment, et pour avoir, par une glorieuse anticipation, présenté la religion chrétienne sous ces attributs nobles et touchans que, depuis, les pinceaux de M. de Chateaubriand, devaient graver dans tous les cœurs. L'âme de Camille Jordan était aussi candide que son esprit était ferme. Vingt années de catastrophes publiques et de souffrances privées l'avaient laissé immuable dans ses premiers sentimens : ce qu'il voulait pour le clergé en 1797, il le voulait en 1817 ; mais il craignait pour la religion même l'esprit [de domination qu'on voulait réveiller dans l'âme de ses ministres... Ce fut avec une extrême finesse d'analyse qu'il suivit, dans le discours de M. de Bonald, le développement d'un système théocratique si franchement posé par ce publiciste dans sa Législation Primitive. *Il regardait l'introduction d'un tel système dans les sociétés modernes, comme surpassant en bizarrerie ce que la révolution avait enfanté de plus délirant, et pouvant amener des choses d'une égale violence. Il croyait que de tels défenseurs portaient à l'autel des coups plus funestes qu'il n'en avait reçus de ses adversaires les plus effrénés. Puis, par la sévérité d'une discussion financière, par l'exposé des besoins de la France, il montrait la cruelle incurie de ces orateurs qui semblaient interdire à l'État tout moyen d'affranchir nos citadelles et envisager avec une désolante quiétude l'éternelle occupation, l'éternel opprobre de la France. Un récit historique perce difficilement à travers l'heureux tissu d'une discussion substantielle et complète: il faudrait tout y prendre.* M. LACRETELLE.

OPINION DE CAMILLE JORDAN.

Messieurs, l'article du budget que vous discutez en ce moment et qui affecte tous les bois à la dotation de la caisse d'amortissement, sous la réserve de quatre millions de revenus destinés aux établissemens ecclésiastiques, est la modification la plus importante que votre commission des finances se soit permis d'apporter au premier projet qui vous a été présenté.

C'est la portion de son travail par laquelle elle avait le plus espéré mériter et réunir vos suffrages.

Car, tout ensemble, une telle détermination prépare une base puissante à ce crédit que nous cherchons à fonder; et, au milieu des désastres publics, elle satisfait au vœu souvent exprimé d'une dotation libérale en faveur de la religion et de ses ministres.

Cependant il n'est point de mesure sur laquelle, après tant d'autres dissentimens, se soit manifestée dans une partie de la chambre une opposition plus vive.

Vous avez vu, Messieurs, soit dans le discours de l'orateur qui vient de me précéder à cette tribune, soit dans d'autres discours encore, jusqu'où s'est portée la violence des reproches. La mesure est à la fois attaquée sous le rapport financier, comme détruisant sans nécessité nos antiques forêts, sous le rapport moral, comme violant des propriétés prétendues ecclésiastiques. Nous-mêmes, nous sommes accusés de soutenir avec elle des doctrines favorables *à la spoliation, à l'irréligion, à l'illégitimité.....*

Nulle réponse publique et solennelle n'a été faite encore à de si extraordinaires provocations.

Il est temps enfin de la faire, bien moins encore pour fixer la décision de la chambre, que pour éclairer l'opinion au-dehors.

J'essaierai de remplir cette noble tâche.

Je rappellerai les droits de l'État sur cette propriété que l'on ose lui contester.

J'établirai l'utilité, j'ai presque dit la nécessité financière, de la résolution proposée.

Mais, avant d'aborder la première de ces questions, qu'il soit permis à un membre de votre commission des finances d'exprimer son douloureux étonnement de ce que nous avons à renouveler un si pénible débat, après avoir tout fait pour l'éviter.

Vous n'avez pu l'ignorer, Messieurs: c'est sur l'honorable initiative elle-même de quelques uns des membres de cette chambre, les plus connus pour avoir été, dans ce genre, difficiles à satisfaire, que votre commission avait adopté cette grande resolution.

C'est de concert avec eux, et en cédant à un besoin peut-être excessif de conciliation, que nous avions consenti à voiler assez les formes de la concession en faveur des établissemens ecclésiastiques, pour que, sans désavouer nos principes, elle ne blessât par les préjugés contraires; que, surtout, nous avions sacrifié plusieurs répugnances naturelles et légitimes sur le fond même de la concession.

Car, il ne faut pas se le dissimuler, Messieurs, il existait de semblables répugnances, non-seulement dans le sein de la commission, mais dans celui de l'assemblée : de bons esprits, des hommes sincèrement religieux, très-empressés à voter tous les secours nécessaires pour l'entretien et même la splendeur du culte, voyaient de graves inconvéniens dans ce genre de dotation, dont ne jouit même pas le trône : il leur paraissait peu conforme aux principes d'une sage administration que le clergé, depuis longtemps replacé sous la loi commune des traitemens pécuniaires, en fût tout-à-coup excepté ; qu'il fût mis sur la voie d'une organisation qui n'est point en rapport avec nos institutions actuelles ; que ce privilége surtout s'établît à une époque où, si la grande majorité de ce clergé, si sa portion la plus éclairée continue à donner l'exemple de la fidélité civile, en même temps que de toutes les vertus religieuses, il s'y trouve cependant un petit nombre d'hommes, trop soumis à de funestes influences politiques, trop disposés à servir, sans le vouloir, d'instrumens à des partis, aidant à propager au milieu des peuples d'indiscrets gémissemens, de chimériques alarmes ; et pour lesquels il convient peut-être de resserrer plutôt que de relâcher les liens de la dépendance temporelle.

Mais toutes ces répugnances, je le répète, fondées ou non fondées, s'étaient évanouies devant la perspective si touchante de joindre au bienfait de la dotation celui de la pacification, de calmer des consciences émues, de porter la consolation et la joie au cœur d'un prince religieux.

Après une telle condescendance, quelle a donc été, pour votre commission, la pénible surprise de voir son espoir trompé, ses intentions méconnues, tous ces scrupules qu'elle avait voulu ménager, se remontrant plus obstinés....!

Eh quoi! Messieurs, tout ce qu'ils pouvaient raisonnablement désirer vient de leur être accordé! Un revenu presque égal est promis au clergé, la religion est pourvue, l'intention des fondateurs est remplie, un roi pieux nous encourage, le clergé véritable, s'il pouvait faire entendre sa voix, nous bénirait à la fois, et pour le don, et pour les ménagemens délicats qui l'entourent...

Et parce que les propres syllabes du mot *restitution* ne sont pas expressément prononcées ; parce que nous n'avons pas exactement adopté tout le formulaire qu'il a plu à certains docteurs de nous tracer; parce que les bois ne sont pas absolument identiques ; parce qu'il s'y trouve quelques futaies à la place de quelques taillis ; tout ce don magnifique (*) devra être repoussé comme un présent empoisonné de la philosophie moderne !

En vérité, Messieurs, de telles subtilités sont-elles dignes des lumières de ceux qui les proposent?

Sommes-nous ici des législateurs ou des théologiens du Bas-Empire, disputant sans fin sur des termes inintelligibles, au milieu des plus graves dangers de l'État?

(*) Il se compose d'un capital de plus de 200 millions ; et dans quelles circonstances !

Ou plutôt, au lieu de religion et de théologie, serait-ce ici je ne sais quelle politique trop intéressée à prolonger de tristes débats, à déjouer les généreux efforts qui tendent à y porter un terme?

Mais enfin, puisqu'on les veut, ces débats, il faut bien les accepter; puisqu'on se retranche si fièrement dans cette question de propriété, il faut l'aborder franchement; et surtout au moment où un nouveau système de dotation pour le clergé est fondé par la loi, où déjà, en nous l'opposant comme une contradiction, on semble lui vouloir donner une extension abusive, il importe que de faux principes, dirigés contre les droits de l'État, ne viennent point s'étaler à cette tribune, sans y être publiquement démentis.

Disons-le donc hautement: tout notre droit public, et la religion elle-même, consacrent dans les mains de l'État la propriété qu'on lui conteste ; tous les doutes contraires que l'on veut ériger en vertus, bien analysés, se résolvent en anarchie religieuse et civile (A ces mots l'orateur est interrompu.....).

M. de Castelbajac se lève vivement et demande le rappel à l'ordre. — Plusieurs membres: Oui, oui : le rappel à l'ordre!...

M. le Président. Je prie de ne pas interrompre. L'orateur qui a précédé M. Camille Jordan à la tribune, n'a point été interrompu, et il a dit, avec beaucoup d'éloquence sans doute, mais aussi avec beaucoup de force, tout ce qu'il était possible de dire de plus poignant et de plus injurieux contre la mesure proposée...

Un grand nombre de voix. C'est vrai, c'est vrai.

M. de Bonald demande la parole et monte à la tribune.

M. de Castelbajac. J'insiste pour le rappel à l'ordre. M. le président, vous devez consulter l'assemblée.

Camille Jordan. Je doute, Messieurs, que les annales de nos assemblées offrent l'exemple d'une demande de rappel à l'ordre plus inconvenante. Quoi! défendant ici la loi de l'État, il ne me sera pas permis d'appeler anarchie ce qui s'élève contre elle ; un développement si naturel et presque si nécessaire de mon opinion me sera interdit ; et c'est M. de Castelbajac, accoutumé aux plus grandes libertés en ce genre, qui prétendra nous imposer cette singulière contrainte, et ce sera surtout au moment où l'orateur son ami, qui vient de me précéder à cette tribune, a pu non-seulement attaquer la loi de l'État, mais inculper les intentions religieuses d'une partie de l'assemblée, sans éprouver la moindre interruption!

Une foule de voix s'élèvent. Continuez, continuez.

Camille Jordan continue:

J'ai parlé de notre droit public : quels en sont en effet les principes, quelle en fut parmi nous la constante application ?

Sans doute des établissemens religieux purent se former au sein de l'État; ils purent y acquérir des propriétés, et leur conservation fut toujours un juste sujet de sollicitude et de respect.

Mais jamais de telles propriétés affectées à des corps, ne purent être assimilées, pour leur indépendance de l'autorité civile, à la simple propriété de l'individu.

Jamais l'État, en accueillant la pieuse intention des fondateurs, en lui permettant de se réaliser par des établissemens ou des dons, ne put entendre se départir de la surveillance la plus étendue sur ces établissemens et sur ces dons; jamais il ne put commettre l'erreur presque insensée de se placer ainsi, pour toute la série des siècles, à la merci de tous les établissemens qu'il plairait de former, de toutes les dotations qui leur seraient arbitrairement associées.

Il ne faut point voir ici, pour apprécier le principe général, ses seules conséquences favorables : la vraie religion seule dotée, des établissemens sagement dirigés, une quotité de biens renfermée dans de justes limites.

Il faut prévoir toutes les autres conséquences également possibles.

Or que serait-ce s'il ne s'agissait plus d'un culte vrai, si même, dans un culte vrai, des établissemens se dirigeaient d'une manière funeste; si leurs propriétés s'accroissaient indéfiniment, si elles devenaient sans proportion avec le nombre diminué des fidèles?

Quoi! l'État serait alors enchaîné pour toute sa durée à cette autre puissance temporelle, formée dans son sein, peut-être rivale, peut-être ennemie?

Aurait-on l'idée d'un semblable cahos?

Tel est le fondement, Messieurs, de tous ces droits si variés, réservés à nos rois, et sans cesse exercés par eux sur tous les établissemens religieux et sur toutes leurs propriétés ; et que jamais ils n'eussent osé ni réclamer, ni exercer sur la propriété individuelle.

De là tant de conditions rigoureuses apposées dans tous les âges de la monarchie à l'adoption et la réalisation de la volonté primitive des pieux fondateurs (*).

De là l'interdiction si formelle, adressée à certaines époques, par l'État au clergé, tantôt d'aliéner, tantôt d'emprunter, tantôt de former des acquisitions nouvelles (**).

De là tous ces retranchemens sur les fruits de ces propriétés

(*) Voyez les formules de Marculphe ; les lois sur le droit d'amortissement.

(**) Voyez surtout l'édit de 1749.

au profit de l'État, tantôt par le droit de la régale, tantôt par des subventions ou décimes dont il réglait la quotité (*).

De là plusieurs aliénations du fonds même des biens ecclésiastiques en faveur de l'État, soit pendant la durée des établissemens auxquels ils étaient affectés, soit après leur destruction, et surtout au milieu des pressantes nécessités publiques (**).

Sans doute, il fut d'ailleurs reconnu convenable, dans ces actes divers de la puissance civile, de se conformer autant que possible à la volonté des fondateurs; mais les grandes raisons d'État dont je viens de parler, furent aussi toujours admises comme des bornes que cette volonté dut prévoir, qu'elle ne peut espérer de franchir (***).

Sans doute encore il fut habituellement reconnu convenable de s'entendre, pour la plupart de ces dispositions, avec la puissance ecclésiastique, soit pour ne point la choquer inutilement dans des prétentions souvent exagérées, soit pour s'aider de ses lumières, de ses conseils, de sa juste influence auprès des peuples. Et c'est là le motif de ce concours cité par M. de Corbières et par d'autres, entre les bulles des papes et les ordonnances de nos rois. Mais nos jurisconsultes éclairés ne firent jamais d'un tel concours un droit rigoureux pour toutes les hypothèses. Non-seulement le pouvoir royal s'en affranchit dans de grandes occurrences, mais il déclara qu'il pouvait s'en affranchir. Telle fut surtout la doctrine ouvertement professée, et non contredite, devant le parlement assemblé, par l'illustre chancelier de L'hôpital, dans l'une de ces mémorables aliénations, déterminée par la seule autorité du prince (****).

Il faut en même temps avouer que l'État peut abuser de cette liberté que nous réclamons pour lui, qu'il en a plus d'une fois abusé : l'abus fut surtout cruel, énorme, lorsqu'il envahit, au commencement de nos troubles, toutes les antiques propriétés du clergé ; lorsqu'il prit si peu de soin d'accomplir tous ses engagemens les plus sacrés envers lui : et ce n'est pas nous, sans doute, qui nous honorâmes de défendre ce même clergé contre tant d'injustice barbare, dans des jours périlleux et mauvais, qui pouvons avoir besoin que l'on vienne aujourd'hui, par de faciles déclamations, chercher à nous rappeler nos sentimens les plus anciens et les plus chers.....

Mais quoi ! tout cet abus de la puissance en a-t-il détruit les droits ?

(*) D'Héricourt, sur les lois ecclésiastiques.
(**) Sous les règnes surtout de Charles Martel, de Philippe-le-Bel, de Charles IX, de Henri IV.
(***) Traité de l'autorité des rois, par M. Talon.
(****) Lit de justice de 1563.

Mais surtout, quel rapport entre la spoliation qui fut alors exercée, et le maintien de la propriété que nous défendons aujourd'hui?

Ce maintien n'a-t-il pas été une question toute nouvelle offerte à un gouvernement tout nouveau?

Quelle qu'ait été l'irrégularité ou la violence primitive, le gouvernement du Roi a-t-il pu méconnaître tant de circonstances singulières qui changeaient toute la face d'une telle question?

Que vingt-cinq ans écoulés, au milieu de nos troubles, avaient presque fondé l'empire de la prescription;

Que les établissemens, qui seuls possédaient, étant irrévocablement détruits, n'avaient point laissé d'héritier plus naturel que cette puissance elle-même qui, par un droit très-connu de déshérence, recueille tous les héritages sans maîtres;

Que l'entretien des ministres du culte était désormais à la charge directe de l'État, et soutenu par de nouvelles ressources plus analogues à leur situation nouvelle;

Qu'un retour sur ce résultat de nos révolutions pouvait toucher à des fondemens de la tranquillité publique;

Que tout l'État se trouvait dans une de ces grandes crises financières qui déterminèrent d'âge en âge de grandes aliénations ecclésiastiques, qui firent quelquefois abandonner à de saints évêques jusqu'à des vases sacrés pour la rançon et du roi et de son peuple?

Le monarque a-t-il pu comparer, en effet, une telle restitution à celle des biens invendus d'émigrés; une translation de propriétés sans maîtres à des maîtres nouveaux, avec ce retour du patrimoine vers son ancien possesseur, se présentant lui-même, le réclamant avec tous les droits sacrés de la justice et du malheur?

Aussi, Messieurs, quel a été, après ce mûr examen, la décision du prince légitime, d'un roi si sincèrement religieux?

Il a conclu, sans doute, de cette grande calamité publique, subie par des établissemens ecclésiastiques, un nouveau motif pour doter plus libéralement la religion et ses ministres. Et nous l'avons tous conclu avec lui. Et c'est un des principes de la mesure que nous insérons au budget. Et ce sera le fondement à d'autres bienfaits encore, lorsque les ressources de l'État le permettront à notre zèle. Mais il a senti d'ailleurs plus que jamais le danger de revenir sur ce qui était consommé, de donner par là le moindre encouragement à toutes les tentatives rétrogrades. Il a compris que si ce faux principe de restitution au clergé était admis, il n'était point de motif pour ne pas lui rendre aussi une propriété bien plus ancienne, bien plus sacrée, dont le fonds n'est point aliéné, puisqu'il est inhérent au sol lui-même ; une propriété que vous devinez, sans que j'aie besoin d'en prononcer le nom, toujours effrayant pour l'imagination populaire. Il s'est empressé, en conséquence, soit par des ventes nouvelles, que lui-même a faites sur ces forêts d'origine ecclésiastique, soit par leur affectation spéciale au paiement des créances de l'État, de leur imprimer de plus en plus le caractère de la prescription acquise et de la propriété légitime.

Et non-seulement tout annonce qu'il a sagement jugé, mais j'ose ajouter : quand il se serait même trompé, il n'aurait fait en jugeant qu'user de son droit ; nul n'aurait celui de réformer son erreur, nul n'est plus admis à s'élever contre la décision de la loi fixant le sort de la propriété, sans introduire dans l'État un principe d'anarchie, sans manquer au premier devoir de la subordination civile.

Voilà notre véritable droit public, Messieurs ; voilà ce qu'eussent professé les Pitoux, les d'Aguesseau, les Talon, l'illustre chancelier Lhôpital, s'ils avaient pu faire entendre leur voix dans cette grande délibération. Sages magistrats qui m'écoutez, dignes héritiers de leurs maximes, dites si je les exagère; dites si ce sont là les téméraires enseignemens d'une irréligieuse philosophie, ou les traditions vénérables de cette sagesse parlementaire qui contribua tant elle-même à la piété, à la lumière, à la gloire de l'église gallicane (Mouvement d'approbation d'un côté de la salle).

M. Clauzel de Coussergues. Je suis magistrat, et ce n'est pas moi qui approuve ce que vous dites.

M. le Président. Vous n'avez pas la parole.

L'orateur continue :

Que signifient maintenant, auprès de ces hautes décisions de la puissance souveraine, tous ces anciens anathèmes contre des spoliateurs et détenteurs de biens ecclésiastiques, qu'on a essayé de faire gronder à nos oreilles, comme si de tels canons, qui ne sont pas même admis dans la discipline de l'église de France, pouvaient trouver la moindre application envers un gouvernement qui n'a dépouillé personne, qui n'a fait que prononcer sur des questions d'hérédité et de nécessité, placées dans l'enceinte de son propre territoire ?

Combien seraient embarrassés la plupart de ces docteurs eux-mêmes qui nous proposent d'attendre quelque sanction ecclésiastique, si on les priait de nous la définir avec quelque précision ; de nous indiquer quel est donc ce synode autorisé, qui devrait ici venir statuer sur les héritages abandonnés de nos établissemens détruits, et régler des questions qui se rattachent à tous les détails les plus intimes de notre économie politique !

Parlons sérieusement, Messieurs : si une sanction ecclésiastique, sans être nécessaire, pouvait être ici convenable pour achever de rassurer des consciences timorées, ce serait sans doute celle qu'aurait donnée le chef suprême de l'église, un pontife qui, déjà recommandable par toutes les vertus religieuses, vient de se recommander encore par des vertus politiques; qui, lorsqu'il n'est pas juge par son autorité, mérite d'être arbitre par sa sagesse.

Eh bien! elle existe cette sanction ; elle ne peut être ignorée des adversaires ; elle se trouve consignée dans une loi formelle de l'État, dans un concordat non encore aboli. On a bien essayé de dire que l'abandon des biens ecclésiastiques vendus y était seul consacré, parce qu'il y était seul expressément désigné ; mais à quel homme, habitué à ne pas se payer des mensongères affirmations des partis, qui aura pris la peine de lire et ce concordat et la bulle qui l'accompagne, espère-t-on persuader que la même consécration ne s'étend pas aux autres biens ecclésiastiques non aliénés encore ? Le souverain pontife pouvait-il donc ignorer qu'il en existait un grand nombre de ce genre, composant le domaine de cet état, avec lequel il venait traiter ; et déjà, quand il se fût borné à garder le silence, ce silence tout seul, dans une telle pacification, ne serait-il pas une autorisation véritable ? Comment ce père vénéré des fidèles, s'il eût entendu laisser subsister un devoir de restitution pour ces biens, l'eût-il lâchement dissimulé à toute une église qui venait lui demander la lumière et la paix ? Eût-il même voilé ces anathèmes sous de trompeuses apparences de bénédiction et de louange ?

Mais a-t-il même gardé un tel silence ? Nullement, Messieurs; car il est dit en termes exprès : « Que les églises de France étant « dépouillées de leur ancien patrimoine, il fallait trouver quelque « moyen nouveau de pourvoir à l'honnête entretien des évêques « et des curés. » Et ce moyen, au lieu de le chercher dans une restitution qu'il considère comme impossible, il le place dans trois conditions, qu'il stipule avec le chef du gouvernement, et qui sont tout ce qu'il exige de lui.

C'est d'abord *qu'on assure un traitement convenable pour les évêques et curés*, et ce traitement est fixé en numéraire devant lui, et il consent à sa fixation modeste, et il dispense même de *toutes dotations semblables pour les chapitres et séminaires attachés aux cathédrales*.

C'est ensuite, *qu'il soit permis aux catholiques de faire des fondations pour les églises*, et cette permission est encore restreinte, sous les yeux de son légat, *à des rentes constituées* ; et les *dotations en immeubles* sont expressément interdites par l'autorité civile.

C'est enfin qu'il y ait, sur les biens non aliénés restant aux mains de l'État, quelques *restitutions*.... Mais quelles *restitutions?* Ecoutez-le, Messieurs : il s'agit uniquement de rendre quelques *églises non aliénées, nécessaires au culte ;* car, pour d'autres *églises également non aliénées, mais non nécessaires au culte,* quoique objet d'une nature bien plus sacrée que des bois, le souverain pontife se résigne formellement à ce que l'État les conserve, tant il est loin de redemander les bois eux-mêmes !

Après ces trois conditions remplies, le pontife n'hésite pas à juger le rétablissement du culte consommé. Il proclame le chef de l'État digne de ses bénédictions ; il abolit, en faveur de cette France reconciliée, *toutes les décisions précédentes et contraires, surtout celles qui seraient relatives aux fondations et dotations des églises;* il défend à qui que ce soit *d'enfreindre la concession et dérogation qu'il prononce, sous peine d'encourir l'indignation du Dieu tout-puissant et éternel* (*). C'est-à-dire, en résultat, que, loin d'autoriser le système de restitution que l'on prétend nous imposer, il l'a positivement proscrit; loin de vouloir troubler par des anathèmes la possession de l'État, il menace de ses foudres quiconque se permettrait d'en menacer autrui.

Cette décision est-elle, après tout, le jugement seul du pape ? Le clergé de France n'a-t-il pas, à son exemple, accepté, sanctionné, promulgué la même capitulation religieuse? et plusieurs de ses actes célèbres de cette époque, que je me m'abstiens de rappeler, n'indiquèrent-ils pas à l'univers qu'il était loin de considérer comme spoliateur ou détenteur injuste le pouvoir qui continuait à posséder cette importante portion de la fortune publique ? Que dis-je, l'Église universelle elle-même, en ne réclamant pas, en restant ouvertement en communion avec cette église de France, n'a-t-elle pas, à son tour, apposé le sceau de son approbation à tout ce qu'un tel concordat a pu renfermer de sacrifice pour le passé et d'autorisation pour l'avenir ?

Qu'est-ce donc en résultat que ce scrupule étrange sur ces propriétés invendues, que tout s'accordait à proscrire, qui n'osait plus se produire chez les hommes les plus religieux, sous le règne de l'usurpateur, et qui a tout-à-coup repoussé, sous le roi légitime, pour nous inquiéter avec lui dans une possession encore plus ancienne et plus pure ?

Quels sont ces nouveaux docteurs qui, après avoir méconnu l'autorité de la loi civile, viennent encore s'élever contre la décision de l'Église elle-même ?

Si au moins un tel scrupule se bornait à n'être qu'une religieuse erreur ; si, sortant de consciences véritablement timorées, il ne se produisait qu'avec ces formes tolérantes et mo-

*) Lisez, pour tous ces détails, la bulle elle-même.

destes qui caractérisent la piété véritable, il pourrait, il devrait mériter quelques égards : mais lorsqu'il devient une opinion et un instrument politique ; lorsque, montant fièrement à cette tribune, il se permet de nous traduire en quelque sorte à sa barre, nous, citoyens et chrétiens fidèles, nous, défenseurs de toutes les saines doctrines, comme suspects de favoriser la *spoliation*, *l'irréligion*, *l'illégitimité*... Car telles sont leurs propres expressions, Messieurs, tel est le sens lui-même du discours que vous venez d'entendre... lorsque, surtout, les audacieux sectateurs, étendant leur influence de cette tribune jusqu'au fond des provinces, vont y troubler de leurs prophétiques menaces, la conscience des ignorans et des faibles; lorsque, joignant à cette calomnie sur nos spoliations prétendues tant d'autres calomnies encore auprès d'âmes pieuses qu'ils abusent, il les font si follement pleurer, entre le vestibule et l'autel, sur tout le bien que le Roi, de concert avec vous, Messieurs, opère depuis cinq mois, comme sur un noir développement de quelque grande conspiration philosophique.... : alors je déclare m'affranchir de tout respect envers de semblables *vertus* ; j'abjure, pour ma part, tous ces ménagemens officiels dont quelques organes du gouvernement nous ont peut-être trop donné l'exemple ; je trouve trop juste de renvoyer à la fin, avec quelque énergie, à de tels orateurs, tous ces reproches qu'ils ont osé nous adresser.

Ils nous accusent de méconnaître *les droits de l'Église*, d'affaiblir *les sentimens religieux*..... Mais ne sont-ce pas eux qui, invoquant si bizarrement des canons oubliés quand ils désobéissent à la bulle vivante qui nous régit ; se permettant d'épouvanter les peuples, quand l'Église entière les rassure ; compromettant, par leurs indiscrètes demandes, un clergé vénérable qui ne les avoue pas..., font à cette religion, qu'ils disent aimer, les plus cruelles blessures, et mériteraient, au lieu de nous prêcher la pénitence publique, de la commencer pour eux-mêmes, en expiation de tant d'écarts d'un zèle orgueilleux et funeste ?

Ils nous accusent de méconnaître *les droits de la propriété*..... Mais ne sont-ce pas eux qui, osant la contester lorsque l'autorité la consacre, sapent jusqu'à cette propriété patrimoniale elle-même, dont le premier fondement est la loi, et qui a besoin aussi de cacher ses origines dans une nuit religieuse, à l'abri des atteintes d'une destructive analyse ?

Ils nous accusent de menacer *l'antique légitimité* par ce zèle pour la propriété nouvelle. Mais quel plus sûr moyen d'ébranler cette légitimité même, que de remuer sans cesse ces grandes transactions sur les résultats de nos troubles, qu'il lui a plu de fixer, par lesquelles elle a si sagement associé sa cause à celle de la pacification universelle ?

Ils nous reprochent enfin une dure indifférence pour *quelques établissemens détruits*, que nous n'avons pas détruits, que tous nos regrets ne peuvent faire revivre, et ils hésitent de s'associer à notre sensibilité lorsque, dans la crise déplorable qu'éprouvent nos finances, nous les conjurons de prendre pitié de la patrie en péril, de ne pas la priver, pour quelques vains sophismes, d'un gage qui compose sa plus précieuse ressource.

Ici l'orateur justifie la moralité de la mesure, en traitant la question sous le rapport de l'utilité financière et politique.
Il continue :

Est-ce bien sérieusement que M. de Bonald a pu prétendre opposer, à des nécessités si pressantes, une impossibilité d'aliéner le domaine de l'État, fondée sur des *défenses de la charte*, comme si la charte s'était même occupée d'un tel objet ; sur l'inconvenance et le danger d'aliéner, avec ce domaine, *la dotation du trône*, comme si ce domaine en composait en effet la dotation ; comme si nos lois n'en avaient pas disposé sans cesse ; comme si rien pouvait être plus légitime qu'une telle disposition, lorsque toutes les parties intéressées elles-mêmes, et le roi et son peuple, s'accordent à la désirer, à la provoquer, à la sanctionner ?

Que peuvent signifier aussi, dans une question aussi grave, toutes ces frivoles doléances de plusieurs des adversaires, sur ce que nous allons être privés des divers agrémens de nos forêts, sur ce que nous verrons tomber ces arbres qui ombrageaient notre enfance, sur ce que nous ne pourrons plus en composer de pompeux apanages? Leur cœur semble en vérité avoir contracté pour ces nobles arbres une sorte de romanesque enthousiasme : l'un d'eux est allé jusqu'à entrer avec eux dans un dialogue pathétique. Le chêne renfermant l'âme de Clorinde n'arracha pas plus de soupirs à Tancrède prêt à le frapper, que nos forêts menacées n'en ont arraché à notre honorable collègue M. Piet, dans tout le cours d'une *opinion*, monument singulier de ce genre de sensibilité.

Que répondre à tout cela, si ce n'est qu'il serait très-permis, sans doute, de se livrer à toutes ces fantaisies pour des arbres, ou des jardins, ou des palais, si notre fortune pouvait y satisfaire ; mais que, lorsqu'une banqueroute nous menace, la première direction convenable de l'imagination même la plus poétique, de la sensibilité même la plus chevaleresque, c'est d'essayer de payer nos dettes, non-seulement en sacrifiant ce brillant superflu, mais encore en retranchant sur les besoins les plus habituels et les plus chers?

Mais ce qui serait en effet, Messieurs, après ces vaines objections, une objection véritablement grave, si elle était fondée, c'est la crainte qu'on a déjà plus d'une fois témoignée de voir cette affectation de tous nos biens à la caisse d'amortissement, détruire rapidement toutes nos forêts, nous priver des bois nécessaires à nos constructions maritimes, surtout avilir, par la concurrence de ventes multipliées, et le prix de ces bois eux-mêmes, et celui des bois des particuliers, et la valeur vénale de toutes les propriétés.

Camille Jordan répond à ces diverses objections par les dispositions de la loi, et en montrant la connexion du crédit public avec la valeur des biens-fonds. Ces considérations politiques sont graves, profondes, capables de produire la conviction.

Telles sont donc, Messieurs, les vastes ramifications de la question qui nous occupe ; c'est ainsi qu'elle touche à tous les intérêts de la propriété, comme à tous les développemens du crédit. C'est ainsi que tout le budget, et avec lui le salut de l'État, s'y trouve en quelque sorte concentré.

Puisse en résultat cette franche discussion aider à convaincre quelques adversaires de bonne foi !

Puissent-ils au moins, négligeant dans la question les rapports qui nous divisent, s'attacher à ceux qui pourraient nous concilier !

Qu'en considération d'un si grand intérêt de la religion et de l'État, ils consentent à interrompre, dans cette conclusion de notre loi des finances, cette opposition uniforme et systématique qu'ils nous ont manifestée sur toutes ses autres parties.

C'est en effet, Messieurs, une chose digne de remarque, et qui n'échappera point à l'attention des peuples, combien, dans tout le cours de cet important débat, le budget des opposans s'est trouvé en constante contradiction, non-seulement avec le budget de la commission, mais avec tous les élémens d'un budget quelconque.

S'est-il agi de ces recettes si nécessaires à accroître ? Des impôts nouveaux ont été repoussés par eux au nom de l'intérêt de leurs provinces.

S'est-il agi de ces dépenses si nécessaires à diminuer ? Malgré leur amour théorique de l'économie, ils ont combattu toutes les réductions pratiques dans les ministères principaux.

Quand un emprunt a été proposé pour combler le vide, ils en ont nié la nécessité, puis contesté la forme.

Quand on a cherché à rassembler les indispensables élémens d'un système de crédit, ils voulaient les écarter tous.

Etait-ce le paiement de l'arriéré? Il était jugé par eux excessif et déplacé.

Etait-ce la régularisation des ordres de comptabilité? Ils se plaignaient qu'on attaquât les droits de l'armée qu'il fallait respecter.

Etait-ce une caisse d'amortissement? Son jeu ne présentait qu'une fiction.

Etait-ce la dotation en immeubles? Elle se composait de spoliation.

Mais sur aucun élément de crédit nous n'avons plus différé que sur le principal de tous, l'élément moral, la confiance.

La commission n'a cessé d'en présenter les perspectives, d'en justifier les bases; mais les opposans, par combien de peintures lugubres, par combien de sinistres prophéties n'ont-ils pas risqué, sans le vouloir, de l'éloigner à jamais !

Mais heureusement, Messieurs, et la France et l'Europe ne les ont pas crus : elles ont sainement jugé tout ce que des préventions de situation ôtaient à l'habituelle netteté de leurs vues.

Pendant qu'ils annonçaient la baisse de nos effets publics, ces effets se sont rapidement élevés.

Pendant qu'ils doutaient de la possibilité des emprunts, des capitalistes étrangers et nationaux les ont réalisés.

Quand ils supposaient l'Europe s'effrayant avec eux de notre marche révolutionnaire, ils ont vu les banquiers de cette Europe choisir ce moment même pour se confier dans notre fortune ; les rois, pour se confier dans notre politique ; les capitaux des uns s'approcher, les soldats des autres s'éloigner : ils ont entendu une voix s'élever du haut de tous les trônes, comme du milieu de tous les peuples, pour s'unir à la voix du peuple français, célébrant les nouveaux témoignages de la sagesse d'un monarque restaurateur.....

Quelle éloquente et pathétique exhortation est ainsi de toutes parts adressée à ces mêmes opposans, pour qu'enfin, en ce dernier jour, dans cette dernière délibération, ils abjurent un système trop prolongé de défiance, et viennent s'associer à nos efforts pour la délivrance commune ! Ah ! combien, en effet, à la veille de nous embarquer sur cette mer orageuse du crédit, par des temps si difficiles encore, il serait utile et beau de déposer sur le rivage nos vieilles rivalités ! Il est digne de nous, Messieurs, de faire cet appel aux opposans ; il est digne d'eux d'y répondre; car, malgré les exagérations que nous osons leur reprocher, de nobles sentimens français, nous le savons, vivent au fond de leurs cœurs..... On a beaucoup parlé, dans cette enceinte, de *l'unité* que nous demandons au gouvernement, de quelques *transactions* entre nous et lui. Ah ! voilà *l'unité* véritable, voilà la *transaction* éminemment désirée ; celle qui rapprocherait de nous nos plus ardens adversaires, qui nous montrerait à la France unis dans toutes les mesures qui peuvent la sauver, et déjà, par cette seule union, opérant un bien qu'aucune mesure ne peut efficacement suppléer......

LOI DU SACRILÉGE.

Les principales dispositions du projet de loi, amendé par la chambre des pairs et proposé à la chambre des députés, étaient les suivantes :

Art. 1er *La profanation des vases sacrés et des hosties consacrées constitue le crime de sacrilége.*

Art. 2. *Est déclarée profanation toute voie de fait commise volontairement et par haine, ou mépris de la religion, sur les vases sacrés, ou sur les hosties consacrées.*

L'article 3 déterminait les cas où il y aurait preuve légale de consécration.

Art. 4. *La profanation des vases sacrés sera punie de mort, si elle a été accompagnée des deux circonstances suivantes:*

1° *Si les vases sacrés renfermaient, au moment du crime, des hosties consacrées ;*

2° *Si la profanation a été commise publiquement.*

La profanation est commise publiquement lorsqu'elle est commise dans un lieu public et en présence de plusieurs personnes.

Art. 5. *La profanation des vases sacrés sera punie des travaux forcés à perpétuité, si elle a été accompagnée de l'une des deux circonstances énoncées dans l'article précédent.*

Art. 6. *La profanation des hosties consacrées, commise publiquement, sera punie de mort : l'exécution sera précédée de l'amende honorable faite par le condamné, devant la principale église du lieu où le crime aura été commis, ou du lieu où aura siégé la cour d'assises.*

Les articles suivans punissaient de la peine de mort, des travaux forcés à perpétuité, des travaux forcés à temps, de la réclusion, ou de l'emprisonnement avec amende, suivant la gravité des circonstances, les vols commis dans les édifices consacrés au culte.

Dans les deux chambres, la discussion fut grave et solennelle, comme le sujet sur lequel elle roulait. M. Royer-Collard en particulier, *se présentant avec son caractère et son maintien de philosophe, avec cette foi de chrétien qu'on lui connaît, et qui donnait à sa parole éloquente une si grande autorité, fut écouté dans un religieux silence et produisit sur l'assemblée une impression profonde.*

OPINION DE M. ROYER-COLLARD

SUR LA LOI DU SACRILÉGE.

Messieurs, le projet de loi qui vous est présenté est d'un ordre particulier, et jusqu'ici étranger à vos délibérations. Non-seulement il introduit dans notre législation un crime nouveau; mais, ce qui est bien plus extraordinaire, il crée un nouveau principe de criminalité, un ordre de crimes pour ainsi dire surnaturels, qui ne tombent pas sous nos sens, que la raison humaine ne saurait découvrir ni comprendre, et qui ne se manifestent qu'à la foi religieuse éclairée par la révélation. Ainsi la loi pénale remet en question et la religion et la société civile, leur nature, leur fin, leur indépendance respective. Discutée déjà dans l'autre chambre, où elle a été adoptée par une faible majorité, nous avons cet avantage, qu'elle parvient dans celle-ci précédée par des débats admirables, qui resteront pour absoudre notre temps, nos mœurs, nos lumières, notre sainte religion elle-même, du système qui a prévalu.

Il s'agit du crime de sacrilége. Qu'est-ce que le sacrilége? C'est, selon le projet de loi, la profanation des vases sacrés et des hosties consacrées. Qu'est-ce que la profanation? C'est toute voie de fait commise volontairement et par haine ou mépris de la religion. Là s'arrêtent les définitions du projet de loi: il n'a pas voulu ou n'a pas osé les pousser plus loin; mais il devait poursuivre. Qu'est-ce que les hosties consacrées? Nous croyons, nous catholiques, nous savons par la foi que les hosties consacrées ne sont plus les hosties que nous voyons, mais Jésus-Christ, le Saint des saints, Dieu et homme tout ensemble, invisible et présent dans le plus auguste de nos mystères. Ainsi la voie de fait se commet sur Jésus-Christ lui-même. L'irrévérence de ce langage est choquante, car la religion a aussi sa pudeur; mais c'est celui de la loi. Le sacrilége consiste donc, j'en prends la loi à témoin, dans une voie de fait commise sur Jésus-Christ. Je n'ai point parlé des voies de fait commises sur les vases sacrés, parce que cette espèce de sacrilége dérive de l'autre.

En substituant Jésus-Christ, fils de Dieu, vrai Dieu, aux hosties consacrées, qu'ai-je voulu, Messieurs, si ce n'est établir par le témoignage irrécusable de la loi, d'une part, que le crime qu'elle punit sous le nom de sacrilége est l'outrage direct à la majesté divine, c'est-à-dire, selon les anciennes ordonnances, le crime de lèse-majesté divine; et, d'une autre part, que ce crime sort tout entier du dogme catholique de la présence réelle; tellement que si votre pensée sépare des hosties la présence de Jésus-Christ et sa divinité, le sacrilége disparaît avec la peine qui lui est infligée. C'est le dogme qui fait le crime, et c'est encore le dogme qui le qualifie.

Sans doute, Messieurs, je le reconnais et j'ai hâte de le dire, l'outrage à Dieu est aussi, en certaines circonstances, un outrage aux hommes, et non-seulement aux âmes pieuses blessées dans leur croyance, mais à la société entière qui a besoin de la religion, parce qu'elle a besoin de la morale, et que la morale n'a de sanction positive et dogmatique que dans la religion. Mais, l'outrage à Dieu et l'outrage aux hommes, ce sont deux choses si prodigieusement différentes, qu'elles restent toujours distinctes, alors même qu'elles semblent se confondre dans le même acte. Il y a de l'une à l'autre, la distance du ciel à la terre. De laquelle s'agit-il? Relisons le projet de loi. Quel est le crime défini et puni? Est-ce l'offense à la société qui se rencontre dans l'outrage à Dieu, c'est-à-dire dans le sacrilége, ou bien est-ce le sacrilége lui-même? C'est le sacrilége seul, le sacrilége simple. Est-il possible que la société soit comprise avec Dieu dans le sacrilége? Non : Dieu seul est saint et sacré. Serait-il besoin du stratagème de la preuve légale pour donner un corps aux offenses de la société? Non : tout y est sensible ; elles se laissent saisir et convaincre par la preuve naturelle. On rétracte donc tout le titre premier de la loi, si on élude le crime de lèse-majesté divine. Il ne faut pas dire que ce crime est impossible, parce que *l'immensité entière nous sépare de l'être infini qui nous a créés, et qu'il n'est pas en notre puissance de le blesser.* Cela est vrai des dieux d'Épicure, qui ne se fâchaient et ne savaient gré de rien; mais cela n'est pas vrai du Dieu des Chrétiens, qui a une justice, et qui punit et récompense.

J'ose avouer que toute l'habileté qui a été déployée dans la défense du projet de loi devant l'autre chambre a consisté à confondre, avec un art qui n'a jamais été en défaut, l'outrage à Dieu avec l'outrage à la société, celui-ci punissable, celui-là inaccessible à la justice humaine, et à se servir de l'un pour fonder la pénalité, et de l'autre pour la justifier. La religion, vaguement invoquée, a merveilleusement prêté à cette confusion. En effet, la religion comprend Dieu et l'homme. Envisage-t-on, dans la religion, Dieu son auteur ? L'outrage à la religion est un outrage à Dieu. N'envisage-t-on que l'homme ? L'outrage à la religion n'est plus qu'une offense humaine. C'est le sens raisonnable qu'il a dans la loi du 25 mars 1822 ; sans quoi, je prie qu'on le remarque, cette loi eût admis aussi et constitué le sacrilége.

Cependant telle est la nature insurmontable des choses, que si on détourne, comme on l'a fait sans cesse, l'outrage à Dieu à l'offense envers la société, on se désiste irrévocablement du sacrilége : car le sacrilége envers la société n'est pas intelligible. Alors le dogme de la présence réelle est déserté, et le titre premier de la loi tombe. Nous sommes ramenés à la doctrine du code pénal, qui ne considère les outrages à la religion que dans leurs rapports humains avec la société. Dites, vous le pouvez, vous le devez peut-être, que la pénalité de l'article 262 est insuffisante, et qu'elle doit être aggravée : je serai de cet avis ; nous restons sur la terre. Mais aussi longtemps que vous persistez dans le sacrilége, le crime de lèse-majesté divine est inscrit dans la loi, et, avec ce crime, le dogme de la présence réelle dont il est l'expression pénale. Ainsi la loi a une croyance religieuse, et, comme elle est souveraine, sa croyance doit être obéie. La vérité en matière de foi est de son domaine ; la souveraineté en décide, elle la règle avec un pouvoir aussi absolu que les autres intérêts de la société ; elle la sanctionne, s'il en est besoin, par des supplices.

Voilà le principe que la loi évoque des ténèbres du moyen-âge et des monumens barbares de la persécution religieuse : principe absurde et impie, qui fait descendre la religion au rang des institutions humaines ! principe sanguinaire, qui arme l'ignorance et les passions du glaive terrible de l'autorité divine ! Je ne puis croire qu'il soit entré avec toutes ses conséquences dans l'esprit des auteurs de la loi ; mais, qu'ils l'aient ou non voulu, il est entré dans la loi elle-même : il respire dans toutes les dispositions du titre premier. C'est sur la vérité légale du dogme que sont construits les échafauds du sacrilége.

La question qui s'élève, puisqu'on veut que ce soit encore une question, laisse bien loin derrière elle la liberté des cultes. Là où un seul culte est extérieurement autorisé, et là où plusieurs le sont également, elle est la même. Il s'agit de savoir si, en matière de religion, les intelligences et les consciences relèvent de Dieu ou des hommes ; en d'autres termes, si la loi divine fait partie de la loi humaine. Il ne tiendrait qu'à moi de dire aussi que c'est là une question athée; et cependant c'est la vraie question!

Messieurs, les sociétés humaines naissent, vivent et meurent sur la terre. Là s'accomplissent leurs destinées ; là se termine leur justice imparfaite et fautive, qui n'est fondée que sur le besoin et le droit qu'elles ont de se conserver. Mais elles ne contiennent pas l'homme tout entier. Après qu'il s'est engagé à la société, il lui reste la plus noble partie de lui-même, ces hautes facultés par lesquelles il s'élève à Dieu, à une vie future, à des biens inconnus, dans un monde invisible. Ce sont les croyances religieuses, grandeur de l'homme, charme de la faiblesse et du malheur, recours inviolable contre les tyrannies d'ici-bas. Reléguée à jamais aux choses de la terre, la loi humaine ne participe point aux croyances religieuses ; dans sa capacité temporelle, elle ne les connaît ni ne les comprend ; au-delà des intérêts de cette vie, elle est frappée d'ignorance et d'impuissance. Comme la religion n'est pas de ce monde, la loi humaine n'est pas du monde invisible. Ces deux mondes qui se touchent ne sauraient jamais se confondre. Le tombeau est leur limite.

La croyance du chrétien est pour lui la vérité, la vérité qui vient de Dieu, que Jésus-Christ a enseignée aux hommes, et dont il a confié la prédication à ses apôtres et à leurs successeurs jusqu'à la consommation des siècles. Les gouvernemens sont-ils les successeurs des apôtres, et peut-il dire comme eux : *Il a semblé bon au Saint-Esprit et à nous ?* S'ils ne l'osent, et sans doute ils ne l'oseraient, ils ne sont pas les dépositaires de la foi, et ils n'ont pas reçu d'en haut la mission de déclarer ce qui est vrai en matière de religion et ce qui ne l'est pas. Dira-t-on que ce n'est pas là ce que fait le projet de loi ? Je réponds que c'est là précisément ce qu'il fait, puisque la vérité du dogme de la présence réelle est le titre du sacrilége, et que le sacrilége est le titre du supplice. Dira-t-on que ce n'est pas de son autorité, de sa propre inspiration et par sa propre énergie, que la loi déclare le sacrilége ; mais qu'elle l'a reçu de l'église catholique, et que, loin de commander, en cette occasion elle obéit ? On ne fait que déplacer l'usurpation, et la confusion des deux puissances subsiste. Si ce n'est plus la puissance civile qui dicte la loi religieuse, c'est la puissance religieuse qui dicte la loi civile : contre la parole du divin maître, elle est de ce monde.

J'attaque la confusion, non l'alliance. Je sais bien que les gouvernemens ont un grand intérêt à s'allier à la religion, parce que, rendant les hommes meilleurs, elle concourt puissamment à l'ordre, à la paix et au bonheur des sociétés. Mais cette alliance ne saurait comprendre de la religion que ce qu'elle a d'extérieur et de visible, son culte et la condition de ses ministres dans l'État. La vérité n'y entre pas ; elle ne tombe ni au pouvoir ni sous la protection des hommes. De quelque manière donc que l'alliance soit conçue, elle est temporelle, rien de plus ; et c'est pourquoi elle varie à l'infini, réglée par la prudence selon les temps et les lieux, ici très-étroite, là très-relâchée. Il y a des religions d'état, des religions dominantes, des religions exclusives : tout cela est du langage grossier de la politique humaine. Est-ce qu'on croit, par hasard, que les états ont une religion comme les personnes, qu'ils ont une âme et une autre vie où ils seront jugés selon leur foi et leurs œuvres ? Ce serait une absurdité : toute l'immortalité de Rome et d'Athènes est dans l'histoire. Est-ce qu'on oserait prétendre que les états ont le droit, entre les diverses religions qui se professent sur la terre, de décider laquelle est la vraie ? Ce serait un blasphème. Il ne s'agit donc, dans les religions d'état, ou dominantes ou exclusives, que des cultes plus ou moins autorisés, plus ou moins privilégiés, et de l'établissement plus ou moins politique de leurs ministres ; jamais de la vérité, qui s'échappe toujours de ces transactions. Nous savons que Jésus-Christ n'a rien changé à l'ordre public des sociétés, qu'il n'a rien retiré aux gouvernemens de la terre et ne leur a rien attribué ; nous lisons dans l'évangile qu'il les a laissés et respectés tels qu'ils étaient établis, parce que son royaume n'était pas de ce monde. Ce qu'ils sont, ils l'ont toujours été ; ce qu'ils n'étaient pas avant Jésus-Christ, ils ne le sont pas devenus. Si donc, aujourd'hui, les religions d'état sont nécessairement la vérité, il en a toujours été ainsi, et Claude, mis au rang des dieux par le sénat romain, a été vraiment dieu. Entre Dioclétien et les Chrétiens, nul doute que l'erreur était du côté de ceux-ci, la vérité du côté de Dioclétien. Et, sans sortir de la loi que nous discutons, depuis trois siècles que la religion chrétienne est malheureusement déchirée en catholique et protestante, le dogme de la présence réelle n'est vrai qu'en deçà du détroit, il est faux et idolâtre au-delà. La vérité est bornée par les mers, les fleuves et les montagnes ; un méridien, comme l'a dit Pascal, en décide. Il y a autant de vérités que de religions d'état : bien plus, si, dans chaque état et sous le même méridien, la loi politique change, la vérité, compagne docile, change avec elle. Et toutes ces vérités contradictoires entre elles, sont la vérité au même titre, la vérité immuable et absolue, à laquelle, selon votre loi, il doit être satisfait par des supplices qui, toujours et partout, seront également justes. On ne saurait pousser plus loin le mépris de Dieu et des hommes ; et cependant telles sont les conséquences naturelles et nécessaires du système de la vérité légale : il est impossible de s'en relever, dès qu'on admet le principe. Dira-t-on encore que ce n'est pas le principe du projet de loi ? Autant de fois qu'on le dira, je répéterai que le projet de loi admet le sacrilége légal et qu'il n'y a point de sacrilége légal, envers les hosties consacrées, si la présence réelle n'est pas une vérité légale ?

Mais voici d'autres conséquences du même principe. On ne se joue pas avec la religion comme avec les hommes : on ne lui fait point sa part ; on ne lui dit pas avec empire qu'elle ira jusque-là, et pas plus loin. Le sacrilége résultant de la profanation des hosties consacrées est entré dans votre loi : pourquoi celui-là seul, quand il y en a autant que de manières d'outrager Dieu ? et pourquoi seulement le sacrilége, quand, avec la même autorité, l'hérésie et le blasphème frappent à la porte? La vérité ne souffre point ces transactions partiales. De quel droit votre main profane scinde-t-elle la majesté divine, et la déclare-t-elle vulnérable sur un seul point, invulnérable sur tous les autres, sensible aux voies de fait, insensible à toute espèce d'outrages? Il a raison, cet écrivain(*) qui trouve votre loi mesquine, frauduleuse et même athée. Dès qu'un seul des dogmes de la religion catholique passe dans la loi, cette religion tout entière doit être *tenue pour vraie et les autres pour fausses ;* elle doit *faire partie de la constitution de l'État,* et delà se répandre *dans les institutions politiques et civiles.* Autrement l'État professe l'*indifférence des religions; il exclut Dieu de ses lois : il est athée.*

Je rends grâces au célèbre écrivain d'avoir si bien dégagé le principe que les habiles restrictions et les ingénieuses combinaisons du projet de loi dissimulent : le voilà au grand jour et dans toute sa fécondité. Après que la loi *a tenu la vérité pour vraie,* la vérité à son tour s'empare de la loi; elle fait les constitutions, elle fait les institutions politiques et civiles ; c'est-à-dire, Messieurs, qu'elle fait tout. Non-seulement son royaume est de ce monde, mais ce monde est son royaume : le sceptre a passé dans ses mains, et le prêtre est roi. Ainsi, de même que, dans la politique, on nous resserre entre le pouvoir absolu et la sédition révolutionnaire, de même, dans la religion, nous sommes pressés entre la théocratie et l'athéisme.

Nous n'acceptons point cette odieuse alternative. La théocratie convenait au peuple juif que Dieu gouvernait par des promesses et des menaces temporelles : elle a été abolie par l'Évangile. Si elle a pu, dans d'autres temps, surprendre encore quelque autorité à la faveur de l'ignorance, elle ne serait de nos jours qu'une imposture décriée, à laquelle la sincérité manquerait d'une part, et la crédulité de l'autre. Il est faux qu'on ne sorte de la théocratie que par l'athéisme. En point de fait, la loi française n'est point théocratique : on en convient, puisqu'on lui en fait un crime ; et il s'en faut bien que la loi fran-

(*) M. de La Mennais.

çaise soit athée. Ou ces mots de *loi athée* sont vides de sens, ou ils veulent dire, dans l'application qu'on nous en fait, que la loi française suppose sciemment que nous sommes un peuple sans aucune religion, un peuple qui ne croit pas en Dieu, et qu'elle a audacieusement, effrontément entrepris de nous gouverner dans cette supposition. Eh bien ! la loi française suppose, et elle fait absolument le contraire. Suis-je donc réduit à le prouver? Ouvrez la charte, qui est la loi des lois : vous y voyez que chacun professe librement sa religion, que les ministres des cultes chrétiens reçoivent des traitemens du trésor royal, que la religion catholique, apostolique et romaine, est la religion de l'Etat. Ouvrez le budget : vous y trouverez que l'Etat acquitte annuellement trente millions pour les dépenses du seul culte catholique. La loi des finances au moins n'est pas athée.

Mais voici une preuve plus convaincante, s'il est possible, que Dieu n'est pas exclu de nos lois ; c'est que les lois elles-mêmes se sont mises, et avec elle la société entière, sous la protection du serment, et la charte aussi a invoqué cette garantie sacrée. « Le roi et ses successeurs, dit-elle, jureront, dans la solennité de leur sacre, d'observer fidèlement la présente charte constitutionnelle. » Et qu'est-ce que le serment? « Un acte de religion, disent les jurisconsultes (*), où celui qui jure prend Dieu pour témoin de sa fidélité en ce qu'il promet, et pour juge et vengeur de son infidélité, s'il vient à y manquer. » Quoi ! le serment est un acte de religion, où Dieu, partout présent, intervient comme témoin et comme vengeur ; et quand les lois se confient sans cesse au serment, que sans cesse elles le prescrivent et peut-être le prodiguent, on ose dire que Dieu est exclu de ces mêmes lois, et que l'Etat est légalement athée! Une telle accusation, prise à la lettre, serait une calomnie si impudente, qu'il faut bien comprendre qu'elle a quelque sens détourné, et que, quand on parle de Dieu, ce n'est pas de Dieu qu'il s'agit, mais de quelque autre chose. En effet, on veut bien nous l'apprendre : cet anathème, lancé de toutes parts et avec tant d'éclat, n'est que le cri de l'orgueil irrité, une vengeance tirée des lois, dont la molle indifférence a négligé de déclarer une seule religion vraie et les autres fausses : la liberté et l'égale protection des cultes, voilà tout l'athéisme de la charte.

On se trompe cependant. Non, la charte n'est pas indifférente; non, elle n'est pas neutre; elle n'est qu'incompétente : loi d'ici-bas, elle ne sait que les choses humaines. L'homme est un être religieux ; c'est un fait qui tombe sous les facultés, et, si je l'ose dire, sous les sens de la loi. Elle recueille donc ce

(*) Domat.

fait; elle le considère dans ses diverses circonstances, et s'en sert judicieusement pour le bien-être temporel de la société. Ainsi la charte reconnaît qu'il se professe plusieurs religions en France; elle les protége toutes. Entre ces religions, elle honore particulièrement la religion chrétienne, mère de la civilisation. Entre les communions chrétiennes, elle assigne une haute prééminence à la religion catholique, qui est la religion de la presqu'universalité des Français; qui a précédé et la maison royale, et la monarchie, et la France elle-même, et dont nos mœurs publiques et privées ont reçu l'ineffaçable empreinte. En quoi consiste cette prééminence de la religion catholique, appelée par la charte la religion de l'État? On en peut disputer autant que l'on voudra, tout ce que j'en veux dire en ce moment, c'est que, si loin qu'on la porte, elle ne sortira pas de l'ordre politique; et la preuve sans réplique qu'elle n'en sortira pas, c'est que la charte protége également toutes les autres religions, ce qui serait impossible si elle avait déclaré la religion catholique légalement vraie; car, par cela même, les autres seraient légalement fausses, et par conséquent criminelles. La charte reste, comme elle le doit, dans les faits qu'il lui appartient d'observer; elle dispose sur ces faits avec une profonde sagesse : mais elle se garde de disposer sur la vérité, qui n'est pas un fait humain dont elle ait connaissance. Nous, personnes individuelles et identiques, véritables êtres, faits à l'image de Dieu et doués de l'immortalité, nous avons dans nos glorieuses facultés le discernement religieux : mais Dieu ne l'a pas donné aux états, qui n'ont pas les mêmes destinées; et non-seulement il ne le leur a pas donné, mais on peut dire qu'il le leur a positivement refusé, puisqu'il a permis, puisqu'il a voulu, dans ses desseins impénétrables, que les fausses religions eussent pour la stabilité et la splendeur des sociétés les mêmes avantages que la vraie. Il n'est pas besoin d'en chercher les preuves dans l'histoire : jetez les yeux autour de vous, regardez l'Espagne et regardez l'Angleterre, et voyez dans cette alliance qui s'est appelée sainte le premier rang largement occupé par un souverain que nous tenons au moins pour schismatique.

Je reprends le projet de loi. Qu'est-ce que le sacrilége? C'est, je le répète avec pudeur, une voie de fait commise sur Jésus-Christ. La présence légale de Jésus-Christ invisible est le fondement qui porte tout l'édifice du titre 1er. Par conséquent, le sacrilége est théologique. Toutes les ruses de l'esprit, tous les artifices du langage n'ébranleront pas ce point fixe. La légalité de la religion est le principe du projet de loi. Il ne m'a point échappé que, dans le cours des dispositions diverses qui forment le corps de loi, ce principe se contredit, qu'il se mutile, qu'il se rétracte, et qu'il s'applique surtout avec un art infini à se rendre inapplicable ; mais qu'importe? Il est dans la loi. Les efforts bien intentionnés qu'on fait aujourd'hui pour le dompter seront vains : il est indomptable.

J'ai fait voir que ce principe est impie au plus haut degré, en ce qu'il rend toutes les religions tour à tour également vraies, et que, fesant l'homme auteur de la vérité religieuse, il le fait Dieu. Comme il a sa source dans l'insolence naturelle de l'homme, à qui toute domination est chère, mais surtout celle des esprits et des consciences, il se résout infailliblement dans un appel brutal à la force. Deux sortes de défenseurs ne lui manqueront jamais : les uns, politiques sans probité, qui, ne concevant la religion que comme un instrument de gouvernement, pensent que ce sont les lois qui donnent à cet instrument toute son énergie ; il ne leur est pas dû de réponse : les autres, amis convaincus de la religion, mais dont le zèle sans science se persuade qu'elle a réellement besoin de l'appui de la force, et que, si on la désarme des peines temporelles, elle est en péril. A ceux-ci, il faut répondre hardiment qu'ils ne connaissent pas la religion, que ces pensées basses sont indignes d'elle, qu'elle méprise la force, et qu'elle a surtout horreur de la protection abominable des cruautés et des supplices.

Nous sommes ici au-dessus du raisonnement. Nous avons l'autorité décisive d'un fait immense, qui ferme à jamais la bouche aux apologistes de la force, aux défenseurs des religions légales : c'est l'établissement du christianisme, dont l'histoire est présente à vos esprits. Aussi longtemps qu'il a contre lui la force, il triomphe, et il répand avec ses doctrines des vertus jusque-là inconnues à tous les peuples de la terre. Dès qu'il s'est assis sur le trône, il décline, la pureté de sa discipline toute céleste s'altère et les mœurs se corrompent. Les saints docteurs gémissent et redemandent éloquemment la rigueur des premiers temps. Écoutez ces paroles que saint Hilaire (*) adresse à des évêques qui avaient eu recours aux empereurs, c'est-à-dire à la force :

« Il faut gémir de la misère et de l'erreur de notre temps, où
« l'on croit que Dieu a besoin de la protection des hommes, et
« où l'on recherche la puissance du siècle pour défendre l'église
« de Jésus-Christ. Je vous prie, vous qui croyez être évêques,
« de quel appui se sont servis les apôtres pour prêcher l'évangile ?
« Quelles puissances leur ont aidé à annoncer Jésus-Christ, et à
« faire passer presque toutes les nations de l'idolâtrie au culte de
« Dieu? Saint Paul formait-il l'église de Jésus-Christ par des
« édits de l'empereur? Se soutenait-il par la protection de Néron,

(*) de Poitiers.

« de Vespasien, ou de Décius dont la haine a relevé le lustre de
« la doctrine céleste?.... Maintenant, hélas! les avantages hu-
« mains rendent recommandable la foi divine, et, cherchant à au-
« toriser le nom de Jésus-Christ, on fait croire qu'il est faible par
« lui-même. L'Eglise menace d'exils et de prisons, et veut se
« faire croire par force, elle qui s'est fortifiée dans les exils et
« les prisons. Elle se glorifie d'être favorisée du monde, elle
« qui n'a pu être à Jésus-Christ sans être haïe du monde.....
« Voilà l'église en comparaison de celle qui nous avait été confiée,
« et que nous laissons perdre maintenant. » (*)

Ainsi parlait saint Hilaire au quatrième siècle. Mais peut-être que la politique de la religion suit les temps, comme la nôtre, et qu'elle doit s'appuyer aujourd'hui sur d'autres maximes. Voici ce qu'au commencement du dix-huitième siècle le pieux et savant Fleury pensait à ce sujet :

« La vraie religion doit se conserver et s'étendre par les
« mêmes moyens qui l'ont établie, la prédication accompagnée
« de discrétion et de prudence, la pratique de toutes les vertus,
« et surtout d'une patience sans bornes. Quand il plaira à Dieu
« d'y joindre les miracles, le progrès sera plus prompt..... Il
« faut se désabuser d'une opinion qui n'est que trop établie de-
« puis plusieurs siècles, que la religion soit perdue dans un
« pays quand elle a cessé d'y être dominante..... Vous croyez
« que le sacerdoce aura plus d'autorité étant soutenu par la puis-
« sance temporelle, et vous perdrez la vraie autorité, qui con-
« siste dans l'estime et la confiance. Instruisez-vous au moins
« par les faits, et profitez des fautes de vos pères. Je ne dispute
« point contre ces politiques profanes qui regardent la religion
« comme une invention pour contenir le vulgaire dans son de-
« voir, et craignent tout ce qui pourrait en diminuer le respect
« dans l'esprit du peuple : il faudrait commencer par les ins-
« truire et les convertir. » (**)

Quelles sont, selon Fleury, *ces fautes de vos pères* qui lui donnent matière à des avertissemens si solennels ? Il y en a plusieurs, entre lesquelles le judicieux historien indique celle-ci comme la plus grave :

« De tous les changemens de discipline, dit-il, je n'en vois
« point qui ait plus décrié l'Église que la rigueur exercée contre
« les hérétiques et les autres excommuniés. Vous avez vu comme
« Sévère Sulpice blâme les deux évêques Idaxe et Ithace de
« s'être adressés aux juges séculiers pour faire chasser des
« villes les Priscillianistes. On fut bien plus indigné quand on

(*) Histoire ecclésiastique de Fleury, liv. 16.
(**) 6ᵉ et 4ᵉ Discours sur l'histoire ecclésiastique.

« les vit suivre les coupables à Trèves en qualité d'accusateurs.
« Saint Martin pressait Ithace de se désister, et priait l'empereur
« d'épargner le sang des hérétiques ; mais, quand ils eurent
« été exécutés à mort, saint Ambroise et saint Martin ne com-
« muniquèrent plus avec Ithace, ni avec les évêques qui demeu-
« raient dans sa communion, quoiqu'ils fussent protégés par
« l'empereur. Enfin, saint Martin se reprocha toute sa vie d'avoir
« communiqué, en passant, avec ces Ithaciens pour sauver la vie
« à des innocens : tant il paraissait horrible que des évêques
« eussent trempé dans la mort de ces hérétiques, quoique leur
« secte fût une branche de l'hérésie détestable des Mani-
« chéens ! » (*).

Maintenant, Messieurs, élevons-nous plus haut, et remontons à la source divine de cet esprit de douceur et de charité qui animait les saints évêques des premiers siècles, non-seulement envers les hérétiques et les excommuniés, mais envers les criminels, quels qu'ils fussent, et qui rendait, comme le dit encore Fleury, l'Église aimable, même aux païens.

Un bourg de Samaritains ayant refusé de recevoir Jésus, Jacques et Jean, ses disciples, lui dirent : « Seigneur, vou-
« lez-vous que nous commandions que le feu descende du ciel,
« et qu'il les dévore ? » Mais, se retournant, il leur fit répri-
mande, et leur dit : « Vous ne savez pas à quel esprit vous êtes
« appelés. *Nescitis cujus spiritûs estis*. Le fils de l'homme n'est
« pas venu pour perdre les hommes, mais pour les sauver. »

Voilà, Messieurs, la vocation de l'Église : elle a été appelée par Jésus-Christ à sauver les hommes, et non à les dévorer par le feu du ciel, ce qui explique le système admirable de son code pénitentiel, tout médicinal, dit saint Augustin, et tout occupé de détruire non l'homme, mais le péché, afin de pré-server le pécheur des peines éternelles, qui sont sans remède. Au-dessus de ce code s'élève et règne le dogme d'une autre vie, où Dieu manifestera sa justice, qu'il cache et suspend dans celle-ci. Ce dogme, en effet, est l'âme de la politique reli-gieuse, et il s'oppose invinciblement à la précipitation des supplices. J'ai prouvé que si on met la religion dans la loi hu-maine, on nie toute vérité religieuse ; je prouve en ce moment que si on met dans la religion la peine capitale, on nie la vie future. La loi proposée, qui fait l'un et l'autre, est donc à la fois impie et matérialiste. Elle ne croit pas à la vie future, cette loi qui anticipe l'enfer, et qui remplit sur la terre l'office des démons : il faudrait, selon Fleury, commencer par l'ins-truire et le convertir.

(*) 4ᵉ Discours.

Je dépose ici le fardeau de cette terrible discussion. Je n'aurais pas entrepris de le soulever, si je n'avais consulté que mes forces ; mais une profonde conviction, et le sentiment d'un grand devoir à remplir ont animé et soutenu ma faiblesse. J'ai voulu marquer, en rompant un long silence, ma vive opposition au principe théocratique qui menace à la fois la religion et la société, d'autant plus odieux, que ce ne sont pas, comme aux jours de la barbarie et de l'ignorance, les fureurs sincères d'un zèle trop ardent qui rallument cette torche. Il n'y a plus de Dominique, et nous ne sommes pas non plus des Albigeois. La théocratie de notre temps est moins religieuse que politique ; elle fait partie de ce système de réaction universelle qui nous emporte : ce qui la recommande, c'est qu'elle a un aspect contre-révolutionnaire. Sans doute, Messieurs, la révolution a été impie jusqu'au fanatisme, jusqu'à la cruauté. Mais qu'on y prenne garde : c'est ce crime-là surtout qui l'a perdue ; et on peut prédire à la contre-révolution que des représailles de cruauté, ne fussent-elles qu'écrites, porteront témoignage contre elle et la flétriront à son tour. Il y a des temps où les lois pénales, en fait de religion, rendent les âmes atroces : Montesquieu le dit, et l'histoire des derniers siècles en fait foi. Nous pouvons juger qu'il y a d'autres temps où ces mêmes lois ne sont qu'une avilissante corruption. Souvenez-vous, Messieurs, de la vieillesse du grand roi, et des temps qui l'ont suivie, de ces temps qui touchent de si près à la révolution ; consultez sur cette triste époque les plus pieux, les plus sages contemporains. Fénélon écrivait ces propres paroles le 15 mars 1712, trois ans avant la mort de Louis XIV : « Les mœurs présentes de la nation jettent chacun dans la plus violente tentation de s'attacher au plus fort par toute sorte de bassesses, de lâchetés, de noirceurs et de trahisons. » (*)

Je vote le rejet du titre 1er du projet de loi.

SECOURS AUX RÉFUGIÉS ESPAGNOLS.

M. Clausel de Coussergues avait vivement attaqué le ministre de l'intérieur sur les secours accordés par le gouvernement aux réfugiés espagnols ; il les présentait comme contraires aux principes de la légitimité

(*) Vie de Fénélon, tome 3, p. 322.

et à l'alliance fraternelle de deux branches de la maison de Bourbon. L'orateur était descendu de la tribune au milieu de la plus vive agitation. Plusieurs membres appuyaient sa proposition, d'autres demandaient l'impression de son discours. M. Lainé, ministre de l'intérieur, qui était placé au banc des députés, demande la parole et monte à la tribune.

DISCOURS DE M. LAINÉ.

La question qui vient de s'agiter est supérieure à tous les calculs de finance. Il ne s'agit pas de savoir à quel parti, à quelle faction les réfugiés espagnols et autres ont appartenu. Il ne s'agit pas d'examiner comment ils auront été attirés sur notre territoire. Cette question tient à la pitié, à la miséricorde publique dégagée de toute autre considération. Elle touche au caractère national, car je n'emploierai pas un mot plus beau, celui d'honneur. Je me borne au mot de caractère national, parce qu'il est commun à toutes les nations, qui toujours se sont fait un devoir et un plaisir de donner l'hospitalité au malheur, sans chercher si le malheur la méritait.

On demande s'il existe, entre la France et les autres nations, un traité qui oblige notre gouvernement à venir au secours de ces malheureux. Il est inutile de le rechercher, car il existe un traité antérieur à tous ceux qu'on trouve écrits dans les chartes de la diplomatie. Gravé au fond du cœur de l'homme, ce traité fut respecté dans tous les temps par toutes les nations civilisées. Il inspira presque toujours à toutes la pensée de donner des secours aux malheureux proscrits ou expatriés.

Je ne rechercherai pas si d'honorables proscrits ont reçu une hospitalité plus ou moins secourable sur le continent ou chez de généreux insulaires. Si, dans quelques pays, le gouvernement n'est pas venu au secours des proscrits, il est peut-être vrai de dire que les particuliers en ont donné un noble exemple. Sans remonter aux temps anciens, ou à d'autres époques de notre histoire, nous trouvons que, dans le flux et le reflux de nos discordes civiles, des émigrés de toutes sortes se sont vus favorablement accueillis, et même après le désastre de nos colonies, sur le continent américain : partout, et en Espagne aussi, les proscrits ont reçu, soit des gouvernemens, soit des particuliers, des secours que la France donne aujourd'hui à des réfugiés.

Pénétrés de ce sentiment, vous ne rechercherez pas la cause de leur émigration, vous n'examinerez pas à quelle classe ils appartiennent. Est-il besoin de savoir s'ils sont Égyptiens, Portugais, Espagnols? ce sont des hommes. Ils sont malheureux, expatriés; et vous savez qu'il leur est interdit de toucher le sol natal.

Il ne s'agit pas d'ailleurs, Messieurs, de savoir si on votera, pour les nouveaux réfugiés, des secours : vous avez à délibérer si on leur conservera ceux que la France leur donne depuis plusieurs années, et leur a continués depuis la restauration. Les leur retirer aujourd'hui ne serait ni noble ni juste.

Un membre de la chambre des députés de 1814, qui est encore aujourd'hui un de nos honorables collègues, fit la proposition d'accorder aux réfugiés espagnols de plus amples secours. Cette proposition fut accueillie avec faveur ; la session finit avant que ce vœu se transformât en résolution, et la chambre approuva que des regrets publics en fussent exprimés.

Sans doute il est douloureux d'entendre dire que la France n'offre que la misère à des familles françaises longtemps séparées de son sein. Que d'autres recherchent si plusieurs de ces familles ne trouvent pas auprès du trône, et dans l'illustration même de leur malheur, quelques nobles compensations. C'est à leur égard surtout que je dois prononcer le mot d'honneur, qui se refuse à retirer les secours accordés. Proscrites si longtemps en terres étrangères, ces familles connaissent l'ineffable douleur d'y avoir trop longtemps séjourné, et sauront encore mieux que l'opulence compatir à des maux semblables. Je suis sûr qu'elles ne voudront pas que la terre de France se change pour ces réfugiés en véritable cimetière.

On vous propose de déporter une partie de ces réfugiés : mais, quand on pourrait indiquer un lieu de déportation, les frais n'en seraient-ils pas plus considérables que les secours qu'on veut leur enlever? Quant aux autres, dénués de tous moyens, où voudriez-vous qu'ils allassent volontairement? Les portes de leur patrie leur sont fermées, et, en les condamnant au désespoir, ce serait les placer entre nos cours prévôtales et des tribunaux plus terribles, que je ne veux pas nommer de peur de réveiller des haines et des outrages.

La politique, à défaut de l'humanité, conseillerait donc de ne pas leur ravir les moyens de soutenir leur existence. Je dis l'existence, car, en voyant figurer ce pacifique article au budget de la guerre, vous êtes convaincus que le ministre ne prodiguera pas, pour le luxe des étrangers, des fonds que la bonté du Roi et la générosité publique lui confient pour alléger le malheur.

Il serait triste de croire que les gouvernemens, étrangers aux passions qui proscrivent et multiplient les réfugiés, ne viennent pas au secours des victimes. Il ne m'appartient pas de compulser les budgets des autres états ; mais je sais que ce n'est pas la première fois que de tels articles parent les budgets des rois de France. Dans un compte mémorable, imprimé en 1788 par ce ministre français qui, le premier, donna aux finances cette publicité dont on se montre aujourd'hui de toutes parts si curieux, on voit figurer des secours donnés à deux espèces de réfugiés, dont l'une, sous une monarchie, semblait ne pas mériter un égal intérêt.

Ne nous attristons pas aujourd'hui, malgré notre détresse, de voir placer dans le budget un fonds pour la générosité qui aide le malheur. Outre le bien-aise qu'on éprouve par ces actes de bienfesance, peut-être jetons-nous entre des peuples qui ont réciproquement à se pardonner des semences de réconciliation.

Un sentiment plus doux encore s'oppose à la radiation d'un article maintenu par l'humanité. Les rois, qu'on a si justement comparés à des pères de familles, quelquefois dans une juste irritation ferment l'entrée de leur pays à des enfans égarés : au fond du cœur, ils ne sont pas fâchés que des parens ou des voisins aient recueilli ces fugitifs pour les leur rendre au jour de la miséricorde. Le temps, Messieurs, le plus inexorable des souverains, a aussi son droit de grâce, et c'est lui qui inspire souvent aux rois le plus noble usage qu'ils font de ce beau droit de la souveraineté.

Un mouvement unanime d'adhésion éclate au moment où l'orateur profère ces dernières paroles. On demande de toutes parts l'impression.

Quelques membres : On ne peut ordonner l'impression d'un discours improvisé,

M. Lainé : Il me paraît inutile de livrer à l'impression ce que je viens de dire à la tribune : les journaux le feront suffisamment connaître.

Une foule de membres : Non, non! l'impression par le vœu de la chambre.

L'impression est unanimement ordonnée, et le subside voté aussi à l'unanimité.

« *Ce discours, dit M. Lacretelle, est resté dans la mémoire de tous les hommes qui, en Europe, s'occupent avec passion des débats parlementaires. Il ne s'agissait ici que d'une circonstance du moment, d'une partie fort légère des deniers publics : mais de telles maximes, exprimées avec cette profondeur de nobles sentimens, présentaient l'hospitalité, cette vertu idole et parure des peuples anciens, sous des rapports d'une vaste sympathie qu'ils avaient peu connus. Ordinairement le pouvoir laisse à l'opposi-*

tion le mérite de ces réclamations bienveillantes. Ici la générosité du pouvoir réfutait la dureté ombrageuse de l'opposition. Ainsi Louis XVIII, revenu d'un si long exil après le désastre des siens, suggérait la clémence à un roi issu comme lui de Henri IV. »

DÉBATS

SUR L'ÉLECTION DE L'ABBÉ GRÉGOIRE. (*)

Les députés du nouveau cinquième avaient prêté le serment dans la séance royale. On n'avait point entendu le nom de l'abbé Grégoire. Le roi ne lui avait point envoyé de lettre close. Lorsqu'on procéda à la vérification des pouvoirs, une commission, dont M. Becquey fut l'organe, conclut à la nullité de l'élection du quatrième député de l'Isère. Deux autres députés étaient étrangers au département de l'Isère. L'abbé Grégoire l'était également. L'article 42 de la charte veut qu'au moins la moitié des députés soit prise dans les domiciliés du département. Sur quatre députés on n'avait pu nommer trois étrangers. Le rapporteur fesait bien quelques allusions au scandale d'une telle nomination ; mais il regardait comme un bonheur pour la chambre qu'une irrégularité constitutionnelle évidente fit écarter la discussion la plus pénible. A peine le rapporteur avait-il cessé de parler que le cri *aux voix* part de ce même côté gauche où l'on s'attendait que cette conclusion serait combattue. C'était un acte de sagesse et de politique adroite de la part d'un parti enflé de ses derniers succès. Par là il rejetait un homme dont la présence éclaircissait ses rangs et décriait sa cause : il prouvait qu'un tel collègue n'avait été ni désiré ni demandé par les libéraux, dévoilait et rendait inutile le stratagème de ceux qui avaient pu concourir à cette nomination pour en faire un sujet d'épouvante, d'horreur et de calomnie. Mais les défenseurs les plus ardens du trône pensaient qu'il devait être vengé d'une élection qui semblait tendre à l'ébranler. Ils voulaient que leur indignation se fît entendre.

(*) 6 décembre 1819.

Ce ne fut qu'après une heure de tumulte que M. Lainé obtint la parole que le côté droit réclamait pour lui avec un zèle tout nouveau.

DISCOURS DE M. LAINÉ.

M. le rapporteur, en exposant l'un des motifs de faire annuller l'élection du quatrième député de l'Isère à cause de l'article 42 de la charte, a énoncé aussi les doutes proposés sur la validité de ce moyen. Mais il est, Messieurs, un second motif de nullité qui ne présente à mes yeux aucune raison de douter : c'est l'indignité de l'élu.

Quelle est, s'écrie-t-on, la loi qui la prononce ?

Honneur à la législation qui avait respecté les Français assez pour ne pas leur interdire littéralement d'envoyer un tel homme dans l'assemblée qui concourt à représenter la nation ! Il est une loi, Messieurs, qui n'a pas besoin d'être écrite pour être connue et exécutée. Cette loi n'est pas gardée dans des archives périssables ; elle n'est pas sujette aux caprices ou aux besoins variables des souverains et des peuples : elle est éternelle, elle est immuable ; elle est déposée dans un tabernacle incorruptible, dans la conscience de l'homme. En tout temps, en tout lieu, cette loi se nomma *la raison* et *la justice* ; en France elle s'appelle encore *l'honneur*.

Ne croyez pas qu'elle soit silencieuse. Cette loi, en ce qui touche la cause de l'indignité qui nous occupe, fut promulguée parmi les hommes sept ans avant la fin du dernier siècle. Un cri général se fit alors entendre, je ne dis pas seulement en Europe, mais dans l'univers ; et des voyageurs nous ont appris qu'au milieu des régions presque ignorées de nous, et que nous nommons *barbares*, une juste horreur avait saisi tous les peuples. C'est cette horreur qui constitue l'indignité actuelle.

La loi dont je parle fut de nouveau promulguée à la restauration du successeur de Louis XVI. Je sais bien que par une clémence toute divine, ou, si vous voulez, par le besoin de la société, ou même pour l'intérêt de tous, il fut promis aussi que personne ne serait recherché pour ses votes, et que l'oubli fut recommandé à tous les citoyens.

Qui donc se souvenait du quatrième député de l'Isère ? Qui donc le recherchait pour ses opinions ou pour ses votes, ignorés même de la plupart des vivans? L'oubli n'a-t-il donc été prescrit qu'aux victimes, et ceux-là seuls qui avaient besoin d'en être couverts ont-ils conservé le droit de se souvenir? (*Vive sensation.*)

Est-il recherché celui qui, depuis six ans, jouit en paix de ses biens, de ses titres, qui multiplie librement ses écrits pour propager ses opinions? N'est-ce pas lui qui dédaigne la loi d'oubli lorsque, loin d'exprimer le moindre regret, le plus léger repentir, il provoque les citoyens au scandale et à la discorde ; lorsque, résistant à de patriotiques sollicitations, il persévère à frapper à la porte de cette chambre, quoiqu'il sache que, toute indignité à part, la porte ne saurait s'ouvrir pour lui? (*Même sensation*).

Mais de quoi s'agit-il aujourd'hui? Est-il question de le poursuivre, de troubler sa personne, son domicile, de l'inquiéter dans l'exercice de ses droits civils? Ne s'agit-il pas seulement de savoir si un tel homme a pu être élu, s'il peut figurer dans une assemblée qui représente en si grande partie la nation? Non : la disposition d'oubli, par cela seul qu'on l'emploie pour lui, quoique sans besoin, comme un bouclier contre la persécution, ne lui a pas donné le droit de siéger parmi les députés de la France.

Ainsi la loi suprême qui parle trop bien à vos cœurs pour que j'aie la hardiessse de lui servir d'organe, n'a pas été abolie, n'a pas été altérée.

Il ne s'agit donc que d'examiner si cette loi, toujours vivante, est applicable au quatrième député de l'Isère.

N'attendez pas, Messieurs, que je retrace ici des faits qui soulèveraient tant d'indignation et tant de douleurs : je me félicite que la nature ne m'ait pas donné assez de talent pour vous présenter un tableau dont l'éloquence saurait si bien se servir pour remuer un auditoire. Il existe une notoriété à la fois si fatale et si heureuse pour nos débats, les esprits en sont si frappés, les cœurs si contristés, que je me borne à dire : le passé en est accablé, le présent s'en épouvante, et l'histoire a déjà préparé l'effroi de l'avenir.

La présence en cette assemblée de l'homme au nom de qui s'attache une si affreuse notoriété est incompatible avec la liberté, avec la royauté légitime.

Si ces deux mots, de liberté et de royauté légitime, se trouvent associés, c'est que, l'une ne pouvant exister sans l'autre, j'ai dû les confondre en parlant d'un homme dont la présence les blesserait toutes deux, et leur ferait courir de grands dangers.

C'est une maxime de notre droit public, que la liberté ne peut exister sans les deux chambres représentatives et la royauté, sans ces trois pouvoirs qu'un même nœud rassemble. Que l'on déconsidère ou que l'on avilisse un seul de ces trois pouvoirs, et la liberté est en péril.

Envoyer à la chambre des députés un homme que la pudeur publique, que les mœurs françaises repoussent; l'admettre à siéger dans l'une des chambres; c'est frayer la route à d'autres, c'est déconsidérer la chambre, c'est détourner d'elle l'estime, la déférence, le respect dont elle a besoin, et qui sont nécessaires pour captiver l'obéissance aux lois auxquelles elle concourt; c'est déverser sur l'assemblée élective une partie des sentimens qui s'attachent au principe de mort qu'on a essayé de jeter parmi nous.

Mais c'est aussi insulter à la royauté légitime, inséparable des chambres, et dont l'éclat ou l'ombre se répand sur elles. N'est-il pas démontré à tous les amis de la liberté et de la royauté légitimes, que le concours du quatrième député de l'Isère à l'œuvre des lois, qui émanent aussi bien de la couronne que des chambres, est une de ces incompatibilités que chacun sent trop bien pour qu'il soit besoin de les faire ressortir en rapprochant d'horribles faits de la nature de notre gouvernement, et de chacune des trois branches du pouvoir législatif.

J'ose dire plus; c'est qu'envoyer ou admettre dans la chambre le quatrième député de l'Isère, c'est faire violence à la royauté, que les lois ont investie du droit de ne pas le convoquer.

La loi, qui règle les rapports des chambres avec la couronne, statue que les députés sont convoqués par lettres closes émanées du roi. Cette loi a un but, elle doit avoir un effet, et peut-être sa pensée secrète a-t-elle été de donner au roi un moyen d'arrêter sur le seuil de cette enceinte le petit nombre de ceux qui sont souillés de l'une de ces grandes indignités dont les lois positives rougissent de parler.

Quoi qu'il en soit, la loi existe, et la couronne a usé du droit qu'elle lui donne : elle a défendu d'adresser une lettre close au quatrième député de l'Isère; elle a pris ses précautions pour que sa présence ne soulevât pas les cœurs dans la séance royale, et pour que son nom ne fût pas même prononcé devant la majesté royale, devant les deux chambres réunies autour du trône.

En agissant ainsi, la couronne dit assez haut qu'elle regarde la royauté et les deux chambres législatives comme menacées par la nomination du quatrième député de l'Isère. C'est à vous qu'elle laisse le soin de repousser l'injure; elle en a préservé jusqu'à ce jour la royauté, la représentation nationale, la dignité de la France. C'est à vous à achever le noble devoir que la couronne a commencé, où à consommer l'outrage que la passion aveugle a essayé. (*Mouvement d'adhésion.*)

Notre choix, Messieurs, n'est pas équivoque. Lorsqu'un collège électoral a élu des citoyens, ceux-ci ne sont encore que les députés du département. Pour être député de toute la France, pour avoir ce caractère d'universalité que la constitution donne à chacun de nous, il faut être admis par la chambre : c'est votre admission, c'est la proclamation faite en votre nom par le président, qui nous donne dans la représentation nationale cette part qui appartient à la chambre et à chacun de ses membres. Or est-il possible de proclamer l'homme dont j'évite de prononcer le nom l'un des représentans de la France entière ? Non, Messieurs ; et vous honorez assez votre patrie pour croire qu'un cri général désavouerait le caractère que votre proclamation essaierait de donner au quatrième élu de l'Isère.

Il devait le savoir, le collége électoral de ce département; il devait bien juger que celui-là ne pouvait être élu qui ne peut être proclamé ici l'un des représentans de la France entière. Il n'appartient à aucune section du royaume de vouloir faire injure et violence à la couronne et aux chambres législatives, de violer les mœurs publiques, l'honneur national, et ces lois qui n'ont pas besoin d'être écrites pour proclamer une indignité notoire au monde entier. Le souffrir, ne pas annuller l'élection par ce motif, ce serait préférer le cruel ennemi de la royauté à la royauté même. Car, Messieurs, il me semble qu'il n'y a pas à balancer, il faut que cet homme se retire devant la dynastie régnante, ou que la race de nos rois recule devant lui.... *(très-vifs mouvemens)*.

Pour se déterminer à conjurer ce malheur, il est des hommes qui demandent l'autorité des exemples : eh bien ! s'il en était besoin, ils ne manqueraient pas.

Je n'en chercherai pas dans l'histoire de Sparte, où l'assemblée publique exprima souvent son horreur contre ceux qui firent périr le roi Agis. Je ne puiserai pas des exemples analogues dans les anciens états, qui ont refusé si souvent l'entrée de l'assemblée ou du sénat pour cause d'indignité. On me répondrait peut-être que l'anarchie, les passions avaient dicté ces exclusions, ou que la cause d'indignité n'était pas la même, et je serais trop fort en disant que toute autre cause était bien moins déterminante.

Je ne rappellerai pas ou les refus d'admettre dans les chambres représentatives, ou les exclusions dont une nation voisine fournit plus d'un exemple pour des indignités moins frappantes, et que ses lois littérales n'avaient pas exprimées. On me répondrait que notre constitution n'est pas la même, et comme je suis d'avis qu'il ne faut pas aller chercher des exemples dans l'étranger, je m'abstiens de ces citations.

S'il fallait absolument des exemples, je rappellerais celui que donna un député de 1814. Déplorant un malheur que je ne veux pas exprimer, il s'éloigna de la chambre, parce qu'il entendit la voix de la nation et de sa conscience qui lui criaient qu'il y avait incompatibilité entre la royauté légitime et sa présence au sein de l'assemblée. Sa conduite fut louée, et la France applaudit alors au brillant écrivain qui célébra cet événement.

Que si l'on se prépare à citer l'élévation d'un homme accablé d'un malheur semblable, je dirai que celui-là au moins ne s'obstina pas à vouloir briser les portes de cette enceinte, et qu'il nous épargna la douleur d'une vérification de pouvoirs.

Mais, Messieurs, est-il besoin d'exemples lorsque l'indignité repose sur des lois éternelles qui n'ont pas besoin d'être écrites, sur les mœurs plus fortes que les lois. C'est à cette chambre qu'il appartient en cette occasion de donner un noble exemple ; elle ne sera même que l'écho du monde. Si vous ne la proclamiez avec solennité, la France frémirait des suites fatales de notre silence pour la royauté légitime et pour la liberté.

Cependant quelques esprits se montrant frappés des conséquences de l'exemple proposé, chacun de vous est trop frappé des fatales conséquences d'un exemple contraire, pour que j'entreprenne de vous en effrayer. Ils craignent, dit-on, qu'on ne repousse un jour comme indignes quelques amis de la royauté légitime, des lois et même de la liberté.

Oh! si nous étions un jour destinés à ce malheur, on n'aurait pas besoin de précédent pour commettre un acte aussi arbitraire. Il est probable qu'alors il n'y aurait plus de royauté légitime, de constitution, de liberté.

Si pourtant il devait arriver que, même en conservant tous ces biens, un homme juste fût repoussé comme indigne, cet homme et la France se consoleraient de sa disgrâce en songeant que le motif de l'indignité a fait exclure le quatrième député de l'Isère. Aristide aidait à son bannissement, parce qu'il se rappelait peut-être que l'ostracisme avait éloigné de l'assemblée publique quelque affreux perturbateur de sa patrie.

Je pense que le quatrième député de l'Isère ne doit pas être admis.

Ces paroles éloquentes, prononcées avec ce que le courroux de la vertu peut avoir de plus ardent, avaient fait tressaillir tous les cœurs. M. Lainé descendit de la tribune au milieu des acclamations de la droite et du centre. Mais l'opposition du parti libéral, tout-à-l'heure désarmée, se releva avec force. M. Benjamin Constant paraît à la tribune.

DISCOURS DE BENJAMIN CONSTANT.

Messieurs,

Si la question ne s'était élevée que sur la légalité de l'élection qui nous occupe, je n'aurais point songé à prendre la parole; j'aurais pesé, pour me décider au silence, les raisonnemens pour la négative ou l'affirmative, et j'aurais voté suivant ma conviction. Quiconque est satisfait de nos institutions, heureux sous le gouvernement du Roi et de la charte, ne peut avoir ni la volonté ni l'intérêt de provoquer le trouble et le scandale. Mais on vous propose de cumuler deux questions, celle de légalité et celle qu'on appelle indignité, question bien plus importante, puisqu'elle intéresse notre pacte fondamental, la représentation, et l'honneur du trône; oui, Messieurs, l'honneur du trône ! et je suis si frappé de cette vérité, que c'est la seule dont je me propose de vous occuper.

Je commencerai par vous rappeler des faits. Je porterai dans l'exposé de ces faits la plus grande impartialité et la plus sévère exactitude, et j'ose compter d'autant plus sur votre indulgence, que ces faits me conduiront naturellement à rendre un juste et public hommage à la sagesse profonde de notre monarque, qui a deux fois fait triompher les principes propres à éteindre toutes les haines, à calmer tous les souvenirs, et, si j'ose répéter ici les paroles augustes sorties de sa bouche, à fermer pour jamais l'abîme des révolutions.... (*Mouvement d'adhésion.*)

Messieurs, lorsque, le 8 juillet 1815, S. M. rentra dans sa capitale, vous savez tous dans quel état déplorable se trouvait la France, que de maux elle avait soufferts, combien de calamités la menaçaient encore, quelles divisions existaient, quelles animosités s'étaient réveillées, et jusqu'à quel point il importait, à la vue de huit cent mille étrangers répandus sur notre territoire ou rassemblés sur nos frontières, de donner aux différens partis, qu'agitaient encore la crainte ou la vengeance, des gages solennels qui leur rendissent la sécurité.

Que fit le Roi, Messieurs? Il sentit que, les maux étant plus grands en 1815 qu'en 1814, il devait faire plus pour cicatriser des blessures devenues plus profondes. En 1814, il avait inséré dans sa charte royale l'article 11, qui défend toutes recherches des votes et opinions. En effet, en 1814, cet article pouvait suffire. Les passions étaient moins exaspérées: il y avait entre les partis moins de griefs réciproques. Nul n'avait intérêt à fouiller dans les annales sanglantes d'une révolution de vingt-cinq années, pour y trouver des armes contre des ennemis qui n'existaient pas. En 1815, des coups plus terribles avaient été portés. De simples proclamations de principes ne suffisaient plus: il fallait des actes; il fallait passer, pour ainsi dire, de la théorie à la pratique. S. M., convaincue de cette vérité incontestable, et fidèle à cette noble abnégation d'elle-même qui l'a portée à limiter son propre pouvoir, s'imposa le plus grand des sacrifices.

Un homme existait, qui non-seulement avait laissé dans les annales de la révolution, à ses époques les plus terribles, des traces dont toute l'Europe avait connaissance; mais qui avait prononcé ce vote fatal, ce vote dont les amis de la liberté ont gémi plus que personne, parce qu'ils sentaient que ce vote funeste était un coup presque mortel à la liberté. Le Roi, Messieurs, l'appela dans ses conseils. Messieurs, daignez réfléchir que si mes paroles excitaient vos murmures, ce ne serait pas contre mes paroles, mais contre une nomination royale, que vos murmures seraient dirigés.

Oui, Messieurs, cet homme, le Roi l'appela dans ses conseils. Malheur à qui ne verrait dans cette détermination royale qu'une politique vulgaire qui cherchait à s'appuyer d'un prétendu chef de parti.

Certes, à cette époque même, il y avait dans tous les partis des hommes non moins influens. Il y avait des généraux à la tête d'armées encore nombreuses. Le Roi ne choisit point parmi eux, parce que ce n'était point un appui qu'il cherchait pour son trône, mais une preuve incontestable, éclatante, sublime, qu'il voulait donner de son oubli complet du passé. Ce fut une ratification solennelle de l'article 11 de la charte; ratification d'autant plus digne d'hommages qu'elle fut offerte volontairement, à une époque où les étrangers pouvaient prêter leurs bras à la vengeance, si le roi, par cet acte mémorable, ne leur eût déclaré qu'il ne voulait pas la vengeance, mais la fidélité à ce qu'il avait promis. Le Roi voulut, Messieurs, que la présence de l'homme qu'il avait appelé dans ses conseils fût une preuve vivante que la parole des rois est sacrée, et que tout engagement contracté par eux est irrévocable.

Que vous propose-t-on maintenant, Messieurs? D'arracher non-seulement à la France, mais au Roi lui-même, le fruit de son effort magnanime ; de détruire cet article 11 de la charte, par lequel S. M. s'est imposé, à la face du monde, le plus pénible, mais en même temps le plus admirable des sacrifices ! Que dis-je? On vous propose, sans s'en apercevoir sans doute, de blâmer le Roi: oui, Messieurs, de le blâmer ! car, en adoptant une conduite complètement contraire à la sienne, en vous opposant avec violence à ce que, si l'élection est légale, la chambre des députés suive l'exemple du Roi, vous proclamez à toute l'Europe qu'il y aurait indignité pour la chambre si elle fesait ce que S. M. n'a pas trouvé de l'indignité à faire pour ses conseils. Eh quoi ! la récompense du plus grand sacrifice serait pour le monarque, de la part de ses députés, une censure qui, pour être indirecte, n'en serait pas moins blessante, et retentirait chez tous nos voisins !

Non, Messieurs, vous sentirez combien ce zèle vous égarerait. Par une suite naturelle de votre vénération pour le monarque législateur, pour un monarque scrupuleux observateur de ses promesses, vous écarterez la question d'indignité. Quant à moi, qui la professe sincère et profonde, cette vénération, je ne consentirai jamais à prononcer ainsi la condamnation d'un acte royal qui a été, dans le principe constitutionnel, le gage de son amour pour son peuple et de son respect pour ses sermens. Je me croirais le plus audacieux des hommes, le plus audacieux détracteur de la majesté du trône, si j'osais reconnaître pour moi une indignité dans une chose où Louis XVIII, tout entier au salut de son peuple et à son dévouement pour la paix publique, n'a pas reconnu une indignité pour sa personne sacrée.

Ce n'est donc pas seulement au nom de la charte, c'est au nom du Roi, au nom de tout ce qu'il a fait pour rétablir le calme et la concorde, au nom des fruits que nous retirons déjà de sa prudence et de sa sagesse, que je demande que nous écartions la question de l'indignité, qui est une insulte à la conduite royale, et que, fermant cette discussion si dangereuse, nous nous bornions simplement à délibérer sur la légalité.

Un très-grand nombre de voix à gauche : Appuyé ! appuyé... Aux voix ! aux voix... Fermez la discussion !

DISCOURS

DE M. LE COMTE DE LA BOURDONNAYE.

Messieurs,

Ce n'est point sous le rapport des formes que je viens attaquer l'élection contestée, c'est pour le seul motif de l'indignité de l'élu.

C'est comme convaincu d'avoir librement et solennellement adhéré à l'assassinat juridique de son roi, de s'être, autant qu'il était en son pouvoir, rendu complice du crime de régicide, que je considère le député de l'Isère et que je viens m'opposer à son admission.

Retranchés derrière l'article 11 de la charte, quelques publicistes soutiennent qu'on ne peut le repousser à ce titre sans rappeler les votes et les opinions dont le pacte constitutionnel nous interdit la recherche.

Cette objection plus spécieuse que solide pourrait-elle nous arrêter? Se flatterait-on de nous persuader que ce soit pour garantir des droits politiques aux régicides que l'article invoqué fut écrit dans la charte? Le texte de la loi, son sens littéral encore expliqué par un acte contemporain, par l'expulsion simultanée de ces grands coupables de tous les emplois publics qu'ils occupaient à la restauration, ne prouve-t-il pas invinciblement qu'il n'eut pour objet que de les soustraire à la vindicte des lois et aux vengeances individuelles, à l'instant où, les déclarant indignes de toute magistrature, le législateur semblait les livrer aux inimitiés personnelles, à l'animadversion publique?

Se flatterait-on de nous persuader qu'un acte qui leur accorde une sauvegarde spéciale, qu'un acte qui manifeste la nécessité de leur donner une garantie plus particulière, pour les soustraire à la haine des citoyens, aux insultes journalières de la multitude, fût un titre pour exercer les plus hautes fonctions politiques chez le peuple le plus délicat sur le sentiment des convenances ; lorsque ce monument de clémence, devenu pour eux un monument d'indignité, témoigne, par l'excès même de ses précautions, qu'ils sont en horreur à la France ?

Ce n'est donc point en violant l'article 11 de la charte que nous nous opposons à l'admission d'un régicide, c'est en le citant, c'est en invoquant son texte, qui lui-même les désigne comme indignes en les marquant du sceau du crime, en les plaçant hors de la loi commune.

Pour nous en convaincre, reportons-nous à l'époque où la charte fut donnée. Rappelons-nous la terreur des coupables, l'espoir des gens de bien, et, dans cette situation des esprits, interprétons l'article dont on cherche à se faire une arme contre la clémence sans bornes du monarque, contre la générosité du caractère national.

Qui de nous alors eût pu croire qu'abusant d'une miséricorde qui n'a point d'exemple dans l'histoire, celui qui le premier vota l'abolition de la royauté constitutionnelle, qu'il avait lui-même proclamée, oserait un jour se présenter pour la défendre, que celui qui avait demandé la tête des Bourbons s'offrirait pour garant de la légitimité ; qu'enfin celui qui, par un vote solennel, avait librement adhéré à l'assassinat du juste couronné, ne craindrait pas de se présenter dans cette enceinte devant sa statue expiatoire, pour y insulter à ses malheurs et à la douleur de la France.

Non, Messieurs, tant d'audace ne pouvait se prévoir : il a fallu cinq ans de fautes et d'imprévoyance ; il a fallu le rappel illégal des régicides relaps ; il a fallu qu'un ministre osât faire entendre ici l'apologie de la majorité de cette convention exécrable qui, après s'être souillée du sang de son roi, couvrit si longtemps la France de carnage, pour donner à la révolution l'insolence de relever sa tête hideuse et sanglante, pour braver la majesté du trône et la dignité nationale (*Des murmures interrompent*).

Mais quand vous l'eussiez pu présumer, auriez-vous pensé qu'il fût honorable pour votre pays de prévoir cette insulte de nos lois, de la repousser d'avance par une disposition plus précise de la charte? Non, sans doute : elle vous paraissait y avoir suffisamment pourvu, puisqu'en traçant sur leurs fronts le caractère de l'indignité, elle se fondait sur des lois antérieures à tout pacte social, celles de l'honneur et de la morale publique.

En effet, Messieurs, si le pouvoir du monarque peut remettre la peine des forfaits, s'il peut aller jusqu'à soustraire le crime à la poursuite des lois, il n'est pas en sa puissance de lui ôter sa culpabilité, d'en effacer l'horreur et d'en laver la honte.

Et quelle que soit l'indulgence du siècle pour les crimes politiques, il en est que l'opinion a flétris d'infamie. Tel est le régicide. Il est si funeste aux nations, il entraîne sur elles tant de désastres, il fait peser sur celles qui le laissent commettre une accusation si odieuse, il suppose dans ceux qui s'en rendent coupables un tel excès de rage ou un tel excès de lâcheté, qu'aussitôt que, libre enfin du joug sous lequel il fut asservi, le peuple accusé recouvre sa liberté ; son premier devoir, sous peine d'en être déclaré complice, d'en partager la honte, est de la rejeter tout entière sur ses véritables auteurs, de séparer sa cause de la leur en les livrant à l'exécration publique, en leur imprimant le sceau de l'infamie.

Et ce serait poursuivi par cette exécration qu'un régicide se constituerait l'organe de l'opinion nationale ! Ce serait couvert de cette infamie qu'il viendrait prononcer sur tout ce qui touche à la gloire, à l'honneur de la France ! Elle l'adopterait par son admission dans notre sein, elle s'avouerait son complice, elle justifierait son crime !

Non, Messieurs, vous ne donnerez pas ce scandale au monde, vous ne remettrez pas en problème ce que la loi d'amnistie a décidé, ce que l'assentiment de tous les bons Français a sanctionné, ce que les applaudissemens de tous les gens de bien ont consacré pour jamais.

Vous ne croirez pas violer le pacte social en obéissant à la première de nos lois, à l'honneur, à cette loi qui, comme celle de la légitimité, n'a pas besoin d'être écrite dans la charte, parce qu'elle est gravée dans nos cœurs, et que, les ayant reçues de nos pères, nous les transmettrons intactes à nos petits-neveux.

Je vote contre l'admission du régicide.

DISCOURS DE MANUEL.

Je ne veux pas rechercher quelles peuvent être les intentions des orateurs qui, lorsque la chambre paraissait désirer prévenir la discussion, ont insisté pour obtenir la parole ; mais ce que je sais bien, c'est que la proposition qui vous est faite ne tend à rien moins qu'à vous faire consacrer une monstrueuse usurpation de pouvoir, qu'à vous faire créer un instrument de tyrannie, à vous faire porter atteinte à la charte, à la liberté publique, et enfin à élever un véritable signal de contre-révolution (*Quelques murmures à droite*).

J'ai parlé d'usurpation de pouvoir. En peut-il être un plus manifeste que de vouloir créer des conditions, des règles qui n'existent pas dans la loi, de vouloir soumettre les députés qui se présentent ici à un examen que la loi ne prescrit pas ; de les repousser, non parce que les conditions prescrites par la charte n'auraient pas été remplies, mais parce qu'il paraîtrait qu'ils n'auraient pas autrefois émis des opinions que l'on croit seules légitimes ? Oui, ce serait une véritable usurpation de pouvoir ; et voyez quelles en sont les conséquences. Ainsi, nous allons devenir électeurs, nous allons nous rendre juges des titres que les candidats pouvaient avoir à la confiance des colléges électoraux. Mais alors, que devient la liberté des élections ? Elle est nulle dès l'instant où vous citez à votre tribunal les suffrages que les élus ont obtenus, dès l'instant où vous leur en demandez compte. Quelle confiance voulez-vous que les électeurs aient dans les suffrages qu'ils auront accordés, si vous vous établissez juges supérieurs, non pas des formes, mais de ces suffrages eux mêmes ? Vous appercevez déjà qu'elle serait la conséquence d'un tel système. Vous voyez la nation toute entière qui, dans ce moment, doit trouver dans la loi des élections la plus sûre garantie du maintien de nos libertés, la nation qui croit que ce moyen légal suffira toujours à ce devoir, parce qu'en envoyant des mandataires dignes de sa confiance, elle se croit sûre qu'ils pourront demander la réparation des torts dont on se plaint, et les garanties qui manquent encore. Si ce gage de confiance lui était refusé, ne serait-elle pas forcée de chercher ailleurs des remèdes? (*Des murmures interrompent.*)

Non, vous ne le voudrez pas. Vous savez que le repos public repose sur le maintien de la charte : eh bien, vous la ferez respecter puisqu'elle est un gage de stabilité ; vous ne voudrez pas en déshériter la nation.

La proposition qu'on vous adresse porte atteinte à la liberté des élections. Que deviendra la liberté des votes? Que deviendra la minorité, si une majorité imposante peut sans cesse, comme elle le juge à propos, s'épurer au gré des principes qui la dirigent.

Vous me direz que, dans cette cisconstance, l'application des principes n'aura qu'un but utile et honorable. J'admets tout ce que vous voudrez, que celui dont il s'agit est réellement coupable : je ne suis pas ici son défenseur ; c'est à lui seul que ce droit appartient. Les personnes doivent s'effacer devant la rigueur des principes, et c'est pour les soutenir que je suis monté à cette tribune. Mais vous le savez, Messieurs, les destins sont changeans ; une majorité peut succéder à une autre majorité. Lorsque parmi la minorité se trouvera un orateur dont le courage et le talent pourront faire rougir d'une erreur, il sera donc épuré, rejeté par la majorité, et cela parce que vous aurez violé les principes ; parce que, du moment où l'arbitraire se met à la place de la loi, il n'y a plus moyen de s'arrêter!

On parlait tout-à-l'heure d'exemples. On citait Sparte et les anciennes républiques, et l'on vous disait : Ce peuple aussi maintes fois a reculé devant des hommes que l'opinion publique récusait. Qui dit le contraire? quelle conséquence en tirez-vous? Mais de ce que le peuple lui-même pouvait s'imposer cette condition, est-ce une raison de conclure que la chambre des députés peut faire ce qu'un collége électoral n'a pas cru devoir faire. Là, le peuple était-à-la-fois juge et corps électoral et corps constitué représentant la nation. Vous avez confié aux colléges électoraux le soin de donner leur confiance à ceux qui la méritaient, et vous n'avez pas à juger si les conditions d'où dépend cette confiance ont été ou non observées.

Je n'ai pas besoin d'aller chercher dans des royaumes

étrangers et en Angleterre des exemples pour faire voir de quelle manière les amis de la liberté furent successivement éloignés de la représentation : la France n'offre que trop de si tristes exemples! Qui ignore que le 31 mai a eu des conséquences terribles ; que ceux qui épurèrent alors furent épurés à leur tour, et qu'ils payèrent de leurs têtes leur politique insensée? Non, vous ne voudrez pas ajouter à vos pouvoirs. Lorsque la charte vous a été présentée, si elle vous eût accordé une telle prérogative, vous eussiez reculé d'effroi, vous eussiez accusé la sagesse du fondateur. Puisque la chambre doit être destinée à représenter toutes les opinions, il faut que son entrée soit ouverte à tous ceux qui ont obtenu la confiance de leurs concitoyens...... (*Des murmures s'élèvent*.)

Oui, Messieurs, toutes les opinions, et certes je ne puis pas trop généraliser ; parce que, dès l'instant qu'il s'agit d'opinion, quel est celui qui peut se flatter d'établir la ligne qui doit séparer la bonne de la mauvaise ? On peut bien apprécier les actes, mais les opinions sont du domaine de la pensée. Si l'on fesait tant que de poser des règles, il arriverait que la première fois on s'arrêterait dans de justes bornes, la seconde fois on les franchirait, et on finirait par être hors de mesure. L'expérience l'a prouvé.

Mais ce n'est pas seulement une usurpation de pouvoir, un instrument de tyrannie qu'on vous propose ; c'est encore un véritable attentat à la charte, un véritable signal de contre-révolution. (*Nouveau mouvement*.) L'article 11 de la charte serait-il déjà effacé de votre mémoire ? Il dit que nul ne pourra être recherché pour ses votes et pour ses opinions. Que proposez-vous aujourd'hui ? De rechercher quelqu'un qui, à une certaine époque, a émis une opinion que vous regardez comme un crime. (*Une voix à droite* : Le crime est évident.)

Je dis que c'est se mettre en révolte ouverte contre l'article 11 de la charte. Si cette interprétation n'est pas admise, je ne sais pas quelle conséquence il peut avoir.

On vous a dit : Eh ! qui donc allait troubler le repos du quatrième député de l'Isère ? qui l'empêchait de jouir de sa fortune, de ses honneurs et de sa liberté ? Ce député de l'Isère, Messieurs, avait des droits politiques : prétendez-vous les lui ravir ? Pensez-vous que la charte n'a interdit la recherche des votes qu'en ce qui concerne la fortune, et la liberté d'aller et de sortir de chez soi ? Non, la charte n'a fait aucune distinction, et vous n'avez pas le droit d'en faire. Elle a voulu que celui qui aurait émis un vote, ou une opinion, qui paraîtrait injurieux et criminel, n'en fût pas moins tranquille dans la possession de ses droits. Eh bien ! vous la troublez lorsqu'un collége électoral vous présente un élu, et que vous le rejetez parce qu'à telle époque il a émis tel vote ou telle opinion. L'esprit de parti peut se faire illusion sur la vérité ; mais la majorité de cette chambre sentira qu'aucune distinction ne peut être admise. En insistant sur ce point, je ne suis mu que par la sagesse qui anima le fondateur de la charte. Ce n'est pas légèrement qu'une règle aussi importante a été tracée. Elle était une véritable transaction entre les partis. Après trente ans de révolution, qui n'a pas pris une part quelconque aux désordres dont nous avons été témoins ? qui n'a pas été tour-à-tour agent ou victime ? qui même n'a pas souvent changé de rôle ? (*On rit.*)

Lorsque le roi est venu pour finir la révolution, devait-il laisser des prétextes pour recommencer des discussions qu'il s'agissait d'éteindre. L'article 11 est donc une véritable transaction entre les partis, et, sous ce rapport, il doit encore plus mériter notre respect. Voyez quelles seraient les conséquences de ce que vous prétendez introduire, au mépris de cette sage disposition. Vous allez demander compte des votes émis par le député de l'Isère : vous lui permettrez donc de se défendre ; il faudra donc qu'il vienne dans cette enceinte.... (*Non, non, jamais.*) Vous ne voudriez pas condamner quelqu'un sans l'entendre. (*M. Castelbajac* : Son crime est évident.) Et lors même que vous le lui défendriez, il faudrait bien qu'il cherchât les moyens de se donner cette satisfaction à lui-même... (*L'orateur est de nouveau interrompu.*) Lorsqu'un membre de ce côté (*en montrant le côté droit*) est monté à cette tribune, et que des voix confuses cherchaient à lui interdire la parole, j'y suis monté aussi pour les invoquer moi-même, afin qu'on ne pût pas croire qu'on voulût refuser le droit d'ouvrir une discussion : il est étonnant qu'on ne réponde pas à ce que je pourrais appeler une générosité, et qu'on ne supporte pas la contradiction, lorsqu'on a si fort insisté pour avoir le droit de parler soi-même. (*Parlez, parlez.*)

Je disais donc que s'il était permis, pour un motif quelconque, de rechercher les opinions et les votes, il faudrait se résoudre à écouter l'accusé dans la justification de sa conduite. Peut-on le forcer à s'immoler soi-même ? et ne lui est-il pas permis de dire : voilà quelle était la position de mon pays, voilà quelles étaient les circonstances qui m'ont entraîné ? Il ne sera pas justifié, je le veux ; mais il s'étendra sur la scène de la révolution tout entière, il élèvera des reproches contre ceux qui l'ont accusé, il mettra les faits en présence des hommes ; et, sans vouloir porter l'arrêt que la postérité portera un jour, il n'en est pas moins vrai que cette discussion enflammerait les partis. Non, Messieurs; il ne faut pas rouvrir l'abîme des révolutions. C'est ce que feraient de telles provocations, de telles explications. Où s'arrêteraient les conséquences de votre système ? Ce que vous faites aujourd'hui, les administrations ne le feraient-elles pas ? Si quelqu'un se présentait à elles ayant émis des votes, des opinions contraires à la morale publique, ne pourraient-elles pas vous imiter ? On verrait le conseil municipal exclure un de ses membres, un conseil de département un autre, et la carrière ne serait pas si facilement fermée ; car voyez où nous en sommes déjà : il ne s'agit pas ici précisément d'un votant. La preuve en est que, malgré la loi qui les bannit de France, il y est encore..... (*Quelques murmures.*) Je me suis expliqué assez clairement pour qu'on ne puisse pas croire que je vienne ici défendre l'homme ni les opinions ; mais enfin celui-ci a seulement déclaré qu'il approuvait la condamnation.... (*Mouvement.*)

Eh bien, Messieurs, il est un fait, et ce fait, toutes les réclamations possibles ne l'effaceront pas. Ce n'est pas devant vous qu'il faut se livrer à des réticences. Une foule d'adresses parvinrent à la convention nationale ; elles étaient l'ouvrage des administrations, des comités révolutionnaires : des signatures immenses les couvrirent. Vous ne les avez pas signées, vous étiez dans les fers ; mais, Messieurs, ce qu'il y a de certain, c'est que beaucoup de personnes ont pris une part plus ou moins directe à cet événement. Avec la jurisprudence que vous voulez établir, non-seulement cent, deux cents individus se trouveront compromis, mais un nombre immense. Voyez quelles méfiances et quelles alarmes vous allez répandre. Chacun devra donc s'examiner pour savoir s'il n'a pas plus ou moins de reproches à se faire : chacun, avant d'accepter une place.... (*M. Castelbajac* : Il n'y a pas tant de régicides en France.... Ne calomniez pas la France.) Si vos efforts ont pour objet de m'empêcher de parler.... (*Parlez, parlez.*)

Messieurs, ce qu'on vous propose est une usurpation de pouvoir, un instrument de tyrannie ; c'est une atteinte mortelle à la charte. Telles ne sont pas vos intentions, mais telles sont les suites de tout acte arbitraire. Il arrive rarement qu'un acte arbitraire soit commis dans une intention coupable ; mais les suites sont toujours funestes. Or quel scandale, quel exemple, que de voir l'assemblée fouler aux pieds et les lois et la charte ! Et dans quelle circonstance ? Quand il s'agit de manquer à l'exemple même qu'a donné la magnanimité royale. En vain direz-vous que vous n'avez pas à examiner l'acte du Roi. Ceci, Messieurs, est un langage de circonstance ; on ne l'a pas toujours tenu. Souvent on a argumenté à cette tribune de la prérogative royale. Soyez donc conséquens avec vous-mêmes.

On a parlé d'Aristide et de l'exemple qu'il a donné pour une loi d'ostracisme : l'orateur qui a cité ce trait n'y avait peut-être pas assez réfléchi ; il n'a pas pensé qu'Aristide reconnaissait qu'il n'avait qu'à céder à l'égarement des passions.

On a dit qu'il fallait que M. Grégoire se retirât devant la dynastie, ou que la race royale reculât devant lui. Non, Messieurs, nous n'en sommes pas à cette extrémité ; c'est donner trop d'importance à un individu ; c'est faire injure à un roi qui a proclamé l'oubli du passé ; c'est faire injure à vous-mêmes.

Il ne s'agit pas de faire reculer la race royale devant un homme, mais de ne pas forcer le roi à reculer devant son propre ouvrage, et de terminer une discussion que des motifs très-louables empêchaient un grand nombre de membres de vouloir laisser s'engager.

Je demande que la chambre ne délibère que sur la question de la validité, et qu'on n'examine la seconde question que si la première était résolue affirmativement. Le motif allégué de l'indignité n'est susceptible d'être présenté qu'en second ordre. Il faut savoir si le député de l'Isère est élu légalement ou s'il ne l'est pas. S'il ne l'est pas, il est inutile de discuter s'il est indigne de l'être.....

On demanda de nouveau à gauche, et très-vivement, d'aller aux voix ; mais la discussion se continua longtemps encore. Puis un nouveau débat s'engagea sur la position de la question. Enfin M. Ravez suggéra un moyen de le terminer, en proposant de mettre aux voix : Que ceux qui ne veulent pas admettre M. Grégoire se lèvent. *Alors le côté droit, les deux centres, et même une partie de la gauche se levèrent. Personne ne se leva à la contre-épreuve, et la séance fut levée dans le tumulte.*

DISCUSSION DE LA LOI D'ÉLECTION

DE 1820.

Le projet de loi ne laissait aux colléges d'arrondissement que la faculté de nommer des candidats, entre lesquels le collége des plus imposés nommerait les députés : c'était une immense concession faite au côté droit, qui n'accordait son appui que sous la condition rigoureuse du système de candidature.... Tout manifestait une extrême irrésolution dans la chambre; on craignait de retomber dans le régime des déceptions créé par le gouvernement impérial; le ministère s'effrayait lui-même de l'excessive énergie du remède qu'il proposait, et se réservait, sans doute, de le modifier dans les débats. Les plus grands efforts du talent, toutes les plus habiles séductions de l'intrigue, le pouvoir des menaces et celui des violences mêmes, furent mis en usage.... Jamais on ne vit des deux côtés ni une assiduité plus infatigable, ni un luxe plus monotone de discours. Dans la discussion générale, on n'entendit pas moins de cinquante-quatre orateurs.   M. Lacretelle.

Il est facile d'imaginer que la médiocrité vint alourdir souvent cette solennelle délibération; mais souvent aussi la véritable éloquence et le génie firent entendre de majestueux accens. On peut juger de la hauteur de pensées et de la magnificence de langage à laquelle s'élevèrent, dans ces circonstances, nos principaux orateurs politiques, par les deux fragmens suivans du discours de M. Royer-Collard.

FRAGMENS D'UN DISCOURS DE M. ROYER-COLLARD.

La loi qu'on vous propose serait en vain votée, en vain quelque temps exécutée; les mœurs publiques la fatigueraient, la consumeraient, l'éteindraient bientôt par leur résistance : elle ne régnera pas; elle ne gouvernera pas la France ! Le gouvernement représentatif ne nous sera pas enlevé; il est plus fort que les volontés et les desseins de ses adversaires. Avec un 18 fructidor on déporte les hommes : les lois fondamentales d'un pays, quand elles ont le principe de vie, ne se laissent pas déporter. Les parlemens n'étaient pas aussi robustes que le gouvernement représentatif; ils ne parlaient pas au nom de la France : mais ils défendaient quelquefois les libertés publiques, et les plaintes éloquentes et courageuses qu'ils élevaient au pied du trône retentissaient dans la nation. Le ministère de Louis XV, nous ne l'avons pas pas oublié, voulut les renverser : il fut vaincu. Les parlemens, un moment abattus, se relevèrent aux acclamations publiques : les fantômes dont on avait garni leurs bancs révérés disparurent. Ainsi s'évanouira la chambre éphémère du privilège !

Vous vous débattez en vain : vous êtes sous la main de la nécessité. Tant que l'égalité sera la loi de la société, le gouvernement représentatif vous est imposé dans son énergie et sa pureté. Ne lui demandez pas de concessions : ce n'est pas à lui d'en faire. Le gouvernement représentatif est une garantie, et c'est le devoir des garanties de se faire respecter et de dominer toutes les résistances. Qu'on ne s'étonne donc pas, qu'on ne s'indigne pas de ce qu'il se montre partial envers la société nouvelle ; car il existe pour faire triompher la charte. Voulez-vous qu'il vous appelle? Embrassez sa cause ; défendez le droit contre le privilége. L'amour est le véritable lien des sociétés : étudiez ce qui attire cette nation, ce qui la repousse, ce qui la rassure, ce qui l'inquiète ; en un mot relevez d'elle, soyez populaires ! C'est depuis huit siècles le secret de l'aristocratie anglaise.....

Messieurs, en repoussant selon mes forces les mesures qui vous sont proposées, je suis fidèle à toute ma vie ; je défends encore, je revendique la légitimité qui nous est si nécessaire, et que nous perdrions en quelque manières si nous ne la conservions pure et sans tache. La légitimité est l'idée la plus profonde à-la-fois et la plus féconde qui soit entrée dans les sociétés modernes ; elle rend sensible à tous, dans une image immortelle, le droit, ce noble apanage de l'espèce humaine; le droit, sans lequel il n'y a rien sur la terre qu'une vie sans dignité et une mort sans espérance ! La légitimité nous appartient plus qu'à aucune autre nation, parce qu'aucune race royale ne la possède aussi pure et aussi pleine que la nôtre, et qu'aucune aussi n'a produit un si grand nombre de bons et de grands princes.

Les fleuves ne remontent pas vers leur source ; les évenemens accomplis ne retournent pas dans le néant. Une sanglante révolution avait changé la face de notre terre; sur les débris de la vieille société, renversée avec violence, une société nouvelle s'était élevée, gouvernée par des hommes nouveaux et des maximes nouvelles. Comme tous les peuples conquérans, cette société, je le dis en sa présence, était barbare ; elle n'avait pas trouvé dans son origine, et elle n'avait pas acquis dans l'exercice immodéré de la force, le vrai principe de la civilisation, le droit. La légitimité, qui seule en avait conservé le dépôt, pouvait seule le lui rendre : elle le lui a rendu. Avec la race royale le droit a commencé à lui apparaître ; chaque jour a marqué son progrès dans les esprits, dans les mœurs, dans les lois. En peu d'années nous avons recouvré les doctrines sociales que nous avions perdues ; le droit a pris possession du fait ; la légitimité du prince est devenue la légitimité universelle. Comme elle est la vérité dans la société, la bonne foi est son auguste caractère : on la profane si on l'abaisse à l'astuce, si on la ravale à la fraude. La loi proposée fait descendre le gouvernement légitime au rang des gouvernemens de la révolution, en l'appuyant sur ce mensonge. Je vote le rejet.

L'on avait enfin obtenu la clôture de la discussion générale. Le combat des articles était déjà ouvert, et l'on n'avait point encore entendu le garde-des-sceaux, M. de Serre. Les adversaires de la loi nouvelle triomphaient de son absence : on savait que lui-même abandonnait cette loi du 5 février qu'il avait si éloquemment défendue. Sous des formes stoïques, il cachait une âme ardente et susceptible d'impressions soudaines. Les contrariétés que, vers la fin de la session dernière, il avait éprouvées de la part des libéraux ; la chute rapide d'une popularité brillante dont il avait cru devoir faire un généreux sacrifice; le souvenir des sentimens qui l'avaient conduit sous les drapeaux de Condé, et que son zèle constitutionnel n'avait pu éteindre; les alarmes que lui avaient causées les dernières élections, et la douleur qu'il avait eue de voir plusieurs de ses collègues les plus chers repoussés par des scrutins ingrats, avaient, sinon changé, du moins beaucoup modifié les dispositions qu'il avait signalées l'année précédente. Il portait déjà de cruels symptômes de la maladie qui devait trop tôt terminer son utile et brillante carrière. Une retraite de quelques mois avait paru ranimer sa poitrine épuisée. L'heure du péril était venue; il lui tardait d'y prendre part. Il reparut à la chambre : tous les regards se portèrent sur lui avec un intérêt mêlé d'une curiosité inquiète ; il était difficile de penser qu'il ne se fût pas rangé parmi les partisans de la réforme élective, puisqu'il avait conservé les sceaux. Toutefois, on s'attendait à trouver en lui un modérateur, un arbitre d'un débat si orageux. Etait-il possible qu'il pliât sa raison et la franchise de son âme au système de la candidature ? Longtemps l'ami de MM. Royer-Collard et Camille Jordan , pouvait-il s'éloigner d'eux à une distance qui ne permit plus de rapprochement?

M. de La Fayette occupait la tribune. Presque chacune de ses paroles excitait une sorte de soulèvement à droite, et obtenait à gauche un assentiment d'enthousiasme. Voici quels avaient été le début et la fin de son discours:

Messieurs, l'article sur lequel j'ai demandé la parole, en établissant une distinction entre les colléges, présente déjà le système d'aristocratie et d'élimination qui est la loi tout entière. Cette idée générale doit de part et d'autre dominer chaque point de la discussion. Je m'en sens trop préoccupé pour ne pas réclamer l'indulgence de la chambre : elle sait que je ne suis pas prodigue de son temps; mais, en paraissant à la tribune, je ne résisterai pas, si elle le permet, au besoin que j'éprouve de lui dire toute ma pensée.

Lorsque , d'après l'honorable mandat des électeurs de la

Sarthe, je suis venu dans cette enceinte prêter serment à une constitution présentée, comme plusieurs de nos adversaires se sont complus à le rappeler, sous la forme *d'octroi*, je me flattais, je l'avoue, que les divers partis, cédant enfin au besoin général de liberté et de repos, allaient, par un échange de sacrifices et sans arrière-pensée, chercher l'un et l'autre de ces biens dans l'exercice des droits que la charte a reconnus, et dans les institutions qui devaient nous conduire paisiblement à la possession de toutes les garanties sociales : mon espoir a été trompé. La contre-révolution est dans le gouvernement ; on veut la fixer dans les chambres : nous avons dû, mes amis et moi, le déclarer à la nation.

Pensant aussi que les engagemens de la charte sont fondés sur la réciprocité, j'en ai loyalement averti les violateurs de la foi jurée, et j'ai attendu, pour reprendre la parole au point où je l'avais laissée, que l'attaque dirigée contre la loi des élections vint faire un dernier appel au patriotisme français.....

Messieurs, il en est temps encore, hâtons-nous, je le répète, de rentrer dans les voies nationales, constitutionnelles, paisibles et bienveillantes! Nous avons tant d'intérêts publics et personnels à conserver, tant de douleurs communes à déplorer, tant de qualités privées à nous reconnaître lorsqu'elles ne sont pas dénaturées par l'esprit de parti ! Nos contemporains sont las de révolution, rassasiés de gloire ; mais ils ne se laisseront pas ravir des droits et des intérêts chèrement acquis. Notre jeunesse, l'espoir de la patrie, mieux instruite que nous ne l'étions, éclairée de ses propres lumières et de notre expérience, ignore les factions, n'entend rien aux préjugés, n'est accessible qu'aux intentions pures et aux moyens généreux : mais elle veut la liberté avec une ardeur raisonnée, et, par là, plus irrésistible. Que toutes ces générations soient laissées, sous la sauvegarde de la liberté constitutionnelle, à leurs souvenirs, à leur industrie, à leurs études : il est alors absurde les craindre, impossible de les agiter. Mais ne les obligez pas, en les menaçant de perdre tous les résultats utiles de la révolution, à ressaisir elles-mêmes le faisceau sacré des principes d'éternelle vérité et de souveraine justice, principes applicables à tous les gouvernemens libres, et auprès desquels toutes les autres combinaisons personnelles ou politiques ne peuvent être pour un peuple de bon sens que des considérations secondaires.

Je vote contre le premier article du projet de loi.

Vivement ému à ce discours, **M. de Serre** *répliqua en ces termes :*

DISCOURS DE M. DE SERRE.

Je n'entends pas, Messieurs, discuter en ce moment l'opinion que vous venez d'entendre ; mes forces s'y refusent : mais il est certaines choses que mon devoir et mon honneur ne me permettent pas de laisser sans réponse.

Le préopinant nous a entretenus de deux époques ; les premiers temps de la révolution, et le moment actuel. La première époque appartient à l'histoire, et l'histoire, qui la jugera, jugera aussi l'honorable membre.

Il s'est mis à la tête des hommes qui ont attaqué et renversé l'ancienne monarchie. Je suis convaincu, on sait que je ne le dirais pas si je ne le pensais, que des sentiments exaltés, mais généreux, l'ont déterminé : mais il devrait être assez juste lui-même pour ne pas s'étonner que les hommes attachés par le devoir et l'honneur à cette monarchie l'aient défendue avant de la laisser succomber.

Il devrait être assez juste pour ne pas imputer aux victimes de ces temps tous les maux d'une révolution qui a pesé si cruellement sur eux. Ces temps n'auraient-ils pas aussi laissé à l'honorable membre de douloureuses expériences et d'utiles souvenirs ? Il a dû éprouver, plus d'une fois il a dû sentir, la mort dans l'âme et la rougeur sur le front, qu'après avoir ébranlé les masses populaires, non-seulement on ne peut pas toujours les arrêter quand elles courent au crime, mais que l'on est souvent forcé de les suivre, et presque de les conduire !...

Mais laissons nos anciens débats, et songeons à nos débats actuels : songeons au présent et à l'avenir de notre patrie. Or voilà ce que compromettent à mes yeux les déclarations faites par le préopinant. Il déclare qu'il est venu dans cette enceinte prêter serment à la constitution (il aurait dû dire *au Roi et à la charte*), et que ce serment était réciproque ; il déclare que les actes de la législature, que vos actes, ont violé cette constitution, et qu'il se croit délié de ses serments ! Il le déclare en son nom et en celui de ses collègues ; il le déclare à toute la nation ! Il ajoute à ces déclarations un éloge aussi affecté qu'inutile de ces couleurs qui ne peuvent plus être aujourd'hui que les couleurs de la rebellion ! Et le scandale que je viens de signaler est renouvelé pour la seconde fois à cette tribune !

Je le demande, Messieurs, quel peut en être le but? Et si des insensés, au dehors, séduits, excités par ces paroles, criminellement imprudentes, se portaient à la sédition, je le demande encore, sur la tête de qui devrait retomber le sang versé par le glaive de la révolte ou par le glaive de la loi? Et lorsqu'un homme qui, lui-même, après avoir précipité les peuples dans les révolutions extrêmes, a vu se tourner contre lui les fureurs qu'il avait soulevées, lorsque cet homme, honorable à certains égards... (*Mouvement d'indignation à gauche.* M. *d'Argenson* : Point de personnalités indécentes ! M. *de Corcelle* : Dites à tous égards ! M. *le général Foy* : Respectez le plus beau caractère de France ! M. *La Fayette en souriant fait signe à ses collègues de montrer moins d'intérêt pour ce qui le concerne. Le calme se rétablit, et le ministre continue.*)

Point d'équivoque, Messieurs; je m'explique. Je ne parle nullement de la personne de l'honorable membre : je parle de ses actes publics. J'ai seulement prétendu dire que, parmi les actes publics de M. le marquis de La Fayette, il en est qui sont honorables à son caractère; et, au moment où j'accuse son discours, je fais observer que, plus ses antécédens publics lui peuvent donner d'influence, plus les paroles que je blâme sont coupables et dangereuses.

Il me reste à tirer les conséquences des observations que mon devoir m'a obligé de faire. C'est que cet honorable membre, qui devrait avoir si bien appris à connaître le parti révolutionnaire, vous dissimule complétement en ce moment l'existence de ce parti; que, d'une part, il seconde ce parti par ces éloges donnés aux couleurs de la rébellion; que, d'une autre part, il déclare à la nation, en son nom et en celui de plusieurs de ses collègues, qu'il se croit délié du serment prêté à la charte; que d'ailleurs ces honorables membres professent la souveraineté du peuple, laquelle, telle qu'ils l'expliquent, n'est autre chose que l'insurrection. Je vous le demande encore, n'est-ce pas là un appel à la révolte, et un manifeste pour la justifier? Et cela ne vous indique-t-il pas vos devoirs à l'égard d'une opposition qui vous fait entendre de telles paroles et prend un tel caractère?

Ce discours produisit un très-vif mouvement dans l'assemblée: le centre et le côté droit triomphaient; le côté gauche était humilié et avait besoin de répondre; mais il fallait présenter à la tribune un orateur habile, souple, capable de se glisser au milieu des difficultés à l'aide de ménagemens, de distinctions subtiles, d'atténuations insensibles, de récriminations adroitement mêlées à la défense. Personne n'était plus propre par sa facilité d'élocution, sa finesse d'esprit, sa tactique de la tribune, son art de faire entendre tout ce que les bienséances lui défendaient d'exprimer, son talent extraordinaire pour l'improvisation dans les sujets épineux ou stériles, que Benjamin Constant, qui se chargeait d'ailleurs volontiers de remplir ce rôle, où il était sûr de réussir et de briller. C'était son talent à lui, et voilà pourquoi je choisis de préférence parmi ses improvisations, plutôt que des discours plus parfaits, mais moins propres à caractériser ce genre d'éloquence, où il n'eut point de rivaux.

Il y avait deux difficultés à vaincre : d'abord, son tour d'inscription n'étant point arrivé, il ne pouvait avoir la parole, et l'on sent qu'il fallait riposter sur-le-champ : un orateur de la gauche renonça à la parole pour lui céder son tour. La seconde difficulté était de forcer l'assemblée à l'entendre dans une défense destinée à repousser une attaque qui ne lui était point personnelle. Il s'appuie donc, en commençant, des conclusions de M. de Serre, pour lier sa réponse au sujet de la délibération. Cette improvisation produisit tant d'effet, que M. Pasquier, ministre des affaires étrangères, se vit obligé de monter à la tribune pour répondre à son tour.

RÉPONSE DE BENJAMIN CONSTANT.

Messieurs,

Je n'abuserai pas des momens de la chambre; mais je ne puis m'empêcher de répondre à ce qui vient d'être dit par M. le garde-des-sceaux. Il a tiré cette conséquence de ce que vous avez entendu, que vous deviez savoir la conduite que vous aviez à tenir en votant sur la question : ce sera donc traiter la question que de répondre à M. le ministre du Roi. Puisqu'on attaque les amis de la liberté, et que c'est en les signalant comme dangereux qu'on motive le projet présenté et qu'on l'appuie, c'est combattre ce même projet que de défendre les mêmes amis de la liberté contre les imputations injurieuses et injustes qu'on se permet sans cesse contre eux.

Lorsque M. le garde-des-sceaux a cru voir, dans le discours de mon honorable ami, un appel à la révolte, il a complètement déplacé la question. S'il avait mieux écouté l'orateur, il aurait vu que son discours n'était autre chose qu'une réponse à d'odieuses allégations.

Il en est de même de ce qui a été dit sur le drapeau actuel, et sur le devoir de le respecter ; mais c'est aussi un devoir de respecter, pour le passé, un drapeau qui pendant trente ans a conduit les Français au combat et à la victoire, pour la défense de la patrie. Ceux qui ne respectent pas ce drapeau pour le passé, je le répète.... (*M. Castelbajac* : Nous ne respecterons jamais ce drapeau : ce fut celui de la révolte....) Je prends acte de cette interruption : ces Messieurs refusent le respect dont je parle, pour le passé, au drapeau sous lequel le peuple français a combattu, et je déclare que ceux qui font cet aveu ne peuvent être les amis de l'ordre, et ne peuvent que calculer les chances de l'exaspération des esprits et de l'irritation des partis.....

Oui, Messieurs, ce qui a été cher à la France, le signe de vingt-cinq ans de gloire, sera toujours un objet respectable. Le signe qui existe aujourd'hui a le droit au même respect, à la même fidélité. Professer ces principes, c'est faire un acte de prudence, de modération ; c'est se rendre l'interprète des sentimens de tous les citoyens. Ainsi l'imputation contre le discours de mon honorable ami est sans fondement.

Il en est de même de ce qui a été dit de la souveraineté des nations : l'imputation n'est pas plus fondée. Mon honorable ami n'a parlé que du droit que conservent toujours les nations de changer, de modifier leurs lois fondamentales, et cela dans des formes déterminées. Si M. le garde-des-sceaux n'avait été malheureusement retenu loin de nous par l'état de sa santé, il aurait vu qu'à la tribune, et dans tous les écrits ministériels, on n'a cessé de proclamer et de soutenir le principe que notre loi fondamentale était susceptible de révision, de modification. Mon honorable ami n'a pas dit autre chose. Personne ne peut penser à cette souveraineté illimitée du peuple, qui entraîne les nations de révolutions en révolutions, et de calamités en calamités ; mais on soutient, et MM. les ministres l'ont fréquemment soutenu, que la nation, représentée par les élémens constitués des divers pouvoirs à la tête desquels est placé le Roi, avait toujours le droit de modifier ses institutions fondamentales. Ce n'est pas là entendre la souveraineté absolue du peuple, ce torrent dévastateur dont nous avons vu les ravages et les excès ; ce n'est pas de celle-là que nous pouvons parler ; ce n'est pas de celle-là qu'il peut être question : nul plus que nous n'en a repoussé l'idée. Nous ne séparons pas le peuple du roi ; nous ne voulons pas qu'on sépare le roi du peuple. Mon honorable ami a seulement dit que les changemens qu'une nation avait le droit de faire à sa constitution, ne pouvaient être faits dans les formes ordinaires des lois. Or cette vérité a été reconnue, et n'a jamais pu être attaquée.

J'ai une autre observation à faire sur ce qui a été dit : elle est fort délicate ; mais la bonne foi a le droit de tout dire. On a parlé du serment, et l'on a reproché à l'orateur d'avoir donné à entendre que le serment était réciproque, et qu'en violant le sien on délie de celui qui a été prêté. Ici, Messieurs, toute conjecture est funeste, et il se présente des questions insolubles, toujours dangereuses à agiter. Les sermens prêtés, Messieurs, seront tenus, parce qu'ils ont été prêtés par la vertu, par l'honneur, et j'ajouterai par les intérêts. Quoi qu'on ait pu dire dans l'entraînement de la tribune, nous pensons que le roi sera fidèle à ses sermens, et nous serons fidèles aux nôtres ; mais il y a une étrange imprudence à venir nous dire implicitement que, quand même on manquerait à ses sermens, les nôtres seraient sacrés : sans doute il faudrait les tenir encore, et n'en doutez pas, Messieurs, nous les tiendrions. C'est toutefois un malheur, un danger, que de jeter du doute sur la sincérité mutuelle de tels engagemens : j'aime à croire que M. le ministre du Roi n'a voulu, en effet, en élever aucun ; j'aime à interpréter ses paroles dans le sens le plus avantageux.

Une dernière observation du même ministre m'a bien étonné. M. le garde-des-sceaux a dit qu'on devait se souvenir, avec la rougeur sur le front, qu'après avoir lancé les masses populaires, on était obligé de les suivre, et presque de les conduire : or, je le demande, à quelle action de l'honorable membre une telle expression peut-elle s'appliquer ?... *(Voix à droite :* Au 6 octobre.... — M. *Castelbajac* : Au sommeil du 6 octobre.... *(Très-vive agitation.)*

Eh ! Messieurs, l'honorable membre suivait-il, conduisait-il les masses populaires quand, dévouant sa tête à la proscription, il se présentait à la barre de l'assemblée législative, pour y demander vengeance des outrages faits à la majesté royale, pour défendre, pour sauver le trône et le Roi ?... *(Voix à droite :* Il n'était plus temps.) Les conduisait-il, quand il était nuit et jour occupé à prévenir, à comprimer, à arrêter ces émeutes populaires sans cesse renaissantes, dont nous avons appris à reconnaître la véritable source dans cette solidarité entre les riches ennemis du nouvel ordre de choses, et la classe la plus misérable, en proie à toutes les intrigues et à toutes les suggestions d'un parti qui poussait à tous les excès, parce que, disait-il, le bien finira par renaître de l'excès du mal ?..... *(Violent murmure à droite.)* Et cette solidarité, Messieurs, on n'y a pas encore renoncé ! En 1789, on provoquait aux actes anarchiques, pour empêcher ce que la révolution devait produire de bon et d'utile ; et c'est dans cette position que les amis de la liberté ont eu tant à souffrir, tant à combattre : aujourd'hui on laisse aussi percer le même système ; on a voulu l'appliquer aux élections ; vous avez vu les efforts qu'on a faits, pour obtenir l'alliance des suffrages de la classe la plus pauvre en faveur des classes élevées, et cela aux dépens de la classe intermédiaire, de cette classe calomniée, qui a toujours voulu l'ordre et la liberté, qui a servi le despotisme quand le territoire était menacé, tandis que ceux qui l'accusent sans cesse ont accusé, servi, élevé, affermi ce même despotisme pendant quatorze années.... (*Vive sensation à gauche.*)

C'est à regret, Messieurs, que je suis monté à la tribune pour combattre un ministre dont, l'année passée, j'ai reconnu plusieurs fois le zèle pour les idées libérales et constitutionnelles. Mais les accusations portées à la tribune ne me permettaient pas de garder le silence, d'autant plus que la brièveté du discours du ministre a rendu ses imputations plus incisives et plus tranchantes. Ce n'était pas mon tour de parole.... (*Mouvement à droite*) ; mais il était question des personnes ; les personnes ne sont point étrangères au projet; on ne peut traiter l'un, sans attaquer et sans justifier les autres; car pour savoir de quel côté est et doit être l'attachement et la fidélité à notre ordre de choses, c'est-à-dire à la charte et aux Bourbons, il faut bien reconnaître de quel côté sont les droits acquis et reconnus et les espérances remplies, et de quel côté sont les intérêts sacrifiés et les pertes irréparables : il faut bien reconnaître de quel côté la charte a été reçue comme un bienfait qui nous a donné toutes les institutions pour lesquelles la révolution a été faite, et de quel côté on déclare que la charte a été une concession de la nécessité ; de quel côté enfin tous les intérêts sont satisfaits, et de quel côté sont les intérêts qu'on voudrait rétablir, c'est-à-dire les privilèges............ Oui, Messieurs; car vous n'avez pas oublié combien de fois on a dit qu'avec la légitimité il y avait d'autres légitimités qui en étaient inséparables. Vous voyez donc, Messieurs, à quels intérêts divers se rapporte le projet que nous discutons, et de quel côté doivent être ses partisans et ses défenseurs. Je vote contre l'art. 1ᵉʳ du projet de loi. (*Vif mouvement à gauche.*)

FRAGMENT D'UN DISCOURS DE M. FITZ-JAMES[*]

J'éprouve le plus vif regret de ne pouvoir rapporter le discours plein d'éclat et de véhémence par lequel M. Fitz-James attaqua, dans la session de 1817, la loi d'élections présentée à la chambre

(*) Chambre des pairs, séance du 27 janvier 1817.

des pairs et dont je ne trouve qu'une aride analyse dans le Moniteur. J'en citerai du moins la fin de la péroraison. Un ministre, en défendant le projet à l'autre chambre, s'était servi de ces mots : Ayez des vertus et vous aurez de l'influence. *Voici l'éloquente réplique par laquelle M. de Fitz-James couronna son discours* :

Ayez des vertus et vous aurez de l'influence. Cette espérance est consolante, sous doute; il faut être doué d'une belle âme pour douter ainsi de la possibilité du mal, et n'avoir en perspective que la récompense de la vertu; mais si des espérances si flatteuses ne sont que des erreurs, notre devoir à nous n'est-il pas de réveiller le ministre sur le bord de l'abîme où il s'endort, bercé sur ses vertueuses illusions? *Ayez des vertus et vous aurez de l'influence,* nous dit-il. Eh! grands dieux! quels sont donc les siècles, quels sont les peuples dont il a étudié l'histoire ? Chez qui a-t-il trouvé ces hommages rendus à la vertu? Est-ce l'antiquité qui lui a présenté ce tableau enchanteur ? Est-ce Athènes, qui proscrivait son plus vertueux citoyen parce que son peuple était importuné d'entendre toujours vanter le juste Aristide? Athènes, qui laissait périr le vainqueur de Marathon au fond d'un cachot, qui chassait Thémistocle, qui envoyait la mort au lieu de la couronne aux généraux vainqueurs, aux Arginuses; qui tuait la vertu même en fesant boire la ciguë à Phocion et à Socrate? Est-ce Rome, l'ingrate Rome, qui n'eut pas les os de Scipion? A qui, dans cette ville infâme, étaient réservées l'influence et les faveurs populaires? aux Gracques, à Marius, à Catilina, à Clodius, à César, (César le plus vicieux des Romains avant d'en être le plus grand): Caton était réduit à se déchirer les entrailles, et Brutus tombait sur son épée en reniant la vertu. Et si de ces grands peuples je descends jusqu'à nous, trouverai-je des tableaux plus consolans ? Et si j'ouvrais les annales de la révolution ?.... Le ministre a donc eu le bonheur de vivre loin du monde depuis vingt-sept ans? Il n'a donc pas connu les hommes qu'il était destiné à gouverner ? Qui donc a-t-il vu monter au Capitole? Qui donc a-t-il vu monter à l'échafaud ? Ah ! j'aime à croire qu'au moment où, dans la chambre des députés, il prononçait ces inconcevables paroles, si tout-à-coup les portes de la salle se fussent ouvertes, et que, du haut de la tribune où il parlait, ses regards fussent tombés sur la place fatale, sur la place du crime, j'aime à croire que sa voix aurait expiré sur ses lèvres, la vérité lui serait apparue, et, à la lueur de son flambeau, il aurait lu sur les pavés en traits sanglans et ineffaçables : *Non, ce n'est point ici-bas, c'est dans un séjour plus élevé que la vertu doit s'attendre à recevoir sa récompense.*

CENT-JOURS.

PROCLAMATION DE NAPOLÉON II.

Le désastre de Waterloo avait laissé Napoléon comme frappé de la foudre.... Le parti auquel il se décida dans une nuit, plus horrible encore pour lui que celle de Fontainebleau, fut d'abandonner son armée à elle-même.... et de revenir à Paris, avec la triste mission d'être lui-même le hérault d'une si sanglante défaite.... L'idée de prendre Paris même pour le centre de la défense s'offrait à son désespoir comme une occasion de développer de nouvelles ressources de son génie...... Mais plus de mesures militaires possibles, si le pouvoir dictatorial ne renaissait dans toute son énergie.... Voilà les pensées dont Bonaparte était agité sur la route.... A son arrivée (le 20 juin 1815), de violens murmures se mêlent bientôt à la consternation. Les ennemis de la révolution mêlent leur frémissement à celui des hommes qui se sont aveuglément engagés dans cette cause. Bientôt, on entend les constitutionnels s'écrier de toute part que c'est la cause de la liberté qu'ils défendent, et non celle de Bonaparte.... Fouché, un des ministres, entretient les constitutionnels dans de sombres alarmes et dans des dispositions hardies.

Le lendemain, sur la proposition de M. de La Fayette, la chambre des représentans déclare la patrie en danger, s'empare du gouvernement et se déclare en permanence. La garde nationale montre le plus grand zèle à se réunir sous ses lois; mais les soldats de la garnison et les fédérés témoignent de leur dissentiment par le cri de *Vive l'Empereur!*...Lucien presse son frère de monter à cheval et s'offre à lui pour seconder un nouveau 18 brumaire.... Tandis que Bonaparte tient conseil dans son palais de l'Élysée, les esprits s'échauffent contre lui dans la chambre des représentans. Le prince Lucien a excité des murmures d'indignation lorsqu'il est venu insinuer que la dictature est le seul moyen de salut. « Si la France « a-t-il dit, abandonnait son empereur, elle s'exposerait devant le tribunal « des peuples au jugement le plus sévère sur son inconstance et sa légè- « reté. » M. de La Fayette s'est écrié. « Quelle expression vient-on faire « entendre ? Ose-t-on accuser la nation de légèreté et d'inconstance à « l'égard de Napoléon ! Ne l'a-t-elle pas suivi dans les sables de l'Égypte,

« dans les déserts de la Russie, sur cinquante champs de bataille, après
« ses désastres aussi bien qu'au milieu de ses victoires ? C'est pour
« l'avoir suivi que nous ayons à regretter le sang de trois millons de
« Français. » D'autre députés résument déjà les chefs d'accusation contre
l'Empereur.

Il apprend ces nouvelles; sa constance est vaincue, sa volonté se brise,
ou plutôt son âme se dégage sans retour des pensées qui eussent porté au
comble les malheurs de la patrie : il signe une abdication nouvelle.....
Après la lecture de cette déclaration, l'assemblée montra quelque sentiment de commisération pour le héros vaincu. Des remerciemens lui
lui furent votés pour ce nouveau sacrifice. On s'occupa de former un
gouvernement provisoire, sans parler de la dynastie qui serait appelée....
L'abdication de Napoléon était en faveur de son fils, et les chambres
ne prononçaient point le nom de Napoléon II. Plusieurs généraux,
dévoués à Bonaparte, prétendaient que, s'il n'était reconnu, l'abdication
de l'Empereur était nulle. Cette question fut l'objet d'un violent débat à
la chambre des pairs..... Elle continua de différer la proclamation de
Napoléon II. On sentait que cette proclamation pourrait rendre les
négociations impossibles. Dans la chambre des députés, M. Dupin et
peut-être la plus grande partie de l'assemblée inclinaient à prendre le
même parti. Mais on craignait d'irriter l'armée, dont les débris inondaient déjà la capitale. Les clameurs du dehors étaient vives et fesaient
craindre un soulèvement. M. Manuel, par un discours qui éleva très-haut
la réputation de cet orateur, vint tirer l'assemblée de son état de doute
et d'incertitude il rallia tous les partis, vainquit toutes les dissidences,
et fit reconnaître, d'emblée et à l'unanimité, les droits de Napoléon II.

M. Lacretelle *passim*.

OPINION DE MANUEL

SUR LES DROITS DU FILS DE NAPOLÉON (*).

Messieurs,

Un des orateurs qui m'ont précédé à cette tribune vous a dit
que la proclamation de l'empereur Napoléon II était nécessaire et

(*) Chambre des représentans, *séance du 23 juin 1815*.

prescrite par la constitution. D'autres membres, sans s'y opposer, pensent qu'un retard peut être utile, qu'il faut attendre les premières explications et le moment où des ouvertures de négociations seront venues nous éclairer, et sur notre position, et sur nos véritables intérêts. On vous a fait remarquer que les puissances alliées ont déjà manifesté la résolution de ne point traiter avec Napoléon, et l'on craint que son fils n'éprouve de leur part la même opposition. Mais, je le demande ; s'agit-il ici d'un homme, d'une famille ? Non, Messieurs : il s'agit de la patrie ; il s'agit de ne rien compromettre ; de ne point proscrire l'héritier constitutionnel du trône, et de se livrer à l'espérance que les alliés n'auront pas contre le fils et la même politique et les mêmes intérêts que contre le père ; à l'espérance que si vous formez le gouvernement qui agira en son nom d'hommes éclairés, dévoués à leur patrie, et capables de tenir les rênes de l'État d'une main ferme et prudente, il sera possible d'élever le fils sur le trône dont le père vient de descendre, en lui remettant tous ses droits.

C'est en ce sens que je crois qu'on doit établir les bases de cette discussion, de cette discussion que je regarde, je l'avoue, comme une grande calamité.... *(Une foule de voix :* Oui ! oui ! c'est vrai.*)* N'est-ce pas en effet un grand malheur que d'être obligé de divulguer, de proclamer à la face de l'Europe, jusqu'à quel point des considérations politiques ont influé, ou pourraient avoir influé, dans la décision de Napoléon et dans celle que vous avez à prendre relativement à son fils. Mais la discussion s'est ouverte : il faut établir et résoudre la question.

Vous n'êtes point en révolution ; aucun événement hors de la marche ordinaire des choses n'a eu lieu ! Sans entrer dans le motif et dans l'examen des circonstances qui ont amené l'abdication, l'abdication existe, et les constitutions ont parlé. Ah ! certes, si, il y a deux jours, nous avions envoyé l'abdication, si un acte de déchéance eût été prononcé, si enfin nous nous étions trouvés en révolution, il pourrait dépendre de nous, après avoir renversé l'édifice, de le rétablir : mais l'abdication a eu lieu librement ; cette abdication emporte avec elle une condition en faveur du fils de Napoléon. Vous avez accepté l'abdication : vous avez donc accepté les conditions qu'elle emporte avec elle. Ainsi les choses ont suivi leur cours naturel. Le chef de l'État a disparu, mais non par un mouvement révolutionnaire ; le chef de l'état doit être reconnu. La question est tout entière sous l'empire des principes constitutionnels.

Je la traiterai sous un autre point de vue, celui des circonstances, et elles m'offriront le même résultat. Craindriez-vous de montrer des inquiétudes sur l'attitude des puissances étrangères? Mais cette crainte n'est plus un motif, puisqu'elle est connue ;

le but est manqué : j'aurais pu hésiter sur la question ; je n'hésite plus aujourd'hui après les débats qui se sont ouverts devant vous.

Nous avons fait hier un grand acte, un grand pas ; mais est-il assez grand, assez assuré, assez complet pour en obtenir les résultats que nous devons en attendre? Je ne le pense pas. Nous avons un gouvernement : il le fallait pour l'action et la célérité de toutes les mesures prises. Cela fait, il faut que le gouvernement agisse, et qu'il agisse au nom d'une puissance quelconque.

Au nom de la nation, a-t-on dit; oui, sans doute, c'est au nom de la nation qu'on se battra pour le maintien de l'indépendance et de la liberté du pays ; c'est pour la nation que les pères et les fils redoubleront et de sacrifices et de courage. Mais, au sein de cette grande nation agitée par tant de mouvemens divers, en proie à tant d'intérêts opposés, livrée à tant de souvenirs, à tant d'espérances différentes, n'y a-t-il qu'une opinion, qu'un vœu, qu'un parti? Certes, s'il n'y avait qu'une opinion, l'objection serait sans réplique : la nation se battrait pour la nation. Si personne ne rêvait le retour des Bourbons, ou si tous les intérêts et tous les sentimens étaient sacrifiés à la patrie ; s'il n'existait point d'hommes épris de vaines dignités, et jaloux de conserver ou de recouvrer de vains titres ; si mille prétentions différentes ne s'élevaient et ne se croisaient à la fois, il n'y aurait qu'un intérêt et qu'un vœu : mais il n'en est pas ainsi. Tel, au fond du cœur, aurait porté toute sa vie le culte épuré de la liberté et de la patrie, qui a sucé le poison des grandeurs, de la richesse, du pouvoir, et ne se trouve plus accessible au langage de la vérité. Il est assurément à cette règle générale d'honorables exceptions, et j'en citerais facilement, Messieurs, au milieu de vous ; mais des exceptions ne sont pas la loi commune, et celle que je déplore ici est malheureusement justifiée par l'expérience des siècles. Ce n'est pas que je croie les partis ni si nombreux ni si forts qu'on pourrait le craindre. Le parti républicain? Je ne vois rien qui donne lieu de penser qu'il existe, soit dans des têtes encore dépourvues d'expérience, soit encore dans celles que l'expérience a mûries. Le parti d'Orléans? Penserait-on qu'il réunit beaucoup d'opinions parce qu'il paraîtrait admettre plus de chances pour la liberté et le bonheur du peuple, par la garantie des principes et des hommes de la révolution ? Je croirais au moins très-oiseux de discuter cette question. Les royalistes enfin? A leur égard, je me hâte de repousser l'induction qui pourrait être tirée de ce qui a été dit dans cette enceinte : nous pouvons avoir entre nous quelques nuances d'opinion ; mais il n'y a qu'un vœu et qu'une pensée parmi vous sur le but et les moyens de ce parti, et sur les destinées qu'il rendrait à la France. Cependant il a de nombreux sectateurs que je suis loin de calomnier : beaucoup de Français ont embrassé cette opinion par souvenir, par sentiment, par l'habitude. L'idée de la paix qu'on a cru attachée aux Bourbons, l'idée que le caractère de cette famille présentait une garantie aux citoyens dans la possession de leurs jouissances paisibles, ont séduit beaucoup d'esprits incapables de s'élever au-delà de leurs intérêts, de leurs préjugés, de leurs vues particulières, et incapables de les sacrifier à l'intérêt général d'une nation qui, avant tout, a besoin d'être libre, forte et respectée au-dehors, d'avoir au-dedans un gouvernement fort et vigoureux.

Quoi qu'il en soit de l'existence de ces partis et du nombre de ceux qui les embrassent, toujours est-il qu'il y a divergence d'opinion : tout le monde veut se sauver et sauver l'État, mais par des moyens contraires et des routes diverses menant au but opposé. Dans un tel moment, pouvez-vous avoir un gouvernement provisoire, un trône vacant? Laisserez-vous chacun s'agiter, les alarmes se répandre, les prétentions s'élever? Voulez-vous qu'ici on arbore le drapeau des lis, là le drapeau tricolore? Voulez-vous laisser dire à chaque parti : il n'y a pas de gouvernement. On hésite; il faut agir : l'assemblée paraît incertaine ; il faut l'aider, il faut donner un coup de collier, se déclarer enfin..... Voilà, voilà, Messieurs, les calamités dont nous sommes menacés si nous laissons l'opinion flottante et sans un point fixe pour se rallier ; et, au milieu de l'agitation et des troubles qui naîtraient d'un tel état de choses, que deviendrait le salut de la patrie? Où seraient les moyens de la sauver?

Je répète que par cela seul qu'on l'a mis en question, Napoléon II doit être reconnu ; que, s'il y a des inconvéniens du côté de l'étranger, il y a aussi des avantages qui les balancent. Différeriez-vous pour voir si les ouvertures de négociation seraient favorables à Napoléon II ? Mais si elles ne l'étaient pas, ce délai prouve que vous seriez forcés de sacrifier votre vœu le plus cher aux intérêts de la patrie ; et, dans ce cas, puisque vous êtes décidés à ne pas reconnaître les intérêts d'un homme au-dessus de ceux de la patrie, le sacrifice ne serait-il pas toujours le résultat de ce sentiment suprême du salut de l'État? Mais jusque-là, et quoi qu'il en puisse être, il faut rallier la France entière, il faut rallier les amis de la patrie à une opinion fixe et déterminée.

D'un autre côté, il est des mesures de prudence et de garantie qui sont indispensables. Il est imposible de ne pas porter ici une atteinte à une partie des formes constitutionnnelles dans l'intérêt de la patrie, et pour atteindre le but proposé, pour mettre à l'abri de toute influence qui ne serait pas entièrement nationale et l'expression du vœu du peuple et l'autorité que vous venez de former. Vous avez voulu que cette autorité fût confiée à des hommes éprouvés, capables de siéger dans un conseil organe de la souveraineté nationale. Il faut que le vœu soit rempli, et il faut éviter qu'on puisse réclamer, relativement à ce conseil, les principes de la constitution qui appelleraient tel ou tel prince à la tutelle du souverain mineur, et qui donneraient à sa famille une influence immédiate sur la marche du gouvernement.

Je n'accuse et je ne désigne personne, mais je demande une garantie, et quand la nation est prête à s'exposer à de nouveaux efforts et à de nouveaux sacrifices pour le maintien de sa constitution et de la dynastie de Napoléon, il faut une garantie de la manière dont nos destinées seront réglées sous ce nom. Il ne faut rien laisser au hasard, aux circonstances, et c'est ce qui arriverait si la constitution, en cette partie, était observée littéralement.

L'orateur propose de déclarer que Napoléon II est devenu empereur des Français par le fait de l'abdication de Napoléon I, et par la force des constitutions de l'empire. La proposition est unanimement appuyée. De toutes parts on demande à aller aux voix. On demande à grands cris la clôture de la discussion, et elle est fermée à l'unanimité. Le président donne lecture de la délibération proposée et la met aux voix. L'assemblée se lève tout entière. Le président déclare que la proposition est adoptée. A ce mot, le cri de Vive l'Empereur *éclate à-la-fois dans l'assemblée et dans les tribunes; ce cri se prolonge au milieu des plus vifs applaudissemens.*

M. DE CHATEAUBRIAND.

Voici comment M. de Chateaubriand parle de lui-même dans la préface de ses ouvrages politiques :
« Les muses furent l'objet du culte de ma jeunesse ; ensuite, je continuai d'écrire en prose avec un penchant égal sur des sujets

d'imagination, d'histoire, de politique et même de finances. Mon premier ouvrage, l'Essai historique, est un long traité d'histoire et de politique. Dans le Génie du Christianisme, la politique se retrouve partout, et je n'ai pu me défendre de l'introduire jusque dans l'Itinéraire et dans les Martyrs. Mais par l'impossibibité où sont les hommes d'accorder deux aptitudes à un même esprit, on ne voulut sortir pour moi du préjugé commun qu'à l'apparition de la Monarchie selon la Charte. Les imprudences ministérielles, en essayant d'étouffer cet ouvrage, ne le firent que mieux connaître, et les journaux anglais, bons juges en fait de gouvernemens constitutionnels, achevèrent ce qu'une irritation, d'ailleurs excusable, avait commencé.

Il y a loin sans doute d'Atala à la Monarchie selon la Charte; mais mon style politique, quel qu'il soit, n'est point l'effet d'une combinaison.

Je ne me suis point dit: il faut, pour traiter un sujet d'économie sociale, rejeter les images, éteindre les couleurs, repousser les sentimens. C'est tout simplement que mon esprit se refuse à mêler les genres, et que les mots de la poésie ne me viennent jamais quand je parle la langue des affaires. Plusieurs volumes de politique réunis dans cette édition de mes œuvres attesteront cette vérité. »

DÉCLARATION DE LA VACANCE DU TRONE.

Le 7 août 1830, *la délibération sur la déclaration de la vacance du trône étant ouverte à la chambre des députés*, M. de Conny *s'exprime en ces termes* :

Dans les circonstances terribles où nous sommes placés, la liberté des délibérations est une loi plus sacrée encore : je l'invoquai toujours ; et lorsque de nos bancs déserts s'élèvent à peine quelques voix, vous ne refuserez pas de les entendre.

Je me présente à la tribune, pressé par le cri de ma conscience: le silence serait une lâcheté ; N'attendez point de moi de longs discours : les devoirs que nous devons remplir sont tracés avec une trop vive clarté. L'ordre social est ébranlé jusqu'en ses fondemens. Ces mouvemens tumultueux qui suspendent tout-à-coup l'action des pouvoirs légitimes, institués pour établir l'ordre dans la société, sont des époques de calamités qui exercent sur la destinée des nations la plus funeste influence.

Longtemps prévus à l'avance par l'observateur attentif, ils deviennent aux yeux de tous, dans ces jours de douleur et d'effroi, l'expression de cette anarchie morale qui existait au cœur de la société. L'inexorable histoire s'élevant au-dessus des passions contemporaines imprime à ces jours lamentables le caractère qu'ils doivent avoir; et le cri de la conscience humaine s'élève pour consacrer cette vérité éternelle : *La force ne constitue aucun droit.*

En ces temps de troubles, on invoque la liberté; mais l'expression de la pensée a cessé d'être libre. La liberté est bâillonnée par ces cris sanglans qui portent l'effroi de toutes parts. Il y a alors oppression, et j'ajouterai même la pire de toutes ; car elle s'exerce au nom de la liberté, elle est empreinte d'un caractère d'hypocrisie et de fureur.

Vous ne vous laisserez point subjuguer par les cris qui retentissent autour de vous. Les hommes d'état restent calmes au milieu des périls, et lorsque des voix confuses appellent en France le fils de Napoléon, invoquent la république, et proclament le duc d'Orléans; inébranlables dans vos devoirs, vous vous rappelerez vos sermens, et vous reconnaîtrez les droits sacrés de l'enfant royal qu'après tant de malheurs la Providence a donné à la France.

Les cris de la conscience parlent plus haut que ces voix tumultueuses qui retentissent autour de nous. Pensez au jugement de l'avenir; il serait terrible. Vous ne voudrez point qu'un jour l'histoire puisse dire de vous : *Ils furent infidèles à leurs sermens.*

L'Europe nous regarde : trop longtemps nous lui donnâmes le spectacle de la plus étrange mobilité ; trop longtemps nous changeâmes de partis aussi souvent que la victoire changeait de drapeaux. Ramenés par le malheur à la vérité, restons calmes au milieu de tant de passions soulevées, et couvrons de nos respects et de nos larmes de grandes et royales infortunes.

Dynastie sacrée, recevez nos hommages ! Auguste fille des rois que tant de cris d'amour reçurent en France, sur la terre d'exil que vous revoyez encore puisse notre douleur rendre plus légère tant de peines et tant de malheurs !

En restant fidèle à mes devoirs, je veux épargner à notre patrie tout ce que l'usurpation traîne après elle de calamités et de crimes.

Fixant d'un œil inquiet les destinées de la France, je vois, Messieurs, le double fléau de la guerre civile et de la guerre étrangère menacer notre belle patrie ; je vois la liberté disparaître sans retour ; je vois le sang français couler, et ce sang retomberait sur nos têtes.

La considération du principe de la légitimité, de ce principe réclamé par la charte, peut seul préserver notre pays de ce redoutable avenir. Ce principe sacré, je l'invoque dans la tempête, comme je l'invoquai en des jours plus tranquilles : il est l'ancre de salut. L'Europe est menacée d'un vaste embrâsement si nous oublions la sainteté de nos sermens, et nos sermens sont écrits dans la charte.

La France entière est enchaînée par ses sermens; l'armée, toujours fidèle, toujours française, inclinera ses armes devant le jeune roi, j'en atteste l'honneur national. Ne donnons point au monde le scandale du parjure. En présence des droits sacrés du duc de Bordeaux, l'acte qui élèverait au trône le duc d'Orléans serait la violation de toutes les lois humaines.

Député de mon pays, c'est devant Dieu, qui nous jugera, que, me rappelant mes sermens, je viens d'exprimer la vérité tout entière. J'aurais perdu l'estime de mes adversaires si, dans les périls qui nous environnent, javais pu garder le silence : les sentimens qui m'animent, je les proclame à la face du ciel, je les exprimerais à la bouche du canon. En descendant de cette tribune, j'ai besoin d'exprimer le vœu le plus ardent de mon âme. Puisse la Providence éloigner de notre pays les malheurs qui le menacent ! Puisse cette France si chère à nos cœurs revoir des jours plus heureux !

Si le principe de la légitimité n'était point reconnu par la chambre, je dois déclarer que je n'aurais pas le droit de participer aux délibérations qui vous sont soumises (*).

M. Benjamin Constant succède à la tribune à M. de Conny, et termine son discours en déclarant que, pour sa part, il abjure une légitimité avec laquelle on a teint de sang les pavés.

M. Hyde de Neuville : Je commence par déclarer que je ne juge personne. En politique, comme en religion, les consciences ne sont pas toutes soumises aux mêmes influences, et les hommes cherchant le bien peuvent suivre des directions différentes. Chacun de nous suit sa conscience : la mienne seule est mon guide. Si vous ne partagez pas mon sentiment, ne me refusez pas votre estime. J'ai fait ce qu'un Français pouvait faire pour éviter les calamités que nous avons éprouvées.... (*Oui ! oui !*) J'ai été fidèle à mes sermens, je n'ai point trahi cette famille que de faux amis ont précipitée dans l'abîme. (*Bien! bien!*) Ce serait démentir ma vie et me déshonorer que de changer de sentimens. (*Bien!*) La main sur ma conscience, je ne puis que repousser la souveraineté dangereuse que la commission propose d'établir. La mesure que vous allez prendre est bien grave. Cette proposition aurait dû être suivie d'un examen plus long. Je crois qu'il pourrait y avoir péril à fonder l'avenir d'un grand peuple sur les impressions d'un moment. Je n'ai pas reçu du ciel le pouvoir d'ar-

(*) Relativement à la réforme de la charte.

rêter la foudre; je ne m'opposerai aux actes qu'on veut consommer que par des vœux, et j'en ferai aussi pour le repos et la liberté de ma patrie.

M. Alexandre de Laborde s'indigne qu'on vienne parler de la légitimité d'un enfant? après qu'on a violé celle du peuple. Que montrerez-vous, dit-il, à cet enfant, nos murs criblés de balles? nos hôpitaux remplis de blessés? La légitimité dont on parle a été étouffée dans le sang français. » M. de Lézardière s'en refère à ses anciens sermens, et avertit l'assemblée qu'il ne peut y avoir que d'interminables malheurs à déposer les rois. MM. Berryer et Alexis de Noailles déclarent qu'ils n'ont point de mandat pour établir un pouvoir nouveau. Quinze députés du centre droit et un du centre gauche font la même déclaration. M. Podenas reproche au Roi de n'avoir pas eu le courage de se montrer au moment du danger (Murmures); il lui reproche d'être féroce (Murmures).

M. de Martignac: Mon intention n'était pas de prendre la parole dans ce débat préparatoire. Je sens au fond de mon âme la nécessité de défendre la famille royale plongée dans le malheur : je sais bien aussi ce qu'il y a de pressant dans la situation actuelle de la France; mais moi, qui ai connu dans l'intimité l'homme malheureux dont on parle, je ne peux l'entendre accuser de férocité. Non, il n'était pas féroce : ce sont des conseillers perfides qui ont égaré le prince. Les conseillers, je vous les abandonne; je partage votre indignation contre eux ; mais le prince féroce ! l'amour de la patrie brûlait dans son cœur... Oui, la résistance a été héroïque contre les infâmes ordonnances: mais pourquoi faire entendre des paroles accusatrices contre une famille tombée ?...

Je ne sais si j'ai suivi les règles de la prudence et de la modération. (*Oh! oh!*) Ce n'est pas ma raison qui a parlé, c'est mon cœur, et je suis convaincu que vous n'en serez pas étonnés.

Finalement la déclaration est adoptée. Le même jour, elle est portée à la chambre des pairs, dont la séance, suspendue à trois heures, est reprise à neuf du soir. La discussion ouverte à l'instant sur le message de la chambre des députés, M. de Chateaubriand prend le premier la parole et prononce le discours suivant:

DISCOURS DE M. DE CHATEAUBRIAND

A LA CHAMBRE DES PAIRS,

SUR LES DROITS DU DUC DE BORDEAUX.

Messieurs, la déclaration apportée à cette chambre est beaucoup moins compliquée pour moi que pour ceux de MM. les pairs qui professent une opinion différente de la mienne. Un fait dans cette déclaration domine à mes yeux tous les autres, ou plutôt les détruit. Si nous étions dans un ordre de choses régulier, j'examinerais, sans doute, avec soin les changemens qu'on prétend opérer dans la charte. Plusieurs de ces changemens ont été par moi-même proposés. Je m'étonne seulement qu'on ait pu entretenir cette chambre de la mesure réactionnaire touchant les pairs de la création de Charles X. Je ne suis pas suspect de faiblesse pour les *fournées*, et vous savez que j'en ai combattu même la menace : mais nous rendre les juges de nos collègues, mais rayer du tableau des pairs qui l'on voudra, toutes les fois que l'on sera le plus fort, cela ressemble trop à la proscription. Veut-on détruire la pairie ? soit : mieux vaut perdre la vie que de la demander.

Je me reproche déjà ce peu de mots sur un détail qui, tout important qu'il est, disparaît dans la grandeur de l'événement : la France est sans direction, et j'irais m'occuper de ce qu'il faut ajouter ou retrancher aux mâts d'un navire dont le gouvernail est arraché ! J'écarte donc de la déclaration de la chambre élective tout ce qui est d'un intérêt secondaire, et, m'en tenant au seul fait énoncé de la vacance vraie ou prétendue du trône, je marche droit au but.

Une question préalable doit être traitée : si le trône est vacant, nous sommes libres de choisir la forme de notre gouvernement.

Avant d'offrir la couronne à un individu quelconque, il est bon de savoir dans quelle espèce d'ordre politique nous constituerons l'ordre social. Établirons-nous une république ou une monarchie nouvelle ?

Une république, ou une monarchie nouvelle, offre-t-elle à la France des garanties suffisantes de durée, de force et de repos?

Une république aurait d'abord contre elle les souvenirs de la république même. Ces souvenirs ne sont nullement effacés ; on n'a pas oublié le temps où la mort, entre la liberté et l'égalité, marchait appuyée sur leurs bras. Quand vous seriez tombés dans une nouvelle anarchie, pourriez-vous réveiller sur son rocher l'Hercule qui fut seul capable d'étouffer le monstre? De ces hommes fastiques, il y en a cinq ou six dans l'histoire. Dans quelques mille ans, votre postérité pourra voir un autre Napoléon : quant à vous, ne l'attendez pas.

Ensuite, dans l'état de nos mœurs et dans nos rapports avec les états qui nous environnent, la république, sauf erreur, ne me paraît pas exécutable. La première difficulté serait d'amener les Français à un vote unanime. Quel droit la population de Paris aurait-elle de contraindre la population de Marseille, ou de telle autre ville, de se constituer en république? Y aurait-il une seule république, ou vingt ou trente républiques? Seraient-elles fédératives ou indépendantes? Passons par dessus ces obstacles; supposons une république unique. Avec notre familiarité naturelle, croyez-vous qu'un président, quelque grave, quelque respectacle, quelque habile qu'il puisse être, soit un an à la tête de l'État sans être tenté de se retirer? Peu défendu par les lois et par les souvenirs, avili, insulté soir et matin par des rivaux secrets et par des agens de trouble, il n'inspirera ni la confiance si nécessaire au commerce et à la propriété ; il n'aura ni la dignité convenable pour traiter avec les gouvernemens étrangers, ni la puissance nécessaire au maintien de l'ordre intérieur. S'il use de mesures révolutionnaires, la république deviendra odieuse : l'Europe, inquiète, profitera de ces divisions, les fomentera, interviendra, et l'on se trouvera de nouveau engagé dans des luttes effroyables. La république représentative est peut-être l'état futur du monde, mais son temps n'est pas arrivé.

Je passe à la monarchie.

Un roi nommé par les chambres ou élu par le peuple sera toujours, quoi qu'on fasse, une nouveauté. Or je suppose qu'on veut la liberté, surtout la liberté de la presse, par laquelle et pour laquelle le peuple vient de remporter une si étonnante victoire : eh bien ! toute monarchie nouvelle sera forcée, ou plus tôt, ou plus tard, de bâillonner cette liberté. Napoléon lui-même a-t-il pu l'admettre ? Fille de nos malheurs et esclave de notre gloire, la liberté de la presse ne vit en sûreté qu'avec un gouvernement dont les racines sont déjà profondes. Une monarchie bâtarde d'une nuit sanglante n'aurait-elle rien à redouter de l'indépendance des opinions? Si ceux-ci peuvent prêcher la république, ceux-là un autre système, ne craignez-vous pas d'être bientôt obligés de recourir à des lois d'exception, malgré les huit mots supprimés dans l'art. 8 de la charte?

Alors, amis de la liberté réglée, qu'aurez-vous gagné au changement qu'on vous propose? Vous tomberez de force dans la république ou dans la servitude légale. La monarchie sera débordée et emportée par le torrent des lois démocratiques, ou le monarque par le mouvement des factions.

Dans le premier moment d'un succès, on se figure que tout est aisé; on espère satisfaire toutes les exigences, toutes les humeurs, tous les intérêts; on se flatte que chacun mettra de côté ses vues personnelles et ses vanités; on croit que la supériorité des lumières et la sagesse du gouvernement surmonteront des difficultés sans nombre: mais, au bout de quelques mois, la pratique vient démentir la théorie.

Je ne vous présente, Messieurs, que quelques uns des inconvéniens attachés à la formation d'une république ou d'une monarchie nouvelle. Si l'une et l'autre ont des périls, il restait un troisième parti, et ce parti valait bien la peine qu'on en eût dit quelques mots.

D'affreux ministres ont souillé la couronne, et ils ont soutenu la violation de la foi par le meurtre; ils se sont joués des sermens faits au ciel, des lois jurées à la terre.

Étrangers qui deux fois êtes entrés à Paris sans résistance, sachez la vraie cause de vos succès : vous vous présentiez au nom du pouvoir légal. Si vous accouriez aujourd'hui au secours de la tyrannie, pensez-vous que les portes de la capitale du monde civilisé s'ouvriraient aussi facilement devant vous? La race française a grandi, depuis votre départ, sous le régime des lois constitutionnelles : nos enfans de quatorze ans sont des géans ; nos conscrits, à Alger, nos écoliers, à Paris, viennent de vous révéler les fils des vainqueurs d'Austerlitz, de Marengo et d'Iéna, mais les fils fortifiés de tout ce que la liberté ajoute à la gloire.

Jamais défense ne fut plus juste et plus héroïque que celle du peuple de Paris. Il ne s'est point soulevé contre la loi, mais pour la loi ; tant qu'on a respecté le pacte social, le peuple est demeuré paisible ; il a supporté sans se plaindre les insultes, les provocations, les menaces. Il devait son argent et son sang en échange de la charte : il a prodigué l'un et l'autre. Mais, lorsque, après avoir menti jusqu'à la dernière heure, on a tout-à-coup sonné la servitude ; quand la conspiration de la bêtise et de l'hypocrisie a soudainement éclaté; quand une terreur de château, organisée par des eunuques, a cru pouvoir remplacer la terreur de la république et le joug de fer de l'empire ; alors ce peuple s'est armé de son intelligence et de son courage : il s'est trouvé que ces *boutiquiers* respiraient assez facilement la fumée de la poudre, et qu'il fallait plus de quatre soldats et un caporal pour les réduire. Un siècle n'aurait pas autant mûri les destinées d'un peuple que les trois derniers soleils qui viennent de briller sur la France. Un grand crime a eu lieu; il a produit l'énergique explosion d'un principe : devait-on, à cause de ce crime et du triomphe moral et politique qui en a été la suite, renverser l'ordre de choses établi? Examinons.

Charles X et son fils sont déchus ou ont abdiqué, comme il vous plaira de l'entendre ; mais le trône n'est pas vacant : après eux venait un enfant. Devait-on condamner son innocence?

Quel sang crie aujourd'hui contre lui? Oseriez-vous dire que c'est celui de son père? Cet orphelin, élevé aux écoles de la patrie, dans l'amour du gouvernement constitutionnel et dans les idées de son siècle, aurait pu devenir un roi en rapport avec les besoins de l'avenir. C'est au gardien de sa tutelle que l'on aurait fait jurer la déclaration sur laquelle vous allez voter. Arrivé à sa majorité, le jeune monarque aurait renouvelé le serment. Le roi présent, le roi actuel, aurait été Mgr. le duc d'Orléans, régent du royaume, prince qui a vécu près du peuple, et qui sait que la monarchie ne peut être aujourd'hui qu'une monarchie de consentement et de raison. Cette combinaison naturelle m'eût semblé un grand moyen de conciliation, et aurait peut-être sauvé à la France ces agitations qui sont la conséquence des violens changemens d'un état.

Dire que cet enfant, séparé de ses maîtres, n'aura pas le temps d'oublier jusqu'à leurs noms avant de devenir homme; dire qu'il demeurera infatué de certains dogmes de naissance après une longue éducation populaire, après la terrible leçon qui a précipité deux rois en deux nuits, est-ce bien raisonnable?

Ce n'est ni par un dévouement sentimental, ni par un attendrissement de nourrice transmis de maillot en maillot depuis le berceau de saint Louis jusqu'à celui du jeune Henri, que je plaide une cause où tout se tournerait de nouveau contre moi si elle triomphait. Je ne vise ni au roman, ni à la chevalerie, ni au martyre. Je ne crois pas au droit divin de la royauté, et je crois à la puissance des révolutions et des faits. Je n'invoque pas même la charte ; je prends mes idées plus haut : je les tire de la sphère philosophique de l'époque où ma vie expire. Je propose le duc de Bordeaux tout simplement comme une nécessité d'un meilleur aloi que celle dont on argumente.

Je sais qu'en éloignant cet enfant, on veut établir le principe de la souveraineté du peuple ; niaiserie de l'ancienne école qui prouve que, sous le rapport politique, nos vieux démocrates n'ont pas fait plus de progrès que les vétérans de la royauté. Il n'y a de souveraineté absolue nulle part. La liberté ne découle pas du droit politique, comme on le supposait au dix-huitième siècle : elle vient du droit naturel ; ce qui fait qu'elle existe dans toutes les formes de gouvernement, et qu'une monarchie peut être libre, et beaucoup plus libre qu'une république. Mais ce n'est ni le temps ni le lieu de faire un cours de politique.

Je me contenterai de remarquer que lorsque le peuple a disposé des trônes, il a souvent aussi disposé de sa liberté ; je ferai observer que le principe de l'hérédité monarchique, absurde au premier abord, a été reconnu, par l'usage, préférable au principe de la monarchie élective. Les raisons en sont si évidentes que je n'ai pas besoin de les développer. Vous choisissez un roi aujourd'hui : qui vous empêchera d'en choisir un autre demain? La loi, direz-vous. La loi? Et c'est vous qui la faites!

Il est encore une manière plus simple de trancher la question ; c'est de dire : nous ne voulons plus de la branche aînée des Bourbons. Et pourquoi n'en voulez-vous plus? Parce que nous sommes victorieux ; nous avons triomphé dans une cause juste et sainte : nous usons d'un double droit de conquête.

Très-bien : vous proclamez la souveraineté de la force. Alors, gardez soigneusement cette force ; car si, dans quelques mois, elle vous échappe, vous serez mal venus à vous plaindre. Telle est la nature humaine : les esprits les plus éclairés et les plus justes ne s'élèvent pas toujours au-dessus d'un succès. Ils étaient les premiers, ces esprits, à invoquer le droit contre la violence ; ils appuyaient ce droit de toute la supériorité de leur talent, et, au moment même où la vérité de ce qu'ils disaient est démontrée par l'abus le plus abominable de la force, et par le renversement de cette force, les vainqueurs s'emparent de l'arme qu'ils ont brisée : dangereux tronçons qui blesseront leur main sans les servir!

J'ai transporté le combat sur le terrain de mes adversaires ; je ne suis point allé bivouaquer dans le passé sous le vieux drapeau des morts, drapeau qui n'est pas sans gloire, mais qui pend le long du bâton qui le porte, parce qu'aucun souffle de vie ne le soulève. Quand je remuerais la poussière des trente-cinq Capets, je n'en tirerais pas un argument qu'on voulût seulement écouter. L'idolâtrie d'un nom est abolie ; la monarchie n'est plus une religion : c'est une forme politique préférable dans ce moment à toute autre, parce qu'elle fait mieux entrer l'ordre dans la liberté.

Inutile Cassandre, j'ai assez fatigué le trône et la pairie de mes avertissemens dédaignés ; il ne me reste qu'à m'asseoir sur les débris d'un naufrage que j'ai tant de fois prédit. Je reconnais au malheur toutes les sortes de puissance, excepté celle de me délier de mes sermens de fidélité. Je dois aussi rendre ma vie uniforme : après tout ce que j'ai fait, dit et écrit pour les Bourbons, je serais le dernier des misérables si je les reniais au moment où, pour la troisième et dernière fois, ils s'acheminent vers l'exil.

Je laisse la peur à ces généreux royalistes qui n'ont jamais sacrifié une obole ou une place à leur loyauté, à ces champions de l'autel et du trône, qui naguères me traitaient de renégat, d'apostat et de révolutionnaire. Pieux libellistes, le renégat vous appelle ! venez donc balbutier un mot, un seul mot, avec lui pour l'infortuné maître qui vous combla de ses dons et que vous avez perdu. Provocateurs de coups d'état, prédicateurs du pouvoir constituant, où êtes-vous ? Vous vous cachez dans la boue, du fond de laquelle vous leviez vaillamment la tête pour calomnier les vrais serviteurs du roi : votre silence d'aujourd'hui est digne de votre langage d'hier. Que tous ces preux dont les exploits projetés ont fait chasser les descendans d'Henri IV à coups de fourches, semblent maintenant, accroupis sous la cocarde tricolore, c'est tout naturel. Les nobles couleurs dont ils se parent protégeront leur personne et ne couvriront pas leur lâcheté.

Au surplus, en m'exprimant avec franchise à cette tribune, je ne crois pas du tout faire un acte d'héroïsme : nous ne sommes plus dans ces temps où une opinion coûtait la vie. Y fussions-nous, je parlerais cent fois plus haut. Le meilleur bouclier est une poitrine qui ne craint pas de se montrer découverte à l'ennemi. Non, Messieurs, nous n'avons à craindre ni un peuple dont la raison égale le courage, ni cette généreuse jeunesse que j'admire, avec laquelle je sympathise de toutes les facultés de mon âme, à laquelle je souhaite, comme à mon pays, honneur, gloire et liberté.

Loin de moi surtout la pensée de jeter des semences de division dans la France ! et c'est pourquoi j'ai refusé à mon discours l'accent des passions. Si j'avais la conviction intime qu'un enfant doit être laissé dans les rangs obscurs et heureux de la vie, pour assurer le repos de trente-trois millions d'hommes, j'aurais regardé comme un crime toute parole en contradiction avec le besoin des temps : je n'ai pas cette conviction. Si j'avais le droit de disposer d'une couronne, je la mettrais volontiers aux pieds de Mgr. le duc d'Orléans. Mais je ne vois de vacant qu'un tombeau à Saint-Denis, et non pas un trône.

Quelles que soient les destinées qui attendent M. le lieutenant-général du royaume, je ne serai jamais son ennemi s'il fait le bonheur de ma patrie. Je ne demande à conserver que la liberté de ma conscience, et le droit d'aller mourir partout où je trouverai indépendance et repos.

Je vote contre le projet de déclaration.

L'assemblée ordonne l'impression de ce discours.

POLITIQUE DU CABINET DU 13 MARS.

Je crains que les jeunes gens, à qui surtout ce recueil est destiné, ne goûtent pas beaucoup l'éloquence de Casimir Périer, cette éloquence ministérielle, tranquille et mesurée, qui forme un contraste si frappant avec l'éloquence tribunitienne, pour laquelle ils ont naturellement plus d'attrait, parce qu'elle est tout mouvement, tout éclat. Je leur dois cependant des modèles dans chaque genre ; mais il faut leur rappeler que l'homme d'état qui représente le pouvoir, et dont la fonction est de modérer la liberté et de maintenir l'ordre, ne doit pas s'exprimer comme le représentant d'un parti. A celui-ci les figures hardies, les mouvemens rapides, le langage pittoresque, les traits acérés, les pensées saillantes, les images fortes, les élans impétueux, les brusques attaques, les passions brûlantes : le tribun fait la guerre, et vous trouvez dans son éloquence le fracas de la guerre. Cette éloquence est bien celle du général Lamarque. Au contraire, le ministre-d'état est l'orateur de la paix ; son éloquence est calme et modérée. De la dignité, de la clarté, de la précision et de la netteté dans son langage ; une couleur de franchise, de noblesse et de confiance dans l'exposé de ses vues ; de la modération, de la lucidité, de l'adresse et de la force dans ses réponses aux attaques de ses adversaires : telles sont les principales qualités de son éloquence. Elles sont moins brillantes, mais peut-être sont-elles plus rares : ce sont celles de Casimir Périer, dont le talent, exercé par quinze ans d'une sage et vigoureuse opposition, se montra dans toute sa force et sa maturité lorsqu'il eût à remplir la tâche plus difficile de conserver et de défendre.

Le premier discours qu'il prononça, comme président du conseil des ministres, fut celui où, cinq jours après la composition du ministère qu'il avait formé, il vint, à l'occasion d'une loi de finances, faire à la chambre des députés l'exposé du système de politique qu'il se proposait de suivre. Ce discours par lequel, d'arrivée, il fixa et délimita dans la chambre les partis jusqu'alors indécis et flottans, appela d'ailleurs au-dehors l'attention générale ; il a fait époque dans la politique européenne, et, comme monument du genre, il restera dans les fastes parlementaires.

DISCOURS DE CASIMIR PÉRIER,

PRÉSIDENT DU CONSEIL DES MINISTRES,

SUR SA POLITIQUE (*).

Messieurs, toute loi de subsides est une loi politique. En vous demandant quatre douzièmes provisoires, à défaut d'un budget légalement voté, le ministère vous demande un vote de confiance : il importe donc que le cabinet nouvellement constitué vous fasse connaître les principes qui ont présidé à sa formation, et qui dirigeront sa conduite. Il faut que vous votiez en connaissance de cause, et que vous sachiez à quel système de politique vous prêtez appui.

Lorsque le roi m'a fait l'honneur de m'appeler à former et à présider son conseil, j'ai pensé que ce conseil devait se constituer sur des principes arrêtés, et convenus entre tous ses membres. Cette pensée a servi de base à la composition du cabinet. Le ministère s'est formé d'une manière toute constitutionnelle : il prend sa force dans sa responsabilité même. Toutes ses propositions, toutes ses mesures, seront l'expression d'une délibération indépendante, d'une volonté commune. Le jour où cette harmonie cesserait serait celui de sa dissolution.

La solidarité qui nous unit, et que nous avons pleinement et unanimement acceptée, nous donnera le droit d'imposer aux autorités qui nous secondent l'unité que nous avons voulue pour nous-mêmes. L'accord doit régner dans toutes les parties de

(*) Chambre des députés, *séance du* 18 *mars* 1831.

l'administration. Le gouvernement doit être obéi et servi dans le sens de ses desseins; il attend sans restriction le concours de tous ses agens : sans ce concours la responsabilité constitutionnelle est un vain mot; sans ce concours le pouvoir perd sa force et sa dignité.

Les principes que nous professons, et hors desquels nous ne laisserons aucune autorité s'égarer, sont les principes mêmes de notre révolution. Nous devons les établir nettement, sans les exagérer, sans les affaiblir. Le principe de la révolution de juillet, et par conséquent du gouvernement qui en dérive, ce n'est pas l'insurrection. Le principe de la révolution de juillet, c'est la résistance à l'agression du pouvoir. On a provoqué la France, on l'a défiée : elle s'est défendue, et la victoire est celle du bon droit, indignement outragé. Le respect de la foi jurée, le respect du droit, voilà donc le principe de la révolution de juillet; voilà le principe du gouvernement qu'elle a fondé.

Car elle a fondé un gouvernement, et non pas inauguré l'anarchie. Elle n'a point bouleversé l'ordre social, elle n'a touché que l'ordre politique. Elle a eu pour but l'établissement d'un gouvernement libre, mais régulier. (*Très-bien ! très-bien !*) Ainsi la violence ne doit être ni au-dedans, ni au-dehors, le caractère de notre gouvernement. Au-dedans tout appel à la force, au-dehors toute provocation à l'insurrection populaire, est une violation de son principe. Voilà la pensée, voilà la règle de notre politique intérieure et de notre politique étrangère.

A l'intérieur, notre devoir est simple. Nous n'avons point de grande expérience constitutionnelle à tenter. Nos institutions ont été réglées par la charte de 1830. La session présente a résolu plusieurs hautes questions législatives. La chambre qui vous succédera posera et décidera celles qui lui sont réservées. C'est d'elle, et d'elle seule, que nous devons désormais attendre les perfectionnemens réclamés avec tant d'impatience. Jusqu'au jour où elle se réunira, que peut donc demander la France à son gouvernement? De l'action. Il faut que l'ordre soit maintenu, les lois exécutées, le pouvoir respecté. C'est d'ordre légal et de pouvoir que la société a besoin ; car c'est faute d'ordre et de pouvoir qu'elle se laisse gagner par la défiance, source unique des embarras et des périls du moment.

En effet, les partis sont faibles ; le mal est dans les esprits. Inquiets et divisés, ils accueillent toutes les craintes et tous les soupçons. De là des alternatives d'irritation et de découragement, l'indécision de quelques autorités ; de là le ralentissement de cette activité productive, qui fait le repos et la richesse de la société ;

de là enfin cette détresse des intérêts privés, qui menace la prospérité publique.

Ainsi la société prend l'alarme.

Elle demande secours, et se défie d'elle-même, lorsqu'elle possède dans son sein tous les élémens de la force et de la durée.

L'habileté des factions accroît et exploite cette sorte de terreur artificielle, qui seule peut leur ouvrir des chances de succès et favoriser leurs efforts.

Notre ambition est de rétablir la confiance; nous adjurons tous les bons citoyens de ne pas s'abandonner eux-mêmes; le gouvernement, loin de les abandonner, n'hésitera jamais à se mettre à leur tête. (*Vive adhésion aux centres.*)

Qu'ils se fient dans notre ferme résolution de ne souffrir aucune atteinte à la tranquillité publique, aucun empiétement sur l'autorité de la loi. La France a conquis ses droits; elle est libre, mais elle cesserait de l'être réellement par le désordre : point de désordre sans oppression ; et le pouvoir qui maintient la paix publique assure en effet la liberté.

Les partis, nous les connaissons.

Celui du gouvernement déchu nous menace dans l'ombre, et s'efforce, mais obscurément, de souiller notre cause en irritant ses défenseurs.

Surveillé et réprimé sévèrement, il sera réduit à ce sentiment de son impuissance, qui seul peut faire son salut.

Comme notre intention est de ne laisser aucune violence impunie, aucun prétexte ne sera laissé à la violence. Il faut prévenir dans leur cause ces représailles odieuses qui semblent accuser l'insuffisance des lois et la faiblesse du pouvoir. (*Nouvelle adhésion.*)

Toute sédition est un crime, quelque drapeau qu'elle arbore. Toute violence est un commencement d'anarchie. Nous vous proposerons des lois propres à réprimer la violence et la sédition.

Leurs coupables tentatives, si elles se renouvelaient impunément, feraient un jour au gouvernement des ennemis de tous ceux dont elles compromettraient la situation. Elles attaqueraient, l'un après l'autre, tous les liens de la société. Elles attenteraient, ici à la liberté de l'industrie, là à la liberté des cultes, que nous devons protéger comme le droit le plus précieux des consciences qui l'invoquent.

Il faut que la sécurité et la tranquillité renaissent. C'est le vœu de tous les intérêts, dont la longue souffrance nous afflige profondément ; c'est le besoin du crédit public, si nécessaire à la force de l'État, et qui ne peut se rétablir tant que l'alarme et l'incertitude suspendront toutes les spéculations de l'industrie particulière. C'est une nécessité pour les élections qui doivent s'accomplir. Elles ne sauraient être libres et sincères au milieu du trouble ; car les menaces des émeutes peuvent, tout aussi bien que celles du pouvoir, intimider les consciences et forcer les suffrages. (*Vive sensation.*)

Enfin, Messieurs, il importe au repos et surtout à l'honneur de la France qu'elle ne semble pas, aux yeux de l'univers, une société dominée par la violence et la passion.

La politique étrangère, Messieurs, se lie en effet à la politique intérieure. Pour l'une et l'autre, le mal et le remède sont les mêmes. Le mal, c'est encore la défiance. On voudrait amener la France à se défier de l'Europe, et l'on cherche à répandre que l'Europe se défie de notre révolution.

S'il en était ainsi, l'Europe se tromperait, Messieurs, et ce serait à la France et à son gouvernement de l'en convaincre. Encore une fois, la révolution n'a point institué le règne de la force.

Armée pour défendre ses droits, la France sait respecter les droits des autres : sa politique a d'autres règles que les passions.

Nous voulons la paix, si nécessaire à la liberté. Nous voudrions et nous ferions la guerre, si la sûreté ou l'honneur de la France étaient en péril ; car alors la liberté aussi serait menacée, et nous en appellerions, avec une patriotique confiance, au courage de la nation. Au premier signal, la France serait prête, et le roi n'a point oublié que c'est dans les camps qu'il apprit pour la première fois à servir la patrie. (*Bravo ! bravo !*)

Messieurs, le principe de non-intervention a été posé : nous l'adoptons ; c'est-à-dire que nous soutenons que l'étranger n'a pas le droit d'intervenir à main armée dans les affaires intérieures.

Ce principe, nous le pratiquons pour notre propre compte ; nous le professerons en toute occasion. Est-ce à dire que nous nous engagerons à porter nos armes partout où il ne sera pas respecté ? Messieurs, ce serait une intervention d'un autre genre ; ce serait renouveler les prétentions de la Sainte-Alliance ; ce serait tomber dans la chimérique ambition de tous ceux qui ont voulu soumettre l'Europe au joug d'une seule idée et réaliser la monarchie universelle. Ainsi entendu, le principe de non-intervention servirait de masque à l'esprit de conquête.

Nous soutiendrons le principe de non-intervention en tout lieu par la voie des négociations. Mais l'intérêt ou la dignité de la France pourraient seuls nous faire prendre les armes. Nous ne concédons à aucun peuple le droit de nous forcer à combattre pour sa cause, et le sang des Français n'appartient qu'à la France. (*Très-bien! très-bien!*)

Les cabinets qui nous ont précédés ont repoussé l'intervention armée en Belgique. Cette politique eût été la nôtre. Cet exemple, nous l'adoptons. En de telles questions, la France, n'en doutez pas, tiendra toujours le langage qui sied à la grandeur de son nom.

Jamais nous ne nous défendrons d'une vive sympathie pour les progrès des sociétés européennes. Mais leurs destinées sont dans leurs mains, et la liberté doit toujours être nationale. Toute provocation étrangère lui nuit et la compromet. De la part des particuliers, c'est un mauvais service rendu aux peuples; de la part des gouvernemens, c'est un crime contre le droit des gens. La France n'exhortera le monde à la liberté que par l'exemple pacifique du développement régulier de ses institutions et de son respect pour les droits de tous. (*Nouvelles marques d'adhésion.*)

Mais si l'Europe, qui veut la paix (nous en avons reçu les assurances les plus positives au nom de toutes les puissances) méconnaissait jamais la loyauté de notre politique, si nos frontières étaient menacées, si la moindre atteinte était portée à la dignité de la France, assurez-vous, Messieurs, que la France serait aussitôt défendue et vengée. (*Oui, oui!*) De nombreuses mesures ont été déjà prises pour mettre notre pays sur un pied formidable; elles ont occupé, même au milieu des travaux d'une première réorganisation, le ministre habile qui, le premier, présida au gouvernement de notre armée; elles ont été largement développées par les soins d'un illustre maréchal, dont la gloire n'a plus rien à attendre des chances de la guerre, et qui sait trouver dans les travaux du ministère l'occasion d'une nouvelle renommée.

Sur les diverses mesures propres à assurer la défense du pays, M. le ministre de la guerre vous donnera les explications les plus précises et les plus satisfesantes. Nous achèverons ce qui a été commencé; nous ferons plus, et une proposition vous est soumise, qui attestera notre sollicitude pour le premier des intérêts de la patrie.

Messieurs, nous vous demanderons la permission de vous parler avec une entière franchise. Nous avons dû, avant de rien entreprendre, nous rendre un compte exact de la situation du pays. Il nous importait de constater l'état des choses, et nous devons vous le présenter sans détour. Nous avons confiance dans la fortune de la France, et, pour qu'elle ait confiance en elle-même, il faut que nous, qui répondons de ses plus grands intérêts, nous lui disions tout haut ce qui se dit tout bas:

la vérité est bonne à dire aux nations comme aux rois. (*Sensation.*)

Il nous faut, Messieurs, de grandes ressources. Celles que nous avons trouvées en arrivant au pouvoir sont évidemment insuffisantes pour parer à toutes les chances de l'avenir. Avec le retour du calme et de la confiance, le crédit s'élèverait sans doute au niveau des besoins; mais prêts à nous servir du crédit, nous ne voulons pas rester à sa merci. Il y a telles circonstances où il serait imprudent d'user des moyens de crédit que vous avez accordés au gouvernement, parce que le résultat en serait faible et incertain. Nous aimerions mieux alors, et, dès ce moment, nous nous décidons à nous adresser à la nation, en vous demandant la faculté de reprendre à l'impôt direct ce que le dégrèvement lui a rendu. Peut-être n'userons-nous pas de cette ressource ; mais la prévoyance, mais le soin de notre propre responsabilité, nous oblige à assurer l'avenir. Nous ne voulons rien taire, ni rien négliger; et c'est au nom de la nécessité, au nom de l'intérêt évident du pays, que nous demandons au pays un sacrifice.

Remarquez que nous ne voulons que les moyens de compléter notre système de défense sans nuire à aucun service public; nous ne voulons qu'armer la paix, et garantir notre indépendance. La France sait combien d'autres sacrifices la guerre exigerait d'elle, et ce que coûtent aux nations le plaisir de combattre et la gloire de vaincre.

Mais nous nous bornons jusqu'ici à des apprêts purement défensifs. Malgré des prédictions trop hâtives, la nécessité de la guerre n'est pas venue ; nous ne nous laisserons pas entraîner à la devancer: l'exigence bruyante des factions ne saurait dicter nos déterminations. Nous ne reconnaissons pas plus aux émeutes le droit de nous forcer à la guerre, que le droit de nous pousser dans la voie des innovations politiques. (*Vive adhésion.*) Le gouvernement d'une nation civilisée trouve ailleurs ses principes d'action, et ne consulte que la justice et la raison d'état.

L'Europe comprendra cette politique ; car cette politique est franche et décidée. Elle est le lien du conseil, elle est la condition de son existence. L'Europe désire fortement la paix ; c'est son vœu déclaré et son intérêt manifeste. Et pourquoi voudrait-elle la guerre? Pourquoi la sagesse des trônes redouterait-elle cette révolution dont le premier résultat a été de populariser la monarchie en la réconciliant avec la liberté ? (*Sensation.*)

Dans cette situation, nous osons espérer que les puissances de l'Europe s'entendront bientôt pour réduire leurs forces militaires, et que les peuples, rassurés sur le maintien de la paix, seront soulagés de ce fardeau accablant qui pèse sur tous les États.

Hâtons, Messieurs, le moment du désarmement général par notre politique. Que le respect pour tous les droits succède enfin aux menaces de la violence ; car la violence les outrage tous. Au-dedans, la violence c'est la sédition ; au-dehors, c'est l'envahissement et la conquête : au-dedans, nous voulons l'ordre, sans sacrifice pour la liberté; au-dehors, nous voulons la paix, sans qu'il en coûte rien à l'honneur. En rétablissant le pouvoir dans ses droits, nous croyons travailler au maintien de la paix ; mais en même temps nous pensons à assurer à la France des ressources pour la guerre. Car, plus calme, plus unie, plus riche, elle sera plus redoutable ; et ce n'est qu'aux gouvernemens forts, l'histoire en dépose, qu'il a été donné de remporter des victoires.

C'est avec assurance, Messieurs, que j'expose ces principes: ils sont les vôtres. Ils sont ceux de cette opposition persévérante au sein de laquelle j'ai combattu pendant quinze ans, et qui, parvenue maintenant au pouvoir, n'abandonnera ni ses amis, ni ses opinions. C'est la cause de cette opposition toute nationale qui a triomphé en juillet. Ne me sera-t-il pas permis de dire que cette cause est la mienne, et que c'est pour la servir, pour assurer à la révolution de juillet ses légitimes conséquences, que j'ai accepté le fardeau du pouvoir. (*Marques d'adhésion.*)

Mais ce n'est pas seulement en mon nom que je vous parle, Messieurs ; c'est au nom du gouvernement du roi. Nos principes d'administration intérieure, nos principes sur la paix et la guerre sont l'expression de notre unanime conviction ; chacun de nous en accepte la commune responsabilité. Forts de nos intentions, nous vous demandons franchement votre concours pour quelques jours encore : nous vous promettons loyauté, dévouement, fermeté. Nous refuserez-vous votre appui ? (*Voix nombreuses :* Non, non!)

Pour la paix comme pour la guerre, pour l'ordre comme pour la liberté, pour le crédit comme pour le commerce, pour la révolution de juillet comme pour la charte d'août, ce que nous demandons à la chambre et au pays, c'est un accord, c'est une confiance sans laquelle rien n'est possible, avec laquelle tout est facile. La confiance est communicative. Qu'elle règne enfin, qu'elle reparaisse entre les défenseurs d'une même cause. Sachons nous honorer, même en nous divisant ; et résistons à ce besoin de haïr et de soupçonner, qui envenime tout et qui dégrade calomnieusement jusqu'aux plus nobles caractères, jusqu'aux plus pures renommées. Oublions-nous donc que leurs discordes ont perdu nos ennemis ? N'aurions-nous lutté tant d'années sous la bannière constitutionnelle que pour rompre nos rangs et nous disperser au moment d'assurer enfin son triomphe ?

Suspendons, Messieurs, d'irritants débats. Le ministère n'aspire point à dominer les opinions. Mais il réclame le secours des bons citoyens pour tirer la France de cette incertitude qui la désole, pour gagner en paix le jour où la raison publique, par la voix des électeurs, jugera sa conduite et décidera de son sort. Jusque-là, il compte sur tous ceux qui veulent la France calme et libre ; il les appelle au nom de la patrie, de la patrie forte, armée, glorieuse, et cependant inquiète. C'est à vous surtout qu'il s'adresse, Messieurs ; c'est avec votre appui, c'est sous l'inspiration des conseils de cette tribune, qu'il espère consolider et maintenir, contre des vœux et des efforts ennemis, la révolution telle que la France l'a faite, le gouvernement tel que la charte l'a constitué.

Vous connaissez maintenant, Messieurs, les principes du cabinet. Mais il faut dès aujourd'hui que la France et la chambre soient pleinement éclairées sur l'état des affaires. Nous vous demandons de suspendre cette discussion sur les douzièmes provisoires, qui ne peut amener que des résultats incomplets, et de nommer une commission spéciale, une commission d'enquête, qui prendra pleine et rigoureuse connaissance de l'état du trésor, de ses besoins, de ses ressources, recevra toutes les communications, examinera toutes les propositions du ministre des finances, dressera enfin, de concert avec nous, l'inventaire exact de la situation financière du pays. C'est par une sincérité sans réserve que nous voulons dissiper les alarmes excessives, et acquitter notre responsabilité envers l'avenir. Nous osons compter qu'en un tel moment, et en présence d'un tel devoir, aucun des membres de cette chambre ne s'en éloignera avant de nous avoir prêté l'indispensable appui que nous vous demandons.

(*Mouvement général d'une vive adhésion.... : applaudissemens aux centres.*)

A l'ouverture de la session de 1831, *M. Casimir Périer avait de nouveau exposé, défendu, et la chambre, dans son adresse, avait approuvé le système de politique adopté par le ministère ; mais les événemens marchaient, les partis s'agitaient, la révolution de Belgique était entravée, celle de Pologne se défendait sur les champs de bataille, avec des alternatives de revers et de succès. Tout-à-coup, au moment où l'on s'y attendait le moins, le Moniteur annonce la prise de Varsovie. Paris jette un cri d'indignation ; on accuse les ministres de laisser écraser la Pologne sans pitié ; les factions se soulèvent, et l'émeute rugit de nouveau dans les rues de la capitale. L'opposition juge que le moment est venu de redoubler ses efforts. M. Mauguin vient adresser des interpel-*

lations aux ministres, il accuse leur criminelle apathie, il montre les peuples abandonnés, la France désarmée, nos frontières dégarnies, les rois menaçans ; il demande l'organisation des gardes nationales mobiles. M. Sébastiani, ministre des affaires étrangères, donne des explications ; mais pendant deux jours la discussion se soutient et s'échauffe. Plusieurs ministres avaient parlé, les principaux orateurs de l'opposition, et le général Lamarque à leur tête, avaient riposté, et l'attaque et la défense étaient opiniâtres : le chef du cabinet comprit le danger de voir à chaque nouvel événement son système de politique remis en question ; il monte à la tribune pour demander à la majorité de le sanctionner et de l'affermir par un vote éclatant et définitif.

RÉPONSE DE M. CASIMIR PÉRIER

AUX INTERPELLATIONS DE L'OPPOSITION
SUR LA POLITIQUE DE SON CABINET.

Messieurs,

Depuis deux jours, une discussion de fait s'agite devant vous, et les éclaircissemens n'ont pas plus manqué que les accusations. Mais, à une époque où les momens sont chers, où d'importans travaux appellent notre attention, il nous convient à tous de savoir ce qu'on nous demande et où nous mènera la digression dans laquelle on nous entraîne.

Quel en était l'objet ? Messieurs, était-ce de demander des révélations sur des faits publics et accomplis ? Etait-ce d'indiquer quelque expédient immanquable pour réparer les catastrophes consommées ? Non, Messieurs, c'était de chercher à mettre en contradiction les actes du ministère avec ses paroles ; c'était d'obtenir de vous-mêmes le désaveu de vos premières déclarations ; c'était une seconde discussion de l'adresse, essayée par la minorité, qui a échoué dans la première. (Murmures à gauche.)

On est venu une seconde fois instruire devant vous, devant le pays, le procès de l'administration, après jugement, sans faits nouveaux, et seulement avec une inexplicable persévérance.

Car enfin rien de ce qui a été dit depuis deux jours n'avait été omis dans les débats qui ont précédé le vote de l'adresse. Les mêmes accusations, les mêmes réponses, les mêmes prévisions, tout avait été mis sous vos yeux et apprécié par vous; vous avez entendu, jugé et voté.

Que vous demande-t-on aujourd'hui, quand les événemens qu'on saisit pour prétexte n'ont rien changé à notre position ni à la vôtre, Messieurs? On vous demande de déclarer en quelque sorte, par votre silence au moins, que votre premier jugement a été surpris.

On se flatte que l'opinion interprétera ainsi l'attention que vous prêtez à des accusations dont vous aviez déjà fait justice. On remet en question ce que vous avez décidé, parce qu'on imagine qu'en ne vous proposant rien à décider par un vote expressif, il ne restera dans le public, de tous ces débats, que les accusations de l'opposition et l'incertitude de l'impression que vous en aurez reçue. Cette situation que l'opposition cherche à créer ne peut convenir ni à vous ni à nous.

La chambre aurait-elle quelque regret de son vote? serait-elle dans l'intention de rétracter l'assentiment qu'elle a donné à nos principes? On lui en a indiqué le moyen : une nouvelle adresse contre l'inhabileté du ministère, un acte d'accusation contre sa trahison. Nous ne reculons devant aucune épreuve de ce genre.

Mais jusque-là, c'est son vote à elle-même qu'elle a droit et intérêt de défendre contre des accusations dont une part s'adresse à elle, puisqu'elles sont dirigées contre l'état des choses qu'elle a sanctionné. *(Vive approbation aux centres.)*

Ici, Messieurs, se présente donc une question grave pour vous comme pour nous.

Que résulterait-il d'accusations vagues, sans preuves, sans fondement, qui remettraient sans cesse en question des principes, un système, jugés et adoptés? Que résulterait-t-il d'une discussion sans but, qui rejetterait dans le doute un vote accompli?

L'usage des interpellations est un précédent qui a été établi en fait. Le règlement n'avait rien prévu de semblable; mais la forme de ces digressions n'a pas été réglée. On n'en a pas déterminé les limites; surtout on ne leur a pas donné une conclusion nécessaire.

Il en faut une cependant. Car soit que vous persistiez dans la politique de votre adresse, comme nous persistons, nous, Messieurs, dans le système qu'elle a consacré; soit que vous veuilliez la désavouer, il faut un vote formel *(Au centre* : Oui! oui!*)*, et il n'y en a pas au bout de ces débats parlementaires, tels qu'on les a établis jusqu'à présent. On a essayé par des accusations toujours dirigées contre les intentions, toujours dénuées de preuves sur les actes, de tout rejeter dans le vague : il convient que vous rameniez les choses au vrai. En cas de désaveu de vos premiers suffrages, on vous a indiqué, je le répète, deux moyens efficaces. Comment n'en existerait-il pas pour le cas où vous voudriez signifier à l'opposition qui accuse, au pays qui écoute, que vous persistez dans votre jugement, dans votre politique ?

Remarquez bien, Messieurs, qu'il ne s'agit là ni d'une question de ministère, ni d'une question de pouvoir seulement. Il s'agit de la confiance publique, qui cherche un point d'appui, et que l'on rejette sans cesse d'un état de choses jugé dans des incertitudes désastreuses qu'il est de votre devoir de prévenir. Le pays sait quel est le système du cabinet actuel ; nous nous en sommes expliqués assez haut : il savait par le vote de l'adresse qu'elle était votre pensée sur ce système. On cherche à remettre tout cela en doute. Eh bien! il faut qu'il sache encore, au terme de cette discussion, si vous persistez dans l'appui que vous êtes décidés à nous donner, comme nous persistons, nous, dans le système au nom duquel nous vous avons demandé cet appui. *(Très-bien! très-bien!)*

Et pour que l'opposition ne puisse pas un jour remettre en discussion ce second vote comme le premier, sous prétexte de surprise, qu'il soit bien entendu, Messieurs, comme nous avons dû croire qu'il l'avait été dans la discussion de l'adresse, que ce système, c'est le maintien de la paix, sous toutes les réserves de sûreté et de dignité nationales, dont nous sommes aussi jaloux que qui que ce soit ; c'est l'antipathie la plus déclarée pour toute espèce de propagande ; c'est une médiation de bienveillance en faveur de toutes les infortunes, avec tous les ménagemens que dicte la loyauté pour les droits et pour les traités. *(Nouvelle adhésion.)*

C'est une attention scrupuleuse à ne considérer les questions extérieures que sous le point de vue des véritables intérêts de notre pays. Telle est, Messieurs, dans tout pays libre et éclairé, la règle des hommes d'état vraiment patriotes. Telle est celle que nous tracent à-la-fois nos intérêts matériels, l'honneur national, la paix intérieure, la sécurité de notre révolution.

Sous tous ces rapports, également sacrés, nous avons donc la conscience, Messieurs, d'avoir fait ce que voulait la France, non pas ce que veulent pour elle ceux qui la font écrire et parler, mais ce que ses intérêts, étudiés consciencieusement, réclament de l'administration qui les a compris.

Nous persistons donc, avec une conviction plus profonde que

jamais, dans un système de paix que nous nous fesons gloire d'avoir défendu, d'avoir maintenu jusqu'à ce jour, et dont la rupture jetterait une immense responsabilité, aux yeux de la France, de l'Europe, de l'humanité tout entière, sur quiconque s'en serait rendu comptable!

Voilà sur quoi de part et d'autre on appelle une seconde, et, je l'espère, une dernière fois, votre décision. Elle est nécessaire : nous la réclamons pour vous, pour nous, pour le pays surtout.

Mais avant d'insister davantage sur cette question, je dois relever quelques points de la discussion, qu'il ne m'est pas permis de passer sous silence.

Il en est un surtout qui se rapporte autant à des événemens récens qu'au système d'accusation si obstinément suivi contre le ministère : je veux parler d'une imputation de M. Mauguin (je regrette de ne pas le voir dans cette enceinte), au sujet des désordres dont la capitale a été quelquefois affligée.

M. Mauguin vous a fait entendre d'abord que *certain pouvoir excitait les émeutes*. Pressé de s'expliquer, il a déclaré que, *si la chambre le voulait, il en apporterait la preuve*. Pressé plus vivement encore, il a avoué qu'il ne possédait *que des témoignages verbaux*, et s'est retranché en définitive dans cette assertion sans preuve, *que la police prenait part aux émeutes*.

Messieurs, voilà une grave accusation, plus grave par les circonstances au milieu desquelles elle retentit, plus grave par un rapprochement que nous allons livrer à vos consciences! Ce n'est plus ici une phrase échappée à l'improvisation : c'est un système. Vous allez en juger.

C'est la seconde fois, en effet, Messieurs, que le même orateur entretient le public de ses doutes, de ses assurances à ce sujet. Au mois de mai dernier, M. Mauguin, défendant comme avocat le gérant d'un journal, s'exprimait ainsi devant la justice :

« Le ministère, disait-il, a parlé des émeutes; il a parlé de 93; il a créé un nouveau parti, celui des effrayés. Ce parti a été également exploité par des gens qui avaient déjà fait leurs preuves en ce genre ; ils ne se sont pas menti à eux-mêmes. On a pu se dire que les inventeurs de la conspiration de Colmar et de tant d'autres ne se feraient pas faute d'en inventer encore. Les émeutes ont profité, elles profitent au ministère.

« Aussi, qu'on en soit certain, elles n'ont pas de plus grands improbateurs que les adversaires politiques des ministres. Veut-on douter que le gouvernement, qui profite des émeutes, ne les aide, que la police n'y intervienne? Qu'on regarde les derniers désordres: ils révèlent sa présence. »

Interrompu par M. le président des assises, qui lui fit observer qu'il serait convenable d'attendre que la marche de la police *eût été éclairée par la justice*, M. Mauguin continua en ces termes :

« M. le président doit remarquer que je n'ai nullement parlé de la magistrature chargée de l'instruction. Je n'ai blâmé que la police. J'avance qu'elle est intervenue dans la plupart des mouvemens populaires, et, si l'on veut, j'en indiquerai les preuves. »

On le voulait sans doute, car un journal somma M. Mauguin de s'expliquer, de *fournir ces preuves;* et M. Mauguin garda le silence; et c'est après quatre mois, c'est devant vous, Messieurs, c'est en présence de nouvelles agitations, que la même accusation reparaît sous les mêmes formes, avec le même dénuement de *preuves!*

Quoi! depuis quatre mois M. Mauguin a les *preuves que la police*, que le gouvernement qui la dirige, *excite les émeutes,* et il les a laissées dans le secret! Quel crime envers le pays, tranchons le mot, si son accusation est fondée! Quel crime envers le gouvernement, la chambre, la justice, si l'accusation est calomnieuse! *(Vive adhésion.)*

M. César Bacot : Je crois qu'on devrait attendre sa présence.

Voix aux centres : Pourquoi n'y est-il pas?

M. le président du conseil : Avant de commencer ce qui a trait à M. Mauguin, j'ai exprimé moi-même le regret de ne pas le voir sur son banc.

Il n'y a besoin d'aider ici en rien à l'interprétation. Vous venez d'entendre ce que M. Mauguin disait, il y a quatre mois; vous avez entendu ce qu'il vous a dit hier. Comment expliquer son silence ou ses paroles?

Messieurs, une explication nous importe à tous ici; car elle vous représente le gouvernement excitant d'un côté les émeutes, et de l'autre ordonnant à la force publique, à la garde nationale, de sévir contre elles, c'est-à-dire organisant la guerre civile et le meurtre!

Messieurs, il y va, non pas de notre honneur, que nous, nous croyons, que vous croyez sans doute placé à l'abri de ces accusations; mais il y va de l'honneur de l'accusateur lui-même, lui seul, de justifier les paroles qu'il a proférées devant la justice, devant la nation. L'orateur s'est imposé une grande responsabilité depuis quatre mois et depuis hier. C'est nous, à notre tour, qui l'interpellons au nom de la société, trahie dans ses intérêts les plus chers par le silence qu'il a gardé quatre mois, si l'accusation est vraie; au nom du gouvernement, outragé dans ce qu'il y a de plus sacré par une dénonciation de ce genre, si elle est reconnue fausse.

C'est nous qui venons à notre tour le sommer de répondre, au nom des lois, au nom de l'honneur!

Messieurs, une seconde accusation a été également dirigée par le même orateur contre une autre attribution du département que je dirige; il s'est plaint du retard de la formation de trois cents bataillons de gardes nationales. Ce reproche nous a déjà été adressé, et nous y avons répondu par des renseignemens clairs, dans la séance du 13 août.

De la part de M. Mauguin, j'aurais conçu ce reproche l'an dernier, époque où M. Mauguin avoue qu'il désirait la guerre, quoique alors, comme aujourd'hui, il s'excusât de la vouloir quand on lui montrait qu'elle sortait toute vivante, toute armée, de ses doctrines: mais aujourd'hui, dans la même séance où il déclare qu'il reconnaît la nécessité du système de paix, il est difficile d'expliquer comment il juge nécessaire aussi l'armement prodigieux qu'il demande. En a-t-il calculé les dépenses? Sait-il si la chambre accorderait les subsides nécessaires? si le pays pourrait les supporter? Ce système, dont il reconnaît maintenant le besoin, doit-il aboutir à autre chose qu'à un désarmement? Est-ce donc le moment de proposer des levées? L'orateur demande là une chose compatible avec ses doctrines de l'an dernier. C'est une inconséquence avec celles qu'il professe aujourd'hui. Que faut-il croire de ses déclarations ou de ses propositions?

Ses propositions auraient donc pour objet de faire croire que la France est au dépourvu, que sa défense n'est pas organisée, que, décidée à ne pas faire elle-même la guerre, elle n'est pas même prête à repousser la guerre qu'on lui apportera. Hier encore, on criait en effet dans les groupes, *à la trahison!* C'est, en un mot, l'analyse de tant d'accusations vagues, reproduites depuis six mois, toujours sans fondement, et toujours démenties par les détails de nos préparatifs. La chambre peut savoir à quoi s'en tenir sur ce point, par les renseignemens que les exposés des budgets renferment sur l'organisation militaire du pays. L'émeute elle-même a pu voir devant elle des régimens qui ont dû lui prouver que l'armée française saurait combattre, s'il le fallait, des ennemis plus dignes d'elle que les mauvais concitoyens qui font d'avance à leur pays autant de mal que la guerre pourrait en apporter. *(Aux centres:* C'est vrai! très-bien!)

Un dernier point me reste à examiner dans les considérations générales présentées par M. Mauguin.

C'est le pouvoir, c'est le gouvernement, dit-il, *qui est coupable des désordres que nous voyons éclater. Ces désordres prouvent qu'il n'a pas su découvrir et satisfaire le sentiment national.* Je dois m'étonner d'abord qu'un député semble voir la nation dans les élémens de ces désordres, plutôt que dans la majorité des électeurs, qui a fait la majorité de cette chambre. Je dois m'étonner davantage encore, si le mot suffit, qu'il semble reconnaître le *sentiment national* dans les cris de *Vive la Pologne!* accompagnés des cris de *à bas Louis-Philippe!* Si c'est là la nation, si c'est là *le sentiment national*, qu'est-ce donc que cette garde nationale, cette armée, cette population indignée, qui se trouvent de l'autre côté? L'émeute est encore là sous nos yeux. Regardez, Messieurs, ce qui la compose; regardez ce qui s'y oppose, et jugez où est la nation. *(Bravo! bravo!)*

C'est une tâche facile sans doute, mais assez triste à remplir dans tous les temps, et plus qu'imprudente dans les temps d'agitation, que celle d'accuser le pouvoir de manquer de force, en n'épargnant rien pour lui ravir toute chance d'en acquérir, en prêchant l'indépendance aux agens du pouvoir, l'indiscipline à l'armée, les passions à tous; en continuant, après la révolution de juillet, à traiter le gouvernement comme l'ennemi public qu'il faut combattre à toute heure, à toute outrance? Après quoi, l'on vient se plaindre de l'impuissance de l'autorité!

Cette impuissance devrait être plus grande encore si la conscience nationale, si l'honneur de l'armée, si le dévouement éclairé de la garde nationale, ne suppléaient pas aux ressources qu'on s'applique à enlever de toutes parts à l'autorité. Certes, ni les excès de la presse, ni les clameurs de la rue, qu'on ne saurait légitimer en parlant de l'influence nécessaire des masses, ni l'impunité, ni les provocations, ne manquent aux progrès de la licence; et la société, forte de ses intérêts, et le pouvoir, fort de ses sympathies avec la société, triomphent de tous ces scandales, de tous ces efforts. Mais cette lutte elle-même est un mal qu'il faut faire disparaître.

Elle cessera quand les amis du gouvernement se montreront, comme se montrent ses ennemis. Il faut qu'il sache où est son appui, où sont ses adversaires. Alors, tout deviendra facile, tout se simplifiera; car ce sont les incertitudes d'en haut qui font les inquiétudes d'en bas. Le gouvernement n'est pas incertain, lui. Il a exposé ses idées, ses principes, son système. Quand on saura que ce système est adopté, soutenu; quand il sera attaqué et défendu avec la même franchise, avec la même chaleur; la société, se confiant à un pouvoir fortement établi, rentrera paisiblement dans ses voies naturelles, et les élémens de troubles seront neutralisés par la confiance publique.

Il s'agit de vaincre le doute des indifférens autant que la résistance des adversaires. Le pouvoir a suffi à cette seconde tâche: vous, Messieurs, vous surtout, vous pouvez accomplir la première. C'est par vous que le pays peut être arraché aux influences de l'esprit d'anarchie et de mensonge, qui s'alimente de ces agitations perpétuelles. C'est par vous, par vous seuls, Messieurs, qu'un terme peut être mis décidément à ces espérances, que votre réprobation réduira à n'être plus que criminelles. Que l'union des pouvoirs les démente hardiment.

Qu'il soit bien entendu que vous voulez aussi la paix, et la modération qui la garantit, et les principes conservateurs qui en découlent.

Ces principes dont un honorable général (M. de Lafayette) a bien voulu reconnaître la sincérité, en admettant la liberté de toutes les opinions, ces principes sont sans doute communs à tous les amis véritables de la vraie liberté, qui ne peuvent être divisés que sur les moyens de les appliquer, et surtout sur la date de leurs conséquences.

C'est ce que j'exprimais en parlant *de lois qui pouvaient se trouver en avant des habitudes d'un peuple;* contre-sens qui l'exposerait à rétrograder, tandis que les amis éclairés des institutions libres doivent désirer qu'un pays soit toujours en état de progrès.

Ce n'est donc pas le droit des développemens de la liberté en lui-même qu'un homme d'état peut jamais être disposé à contester, et que j'aurais contesté, par exemple, dans la discussion d'une loi d'élection; c'est l'opportunité de ces développemens, car en tout il y a des besoins, des nécessités de circonstances, qu'il n'est permis à personne de méconnaître. L'honorable général lui-même ne semble-t-il pas leur rendre un mémorable hommage, en rétrogradant aussi (qu'il me pardonne cette expression assez nouvelle quand on s'adresse à lui), en rétrogradant en quelque sorte dans son langage, d'où nous voyons disparaître des mots sacramentels, les mots de *programme,* et *d'institutions républicaines,* et de *conséquences,* auxquels il nous avait habitués depuis un an, et dont il a fait prudemment le sacrifice au mouvement réel des idées et des intérêts du pays... *(Vives réclamations à gauche... Interruption prolongée.)*

M. le général Lafayette. Je profite d'un moment de silence pour déclarer que je ne désavoue en aucune manière rien de ce que j'ai dit dans une lettre à mes commettans, dont les membres de la chambre ont dû avoir connaissance.

M. le président du conseil. Si l'honorable général avait bien écouté ce que je viens de dire, il aurait vu que je n'ai pas cherché à le mettre en contradiction avec lui-même. Je n'ai pas parlé du fond des choses: j'ai dit simplement que je voyais disparaître les mots sacramentels, les mots de *programme* et *d'institutions républicaines.* Voilà pourquoi j'ai fait allusion à cela. Lorsque l'adresse a été présentée, la chambre s'est prononcée à cet égard; elle a fait justice des institutions républicaines dont on avait voulu entourer le trône. J'ai voulu dire que l'honorable général avait montré son respect pour les droits de la France, en ne réclamant plus le programme ni les institutions républicaines.

M. le général Lafayette. J'ai cru que c'était superflu ; vous m'avez obligé de le répéter.

(*M. Mauguin entre en ce moment dans la salle.*)

M. le président du conseil. J'ai dit, et je le répète, que, dans l'adresse, la chambre s'est prononcée ; qu'elle a fait justice de ces *institutions républicaines* dont on voulait entourer le trône ; et qu'on avait réclamées. J'ai voulu dire que l'honorable général avait respecté, dans la discussion de cette adresse, l'opinion de la chambre, et ne l'avait plus entretenue des droits qu'avait proclamés le programme de l'hôtel-de-ville. (*Nouvelles réclamations.*)

Je sais bien que jamais l'opposition n'a pu approuver sincèrement le système du gouvernement ; mais il faut enfin qu'on s'explique.

J'ai pris la parole pour savoir si le pouvoir doit compter sur votre appui. Ce n'est qu'à ce prix que le gouvernement est possible. Il faut, je le répète, que le pouvoir sache si la chambre s'associe à ses vues, à ses travaux, si enfin elle appuie et partage son système.

Le vote de l'adresse ne voulait rien dire, s'il ne voulait dire qu'on adoptait le système du gouvernement. Nous avons expliqué notre politique intérieure et extérieure ; nous avons réclamé votre appui en disant que ce ne pouvait être qu'à ce prix que nous continuerions de conserver le pouvoir. (*Dénégation à gauche.*)

Je sais bien, Messieurs, que l'opposition n'a jamais adopté le système politique présenté par le gouvernement, et que le vote de l'adresse a consacré ; car l'adresse ne voudrait rien dire, si elle ne consacrait pas l'adoption du système du gouvernement. (*Réclamations à gauche. M. de Podenas.* Elle ne l'a pas consacrée.) C'est précisément pour cela que je prends la parole aujourd'hui. Il importe de faire cesser toutes les incertitudes, de ne pas voir remettre sans cesse en question le même objet. Quand nous nous sommes présentés devant la chambre, nous avons expliqué notre système, nous avons réclamé votre appui, nous avons dit que c'était à ce prix que nous croyions le gouvernement possible. Comme on vient aujourd'hui, par des interpellations, renouveler les mêmes accusations, il faut que le pouvoir sache si la chambre réellement s'associe au système du gouvernement. Il faut qu'elle désavoue le ministère, ou qu'elle ait la responsabilité de ses actes.

(*Voix diverses:* C'est juste ! c'est juste !... *Agitation à gauche.*)

Ce sont les intérêts du pays, qui proteste encore contre les vœux de guerre, que l'honorable général continue de faire entendre, et devant lesquels nous espérons qu'il sentira plus tard aussi la nécessité de rétrograder ; c'est à ces intérêts que sont rapportées toutes les vues du système que nous défendons ; c'est pour ces intérêts, Messieurs, que le pays attend de votre part force et appui !

Vous en avez pris en quelque sorte l'engagement, Messieurs, quand, à la suite de délibérations si longues, si profondes, durant lesquelles le ministère s'était constamment présenté à vous avec les mêmes principes, avec les mêmes paroles de paix, avec les mêmes traités à la main, avec la même antipathie pour la guerre, avec la même horreur pour la propagande, vous avez proclamé, à une majorité de 270 voix contre 73, que vous adoptiez, par l'adresse en réponse au discours du trône, le système annoncé par le cabinet, c'est-à-dire, que vous traciez à notre politique les mêmes voies, les mêmes limites dans lesquelles l'intérêt du pays nous avait retenus jusqu'alors.

Eh bien! Messieurs, n'y a-t-il pas dans ces premières relations, toutes officielles, de l'administration publique et de la représentation nationale ; n'y a-t-il pas dans ce discours du trône, dans cette adresse solennelle de la chambre, une sorte de contrat politique qui les attache respectivement aux principes déposés dans ces actes échangés à la face du pays ? C'est comme un engagement mutuel, auquel le ministère, pour sa part, ne pourrait déroger sans déloyauté, ni la chambre elle-même sans inconséquence ; car enfin, pour réduire à leur juste signification les deux documens qui ouvrent la carrière des débats législatifs, c'est le cabinet qui dit à la chambre : « Voilà mon système : jugez-le. » C'est la chambre qui répond au cabinet: « J'adopte ce système, et je l'appuierai. » (*Vives dénégations à gauche.*)

M. Cabet. Il faut demander les pièces.

M. le président. Il est impossible que la discussion continue au milieu des interruptions.

M. Cabet. Il ne faut pas non plus applaudir.

M. le président. Monsieur, vous troublez l'ordre.

M. le président du conseil. Depuis cette époque, Messieurs, aucun vote plus explicite, aucun retour sur le terme de l'adresse, sont-ils venus nous imposer de votre part de nouveaux devoirs, des obligations différentes ? Non, sans doute ; et les délibérations sont restées empreintes de cet esprit de paix qui vous anime.

Que votre opinion soit donc publique et manifeste comme la nôtre. Que les représentans de la nation s'expliquent devant elle, comme les ministres du roi se sont expliqués devant vous. Vous avez voté une adresse qui confirmait ce système : ne permettez plus à personne d'en douter. Car ce qui nous affaiblirait au-dehors comme à l'intérieur, aux yeux de l'étranger comme de notre pays, ce serait la prolongation d'un état d'incertitude, d'un malentendu entre l'opinion parlementaire, l'opinion constitutionnelle, et je ne sais quelle opinion menteuse, qui ose affecter l'ambition de dominer les pouvoirs.

Le pouvoir royal la repousse, pour sa part, avec force, avec éclat. Que la chambre défende aussi, par une expression formelle de son opinion, la politique de son adresse, qui est celle de la vraie France, de la France que vous représentez.

Ce n'est pas ici, Messieurs, une question de circonstance, une question de cabinet, la question d'un scrutin isolé ; c'est une question constitutionnelle des plus importantes, celle de savoir si l'alliance des pouvoirs, proclamée et garantie par des manifestations en vertu desquelles chacun d'eux a dû agir, peut être compromise légèrement par des retours d'opinion qui révéleraient une inconséquence propre à jeter la perturbation dans les affaires. Vous prouverez à ceux qui se flattaient d'obtenir ce résultat, Messieurs, qu'ils ont méconnu votre sagesse et votre patriotisme.

Il faut de l'avenir au pays, et ce n'est pas en bouleversant chaque jour l'ouvrage de la veille qu'on se prépare un lendemain. Messieurs, tous les artifices de l'éloquence ne sauraient dissimuler le fond de la discussion qui vient de s'ouvrir. Découvrons-le hardiment. On vous propose de remettre en question la paix ou la guerre : on vous propose de voter une seconde fois l'adresse que vous avez déposée au pied du trône; on vous propose de donner un démenti à la France, à l'Europe, qui croient à la paix sur la foi de vos paroles. Maintenez-les, et pour qu'on n'ait plus prétexte d'en douter, je demande à la chambre qu'un ordre du jour motivé, dont elle sentira, j'espère, la nécessité, donne une signification, un but, un résultat à cette délibération. Que votre majorité se lève une seconde, une dernière fois, pour le système de la paix, et la France sera rassurée, et l'anarchie sera vaincue ! (*Vif mouvement d'adhésion.*)

DISCOURS DU GÉNÉRAL LAMARQUE.

Tandis que le congrès belge délibérait sur le choix d'un prince, un homme de loi, à Mons, demandait, par une pétition adressée à la chambre des députés, la réunion de la Belgique à la France.

Le rapporteur de la pétition venait de conclure à l'ordre du jour. Le général Lamarque demande la parole.

DISCOURS DU GÉNÉRAL LAMARQUE

SUR LA RÉUNION DE LA BELGIQUE A LA FRANCE (*).

Messieurs,

Si, dans une des dernières sessions, un ministre dépositaire de la confiance de Charles X fût monté à cette tribune, et nous eût dit : « Quelques rebelles espagnols ont voulu reconquérir
« leur patrie d'où les avait expulsés l'intervention française, mais
« nous les avons éloignés des frontières, et des gendarmes sur-
« veillent leurs chefs. La Belgique a brisé les liens qui l'enchaî-
« naient à la Hollande ; branche violemment séparée de notre
« tronc social, elle voulait s'y rejoindre: elle nous offrait la cein-
« ture de places fortes que la Sainte-Alliance a mises autour de
« nous; mais nous avons rejeté ses offres et oublié jusqu'aux
« noms si retentissans de Fleurus et de Jemmapes. La géné-
« reuse Pologne s'est lassée du régime du knout : réclamant sa
« nationalité si solennellement promise au congrès de Vienne,
« et dont toutes les puissances étaient les garans, elle tend ses
« bras supplians vers la France, la France son antique alliée ;
« mais nous étoufferons nos affections, nous ferons taire nos
« souvenirs historiques et les flots de l'Elster qui murmurent en-
« core le nom de Poniatowski. Elle s'est écriée : *la liberté ou la*
« *mort*, et nous lui répondons MEURS, et Prague et Varsovie
« verront un second Souvarow ! »

A ces mots, de bruyantes acclamations se seraient soudain élevées de ce côté de la chambre, qui aurait applaudi à cet immense holocauste des amis de la liberté ; et nous, silencieux, désespérés, nous aurions reconnu que ce ministre de Charles X était fidèle à ses antécédens, conséquent aux principes de son gouvernement, à ses intérêts et à ses sentimens.

Messieurs, ne s'est-il donc rien passé en France depuis 1829? La coalition règne-t-elle encore sous le nom du prince qu'elle nous avait imposé? Le peuple n'a-t-il pas ressaisi ses droits, et fait expier en trois jours quinze années de honte et d'oppression?... Pourquoi donc, quand tout est changé autour de nous,

(*) Chambre des députés, *séance du 6 janvier* 1831.

le langage du gouvernement ne change-t-il pas? Pourquoi les principes politiques qui réglaient la conduite des ministres de Charles X sont-ils encore suivis par les ministres de Philippe ?

Loin, bien loin de moi, la pensée d'accuser leur patriotisme et d'élever le doute le plus léger sur leurs intentions. Comme nous, ils veulent que la France soit libre et prospère au-dedans, puissante et considérée au-dehors ; comme nous, ils voudraient effacer les traces de ses malheurs; mais, arrivés trop tard au pouvoir, ils n'osent pas détourner le char de l'état de la fatale ornière où l'avaient engagé leurs prédécesseurs, et ces prédécesseurs avaient agi comme s'ils avaient été les successeurs naturels de leurs devanciers, comme si le principe de notre gouvernement n'était pas complètement changé ; faibles et confians, ils ont cru que quelques lignes autographes enchaîneraient les souverains, et qu'à leurs yeux Philippe cesserait d'être un usurpateur, et notre révolution, une rébellion ! (*Agitation au centre*.) Ils ont cru qu'en abandonnant les peuples, nous légitimerions notre cause aux yeux des rois, et ils n'ont pas vu que cet égoïsme étroit qui nous empêchait de profiter du présent créait un avenir chargé d'orages.

Sans doute la paix est un bien précieux; mais sans le soulèvement des Belges, mais sans l'insurrection de la Pologne, qui a cru que notre révolution était le signal de la délivrance des peuples, vous auriez déjà la guerre ! Avez-vous oublié les menaces de la Prusse et la réunion de ses troupes, le langage arrogant de l'autocrate du Nord et la marche de ses armées ? N'a-t-on pas trouvé dans les chancelleries de la Pologne, et surtout dans ses places fortes, des preuves irréfragables des projets hostiles de ces puissances ?

Voulez-vous savoir leurs secrètes pensées ? Écoutez ce que l'ambassadeur de France disait le 26 octobre 1814 au congrès de Vienne :

« La lutte existe entre deux principes ; tant qu'une seule dy-
« nastie révolutionnaire existera, la révolution ne sera pas ter-
« minée. Il faut donc que le principe de la légitimité *triomphe*
« *sans restriction :* sans cela point de paix, mais une trève ! »

Oui, une trève ! c'est tout ce que vous obtiendrez en sacrifiant vos amis, vos intérêts et notre dignité ! et cette trève, ce seront vos ennemis qui en fixeront le terme ! Quand l'esprit public sera tout-à-fait éteint parmi nous, quand le sol, qu'ébranlaient sous leurs pas les soudaines et sympathiques commotions de la France, se sera raffermi, ils se présenteront avec le poids de leurs forces matérielles, et vous n'aurez plus, vous, de force morale à leur opposer ; car les peuples, indignés de votre cruel abandon, ne répondront pas à l'appel que vous voudrez leur faire, et trop tard vous vous accuserez de n'avoir pas profité de ces circonstances fugitives que la Providence accorde aux nations comme aux individus, et qui ne renaissent plus quand on n'a pas su les saisir.

Mais, vont me dire les ministres, les rois seront enchaînés par les traités et liés par leurs promesses. Par leurs promesses! Lorsque, vaincu par les élémens, Napoléon eût repassé le Rhin, que proclamaient à la face du monde les puissances coalisées? Elles voulaient, disaient-elles, que la France fût grande et forte ; il le fallait pour la balance de l'Europe, il le fallait honorer la victoire par la justice et la modération: mais quand la nation, trompée, eût séparé sa cause de celle de Napoléon, l'esprit de la coalition se développa sans contrainte; Metternich insista pour qu'on changeât en *position défensive* notre position offensive, pour que Landau, livré aux Allemands, les dédommageât de la destruction de Philisberg ; pour que Strasbourg, trop menaçant, fût réduit à sa citadelle. Allant plus loin, et peut-être son organe secret, le ministre des Pays-Bas disait: Que la prescription était un droit civil, et non un droit naturel ; qu'on pouvait, qu'on devait donc nous éloigner du Rhin, et nous enlever l'Alsace, qui n'était pas une province française. Sans la Russie, cet étrange argument eût prévalu ; et c'est ainsi, après tant de promesses, qu'on nous imposa cette paix qui mutilait notre territoire, qui nous déshéritait de nos places fortes, et ouvrait les avenues de notre capitale ; cette paix honteuse qu'en présence des princes qui l'avaient signée, et bravant leur courroux, j'osai appeler une *halte dans la boue!* (*Vive agitation dans la salle.*)

Et c'est pour continuer cette halte (*Murmures, interruption*), pour rester dans ce déplorable *statu quo*, que nous repoussons les Belges, et que nous fermons l'oreille aux cris de ces Polonais, dont les ossemens se sont mêlés aux nôtres sur tant de champs de bataille! (*Mouvemens aux centres, approbation à gauche.*) C'est pour ce *statu quo* que notre ministre des relations extérieures aurait tenu l'étrange langage que lui prêtent les envoyés Belges, et que je ne rappelle ici que pour lui fournir l'occasion solennelle de le démentir. Non, il n'a pas dit : « *Que nous refusions la Belgique, parce que l'Angleterre n'y consentirait pas.* » (*M. Duvergier de Hauranne:* Vous bouleverserez la France !) Nous consentons bien, nous, à ce qu'elle soit riche de nos dépouilles et de celles de la Hollande, à ce qu'elle opprime cent millions d'Indiens, à ce qu'elle soit maîtresse, sans rivale, de la Méditerranée, à ce qu'elle occupe les points les plus importans du globe, d'*Héliogoland* à *Sina Capour*, des mers du Nord aux mers de la Chine ! Et elle ne consentirait pas à nous voir sortir du cercle de fer que la coalition a tracé autour de nous ! Mais le beffroi de

Notre-Dame a sonné, le 29 juillet, l'heure de notre délivrance!
Mais le canon de Paris a fait taire le canon de Waterloo! Que
dis-je! les liens de vasselage étaient déjà rompus ; car il eut
quelque patriotisme, ce ministre qui expire dans les fers ses
attentats contre la liberté ; et c'est sans le consentement de
l'Angleterre, c'est en bravant avec fierté les menaces du cabinet
de Saint-James, qu'il fit la conquête d'Alger et conserva sa
conquête.

Cherchons donc d'autres motifs à notre conduite politique, et
voyons si les combinaisons qu'on propose dédommageront la
France du refus qu'on se permet en son nom. Je n'hésite pas à
dire qu'elles empirent notre situation. En effet, lorsque la Belgique était enchaînée à la Hollande, nous avions toujours l'espoir
de voir rompre cette union mal assortie, ce mariage forcé où
l'*incompatibilité d'humeur* était une cause permanente de divorce;
mais aujourd'hui on nous ramène au *traité des barrières*. On
nous fait reculer de plus d'un siècle en donnant la Belgique à un
prince allemand. Peu importe qu'il s'appelle Othon ou Léopold!
Après avoir passé le *Rhin*, la confédération germanique va passer la *Meuse* ; elle pèsera sur nous de tout le poids de l'Allemagne, et c'est la Bavière, cette ancienne alliée que nous avons
si souvent préservée, que Napoléon érigea en royaume, qui
tiendra garnison à Namur, à Mons, à Tournai, comme elle occupe déjà Landau. Mais tout n'est pas encore dévoilé: l'Angleterre et Metternich n'ont pas assez fait en appelant un neveu de
l'empereur d'Autriche sur le trône de la Belgique; et le projet
d'échange des Pays-Bas, projet qui, en 1778, fit courir Frédéric aux armes, n'est peut-être pas oublié par la cour de Vienne,
qui, comme la cour de Rome, fidèle à ses traditions, veut toujours ce qu'elle voulut une fois.

Vous voyez, Messieurs, que tous les sacrifices faits pour
maintenir la paix seront des germes féconds de longues et cruelles guerres, et que nous léguerons à nos neveux un sanglant
héritage. Mais ce n'est pas seulement à la France que peut être
fatale la timide circonspection de notre ministère ; elle l'est
encore plus pour le monarque que nous sommes si heureux
d'avoir élevé sur le pavois. La nation n'a jamais pardonné aux
Bourbons les traités de 1814 et de 1815, et quelques jours de
liberté ne l'ont pas consolée de l'amputation de notre territoire.

En voyant sur le trône un prince qui avait combattu à Jémmapes, qui, fuyant l'émigration, était demeuré Français sur la
terre étrangère, elle a cru, elle a dû croire qu'il s'associerait à
tous ses sentimens. La gloire est un ciment si puissant, elle environne un trône d'une si brillante auréole, elle fait pousser des
racines si profondes à une dynastie nouvelle, qu'il serait peut-

être politique de la chercher sans motif ; mais la repousser quand l'intérêt de l'état l'invoque, quand l'humanité l'implore, quand la justice la commande, c'est, je l'avoue, ce que mon esprit ne peut concevoir.

Il en sentait tout le prix, ce Guillaume qui chassa les stupides Stuarts, et qui se trouvait dans une position identiquement semblable à celle de notre Philippe. Aussi saisit-il la première occasion de courir aux armes, et, étouffant tous les partis qui surgissent avec les révolutions, la bataille de la Boyne et la la guerre qu'il fit à Louis XIV assurèrent plus son trône que ne l'auraient fait des lettres autographes et des promesses diplomatiques.

Messieurs, mes paroles vous paraîtront sévères et mes prévisions importunes. Aussi ne suis-je monté à cette tribune que subjugué par une conviction profonde, et pour obéir à un devoir plus puissant que ma volonté. Ce n'est pas, croyez-le bien, un militaire amoureux de nouveaux hasards qui vous parle (les revers publics et les infortunes particulières n'ont que trop détruit de vaines illusions), mais un citoyen pénétré des dangers qui nous menacent. Que les ministres n'en détournent donc pas les yeux ; qu'ils songent à l'immense responsabilité qui pèse sur eux, et qu'un jour perdu peut perdre la patrie : et nous, que divisent quelques opinions, mais que réunissent les mêmes sentimens, secondons-les de tous nos efforts ; engageons-les à ne pas oublier le principe de notre révolution ; disons-leur qu'ils sont forts de la force de toute la France, et que cette France est prête à tous les sacrifices pour assurer sa liberté, son indépendance, et reprendre le rang qu'elle doit tenir parmi les nations (*Mouvemens d'adhésion à gauche... Une longue agitation succède à ce discours*).

DISCOURS

SUR LE REFUS DE LA COURONNE DE BELGIQUE,

OFFERTE AU DUC DE NEMOURS (*).

Messieurs,

Le refus du trône de la Belgique est un acte trop important pour que des ministres pénétrés des principes de notre gouvernement ne le communiquassent pas aux cham-

(*) *Chambre des députés, séance du 23 février 1831.*

bres. Son influence sur les destinées de la France peut être immense, et fasse le ciel que ce ne soit pas au prix de torrens de sang que nous soyons obligés d'acheter dans l'avenir ce qu'on repousse aujourd'hui !

Les motifs personnels qui ont déterminé le monarque sont généreux et touchans ; ils doivent accroître les sentimens d'amour et de reconnaissance que nous lui portons. Quand Louis XIV refusait de joindre la Belgique à nos provinces, c'était pour placer son petit-fils sur le trône d'Espagne, et la longue et funeste guerre de la succession en fut la suite. C'est pour maintenir la paix, pour ôter tout prétexte à des puissances jalouses, que Philippe la refuse ; c'est au bonheur de la France qu'il sacrifie un fils chéri ! Nous serait-il interdit de discuter les raisons qui ont présidé à cette grande et solennelle détermination ? Le père n'a-t-il pas la libre disposition de ses enfans ? Ne peut-il pas, comme les autres citoyens, accepter ou refuser un héritage qui lui est offert ?

Mon assertion surprendra peut-être, mais une intime conviction me dit que le roi et les siens appartiennent à la patrie, que la liberté, ce patrimoine de tous, est plus limitée pour lui que pour tout autre, et que, par une dure exception, la raison d'état a le droit d'intervenir même dans ses relations privées, même dans ses liens de famille. C'est, je le sens à regret, entremêler des épines aux brillans de la couronne ; mais telle est la condition humaine. Le despotisme a ses périls, la monarchie constitutionnelle ses devoirs ; tout trône a sa dette ; toute puissance sur la terre paie son tribut. Avant d'agréer ou repousser le vœu des Belges, le roi a donc dû consulter son conseil, et cet acte rentre, comme tous les autres, dans le domaine de la discussion, dans la responsabilité ministérielle. C'est sous ce rapport seulement que je vais me permettre de l'examiner.

Il serait inutile de rappeler que ce fut d'après un vœu officiellement manifesté, que la Convention décréta, le 1er octobre 1795, la réunion à la France de la Belgique, des états de Liége et de Luxembourg ; il serait plus inutile encore d'examiner si ce qu'avait fait une loi pouvait être autrement annulé que par la loi. Je ne remettrai donc pas en discussion l'insoluble question de la force et du droit ; mais vous me permettrez de retracer en peu de mots les motifs qui décidèrent une assemblée à qui la France dut son salut.

Alors aussi ou parlait de former de la Belgique un état indépendant ; mais il fut démontré que cet état, sans frontières naturelles, sans une population suffisante, ne pourrait pas se maintenir contre les attaques de ses voisins; que son armée ne serait même pas assez nombreuse pour fournir les garnisons de ses places; qu'il deviendrait bientôt, comme l'est le Portugal, une province de l'Angleterre, qui, par Ostende, par Anvers, chercherait, pendant la paix, à s'ouvrir des débouchés vers la France et l'Allemagne, et qui, en cas de guerre, y trouverait une tête de pont pour se mêler aux querelles continentales et menacer nos frontières.

La réunion, au contraire, n'offrait que des avantages aux deux peuples, qui, ayant une même origine, les mêmes mœurs, la même langue, les mêmes besoins, ne forment réellement qu'une même nation; il fut démontré que, sous le rapport des distances, Bruxelles tenait plus à Paris que Bordeaux, qui en était séparé par plusieurs fleuves; que, sous le rapport des intérêts matériels, la Belgique, produisant trois fois plus de grains qu'elle n'en consomme, pourrait en fournir à la France, qui est obligée d'en retirer un dixième de l'étranger, et qu'en échange elle recevrait nos vins du midi, qui cherchent en vain des débouchés. On ajoutait enfin que, sous le rapport de la défense, le cours de la Meuse nous offrait dans Givet, Namur, Maëstricht, Venloo, etc., une ligne de places formidables qui, n'étant pas comme Strasbourg et Mayence des points de départ de lignes et d'opérations offensives, n'alarmeraient pas l'Allemagne et ne pourraient être considérées que comme des moyens défensifs et protecteurs. Carnot surtout, dont l'opinion doit être d'un si grand poids, voyait dans cette réunion l'avantage d'ôter Luxembourg à un ennemi qui, de cet autre Gibraltar, s'était dirigé sur Montmédy, sur Verdun, et avait menacé notre capitale.

Mais à quoi bon, va-t-on me dire, vanter les avantages d'une réunion que la Belgique ne demande pas, que la Belgique repousse? Car elle veut être un état indépendant, se gouverner d'après ses lois, et avoir sa capitale et sa nationalité. Ce n'est pas à cette tribune que doivent se discuter les vrais motifs qui font agir les partis qui divisent nos voisins; mais, ayant longtemps habité parmi eux, dans ces jours de proscription où chaque maison nous offrait un asile, où chaque Belge nous tendait une main amie, où tous les cœurs s'ouvraient à nos douleurs, je ne puis pas oublier combien ils tenaient à la France, combien ils déploraient les circonstances qui les en avaient détachés, combien ils aspiraient après le moment prévu de rentrer dans la grande famille; et j'ai la conviction profonde que, si notre gouvernement s'était donné, pour les attirer à nous, la dixième partie des soins employés pour les en éloigner, l'immense majorité, la presque unanimité se serait décidée pour une réunion complète.

Après cette réunion, préférable pour les deux peuples à toutes les autres combinaisons, ce que nous devions le plus désirer était sans doute de voir un fils du roi des Français sur le trône de la Belgique. Ses affections l'auraient suivi dans sa nouvelle patrie ; il serait devenu Belge, sans cesser de nous appartenir, et, formé sous ses auspices, protégé par nos forces, ce nouvel état nous eût inspiré un intérêt qui lui aurait assuré un long et glorieux avenir ; et il nous eût porté, en échange, une reconnaissance garante de sa fidélité.

Au lieu de ces sentimens, quels germes de mécontentement et de défiance notre refus ne va-t-il pas jeter dans le cœur des Belges ? Après tant d'hésitations, tant d'intrigues contraires, tant d'espérances trompées, que vont-ils faire, que vont-ils devenir ? L'anarchie va-t-elle les dévorer ? se jeteront-ils dans les bras de l'Autriche, qui fit si longtemps de leur pays un champ de bataille ? Se constituant en république, offriront-ils aux peuples calculateurs de l'Europe le spectacle d'*un gouvernement à meilleur marché* ? En appelleront-ils à la nation française du refus de son gouvernement, en lui offrant de se réunir à elle ? Reprendront-ils l'aide-de-camp du généralissime de la Sainte-Alliance, qui pourrait alors se dispenser de passer la Manche pour venir inspecter les places fortes qui nous enferment ? Iront-ils enfin chercher, au fond de l'Italie, un prince qui leur est inconnu ; qui, s'il a des parens sur le trône de France, en a aussi à Vienne et à Holy-Rood dont les opinions sont peut-être plus en harmonie avec ses goûts et ses impressions premières.

Vous le voyez, Messieurs, c'est au détriment des Belges, et ce n'est pas sans danger pour la France, que nous repoussons les vœux que forment nos voisins. Quels motifs ont décidé le conseil du roi ? Seraient-ce les menaces parties du congrès de Londres, qui peut rappeler les prétentions, mais qui certes n'a pas la puissance du congrès de Vienne ? Je ne puis le croire. La France n'est pas accoutumée à céder aux menaces ; et si, avec l'ardeur qui enflamme sa population, avec les forces matérielles qui s'organisent de toutes parts, avec les forces morales qui, comme une lave prête à se répandre, bouillonnent dans son sein, elle veut la paix, ce n'est pas à l'autel de la peur qu'elle sacrifie ! (*Très bien ! très bien !*)

Qui a donc arrêté nos ministres ? Serait-ce un respect aveugle pour les traités de 1814 et de 1815 ? Mais un orateur, quelquefois sublime dans sa naïve simplicité, vous l'a dit : ces traités n'existent plus. Ils liaient la Belgique à la Hollande, et la Belgique a rompu sa chaine; ils vous condamnaient à subir les Bourbons, et les événemens de juillet ont pulvérisé leur trône ; ils vous imposaient le dogme de la légitimité, dont le grand-prêtre est, il est vrai, votre envoyé au congrès de Londres...; (*On rit.*) mais vous avez adopté la souveraineté du peuple, et, à leurs yeux, c'est consacrer l'usurpation. Des puissances signataires de ces traités s'arrogeaient, par l'article 2 de leur manifeste du 13 mars 1815, le droit d'intervenir dans le régime intérieur de la France, et vous avez proclamé, vous, comme un dogme, le principe de la non-intervention. Vous serez fidèles à ce principe, et vous ne l'interpréterez pas sans doute de la manière étrange que vient de le faire lord Palmerston dans le parlement d'Angleterre.

Mais que les ministres, qui les ont sans doute étudiés dans toutes leurs dispositions, ces traités dictés par la violence, acceptés par un pouvoir que vous avez répudié, s'expliquent. Lequel des deux est celui qu'ils reconnaissent? Est-ce celui de 1814? Eh bien! celui-là voulait (art. 11) que la France fût forte et puissante ; il nous rendait les frontières de l'ancienne monarchie et nous promettait *une augmentation de territoire*. Est-ce celui de 1815 ? Eh bien! ce traité est une violation manifeste des engagemens pris par toutes les puissances, le 25 mars, à Vienne, *de se garantir mutuellement leurs possessions, et de maintenir dans toute son intégrité le traité de Paris du 30 mai*.

Aussi Louis XVIII, qui s'était associé par son ambassadeur à ces dispositions, protesta-t-il au nom de la France, plutôt envahie que vaincue, contre ce traité de 1815 qui nous dépouillait de Landau, de Marienbourg, de Philippeville. Aussi disait-il qu'ayant adhéré au traité du 25 mars, on ne pouvait exercer sur la France, *identifiée avec son roi, aucun droit de conquête*.

Vainement l'envoyé de la Russie se joignit-il à lui pour déclarer que le motif de la guerre ayant été le *maintien du traité de Paris*, la fin de la guerre ne saurait être *la violation de ce traité*. D'autres puissances, plus avides que justes, l'emportèrent, et les boulevards qui protégeaient notre capitale nous furent enlevés. Huningue fut détruit, et il ne manque à notre honte que d'y avoir un commissaire suisse, comme jadis un commissaire anglais à Dunkerque, pour s'assurer qu'on n'en relève pas les fortifications.

Ainsi, vous le voyez, les raisons ou les prétextes de guerre ne manqueront de part ni d'autre. Des deux côtés on pourra invoquer des traités, et s'appuyer sur des principes ; mais vous voulez la paix : nous la voulons aussi, nous qu'on accuse de pousser à la guerre; comme s'il appelait la tempête, le nautonnier qui l'aperçoit à l'horizon ; mais nous la voulons honorable, digne d'une grande nation, et telle qu'une attitude ferme, des déclarations précises, des négociations habilement conduites, l'auraient obtenue dans le premier moment; car le passé n'enchaîne pas le présent, et, si la longue lutte de 30 ans est terminée, le traité de Westphalie est encore à faire.

La Prusse ne peut pas rester, pour sa sûreté ni pour la nôtre, une route d'étapes, pour les Cosaques, du Niémen aux sources de la Moselle ; l'Italie, que la nature a séparée de la Gaule par des neiges éternelles, ne doit pas s'avancer jusqu'aux portes de Lyon; l'Espagne, dont l'alliance nous est nécessaire, doit se mouvoir dans notre orbite, et cesser d'être en guerre avec nos institutions. Sans cela, tant que l'état actuel des choses durera, la France humiliée, inquiète, toujours sous les armes comme une sentinelle qu'on peut surprendre, s'épuisera en efforts, et inspirera aux autres les craintes qu'elle ressent.

Les puissances veulent aussi la paix, dites-vous. Mais ne voyez-vous pas que le feu que vous avez allumé s'étend autour d'elles? Ne voyez-vous pas qu'une émanation de liberté semble partout sortir du sein de la terre, et qu'une nouvelle ère va commencer? Céderont-elles au principe qui les poursuit? Non : elles voudront, elles doivent vouloir le combat; elles y sont déjà décidées. *Leurs déclarations sont sincères* comme celles qu'elles fesaient à l'assemblée constituante, leurs protestations fidèles comme celles que recevaient les cortès d'Espagne du gouvernement de Louis XVIII. Si elles s'opposent donc, dans ce moment, à la réunion de la Belgique, c'est moins parce que cette réunion accroîtrait vos forces, que parce qu'elle leur ôterait les moyens de parvenir jusqu'au cœur de la France.

Ministres du roi *(Mouvement d'attention)*, les sacrifices que vous faites à la paix serviront donc peut-être les projets de guerre de nos ennemis, et, en leur donnant le temps d'étouffer chez eux les cris de liberté qui se font entendre, vous préparez le moment où ils viendront éteindre chez nous le vrai foyer de cette liberté, le fanal de la civilisation!

Votre ministre des relations extérieures nous a dernièrement cité la conduite de Napoléon en 1815, comme un exemple à suivre ; il aurait bien dû plutôt la signaler comme un écueil à éviter. S'il n'avait pas cru aux espérances de paix, s'il eût continué sa marche jusqu'aux bords du Rhin, les peuples, déjà détrompés des promesses de la Sainte-Alliance, auraient suivi son char de triomphe. Que ne feraient-ils pas aujourd'hui, ces peuples instruits par quinze ans d'oppression, lorsque sur nos drapeaux est écrite la devise que l'illustre Canning proclamait dans le parlement d'Angleterre, et que, plus que lui, nous pouvons, nous, déchaîner les tempêtes dont sa voix éloquente menaçait le monde!

Je ne puis donc que m'affliger du refus du trône de la Belgique; je ne puis surtout que gémir de la marche incertaine, des hésitations, des contradictions qui, mises au grand jour, nous ont fait voir notre diplomatie dans une nudité dont elle ne doit pas s'enorgueillir. Puissent nos ministres adopter la marche franche et loyale qui convient à une grande nation! Puissent-ils, s'appuyant sur sa force, dédaigner la ruse qui ne va qu'à la faiblesse! C'est ainsi qu'ils auraient secouru, d'une manière efficace, ces braves Polonais qui meurent en ce moment pour avoir cru répondre à notre appel, en suivant notre exemple. C'est ainsi qu'ils préviendront toute intervention de la part de l'Autriche, qui doit s'apercevoir que la patience des peuples a un terme, et que le Vésuve n'est pas le seul volcan qui fume en Italie! *(Sensation!)*

Je vote, comme je l'ai déjà fait, pour que toutes les pièces relatives aux négociations de la Belgique, négociations terminées, soient remises sur le bureau de la chambre.....

DISCOURS

SUR LA POLITIQUE DES MINISTRES (*).

Messieurs,

Chaque jour justifie nos prévisions et donne le caractère d'une désespérante conviction aux craintes que nous fait éprouver l'avenir. Les ministres seuls les ont méconnues et dédaignées. Détournant les yeux de ce qui frappait tous les regards, fermant l'oreille à ce que les événemens proclamaient autour de nous, ils sont arrivés, sans y croire peut-être encore, en face des dangers que, depuis trois mois, nous signalons en vain à cette tribune, et qui n'existeraient plus s'ils avaient eu la résolution de les braver.

Je ne discuterai pas les projets de finances qu'ils vous ont soumis *(On rit.)* (c'est pourtant ce qui est en discussion) et l'espèce de contradiction qui se trouvait entre des assurances toujours plus positives de paix, et des demandes toujours plus exi-

(*) Prononcé à l'occasion d'une loi de finances, le 4 avril 1831.

geantes de moyens de faire la guerre ; je me bornerai à l'examen de nos relations extérieures. Là les fautes sont graves et irréparables; là un jour, peut-être une occasion manquée. Je ne prendrai pas pour texte des documens incertains, des notes confidentielles, des mots dont on puisse altérer le sens, mais des négociations officielles, des actes qui, publiquement avoués, doivent être l'expression de l'esprit qui anime le gouvernement ; et, sous ce rapport, le protocole du 27 février, que je dénonce à votre patriotisme, est un vrai manifeste des beaux jours de la Sainte-Alliance...

Cherchant à enchaîner le présent au passé, intervenant au nom de la non-intervention, le congrès de Londres fixe arbitrairement les limites de la Belgique, et la met à la disposition continuelle des Hollandais, qui peuvent déboucher des places de la Meuse, de Maëstricht à Gertruidemberg, et l'envelopper par le grand-duché de Luxembourg, que, malgré des conventions consenties et au grand détriment de la France, on s'obstine à en détacher. La Belgique n'aura qu'un sort précaire, qu'une existence provisoire, comme le régent qu'elle s'est donnée.

Les décisions relatives aux finances sont plus partiales encore. Vous croyez peut-être qu'après avoir affecté de faire renaître pour les limites l'ancien ordre de choses, on prendra la même base pour la dette ; que la Hollande, reprenant celle antérieure à 1814, et la Belgique celle qui lui était propre, on partagera par égale portion la dette contractée depuis la réunion ? C'est ce que prescrivaient la justice et la raison; mais la diplomatie a des règles différentes et une arithmétique à elle. La dette de la Hollande était de 47 millions 945 mille livres sterl. (1,198,625,000); celle de la Belgique ne s'élevait qu'à 2 millions 287 mille livres sterl. (57,175,000) ; la dette contractée allait à 13 millions 972 mille livres sterl. La Belgique n'aurait donc dû rester chargée que de 9 millions 273,000 mille livres sterl. Eh bien ! on la condamne à *payer les 16 trentièmes*, plus de la moitié de la dette, c'est-à-dire 624 millions de plus qu'elle ne devrait payer. Et comme la population est un des élémens sur lesquels on a établi ces étranges calculs, on lui compte le duché de Luxembourg, et la partie du Limbourg qu'on en a détachée.

Et c'est pour soutenir de tels arrangemens que les hautes puissances déclarent, à l'article 7, *qu'elles sont disposées à intervenir pour mettre un terme à tout ce qui s'opposerait à leur exécution*, et c'est peut-être dans ce but que vont entrer dans l'Escaut les voiles anglaises dont on nous menace.

Messieurs, l'ancien congrès de Vienne était franc, s'il n'était pas loyal ; chez lui la parole n'était pas l'art de déguiser la pensée : ravalant l'œuvre du créateur, il nombrait et partageait les âmes ; mais, en employant la violence, il respectait assez la raison humaine pour ne pas vouloir qu'on adorât l'absurde. *(Sensation.)*

La Belgique, vous le voyez, est sacrifiée au congrès de Londres ; on la punit d'avoir voulu l'indépendance et la liberté, et on lui prépare un tel sort, que la misère et le désespoir la ramèneront vers la Hollande, et mettront ses forteresses sous la garde d'un prince anglais, ou de l'ancien aide-de-camp du généralissime de la Sainte-Alliance. C'est le but de toutes les intrigues, de toutes les négociations, et notre diplomatie s'en rend la complice. Mais ce n'est pas seulement la Belgique qu'on veut immoler, ce n'est pas seulement là qu'une restauration se prépare. C'est la France qu'on a en vue, c'est à elle qu'on s'adresse, lorsqu'on déclare, comme un principe d'un ordre supérieur, que, « quels que soient les changemens qui interviennent dans l'or« ganisation intérieure des peuples, les traités ne perdent pas « leur puissance. »

Ainsi, c'est en vain que vous avez expulsé les princes que ramena l'étranger ; les traités qu'à notre honte, et pour leur seule sûreté, ils avaient contractés, sont à jamais obligatoires pour vous ; les puissances coalisées veulent pouvoir arriver, par cinq larges issues, jusques sous les murs de notre capitale, et faire ainsi dépendre son sort du résultat toujours douteux d'une grande bataille. Elles veulent pouvoir amonceler des troupes, comme on le fait dans ce moment, de l'autre côté des Alpes, entrer en Provence par le comté de Nice, et occuper, en quelques heures, le point si important, si éminemment stratégique de Lyon, que rien ne protége. En vain la liberté reconquise a rendu à la France l'énergie des premiers jours de la révolution ; en vain quinze générations élevées dans la paix vous invitent à reprendre votre rang parmi les nations : vous êtes condamnés à rester à la merci d'implacables ennemis, et, joignant l'ironie à une révoltante injustice, cinq diplomates, parmi lesquels figure un Français, osent proclamer que tout ce qu'on fit en 1815 n'avait d'autre but que *d'établir un juste équilibre en Europe.*

Un juste équilibre ! il existait sans doute en 1789, cet équilibre. Voyons ce que nous étions alors ; voyons ce que nous sommes aujourd'hui.

Maîtresse des plus belles colonies du globe, l'Espagne, fidèle au pacte de famille, pouvait joindre une marine formidable à notre marine ; la Hollande, encore puissante, avait prouvé dans les guerres d'Amérique que son alliance n'était pas à dédaigner ; l'Italie était, par nos liaisons intimes avec Naples et le Piémont, plus française qu'Autrichienne, et les républiques de Gênes et de Venise lui assuraient sur quelques points une existence nationale ; l'Autriche, liée à la France depuis le traité de 1756, n'avait dans la Belgique qu'une possession onéreuse et impossible à défendre ; la Prusse comptait à peine sept à huit millions d'habitans, et les trois quarts de la Pologne, qui offrait encore la réunion de plus de neuf millions d'âmes, survivaient au guet-à-pens de son premier partage. S'élevant au-dessus de toutes ces puissances par ses richesses, par sa population, la France avait, dans Saint-Domingue et dans ses autres possessions des Indes orientales et occidentales, d'immenses débouchés pour son commerce, son industrie, et l'Angleterre savait que le trident des mers pouvait lui être disputé par son antique rivale.

A côté de ce tableau, dont on ne me contestera pas la vérité, déroulons celui de l'Europe telle que les événemens l'ont faite.

L'Espagne a perdu ses colonies ; elle est sans marine, et si elle pesait dans la balance, ce serait contre nous. La Hollande, qui n'est plus celle des Tromp et des Ruyter, ne compte que nominalement au rang des puissances. L'Autriche, maîtresse en réalité de l'Italie, a pris sa part des trois partages de la Pologne ; elle compte treize ou quatorze millions de sujets de plus qu'elle n'en comptait en 1789. Parvenue au plus haut point de prospérité, l'Angleterre, désormais sans rivale, domine la Méditerranée par Gibraltar, Malte et Corfou. Briarée aux cent bras, elle commande aux Indes occidentales et aux Indes orientales, où les stations du Cap, de Sainte-Hélène, de notre Isle-de-France et de Ceylan, lui assurent cent millions de sujets. La Prusse, qu'une politique prévoyante aurait dû tenir éloignée de nous, est à nos portes ; ses sentinelles sont en face des nôtres. Que dire du géant du nord, qui, touchant d'une main au golfe persique, et de l'autre aux rives de l'Oder, menace à la fois les possessions anglaises dans l'Inde, et la civilisation en Europe?

Et c'est devant ces puissances qui, en 1815, se partagèrent *trente et un millions sept cent cinquante mille âmes* démembrées du grand empire créé par Napoléon, et dont l'Autriche eut pour sa part près de neuf millions, qu'on vient nous parler d'ÉQUILIBRE EUROPÉEN! Tout a grandi autour de vous, et vous n'avez plus la France de Louis XV! Tout est uni autour de nous, et nous n'avons aucun allié; car aujourd'hui où la pensée domine la terre, les opinions marchent avec les intérêts, et, sous toutes les zónes, les dynasties légitimes et les vieilles aristocraties sont prêtes à s'armer contre des principes qui les menacent.

Ainsi, comparativement plus faibles qu'en 89, nous avons perdu toute notre force fédérative. Notre politique était de nous appuyer sur le midi, et c'est la Neva qui domine sur le Mançanarez, et le Portugal a oublié que ce fut aux efforts de Louis XIV qu'il dut sa délivrance du joug espagnol. Au nord, aucun contre-poids: la Suède ne reçoit plus nos subsides ; la Turquie, notre fidèle alliée depuis François Ier, se débat dans son agonie. Nulle part des amis,; et, des glaces du pôle aux colonnes d'Hercule, pas un gouvernement qui ne nous soit hostile.

D'où peut donc naître l'aveugle confiance de nos ministres? Qui peut leur inspirer cette imperturbable sécurité? Seraient-ce des promesses que les faits démentent? Ne voient-ils pas la Prusse organiser ses corps d'armée, appeler ses landvehr, former ses magasins, et se tenir prête à déboucher sur nous? Ne savent-ils pas que, dans ce moment même, 24,000 Hanovriens, Brunswickois, entrent dans le Luxembourg au nom de la confédération du Rhin? Ignorent-ils qu'à pas précipités marchent vers le Milanais des colonnes autrichiennes parties de la Styrie et du fond de la Galicie? N'entendent-ils pas les insolentes clameurs que pousse le fanatisme de l'autre côté des Pyrénées? Croient-ils que, sur les ruines sanglantes de Praga, les Cosaques du Don n'auraient pas poussé le cri : Paris!... Paris!.... Espèrent-ils que leur principe de la non-intervention, proclamé à cette tribune avec tant d'assurance, expliqué depuis avec une si déplorable ambiguité, sera respecté quelque part? Attendez quelques jours, et vous verrez comme les Pandours et les Manteaux-Rouges respectent les droits des nations. De Modène, dont vous croyez que la réversibilité leur permettait l'entrée, ils sont allés à Bologne, où les appelait la voix du père des chrétiens. De là, dédaignant vos supplications ou bravant vos menaces, ils iront dans le reste de la Romagne, à moins que votre ambassadeur ne prenne l'engagement d'accomplir lui-même la contre-révolution qu'ils exigent ; ensuite ils iront, s'ils croient que leur présence y est nécessaire, à Florence et à Naples, que des liens de parenté recommandent à la sollicitude de l'Autriche. La Prusse et la Russie finiront par suivre cet exemple. Peuvent-elles, en effet, souffrir que le beau-frère de l'autocrate soit dépouillé du plus beau fleuron de sa couronne? Non, elles inviteront les Belges repoussés, joués par vous, à renouer l'anneau de leur chaîne. On leur offrira quelques concessions, on satisfera quelques ambitions, et quand les peuples, autour de vous, seront bien soumis, quand toutes les sympathies seront éteintes, quand le sang de vos seuls amis aura coulé sous le fer des bourreaux, alors viendra le moment où les rois conjurés demanderont compte de sa conduite à la nation perturbatrice qui renverse les trônes, s'insurge contre les légitimités, et ose proclamer que l'espèce humaine n'est pas faite pour obéir à quelques despotes. *(Vives sensations.)*

Et c'est ce moment que, dans l'étrange plan de campagne

que vous a proposé notre ministre des relations extérieures, vous devriez attendre pour combattre nos ennemis ! Ce ne serait que sur les ruines de nos cités et les débris de nos moissons que devrait commencer la lutte. Il a sans doute oublié qu'il fallut le génie de Dumouriez pour défendre, en 92, les thermopyles de l'Argone, et que, sans la journée de Valmy, notre capitale eût été envahie. Qu'il descende donc des hauteurs de la diplomatie pour relire son Feuquières, pour méditer les leçons du grand capitaine sous les ordres duquel nous sommes tous fiers d'avoir servi, et de pareils conseils ne sortiront plus de sa bouche.

Nos dangers sont donc imminens, et cependant, ces dangers, nous pouvions les conjurer: au signal que vous avez donné, toutes les nations se sont émues. Le peuple anglais s'est séparé de son aristocratie pour applaudir à votre triomphe; Bruxelles s'est rappelée que, pendant vingt-cinq ans, elle fut française ; l'Espagne a cru que nous allions effacer l'attentat de notre intervention ; la généreuse Pologne a creusé son tombeau, prête à y descendre pour nous, et son sacrifice n'est peut-être qu'ajourné.... La Suisse, la Savoie, l'Italie presque entière, ont poussé les cris de liberté : c'étaient nos alliés, nos seuls alliés ; nous devions les encourager, les secourir, et le proclamer à la face du monde. Qu'a fait notre gouvernement ? Vous savez dans quel cruel abandon il laisse les nations qui invoquèrent notre secours ; et un illustre orateur vous a dit, dans une des dernières séances, comment il traite les étrangers qui étaient venus chercher un asile parmi nous. Puisse la France ne pas être la victime d'un aveuglement qu'il n'a pas tenu à nous de dissiper !

Qui a donc pu nous jeter dans cette voie fatale ? Qui ? Je l'ai déjà dit à cette tribune : une erreur de jugement, un faux principe, ou plutôt l'absence de tout principe. On n'a pas osé, il est vrai, revenir au droit divin, qui avait perdu les Stuarts, que le règne de Louis XVIII à Mittaw et à Hartwel rendait ridicule à tous les yeux, et que l'art. 14 qu'il avait dicté dans la charte venait de tuer ; mais on n'a pas voulu se soumettre franchement au principe de la souveraineté du peuple. Un ministère équilibriste a cru pouvoir trouver un terme moyen entre deux dogmes absolus ; il a cru pouvoir combiner les résultats des journées de juillet avec les doctrines de la restauration ; et, prenant un peu d'usurpation, un peu de légitimité, signant les droits de la nation avec une parcelle de chrême de la Sainte-Ampoule, il a humblement prié les souverains de vouloir bien donner leur approbation à des actes qu'ils ne pouvaient pas approuver, et il s'est soumis à des concessions qui n'ont fait que les raffermir dans leurs résolutions.

Doutez-vous de mon assertion ? Voici des faits. Il était un diplomate qui avait assisté à la naissance et à la mort de dix gouvernemens; qui, à Vienne, délégué de Gand, ameuta l'Europe contre nous. Eh bien! c'est ce diplomate que nous avons envoyé à Londres pour prouver que nous n'avons pas tout-à-fait les principes de la Sainte Alliance. Nous devions envoyer un ambassadeur en Russie..... Qui avons-nous choisi? Un homme qui s'est jeté sans doute dans notre révolution populaire? Non : c'est l'ancien ambassadeur de Charles X. Il représentait la légitimité ; il va représenter l'usurpation; et après avoir jadis complimenté le vainqueur des Balkans, il pourra peut-être un jour féliciter de son funeste triomphe le vainqueur de Varsovie. (*Marques d'improbation.*)

C'est à regret, je le déclare, que je me vois contraint à désigner des hommes, honorables sans doute, mais que leurs antécédens devaient éloigner de notre scène politique. Ce ne sont pas les seuls. Il eût été facile de donner aux mouvemens de la Suisse une impulsion avantageuse à la France. Qu'a-t-on fait? On y a laissé longtemps l'envoyé de Charles X, et sa seule présence a suffi pour décourager le parti populaire. Vous savez comment nous étions représentés auprès de l'héroïque Pologne, et quel solennel démenti la négligence coupable de ce conseil a valu, le 12 février, à notre ministre des relations extérieures, qui ne s'obstinera pas sans doute à conserver sa confiance à l'homme qui possède à un si haut degré celle de Nicolas et du grand-duc Constantin. Demandez-lui le nom de notre agent en Portugal ! Informez-vous de son influence près de don Miguel; de ce qu'il a obtenu, depuis deux mois, pour un citoyen français condamné arbitrairement à être fouetté publiquement dans les rues de Lisbonne ; ce qu'il espère pour le négociant français le plus considéré, pour le vénérable vieillard (*M. Sauvinet*) qui, après avoir été précipité avec sa fille dans les cachots du Limassiro, va être déporté sur la côte d'Afrique? Il est vrai que, pour la première fois depuis dix ans, il n'y a dans le Tage ni vaisseau de ligne, ni frégate, ni corvette, ni brick, et que le seul refuge qui reste à nos compatriotes est à bord de quelques bâtimens anglais. Craindrait-on que la vue du drapeau tricolore fît mal au cœur à ce débonnaire don Miguel que nous avons tant de raison d'aimer ? (*On rit.*)

Voilà, Messieurs, la déplorable situation où nous ont conduits le manque d'un principe fixe, nos hésitations continuelles et une prudence qui, au lieu de conjurer les dangers, les accroît à chaque instant. Ce n'est pas le seul mal ! Les causes qui ont encouragé nos ennemis extérieurs nous ôtent chaque jour à l'intérieur les moyens de leur résister. Partout l'esprit s'amortit *(Dénégation au centre)*, les plus braves se découragent, les plus dévoués se demandent s'ils ne sont pas dupes de leur dévouement; et ces esprits inquiets, qui croient possible tout ce qu'ils redoutent, rêvent des trahisons, sèment les défiances, et ôtent ainsi toute force au gouvernement, toute sécurité aux gouvernés. Et cependant, dans la lutte qui se prépare, il ne s'agira pas, comme dans les guerres ordinaires, d'une ville, d'un lambeau de territoire, d'une province à céder : c'est notre ordre social tout entier qui sera attaqué; c'est notre liberté comme citoyens, notre indépendance comme nation, qu'il faudra défendre. *Etre ou ne pas être*, telle sera la question que décidera la force ! Si notre ministère, qui se survit dans ses métempsycoses, en est bien convaincu, qu'il se hâte de reconnaître ses erreurs et de réparer ses fautes; qu'il sache que, lorsque, repoussant la légitimité nous nous sommes lancés dans les hasards d'une révolution, ce n'était pas pour continuer à sommeiller sous les fourches caudines de 1814 et de 1815 ; que lorsque, sur tous les points, la nation a couru aux armes, ce n'était pas pour nous traîner à la remorque des autres puissances, pour conserver la paix à force de concessions, pour laisser égorger une nation amie, pour abandonner au bourreau de l'Autriche les patriotes de l'Italie que des promesses fallacieuses avaient appelés à la liberté. *(Adhésion à gauche.)*

Qu'il cesse de représenter comme des perturbateurs, des anarchistes, de farouches républicains, des hommes qui, franchement dévoués à notre roi constitutionnel, ne cherchent qu'à maintenir le nouvel ordre de choses ; mais qui sont convaincus qu'une dynastie nouvelle ne peut pousser de profondes racines qu'en s'enveloppant d'une auréole de gloire. *(Au centre :* Ah! ah! des conquêtes.*)* Que, sortant de ce juste-milieu qui n'est qu'un précipice, il s'appuie sur la partie forte de la nation, et marche avec elle. Qu'il n'aille plus chercher l'expression de la véritable opinion publique dans les calculs de quelques hommes toujours prêts à sacrifier l'intérêt général à leurs intérêts privés. Que partout le pouvoir, confié à des hommes franchement dévoués au principe de notre révolution, rallume les flammes qu'on a éteintes. Qu'au lieu d'appeler de nouvelles conscriptions qui ôtent à l'agriculture des bras utiles, il forme des bataillons de volontaires où s'enrôlera l'exubérance de la population des villes, et où trouveront place et les vainqueurs de juillet, et cette jeunesse ardente qui ne sait à quoi employer l'activité qui la dévore. Ces bataillons n'auront pas l'expérience de nos vieux régimens ; mais c'est sans expérience qu'ils ont vaincu les suisses et la garde royale, qui, mieux qu'eux sans doute, savaient former leurs pelotons et marcher en bataille. De leurs rangs sortiront de nouveaux Desaix, de nouveaux Marceau, de nouveaux Saint-Cyr, et l'étranger apprendra qu'elle sera toujours féconde en héros, cette terre de France. Non, elle ne succombera pas. Qu'on donne le signal, et de Dunkerque à Bayonne retentiront ces mots, qu'en courant au combat répète le soldat polonais : « Patrie ! ô patrie ! tu ne seras jamais sans défenseurs. »

Je voterai avec empressement les allocations demandées, quand le ministre des relations extérieures aura répondu aux questions suivantes :

1.º Le gouvernement français consent-il à ce que le Luxembourg soit détaché de la Belgique, et qu'il passe ainsi sous la domination de la confédération du Rhin, c'est-à-dire sous celle de la Prusse et de l'Autriche ?

2.º Souffrirait-il que la Belgique revînt, dans le fait, sous le joug hollandais, en permettant que le prince d'Orange occupât un trône que la France a cru devoir refuser ?

3.º En nous soumettant aux conditions honteuses que nous a imposées le congrès de Vienne, exigera-t-on du moins que l'article 5 du traité du 3 mai 1815, qui assure à l'héroïque Pologne des institutions nationales, soit exécuté ?

4.º Souffrirons-nous, en contradiction avec notre politique de tous les temps, que l'Autriche devienne, en réalité, dominatrice de toute l'Italie ?

DISCOURS

EN RÉPONSE

AUX EXPLICATIONS DONNÉES PAR M. SÉBASTIANI,

SUR L'INTERPELLATION DE M. MAUGUIN. (*)

Messieurs,

Les explications que nous a hier données M. le ministre des relations extérieures n'ont éclairé que quelques points isolés ; elles n'ont pas déterminé des faits accomplis et des résultats qui, contraires à la dignité et aux intérêts de la nation, pèsent de tout

(*) Chambre des députés, *séance du 20 septembre 1831.*

leur poids sur l'administration actuelle. Cette administration s'est, non pas seulement associé, comme Louis XVIII et Charles X, à la Sainte-Alliance, mais elle s'est placée à sa suite. Il ne pouvait pas en être autrement, du moment qu'elle s'est engagée dans la voie qu'avait ouverte notre premier ministère, dès le moment qu'elle consentait à faire partie d'un congrès où les voix des peuples n'avaient qu'un organe, et où, comme vous l'a si bien démontré notre collègue, M. Bignon, les gouvernemens absolus et les puissances rivales avaient toujours une majorité assurée. Nous recueillons les fruits de cette funeste combinaison. La Belgique, dont on a reconnu le vrai vœu, et dont on foule aux pieds le pacte fondamental; la Belgique, à qui on va enlever le Limbourg, le Luxembourg et la rive gauche de l'Escaut, ne sera qu'un simulacre de royaume, qui n'aura qu'un simulacre de roi, qui fera bien de tenir toujours ses malles faites, et d'avoir à Anvers, à Ostende, un paquebot prêt à le soustraire aux visites imprévues du prince d'Orange ; car la France n'aura pas toujours à Maubeuge et à Valenciennes une armée pour tenir debout son trône chancelant. Ainsi la Sainte-Alliance a complètement atteint son premier but, et tout lui promet, sur ce point, une prompte restauration qui doit être l'avant-coureur, le premier acte d'une restauration plus importante, à laquelle l'Europe travaille.

Si l'on croyait détourner nos yeux de ce danger par quelques-unes de ces futiles combinaisons qui peuvent sourire aux vieux souvenirs d'un courtisan de l'Œil-de-Bœuf, par des négociations à la Bernis, des mariages, des unions de famille, on se tromperait : les nations sont aujourd'hui éclairées. Elles savent ce que valent les liens entre les souverains, et l'histoire de Napoléon est là pour leur apprendre qu'il ne faut pas remonter à Agamemnon pour trouver un père qui ait sacrifié sa fille. (*Rires ironiques au centre.*)

J'ai été étonné d'entendre le ministre nous vanter comme un bien la neutralité de la Belgique, qui serait garantie par toutes les puissances : ce serait, au contraire, ressusciter l'ancien traité des barrières, ce serait nous enfermer à jamais dans nos limites, et nous priver de la seule ligne d'opération favorable, tandis qu'on laisserait aux ennemis le Luxembourg, qui, comme un bastion menaçant, s'avance dans la France, et offre le meilleur point d'attaque. Mieux mille fois vaudrait rendre à la Hollande un pays qui fut le théâtre de la gloire des Luxembourg, des Villars, des Saxe, des Dumouriez et des Jourdan.

Militaire et citoyen, c'est la rougeur sur le front que j'ai entendu les explications à la fois vagues et forcées que l'on a données de notre évacuation de la Belgique, et il m'est démontré que les soldats de cette France, naguères si respectée, ont obéi aux ordres, aux ordres absolus des feseurs de protocoles de Londres ; que ce sont eux qui ont marqué les étapes et expédié les ordres de route. (*Murmures aux centres. Adhésion à gauche.*) Ainsi il mentait, le journal, quand il nous disait que *douze mille Français resteraient en Belgique*. Wellington et les torys de la chambre des pairs, et ses ministres, qui sont aussi torys quand il faut humilier la France, en ont autrement ordonné. Ainsi il se trompe, notre ministre de la guerre, quand, se rappelant peu un passé plein de gloire et de force, il disait de nos soldats : *Ils n'en sortiront pas!*.... Ils en sont sortis, en laissant le Lion de la Belgique debout sur le monument de Waterloo, en évacuant les places construites avec nos tributs, avant d'avoir assisté à leur démolition.

Ce sera la Prusse, l'Autriche, la Russie, qui décideront quelles sont les places à démolir; et la France, mise à l'écart comme un coupable que l'on juge, attendra l'arrêt. Quand nous arrêterons-nous donc sur cette pente rapide et honteuse de concessions ? Ah ! les Belges sont heureux d'avoir répondu dans le premier moment à notre signal de juillet ! S'ils avaient attendu jusque aujourd'hui, le ministère actuel est trop prudent pour se permettre envers la Prusse le langage énergique que tinrent alors nos ministres; il craindrait trop de compromettre la paix de l'Europe, de violer les traités de Vienne, d'être accusé de faire de la propagande, et la Belgique, qui est à nos portes, serait traitée comme la Pologne, et abandonnée sans pitié au châtiment des grandes puissances. (*Mouvement.*)

La Pologne ? Serait-il vrai que cette héroïque nation, qui n'avait offert sa poitrine à la lance des Tartares que pour nous servir de bouclier, va succomber parce qu'elle a suivi les conseils que lui ont donnés la France et l'Angleterre ? Ainsi s'expliquerait l'inaction de son armée au moment où elle aurait dû prendre un parti décisif.

Ainsi on concevrait l'irrésolution du généralissime, qui, dans le premier moment, avait montré tant d'audace et d'habileté. On saurait pourquoi il n'a pas profité du passage de la Vistule, qui partageait l'armée ennemie, pour livrer une bataille sur l'une ou l'autre rive. Le ministre repousse avec indignation cette complicité; il déclare formellement n'avoir fait aucune promesse, n'avoir donné aucune espérance, n'avoir fixé aucune date : d'honorables Polonais, que j'ai vus ce matin, affirment le contraire. Notre collègue, M. Lafayette, va vous donner sur cet objet des détails presque officiels. Je n'en désire pas moins que le ministre ait raison : il serait trop malheureux que l'avenir pût adresser un pareil reproche à la France.

Mais est-ce bien le seul tort de nos ministres? Employant une cruelle ironie, leurs orateurs diront-ils encore : « Voulez-vous » aller en ballon ? voulez-vous faire quatre cents lieues à travers » l'Allemagne et la Prusse? » Messieurs, nous n'avions pas besoin de traverser l'Allemagne pour assurer le triomphe de la Pologne. Ce n'est pas devant la Russie qu'elle succombe, c'est devant la Prusse; sans son secours, les Russes n'auraient pu se soutenir, ayant leur ligne d'opération coupée ; sans les vivres venus de Dantzig et de Thorn, sans les bateaux qui ont remonté la Vistule et servi à jeter le pont, jamais un cosaque, jamais du moins un corps d'armée, n'aurait franchi ce fleuve.

Nous n'avions donc besoin que de tenir un langage ferme à la Prusse, et elle l'a bien écouté ce langage, quand le précédent ministère lui a interdit l'intervention en Belgique. Les affections de famille, les liens d'intérêt et de politique l'unissent à la Hollande ; elle voyait avec douleur une séparation contraire aux traités de Vienne, dont elle avait tant à se louer; et cependant, quand la France de juillet a fait entendre sa voix puissante, ses troupes, qui étaient en marche pour étouffer ce qu'on appelait une révolte, se sont arrêtées.

Il en eût été de même pour la Pologne. Si, dans le premier moment, notre ministère avait exigé une neutralité absolue, et le libre passage des Français qui voulaient aller combattre pour une cause sacrée, et que la formation d'une armée eût appuyé nos demandes, la Prusse, qui savait tout ce qu'elle avait à risquer dans la lutte, eût observé cette neutralité, et les Russes seraient depuis longtemps refoulés de l'autre côté du Nieper.

Mais notre influence ne s'est exercée que contre nos amis, que contre ceux que nous aurions dû protéger et défendre. Ici, Messieurs, vous concevrez l'embarras de l'homme qui ne cherche que la vérité; le ministre cite des actes, et je n'ai que des inductions morales à opposer.

Tout ce que je puis affirmer, c'est que je connais depuis plus de trente ans le général Guilleminot. Nous étions employés ensemble près de Moreau, dont la mort a flétri la vie. (*Sensation.*) Jeune encore, il se distinguait par sa circonspection, par sa prudence. Comment croire à la démarche qu'il aurait faite sans y être autorisé? Cette démarche pourtant était dictée par le patriotisme et les vrais intérêts de la France. (*Dénégations aux centres. Interruption*)

M. le président du conseil : Il n'y a jamais de patriotisme à désobéir à ses instructions.

M. Teste, au milieu du bruit : Le vicomte d'Orthez désobéit aux ordres qui lui furent donnés lors de la Saint-Barthélemy, et il y eut de l'honneur à le faire.

M. le général Lamarque : Il était facile, quoiqu'en dise le ministre, d'exciter la Turquie ; la haine des Russes eût ranimé le cadavre, et cent mille Bulgares et Roméliotes seraient peut-être en ce moment dans l'Ukraine ; ils auraient été secondés par les Persans et les peuplades guerrières du Caucase, et la Pologne eût été sauvée! Ne désespérons pas cependant de sa cause : elle nous a accoutumés aux miracles. Sentant la difficulté de nourrir une population de cent mille habitans, et de défendre une capitale toute ouverte, le gouvernement polonais avait, depuis le mois de février, formé le projet de se retirer sur Modlin, où il avait envoyé les archives du royaume et réuni d'immenses approvisionnemens.

Ce projet, il vient de l'accomplir, après avoir comblé les fossés des redoutes qui couvraient Varsovie de cadavres russes. Modlin est une place formidable : elle a une excellente tête de pont, qui permet de déboucher sur les deux rives de la Vistule ; un vaste camp retranché la couvre. Vers Radomsk, vers Petrican existent encore, sur les derrières des Russes, des corps d'armée polonais. La glorieuse lutte n'est donc pas encore terminée.

Mais ce n'est plus de la Pologne, c'est de nous, c'est de la France que je veux, que je dois parler.

Messieurs, les assurances de paix que ne cessent de vous donner les ministres vous ôtent-elles toutes les inquiétudes pour l'avenir? Croyez-vous qu'ils osassent monter à la tribune pour vous dire : Nous vous garantissons sur nos têtes... (*Interruption.*)

Voix aux centres : Oh! oh!

M. le général Lamarque au président, et montrant le centre gauche : Il y a une trentaine de membres sur ces bancs qui semblent prendre plaisir à interrompre : je prie M. le président de les inviter au silence.

M. le président : Encore une fois, je réclame le silence de la chambre : l'orateur a droit d'être écouté.

M. Faure, de la deuxième section de droite. J'atteste que ce n'est jamais de notre côté que viennent les interruptions.

M. le président : C'est vrai.

M. le général Lamarque continue :

Que lorsque les puissances auront éteint tous les germes d'insurrection qui fermentent dans leur sein, elles ne voudront pas remonter à la véritable source, et conserver leur pouvoir absolu en étouffant chez nous le principe contraire? Non, sans doute.

A travers leur assurance percent des inquiétudes sur l'avenir. *Nous conserverons la paix si nous sommes sages; nous ne serons* pas envahis si nous sommes sages, disait hier notre ministre des relations extérieures. (*On rit.*)

Et qui décidera si nous *sommes sages* ou si nous ne le sommes pas? Où siégera le tribunal, l'assemblée des Amphyctions? Elle sera sans doute composée de rois! Eh bien! ils décideront que nous n'avons pas *été sages* dans le mois de juillet dernier (*nouveau rire*), lorsque nous avons renversé un trône et chassé une dynastie ; ils le décideront, et vous savez comme ils oublient et comme ils pardonnent.

Voix de l'extrême droite : En face !

M. le président : On ne peut pas gêner l'orateur, qui se tourne du côté de la chambre auquel s'adressent ses observations. Il ne peut pas être continuellement en face ; il ne peut rester immobile.

M. le général Lamarque : Mais au moins, dans les circonstances graves où nous nous trouvons, lorsque notre système fédératif est détruit, lorsque nous n'avons pas un seul allié, et qu'un principe réunit contre nous toutes les puissances, on a pris toutes les précautions que commandait notre sûreté? Eh bien! non, on ne les a pas prises, et on les néglige à un tel point, que je me demande quelquefois si nous avons réellement fait une révolution qui alarme les rois et irrite toutes les aristocraties européennes.

Notre ministre a contesté la force de l'armée autrichienne en Italie ; il l'a portée à quatre-vingt-dix mille hommes seulement. J'ai de fortes raisons de croire qu'elle s'élève à cent vingt mille hommes, en comptant les garnisons de Parme, de Venise, de Capoue et des places de la rive droite du Pô. Cette armée est organisée sur le pied de guerre ; son artillerie, ses vivres sont prêts ; à un coup de baguette, elle peut se mettre en marche et joindre soixante-dix mille Piémontais (je prends le chiffre du ministre) dont vingt-cinq à trente mille ont depuis longtemps passé les Alpes...

(*M. le ministre des affaires étrangères fait, de son banc, un signe négatif.*)

Je vous demande pardon, Messieurs : ils occupent le comté de Nice, la Savoie, et ne sont pas à quinze jours, ni même à cinq jours, mais à quelques heures de marche de Lyon, qu'on aurait déjà dû fortifier. On vous a dénombré les régiments qui sont dans cette partie. Je vous le demande, les précautions pour défendre le midi, où s'agitent avec la chaleur du climat tant de passions opposées, sont-elles suffisantes ? Peut-on y dormir tranquille ?

Il en est de même dans le nord-est. Là, soixante-dix ou quatre-vingt mille Prussiens sont à nos portes ; ils sont en offensive sur nous; leur artillerie, leurs vivres de campagne sont prêts, et dans quelques jours de marches forcées, ils peuvent arriver sous les murs de Paris. Voulez-vous connaître leur position? Le ministre ne me démentira pas. Le 4ᵉ corps, commandé par Jiagow, est à Cologne et à Aix-la-Chapelle; le 8ᵉ, sous les ordres de Borolett, est à Coblentz et à Trèves; le 7ᵉ, ayant à sa tête le général Muffling, est partie à Munster et partie à Dusseldorf; de forts détachemens des 3ᵉ et 5ᵉ corps sont, en outre, dans le Luxembourg et les provinces rhénanes.

Comment, en présence de telles forces, le ministre de la guerre peut-il laisser nos frontières découvertes? Comment n'a-t-il pas, depuis longtemps, formé, comme la Prusse qui nous menace, sinon des corps d'armée, au moins des divisions et des brigades? Il sait bien que la confiance s'achète et ne se donne pas; et notre marche sur Bruxelles a dû le convaincre de la nécessité de réunir les troupes avant de les faire agir, et de leur donner le temps de connaître leur général et d'en être connues. (*Adhésion à gauche.*)

Qui peut donc inspirer tant de sécurité? La Prusse n'a-t-elle jamais manqué à ses promesses? n'a-t-elle jamais été dominée par des idées d'agrandissement et d'ambition? N'y a-t-il pas près du trône des antipathies, des inimitiés qui ne se cachent pas? Un événement naturel ne peut-il pas mettre le pouvoir entre des mains moins prudentes? Quand nous épuisons nos trésors, quand nous privons l'industrie et l'agriculture de bras qui leur seraient utiles, ce n'est pas seulement pour faire porter des schakos et des pantalons garances à cinq cent mille hommes et les faire parader dans des revues; mais pour assurer notre indépendance et notre dignité, pour donner de l'autorité à nos paroles et ne pas nous laisser un jour, une heure, à la disposition de ceux qui furent nos ennemis, et qui peuvent l'être encore.

Si une ligne de places fortes fermait encore nos frontières, ou si nous avions une réserve depuis longtemps exercée comme celle de la Prusse, je pourrais excuser notre incurie. Mais de larges trouées existent; elles conduisent les ennemis jusque sous les murs de notre capitale, et malgré la loi nous n'avons pas de réserve. Telle qu'elle est, la garde nationale peut bien maintenir l'ordre au-dedans, comprimer les émeutes et assurer l'exécution des lois; mais elle ne saurait garantir l'intégrité du territoire, ni offrir un appui réel à l'armée. C'est la garde nationale mobile qui seule pourrait offrir cet appui. Or les sept huitièmes de cette garde, composée en grande partie d'anciens militaires, d'habitans des campagnes, ne prennent aucune part aux exercices militaires, et seraient par conséquent hors d'état de rendre aucun service. Les ministres savent-ils qu'il faut soixante-dix-neuf jours, près de trois mois, pour remplir les formalités voulues par la loi et mettre en marche les corps détachés?

Dans les premiers temps de la monarchie, les levées en masse pouvaient sauver les empires; elles n'avaient à combattre que d'autres levées en masse qui n'avaient pas plus d'organisation, plus d'instruction qu'elles; c'était la force matérielle qui luttait contre la force matérielle. Mais il n'en est plus de même dans nos temps modernes : une nation qui ne serait pas protégée par des obstacles naturels viendrait se briser contre une armée de cent mille hommes, qui, aidée de tous les moyens destructeurs qu'a créés la science de la guerre, pourrait parcourir impunément toutes les parties de son territoire et braver les efforts du grand nombre.

M. le général Bugeaud : M. le président, je demande la parole pour répondre.

M. le président : On l'a demandée avant vous.

M. le général Lamarque : Hâtons-nous donc d'organiser nos moyens de défense (et je préviens les ministres que je viens d'en déposer la proposition); hâtons-nous, pour conjurer les dangers qui nous menacent, pour seconder le vœu national, qui doit appeler quelques mesures protectrices de la Pologne; hâtons-nous d'être forts et redoutables, même pour conserver la paix, car la paix se commande et ne s'implore pas; et pour qu'elle soit durable, il faut prouver qu'on est prêt et disposé à la rompre.

Je demande donc que le ministre des relations extérieures dépose les pièces dont il nous a donné quelques fragmens sans signature.

M. le ministre des affaires étrangères, de sa place : Ce sont des lettres signées, l'une par celui qui représente le roi de France à Pétersbourg, et l'autre par M. le comte de Flahaut, qui le représente à Berlin.

M. le général Lamarque : Qu'il nous communique ses négociations pour sauver la Pologne, pour demander à la Prusse de garder la neutralité, pour engager l'Autriche à nous seconder. Quand on a sacrifié la Belgique, l'Italie et la Pologne, il faut qu'on se justifie, et c'est nous qui sommes autorisés à dire : *il ne faut plus de paroles, il faut des preuves!* Notre confiance est à ce prix. Scipion avait sauvé la patrie quand il rendait ses comptes en montant au Capitole. (*Mouvement d'approbation à droite et à gauche.*)

LOI SUR LES ASSOCIATIONS.

Parmi les vifs et éloquens débats qui, dans la chambre des députés, signalèrent la discussion de la loi sur les associations, on a surtout remarqué les deux discours de M. Pagès (de l'Arriège), l'un dans la discussion générale, l'autre sur les amendemens relatifs à la durée de la loi. Ce qui fait le principal mérite de ces discours, c'est que, depuis l'exorde du premier jusqu'à la noble et vigoureuse péroraison qui termine le second, le mouvement oratoire va toujours croissant.

OPINION DE M. PAGÈS (DE L'ARRIÈGE)
CONTRE LA LOI (*).

Messieurs, si un ministre anglais disait à la chambre des communes : « Le droit d'association est une des libertés de l'Angleterre ; il est illimité, indéfini, admis partout, reconnu par tous : c'est le droit commun des pays libres, et le parlement n'y peut porter atteinte ; mais il s'élève dans la Grande-Bretagne des sociétés perturbatrices qui, rappelant la légitimité des Stuarts, la république des Puritains, le despotisme de Cromwell, frappant d'anathème le pouvoir existant, le traitent d'usurpation, soulèvent les masses contre l'ordre établi, et nous placent en face d'une révolution nouvelle. Protecteur de la sécurité publique, le ministère en appelle à vos sermens, et, en proclamant le droit d'association illimité dans l'ordre constitutionnel, il vous demande de le comprimer et de le punir dans les sociétés qui attentent à cet ordre ; » pensez-vous, Messieurs, qu'un seul membre du parlement osât refuser le bill demandé ? Mais en Angleterre la liberté d'association est le droit commun. En France, elle est une exception. En Angleterre, on s'associe parce qu'on est Anglais et libre : en France on s'associe parce que la police le permet. Aussi, en Angleterre, la liberté reste entière lorsqu'on punit la licence ; tandis qu'en France on ne peut réfréner la licence sans tuer la liberté.

(*) Chambre des députés, *séance du 13 mars 1834.*

Et cependant c'est de la France que l'Angleterre a exporté son droit d'association.

C'est à l'association que nous dûmes jadis toutes nos libertés : la commune, le droit municipal, les milices nationales.

C'est à l'association que nous devions tout ce qu'il y avait de morale et d'humanité dans la classe populaire : ces confréries soignant les malades, abritant les pauvres, fesant vivre les ouvriers sans travail.

Sous un gouvernement qui comprend et qui veut le bien-être du pays, ces sociétés ne sauraient être périlleuses. Malgré sa tyrannie, Louis XI les protégea mieux que Louis XII ; malgré son despotisme, François Ier les garantit autant que Henri IV ; et toufois, pour être sans péril, elles n'étaient pas sans turbulence : leur liberté, conquise par la force, fut conservée par la force, jusqu'au jour où, conservée par le temps, le pouvoir la sanctionna comme un droit.

L'empire n'accueillit la liberté qu'en la plaçant sous la tutelle du despotisme ; de là l'art. 291 du code pénal.

Ses prévisions pouvaient sembler alors spécieuses à un pouvoir ombrageux. Le chef de l'empire était en désaccord avec le chef de l'église, et il prohibait les associations religieuses. Le despotisme ne peut se trouver sans péril face à face avec la liberté, et il prohibait les associations politiques. Corrompu par cette littérature servile qui brûlait de l'encens pour recevoir de l'or (*tous les yeux se portent sur M. Etienne*), le pouvoir prohibait cette littérature indépendante et fière qui préférait la liberté à la gloire, la France à son maître, et qu'il fallut persécuter parce qu'on ne poulait l'avilir.

Dans les serres de l'aigle vint se débattre et mourir le droit de l'association, ce droit des pays libres, des états représentatifs, de la France monarchique. Il cessa d'être le droit commun ; il ne devint même un droit exceptionnel que sous le bon plaisir de la police.

La restauration trouva et conserva cet article dans le code pénal. Cette époque est déjà sortie de la politique pour entrer dans l'histoire. Nous pouvons en parler avec franchise sans blesser aucune susceptibilité.

Eh bien ! cette loi était si formellement abrogée par la simple introduction du gouvernement représentatif, elle était si formellement proscrite par la seule promulgation de la charte, qu'un homme dont j'honore le caractère et dont j'estime le talent, même lorsqu'il le jette dans des sentiers politiques où ma conscience me défend de le suivre ; qu'un membre du cabinet actuel établit, chez lui et sous sa présidence, la première des associations dont la restauration fut effrayée. En créant la Société des

Amis de la presse, M. le duc de Broglie vit se grouper autour de lui la presque totalité des membres de cette chambre qui se trouvaient alors sur la scène politique. On approuvait alors ce qu'on réprouve aujourd'hui ; tous voulaient établir des libertés et des associations que le budget ne pût corrompre, et il est vrai qu'alors nous étions bien loin du budget.

Une autre société s'établit, et un autre membre du cabinet actuel vint la diriger avec un talent remarquable et une tenacité de volonté, à qui je désirerais aujourd'hui une connaissance plus parfaite des vœux et des intérêts nationaux. Placé à la tête de la société *Aide-toi, le Ciel t'aidera*, M. Guizot, entouré de ses amis, y proclama des principes de liberté sur le droit d'association qu'il ne désertera peut-être pas aujourd'hui.

Rien n'est changé que sa position personnelle, et après avoir placé ce droit sous la garde de Dieu, ses amis et lui ne le livreront pas au bon plaisir de la police et au bâton des sergens de ville.

Une troisième société existait encore. La tribune et les tribunaux l'ont accablée de tant d'anathèmes, que M. Barthe, qui présente la loi sur les associations, et qui vous a dit les mystères de la société des *Droits de l'Homme*, ne peut se dispenser de nous dire ce que nous devons penser de l'association des *Carbonari*.

Ainsi, trois ministres actuels étaient, sous la restauration, en opposition flagrante avec l'art. 291.

Une grande question reste à résoudre. Ces trois associations voulaient-elles, dans l'intérêt bien entendu du pouvoir et de la liberté, obtenir la charte tout entière, la charte expliquée de bonne foi, sans réticence, sans arrière-pensée ? Ces trois associations se servaient-elles de la liberté comme d'une massue pour écraser la puissance ? Étaient-elles des foyers conspirateurs d'où devaient jaillir l'émeute et la révolte ?

J'ai posé la question avec loyauté : vous devez vous expliquer avec franchise. Légitimistes ou républicains, tous vos adversaires vous accusent. Vous devez dire au pays si les événemens de juillet sont le résultat soudain, imprévu, des ordonnances, ou le fruit mystérieusement élaboré de dix ans de complot.

Si les accusations de vos adversaires avaient, je ne dis pas quelque vérité, mais quelque vraisemblance, vous seriez les meilleurs arbitres du péril des sociétés, et les ministres pourraient juger de la frayeur qu'ils éprouvent, par le souvenir de terreur qu'ils ont inspirée. Mais aussi, si le porte-feuille était leur part du butin pris sur la famille des Bourbons, leur présence au pouvoir serait funeste : le ministère serait alors une prime offerte à tous les factieux.

Toutefois, cela même encore signalerait l'impuissance de la loi sur les associations. Avec cette loi, l'un de vos vice-présidens fut traduit en police correctionnelle ; mais l'intégrité du juge recula devant l'application de l'art. 291, et M. Etienne fut absous. La cour des pairs, les cours d'assises, frappèrent un grand nombre d'accusés politiques ; mais les individus qui n'étaient accusés que du fait d'association ont presque toujours été mis en liberté. Ainsi l'art. 291, inconstitutionnel en théorie, est impuissant dans l'application.

Qu'en avez-vous fait depuis la révolution? Vous vous en êtes servis contre la société des *Amis du Peuple*. Mais l'ardeur de juillet ne s'était pas encore attiédie, et une certaine pudeur forçait les ministres à baisser les yeux devant la liberté, et M. Guizot déclarait l'art. 291 incompatible avec la charte, antipathique à la révolution : il s'en servait toutefois, parce qu'il n'était pas abrogé, et que la nécessité contraignait le pouvoir à ne pas reculer devant la révolte.

Ainsi l'art. 291, anti-libéral en 1830, est insuffisant en 1834. Comme vous voyez, nos ministres ont beaucoup marché, mais en arrière ; et ils vont vite, sans doute pour que tout soit plus tôt fini.

Que s'est-il donc passé depuis les funestes événemens de juin? Une année entière de condamnations politiques pour effrayer les perturbateurs, et dix-huit mois de sécurité parfaite pour ramener les esprits indécis du présent et inquiets de l'avenir.

Avez-vous, durant ce longtemps, groupé autour du pouvoir ces masses qui ne demandent que l'ordre et la paix, qui veulent jouir du jour et compter sur le lendemain ; qui, depuis quarante ans, se livrent à tous les gouvernemens parce qu'elles ne demandent qu'à être gouvernées?

Avez-vous conquis l'affection du peuple, l'estime des capacités, le respect de vos adversaires? Ces quatre ans déjà passés, dont la moitié suffit à Napoléon pour envahir l'empire, dont la moitié suffit à la restauration pour éloigner les étrangers et rendre la sécurité au pays par l'ordonnance du 5 septembre, qu'en avez-vous fait, vous qui vivez dans des temps meilleurs, et qui n'avez pas l'Europe pour tutrice ou pour ennemie? Le gouvernement a-t-il pris de nouvelles et de plus profondes racines? Votre système a-t-il rassuré les esprits timides, ramené les esprits indécis? Avez-vous satisfait la France par la paix, les capacités par la liberté, le peuple par la diminution de l'impôt? Êtes-vous, en un mot, plus forts ou plus faibles?

Vous venez nous signaler des troubles, et ces troubles surviennent après dix-huit mois d'un calme parfait, lorsque rien d'apparent ne menace l'harmonie européenne, lorsque, dans cette enceinte et durant deux sessions, l'opposition, calme et muette, n'a fait entendre ni une plainte ni un murmure. *(Sourds murmures.)*

Eh bien ! vous voilà contraints de dire que, stationnaires ou rétrogrades, vous êtes pires qu'en 1831, et que votre système ne trouve aucune sympathie dans les grandes masses populaires. Vous êtes contraints de dire que la société des *Amis du Peuple*, solitaire et composée de soixante personnes en 1831, s'est transformée en 1834 en mille sociétés des *Droits de l'Homme*, qui se multiplient dans les villes et qui se ramifient dans les villages.

Eh ! ne voyez-vous pas que c'est en haine de votre politique rétrograde, étroite, anti-libérale; en haine de vos idées impopulaires, sans avenir, sans grandeur pour le pays, sans bien-être pour le peuple ; en haine de votre tendance vers l'aristocratie, le privilége, le monopole, que les sociétés se forment et se recrutent, troublant le présent et menaçant l'avenir ?

A l'aspect des troubles de Paris et de Marseille, que peuvent penser ces gens de bien, ces propriétaires qui veulent la paix, ces industriels qui ont besoin d'ordre ?

Que peuvent penser les puissances étrangères, aussi intéressées que nous à voir la France tranquille, et qui, depuis quatre ans, vous trouvent toujours en face de l'émeute ; comme si un volcan dont vous ne savez ni éteindre les flammes, ni fermer le cratère, s'allumait partout devant vous ? Ces troubles sont politiques, il est vrai ; mais l'état social est-il un combat éternel, un combat à mort entre le pouvoir et les mécontens ? N'avez-vous pas eu le temps d'apaiser les murmures ? Est-ce après quatre ans que nous devions trouver les partisans de la monarchie déchue luttant encore avec la dynastie régnante, et la royauté aux prises avec la république ?

Les troubles de Lyon sont d'une nature plus grave; ils signalent une plaie sociale, et doivent par cela même effrayer toutes les positions personnelles et tous les genres de propriété. Mais, en 1831, une première catastrophe ne nous avait-elle pas frappés d'un sinistre avertissement ? n'avait-elle pas proclamé toutes les souffrances de l'industrie ? N'aviez-vous pas vu qu'il fallait favoriser le commerce dans les marchés étrangers, pour accroître le bénéfice ou le seconder dans les marchés intérieurs, pour augmenter le salaire ?

Le manufacturier ne peut produire sans un bénéfice honnête; l'ouvrier ne peut travailler sans un honnête salaire : il faut donc une proportion équitable entre l'intérêt du capital et le prix du travail. Qu'avez-vous fait en présence de ce grand désastre qui eût captivé toutes les méditations d'un homme d'état ? Vous avez laissé le hasard diriger les événemens ; et un nouveau trouble vient vous annoncer que l'industrie de Lyon se meurt, et que cinquante mille ouvriers qui travaillent ne peuvent plus vivre du salaire de leur travail. *(Murmures.)*

Fermer la bouche du pauvre qui souffre, ce n'est pas détruire la douleur; dissoudre une réunion d'ouvriers qui cherchent une meilleure répartition du salaire, qui veulent s'entr'aider les uns les autres, améliorer leur existence, marcher en se donnant la main vers une vie moins dure ; c'est s'opposer au progrès social, c'est attenter aux droits de l'humanité, c'est manquer non-seulement de charité et de christianisme, mais de sagesse vulgaire et de politique. *(Légère agitation.)*

Votre loi n'atteindra pas seulement le malheureux prolétaire, l'homme de la misère et du travail : ce n'est pas lui seul que vous condamnez à vivre craintif et solitaire auprès de son âtre sans feu et de sa famille sans pain. Si l'ouvrier de Lyon ne peut s'associer pour réclamer un meilleur salaire, les négocians de Bordeaux ne pourront plus se réunir pour demander une plus sage organisation des douanes ; les propriétaires de vignes pour réfléchir sur de meilleurs impôts indirects. Il faut tout comprimer ou ne rien atteindre. Aucune plainte collective ne pourra parvenir jusqu'à vous ; et vous ferez comme les tyrans, diviser pour régner, isoler pour détruire.

Voyez la loi sous un autre aspect. Ne peut-on l'étendre à toutes les associations non autorisées par la police, à la petite église, aux diverses sectes religieuses, à toutes les sociétés de bienfesance et de charité ; à ces hommes, à ces femmes qui se dévouent au soulagement du pauvre, aux soins des malades, à l'instruction des enfans ; aux sociétés littéraires, aux conférences d'avocats, aux répétiteurs de colléges? *(Interruption.)*

M. Coulmann : Ce ne sera peut-être pas de fait, mais ce sera de droit.

Tout rentre dans votre loi. Au-dessus de vingt, ils forment une association ; au-dessous de vingt, ils sont une fraction. Religion, humanité, bienfesance, instruction, vous pourrez tout détruire, et, dans le système de frayeur où vous êtes entrés, vous détruirez tout.

Aussi, suis-je peu surpris de l'extension que vos commissaires donnent à la loi. C'est la majorité qui réclame, ce sont les hommes de la majorité qui ont élaboré le projet des ministres ; c'est la peur des uns qui vient donner du courage à la peur des autres.

Dans le code pénal, c'est une main de fer qui ferme la porte à la terreur : ici, on veut faire peur, parce qu'on tremble. Aussi le code punit le propriétaire qui accorde ou consent l'usage de sa maison pour une association qui se réunit tous les jours ou à certains jours marqués. Il y a oppression, mais il y a justice ; le propriétaire ne peut se méprendre ni sur son consentement propre, ni sur le but de l'association. Vous, au contraire, vous voulez punir ceux qui prêtent ou louent pour une ou plusieurs réunions.

Ainsi le propriétaire est puni pour une réunion dont il ne connaît pas l'objet, pour l'usage qu'on fait à son insu de sa maison ou d'une partie de sa maison ; il est contraint de devenir l'espion de police de ses locataires, car s'ils sont coupables, il est complice. En 93, on avait plus que vous le sentiment de la justice : le propriétaire était forcé d'afficher à sa porte le nom de ses locataires, et, en abhorrant cette tyrannie, il pouvait du moins s'y soumettre. Mais vous voulez qu'il soit complice de ce que ses locataires font dans leurs appartemens : peut-il le savoir sans être espion ? peut-il le dire sans être délateur ? Il faut toutefois qu'il le sache et qu'il le dise, non de peur des seize francs d'amende du code pénal, mais sous peine de mille francs d'amende et d'un an de prison.

La commission peut réclamer un brevet pour sa découverte : Machiavel, l'inquisition et la police n'étaient pas allés jusque-là.

Il est vrai que, dans l'article 6, la commission nous effraie par je ne sais quel prurit de liberté. Elle ose tolérer les réunions électorales. Rassurez-vous cependant, Messieurs ; elles ne peuvent commencer qu'après l'ordonnance de convocation, lorsqu'elles n'auront pas le temps de remplir leur mission, de déjouer les trames de ces candidats présentés sous le patronage des ministres et des préfets, qui forment une perpétuelle association électorale, et qui auront toujours pour eux le monopole des distributions d'écrits louangeurs ou médisans que vous leur avez déjà octroyé, et le privilége des réunions que vous leur assurerez aujourd'hui.

Elle défend encore les affiliations d'un département à l'autre ; et l'on ne saura pas si le candidat intrigant qui se présente dans une ville, ne se présente pas aussi à un département voisin; et les ministres et les préfets auront seuls la direction de ces intrigues. Ainsi, il est publiquement proclamé à cette tribune que vous condamnez en autrui ce que la restauration n'a pas condamné en vous mêmes, et vous faites contre vos concurrens ce que les trois cents n'ont pas fait contre vous.

Eh bien! cette tyrannie manquera son but. La plus puissante de toutes, l'inquisition d'Espagne, n'a pu détruire les associations maçonniques, et c'est la maçonnerie qui a renversé l'inquisition. Si vous imitez les Torquemada, vous serez encore moins heureux.

L'orateur, avant de quitter la tribune, croit devoir s'élever contre les sociétés secrètes et les déceptions où elles entraînent une jeunesse généreuse, et il ajoute :

Que reste-t-il de ces actes aventureux où s'est hasardée une jeunesse trop facile à de nobles impressions? Une famille désolée, une vie éteinte, et quelques traces de sang sur un échafaud. Non, l'indépendance des peuples ne sortira pas des sociétés secrètes.

Un mouvement irrésistible pousse le genre humain vers le progrès: tout homme de cœur, de talent, de prévision, doit s'associer à cette tendance générale, universelle. Toute accélération partielle vient troubler l'harmonie nécessaire à cette marche, de progression et d'avenir; les gouvernemens stationnaires, les chambres rétrogrades se perdront sur la route. Soldats de la liberté, nous devons combattre pour elle, mais en plein jour, sous le bouclier des lois, en face de nos adversaires : je crois à son triomphe, parce qu'elle est dans le dessein de la Providence pour le bonheur de l'humanité; parce que depuis dix-huit ans elle a son évangile et ses apôtres, et ses héros et ses martyrs ; parce que la morale et la raison font chaque jour disparaître de l'Europe l'esclavage, le privilége, le monopole, devant les immunités du genre humain.

Dans notre état de civilisation, les peuples seuls peuvent faire leurs destinées. Le temps des sociétés secrètes est passé ; elles doivent nuire et ne sauraient servir. Ces troubles infructueux, parce qu'ils sont toujours prématurés, loin d'introduire la liberté, affermissent la tyrannie. Les révolutions ne se font jour que lorsque la mesure des malheurs publics est comblée. Alors, seulement, on peut compter sur les peuples. La Bible, sur laquelle les Etats-Unis jurent la liberté ; l'ossuaire de Morat, sur lequel les Suisses jurent l'indépendance de l'Helvétie; le 14 juillet 1789, le 29 juillet 1830 ; voilà les véritables révolutions : le peuple seul accomplit son ouvrage et fait sa destinée.

Messieurs, détournez de la France et de l'Europe une nouvelle catastrophe, en rejetant l'odieuse loi qu'on vous offre. Proclamez le droit d'association, ne frappez que les sociétés criminelles; et, si la pusillanimité des temps vous arrachait un vote funeste, je vous proposerais d'en abréger la durée en ne sanctionnant la loi que jusqu'à la session prochaine. (*Ce discours est suivi d'une longue agitation.*)

SECOND DISCOURS (*).

Aux termes de ces débats dont la France est attristée, c'est avec douleur que je reparais à cette tribune ; mais un grand devoir doit être rempli tout entier; et je viens appuyer, non certes l'amendement de M. Teste, mais seulement celui de M. Eschasseriaux (**).

La loi que vous votez outrage à la fois la liberté et la justice. (*Rumeur au centre*) Restrictions, amendemens, tout a été rejeté. Le mal est complet.

Mais le mal ne saurait être perpétuel ; et je viens prier les ministres et la majorité, arbitres solidaires du présent et solidairement responsables de l'avenir, d'abréger la durée de la loi qu'ils ont faite.

Dans les états représentatifs, je ne connais de possible que la loi anglaise. Cette loi a toujours été temporaire. Hors de là, je vois une violence sanctionnée par quelque chose qu'on appelle une loi.

Ici, tout a été interverti. Nous avons mis en oubli les principes de l'opposition. Par condescendance pour la peur de la majorité et de ses ministres, c'est nous qui avons proposé et soutenu le système de Pitt. Pitt fut un ministre despotique ; mais il plaçait du moins de la prévoyance dans l'oppression; mais ses lois contre les associations furent du moins toujours exceptionnelles et transitoires. Au hasard de devenir la fable de l'opposition anglaise et des cœurs généreux, nous réclamons encore le système de Pitt.

Ce système succombera sans doute : les ministres veulent, et la majorité vote, un arbitraire dont les pays constitutionnels n'avaient pas encore l'idée. (*Voix au centre* : C'est selon les idées.) L'oppression est dans la loi, l'arbitraire sera dans l'exécution ; et lorsque notre mandat nous contraint d'envisager un avenir où vous accumulez les orages, heureux les gens de bien qui, étrangers aux débats politiques, peuvent s'envelopper dans leur manteau, et s'en remettre à Dieu qui protége la France !

L'opposition a méconnu ses devoirs et ses droits : l'Angleterre en offre la preuve. A Dieu ne plaise que je cite cette opposition

---

(*) Séance du 25 mars 1834.

(**) L'amendement de ce dernier n'étendait la durée de la loi que jusqu'à la prochaine session.

radicale qui se sert de l'avenir pour effrayer le présent. Je parle seulement de celle qui doit servir d'exemple; je ne citerai pas même les orateurs pour leur raison, leur patriotisme et leur gloire : cela ne tenterait personne. Je les indique comme ministres, comme disposant des honneurs, des places, de tout le budget de la Grande-Bretagne, et ceci produit une bien plus grande impression sur les majorités.

Or Fox, Shéridan, Grey, ministres après la loi de Pitt sur les associations, s'opposèrent avec honneur et courage, non certes au projet que vous votez, car personne en Angleterre n'est assez mauvais citoyen pour le concevoir, mais au projet que nous consentons, que nous défendons nous-mêmes. Ainsi, nous qui sommes en opposition contre vous, nous eussions été les ministériels de Pitt, et c'est Fox qui eût été notre adversaire. (*Rires ironiques.*) Certes ce n'est pas cela qui nous honore.

Or voici ce que disait Fox: « Si vous voulez restreindre le droit d'association, même temporairement, dites qu'une constitution libre ne vous convient pas : faites comme les sénateurs de Danemarck, déposez votre liberté, et ne soyez pas la risée de l'Europe en disant que vous êtes libres. Vous changez la monarchie limitée en monarchie absolue, et si les ministres, jouissant de tant de moyens de corruption, gagnent assez de membres de cette chambre pour obtenir la majorité... (*Vives réclamations au centre.*)

Voix aux extrémités : Pourquoi vous récrier ? C'est Fox qui parle !.. Ce sont les paroles de Fox ! (*Rire général.*)

Quelques voix : Répétez la phrase.

L'orateur répète sa phrase.

Et que le peuple me demande mon sentiment, je dirai que l'obéissance n'est plus un devoir, mais un acte de prudence. »

Pitt vit dans ces paroles un appel à la rebellion, (*Voix au centre* : Il y avait de quoi!) et Fox lui répond : « J'ai dit qu'une majorité corrompue peut seule adopter cette loi, et je maintiens que l'obéissance n'est plus une question de morale, mais de prudence. » Et Shéridan, Grey, l'opposition tout entière, appuient par des acclamations la déclaration de l'immortel orateur.

Tout le ministère crut devoir attaquer ces principes ; mais, en Angleterre, on a le courage de ses opinions, et, dans son plus admirable discours, Fox s'écrie encore : « Une majorité prostituée peut seule porter atteinte au droit d'association ; et si le peuple reconnaît que ce bill porte atteinte à ses droits, il a le droit de résistance. » (*Vive agitation au centre.*)

M. le général Bugeaud: Il fallait en effet que cette chambre fût prostituée!.... On ne nous dirait pas cela, à nous! Je demande à dire un mot.

M. Madier-Monjaud et autres membres du centre : Non! non! ne parlez pas.

M. le général Bugeaud : Alors je demanderai la parole après.

M. Pagès: Voilà ce que disaient des hommes qui avaient été ministres, et qui devaient être ministres encore; voilà comme parle l'opposition dans les pays libres, en présence de ces attentats indéfinis ou temporaires contre la liberté des peuples.

Eh bien! nous, que depuis huit jours on accuse d'irritation et de colère, *(rires ironiques)* nous avons en pleine paix adopté des principes que Pitt n'osait défendre qu'au milieu de la conflagration européenne; nous avons adopté, proclamé, défendu des principes contre lesquels Fox soulevait tout l'empire de la raison et de l'éloquence, toutes les forces matérielles du pays; nous avons agi avec une timidité plus obséquieuse que les ministériels lâches, corrompus, prostitués de Pitt; nous avons voulu donner aux ministres un gage tyrannique de sécurité qui ne saurait porter quelque fruit dans leurs mains parce qu'ils sont impopulaires.

Je ne dis rien de la majorité, rien de la loi qu'elle vote. L'Angleterre ne saurait me prêter ni des exemples ni des paroles. Elle n'eut jamais ni de pareilles lois, ni de telles majorités. (*Plus haut!... Écoutez!*)

Ici pourtant doit s'arrêter notre longanimité. Vous avez voté l'arbitraire; vous devez en borner la durée en adoptant l'amendement proposé. Vous l'adopterez, j'espère; vous reculerez devant cet abîme d'oppression et d'iniquité où s'est perdu l'empire, où la restauration s'est deux fois engloutie. (*Vive interruption.*)

M. Thil : On ne peut pas laisser passer cela... (*Agitation.*)

M. Pagès: Si, contre mes plus vives espérances, contre ma plus ferme attente, vous rejetiez cet amendement, ma conscience m'impose le devoir de prononcer à cette tribune ma profession de foi. (*Écoutez! écoutez!*)

D'abord, je déclare hautement que, malgré son inique arbitraire, j'aiderai le pouvoir contre toute association perturbatrice; que je le ferai avec courage, avec force, de bonne foi, sans arrière-pensée.

Mais je déclare aussi que, sous l'empire, j'ai fait partie d'une réunion: magistrat alors, ma maison était son asile, et jamais, jamais, je n'inspirais d'ombrage. Le despotisme n'est pas la tyrannie. Si quelques bassesses se couchaient à plat ventre devant Napoléon ; planant au-dessus de cette poussière, il comptait sur la France et sur son génie. Alors on ne groupait pas autour des ministres les sophistes, les déclamateurs, toutes les servilités, toutes les vénalités, toutes les corruptions, et l'on n'avait pas le front de dire à ce monstrueux assemblage : *Tu es la chair de ma chair et les os de mes os.* (*Mouvement en sens divers.*)

Je déclare que, sous la restauration, j'ai fait partie de deux réunions. Alors le ministère n'était pas assez absurde, assez oppresseur, et je n'étais pas moi-même assez stupide, pour solliciter d'un ministre l'autorisation de faire sortir de l'urne électorale le nom de députés indépendans; je n'étais pas assez stupide pour solliciter d'un jésuite la licence de propager l'enseignement mutuel.

Je déclare que je ne ferai pas au roi des Français une injure que je n'ai faite ni à Napoléon ni à la restauration. J'ai cru au puissant génie de l'empereur, j'ai cru à la religieuse probité de Charles X: je veux croire à la sagesse prudente de Louis-Philippe.

Si je me trompe, députés magistrats, deputés fonctionnaires, je vous ajourne! (*Mouvement.*) Nous nous retrouverons hors de cette enceinte. Vous me verrez sur la sellette des accusés, seul devant Dieu et le pays, seul avec ma conscience, la raison et la liberté ; et vous sur la pourpre, vous avec vos honneurs, vos places, vos traitemens. La France dira si vous pouvez briser une indépendance de caractère que les Marchangy et les Bellard ont respectée.

Aussi, si un Français homme de bien veut se réunir pour propager, affermir, garantir le christianisme, je suis son homme, malgré vos ministres et votre loi. (*Voix aux centres*: Le premier devoir est d'obéir à la loi.)

Si un Français homme de bien veut se réunir pour étendre le secours de la bienfesance à la classe pauvre et laborieuse, aux malades, aux infirmes, aux ouvriers sans travail, je suis son homme, malgré vos ministres et votre loi. (*Même mouvement.*)

Si un Français homme de bien veut une plus puissante diffusion de vérités acquises, de saines doctrines, de ces lumières qui préparent la moralité de l'avenir et le bonheur de l'humanité, je suis son homme, malgré vos ministres et votre loi. (*Nouveau mouvement.*)

Si un Français homme de bien veut donner au pays la sauvegarde de l'indépendance électorale, et s'opposer à ces choix honteux qui livrent la vénalité politique à la corruption ministérielle, je suis son homme, malgré vos ministres et votre loi.

Esclave de toutes les lois justes, ennemi de toutes les lois iniques, entre les persécuteurs et les victimes, je ne balancerai jamais. Je ne connais pas de pouvoir humain qui puisse me faire apostasier Dieu, l'humanité, la France. Je désobéirai à votre loi pour obéir à ma conscience. (*Voix aux extrémités :* Très bien! très bien!... — *Voix aux centres :* Il faut d'abord obéir à la loi.) Cette loi funeste, elle a plus de portée qu'on ne pense. Croyez-moi, hâtez-vous d'en abréger la durée. (*Agitation prolongée.*)

***

Le 7 juillet 1815, les puissances coalisées font leur entrée à Paris. Les membres du gouvernement provisoire annoncent, par un message à la chambre des représentans, que, leurs délibérations n'étant plus libres, ils croient devoir se séparer. Ce message entendu, aucun membre ne rompt le silence. Après quelque momens, l'ordre du jour est unanimement demandé, et le rapporteur de la commission de constitution invité à remonter à la tribune.

DISCOURS DE MANUEL,

A L'OCCASION DE L'ENTRÉE A PARIS DES TROUPES ALLIÉES.

Nota. Ce discours, qui a été oublié, devait être placé à la page 232.

***

Ce qui arrive, vous l'aviez tous prévu. Avec quelque rapidité que se précipitent les événemens, ils n'ont pu vous surprendre ; et déjà votre déclaration, fondée sur le sentiment profond de vos devoirs, a appris à la France que vous sauriez remplir et achever votre tâche. La commission de gouvernement s'est trouvée dans une situation à ne pouvoir se défendre. Quant à nous, nous devons compte à la patrie de tous nos instans, et, s'il le faut, des dernières gouttes de notre sang. Il n'est pas si loin, peut-être, le moment qui vous rendra tous vos droits, consacrera la liberté publique, comblera tous nos vœux, remplira tous les désirs des Français... ! Ce moment, nous ne pouvons l'attendre qu'avec le calme et la dignité qui conviennent aux représentans d'un grand peuple. Point de cris, point de plaintes, point d'acclamations. C'est une volonté ferme qui vous anime : il faut qu'elle se manifeste par la sagesse, et s'imprime avec ce caractère dans tous les esprits.

Je demande que l'intérêt personnel s'oublie, que nulle appréhension ne voile à nos yeux l'intérêt de la patrie. Vous acheverez votre ouvrage en continuant vos délibérations. De deux choses, Messieurs, l'une arrivera. Ou les armées alliées laisseront à vos séances leurs tranquilles solennités, ou la force vous arrachera de ce sanctuaire. Si nous devons rester libres, n'ayons point à nous reprocher d'hésitation ou d'interruption : si nous subissons les lois de la violence, laissons à d'autres l'odieux de cette violation, et que l'opprobre d'avoir étouffé les accens de la voix nationale pèse tout entier sur ceux qui oseront s'en charger ! Vous avez protesté d'avance, vous protestez encore contre tout acte qui blessera notre liberté et les droits de vos mandataires. Auriez-vous à redouter ces malheurs, si les promesses des rois n'étaient pas vaines ? Eh bien! disons comme cet orateur célèbre dont les paroles ont retenti dans l'Europe: « Nous sommes ici par la volonté du peuple: nous n'en sortirons « que par la puissance des baïonnettes. »

La chambre, à l'unanimité, accueille cette mâle exhortation par des applaudissemens qui se prolongent toujours plus vifs, et reprennent quatre fois pour se prolonger encore; puis elle continue l'ordre de ses délibérations.

DISCUSSION DU PROJET DE LOI
SUR L'INSTRUCTION SECONDAIRE.

La charte de 1830 avait promis la liberté de l'enseignement. Déjà la loi de 1833 avait réalisé cette promesse pour l'instruction primaire. On attendait avec impatience qu'une loi analogue introduisît le même principe dans l'instruction secondaire. Aussi, lorsque M. Guizot vint la présenter à la chambre le 1er février 1836, excita-t-il un mouvement général de satisfaction. Elle ne fut cependant discutée que le 14 mars de l'année suivante.

Cette discussion, qui dura quinze jours, roula principalement sur deux points : sur l'organisation du principe de la liberté dans l'enseignement privé, sur l'organisation du système d'études dans l'enseignement public. Nous ne nous occupons que de la dernière partie.

Le système actuel d'études devait-il être conservé? devait-il être changé, ou simplement modifié? et, dans tous les cas, quelle devait être, dans le nouveau système? la part des études classiques et la part des sciences? tel fut le débat auquel la seconde partie du projet de loi donna lieu. Déjà M. Guizot, dans l'exposé des motifs de la loi, et M. Saint-Marc-Girardin, dans son rapport et peu de temps auparavant dans la discussion du budget de l'instruction publique, avaient éloquemment soutenu la cause des lettres. Lors de la discussion de la loi, MM. de Tracy et Arago relevèrent le gant au nom des sciences. Deux nouveaux champions, M. de Sade et M. de Lamartine se présentèrent pour défendre les lettres et les études classiques.

Nous citerons les deux discours qui nous ont paru débattre contradictoirement la question de la manière la plus complète, le discours de M. Arago et celui de M. de Lamartine.

Notre but, en choisissant cette discussion et cette partie de la discussion, a été de jeter quelque variété dans la longue série de débats purement politiques que nous offre la tribune française, et de montrer à nos jeunes lecteurs comment et en quelles circonstances on peut apporter devant une assemblée parlementaire un genre d'éloquence plus fleuri, plus pompeux, plus académique en quelque sorte; ce genre d'éloquence dont parle Cicéron, également éloigné de la diction ordinaire du barreau et de la tribune; mais qui, employé avec convenance et sobriété, tempère agréablement l'âpreté de la lutte politique ou judiciaire.

Nous avons pensé qu'ils feraient volontiers ce parallèle. Nous avons pensé qu'ils ne goûteraient pas avec moins de plaisir la simplicité pleine de bon sens, et souvent d'énergie, qui caractérise M. Arago, ce mélange charmant de causerie spirituelle, d'érudition piquante et originale, de verve, de naïveté, je dirai même de bonhomie parfois un peu malicieuse, mélange qui a bien aussi son éloquence, mis en contraste avec la haute raison, la parole grave et imposante, le langage éclatant et harmonieux, la diction élevée, pompeuse, presque poétique, de M. de Lamartine.

Enfin maintenant que la matière de l'enseignement est l'objet de tant de controverses, que les enfans, que les parens, les maîtres mêmes, hésitent, balancent, et ne savent presque plus à quoi se déterminer, nous avons pensé qu'ils verraient avec quelque utilité et quelque satisfaction l'opinion des hommes de notre époque les plus compétens sur ce sujet, l'opinion de nos deux sommités scientifique et littéraire.

Jamais, certes, les lettres et les sciences n'ont eu de plus dignes interprêtes, de défenseurs plus éloquens. Remarquons, en effet, d'une part, avec quelle élévation de pensée et de langage, de l'autre, avec quelle modération, avec quelle haute impartialité chacun d'eux a traité la question et s'est mis au dessus d'une ridicule prétention de prééminence mesquine et exclusive pour le parti qu'il défendait. Tolérance et égalité pour les choses comme pour les personnes, éclectisme vaste et éclairé, tel est l'esprit de notre époque, tel est l'esprit qui règne dans toute cette discussion. LAURENT, *régent*.

DISCOURS DE M. ARAGO.

Messieurs,

Malgré l'invitation bienveillante de M. le ministre de l'instruction publique, je n'avais pas le projet de me mêler à ce débat. Je l'avouerai, je me sens peu propre à discuter et même à apprécier la série des dispositions réglementaires dont se compose la loi actuelle. Je me propose seulement de repousser les accusations hasardées, légères, j'oserai presque dire imprudentes, dont les études scientifiques ont été l'objet dans l'exposé des motifs, dans le rapport de la commission et dans le discours de plusieurs de nos honorables collègues.

On craint qu'en livrant l'organisation des colléges communaux au libre arbitre des conseillers municipaux, on ne supprime, dans quelques uns de ces colléges, le grec et le latin, ou que, dans tous les cas, ces deux langues n'y soient trop négligées.

Messieurs, ce serait peut-être un malheur, mais je m'y résignerais sans un très-grand chagrin.

Trente ans d'une vie académique m'ont mis en rapport avec la plupart des notabilités scientifiques et littéraires de notre temps. J'ai vécu avec beaucoup d'entr'elles dans l'intimité : eh bien ! je le dis sans hésiter, plusieurs de ces personnages célèbres, quoiqu'ils eussent attaché leurs noms à des découvertes importantes, avaient quelque chose d'incomplet, d'inachevé, parce qu'ils ne s'étaient pas livrés à des études littéraires.

Vous voyez que je prends ces études un peu plus au sérieux que certaine notabilité universitaire, qui, je m'empresse de le dire, ne siége pas dans cette enceinte, et qui s'exprimait ainsi :

« La poésie et les lettres donnent plus de grâces à la galanterie « et plus de délicatesse au plaisir. » (*On rit.*)

Les lettres se présentent à mon esprit d'une manière plus noble, plus grande, plus digne. Je réclame donc des études classiques. Je les demande, je les regarde comme indispensables ; mais je ne pense pas qu'elles doivent être nécessairement grecques et latines. Je désire que dans les écoles communales, et je ne parle que de celles-là, ces études soient remplacées, au gré des conseils municipaux, par l'étude de notre propre langue, par l'étude approfondie du français ; je veux que, dans chaque collége, on puisse substituer au grec et au latin l'étude de la langue vivante la plus appropriée aux différentes localités.

Il faut maintenant que je parcoure la série de difficultés qu'on a élevées contre le système que je soutiens.

« Les études classiques, nous dit-on, les lettres *grecques et latines*, doivent être la base de l'enseignement, car *c'est là la vraie culture de l'esprit et de l'âme.*

Qu'est-ce à dire ? Pascal, Fénélon, Bossuet, Montesquieu, Rousseau, Voltaire, Corneille, Racine, Molière, l'incomparable Molière, seraient privés du privilége si libéralement accordé aux anciens auteurs, d'éclairer, de développer l'esprit, d'émouvoir le cœur, de faire vibrer les ressorts de l'âme ! Dieu me garde de vous faire l'injure de réfuter en détail une pareille hérésie :

« Sans latin et sans grec, aucune intelligence ne se développe. »

Messieurs, au milieu des passions politiques les plus exaltées, il est un point sur lequel aucune dissidence d'opinion ne s'est jamais montrée ; je veux parler de la force de tête, de l'intelligence incomparable du grand homme qui est mort à Sainte-Hélène : eh bien ! ce grand homme, eh bien ! Napoléon ne savait pas le latin.

Remarquez bien, Messieurs, que cette citation n'est pas contraire à mon système, car Napoléon avait fait des études profondes de la *littérature française;* car il connaissait tous nos auteurs, car il les admirait et les citait à propos, car il avait passé sa vie avec Plutarque, non pas dans l'original, mais dans la traduction d'Amyot.

« Sans latin et sans grec on est un médiocre écrivain. »

La France a le bonheur d'avoir en ce moment un poëte éminent, un poëte qui offre l'union si rare d'un grand talent et du plus noble caractère, un poëte dont l'imprimerie a vainement essayé de reproduire les œuvres au gré de l'impatience publique, un poëte enfin dont tout le monde sait les vers par cœur (Prenez garde, Messieurs, ce n'est pas M. de Lamartine que j'entends signaler : si je n'en avertissais pas, la méprise serait naturelle. je parlais de Béranger, du chansonnier que le public a salué du nom si flatteur et si juste de poëte national). Eh bien! Béranger ne sait pas le latin! Je ne commets pas une indiscrétion, car le poëte le dit à qui veut l'entendre.

Schakespeare, le plus grand poëte de l'Angleterre, par la hardiesse, la profondeur, la naïveté de ses conceptions, et aussi, dans beaucoup de passages, par la force, l'élégance et la grâce de son style, ne savait ni grec, ni latin.

Remarquez, Messieurs, il est bon que je le répète, que je ne prétends point que le latin et le grec ne forment pas le goût, ne sont pas un moyen de succès : ma thèse se réduit à dire qu'ils ne sont pas indispensables.

« On prétend, je cite toujours des opinions universitaires, qu'on ne sait jamais sa langue quand on n'a pas appris une langue étrangère. »

Si l'accusation était vraie, je répondrais que je ne proscris pas l'enseignement des langues étrangères ; que d'après mes idées, au contraire, on enseignerait partout les langues vivantes. Mais la proposition en elle-même me paraît très-contestable.

Qu'on me dise en effet quelle langue étrangère Homère, Euripide, Aristote, Platon, avaient apprise : ils étaient devenus d'immortels écrivains en apprenant simplement le grec.

Prenez garde, nous dit-on (et ici se place l'objection de mon honorable ami, M. de Sade); c'est avec ce système d'instruction qu'ont été créés et que se sont formés des hommes qui ont honoré leur siècle et leur pays : il faut respecter un arbre qui a donné de si beaux fruits.

Cette méthode d'instruction qu'on veut maintenir dans les colléges du royaume avait été nécessaire, indispensable, à une époque où le but qu'on se proposait était de former des magistrats, des ecclésiastiques et des médecins ; à une époque où notre littérature était insignifiante ; à une époque où tous les trésors de la littérature ancienne n'étaient pas traduits, n'avaient pas été transportés dans notre langue. Mais ce qui était bon à une époque peut n'être plus indispensable à l'époque actuelle.

« Mais, nous dit-on encore, vous nous proposez de substituer à une méthode d'instruction éprouvée, une méthode dont il est impossible de prévoir les résultats.

Messieurs, il n'est pas vrai que le mode d'instruction que je présente n'ait pas été éprouvé : il est éprouvé tous les jours. Voyez les pensions de demoiselles. Croyez-vous qu'on sorte de ces pensions sans savoir le français? On le sait très-bien, quelquefois mieux que quand on sort du cours de rhétorique des colléges royaux. Croyez-vous que, si nous voulions faire des catégories, donner des numéros aux poëtes qui sont l'honneur de notre littérature, comme tout-à-l'heure on proposait de donner des numéros de mérite aux professeurs d'institutions particulières ; croyez-vous que dans les premiers numéros nous ne trouverions pas des noms de femmes ? Croyez-vous que si j'avais à proclamer les cinq premiers prosateurs de notre époque, un nom de femme ne viendrait pas se placer dans la liste? Et vous savez que dans les institutions de femmes on n'apprend ni le grec, ni le latin. Vous voyez donc que la méthode que je propose a produit de bons résultats.

Je suis fâché de rencontrer souvent sur le chemin de ma réputation mon honorable ami, M. de Sade. Il nous a dit dans une des dernières séances, et avec la sincérité qu'il apporte dans toutes ses opinions, dans tous ses discours, il nous a dit « que les études scientifiques trop précoces, trop approfondies, faussent et rétrécissent l'esprit. » On a ajouté « qu'elles dessèchent le cœur, qu'elles énervent l'imagination. » Faussent l'esprit ! j'avoue que l'assertion me paraît singulière.

Je ne sais pas, en vérité, comment en habituant l'esprit à raisonner on arriverait à fausser le jugement.

Quant à ces imaginations que peuvent ennoblir de grandes pensées, qui peuvent concourir à la gloire nationale, elles sauront bien se faire jour. Votre but est de créer des hommes de sens, utiles à eux-mêmes et au pays, et malheureusement il n'y en a pas beaucoup qui se trouvent dans cette catégorie.

En tout cas, je n'admets pas que les études scientifiques flétrissent l'esprit, qu'elles dessèchent le cœur et énervent les ressorts de l'âme. Je n'aurais qu'à citer les noms propres pour faire tomber ces reproches et en prouver la fausseté. Pascal, Descartes, et, chez les étrangers, Leibnitz, Haller et Galilée dont les écrits font la gloire de leurs pays, ne se sont-ils pas formés dans les études scientifiques ? N'ont-ils pas passé leur vie dans des occupations scientifiques ? Et Buffon ? Direz-vous que son style a été énervé, que son imagination a été flétrie par les nombreuses expériences dont la science lui est redevable ?

J'ajoute une autre citation moins connue. Il y a dans notre littérature un homme dont la supériorité est incontestable, et, qui plus est, incontestée : c'est Molière. Molière a très-peu étudié dans les livres ; mais, pendant le très-petit nombre d'années qu'il a consacrées à l'étude, c'est par les études scientifiques, c'est par la traduction de Lucrèce, c'est sous la direction de Gassendi qu'il a essayé de développer son esprit.

« Les études scientifiques n'ont rien qui puisse émouvoir les ressorts de l'âme ! »

Non, Messieurs, je ne conçois pas comment, en présence de

grandes découvertes qui ont honoré les sciences, on peut prétendre qu'elles dessèchent le cœur, qu'elles énervent l'esprit.

Ainsi, vous voudriez m'astreindre à étudier avec zèle, avec plaisir, je dirai même avec enthousiasme, l'histoire de quelques nations inconnues qui ont joué sur la scène du monde un rôle assez insignifiant; vous voudriez me faire suivre jusque dans les moindres actions le passage sur le globe de nations inconnues, dont d'Alembert, quoique géomètre, disait avec beaucoup d'esprit qu'elles nous avaient tout appris, excepté leurs noms et celui des lieux qu'elles habitaient; vous voudriez que je m'occupasse de ces recherches avec intérêt, avec enthousiasme, et je resterais sec, sans émotion, à la vue de Cuvier indiquant toutes les révolutions que la terre a subies, exhumant des entrailles de la terre des générations qui ne ressemblaient en rien aux générations actuellement existantes! Et vous croyez que, dans un cours de géologie, l'auditoire reste impassible lorsqu'on lui raconte comment les chaînes de montagnes ont surgi des entrailles de la terre, lorsqu'on lui apprend l'âge de ces différentes chaînes!

Permettez-moi de vous rapporter un fait qui montrera quelle distance il y a entre le vrai et la fable. Je demande pardon à la chambre de lui parler d'objets de cette nature. (*Parlez! parlez! n'abrégez pas!*)

Euler, le grand Euler, était très-pieux. Un de ses amis, ministre dans une église de Berlin, vint lui dire un jour : La religion est perdue, la foi n'a plus de bases, le cœur ne se laisse plus émouvoir, même par le spectacle des beautés, des merveilles de la création. Le croirez-vous? J'ai représenté cette création dans tout ce qu'elle a de plus beau, de plus poétique et de plus merveilleux ; j'ai cité les anciens philosophes et la Bible elle-même : la moitié de l'auditoire ne m'a pas écouté, l'autre moitié a dormi ou a quitté le temple. Faites l'expérience que je vais vous indiquer, répartit Euler : Au lieu de prendre la description du monde dans les philosophes grecs ou dans la Bible, prenez le monde des astronomes ; dévoilez le monde tel que les recherches astronomiques l'ont constitué. Dans ce sermon qui a été si peu écouté, vous avez probablement, en suivant Anaxagoras, fait du soleil une masse égale au Péloponnèse. Eh bien! dites à votre auditoire que, suivant des mesures exactes, incontestables, notre soleil est douze cent mille fois plus grand que la terre.

Vous avez sans doute parlé de cieux de cristal emboîtés : dites qu'ils n'existent pas, que les comètes les briseraient. Les planètes, dans vos explications, ne se sont distinguées des étoiles que par le mouvement: avertissez que ce sont des mondes, que Jupiter est quatorze cent fois plus grand que la terre, et Saturne neuf cent fois ; décrivez les merveilles de l'anneau ; parlez des lunes multiples de ces mondes éloignés. En arrivant aux étoiles, à leurs distances, ne citez pas des lieues : les nombres seraient trop grands, on ne les apprécierait pas. Prenez pour échelle la vitesse de la lumière ; dites qu'elle parcourt quatre vingt mille lieues par seconde ; ajoutez ensuite qu'il n'existe aucune étoile dont la lumière nous vienne en moins de trois ans ; qu'il en est quelques unes à l'égard desquelles on a pu employer un moyen d'observation particulier, et dont la lumière ne nous vient pas en moins de trente ans. En passant des résultats certains à ceux qui n'ont qu'une grande probabilité, montrez que, suivant toute apparence, certaines étoiles pourraient être visibles plusieurs millions d'années après avoir été anéanties ; car la lumière qui en émane, emploie plusieurs millions d'années à franchir l'espace qui les sépare de la terre.

Tel fut, Messieurs, en raccourci et seulement avec quelques modifications dans les chiffres, le conseil que donnait Euler. Le conseil fut suivi : au lieu du monde de la fable, le ministre découvrit le monde de la science. Euler attendait son ami avec impatience. Il arrive enfin, l'œil terne et dans une tenue qui paraissait annoncer le désespoir. Le géomètre, fort étonné, s'écrie : Qu'est-il donc arrivé ? Ah ! M. Euler, répondit le ministre, je suis bien malheureux ! ils ont oublié le respect qu'ils devaient au saint temple : ils m'ont applaudi. (*Mouvement*.)

Vous le voyez, Messieurs, le monde de la science était de cent coudées plus grand que le monde qu'avaient rêvé les imaginations les plus ardentes. Il y avait mille fois plus de poésie dans la réalité que dans la fable.

Telle était aussi, sans doute, la pensée de Mallebranche, quand il s'écriait qu'un insecte était beaucoup plus intéressant que l'histoire grecque et l'histoire romaine. (*Très-bien ! très-bien !*)

Peut-être trouverez-vous, Messieurs, que la défense n'a pas été proportionnée à l'attaque, que j'ai pris trop au sérieux quelques paroles hasardées, irréfléchies ; mais, je l'avouerai avec franchise, c'est que j'ai répondu non-seulement à ce qui se dit ici, mais à ce qui se dit ailleurs.

C'est en présence de ces critiques que j'ai pensé devoir vous soumettre quelques réflexions. Je n'entends en aucune manière nuire aux études littéraires ; mais ce serait, je crois, un grand malheur qu'on parvînt à diviser deux rameaux qui sont destinés à se fortifier mutuellement. La plus large concession qu'on veuille faire aux sciences, c'est qu'elles servent les intérêts matériels. La concession ne me touche pas ; elle était forcée. Ce n'est pas, en effet, avec de belles paroles qu'on fait du sucre de betteraves, ce n'est pas avec des alexandrins qu'on extrait la soude du sel marin.

Il n'est pas vrai pourtant que les études scientifiques ne servent que les intérêts matériels. C'est devant leur flambeau que se sont évanouis la plupart des préjugés sous lesquels les populations vivaient courbées; c'est par la science que les préjugés sont tombés à jamais. (*Très-bien!*)

Eh! mon Dieu, si l'astronomie, que j'ai tant citée, dont peut-être vous me permettez de parler par prédilection, n'avait pas fait d'immenses progrès, vous verriez dans trois mois toute la population de Paris, comme autrefois la population de Rome, s'en aller à la porte *Catularia* pour immoler un chien roux à la canicule, afin d'apaiser ses maléfices. N'ai-je pas vu, il y a deux ans, des personnes qui, malgré les progrès de la science, étaient fort préoccupées des effets que la comète de Halley ne pouvait manquer de produire? Et cependant ces personnes (en France on ne trahit pas l'incognito par les paroles que je vais prononcer) avaient affronté sans sourciller les boulets et la mitraille. (*On rit.*)

Au surplus qu'on réduise, si l'on veut, l'utilité des sciences aux besoins matériels, et elles n'en seront pas moins cultivées avec zèle et avec persévérance. Les applaudissemens, la reconnaissance du public sont acquis d'avance à ceux qui leur feront faire des progrès réels. Aussi, du haut de cette tribune, je conjure la jeunesse de marcher courageusement dans la route glorieuse où elle est entrée.

Que la minéralogie, que la chimie, la physique, l'astronomie, la mécanique, que toutes les sciences, se prêtant un mutuel appui, contribuent chacune pour sa part à rendre meilleure la vie matérielle de la société, puisque c'est à cela que l'on borne leur utilité; et quand toutes ces améliorations seront réalisées, la science aura bien mérité du pays; car, suivant la belle pensée de Bâcon, le savoir c'est de la force, de la puissance; et elle aura augmenté le bien-être de la population, non pas en appauvrissant le riche, mais en enrichissant le pauvre; et elle aura répandu ses bienfaits sur ceux-là mêmes qui l'outrageaient. Et en contemplant ces beaux résultats, un poëte (car les études scientifiques n'empêcheront pas qu'il n'y ait toujours des poëtes), un poëte pourra s'écrier, sans être taxé d'exagération :

> Le Dieu, poursuivant sa carrière,
> Versait des torrens de lumière
> Sur ses nombreux blasphémateurs.

(*Très-bien! très-bien*).

L'orateur reçoit, en retournant à sa place, de vives félicitations.

M. *le président:* La parole est à M. de Lamartine. (*Mouvement d'attention.*)

DISCOURS DE M. DE LAMARTINE.

Messieurs,

En essayant de répondre à l'illustre et savant orateur qui, en défendant les sciences dont il est l'honneur, a été si juste, si bienveillant même, envers les lettres, il y aurait injustice, il y aurait inconvenance à moi de réduire la discussion à une misérable question de pédagogie, à une question de prééminence académique entre les études scientifiques et les études morales et littéraires. Telle n'est pas ma pensée. Ce n'est pas la lutte, ce n'est pas l'antagonisme qu'il faut établir entre ces nobles facultés de l'esprit humain. C'est le concours, c'est l'harmonie. Bien loin de se nuire, bien loin de se combattre, elles se fortifient, elles se complètent l'une par l'autre : les sciences sont les élémens de la pensée, les lettres sont la lumière des sciences. La pensée est aux sciences, si vous me permettez une expression que vous trouverez peut-être trop poétique, ce que fut aux élémens de l'univers le Verbe qui les éclaira et les ordonna. En écoutant tout-à-l'heure le préopinant vous citer les noms de Pascal, de Descartes, de Leibnitz, de Cuvier, de tous ces grands génies chez lesquels la gravité, la solidité des études scientifiques n'ôta rien au coloris et au charme de l'imagination et du style ; un autre nom, et un nom moderne, un nom contemporain se présentait à toutes vos pensées, et ce nom, il n'était interdit qu'à M. Arago de le prononcer. (*Bravo ! bravo !*)

L'orateur se tourne vers M. Arago.

Mais, Messieurs, s'il n'y a pas lutte de prééminence, il y a pour le législateur, sous l'apparente frivolité de cette discussion, il y a une question d'importance relative à résoudre entre l'étude des sciences exactes, trop prématurément admise, et l'étude des lettres humaines. Nous devons la discuter et la résoudre pour savoir quelle place il nous faut donner à l'une ou à l'autre de ces facultés dans notre système d'enseignement, ou plutôt dans quelle proportion nous les ferons concourir. Eh bien ! pour n'y pas revenir, je la tranche d'un mot : Si le genre humain était condamné à perdre entièrement un de ces deux ordres de vérités, ou toutes les vérités mathématiques, ou toutes les vérités morales, je dis qu'il ne devrait pas hésiter à sacrifier les vérités mathématiques ; car si toutes les vérités mathématiques se perdaient, le monde industriel, le monde matériel subirait sans doute un grand dommage, un immense détriment. Mais si l'homme perdait une seule de ces vérités morales, dont les études littéraires sont le véhicule, ce serait l'homme lui-même, ce serait l'humanité tout entière qui périrait. (*Sensation.*)

Sans doute il y a quelque chose de vrai dans le tableau que M. Arago vient de faire des inconséquences de notre système d'enseignement; sans doute j'ai souvent déploré moi-même ces persistances de la routine qui donnent à une époque l'éducation d'une autre époque, qui enseignent à des Français la langue des Latins et des Grecs, et donnent les mœurs, la religion, les lois, les préjugés des Athéniens ou des Romains, à des enfans qui sont nés dix-huit cents ans après, et qui doivent vivre à Paris ou à Londres. C'est, si j'ose me servir de cette expression, une mascarade d'opinion, de religion et de mœurs, où l'on donne à une génération le costume d'une autre, et d'où ne peut résulter que le plus ridicule quiproquo de civilisation. Sous ce rapport, je pense comme mon honorable ami. Loin de ma pensée de le combattre ! Je veux à chaque époque sa vérité, à chaque génération sa nature. Je veux une éducation spéciale, une éducation sincère, qui apprenne à l'enfant non pas seulement ce qu'ont su ses pères, mais ce qu'on sait de son temps, ce qu'il doit savoir lui-même pour vivre, pour penser, pour croire, de la vie, de la pensée, de la foi sociale de son temps. Comme mes honorables amis, je veux qu'on l'initie de bonne heure à ces sciences des phénomènes naturels, à ces révolutions de la nature physique, qui rendent sensibles, évidentes, pratiques à ses yeux, les vérités abstraites de ses livres; magnifiques échelons que la science moderne surajoute sans cesse à d'autres pour élever notre intelligence vers la vérité et vers Dieu. (*Sensation.*)

Et ici, Messieurs, vous voyez que j'abonde dans le sens de M. Arago. Comme lui je trouve de la poésie et de l'éloquence dans les chiffres mêmes. Je me souviens qu'il n'y a pas longtemps encore, à une époque de la vie où l'imagination n'a peut-être plus toute sa sensibilité, toute son impressionnabilité première, j'ai éprouvé, en lisant les leçons astronomiques d'Herschell, une des plus fortes, une des plus poétiques impressions de ma vie. J'en ai éprouvé autant quelquefois en lisant ces admirables travaux où M. Arago popularise les astres ; et je le déclare, dussé-je blesser mon honorable adversaire, dans ces momens je me suis écrié : Herschell et Arago sont deux grands poëtes. (*Très-bien ! très-bien !*)

Mais voici où commence le différend entre lui et moi. Je prie la chambre de me prodiguer son attention, car je vais toucher presque à la métaphysique de la législation.

Cette éducation, exclusivement professionnelle, scientifique, industrielle, que je veux comme vous, doit-elle commencer avec l'enfance, ou ne doit-elle pas être précédée par une éducation morale, littéraire, par une éducation commune? Et enfin, cette éducation spéciale et industrielle que vous demandez pour les colléges communaux, doit-elle exclure l'étude des langues que vous appelez mortes, et que moi j'appellerai immortelles? (*Très-bien!*) Voilà la querelle entre vous et moi. Je blesse, je le sais, un des préjugés généralement répandus dans le pays et dans la chambre, ou plutôt la réaction contre ce préjugé ancien qui fesait dominer toutes nos études par les études dites classiques. Ce sentiment, je l'ai partagé d'abord moi-même ; de plus mûres réflexions m'ont ramené aux études classiques. J'en dois compte à la chambre, et surtout aux pères de famille qui nous écoutent d'ici, et qu'il faut prémunir contre de trop complètes et trop imprudentes innovations. (*Écoutez, écoutez!*)

Et d'abord, que les honorables préopinans me permettent de leur demander à quel titre ils parlent de l'éducation à cette tribune. Ils me répondront que c'est à titre d'hommes politiques, de législateurs. Eh bien! je leur demanderai encore : Aux yeux du législateur, de l'homme politique, qu'est-ce que l'enfant? L'enfant, c'est un être sociable, un être dont la destinée est de vivre en commun avec d'autres hommes, d'être membre utile, membre incorporé à la société, à la nation dont il fait partie. Il doit avoir d'innombrables corrélations, des rapports complets avec les choses, avec les idées, avec les mœurs, avec les hommes nés autour de lui, et sa place quelconque dans la société sera d'autant plus juste, et la société elle-même sera d'autant mieux organisée, qu'il sera mieux fait pour elle, et elle pour lui. Avoir le plus de rapports possibles avec la société dont il est membre : voilà la destinée de l'enfant comme être sociable. Je défie mes contradicteurs de nier un principe aussi évident, aussi palpable! Eh bien! si, avant tout, ce principe est vrai, l'éducation commune est nécessaire: elle est la conséquence directe, invincible de la destinée même de l'enfant.

En effet, Messieurs, en dehors de cette diversité de vocations et de carrières qui saisissent l'homme plus loin et plus tard dans la vie, et qui nécessitent alors les enseignemens spéciaux : il y a une grande et précieuse unité à observer, à conserver, à accroître, s'il est possible, entre tous les hommes, entre tous les enfans destinés à devenir contemporains, compatriotes, concitoyens d'une même famille, quoique devant occuper des rangs divers dans la nation, dans la société. Sans cela, vous aurez des hommes, vous aurez des individus, mais point de société, point de famille, point de peuple, point de nation. Vous aurez des êtres aussi étrangers les uns aux autres, que ceux qui ne parlent pas la même langue, ou n'adorent pas le même Dieu. La sociabilité, qui n'est que la grande sympathie des intelligences, des croyances, des mœurs, n'existera réellement pas. Vous aurez juxta-position d'une innombrable quantité d'hommes; vous n'aurez ni assimilation, ni solidarité, ni unité, ni nationalité. Pour avoir cette assimilation, cette sympathie intellectuelle, cette incorporation des hommes avec les hommes qui forment la société, il faut indispensablement des idées communes entre eux. Il faut, pour ainsi dire, qu'à leur entrée dans la vie ils aient sucé le même lait, ils soient devenus une même chair et un même sang, ils aient vécu du même aliment : il faut, pour vivre plus tard en communion d'idées, d'actions, de vertus, de mœurs, qu'ils aient vécu d'abord quelque temps en communion complète d'enseignement et d'instruction ; et de plus, Messieurs, cette communauté des idées générales est tout ce qu'il y a de plus libéral, et de plus démocratique au monde. Je m'étonne que cette considération ait échappé au préopinant. Cette inégalité de richesses et de conditions sociales que la nature rend malheureusement inévitables, une société bien faite, une société chrétienne ne l'étend pas au patrimoine intellectuel de ses enfans : elle leur doit à tous une part égale, une part commune de ce fonds commun de civilisation, de morale, de lumières qu'elle possède. C'est là la seule loi agraire réalisable ; c'est là le seul partage du domaine intellectuel qui enrichit tout le monde sans appauvrir personne: ce n'est que par une éducation commune que l'État peut le distribuer.

Je passe à la question des langues mortes. D'abord je demande aux honorables préopinans qui ridiculisent si spirituellement l'étude du grec et du latin, si cette manie d'enseigner aux enfans des langues mortes est particulière à notre nation et à notre époque, et je réponds qu'il n'en est rien; que les nations les plus reculées dans l'histoire avaient déjà des langues savantes, des langues sacrées, qu'elles enseignaient à des initiés ou à des disciples. Je vois que l'étude des langues mortes fesait partie essentielle de l'éducation chez les Grecs et chez les Romains; je vois que tous les peuples modernes ont initié leurs enfans à la connaissance des langues grecque et latine ; je vois que la civilisation et l'art modernes se sont étendus et perfectionnés en proportion directe des monumens de ces langues antiques que l'on découvrait, que l'on vulgarisait parmi vous, et que la découverte de chaque manuscrit a été, pour ainsi dire, la cause d'un progrès dans nos littératures. Messieurs, ceci mérite attention. N'y a-t-il pas dans cette unanimité de toutes les nations et de tous les temps à honorer l'étude des langues mortes, n'y a-t-il pas un phénomène respectable? L'instinct de tous les peuples et de toutes les époques se serait-il grossièrement trompé? se serait-il trompé sans fondement, sans cause, sans motif? Aucun esprit grave et philosophique n'osera si hardiment le prononcer. Quant à moi, je ne doute pas que l'esprit humain n'ait eu ses raisons pour s'attacher avec tant d'obstination et de respect à cette superstition du passé, à ce culte de la tradition, dont l'étude des langues mortes a été chez tous les peuples le symptôme.

N'en doutons pas, Messieurs, ce phénomène universel s'explique par le désir éminemment social d'inspirer de bonne heure aux enfans le sentiment et l'amour du beau, le sentiment et l'amour du beau inséparables du sentiment et de l'amour du bien et de l'honnête. Il est utile, il est indispensable que l'âme de l'homme-enfant se forme à elle-même un type, et que ce type, sur lequel elle tend involontairement à se modeler, soit le plus idéal et le plus grand que son imagination puisse atteindre. De ce type, que l'humanité se crée à elle-même, dépend son développement moral. Ne sommes-nous pas tous des statuaires qui travaillons intérieurement, et à notre insu, à nous rendre ressemblans à quelques unes de ces grandes figures de l'histoire de l'antiquité qui ont frappé nos regards, qui ont ébranlé notre imagination dans notre enfance? et selon que cette figure est plus idéale et plus pure, ne sommes-nous pas nous-mêmes plus élevés et plus parfaits? Eh bien! l'humanité est faite comme nous : plus grande et plus belle selon qu'elle a dans son type d'imitation plus de grandeur et plus de beauté.

Or c'est un mystère, mais c'est un fait, que l'image du beau, que le type du beau, que le sentiment du beau, se révèle avec plus d'évidence et de force dans les chefs-d'œuvre de l'antiquité. Ceci ne se prouve pas, cela se sent. Demandez-le à tout homme qui a lu la Bible ou Homère, qui a vu le Panthéon ou l'Apollon du Belvédère. Le beau est antique, et la preuve, c'est qu'il est éternel, c'est que les générations succèdent aux générations, et que l'immuable antiquité nous domine toujours, non pas seulement de toute la majesté des temps, mais de toute la majesté de la nature? On cherche sans cesse la cause de cette prédominance du beau antique, et je crois aussi l'avoir trouvée.

Le beau dans la littérature et dans les arts n'est que l'expression de la nature. Plus donc la nature sera primitive et grande et naïve, plus l'art et la littérature qui l'expriment seront eux-mêmes complets. Or, il est évident qu'il n'y a que certaines époques fugitives et instantanées de la vie des peuples, où ces deux conditions du beau se rencontrent; c'est-à-dire où la civilisation naissante a déjà produit un art de penser et d'écrire, et où la nature, encore jeune, encore vigoureuse, encore primitive, a assez de sève et de naïveté pour inspirer l'art. Etudiez l'histoire de tous les peuples, vous trouverez l'apogée de leur littérature à ce point précis de leur existence. C'est là que le beau se produit dans toute sa primeur, dans toute sa sublimité ; c'est là qu'il faut aller en chercher les modèles. Or, ces modèles, où sont-ils conservés ? dans ces langues immortelles que l'on voudrait vous faire répudier. Gardons-nous en, Messieurs, ne laissons pas ces études empiéter trop sur les autres. Pressons les années ; réservons du temps à cette instruction spéciale, industrielle, qui est aussi un besoin relatif à chacun des enfans selon la vocation que sa condition sociale lui a faites ; mais avant tout ayons une éducation commune, une fraternité intellectuelle au commencement de la vie, et conservons l'étude des langues qui renferment les trésors du beau. Le beau est la vertu de l'esprit ; en restreignant le culte, craignons d'altérer plus tard la vertu du cœur. (*Mouvement.*)

Je soumets ces observations à votre sagesse ; mais permettez-moi, en finissant, de protester contre cette malheureuse tendance de rendre l'enseignement exclusivement spécial, scientifique, mathématique. Qu'est-ce autre chose que l'application du matérialisme du dix-huitième siècle à l'éducation ? Ce système, c'est la division du travail, principe admirable, mais exagéré, et qu'on veut appliquer même aux facultés intellectuelles, même aux facultés de l'âme ; comme si l'âme et l'intelligence pouvaient se scinder en facultés distinctes dont on peut cultiver l'une et négliger les autres, sans porter atteinte à l'ensemble. C'est ravaler la plus noble partie de notre être à la condition de nos membres corporels qu'on peut dresser exclusivement à tel ou tel exercice. Mais l'âme, mais l'intelligence, au contraire, n'est qu'harmonie de toutes nos facultés morales : et c'est cette harmonie qui constitue la conscience et le génie. La conscience et le génie ! Vous n'oubliez que cela dans votre système : La conscience et le génie, qu'est-ce qui les produit ? Qu'est-ce qui les développe ? Est-ce le calcul ? Sont-ce les mathématiques, la seule science qui ne sent pas, qui ne pense pas, qui ne raisonne pas ? Non : ce sont les études morales que vous reléguez dans les inutilités ! Qu'arrivera-t-il ainsi ? Vous aurez un peuple d'admirables ouvriers, propres à faire des ponts, des chemins de fer, des tissus, des cotons, des draps : mais est-ce là tout l'homme ? L'homme est-il une machine, un outil strictement façonné à gagner le plus de salaire, à produire le plus de résultats matériels possibles dans un temps donné. L'homme n'a-t-il qu'une fin mercantile, industrielle, terrestre ? Alors le système des enseignemens spéciaux serait parfait.

Mais n'oublions pas, Messieurs : cette doctrine ravale la nature humaine. L'homme a une autre fin, une fin plus noble, une fin plus divine que de remuer des pierres et de la terre ici-bas. La fin de l'homme, c'est la pensée, la conscience et la vertu ; et le créateur de la divine pensée humaine ne demandera pas seulement aux civilisations si elles ont formé d'habiles ouvriers, d'utiles industriels, de nombreux travailleurs ; mais si elles ont élevé, ennobli, agrandi, moralisé, cette pensée humaine par l'exercice de toutes les facultés qui constituent l'homme. (*Très-bien ! très-bien !*)

Eh bien ! ces facultés, vous ne pouvez les exercer que par une éducation commune, universelle et morale, avant de la compléter par l'enseignement spécial, que j'admets comme vous, mais que je veux faire précéder d'un autre enseignement. (*Marques nombreuses et prolongées d'assentiment.*)

L'orateur descend et reçoit les félicitations d'un grand nombre de ses collègues.

CRISE MINISTÉRIELLE.

Depuis le 13 mars 1831 deux systèmes avaient partagé la politique intérieure du ministère : l'un dit d'*intimidation*, système de lutte et de répression constante, système exclusif, *homogène* comme il s'appelait lui-même, ayant pour chefs d'abord Casimir Périer, puis M. Guizot ; l'autre dit de *conciliation*, système de paix, de coalition, de fusion des partis, représenté par M. Thiers, et, jusqu'à un certain point, par M. Molé.

Parvenu à la tête des affaires le 22 février 1836, M. Thiers se retira six mois après, pour une question de politique étrangère, l'intervention en Espagne. La présidence du Conseil, ballottée entre M. Guizot et M. Molé, resta en héritage à ce dernier, et M. Guizot n'eut que le porte-feuille de l'instruction publique. Ce fut le ministère du 6 septembre. Mais bientôt des dissidences graves entre le premier et le second chef (c'est ainsi qu'on appelait M. Guizot), des questions de prééminence, d'influence politique, amenèrent la dislocation de ce cabinet. C'est alors qu'eut lieu la plus longue et la plus fatigante crise ministérielle. Enfin le 15 Avril 1837, après plusieurs semaines de négociations, de tâtonnemens, de remaniemens infructueux, la France impatientée vit paraître au moniteur une liste définitive qui contenait les noms de plusieurs des membres du cabinet dissous. M. Guizot se retirait; M. Molé restait président de la nouvelle combinaison ministérielle.

A peine le ministère du 15 avril, presque en tout semblable au précédent, était-il établi, que, dans la position critique où il se trouvait, découragé par deux échecs successifs subis lorsqu'il n'était encore que ministère du 6 septembre, l'un devant la chambre, le rejet de la loi de *disjonction*, l'autre devant l'opinion publique, le retrait forcé de la loi d'*apanage*; découragé par les préventions hostiles aux lois de *déportation* et de *non-révélation* qu'il préparait; affaibli par la retraite de M. Guizot et de ses nombreux adhérens; peu sûr lui-même de son union, de son homogénéité, incertain de sa marche et de son attitude politique; n'ayant, au milieu du fractionnement universel de la Chambre et du pays, ni majorité parlementaire ni parti compact sur lesquels il pût s'appuyer; dans cette perplexité, dis-je, il voulut savoir quelles étaient ses conditions d'existence.

L'ancien cabinet avait présenté le 14 mars précédent un projet de loi portant demande d'un crédit supplémentaire de deux millions de fonds secrets pour l'exercice 1837. Le cabinet nouveau résolut de faire de cette demande une question de vie et de mort, et il eut l'habileté de l'appuyer du motif de la sûreté de la personne du Roi, motif sacré qui devait lui assurer la victoire.

Cependant demander un vote de confiance, c'était, pour ainsi dire, poser devant la Chambre, c'était affronter ses regards investigateurs, et provoquer les interpellations, les attaques de tous les partis hostiles. Aussi ne furent-elles pas épargnées au nouveau ministère. Les personnes et les choses, les lois déjà présentées, les lois préparées, la politique antécédente actuelle et future, tout fut passé en revue, examiné, exploré. Presque toutes les nuances qui distinguaient la chambre prirent part à cette espèce d'interrogatoire, même les opinans favorables au projet de loi, même les membres de la commission.

Attaqué de tous les côtés, poussé sur tous les points, le ministère essaie de faire face à tout. MM. Molé, Montalivet, Martin du Nord, prennent tour-à-tour la parole. Mais leurs explications satisfesantes sur plusieurs articles de détail ne le sont pas sur les points essentiels, c'est-à-dire sur les causes de la dislocation du cabinet précédent et sur la politique du cabinet actuel. La Chambre commençait à se lasser de ces réponses évasives, de ces redites inutiles, de ces explications accessoires, mesquines, écourtées, lorsque M. Guizot, provoqué par M. de Sade, éprouvant d'ailleurs, comme il le dit lui-même, le besoin de s'expliquer sans réserve sur la part qu'il avait prise aux derniers événements, sur sa conduite et sur la politique à laquelle il reste fidèle, monte à la tribune. Alors, avec ce ton imposant qu'il emprunte à la gravité de son caractère, de ses opinions, de l'influence qu'il exerce; avec toute la netteté et la fermeté d'un homme à idées arrêtées, à convictions profondes; avec une franchise et une liberté dégagées de toutes les entraves et de toutes les restrictions qu'impose la prudence ministérielle; il relève, élargit, complette, éclaire toute la discussion. — — —

Après avoir décliné d'abord le reproche d'inflexibilité qui lui a été souvent adressé, et prouvé son esprit de conciliation par la conduite qu'il a tenue tout le temps qu'il est resté au pouvoir; il énumère ensuite les raisons personnelles et les causes de politique générale qui ont motivé sa sortie des affaires; puis il fait connaître son but, l'organisation de la victoire et de la prépondérance politique des classes moyennes, et développe enfin, en entrant plus avant encore dans les causes de politique générale, qui ont amené la dissolution du cabinet du 6 septembre, et qui président à la situation actuelle du ministère, de la chambre et du pays, les moyens qui lui paraissent les plus propres pour arriver à ce but.

Mais la discussion ne se soutint pas long-temps à la hauteur où il l'avait portée; bientôt elle retombe dans les personnalités et les détails où elle se traînait avant lui. —

Le lendemain la chambre était fatiguée, déjà les cris, *aux voix!* s'étaient plusieurs fois fait entendre; on allait, dans le vote impatiemment attendu par le cabinet, lui faire justice ou lui faire grâce, quand un amendement de M. de Vatry, ayant pour objet la suppression de cette partie des fonds secrets qu'il croyait allouée à la presse ministérielle, appelle M. de Lamartine à la tribune. Nous devons à l'honorable orateur d'avoir par les attaques qu'il dirigea incidemment contre l'opposition, provoqué une réponse de la part de M. Odilon Barrot, et renouvelé une discussion dont le souvenir vivra long-temps.

Rien n'est au-dessus de la puissance de raison et de conviction, de l'énergie, de l'élévation, de la chaleur qui régnent dans la magnifique improvisation de M. Barrot, rien, si ce n'est peut-être la réplique de M. Guizot.   Laurent, *régent.*

DISCOURS DE M. ODILON BARROT (1).

Messieurs, il peut paraître étrange que je vienne, à la fin d'une discussion épuisée, répondre à une espèce d'interpellation qu'un honorable membre de cette chambre a adressée à l'opposition. En vérité, il semblait qu'il n'y avait ici qu'une seule question, celle de savoir si des fonds secrets de police étaient nécessaires, et si on pouvait les accorder en toute confiance au ministère actuel. Pour cela il fallait rechercher les causes de la crise ministérielle, les chances de durée du ministère actuel, l'avenir qu'il pourrait préparer au pays. Telles étaient les questions qui semblaient devoir s'agiter à cette tribune.

Maintenant, quelle était notre situation dans ce débat? J'avouerai, avec toute humilité, mes perplexités; mais sur la question des fonds secrets je n'avais aucune incertitude. Oh! si j'avais eu la conscience de la nécessité prétendue pour le salut du Roi de cet accroissement énorme de fonds secrets de police, je le déclare, j'aurais accordé sans hésitation ces fonds à un ministère, quel qu'il fût, dégageant complètement la question de toute considération de confiance ou de non-confiance. Je ne comprends pas comment, lorsque cette question de la sûreté du Roi et de l'honneur du pays serait engagée, vous pourriez y substituer des questions de confiance en telle ou telle personne, en telle ou telle combinaison ministérielle, et je ne comprends pas non plus comment, dans le cas où vous auriez confiance dans telle ou telle combinaison, et où vous reconnaîtriez cependant qu'il n'y a pas nécessité absolue pour la sûreté du Roi d'accorder des fonds de police, vous solderiez ainsi, avec l'argent des contribuables, la confiance que vous accorderiez au ministère. (*Marques d'assentiment aux extrémités.*)

Je ne le comprends pas; et il y a beaucoup de députés consciencieux dans cette enceinte qui ne le comprennent pas davantage, qui ne sont pas à la hauteur de ces théories parlementaires, qui croient qu'une question d'argent, une question de fonds de police, est une question de nécessité.

Quant à moi, je le répète, je ne reconnais pas la nécessité

(1) Séance du 5 mai 1827.

de cet accroissement de fonds. S'il était nécessaire pour la sûreté du Roi, je dis que tous les ministres précédens seraient coupables au premier chef de ne pas l'avoir réclamé pour prévenir ces attentats qui ont affligé et en quelque sorte déshonoré notre pays ; je dis que s'ils ne l'ont pas réclamé au milieu de ces attentats, c'est qu'ils n'avaient pas le sentiment de cette nécessité ; et j'en absous les précédens ministres. Ce n'est point par des fonds de police que les attentats, les assassinats peuvent être prévenus ; les fonds de police ne peuvent rien sur cette espèce de maladie morale : mais cette maladie, Messieurs, comme tous les fléaux, a son temps ; elle passe ; et j'ai reconnu ce symptôme avec une joie profonde. Cette maladie est arrivée à son terme : elle est venue s'éteindre dans l'ignominie du crime... (Très-bien ! très-bien !)

Elle peut être vivace quand elle se rattache à quelque énergie, à quelque courage apparent ; mais là où il y a ignominie, elle n'est plus possible ; et si le dernier coup devait lui être porté, il l'a été par l'acte que pour mon compte je glorifie, l'acte de clémence qui a laissé la vie à un misérable assassin.... (*Nouvelle et universelle approbation.*)

Mais si je n'avais aucune incertitude sur la question de l'augmentation des fonds secrets, j'en ai une très-grande sur la question politique, sur la question de cabinet. J'ai suivi avec une religieuse attention tout ce débat ; je l'ai suivi même, je ne le dissimule pas, avec le désir de reconnaître que le ministère qui était devant moi avait une signification politique ; je me suis demandé s'il était vrai que la dissolution du ministère du 6 septembre, la séparation, dans la combinaison nouvelle, d'hommes aussi éminens, aussi significatifs, avait une cause réelle, sérieuse, non pas dans de misérables querelles de personnes, mais dans les choses, dans le système, dans la politique, soit intérieure, soit extérieure du pays. Eh bien ! je vous le déclare, rien de plus mobile que mes impressions dans toute cette discussion.

L'honorable M. Guizot, qui est sorti de ce cabinet et qui y fait un vide immense, l'honorable M. Guizot nous a dit très-nettement que la cause de cette crise ministérielle, indépendamment des circonstances générales sur lesquelles il ne s'est pas trouvé tout-à-fait d'accord avec le président du cabinet actuel, était surtout déterminée par cette considération, qu'il fallait que son influence fût en harmonie avec son importance politique, ou plutôt avec la responsabilité qui devait lui appartenir....

(*L'orateur s'adresse à M. Guizot.*) Vous vouliez avoir votre part d'influence égale à votre part de responsabilité. Il ne vous suffisait pas de la part d'influence qui appartient à un homme d'un talent éminent, à un homme qui, par la puissance de sa parole, par la moralité de son caractère, commande ordinairement dans le sein de cette chambre une attention scrupuleuse, et provoque souvent l'adhésion d'une grande partie de la majorité. C'était là pourtant une belle part d'influence : elle ne vous a pas suffi ; il vous en a fallu une autre...

La cause de la dissolution du cabinet n'est donc pas dans une dissidence sur les effets du rejet de la loi de disjonction. Elle n'est pas davantage dans le retrait de la loi d'apanage, car ce retrait n'a été arrêté qu'après la combinaison du nouveau ministère, qui en a fait la condition de son entrée aux affaires. La véritable cause de cette dissolution était, je le répète, dans les questions de prééminence, de part d'influence. Il faut que mon pays le sache bien, voilà les motifs de toutes ces dissolutions ministérielles qui, depuis quelques années, affligent le pays, déconsidèrent le pouvoir et l'énervent, et jettent l'anxiété dans tous les esprits. Il faut qu'il le sache bien, afin qu'on en fasse justice et que cela ne se reproduise plus. (*Vive approbation à gauche.*)

Mais, Messieurs, les prétentions personnelles, qui jouent un si grand rôle dans les affaires depuis quelque temps, ont bien pu être une des causes de cette dissolution, et ce que nous avons entendu à cette tribune l'a bien prouvé ; mais elles n'en ont pas été la cause unique. Nous nous tromperions si nous nous en tenions à cette surface des choses, et si nous ne pénétrions pas plus avant dans le mal qui nous travaille.

Je veux parler de cette politique militante, de cette lutte, de cette guerre incessante dont l'honorable M. Guizot a retracé le tableau à cette tribune, et qui est en effet le but et le moyen de tout son système. Tant que l'émeute a désolé nos cités, tant que les manifestes publics des partis ont mis en question, je ne dis pas les élémens, les conditions du pouvoir, mais les élémens mêmes de toute existence sociale, nous avons applaudi aux mesures de vigueur employées par le gouvernement pour les réprimer, pour assurer la sécurité des citoyens. Seulement nous lui avons demandé de respecter les libertés tout en comprimant les abus, de ne pas détruire la vie politique quand il ne fallait que s'opposer à l'effervescence révolutionnaire et passionnée des partis ; nous lui avons demandé de fixer les yeux sur l'avenir, et de ne pas se mettre dans la nécessité de pousser toujours en avant, sans pouvoir, lorsqu'il le faudrait et qu'il le voudrait lui-même, revenir sur ses pas. Voilà ce que nous avons dit : notre voix n'a pas été entendue ; la répression a été poussée à outrance... (*Vives réclamations au centre.*)

A gauche : Oui ! oui ! c'est vrai !

M. Odilon Barrot : Le cabinet du 22 février a été un temps d'arrêt dans cette voie. Pourquoi faut-il que les ministres qui ont suivi y soient rentrés ? Pourquoi faut-il qu'ils aient dit : nous avons pensé que les lois de septembre ne suffisaient pas ; nous avons présenté la loi de disjonction, la loi de déportation, la loi de non-révélation, la loi d'apanage, et les accroissemens de fonds secrets. Voilà le système sous l'influence duquel nous étions placés lorsque nous sommes arrivés au pouvoir.

Eh bien ! vous avez subi un double échec dans la chambre.

D'abord le rejet de la loi de disjonction.

Vous dites que ce n'est pas une question de cabinet ; mais, mon Dieu ! les questions de cabinet ne se posent pas par le ministère ; elles se posent d'elles-mêmes. (C'est cela ! c'est vrai !) Et lorsqu'un ministère vient déclarer à une chambre qu'il ne peut pas répondre de la discipline de l'armée, que par conséquent il ne peut pas gouverner si on ne lui accorde pas telle ou telle mesure, et qu'ensuite cette mesure lui est refusée, il est de son honneur, il est de sa dignité, de se séparer du pouvoir. (Oui, oui ! Très-bien !)

Une autre loi a été présentée, la loi d'apanage, loi qui était destinée, selon vous, à ressusciter les vieilles traditions de l'antique monarchie, et qui, en effet, était parfaitement fidèle au titre que vous lui avez donné ; car, quand aujourd'hui vous voulez la rattacher à cette éventualité de dotation, très-bourgeoise, très-commune, très-vulgaire, qui est dans la loi de 1832 et qui est subordonnée à une question d'insuffisance de dotation, vous dénaturez cette disposition : au lieu d'un supplément pour une insuffisance constatée qui ne se rapporte qu'au présent, qui suppose un état insuffisant de dotation paternelle, vous voulez une dotation, non pas pour un homme, non pas pour un temps, mais pour des générations infinies ; vous voulez que cette dotation ne soit pas en argent, mais qu'elle ait ce caractère territorial qui a toujours été le signe distinctif de toutes les conditions de la vieille monarchie. Voilà ce que vous voulez !

A gauche: Très-bien ! très-bien !

M. Barrot: Eh bien! quand vous dites que l'opinion publique s'est égarée, qu'elle a été égarée par ce que vous appelez un libelle (1), vous reconnaissez une trop grande puissance à tel ou tel écrivain, à tel ou tel livre : il ne méritait ni cet excès d'honneur ni cet excès d'injure. S'il n'y avait pas eu un sentiment de répulsion profonde.....

M. Dupont (de l'Eure): Générale !

(1) La lettre de M. de Cormenin.

M. Odilon Barrot: puisée dans tout ce qui est notre religion politique, dans le sentiment d'égalité, dans le besoin d'isoler notre monarchie nouvelle, notre monarchie nationale, de toute affinité avec la monarchie du droit divin, dans le désir de lui donner pour point d'appui l'assentiment général, la confiance universelle, tous les sentimens populaires qu'elle fait vibrer lorsqu'elle se rapproche de son origine, et dont elle ne s'éloigne qu'en s'affaiblissant ; si cette loi n'avait pas profondément blessé tous ces sentimens, soyez-en convaincus, tous les écrivains possibles, quelque éloquens qu'ils fussent, quelque acérée que fût leur plume, quelque amères qu'eussent été leurs épigrammes, n'auraient exercé aucune influence sur le pays. (*Vive approbation à gauche.*) S'il y a eu un soulèvement général, c'est qu'il y a dans le pays de vieux sentimens qui s'élèvent. Ce sont ces sentimens que l'honorable M. Guizot pourra appeler des sentimens d'envie, de jalousie pour les supériorités ; il pourra les apler des intérêts anarchiques, des passions désorganisatrices: il appellera cela comme il voudra ; mais cela est radical, cela est dans notre être, dans nos os, dans notre essence.

A gauche : Très-bien ! très-bien ! (*Applaudissemens, mouvement prolongé.*)

M. Odilon Barrot : Voilà ce que vous deviez savoir, ce que vous deviez sentir, sous l'influence de la fibre populaire et nationale.

Au lieu de cela, et lorsqu'il n'y a pas à rougir, et lorsque de plus grands hommes que vous peut être l'ont fait ; en présence du rejet de la loi de disjonction, et du retrait de la loi d'apanage, au lieu de rendre hommage à cette double manifestation de l'opinion de la chambre et du pays, vous vous êtes glorifiés en quelque sorte de ces deux échecs ; au lieu de marquer là votre temps d'arrêt, vous avez voulu continuer le système d'en-avant que le cabinet précédent avait intronisé au pouvoir. Est-ce que vous prétendez qu'il n'y a rien de changé ? Mais dites-le nous franchement, si cela est ainsi ; et je vous déclarerai, quant à moi, que c'est une prétention insensée de séparer les idées et les principes des hommes qui les personnifient le plus et le mieux. (Très-bien ! très-bien !)

En résumé, si vous représentez d'autres principes, d'autres idées, d'autres tendances même, que l'ancien ministère du 6 septembre, ou la partie du ministère qui s'en est retirée, il faut le déclarer nettement, franchement, et, jusqu'à présent, je n'ai pas trouvé en vous une déclaration assez nette et assez explicite. Si au contraire, il y a identité, s'il y a continuation sans modification ni dans les choses, ni dans les principes, ni dans les idées, j'en suis fâché ; mais je vous dis que vous ne représentez pas assez complètement ces idées et ces principes ; je vous dis que vous devez faire place a des hommes politiques qui les représentent plus éminemment aux yeux du pays.

Et pour moi, quelque confiance, quelque sympathie personnelle que je puisse avoir pour des membres du cabinet actuel, quelque éloigné que je puisse être de vouloir passer de nouveau, dans ce pays qui a besoin de calme et de repos, par toutes les phases d'une lutte violente, cependant, comme il faut que toutes les expériences se fassent, et que ce n'est que lorsqu'une expérience a été complète que le terrain politique en est dégagé et que d'autres expériences peuvent se tenter, j'appelle de tous mes vœux l'épreuve de ce système qu'on vous a développé ; je l'appelle dans toute sa pureté, avec tous ses instrumens, non pas dans des théories que la pompe du langage peut colorer, mais dans les actes du gouvernement. Nous verrons ce que vous entendez par cette classe moyenne que vous rétrécissez aux 150 ou 160,000 électeurs que vous voulez constituer en corps, en puissance politique.

A gauche : Très-bien ! très-bien !

M. Odilon Barrot : Nous verrons si ce système, qui consisterait à rendre en faveur la puissance que cette classe pourrait vous donner, si ce système peut s'appliquer et réussir.

Imprudens que vous êtes ! Mais la classe moyenne en France, c'est la nation. (Très-bien ! très-bien !)

Dans notre France, la souveraineté nationale place le pouvoir politique, non dans une classe, mais dans la nation. Si vous pouviez compromettre cette classe moyenne, vous la compromettriez étrangement ! Quoi ! vous la sépareriez de cette masse d'intérêts qui se rattachent à elle ? Vous feriez un triage de choix et vous diriez : « C'est là la classe moyenne ; à celle-là les droits politiques, à celle-là la constitution, la succession de la vieille monarchie vaincue ! » La classe moyenne a vaincu ! Eh, mon Dieu ! elle est plus juste que vous, elle repousse ce monopole de la victoire. (Bravo ! bravo !) La victoire, ce sont toutes les classes, c'est la nation entière qui l'a remportée. (*Nouveaux applaudissemens à gauche*).

La victoire que nous avons remportée est grande : je désire qu'elle soit définitive, et que le combat qui dure depuis cinquante ans pour amener la consécration de nos principes de 1789, de nos principes d'égalité et de liberté, je désire qu'il soit à jamais terminé et qu'il n'ait plus à recommencer. Mais s'il devait recommencer, si les deux principes qui, comme le disait avant-hier l'honorable M. Guizot, sont en présence ; si ce principe démocratique qui vit en France, que vous retrouvez partout, dans l'atelier, dans le palais même du riche, dans toutes les classes de la société, devait un jour encore se défendre sur les champs de bataille, rappelez-vous que ce qu'il y aurait eu de plus hautement imprudent, de plus criminel, peut-être, vis-à vis de notre révolution, ce serait d'avoir dit une seule fois sans contestation : que c'est la classe moyenne qui a vaincu, qui a triomphé, que c'est à son profit qu'est la victoire. Vous dépouilleriez notre belle et grande cause de tout ce qu'elle peut prendre de secours dans l'énergie de toute la nation. (*A gauche :* Très-bien !) Vous feriez une cause de parti, de coterie, de cette grande cause nationale. (*Vive approbation à gauche.*)

Eh ! ne savez-vous pas que, sur les champs de bataille, c'est le sang de toutes les classes de la nation qui a coulé pour cette grande cause ? (*Nouvelle approbation.*)

Messieurs, quoique, dans une expression assez hautaine, on ait dit qu'il n'appartenait pas à un gouvernement de se faire petit, et qu'on ait pu s'autoriser peut-être de cette expression pour se livrer un combat par-dessus la tête de ce gouvernement,..... (*On rit*) cependant, comme les théories développées à cette tribune n'ont pas le caractère et l'autorité d'un programme gouvernemental, je n'en dirai pas davantage ; mais quand elles se produiront ici comme programme de gouvernement, soyez-en sûrs, l'opposition ne manquera pas à son devoir envers le pays, envers elle-même.

De bruyantes marques d'approbation succèdent à cette chaleureuse improvisation...

M. Odilon Barrot, en retournant à son banc, reçoit les félicitations d'un grand nombre de membres. La séance est suspendue, et M. Guizot, qui paraît à la tribune, attend pendant près de dix minutes le rétablissement du calme et du silence.

Le parti démocratique venait d'être dignement compris, dignement vengé. M. Guizot, en homme habile, sentit le besoin de renouveler, par une interprétation plus large et plus libérale que la première conception, le système quelque peu aristocratique qu'il avait exposé la veille. Stimulé par un grand succès, il s'éleva encore plus haut qu'il n'avait fait, et prononça, au jugement de ses adversaires mêmes, un des discours les plus éloquens dont ait retenti la tribune politique.

DISCOURS DE M. GUIZOT.

Messieurs, je voudrais pouvoir oublier de quelles paroles l'honorable préopinant m'a fait tout-à-l'heure l'honneur de se servir en parlant de moi ; il m'a presque ôté par là le droit de le remercier de la franchise et de l'élévation avec lesquelles il vient de poser la question.

Il y a cependant une justice que je regrette qu'il ne m'ait pas rendue. Il a paru croire un moment que des considérations.... il a dit, je crois, de prééminence personnelle, avaient été, presque de mon propre aveu, la véritable cause de la crise ministérielle.

Il n'en est rien, Messieurs, absolument rien : l'honorable M. Barrot vous l'a montré lui-même dans la suite de son discours. J'avais eu l'honneur de le dire avant-hier à la chambre; je m'étais hâté d'en finir avec les considérations personnelles, pour ramener le débat à la politique générale.

Je ne dirai donc, à ce sujet, qu'un seul mot de plus. La chambre me permettra de ne pas m'y arrêter davantage. J'ai toujours mis de côté, et personne, j'ose le dire, n'en a donné des gages plus certains que moi ; j'ai toujours mis de côté toute question de prééminence personnelle. Mais l'influence, l'influence politique, l'influence pour ma cause, pour mes idées, pour les intérêts auxquels je me suis dévoué, ah ! certainement non, je n'y ai jamais renoncé; je l'ai toujours cherchée et je la chercherai toujours. (*Vive acclamation au centre.*)

J'arrive au fond des choses.

Vous l'avez vu, l'honorable M. Barrot a posé sur-le-champ la question dans sa vérité. Que vous a-t-il dit ? quelles sont les paroles qui ont dû vous frapper le plus ?

Que la politique suivie depuis six ans, cette politique qu'il a constamment combattue, avait été une politique de répression, de répression à outrance : c'est le mot dont il s'est servi; de répression dans laquelle on avait attaqué, non-seulement l'abus, mais l'usage de nos libertés ; politique dans laquelle, tantôt par des lois, tantôt par des actes, on avait porté atteinte aux droits essentiels, aux principes fondamentaux de la révolution de Juillet.

Vous le voyez, Messieurs, c'est la question qui se débat depuis six ans devant vous. (*Marques d'adhésion.*)

L'honorable M. Barrot pense que la politique suivie depuis six ans a été mauvaise, répressive avec excès, contraire aux principes de la révolution de Juillet et aux droits du pays.

Je pense le contraire : il y a six ans que j'ai l'honneur de le soutenir devant la chambre. C'est donc toujours la même question : quels que soient les hommes, quelles que soient les crises ministérielles, c'est toujours cette question-là qui s'agite. Ne l'oubliez donc pas, Messieurs : ce qui se traite dans ce moment devant vous, à propos de la crise ministérielle, c'est la question de savoir si le gouvernement et vous nous resterons fidèles à la politique suivie depuis six ans, ou si nous abandonnerons cette politique. (*Au centre :* Très-bien !)

Messieurs, je suis pour mon compte si heureux de la voie de franchise que M. Odilon Barrot vient d'ouvrir, je me sens tellement à l'aise depuis qu'il a parlé à cette tribune, que j'ai bien envie de faire quelques pas de plus dans cette voie, et de vous parler avec une vérité encore plus complète que la sienne, s'il m'est possible. *(Marques nombreuses d'adhésion.)*

Il est déjà arrivé plus d'une fois, comme l'a dit M. Barrot, qu'on a été sur le point de s'arrêter dans la politique suivie depuis six ans, qu'on a été sur le point d'en dévier, qu'on a laissé entrevoir quelques symptômes de changement politique, quelque approche de l'opposition vers le pouvoir.

Que s'est-il manifesté dans le pays ? Une inquiétude générale, une inquiétude profonde, l'inquiétude des intérêts sérieux, des intérêts essentiellement sociaux et conservateurs. (*Dénégation à gauche.*)

Au centre: C'est vrai ! c'est très-vrai !

M. Guizot : Oui, Messieurs, toutes les fois que l'opinion publique s'est manifestée par des voies légales, par les élections, dans la chambre, après les débats de la presse et de la tribune, le système de l'opposition, bien que soutenu par la faveur qui s'attache à d'anciens souvenirs du pays, par l'autorité du talent et l'estime qu'inspire le caractère des hommes qui le défendent, le système de l'opposition a toujours été repoussé, repoussé par le pays légal, par le pays constitué. (*Vive approbation aux centres.*)

Voix à gauche : Et le vôtre !

Aucun gouvernement, que je sache, n'a prétendu à l'infaillibilité ; aucun gouvernement n'a prétendu que tous ses projets fussent adoptés par les pouvoirs publics, que toutes ses idées fussent partagées par les majorités qui le soutenaient. J'énonce ici un fait général, sans m'arrêter à quelques exceptions et à quelques déviations particulières qui ne le détruisent pas. J'énonce ce fait, que le jugement prononcé par le pays, par le pays libre et légal, depuis six ans entre l'opposition et nous, c'est-à-dire entre le système de l'opposition et le nôtre, que ce jugement a été constamment en notre faveur.

Messieurs, l'explication la voici, et j'y suis amené par les paroles de l'honorable M. Barrot sur la classe moyenne.—La classe moyenne, a-t-il dit, comment a-t-il pu vous entrer dans l'esprit d'en faire une classe à part, constituée à part, par conséquent opposée aux autres classes de la nation? C'est un mensonge! c'est un danger! Vous oubliez donc toutes les victoires de notre révolution qui ont été gagnées par tout le monde; vous oubliez le sang qui a coulé au-dedans et au-dehors pour l'indépendance ou pour la liberté de la France! c'est le sang de tout le monde. —Non, je ne l'oublie pas! Il y a dans notre charte des droits, des droits publics, qui ont été conquis pour tout le monde, qui sont le prix du sang de tout le monde. *(Très-bien, très-bien!)* Ces droits, c'est l'égalité des charges publiques, c'est l'égale admissibilité à tous les emplois publics, c'est la liberté de la presse, c'est la liberté individuelle. Ces droits-là, parmi nous, sont ceux de tout le monde; ces droits appartiennent à tous les Français: ils valaient bien la peine d'être conquis par les batailles que nous avons livrées et par les victoires que nous avons remportées.

Il y a eu encore un autre prix de ces batailles, un autre prix de ces victoires; c'est vous-mêmes, Messieurs, c'est le gouvernement dont vous faites partie, c'est cette chambre, c'est notre royauté constitutionnelle. Voilà ce que le sang de tous les Français a conquis, voilà ce que la nation tout entière a reçu de la victoire, comme le prix de ses efforts et de son courage. *(Bravos aux centres.)* Et vous trouvez que ce n'est rien! vous trouvez que cela ne peut pas suffire à de nobles ambitions, à de généreux caractères! Sera-t-il donc nécessaire après cela d'établir aussi, au profit de tout le monde, cette absurde égalité, cette universalité des droits et des pouvoirs politiques, qui se cache au fond de toutes les théories qu'on vient apporter à cette tribune? *(Vive adhésion au centre.)*

Ne dites pas que je refuse à la nation française, que je lui conteste le prix de ses victoires, le prix de son sang versé dans nos cinquante années de révolutions; à Dieu ne plaise! Elle a gagné un noble prix, et aucun événement ne pourra le lui ravir.

Mais elle a entendu, au bout de ces combats, et pour garantir toutes ces libertés, tous ces droits qu'elle avait conquis, elle a entendu apparemment qu'il s'établirait au milieu d'elle un gouvernement régulier, un gouvernement stable, un gouvernement qui ne fût pas sans cesse et perpétuellement remis en question par des combats analogues à ceux que nous avons livrés depuis cinquante ans. Apparemment la nation française n'a pas entendu vivre toujours en révolution comme elle a vécu pendant vingt ans. Non, certes: elle a entendu arriver à un état de choses régulier, stable, dans lequel la portion de la nation véritablement capable d'exercer les pouvoirs politiques, capable de posséder les pouvoirs politiques, fût régulièrement constituée sous la forme d'un gouvernement libre, d'un gouvernement qui garantît les libertés, les droits de tous, par l'intervention active et directe d'un certain nombre d'hommes. Je dis à dessein d'un certain nombre, pour exclure à jamais, du moins dans ma propre pensée, cette théorie du suffrage universel, de l'universalité des droits politiques ; théorie qui est cachée, je le répète, au fond de toutes les théories révolutionnaires, et qui survit encore dans la plupart des idées et des systèmes que l'opposition apporte à cette tribune. (*Aux centres* : Très-bien !)

Voilà ce que j'ai voulu dire quand j'ai parlé de la nécessité de constituer et d'organiser la classe moyenne. Ai-je assigné les limites de la classe moyenne? M'avez-vous entendu dire où elle commençait, où elle finissait? Je m'en suis soigneusement abstenu ; je ne l'ai distinguée ni d'aucune classe supérieure, ni des classes inférieures ; j'ai simplement exprimé le fait général qu'il existe, au sein d'un grand pays comme la France, une classe qui n'est pas vouée au travail manuel, qui ne vit pas de salaires, qui a de la liberté et du loisir dans la pensée, qui peut consacrer une partie considérable de son temps et de ses facultés aux affaires politiques, qui a non-seulement la fortune nécessaire pour une pareille œuvre, mais qui a en même temps les lumières, l'indépendance, sans lesquelles cette œuvre ne peut être accomplie.

Quand je disais hier que la loi du 5 février 1817, qui avait établi parmi nous l'élection directe, avait fondé la réalité du gouvernement représentatif, il m'est venu de ce côté de la chambre (*gauche*) des signes d'assentiment. Vos signes d'assentiment d'hier sont la condamnation la plus formelle du système que vous êtes venu soutenir aujourd'hui.

Qu'a donc fait la loi du 5 février 1817? Elle a commencé précisément cette œuvre dont j'entretenais la chambre, cette constitution, cette organisation politique de la classe moyenne. Cette loi a précisément posé les bases de la prépondérance politique de la classe moyenne ; elle a placé le pouvoir politique dans la portion la plus élevée, c'est-à-dire dans la portion indépendante, éclairée, capable, de la société, et elle a fait descendre en même temps ce pouvoir assez bas pour qu'il arrivât jusqu'à la limite à laquelle la capacité s'arrête. Lorsque, par le cours des temps, cette limite sera déplacée, lorsque les lumières, les progrès de la richesse, toutes les causes qui changent l'état de la société, auront appelé un plus grand nombre d'hommes et des classes plus nombreuses, la capacité politique, la limite variera. C'est là la perfection de notre gouvernement, que les droits politiques, limités de leur nature à ceux qui sont capables de les exercer, peuvent s'étendre à mesure que la capacité s'étend ; et telle est en même temps l'admirable vertu de notre gouvernement, qu'il provoque sans cesse l'extension de cette capacité, qu'il va semant de tous les côtés les lumières politiques, l'intelligence des questions politiques, en sorte qu'au moment même où il assigne une limite aux droits politiques, à ce moment, il travaille à déplacer cette limite, (*Très-bien*! *très-bien!*) à l'étendre, à la reculer, et à élever ainsi la nation entière.

Comment pouvez-vous croire, comment quelqu'un dans cette chambre a-t-il pu croire, qu'il me fût entré dans l'esprit de constituer la classe moyenne d'une manière étroite, privilégiée, d'en refaire quelque chose qui ressemblât aux anciennes aristocraties? Mais, permettez-moi de le dire, j'aurais abdiqué les opinions que j'ai soutenues toute ma vie, j'aurais abandonné la cause que j'ai constamment défendue, l'œuvre à laquelle, depuis six ans, j'ai eu l'honneur de travailler sous vos yeux et par vos mains. Quand je me suis appliqué à répandre dans le pays les lumières de tous les genres, quand j'ai cherché à élever ces classes laborieuses, ces classes qui vivent de salaire, à la dignité de l'homme, à leur donner les lumières dont elles avaient besoin pour leur situation, c'était une provocation continuelle de ma part, de la part du gouvernement tout entier, à acquérir des lumières plus grandes, à monter plus haut ; c'était le commencement de cette œuvre de civilisation, de ce mouvement ascendant, universel, qu'il est dans la nature de l'homme de souhaiter avec ardeur. (*Vifs applaudissemens.*)

M. *Odilon Barrot* : C'est pour cela, sans doute, que vous avez repoussé les capacités?

M. *Guizot* : Je repousse donc, je repousse absolument, et pour le système que j'ai eu l'honneur de soutenir, et pour moi-même, ces accusations de système étroit, étranger à la masse de la nation, aux intérêts généraux, uniquement dévoué aux intérêts spéciaux de telle ou telle classe de citoyens ; je les repousse absolument, et en même temps je maintiens ce qu'il y a de vrai dans ce système : c'est que le moment est venu de secouer ces vieilles idées, ces vieux préjugés d'égalité absolue.

M. *Garnier-Pagès* : Je demande la parole. (*Mouvement.*)

M. *Guizot* : Je répète à dessein (parce que je ne doute pas que l'honorable M. Garnier-Pagès n'entre à son tour avec une entière franchise dans la question telle qu'elle vient d'être posée), je répète à dessein que le moment est venu, à mon avis, d'écarter ces vieux préjugés d'égalité des droits politiques, d'universalité des droits politiques, qui ont été non-seulement en France, mais dans tous les pays, partout où ils ont été appliqués, la mort de la vraie liberté et de la justice, qui est la vraie égalité. (*Mouvement prononcé d'adhésion.*)

On parle de démocratie, on m'accuse de méconnaître les droits, les intérêts de la démocratie. Ah! Messieurs, je m'étais efforcé hier de répondre d'avance à cette objection ; je m'étais efforcé de démontrer que ce qui perd la démocratie dans tous les pays où elle a été perdue, et elle l'a été souvent, c'est précisément qu'elle ne sait pas avoir le sentiment vrai de la dignité humaine; qu'elle ne sait pas s'élever sans cesse, et qu'au lieu d'admettre cette variété des situations, cette hiérarchie sociale sans laquelle il n'y a pas de société, et qui n'a pas besoin d'être une hiérarchie fermée, privilégiée, qui admet parfaitement la liberté et le mouvement ascendant des individus, et le concours perpétuel entr'eux selon le mérite de chacun; au lieu de l'admettre, dis-je, elle la repousse avec une aveugle arrogance.

Ce qui a souvent perdu la démocratie, c'est qu'elle n'a su admettre aucune organisation hiérarchique de la société, c'est que la liberté ne lui a pas suffi ; elle a voulu le nivellement. Voilà pourquoi la démocratie a péri. (*Très-bien, très-bien!*)

Eh bien ! je suis de ceux qui combattront le nivellement sous quelque forme qu'il se présente ; je suis de ceux qui provoqueront sans cesse la nation entière, la démocratie à s'élever ; mais qui en même temps l'avertiront à chaque instant que tout le monde ne s'élève pas, que tout le monde n'est pas capable de s'élever; que l'élévation a ses conditions spéciales, qu'il y faut la capacité, l'intelligence, la vertu, le travail, et une foule de causes auxquelles il n'est pas donné à tout le monde de suffire. (*Très-bien! bravos!*)

Je veux que partout où ces causes se rencontreront, partout où il y aura capacité, vertu, travail, la démocratie puisse s'élever aux plus hautes fonctions de l'État, qu'elle puisse monter à cette tribune, y faire entendre sa voix, parler au pays tout entier. Mais vous avez cela; vous n'avez pas besoin de le demander ; votre gouvernement vous le donne ; cela est écrit dans votre charte, dans cette constitution officielle, légale, de votre société, contre laquelle vous vous élevez sans cesse. Vous êtes des ingrats, vous méconnaissez sans cesse les biens dont vous êtes en possession ; vous parlez toujours comme si vous viviez sous un régime d'oppression, de servitude ; comme si vous étiez en présence d'une aristocratie comme celle de Venise, d'un pouvoir absolu. Eh ! Messieurs, vous vivez au milieu de la société la plus libre qu'on ait jamais vue, et où le principe de l'égalité sociale est le plus consacré. Jamais vous n'avez vu un pareil concours d'individus élevés au plus haut rang dans toutes les carrières. Nous avons tous, presque tous, conquis nos grades à la sueur de notre front et sur le champ de bataille. *(Applaudissemens prolongés.)*

M. Odilon Barrot : Si c'était à recommencer,..

M. Guizot : M. Odilon Barrot a raison : c'est à recommencer aujourd'hui.

M. Odilon Barrot : Vous n'avez pas compris ma pensée. Ces illustrations ont été conquises dans un temps d'égalité, et si c'était à recommencer...

M. Guizot : Il me semble que l'honorable M. Barrot se fait ici une étrange illusion. Je parlais tout-à-l'heure de tous les genres d'illustration... L'honorable M. Barrot est en possession d'une véritable illustration ; il l'a conquise de nos jours, à nos yeux, au milieu de nous, sous ce régime dont je parle, et non à une autre époque. (*Très-bien! très-bien!*)

Il y a bien d'autres hommes qui, dans d'autres carrières, se sont élevés et s'élèveront comme lui ! Je répudierais absolument un avantage qui s'attacherait à une seule génération, fût-ce la mienne. Je n'entends pas qu'après toutes les batailles de la nation française, nous ayons conquis pour nous seuls tous les droits que nous possédons. Non, nous les avons conquis pour nos enfans, pour nos petits-enfans, pour nos petits-neveux à travers les siècles. Voilà ce que j'entends, voilà ce dont je suis fier, voilà la vraie liberté, (Oui ! oui ! *Vive adhésion!*) la liberté féconde, au lieu de celle qui se présente sans cesse, pardonnez-moi de le redire, à la suite de vos systèmes, au lieu de cette démocratie envieuse, jalouse, inquiète, tracassière, qui veut tout abaisser à son niveau, qui n'est pas contente si elle voit une tête dépasser les autres têtes. A Dieu ne plaise que mon pays demeure longtemps atteint d'une si déplorable maladie !

Je me l'explique dans les temps qu'il a traversés, dans les luttes qu'il a eues à soutenir. Quand il fallait renverser le pouvoir absolu et le privilége, il a bien fallu, à tort et à travers, appeler à soi toutes les forces du pays, les forces dangereuses ou utiles, légitimes ou illégitimes, les bonnes et les mauvaises passions. Tout a paru sur les champs de bataille, tout a voulu sa part du butin. Mais aujourd'hui le bataille est finie, la paix est faite, le traité conclu : le traité c'est la charte, et le gouvernement qui en est sorti... (*Bravos prolongés.*)

Je ne veux pas que mon pays recommence ce qu'il a fait. J'accepte 1791, 1792, les années suivantes mêmes : je les accepte dans l'histoire, mais je ne les veux pas dans l'avenir,.. (*Très-bien, très-bien!*) et je me fais un devoir, un devoir de conscience d'avertir mon pays toutes les fois que je le vois pencher de ce côté. Messieurs, on ne tombe jamais que du côté où l'on penche. (*Sensation.*) Je ne veux pas que mon pays penche de ce côté, et toutes les fois que je le vois pencher, je me hâte de l'avertir. (*Agitation.*)

Voilà, Messieurs, voilà mon système, ma politique, ma seule

politique ; voilà dans quel sens j'entends ces mots *classe moyenne* et *démocratie, liberté* et *égalité*, qu'on a tant répétés tout-à-l'heure à cette tribune. Rien, Messieurs, ne me fera dévier du sens que j'y attache. J'y ai risqué ce qu'on peut avoir de plus cher dans la vie politique ; j'y ai risqué la popularité. Elle ne m'a pas été inconnue. Vous vous rappelez, Messieurs... L'honorable M. Barrot peut se rappeler un temps où nous servions ensemble, où nous combattions sous le même drapeau. Dans ce temps-là, il peut s'en souvenir, j'étais populaire, populaire comme lui ; j'ai vu les applaudissemens populaires venir souvent au-devant de moi ; j'en jouissais beaucoup, beaucoup! c'était une belle et douce émotion : j'y ai renoncé... j'y ai renoncé!.. Je sais que cette popularité-là ne s'attache pas aux idées que je défends aujourd'hui, à la politique que je maintiens; mais je sais aussi qu'il y a une autre popularité : c'est la confiance qu'on inspire aux intérêts, à ces intérêts sociaux d'un pays, la confiance qu'on inspire à ces intérêts conservateurs que je regarde comme le fondement sur lequel la société repose.

Eh bien ! c'est celle-là, à la place de cette autre popularité séduisante, charmante, que j'ai connue ; c'est celle-là que j'ai ambitionnée depuis ; c'est la confiance des intérêts conservateurs, la confiance des amis de l'ordre, des hommes qui croient que la France a atteint son but, qu'elle est en possession et des droits et des institutions qu'elle cherche depuis 1789, et que ce qu'elle a de plus précieux, de plus important à faire aujourd'hui, c'est de les conserver et de les consolider.

Voilà à quelle cause je me suis dévoué ; voilà quelle confiance je cherche. Celle-là, je puis en répondre, me consolera de tout le reste, et je n'envierai à personne une autre popularité, quelque douce qu'elle puisse être.

De bruyantes acclamations s'élèvent sur plusieurs bancs du centre droit, après ce discours.

M. Guizot est fêté, félicité, presque embrassé par ses amis, tandis qu'un groupe nombreux environne M. Barrot.

La chambre presque entière semble divisée dans les deux fractions qui entourent les deux honorables membres.

C'est ainsi que le débat livré, suivant une piquante expression de M. Barrot, par-dessus la tête du ministère, après avoir grandi d'heure en heure pendant trois séances consécutives, s'était enfin élevé à cette hauteur et à cette solennité extraordinaire.

Dans la séance suivante, on entendit encore M. Garnier-Pagès et M. Thiers; puis on termina la discussion par le vote des fonds demandés.

TRIBUNE ANGLAISE.

« De toutes les nations polies et savantes, dit M. Hume, la Grande-
« Bretagne seule, possède un gouvernement populaire, et admet au par-
« tage de la législation des assemblées assez nombreuses, pour que l'on y
« suppose le pouvoir de l'éloquence. Mais quels orateurs pouvons-nous
« citer ? où peut-on rencontrer les monumens de leur génie ? On trouve,
« il est vrai, dans nos histoires, les noms de quelques personnes qui di-
« rigeaient les résolutions de notre parlement ; mais ni eux-mêmes, ni
« les autres, n'ont pris la peine de conserver leurs discours ; et l'autorité
« qu'ils exerçaient semble avoir tenu plutôt à leur expérience, à leur
« sagesse, à leur crédit, qu'au talent de l'éloquence. »

On peut, je crois, marquer les causes particulières qui, pendant longues années, ont restreint l'essor du génie britannique dans une carrière naturellement si favorable.

Et d'abord, n'oublions pas que, par le bonheur même de leurs institutions prématurées au milieu de l'Europe moderne, la tribune des Anglais a précédé l'époque de leur développement moral et littéraire. Cette rudesse et cette grossièreté par laquelle ont passé d'autres peuples dans la culture des arts, l'Angleterre l'a traversée dans sa vie politique.

De plus, les formes antiques du parlement, le secret qui longtemps enveloppa ses séances, les précautions auxquelles était assujettie la parole, pour éviter tout débat personnel, devaient affaiblir l'énergie du langage. Songez à l'autorité absolue de ce président tellement impassible, que dans de vieux procès-verbaux de la chambre des communes, il ne semble pas un homme : on ne le désigne que par ces mots : *La chaire* (the chair) commande le silence. *La chaire* rappelle à l'ordre. *La chaire* termine le débat. Ce fut sous cette rigoureuse discipline que se forma la chambre des communes. Elle l'observa jusqu'à certain point, même dans la révolution et la guerre civile ; et ce fait, frivole en apparence, ne contribua pas médiocrement à laisser à l'éloquence anglaise quelque chose de calme et de formaliste: de là, cet autre usage de ne point répondre directement, de ne jamais prendre à parti celui que l'on combat ; et, quand on se lève tout impatient de réfuter un sophisme, d'accabler un adversaire, cette nécessité de se tourner vers le président, et de lui adresser paisiblement la parole. Enfin la nature même des débats, la discussion fréquente des intérêts de commerce, l'examen des traités d'alliance, sous un point de vue de profit plutôt que de gloire, le détail des taxes et des perceptions, toutes ces choses que l'esprit moderne élève par des idées d'ordre et de système, traitées alors avec un bon sens assez rude, n'offraient pas beaucoup d'occasions au génie des orateurs. A ce sujet, M. Hume dit que la chambre des communes ressemble plus à un greffe qu'à un sénat antique. Pour expliquer le peu d'éloquence des orateurs, il allègue encore l'indifférence des auditeurs qui, dit-il, aussitôt que l'heure du dîner arrive, laisseraient là Cicéron lui-même. Depuis longtemps tout est changé sur ce point. Vous savez la ténacité des débats du parlement britannique, et ces interminables séances de nuit, prolongées jusqu'au matin ; *magistratuum conciones pernoctantium in rostris*....

Notre tribune, née, comme nous l'avons dit, d'un développement philosophique de la littérature, a gardé l'esprit de son origine. L'éloquence politique des Anglais, appuyée sur une suite de traditions, forte d'une jurisprudence de liberté, remonte très-rarement à des principes abstraits et généraux.... De là, Messieurs, dans ce premier âge de l'éloquence anglaise, avant que la puissance de l'Angleterre ait appelé à sa tribune les affaires du monde entier, les débats du parlement offrent peu de chose d'un intérêt universel et durable. C'est presque toujours une polémique temporaire et locale, qui ne peut guère occuper l'avenir....

Dans les commencemens du XVIIIe siècle, l'éloquence anglaise est encore renfermée dans des débats intérieurs, et plus puissante par l'habileté que par le talent. Plus tard viendront deux ordres de questions qui doivent la passionner et l'ennoblir, les questions de conquête, de domination, et les questions d'humanité, de justice, dont la politique de ces premiers temps ne s'était pas occupée. Ainsi dans l'ébranlement de l'Europe, à la fin du XVIIIe siècle, et à dater de la guerre d'Amérique, l'Angleterre, par son activité sur tous les points du monde, occupera sa puissante tribune des plus grands événemens de l'histoire moderne. Et en même temps, les efforts tentés, les vœux exprimés pour l'abolition de la traite des Noirs, pour l'émancipation des Catholiques, pour la délivrance des colonies, signaleront une éloquence généreuse et morale, celle des Chatam, des Burke, des Wilberforce. Ainsi la tribune anglaise paraîtra s'agrandir de tous les intérêts européens et de tous les sentimens cosmopolites, qui viendront se mêler à son patriotisme.   M. VILLEMAIN.

GUERRE D'AMÉRIQUE.

CHATAM.

Lord Chatam dut son élévation aux plus importans emplois, et son pouvoir dans ce royaume uniquement à son mérite : il suppléa en lui au défaut de naissance et de fortune, tandis que ces avantages suppléent trop souvent dans les autres au défaut de mérite. Il était le cadet d'une famille très-nouvelle, et toute sa fortune consistait en une annuité de cent livres sterling de revenu.

La carrière des armes fut sa destination primitive, et une lieutenance de cavalerie le premier et le seul grade qu'il y obtint. Ainsi dépourvu du secours de la faveur ou de la fortune, il n'eut pas de puissant protecteur pour l'introduire dans les affaires, et, si je puis me servir de cette expression, pour faire les honneurs de ses talens; mais leur seul appui lui suffisait.

Son tempérament lui refusa les plaisirs ordinaires, et son génie l'éloigna des vaines dissipations de la jeunesse, car, dès l'âge de seize ans, il fut martyr d'une goutte héréditaire. Il consacra donc le loisir que cette importune et douloureuse infirmité lui procurait, à s'enrichir d'un grand fonds de connaissances utiles et précoces. Ainsi, par une relation inexplicable de causes et d'effets, ce qui semblait le plus grand malheur de sa vie fut peut-être la principale cause de sa fortune.

Sa vie privée ne fut déshonorée par aucun vice ni flétrie par aucune bassesse. Tous ses sentimens étaient nobles et généreux. Sa passion dominante était une ambition sans bornes, qui, lorsqu'elle est soutenue par de grands talens et couronnée par de grands succès, fait ce que le monde appelle *un grand homme*. Il était hautain, impérieux, impatient de la contradiction, et arrogant; qualités qui trop souvent en accompagnent, mais trop souvent en obscurcissent de plus grandes.

Il avait des manières gracieuses et de la politesse ; mais on pouvait y reconnaître un sentiment trop intime de la supériorité de ses talens. Dans la vie sociale, c'était un homme très-aimable et enjoué; et il avait une telle flexibilité d'esprit, qu'il réussissait dans toutes les sortes de conversations.

Il avait aussi des dispositions très-heureuses pour la poésie ; mais rarement il s'y livra et en fit l'aveu.

Il entra jeune dans le parlement, et, sur ce grand théâtre, il égala bientôt les plus anciens et les plus habiles orateurs. Son éloquence brillait dans tous les genres, et il excellait aussi bien dans l'argumentation que dans le discours d'apparat ; mais ses invectives étaient terribles, et prononcées avec une telle énergie de diction, avec un air et une action d'une dignité si imposante, qu'il intimidait ses adversaires les plus capables et les plus jaloux de lui tenir tête : les armes leur tombaient des mains, et ils fléchissaient sous l'ascendant que son génie prenait sur le leur.

Chesterfield.

Messieurs, j'ai à vous entretenir aujourd'hui d'un noble sujet qui offre une imposante unité ; j'ai à développer devant vous une grande et belle vie d'orateur moderne ; j'ai à vous montrer un homme de génie dans un état libre, un ministre élevé au pouvoir par l'éloquence et la vertu, un grand orateur, au milieu des événemens le plus faits pour l'inspirer. Je vais vous parler de lord Chatam.

C'est lui qui réalise le mieux cette idée d'enthousiasme patriotique, d'élévation, de magnificence de langage, que l'exactitude un peu minutieuse des formes modernes semble s'interdire, et reléguer dans l'antiquité ; de plus, c'est une âme remplie de ces sentimens généreux, liés à notre nature, qui ne passent pas comme les intérêts politiques, et qui, à deux mille ans de distance, font battre tout cœur d'homme, comme le premier jour où ils furent exprimés.

A cet égard même, les émotions toutes morales qui souvent animèrent les paroles de Chatam, son amour de l'humanité, doivent être plus durables que quelques-unes des inspirations religieuses et patriotiques de l'éloquence grecque ou romaine. Les longues apostrophes de Cicéron à tous les dieux dont Verrès avait pillé les temples, les solennelles prières de Démosthène aux divinités de la Grèce, sont aujourd'hui froides et mortes pour nous. Ce qu'il y a de passion généreuse dans l'éloquence de Chatam, subsiste et vivra toujours. Sa carrière d'ailleurs embrasse une mémorable époque de la puissance britannique. Que de choses intéressantes et nouvelles vont s'offrir à nous, l'influence du talent au milieu d'un état libre ; la dignité du caractère, appui du talent et de l'ambition ; le pouvoir noblement exercé, noblement perdu ; la grandeur d'un citoyen anglais qui, sorti des conseils du souverain, les domine encore ; enfin l'alliance rare et toute moderne du patriotisme le plus ardent, et d'un vaste amour de l'humanité !

Une vie si bien illustrée par la tribune publique a dû s'y dévouer de bonne heure. Quoique William Pitt (depuis lord Chatam) fut né d'une famille peu considérable par le rang et la fortune, sa première éducation le destinait au parlement : élevé d'abord au collége d'Éton, il y étudia les anciens, avec cet esprit d'imitation, moins littéraire encore que patriotique, alors commun dans la jeune noblesse anglaise, et qui avait formé la magistrature française au XVI° siècle.

Ce n'étaient pas des leçons de style et de goût, mais des exemples de sévère franchise, de liberté généreuse, que ces esprits graves du XVI° siècle, et ces esprits ambitieux de l'Angleterre, au XVIII° siècle, cherchaient dans l'étude de l'antiquité.

Du collége d'Éton, le jeune Pitt vint à l'université d'Oxford, pour y faire ces hautes études qui déterminent la vocation du talent. Il y passa trois années à lire assidûment les philosophes et les orateurs grecs....

Pendant ces trois années de séjour à Oxford, le jeune Pitt se prépara pour l'éloquence, par des études semblables à tout ce que les anciens nous ont conté de leurs orateurs. Il se fit Grec et Romain par une méditation ardente des chefs-d'œuvre antiques. Il mit en usage tous ces savans avis, toutes ces heureuses expériences de Cicéron, pour fortifier l'esprit, enrichir l'élocution, élever le talent. Il s'anima de cette grande ambition de l'éloquence, que ni l'étude ni la gloire ne peuvent jamais rassasier : tel il paraissait aux yeux de ses jeunes compagnons....

Après cette forte éducation, le jeune Pitt voyagea, selon l'usage si raisonnable des Anglais. Il vit la France et l'Italie, puis revint dans son pays, près de sa mère, demeurée veuve et sans fortune. La célébrité de ses premières études, je ne sais quoi d'orateur qui était en lui, dans sa taille élevée, dans ses yeux pleins de feu, dans sa voix sonore, dans la dignité et la force singulière de son langage, le désignaient pour la chambre des communes. Il y fut nommé par le bourg d'*Old Sarum*, à l'âge de vingt-sept ans. Vers le même temps il acheta, selon la coutume anglaise, une commission d'officier dans un régiment.

A l'époque où William Pitt vint siéger au parlement, ce Robert Walpole, dont je vous ai déjà parlé si longtemps, était toujours ministre.... Ce ministre avait fait proposer un bill pour forcer au service dans la marine militaire tous les matelots des navires marchands.... Pitt, dans un discours qui n'est pas conservé, s'éleva vivement contre cet abus de pouvoir. Sans doute, avec cette candeur de jeunesse dont il ne faut pas se corriger, il avait invoqué ces sentimens de droit naturel, d'équité, de justice, ces choses que l'on appelle de la philantropie. La noblesse même des pensées qu'il exprimait avec chaleur, lui donnait un langage élevé, solennel, presque poétique, et son débit était éclatant et animé.

Walpole, avec ce froid sarcasme facile au pouvoir et au succès, releva dédaigneusement le jeune orateur. Il dit :

« Que des déclamations véhémentes, et de belles périodes, pouvaient
« agir sur des hommes jeunes et sans expérience ; que, probablement
« l'honorable gentleman avait contracté cette habitude d'éloquence en
« communiquant avec les jeunes gens de son âge, plutôt qu'avec les
« hommes instruits et graves ; mais qu'il ne suffisait pas d'apporter au
« parlement des gestes et des émotions de théâtre... »

A peine Walpole avait-il achevé son ironie ministérielle, applaudie par une majorité puissante, que Pitt se lève ; et, après avoir de nouveau discuté la question :

« Quant au reproche d'être jeune, dit-il, que l'honorable gentilhomme
« m'a fait avec tant de chaleur et de bon goût, je n'essaierai pas de l'affaiblir
« ou de le nier ; je me borne à souhaiter d'être au nombre de ceux dont les
« folies cessent avec la jeunesse, et non de ceux qui sont ignorans mal-
« gré l'expérience ; je ne me charge pas de décider si la jeunesse peut être
« objectée à quelqu'un comme un tort ; mais la vieillesse, j'en suis sûr,
« peut devenir justement méprisable, si elle n'a apporté avec elle aucune
« amélioration dans les mœurs, et si le vice paraît encore, où les passions
« ont disparu. Le malheureux qui, après avoir vu les suites de ses fautes
« nombreuses, continue de s'aveugler, et joint seulement l'obstination à
« la sottise, est certainement l'objet de la haine ou du mépris, et ne mé-
« rite pas que ses cheveux blancs le mettent à couvert de l'insulte. Plus
« haïssable est encore celui qui, à mesure qu'il s'est avancé dans la vie,
« s'est éloigné de la vertu, qui devient plus méchant avec moins de ten-
« tations, qui se prostitue lui même pour des trésors dont il ne peut
« jouir, et use les restes de sa vie à la ruine de son pays.

« Mais la jeunesse n'est pas mon seul crime : on m'accuse de faire un
« personnage théâtral. Ce reproche suppose, ou quelque singularité
« de gestes, ou quelque dissimulation de mes propres sentimens, ou une
« facilité à prendre les opinions et le langage d'autrui. Sur le premier
« point, le reproche est trop frivole pour être réfuté. Sur le second, je
« le renvoie tout entier à celui qui l'a fait. »

Je ne vous cite pas ce discours comme un modèle d'urbanité, Pitt le continua plus vivement encore, et fut rappelé à l'ordre par l'*orateur*.

Mille expressions, mille formes de langage n'ont pu venir qu'à William Pitt, à cet homme si dédaigneux du pouvoir et si inflexible dans ses opinions. En disant les mêmes choses, un autre paraîtrait déclamateur ; et l'on sent que Pitt parle ainsi, parce qu'il lui est impossible de tirer d'autres sentimens de son âme.

Cependant, si la politique anglaise n'avait offert que des circonstances ordinaires, le génie de Pitt, et ce tour d'imagination élevée qui le caractérise, ne se seraient pas montrés tout entier ; mais un des plus grands événemens qui aient mis à l'épreuve la puissance britannique, se préparait depuis plusieurs années : les colonies de l'Amérique septentrionale avaient reçu, dès leur origine, quelques-unes des institutions de liberté, le jury, les assemblées provinciales ; mais le roi et le parlement britannique retenaient sur ces colonies tous les droits de la domination. La politique commerciale de l'Angleterre, stipulant pour elle-même, entravait de prohibitions ou de taxes onéreuses le commerce des Américains. Un impôt sur le timbre avait excité leurs plaintes. Pitt, dès l'origine, les appuya de son éloquence : il avait éprouvé leur courage et leur fidélité dans les guerres de l'Angleterre contre la France ; et il trouvait juste de leur assurer le droit des autres sujets anglais, de ne supporter que des impôts consentis par leurs représentans. L'influence de Pitt, à la tête de l'opposition, força le ministère de révoquer la taxe du *timbre ;* et peu de temps après, ce ministère, affaibli doublement par sa faute et par sa rétractation, tomba devant la popularité toujours croissante de Pitt.

En 1766, le *grand député* des communes est encore une fois porté au pouvoir par le vœu de son pays (*). Toutes les répugnances de cour cédaient devant sa gloire. Nommé pair et vicomte de Chatam, il forme un nouveau ministère, dont il refuse d'être le chef, mais que son génie devait animer. Par une impartialité trop haute et trop hardie, il y fit entrer des hommes de partis opposés. Mais, tourmenté d'infirmités douloureuses, il ne put porter le poids des affaires, et il se retira bientôt, laissant l'Angleterre avec tous les périls que sa présence avait un moment suspendus.....

L'administration qui avait succédé à lord Chatam reprit l'usage de taxer l'Amérique, et excita bientôt de nouvelles plaintes. Il n'y avait pas là seulement, Messieurs, une question d'impôt ; il y avait ce fait de la civilisation antique et moderne, cette émancipation inévitable d'une colonie trop puissante, et trop éloignée de sa métropole. Ajoutez ce commencement d'indépendance autorisé par les institutions mêmes que l'Angleterre

(*) Il était entré une première fois au ministère en 1757.

avait laissé tomber sur l'Amérique : elle lui avait trop donné, pour lui refuser davantage. Ainsi, lorsque le parlement britannique ordonna de recevoir en Amérique le thé des Indes, en même temps qu'elle grevait de taxes nouvelles les produits américains, une révolte éclata dans *Boston* : on jeta dans la mer le thé des Indes ; on déclara qu'on n'avait pas besoin de ces marchandises étrangères, et que l'Amérique se suffirait à elle-même. Bientôt les assemblées provinciales s'arment et se coalisent. Des colons pleins d'ardeur et de fierté d'esprit, s'indignant de n'être qu'une province anglaise, et voulant être une nation, répandent dans l'Amérique de généreux *manifestes*, comme les écrits de Franklin, d'abord garçon imprimeur, puis l'un des premiers citoyens de l'Amérique.

Une fermentation singulière agite cette terre d'indépendance. Les premières résolutions adoptées par le gouvernement britannique furent maladroites et cruelles. Des troupes avancent sur Boston ; le port est bloqué ; des rigueurs sont indistinctement exercées contre les habitans de la ville ; et le sentiment de la haine s'accroît dans le cœur des Américains ; et l'on avance de plus en plus vers l'émancipation ; et l'on s'appelle encore *royaliste* ou du moins *loyaliste* ; mais déjà on aspire à l'entière indépendance. Quelle devait être, dans ce grand mouvement, la conduite du gouvernement anglais ? Pouvait-il se soumettre à ces insurgés d'au-delà de l'Océan ? Pouvait-il accorder immédiatement tout ce que ceux-ci réclamaient par les armes ? D'ailleurs, cet orgueil du peuple anglais, que l'on a vu résister si longtemps à d'autres demandes non moins justes, croyez-vous qu'il eût aisément suivi la politique timide ou sage d'un ministère qui aurait cédé trop vite aux Américains ? Poussé par un point d'honneur de ministère et de nation tout ensemble, le gouvernement britannique s'obstine dans sa vengeance, dans la répression, dans la soumission de ce Nouveau-Monde qui veut lui échapper.

Protester, au nom de la justice et de l'humanité, contre les barbaries de cette guerre civile, au nom de la prudence, contre de fausses promesses, et un succès impossible ; prévoir les maux, proposer le remède, offrir à l'Angleterre de lui rendre ce monde qu'elle va perdre, et de concilier ses droits légitimes avec la liberté nécessaire des Colonies ; voilà la mission que remplit lord Chatam ! voilà toute la tâche de l'orateur antique reproduite ou surpassée ! Que ce soit Démosthène qui parle contre l'envahissement de Philippe, ou Chatam qui discute la rébellion de l'Amérique, c'est également la puissance morale d'un homme ; sa sagesse, sa véhémence, que je vois régner sur les volontés d'un peuple....

Je n'hésite pas, Messieurs, à comparer les discours de Chatam, pour le génie, pour la véhémence de la conviction, pour la grandeur des mouvemens de l'âme, aux plus belles harangues de Démosthène. Il y a, de plus, un tour d'imagination grave et mélancolique qui tient à l'âme religieuse de l'orateur, à son âge, à son infirmité, et qui lui donne un caractère particulier d'éloquence.

Vous concevez, Messieurs, que ces événemens politiques si grands, doivent offrir le drame oratoire dans toute sa variété. On voit d'abord l'événement qui s'annonce, les raisonnemens, les protestations, les prophéties de l'orateur; l'événement avance vers son terme; mille incidens le retardent ou le compliquent; l'orateur est obligé de changer, de corriger lui-même ses plans, ses projets; on lui répond par les désastres des insurgés et par quelques succès de l'armée royale. Il propose un nouveau traité de paix, dans la victoire de l'Angleterre; il en propose un nouveau, dans sa défaite. Enfin le dernier acte arrive : en dépit du ministère, en dépit de l'opposition, en dépit de lord Chatam qui tant de fois l'avait annoncé, il faut s'avouer vaincu, il faut reconnaître l'entière séparation de l'Amérique. C'est alors que l'âme de Chatam, si patriotique, se montre avec une effusion sublime; et il meurt presque en achevant son discours. C'est la tragédie oratoire tout entière. M. VILLEMAIN.

PREMIER DISCOURS.

Le ministère a fait présenter un bill pour l'envoi d'un nouveau corps de troupes en Amérique, afin de réprimer les premières tentatives des insurgés. Lord Chatam prend la parole :

Mylords, l'état de souffrance qui m'accable ne pouvait m'empêcher de soumettre à vos Seigneuries mes pensées sur le bill aujourd'hui débattu, et sur les affaires de l'Amérique. Si nous fesons un rapide retour sur les motifs qui ont engagé les ancêtres de nos concitoyens d'Amérique à laisser leur pays natal, à courir les dangers innombrables de ces contrées lointaines et inexplorées, notre étonnement de la conduite que tiennent leurs descendans, devra naturellement disparaître. Souvenez-vous que ce coin du monde est celui où les hommes d'un esprit libre et entreprenant se sont enfuis, plutôt que de se soumettre aux principes serviles et tyranniques qui dominaient alors dans notre malheureuse Angleterre; et devez-vous vous étonner, Mylords, que les descendans de ces hommes généreux s'indignent, quand on veut leur ravir des priviléges si chèrement achetés! Si le Nouveau-Monde avait été colonisé par les enfans d'un autre royaume que l'Angleterre, ils y auraient apporté avec eux peut-être les chaînes de l'esclavage, et l'habitude de la servilité. Mais ces hommes qui se sont enfuis de l'Angleterre, parce qu'ils n'étaient pas libres, doivent garder la liberté dans le monde où ils ont cherché leur asile...

Mylords, je suis vieux : je voudrais conseiller au noble lord qui nous gouverne, de prendre une méthode plus douce pour régir l'Amérique ; car le jour n'est pas loin où cette Amérique pourra rivaliser avec nous, non-seulement dans les armes, mais dans le commerce et dans tous les arts. Déjà les principales villes d'Amérique sont instruites et polies, et entendent la constitution de cet empire aussi bien que le noble lord qui nous gouverne.

Mylords, c'est une doctrine que je porterai avec moi jusqu'à la tombe : ce pays ne possède pas sous le ciel le droit de taxer l'Amérique ; cela est contraire à tous les principes de justice et de politique ; il n'est point de nécessité qui puisse le justifier.

Ne pouvant dissimuler la révolte de la ville de Boston, il s'adresse au sentiment public, à cette espèce de sympathie, à cette parenté qui devait unir les Anglais et les Américains.

Au lieu de ces mesures âpres et barbares que vous avez prises, passez une amnistie sur toutes ces erreurs de jeunesse de vos frères d'Amérique ; recevez-les dans vos bras, et j'ose affirmer que vous trouverez en eux des enfans dignes de vous. Et si leur révolte doit se prolonger au-delà du terme d'amnistie, que, je l'espère, cette chambre va fixer, je serai des premiers à proposer quelques mesures qui leur fassent sentir le tort d'irriter une mère indulgente et généreuse, une mère, Mylords, dont le bonheur a été toujours ma plus douce consolation. Ceci peut sembler inutile à dire ; mais je dois déclarer que le temps n'est pas loin où l'Angleterre aura besoin de l'assistance de ses amis les plus éloignés. Puisse la main de la Providence qui dispose de tout, ne pas lui rendre nécessaire mon faible secours, et puisse-t-elle exaucer les prières que je formerai toujours pour son bonheur !

Et il termine par ces paroles empruntées pieusement à l'Écriture :

Que la longueur des jours soit accordée à mon pays ! qu'il ait dans sa main droite de longs jours, et dans sa gauche des richesses et des honneurs ! qu'il marche toujours dans le sentier de la justice et de la paix !

Je vous l'ai dit; c'est ici l'éloquence de ce grand citoyen, de cet homme grave, irréprochable; elle n'appartient qu'à lui. Voilà donc, Messieurs, la première et inutile protestation de lord Chatam, au commencement des troubles, avant que le feu n'ait pris à toute l'Amérique, et bien avant que le pavillon français n'ait apporté ses secours inespérés. Mais bientôt la guerre s'engage; l'armée anglaise éprouve d'humiliantes défaites. La résistance s'accroît; elle devient universelle; et le citoyen anglais hésite plus que jamais à s'intéresser à ces insurgés si cruellement traités, mais devenus si puissans. Cependant Chatam, dans la générosité de sa conscience, dans les hautes vues de sa politique, ne change pas d'opinion, et continue à protester contre l'obstination indécise, si l'on peut parler ainsi, de lord North, qui fesait toujours la guerre sans la vouloir. M. Villemain.

DEUXIÈME DISCOURS.

Déjà les troupes anglaises ont, plus d'une fois, reculé devant ces pauvres milices américaines, animées par la liberté et par Washington. Chatam, que ses infirmités, que sa goutte, que sa tristesse retenaient presque toujours dans la solitude, reparait au parlement. Il semble que cette grande et majestueuse physionomie se présentait, par intervalle, au milieu des législateurs anglais, pour les avertir de ce qu'il fallait faire ou éviter. Puis, les trouvant obstinés dans leur aveuglement, il s'éloignait encore, et attendait des événemens une instruction plus puissante que ses paroles. M. Villemain.

Il y a deux choses en quoi les ministres se sont efforcés de tromper le peuple, et qu'ils lui ont persuadées; d'abord, qu'il ne s'agissait que de Boston; et en second lieu, qu'un seul régiment n'aurait qu'à s'y montrer, et que tout rentrerait promptement dans l'ordre.

J'ai prédit la fausseté de ces deux assertions. J'ai été beaucoup en relation avec ce pays, beaucoup d'années, beaucoup plus que personne; et j'ai vu que la cause de Boston allait devenir la cause de l'Amérique; et que si l'on voulait la traiter militairement, on ne réussirait point.

La manière dont on a procédé contre Boston, a été la proscription d'un peuple, sans l'entendre dans aucun tribunal, ni dans les cours ordinaires de justice, ni dans les cours supérieures du parlement, où peuvent être établies les forfaitures. Oui, l'on a refusé aux Américains de les entendre, et, condamnés sans avoir été admis à se justifier, ils ont le droit de ne pas se soumettre.

Dire par quels conseils on a suivi des principes de vengeance, par quels conseils on a donné de faux états, par quels conseils on a pris tous les moyens que pouvaient suggérer l'animosité et la haine pour gouverner un peuple libre : voilà sans doute de belles et intéressantes questions. Pour moi, mon intention est de n'inculper personne, qu'autant que ses fautes l'exigeront.

Il est instant de travailler à un argument, avant de donner audience aux députés du congrès. Mon but est d'entrer dans des vues de paix, de leur montrer, de leur ouvrir des voies de conciliation.

Mylords, je désire ne plus perdre un jour, dans cette crise qui s'avance et qui nous presse. Une heure maintenant passée, sans amortir les fermens qui agitent l'Amérique, peut enfanter des années de désastre et de honte. Pour ma part, je ne déserterai pas un seul moment la conduite de cette importante affaire, à moins que je ne sois cloué sur mon lit par l'extrême souffrance; je m'en occuperai partout; je m'en occuperai sans cesse, je viendrai heurter à la porte de ce ministère endormi, et tout confondu; et je l'éveillerai au sentiment de son propre danger.

Mon avis est que S. M. fasse cesser cette querelle le plus tôt possible ; car notre devoir est son repos. Quel est le malheureux dont les mauvais conseils ont enfoncé dans son sein une épine, en semant la division contre un peuple qui n'avait d'autre but que ce repos et la tranquillité?

Tout faibles qu'ils puissent être, j'offre mes services : j'ai un plan, un plan de réglement honorable, solide et durable.

L'Amérique ne demande que la sûreté de ses propriétés, et la liberté personnelle ; voilà ses deux objets ; et c'est à tort qu'on l'a accusée de ne vouloir que l'indépendance.

Je renonce à toute distinction métaphysique.

Leur acte formel vous donne le droit, quand vous le voudrez, de recevoir leur argent.

Je me garderai de combattre l'opinion de personne; je laisserai chacun, comme il s'en est d'abord expliqué lui-même, suivre la sienne. Mon plan est essentiellement d'établir, pour les Américains, le droit non équivoque de ne tenir leurs propriétés que d'eux seuls, de leur propre consentement, et dans leurs propres assemblées.

Huit semaines perdues ne permettent plus de nouveaux délais, pas même d'un moment. Bientôt il ne sera plus temps; et une goutte de sang peut rendre la blessure sans remède.

Demander actuellement s'il peut y avoir jamais de vraie réconciliation, c'est avouer tout ce que l'Amérique est en droit d'exiger. Mais faites cesser des deux côtés toute mauvaise volonté ; car ce n'est point la révocation d'un petit acte du parlement qui peut opérer la paix. Croyez-vous que la suppression d'un morceau de parchemin en viendrait à bout ; que par là vous satisferez trois millions d'hommes en armes ? Non, c'est aux principes de justice qu'il faut remonter. Il n'y a point de temps à perdre : vous êtes au moment précis qu'on ne peut reculer davantage ; et chaque instant qui n'est pas un acheminement pour tempérer, adoucir et rapprocher les esprits, ne peut qu'enfanter des choses étranges, mettre en péril la liberté résolue des Américains, et en même temps l'honneur de la mère patrie.

Le succès et les effets durables des meilleures mesures ne peuvent résulter que de la bienveillance mutuelle de part et d'autre.

Une partie de ce plan fait ma motion, et je commence par prouver notre bonne volonté.

Ma motion est de présenter au roi une adresse pour éloigner les troupes de la ville de Boston.

Je conjure, je presse vos seigneuries d'adopter sans retard cette mesure de conciliation. J'affirme qu'elle produira d'heureux effets, si elle arrive à temps ; mais si vous différez jusqu'à ce que votre espérance se réalise, vous différerez toujours. Pendant que vous le pouvez encore, apaisez ces fermens de haine qui dominent en Amérique, retirez la cause de cette inimitié ; retirez cette armée nuisible, incapable de vous servir ; car son mérite est l'inaction ; sa victoire serait de ne pas combattre. Que pourrait-elle d'ailleurs contre une nation brave, généreuse, unie, qui a des armes dans les mains et du courage dans le cœur ? Trois millions d'hommes, les vrais descendans de nos vaillans et pieux ancêtres, chassés dans ces déserts par les maximes étroites d'une superstitieuse tyrannie, ne sont-ils pas invincibles ? L'esprit de persécution ne doit-il jamais s'apaiser ! Faut-il que ces braves enfans de nos braves aïeux héritent de leurs souffrances, comme ils ont hérité de leurs vertus ? Nos ministres nous disent que les Américains ne doivent pas être entendus. Ils ne l'ont pas été en effet : ils ont été frappés, condamnés, sans être entendus ; la main indifférente de la vengeance a frappé tout à-la-fois sur l'innocent et sur le coupable, avec des formalités de guerre. Vous avez bloqué cette ville ; vous avez réduit à la mendicité, à la famine, trente mille habitans. Cette résistance à votre arbitraire système de taxation pouvait être prévue ; elle sort de la nature des choses et de la nature des hommes, et surtout de l'esprit *Wigh* qui domine dans cette contrée. L'esprit qui résiste à nos taxes en Amérique est le même qui autrefois s'opposait aux dons gratuits, à la taxe des vaisseaux en Angleterre, c'est le même esprit qui fit lever toute l'Angleterre, qui, par le bill des droits, revendiquait la constitution anglaise, et enfin qui a établi cette grande maxime fondamentale de vos libertés, qu'un sujet anglais ne doit être taxé que de son consentement. Ce glorieux esprit *Wigh* anime trois millions d'Américains qui préfèrent la pauvreté et la liberté à des chaînes dorées, et qui mourront pour la défense de leurs droits, comme des hommes libres. Qu'opposerez-vous à cet esprit dont la véhémence sympathise avec les cœurs de tant d'Anglais Wighs?

Quand vos seigneuries regardent les papiers qui nous arrivent d'Amérique, quand vous considérez la fermeté, la sagesse de ces hommes, vous ne pouvez vous empêcher de respecter leur cause, et de faire des vœux pour qu'elle réussisse. Pour moi, je dois l'avouer, dans toutes mes lectures, dans toutes mes observations (et vous savez que l'étude a été mon goût favori, que j'ai beaucoup lu Thucydide, et étudié les hommes d'état de l'Ancien-Monde) pour la solidité des raisonnemens, pour la prudence des résolutions, je dois avouer qu'au milieu de circonstances si difficiles, si âpres, si périlleuses, aucun peuple, aucune réunion d'hommes n'a montré plus de sagesse que le congrès de Philadelphie.

On méprise beaucoup ici ce congrès : on l'a traité durement... Eh! je voudrais qu'on voulût imiter ici la sagesse de ses mesures. Il a été ferme, j'en conviens; mais il a su joindre à cette fermeté, la modération. Je voudrais que notre chambre des communes déployât la même liberté; et comme lui, qu'elle fût à l'abri de tout reproche de corruption.

La manière dont on a procédé contre les Américains provient de l'ignorance où l'on a été, des circonstances où s'est trouvée l'Amérique. Il était absolument inutile, et contre toutes raisons, d'y envoyer des troupes pour les contenir.

La colère a été votre seul mobile dans tout ce que vous avez fait. « Quoi! l'Amérique présume-t-elle être libre? Châtiez-les ; « ne les écoutez point. » Tel a été votre langage; *castigat auditque ;* c'est-à-dire que vous avez commencé par les frapper avant de les entendre : le juge le plus sévère entend les parties avant de les condamner.

Tous les malheurs sont provenus de votre emportement; de n'avoir pas fait correspondre ensemble la fin et les moyens. La violence et des troupes étaient de mauvais acheminemens vers la paix.

On a dit que le gouvernement n'avait pas été satisfait du commandant de vos troupes, qu'il avait été trop lent à répandre le sang : on a même plaisanté sa modération. Mais je sais que ce brave officier, éprouvé par de longs services, s'est comporté avec prudence ; et dans ce pays il en fallait beaucoup, à la tête d'une armée... J'ai entendu parler d'armées d'observation : celle-ci, on peut le dire, a été d'irritation.

Dans la guerre civile de Paris, deux grands hommes, le prince de Condé et le maréchal de Turenne, étaient à la tête de deux partis. On disait que le maréchal s'était souvent trouvé près du prince de Condé. La reine était fâchée, et ne voyait pas pourquoi, ayant été si près, il ne l'avait pas fait son prisonnier. Offensée, et comme si on lui eût manqué, elle demanda avec un mouvement de colère, à M. de Turenne : *Quand vous étiez si près, pourquoi n'avez-vous pas pris le prince?* Et ce grand capitaine, qui savait le métier de la guerre, n'hésita pas de lui répondre avec sang-froid : *J'avais peur, Madame, qu'il ne m'eût pris.*

Le ministère vous dit que les Américains ne se laisseront pas conduire par le congrès, qu'ils sont las d'associations. Plusieurs négocians, il est vrai, peuvent l'être. Mais ce n'est point ici une affaire de commerce : et tous les bruits qu'on répand ne viennent pas des principaux négocians, mais des émissaires du gouvernement. Et quand les mécontentemens si considérables viendraient des marchands, ces bruits ne peuvent avoir de rapport à la situation de l'Amérique.

Cette nation, qui a les vertus du peuple dont elle sort, voudra être libre. Leur langage est : « Si le commerce et l'esclavage se
« tiennent, nous abandonnons le commerce. Que le commerce et
« l'esclavage aillent où ils voudront : ils ne sont pas faits pour
« nous. »

Votre colère les représente comme des ingrats et des révoltés, qui ne se soumettent point à la mère qui leur a donné le jour. Mais, dans la vérité, ils n'ont fait jusqu'ici qu'augmenter les forces de cette mère patrie ; ils sentent l'importance de leurs services : ils ne demandent qu'à vous les continuer ; et quoique cette union ne puisse que les affaiblir et les exténuer, ces enfans simples et bons d'une même mère, ne veulent pas s'en séparer.

Deux ans après la révocation du bill du timbre, je m'avançai dans cette contrée, à la distance de cent milles. Un gentilhomme qui connaît le pays, me dit que si des régimens eussent abordé dans ce temps, et qu'on eût envoyé une flotte pour détruire leurs villes, ils les auraient abandonnées, qu'ils en avaient pris la résolution : c'est un fait. Un noble lord en sourit. Si je nommais ce gentilhomme, le lord ne rirait pas davantage.

Au reste, ces Américains qu'on vous représente si défavorablement, je souhaiterais que nos jeunes gens d'aujourd'hui voulussent leur ressembler ; je souhaiterais qu'ils voulussent imiter leur frugalité, qu'ils voulussent imiter leur dévouement à la liberté, que les Américains préfèrent à la vie, et qu'ils eussent ce courage que produit l'amour de la liberté.

Un mot encore. Si le mauvais état de ma santé me retient au lit, j'enverrai mon plan. Son but est de finir la querelle. « Quoi! « direz-vous : avant de savoir s'ils veulent en venir à des termes, « à des conditions? » Oui, quelles que soient mes espérances, je voudrais qu'on rappelât d'abord les troupes.

J'ai la confiance que vos seigneuries le sentiront; tous nos efforts pour imposer la servitude à de tels hommes, pour établir le despotisme sur cette puissante nation continentale, doivent être vains et funestes. Nous serons définitivement forcés de nous rétracter : rétractons-nous donc, pendant que nous le pouvons et avant qu'il ne le faille. Je dis que nous devons nécessairement révoquer ces actes violens; ils doivent être révoqués; vous les révoquerez : je m'y engage d'honneur; vous les révoquerez à la fin : j'y joue ma réputation tout entière. Je consentirai à être pris pour un idiot, si vous ne les révoquez pas.

Trois millions d'hommes sont prêts à prendre les armes, et vous parlez de les réduire!

Il y a des hommes bien malheureux dont les conseils perfides veulent persuader l'esclavage de l'Amérique! S'ils ne mettent pas la couronne en danger, ils la rendent bien peu digne d'être portée.

La cause des colonies tient à celle de tout véritable Whig. Ils ne souffriront point l'esclavage de l'Amérique : quelques uns pourront préférer à leurs principes, leur propre fortune; mais le corps des Whigs se réunira, et s'opposera à cet esclavage. Toute la nation irlandaise, tout véritable Whig, Anglais, toute la nation de l'Amérique (et réunis ils forment des millions de Whigs); tous combattront ce système. La France a les yeux fixés sur vous : la guerre est à votre porte..., et la gloire de l'emporter ici dans un débat parlementaire n'est pas ce qui sauvera la patrie dans ces dures extrémités.

D'après cet état des choses, mon avis est de travailler à rapprocher les esprits. Je voudrais que, dans ce moment même, on s'occupât de ce qui peut adoucir et apaiser tout ressentiment.

Ma motion, vous jugez bien, regarde les armées et leur dangereuse position. Il ne faut pas mésestimer le général Gage, qui a servi avec honneur : il a agi d'après ses instructions s'il n'a pas été assez prompt à répandre le sang.

Non dimicare quàm vincere maluit;

et il a bien vu. Les Américains se sont également comportés avec une modération, avec une prudence qui était bien digne d'être imitée, si nous avions été sages; car si l'on a épargné nos troupes aussi long-temps, nous devons leur salut à cette modération.

Notre malheureuse administration a toujours été en avant tant qu'elle a pu; il ne lui reste plus un pas à faire, ce que j'appelle un *échec et mat*.

Quarante mille hommes ne suffisent pas pour répondre à l'idée que vous vous faites de soumettre les Américains à vos taxes ; et nous ne connaissons par de taxations sans représentans : au reste traitez-les de bonne amitié, avec douceur ; et qui sait où les portera leur générosité?

Non, je n'entends point que votre révocation soit simple et sans conditions ; je demande qu'à tout événement on maintienne la supériorité de ce pays.

Mais vous êtes embarrassés de savoir qui mettra bas les armes le premier?

Avec une noblesse qui convient à votre haute situation, faites les premières avances de concorde et de paix. C'est votre dignité d'agir avec prudence et avec justice. La concession descend avec meilleure grâce et plus utilement des mains du supérieur ; elle réconcilie la supériorité du pouvoir avec les sentimens intimes des hommes, rétablit la confiance sur des bases inébranlables d'affection et de reconnaissance. Ainsi pensait un sage, un poète, l'ami de Mécène, le panégyriste d'Auguste : c'est à lui, c'est au successeur de César, maître du monde, qu'il disait et qu'il recommandait comme une règle de conduite et de prudence :

> Tuque prior, tu parce, genus qui ducis
> Olympo, projice tela manu.

Quel est l'homme qui puisse adopter ce système de violence comme praticable ! et ce système avoué impraticable, n'est-ce pas la plus haute folie de le suivre ?

Je conclus donc à ce qu'il soit présenté au roi une très-humble adresse « à l'effet que S. M. soit très-humblement conseillée « et suppliée d'ouvrir une voie à un heureux et solide arrange- « ment, etc. »

Ces éloquens discours ne produisaient rien ; mais ils agitaient vivement l'esprit anglais ; ils étaient lus avec ardeur ; ils luttaient contre la partialité passionnée du peuple, qui s'indignait de voir des sujets échappés de ses mains. La majorité votait comme à l'ordinaire. Mais la conscience du peuple anglais était profondément ébranlée. Il semble que lord Chatam, à chaque défaite qu'éprouvait son opinion, redoublait de force, croissait en énergie. Il attendait quelques mois encore un malheur de plus en Amérique, un allié de moins ; et il revenait accabler lord North et ses collègues de leur impuissance, et de ses prédictions trop vérifiées. C'est ce qui donne à ses discours une progression, une rapidité, un mouvement oratoire et dramatique que rien n'égale, et que tout extrait défigure et détruit. M. VILLEMAIN.

TROISIÈME DISCOURS.

Enfin, en 1777, les choses allaient plus mal : les Américains s'enhardissaient tous les jours, ils battaient les troupes anglaises; ils prenaient des corps entiers prisonniers ; ils avaient de puissans alliés. D'un autre côté, le gouvernement britannique agissait avec violence et faiblesse; il n'osait, il ne pouvait employer beaucoup de sujets britanniques ; il louait des troupes allemandes, des troupes suisses; il les embarquait, et les envoyait ; il avait des généraux malhabiles ou malheureux, Burgoyne, par exemple, auteur d'une assez bonne comédie. Dans ces déserts de l'Amérique, au milieu de ces peuplades sauvages, encore mêlées à la civilisation naissante des états nouveaux, parmi ces fleuves immenses, ces forêts incultes, les troupes anglaises, épuisées de marches, étaient surprises et accablées.

En 1777 cependant, le roi et son ministère voulaient continuer la guerre avec plus de tenacité que jamais. Le discours de la couronne l'avait dit, et l'adresse proposée y souscrivait avec ardeur.

Lord Chatam prend la parole. M. VILLEMAIN.

Je me lève, Mylords, pour déclarer mes sentimens sur le sujet le plus solennel et le plus sérieux. Il impose à mon esprit un fardeau dont rien, j'en ai peur, ne pourra me délivrer ; mais je tâche d'en alléger le poids par la communication libre et sans réserve de toutes mes pensées.

Pour la première partie de l'adresse, je m'associe de cœur au noble comte qui l'a proposée. Personne ne sent une joie plus sincère que moi, personne ne peut offrir de félicitations plus vraies sur le nouvel accroissement de la dynastie protestante. Mais je dois m'arrêter là ; ma complaisance de cour ne peut aller plus loin. Je n'irai pas faire des congratulations sur les disgrâces et les malheurs de l'Angleterre. Je ne puis m'associer à cette aveugle et servile adresse, qui approuve et sanctifie les monstrueux projets par lesquels le malheur est sur nos têtes, et la destruction à nos portes. Mylords, c'est aujourd'hui un périlleux et formidable moment ; ce n'est pas le temps de la flatterie. Il faut maintenant parler au trône le langage de la vérité ; il faut dissiper le mensonge et l'obscurité qui l'entourent.

C'est notre devoir, Mylords ; c'est la fonction naturelle de cette noble assemblée, conseil héréditaire de la couronne. Et où est le ministre qui a osé suggérer au trône le langage inconstitutionnel que l'on a fait entendre ? Le langage ordinaire et bienveillant du trône, c'est une adresse au parlement pour lui demander son avis, pour s'appuyer sur son droit légitime de remontrance et de secours. De même que c'est le droit du parlement de donner cet avis, c'est le devoir de la couronne de le demander. Mais en ce jour, en cette circonstance terrible, on ne s'appuie pas sur nos conseils ; on ne nous demande pas notre avis. La couronne, d'elle-même, déclare son irrévocable détermination de poursuivre les mesures commencées ; et quelles mesures, Mylords ! celles qui ont produit tous nos périls, et amené la destruction à nos portes.

De quoi vous parle ce discours, Mylords ? de mesures déjà prises et arrêtées, auxquelles on vous invite cavalièrement de concourir. On parle, à la vérité, de votre *sagesse* et de votre *appui* ; on vous y donne comme certains des événemens encore enveloppés dans le sein du temps : quant au plan que l'on a formé, on vous l'indique d'un ton péremptoire de dictateur. Est-ce donc ainsi que l'on vous parle, Mylords ? Est-ce là un langage supportable ? Cette prétention altière qui va jusqu'à faire la loi à la Providence, à enchaîner la volonté et le jugement du parlement, a-t-elle quelque exemple dans le passé ? Non, Mylords : ce langage est celui de la confiance mal fondée ; confiance, j'oserai le dire, Mylords, qui ne porte jusqu'à présent que sur une chaîne de bévues, d'échecs et de défaites. Je suis étonné qu'il se trouve un ministre qui ait le front de conseiller à S. M. de vous parler ainsi. Je serais bien aise de voir le ministre qui oserait avouer qu'il est l'auteur de ce conseil..... Que signifie enfin ce discours extraordinaire, et qu'y remarque-t-on ? Une confiance illimitée dans les hommes qui vous ont jusqu'à présent trompés, abusés, égarés, Quel en est le but ? De vous demander des octrois, non pas proportionnés à ce que vous pourriez juger être nécessaire, mais à ce qu'il plaira aux ministres de regarder comme tel, pour entretenir, vous diront-ils, des flottes et des armées, pour faire des traités avec ces subsides dont on ne vous rend point de compte. En deux mots, Mylords, si vous concourez à présenter cette adresse, vous prenez sur votre compte toutes les conséquences effrayantes qui en doivent résulter. Quiconque a donné au roi ce conseil pernicieux devrait être cité au tribunal de cette chambre, à celui de la nation entière, pour y répondre des conséquences : l'exemple en est dangereux, et contraire à la constitution. Je le demande encore une fois : quel est l'homme qui a eu la témérité de dire au roi que ses affaires prospéraient?

Quel est l'homme par conséquent qui est l'auteur des assurances que l'on vous donne aujourd'hui pour achever de vous égarer ? Je voudrais le voir.

Jetez les yeux, Mylords, sur l'état actuel de cette nation : les difficultés de toute espèce l'environnent, tous les dangers la menacent ; on ne voit pas une circonstance qui ne présente l'image de la destruction. Hier encore l'Angleterre pouvait lutter contre le monde : aujourd'hui il n'y a point d'état si chétif qui daigne lui rendre hommage. Les hommes que nous méprisions d'abord comme des *rebelles*, mais que nous reconnaissons maintenant pour des *ennemis*, sont enflammés d'ardeur contre vous, et fortifiés de toutes les ressources de la guerre ; leurs intérêts sont protégés ; leurs ambassadeurs publiquement accueillis par votre éternelle rivale ; et nos ministres n'osent agir ni avec dignité ni avec vigueur. Je le répète, Mylords, nous sommes assaillis par tous les périls à la fois ! Qu'est-ce que c'est que ces petites îles de la Grande-Bretagne et de l'Irlande ? Quelle est votre défense? Rien ! Voyez, de l'autre côté, quel est l'état de vos ennemis respirant une haine invétérée. Jetez les yeux sur les deux branches principales de la maison de Bourbon : elles ont une marine formidable : Je vous dis, Mylords, qu'elles ont des vues ennemies. Je le sais ; leurs côtes sont couvertes de troupes. Qu'avez-vous à leur opposer ? Pas cinq mille hommes dans cette île ; en Irlande pas davantage. Vous n'avez pas plus de vingt vaisseaux de ligne en état de servir. En un mot, Mylords, sans la paix, sans une paix immédiate, cette nation est perdue, c'en est fait de l'empire britannique ! Dans ces circonstances alarmantes, examinons la conduite de vos ministres.

Comment ont-ils cherché à regagner l'affection de leurs frères de l'Amérique ? Ils ont recherché l'alliance et le secours des pauvres petits princes allemands, dont l'indigence excite la pitié, dont l'existence ne signifie rien ; et cela pourquoi faire ? Pour couper en Amérique, les gorges de leurs frères, qui se sont montrés aussi braves qu'ils ont été indignement traités. Ils ont passé des traités mercenaires avec des bouchers, à qui ils ont vendu, au poids de l'or, le sang humain. Mais, Mylords, ce n'est pas tout : ils ont fait aussi d'autres traités. Ils ont lâché les sauvages féroces de l'Amérique sur leurs frères innocens, sur des créatures faibles, sans défense, sur des vieillards de l'un et de l'autre sexe, sur des enfans, sur ceux mêmes qui étaient à la mamelle, pour lescouper par morceaux, pour les mutiler, en faire des sacrifices, les brûler, les rôtir, en un mot, les manger, à la lettre ! Tels sont, Mylords, aujourd'hui les alliés de la Grande-Bretagne. Le nouveau système qu'elle a adopté pour faire la guerre est, partout où elle porte ses armes, d'y semer le carnage, la désolation et la destruction. Nos ministres ont fait des alliances dans les boucheries de l'Allemagne, avec les barbares de l'Amérique, et les bourreaux impitoyables que fournit cette espèce sauvage. C'est ainsi que nos armées se trouvent déshonorées dans la victoire comme dans la défaite. Cette conduite, Mylords, a-t-elle quelque rapport à celle qui fesait autrefois notre gloire ? Est-ce par des moyens pareils que nous avions atteint ce faîte de grandeur d'où, considérant l'éclat de notre renommée répandue dans toutes les parties du monde, nous recueillions l'hommage universellement rendu à notre justice et à notre humanité ? Etait-ce avec le *Tomobawk*, et avec le couteau qui enlève les péricrânes, que la valeur et l'humanité anglaises passaient presque en proverbe, dans un temps où cette humanité naturelle à la nation éclipsait jusqu'à l'éclat de ses conquêtes ? Est-ce en lâchant sur nos ennemis les sauvages Indiens pour souiller leurs mains du sang de nos frères d'Amérique, que le militaire anglais jouissait de l'honneur de passer pour remplir à la fois les devoirs du soldat, du citoyen et de l'homme ? La guerre actuelle est-elle honorable, Mylords ? Non : si les armes britanniques ont encore quelque succès à espérer, il faut que la Grande-Bretagne ait recours à ses anciens moyens de vaincre : jamais les Américains ne se soumettront à être égorgés par des étrangers mercenaires. S'il y a encore quelque chose à faire, cela doit être fait par des troupes anglaises ; alors s'il paraissait nécessaire de faire des levées dans la Grande-Bretagne, on me verrait concourir à leurs succès. Mylords, je vendrais la chemise que j'ai sur mon dos pour seconder des mesures sages et sagement conduites ; mais je ne voudrais pas donner un seul schelling à nos ministres actuels : leur plan n'a d'autre fondement que la destruction et la honte.

Mylords, cette ruineuse et humiliante situation dans laquelle nous ne pouvons ni agir avec succès, ni souffrir avec honneur, nous force de prendre le langage le plus expressif et le plus haut, pour délivrer S. M. des illusions qui l'obsèdent.

L'état désespéré de nos armées au dehors est connu ; personne ne peut les estimer plus que je ne fais ; j'aime et j'honore les troupes anglaises ; je connais leur vertu et leur valeur ; je sais qu'elles peuvent tout faire, excepté l'impossible ; mais la conquête de l'Amérique anglaise est une chose impossible. Je me hasarde à vous le dire : *vous ne pouvez pas conquérir l'Amérique*. Vos armées ont fait dans la dernière guerre tout ce qu'elles pouvaient ; il vous en a coûté des troupes nombreuses, sous un habile général, pour expulser six mille Français de l'Amérique française.

Mylords, *vous ne pouvez pas conquérir l'Amérique.* Quelle est là-bas notre situation présente ? Nous n'en connaissons pas tous les périls, mais nous savons que dans trois campagnes nous n'avons rien fait. Outre les pertes et peut-être la destruction des troupes du nord, notre meilleure armée, celle que commande sir William Howe a reculé devant les lignes américaines; elle a été forcée d'abandonner son entreprise, et de suivre, avec beaucoup de retard et de danger, un plan nouveau et des opérations lointaines. Quel en est le résultat? Nous le saurons bientôt, et, dans toute chance, nous aurons à le déplorer. Mais pour la conquête, Mylords, je le répète, elle est impossible. Vous pouvez accumuler les dépenses et les efforts, entasser tous les secours qui s'achètent ou s'empruntent, trafiquer, brocanter avec chacun de ces petits misérables princes d'Allemagne, qui vendent et expédient leurs sujets pour les boucheries d'un prince étranger. Vos efforts seront toujours vains et impuissans, doublement impuissans par le secours mercenaire que vous choisissez pour appui, car il irrite jusqu'à un incurable ressentiment les âmes de vos ennemis. Quoi! lancer sur eux ces fils mercenaires du pillage et du meurtre, les dévouer eux et leurs possessions à la rapacité de cette fureur soldée! Si j'étais Américain, comme je suis Anglais, tant qu'un soldat étranger aurait le pied sur mon pays, je ne poserais pas les armes, jamais! jamais! jamais!

Notre armée est infectée par la contagion de ces vils alliés. L'esprit de brigandage et de rapine s'y est répandu, je le sais; et, malgré ce que le noble lord qui a proposé l'adresse a pu nous dire de son opinion sur notre armée d'Amérique, je sais, par des informations authentiques et par des officiers expérimentés, que notre discipline est mortellement atteinte. Pendant que nous nous abaissons, l'Amérique s'élève; pendant que notre force et notre discipline dépérissent, la sienne va grandissant et s'améliorant. Mais, Mylords, quel est l'homme qui, pour compléter ces disgrâces et ces méfaits de notre armée, a osé associer à nos armes la massue et le couteau à écorcher du sauvage? Appeler dans une alliance civilisée les féroces sauvages des forêts, remettre à l'impitoyable Indien la défense de nos droits contestés, soudoyer les horreurs de cette guerre barbare contre nos frères; Mylords, ces monstruosités demandent vengeance et punition. Si vous ne les effacez pas, il en restera une souillure sur le caractère national. C'est une violation de la constitution. Mylords, je crois que cela est contre la loi.

De l'ancienne liaison entre la Grande-Bretagne et ses colonies, les deux peuples tiraient les avantages les plus importans. Pendant que le bouclier de notre protection s'étendait sur l'Amérique, elle était la source de nos richesses, le principe de notre force, le fondement de notre puissance. Mylords, ce n'est pas avec des brigands sauvages et indisciplinés que nous avons à combattre : la résistance de l'Amérique est celle de citoyens libres et vertueux. Hâtons-nous donc de saisir le moment favorable d'une réconciliation. L'Amérique ne s'est pas encore irrévocablement livrée à la France ; il nous reste un moyen d'échapper aux funestes effets de notre erreur. Dans cette fatale combinaison de dangers, de faiblesse et de désastres, intimidés et insultés par les puissances voisines, incapables d'agir en Amérique, ou réduits à n'agir que pour notre perte, où est l'homme qui prétendrait nous flatter de l'espoir du succès en persévérant dans les mesures qui ont produit ces tristes résultats? Qui aurait l'impudence de l'entreprendre? Où est-il cet homme? Qu'il paraisse, s'il l'ose, et qu'il montre son front. Vous ne pouvez vous concilier l'Amérique par vos mesures actuelles ; vous ne pouvez la soumettre par vos mesures actuelles, ni par aucune autre. Que pouvez-vous donc faire? Vous ne pouvez ni gagner les cœurs, ni vaincre : mais vous pouvez voter des adresses ; vous pouvez vous endormir sur les alarmes du moment par l'oubli du danger qui les a fait naître. J'espérais, au lieu de ce vain et déplorable orgueil qui n'enfante que des pensées altières et des projets présomptueux, que les ministres s'humilieraient dans leurs erreurs, qu'ils les reconnaîtraient en se rétractant, et que, par un repentir efficace, quoique tardif, ils feraient leurs efforts pour les réparer : mais, Mylords, puisqu'ils n'ont ni sagacité pour prévoir, ni humanité, ni justice pour détourner ces désastres ; puisqu'une sévère expérience ne peut même les instruire, ni la ruine imminente de leur pays les réveiller de leur léthargie ; c'est au parlement d'interposer sa vigilance protectrice. En conséquence, je propose, Mylords, un amendement à l'adresse pour S. M.

C'est de recommander la cessation immédiate des hostilités, et le commencement d'un traité qui rende la paix et la liberté à l'Amérique, la force et le bonheur à l'Angleterre, la sécurité et une prospérité durable aux deux nations. Voilà, Mylords, ce qui est encore en votre pouvoir : sans doute la justice et la sagesse de vos seigneureries ne laissera pas échapper cette heureuse et peut-être unique occasion.

Mylords, cette guerre est ruineuse ; elle ne présente que des dangers ; tous les jours on insulte nos côtes ; nos mers sont infestées de corsaires américains ; nous n'avons rien pour nous protéger ; et, pour mettre le comble à nos malheurs, nous avons perdu le port de Lisbonne. La maison de Bourbon est prête à rompre avec nous ; elle favorise contre nous la cause de nos sujets : ce moment-ci, Mylords, est le dernier où nous puissions encore traiter avec les Américains. La France et l'Espagne ont beaucoup fait pour eux, mais n'ont pas voulu faire tout ce qu'ils demandaient. Ils ont eu un peu d'humeur : si on leur propose des conditions raisonnables, le moment de les détacher de leur connexion dangereuse est celui de leur refroidissement et de leur mécontentement passager. Si nous laissons échapper l'occasion, elle ne se présentera plus. Mais vous me demanderez, Mylords, si nous trouverons les Américains également disposés à y accéder? Je répondrai, en général, que je regarde les liens politiques qui unissent l'Amérique à la Grande-Bretagne comme ne pouvant être dissous. Ces deux états forment certainement un seul et même empire ; mais, en adoptant ce principe incontestable, je soutiens que chaque partie dont le tout est formé doit conserver ses droits particuliers, ses privilèges et ses immunités inviolables. A cela près (et tous ces privilèges contestés se réduisent à celui de se taxer eux-mêmes), à cela près, dis-je, j'ai toujours regardé les provinces de l'Amérique comme fesant partie de la Grande-Bretagne, ainsi que les comtés de Devon, de Surry ou de Midlesex. Il est vrai qu'en les envisageant sous ce point de vue, j'entends qu'on leur conservera leurs droits municipaux; que leurs chartes ne seront point violées, et surtout qu'on ne leur disputera pas le droit de se taxer elles-mêmes. Si on ne leur conserve pas ce droit, on ne me fera pas croire que l'Amérique veuille jamais entendre à rien. Si elle finissait par y être forcée, ses malheureux habitans n'auraient rien qu'ils puissent dire leur appartenir véritablement.

Considérez, je vous prie, Mylords, à quoi s'étend cette prétention illimitée de taxer les colonies. A trois cents milles de distances, une troupe vénale s'arroge le droit de disposer des biens, de toutes les possessions d'un peuple dont il ne connaît ni le génie, ni le caractère, ni les facultés, ni les dispositions, ni les besoins, ni les griefs, ni les vrais intérêts. Il y a beaucoup d'hommes riches en Amérique ; il y en a de très-riches en fonds de terre. M. Washington, qui commande actuellement ce que l'on appelle les armes rebelles, jouit d'un revenu annuel de cinq mille livres sterlings ; beaucoup d'autres ont des fortunes considérables, de l'intelligence et de la capacité. Peut-on croire, est-il naturel d'attendre, que des hommes de ce poids, de cette importance dans leur pays, se soumettront jamais à ce droit de taxe arbitraire, qui livrerait tout ce qu'ils possèdent à la fantaisie ou à la rapacité des gens qui leur sont parfaitement étrangers? Cette idée est absurde.

Les Américains sont sages, industrieux et prudens; ils ont trop de bon sens, leur âme est trop élevée, pour qu'ils s'abaissent jamais à jouir de leurs biens d'une manière si précaire et si humiliante : d'ailleurs ils nous voient plongés dans le luxe, dans la dissipation, dans la vénalité et la corruption. Dans le cas où ils seraient portés à se laisser taxer, ils se demanderaient encore, à quoi bon ? quel usage on ferait ici de leurs contributions ? celui d'éteindre plus vite encore le peu qui reste de vertu publique ou privée ? Je pense donc, Mylords, que non-seulement il y a de l'injustice dans l'idée de taxer les Américains, mais qu'elle est même impraticable. Le grand lien qui doit nous attacher à eux, la seule contribution qu'il soit sage d'en attendre, c'est celle qui dérive de leur commerce : voilà le point auquel il faut s'attacher, le seul avec lequel on peut réussir. Je suis bien éloigné de donner les mains à ce que les Américains s'érigent en souverains dans leur pays ; j'abjure toute liaison avec quiconque penserait différemment dans cette chambre : mon avis sera toujours qu'il faut tenir les colonies dans la dépendance constitutionnelle qui les assujettit à la mère-contrée, et c'est essentiellement dans cette vue que je porte la parole. Je viens, Mylords, vous faire une ouverture qui paraît se présenter d'elle-même : je désire ardemment que vous la saisissiez. Je viens vous proposer une cessation d'hostilités, comme étant le premier pas à faire dans les circonstances présentes. Dans le cas où vous accepteriez cet avis, je proposerais que l'on nommât un comité, à l'effet de considérer quelles seraient les mesures convenables à prendre pour autoriser immédiatement la couronne à envoyer en Amérique des commissaires, revêtus de certains pouvoirs, pour traiter à des conditions positivement spécifiées : alors, si l'Amérique était sourde à toutes les ouvertures raisonnables qui pourraient lui être faites de notre part, et du nombre desquelles serait la garantie de l'acte de navigation qui servirait de base à tout le reste ; alors, dis-je, il vous resterait, Mylords, à considérer quels seraient les moyens les plus propres de les forcer à remplir un devoir dont ils s'écarteraient d'une manière si révoltante. Au surplus, je crois pouvoir garantir, sans me compromettre, qu'une offre pareille ne manquerait pas de réussir. Je sais parfaitement qu'il règne un esprit de faction dans quelques parties de l'Amérique, et probablement que ceux qui entretiennent cet esprit n'ont que l'indépendance en vue ; mais je sais aussi que les colonies du centre sont plus modérées, et que celles qui sont au midi rentreraient avec joie dans leur ancienne condition, si on leur donnait les sûretés dont nous venons de faire mention. Mon plan est susceptible de beaucoup d'objections. On demandera qui fera les propositions, sur quoi porteront les sûretés respectives si l'on rappelle les troupes. Je réponds à tout cela que c'est une affaire de bonne foi de part et d'autre, et d'intérêt respectif. Il s'agit ici de rédiger des conventions assez raisonnables pour qu'elles soient acceptées, de les écrire avec assez d'attention et de prévoyance pour qu'elles aient force de loi inviolable, et qu'elles ne puissent être enfreintes ni par les uns ni par les autres. Telles sont mes idées : je les crois fondées sur une connaissance parfaite des peuples de ces contrées. Je sais que la guerre que vous continuez contre eux est ruineuse d'une part, inutile de l'autre ; je sais que, si vous persistez à la continuer, il faut en venir à lever vos troupes en Angleterre ; car je suis persuadé que, tant que vous aurez à votre solde un seul mercenaire étranger, jamais les colonies ne traiteront avec vous, et qu'elles se soumettront encore moins.

Je conclus donc à ce que la chambre conseille à S. M. et la supplie humblement de faire prendre au plus tôt les mesures les plus efficaces pour rétablir la paix en Amérique, lui représentant qu'il n'y a pas un moment à perdre pour y proposer la cessation immédiate de toute hostilité, à l'effet d'entamer un traité qui assure la tranquillité dans ces précieuses provinces, qui écarte les causes malheureuses de cette guerre destructive, en prenant toutes les précautions nécessaires pour prévenir le retour de ces calamités. Il convient, de plus, d'assurer S. M. que la chambre, autant qu'il sera en son pouvoir, lorsqu'il en sera temps coopérera avec la magnanimité et la bonté de S. M. à la préservation de ses peuples, en promulguant des lois fondamentales et irrévocables, qui déterminent à perpétuité les droits de la Grande-Bretagne et ceux de ses colonies.

En répondant au comte de Chatam, lord Suffolk s'engagea dans une apologie maladroite de l'alliance qu'on avait contractée avec les hordes indiennes ; il s'oublia jusqu'à dire, qu'il regardait comme permis tous les moyens possibles de confondre les efforts de sujets rebelles ; qu'il pensait que les ministres étaient parfaitement justifiés, en employant tous les moyens que Dieu et la nature avaient mis dans leurs mains. Ces malencontreuses paroles avaient fait une impression désagréable dans la chambre ; elles révoltèrent surtout l'âme généreuse de lord Chatam : il exhala son indignation en ces termes :

Ce langage me ferait frissonner, quelque part qu'on osât le tenir; à plus forte raison fait-il horreur dans la bouche d'un homme qui approche le trône de si près ! Quoi ! vous pensez que tous les moyens vous sont permis ! Quoi ! Dieu vous permet de lâcher les *lévriers de l'enfer* sur les sujets du roi, pour les manger, les manger à la lettre !... Eh mais! Dieu vous permet donc aussi d'empoisonner les fontaines, les rivières ?.... C'est une expression horrible, c'est une expression impie, c'est une abomination... Je n'en dirai pas davantage, Mylords, mais je n'ai pu en dire moins : je me suis senti si oppressé que, sans ce soulagement, je n'aurais pu fermer l'œil de la nuit.

Vous m'objectez que, sous mon ministère, les Indiens ont également été employés contre la France: je ne nie point le fait, mais je puis assurer n'y avoir jamais eu de part, et que jamais on ne trouvera l'emploi de pareils alliés dans les mémoires de mon administration.

QUATRIÈME DISCOURS.

Les désastres continuels de l'armée anglaise ; le secours imprévu d'une élite de jeunes Français ; ce caprice de la fortune, qui voulait qu'on eût sollicité à Versailles pour aller mourir en Amérique, et qu'une faveur de cour envoyât des auxiliaires aux soldats de l'indépendance ; tout cela fit rapidement prospérer les armées américaines, et deux ans après ces anathèmes de lord Chatam, lord North, incertain de son obstination apparente, passant d'une extrême hauteur au découragement et à l'abandon, paraît prêt à reconnaître l'émancipation américaine. Il semble qu'il avait longtemps dissimulé une effrayante vérité, et que tout-à-coup il dit, *C'est vrai*, et tombe vaincu. Il avait lutté contre une insurmontable nécessité ; il pouvait traiter avec elle ; il pouvait lui faire sa part ; mais il la méconnaissait longtemps, et tout-à-coup il demeure terrassé devant elle.

Le duc de Richemond doit proposer à la chambre des pairs une adresse, pour solliciter la fin de la guerre et la reconnaissance de l'affranchissement de l'Amérique.

Lord Chatam touchait à sa soixante-dixième année. Ce corps, dévoré par les passions de la tribune, s'affaiblissait chaque jour. Une effrayante maigreur avait altéré ses traits encore majestueux. Quand il apprend cette nouvelle, il se fait conduire à la chambre des pairs. On voit ce vénérable vieillard qui arrive pâle comme la mort, mais richement vêtu, comme s'il eût affecté quelque chose de solennel et de pompeux dans ce dernier jour. Il est appuyé sur son fils William Pitt, qui devait être un si grand homme. Aussitôt qu'il paraît, la chambre entière se lève et le laisse respectueusement passer. Il se rend à son banc. Le duc de Richemond propose le projet d'adresse, pour abandonner l'Amérique : Chatam se lève alors, et, après quelques mots sur sa longue absence et ses infirmités :

M. Villemain.

Mylords, je me réjouis de ce que la tombe n'est pas encore fermée sur moi, de ce que je suis encore vivant pour élever ma voix contre le démembrement de cette ancienne et très-noble monarchie. Courbé, comme je le suis, par la main de la douleur, je suis peu capable d'assister mon pays dans cette périlleuse conjecture ; mais, Mylords, tant que je garde le sentiment et la mémoire, je ne consentirai jamais à priver la royale postérité de la maison de Brunswick et les descendans de la princesse Sophie de leur plus bel héritage.

Où est l'homme qui ose conseiller un tel sacrifice? Mylords, S. M. fut appelée par succession au gouvernement d'un empire aussi vaste que sa gloire était éclatante. Ternirons-nous la gloire de cette nation par un lâche abandon de ses droits et de ses plus précieux domaines ? Ce grand royaume, qui a survécu tout entier aux déprédations des Danois, aux irruptions des écossais, à la conquête Normande, et qui arrêta l'invasion de l'Armanda d'Espagne, tombera-t-il devant la maison de Bourbon ? Sûrement, Mylords, cettte nation n'est plus ce qu'elle était : un peuple qui était, il y a dix-sept ans, la terreur du monde, descendre si bas, que de dire à son ancien et implacable ennemi, « Prenez tout ce que nous avons ; seulement donnez-nous la paix! » cela est impossible !

Je ne fais la guerre à aucun homme, à aucun parti ; je ne désire pas leurs emplois ; je ne voudrais pas m'associer à des hommes qui persistent encore dans leur erreur, ou qui, au lieu de marcher sur une ligne droite, font halte entre deux opinions qui n'admettent pas de milieu. Mais, au nom de Dieu, s'il faut absolument se déclarer pour la paix ou pour la guerre, et si l'une ne peut être maintenue sans honneur, pourquoi l'autre n'est-elle pas commencée sans hésitation ! Je ne suis pas, je l'avoue, exactement informé des ressources de ce royaume ; mais, sans les connaître, je suis convaincu qu'il en a de suffisantes pour défendre ses justes droits. Et puis, Mylords, toute situation vaut mieux que le désespoir. Fesons du moins un effort; et, s'il faut tomber, tombons comme des hommes !

Que voulait lord Chatam ? Une chose grande, hardie, dangereuse : une déclaration de guerre à la France. Il voulait que la protection accordée par la France aux insurgés d'Amérique fût prise pour une guerre commencée, et rendue. Quand il eût parlé, au milieu du trouble de l'assemblée, le duc de Richemond répond en peu de mots : que, s'il est une autre voie pour tirer l'Angleterre du péril où elle se trouve, il faut l'indiquer ; que s'il est un homme d'état qui puisse le faire, sans doute c'est lord Chatam. A ces paroles, lord Chatam se lève avec effort ; mais, obsédé de sa douleur, et peut-être de l'impuissance de ses pensées contre une si grande difficulté, il retombe et s'évanouit. Son fils et ses amis l'emportent dans leurs bras, et l'assemblée émue se sépare. Il languit quelques jours, et expira avec le profond regret de voir qu'après tant d'avertissemens méconnus, et pour n'avoir pas fait à temps ce que demandait la justice, on fesait avec faiblesse plus qu'elle n'aurait voulu. M. VILLEMAIN.

FOX.

Voici le portrait que Chesterfield a tracé de lord Holland, dont Fox répudia si noblement l'exemple; « Cet homme, dit-il, n'avait aucune « notion, aucun principe de liberté, de justice ; il méprisait comme des « sots ou comme des hypocrites tous ceux qui pouvaient ou paraissaient « y croire; et il a toujours vécu, comme Brutus est mort, en appelant la « vertu un vain mot. »

Fils d'un tel père, Fox fut élevé dans toute la liberté d'une grande fortune, et d'une morale peu sévère. Les habitudes de la jeunesse développèrent en lui les goûts frivoles qui, dans la suite, ont fait tort à sa gloire et à son élévation politique, et le contraste qui devait se trouver entre son rival et lui commença dès l'enfance. Fox étudia d'abord dans le collége d'Éton; il apprit le latin, le grec : mais toutes les dissipations du plaisir lui étaient déjà familières. Il porta les mêmes goûts à Oxford, en les mélant aux plus laborieuses études....

Lord Holland préparait son fils au talent de la parole, l'encourageait, l'exerçait à tout dire avec assurance, et lui laissait, dans son esprit comme dans sa conduite, une liberté pleine de verve et de caprices. Au milieu des cercles les plus nombreux, Fox, à peine sorti de l'enfance, discutait, raisonnait avec une aisance hardie qui déployait en lui toutes les ressources de son heureux naturel.

Le génie de la discussion, la stratégie parlementaire, l'art de prouver et d'attaquer, éclatent dans Fox avec une singulière habileté et un bonheur presque continuel. Bien que les paroles dont il s'est servi n'aient pas été conservées dans la vivacité de l'à-propos incomparable qu'admiraient les

auditeurs, il reste encore dans ces copies froides, incomplètes, quelque chose de *démosthénique*.....
M. Villemain.

Charles Fox, qui entra bien avant W. Pitt au parlement, l'avait déjà fait retentir des accens d'une haute éloquence ; mais ce fut surtout lorsqu'il eut trouvé un rival digne de lui, lorsque l'opposition de principes et la différence de conviction l'eurent armé contre un homme si redoutable dans les luttes de la parole, que son beau talent appela et justifia l'admiration générale. Les élans vigoureux, les inspirations inattendues de son éloquence balancèrent l'influence que Pitt exerçait par l'invincible séduction de ses discours. Également pressans, énergiques, habiles à faire valoir toutes les circonstances, à montrer la force et les avantages d'un système opposé ; Fox a plus de chaleur, une ironie plus amère, une élévation plus habituelle dans les idées, plus de solennité dans le style ; Pitt connaît mieux les secrets ingénieux de l'éloquence ; ses railleries sont fines et mordantes, mais avec moins de violence ; il sait mieux envelopper son adversaire dans les plis et replis d'une logique dont il cache les ressorts ; son style est plus pur, plus harmonieux : il faudrait plutôt le comparer à Cicéron, et son rival à Démosthène.
M. Théry.

DISCOURS
CONTRE LA GUERRE D'AMÉRIQUE.

Le roi, selon l'usage, ouvrit la session par un discours. Il représenta la position critique des affaires, et la nécessité de faire de nouveaux efforts pour la défense de ses états contre les ennemis alliés. Il dit que son désir d'obtenir une paix honorable ne devait pas néanmoins lui faire oublier ce qu'il devait à la nation en sa qualité de souverain. La situation favorable du commerce dans les Grandes-Indes, et tous les avantages qui doivent s'ensuivre, ne peuvent cependant balancer le peu de succès de la guerre d'Amérique. Rien n'a été négligé pour apaiser l'esprit de rébellion dans les colonies ; mais la force seule et de nouveaux efforts pourront soumettre le pays...

Une adresse de remercîment est votée comme à l'ordinaire.

Fox prend la parole :

Je ne puis, Monsieur, traiter ce sujet sans exprimer de nouveau mon opinion sur la nécessité d'abandonner une guerre ruineuse. Je demande, en conséquence, qu'il me soit permis de proposer un amendement à l'adresse, et je prendrai pour motif celui même qu'ont eu les honorables membres qui ont voté et soutenu cette adresse.

Comme jeunes membres du parlement, on leur a donné cette tâche. L'inexpérience sans doute accompagne la jeunesse; mais ici il y a plus que de l'inexpérience. Il y aurait ignorance de leur part à vouloir soutenir cette adresse dans un moment tel que celui-ci. Quel est en effet l'homme qui, ayant suivi les ministres depuis les deux derniers parlemens, et vu toutes leurs erreurs, voudrait encore les appuyer dans le cas présent? Quel qu'il soit, dans la dépendance de ces ministres par des places ou par des pensions (et il en existe de ceux-là), jamais il n'approuverait cette adresse s'il avait l'expérience du parlement. Il est donc évident que cette charge a été donnée aux nouveaux membres de la chambre, et j'en félicite les ministres, car au moins il y a de l'esprit dans ce choix; mais par la même raison qu'ils ont proposé et appuyé cette adresse, moi, je me lève pour demander un amendement. Tout jeune que je suis, je ne suis pas néanmoins un jeune membre du parlement. J'ai suivi déjà ces ministres; j'ai vu leur politique, leur fausse conduite, leurs folies, et je reste confondu de les voir siéger au milieu de cette chambre, et y adresser un tel discours du roi dans un moment semblable.

Faire parler ainsi le souverain est, pour moi, un sujet, non-seulement de surprise, mais d'horreur. Cela me prouve qu'ils ont mis de côté toute espèce de honte et de décence, et qu'ils sont déterminés à poursuivre leur entreprise et à opérer la ruine complète de leur pays.

Jamais il ne fut si important qu'en cette occasion de prouver que le discours émané du trône est le discours des ministres, et non du roi. De tous ceux que j'ai entendus, certes, celui-ci est le plus étonnant. Je m'arrête en considérant l'audace de ces ministres (car je ne puis me servir d'une expression plus juste), qui n'ont pas craint de mettre de telles paroles dans la bouche du roi.

Un homme qui ignorerait la forme de notre constitution ne devrait-il pas supposer, en entendant ce discours, qu'il est l'œuvre d'un souverain arbitraire, despote et inhumain, qui, ayant entraîné ses sujets, ou pour mieux dire ses esclaves, dans une guerre ruineuse, est déterminé néanmoins à la poursuivre par haine ou par vengeance? Ne penserait-il pas que ce monarque est incapable de sentir son propre malheur et la détresse de son peuple?

Ce discours en effet est d'une nature rare, et je me réjouis en mon particulier du style clair qu'on y reconnaît. Il est temps que le peuple sache ce qu'il a à souffrir et ce qu'il peut espérer.

Je le demande cependant à tous les membres sincères de cette chambre : était-ce là ce qu'ils s'attendaient à entendre?

Pour moi, je l'avouerai, je croyais (et j'aime à penser que beaucoup de mes collègues ont partagé mon opinion) que S. M. viendrait aujourd'hui déclarer qu'elle reconnaissait avoir été trompée; que le parlement, aussi bien qu'elle, avait été induit en erreur; qu'il était temps que cela finît; que pour y parvenir enfin, elle demandait à son parlement de prendre les mesures les plus convenables, afin de rétablir la paix et la tranquillité dans ses états.

Loin de là, le discours du roi ne respire que vengeance et que haine; il prouve la détermination de persister dans le même système. C'est ce langage dont les ministres sont responsables; c'est à eux de rendre compte des causes qui ont amené la misère publique à la place de la prospérité dont ce pays jouissait.

J'ai avancé, et je le répète encore, que si les ministres avaient réussi à anéantir la liberté de l'Amérique, c'en était fait de la liberté de notre pays; j'ai donc dû voir avec plaisir qu'ils n'aient pas pu réussir dans leur plan. C'est dans la sincérité d'un cœur honnête et droit que je le dis encore.

Le grand lord Chatam, de glorieuse mémoire, cet homme d'état si remarquable a toujours pensé comme je le fais à ce sujet, et, ne respirant que pour la liberté de son pays, il fesait des vœux pour que celle de l'Amérique pût résister aux attaques dirigées contre elle.

O ministres misérables! hommes incapables, dont les mesures sont si imprévoyantes, et exécutées avec tant d'incertitude, que le discours d'un seul homme, d'un seul membre de cette chambre, les détruit, et montre que leurs auteurs ne sont capables que d'opérer la destruction et la ruine totale de leur pays!

Et vous vous plaignez encore, comme l'a dit l'honorable membre qui a appuyé la motion, vous vous plaignez de ce que tous les détails de la guerre d'Amérique ont été produits et reproduits cent fois! Oui, ils ont été répétés, les reproches de votre conduite; il faut bien les entendre encore; il faut les entendre non-seulement ici; mais, j'ose le prédire, l'indignation et la vengeance publiques vous les feront entendre encore au temple de la justice, et jusque sur l'échafaud, qu'ils doivent vous préparer.

Je vois un honorable membre sourire au mot d'*échafaud* (*M. Dundas*). Ne pense-t-il donc pas qu'il soit arrivé, le temps de la punition?

J'affirme, quant à moi, que le moment approche où le peuple ne se soumettra plus, et où les ministres n'échapperont pas à la vengeance qu'ils ont éveillée. Leur conduite n'a aucun exemple dans l'histoire; et, parmi les annales des royaumes détruits par la faiblesse et la trahison, il n'y a rien de comparable à ce qui existe aujourd'hui ; car cette même ruine nous arrive par des hommes qui n'ont pour eux ni la confiance ni l'opinion publique, et qui restent tranquilles au milieu de l'orage et du désastre général.

L'honorable membre qui a soutenu l'adresse demande que la chambre se réunisse à l'unanimité pour l'adopter. Ne se souvient-il donc plus que ce côté-ci de la chambre s'est toujours opposé à la guerre d'Amérique, et à toutes ses conséquences ? On serait tenté de lui demander s'il parle sérieusement. Jamais moi et mes amis nous ne nous sommes relâchés de nos efforts pour empêcher cette guerre ; nous avons prié, supplié ; nous avons prédit les événemens qui sont arrivés, et jamais nous ne nous sommes trompés. S'il peut y avoir une seule consolation pour nous en cet instant, c'est de penser qu'un jour une plume impartiale écrira cette histoire, et montrera à la postérité qu'il existait alors des hommes qui jamais ne se seront souillés du système horrible qui aura détruit leur pays. Ils en auront souffert comme leurs compatriotes égarés ; mais au moins ils ne seront pas complices d'une telle calamité.

Je ne puis, Monsieur, exprimer mieux ce que j'éprouve sur notre situation, qu'en rapportant un discours de l'orateur célèbre d'Athènes. Démosthène disait : « Je devrais me livrer comme
« vous au désespoir sur votre situation désolante et en quelque
« sorte irréparable ; et je le ferais, si je ne réfléchissais que vous
« avez été amenés à cet état par les mesures faibles et impré-
« voyantes d'hommes criminels. Si vos affaires eussent été bien
« dirigées, si vos opérations eussent été fermes et bien conçues,
« et que, malgré cela, vous eussiez été réduits à cette position
« déplorable, alors sans doute il faudrait désespérer de votre
« délivrance ; mais comme la faute en est aux hommes incapables
« qui vous ont gouvernés, il vous reste un remède à employer :
« changez le système que l'on vous a fait suivre, et vous pouvez
« encore redevenir ce que vous n'eussiez jamais dû cesser d'être.
« Si, au contraire, vous continuez la marche adoptée jusqu'à ce
« jour, sous peu une ruine totale anéantira votre empire. »

Rien ne peut mieux rendre ce que je pense, ce que j'éprouve. Si les ministres avaient été capables, honnêtes, vertueux, nous devrions sans doute désespérer de nous relever de l'état où nous sommes ; mais, les connaissant tels qu'ils sont, chacun peut concevoir que le mal provient uniquement d'eux, et de la fausseté de leur système. Changeons donc et les hommes, et leur conduite ; adoptons des mesures sages, fermes et vigoureuses : nous verrons bientôt alors changer aussi notre situation.

Si je parle ainsi, ce n'est sûrement pas pour obtenir leurs

places : non, ils ont su les rendre indignes d'un homme d'honneur et qui aime son pays.

Qu'il me soit encore permis de faire une comparaison de notre position avec ce que nous étions à la fin de la dernière guerre. A cette époque de gloire et de prospérité, la marine française était en quelque sorte anéantie ; les Français étaient expulsés d'Amérique ; de nouvelles sources de commerce et de prospérité nous étaient ouvertes ; notre influence s'étendait jusqu'à une espèce de prédominance en Europe ; notre empire sur mer était établi et reconnu ; et nos ports étaient remplis de vaisseaux de toutes les parties du monde.

Voyons maintenant où nous en sommes ! Nous avons perdu treize provinces d'Amérique, plusieurs de nos îles, et les autres sont en danger ; nous avons perdu l'empire des mers, notre considération chez l'étranger, et notre unanimité intérieure ; les nations nous ont abandonnés à notre malheureux sort. Anglais ! était-ce là votre position, quand vous étiez gouvernés par des ministres du parti des whigs ; quand leurs mesures étaient conçues et exécutées par ce parti ; quand, forts de votre union, vous vous reposiez dans la confiance qu'à juste titre vous accordiez à ces ministres ? Non, c'est celle que vous procurent des ministres torys ; c'est le fruit de leur système !

Je ne repasserai pas les actes blâmables de cette guerre, et la folle et imprévoyante conduite des ministres, lorsque, voyant la France armer dans tous ses ports, ils n'ont pris aucune mesure pour s'y opposer, et vous ont toujours assuré, dans cette chambre, que la meilleure intelligence régnait entre notre cour et celle du continent. Chacun sait que, s'ils n'ont pas à ce moment montré leur juste défiance, il eût fallu entrer en guerre beaucoup plus tôt contre les puissances qui nous la font maintenant ; il eût fallu abandonner la guerre d'Amérique : et c'est là ce que jamais ils n'auraient fait ; car c'est de cette guerre que sont arrivées des fortunes immenses à eux et à leurs amis, et qu'est sortie l'influence dont ils jouissent. Je ne repasserai pas ces événemens ; il n'est pas un seul membre de cette chambre qui n'en soit pénétré.

Mais qu'il me soit permis, pour montrer combien le système de la France est plus sagement conçu, de supposer une conversation entre le roi de France et ses sujets sur le meilleur moyen de parvenir à une monarchie universelle. « Il faut, dirait le roi,
» affaiblir et détruire notre rivale redoutable, l'Angleterre. —
» Sans doute, répondraient les sujets ; mais cela ne peut se faire
» qu'en nous affaiblissant nous-mêmes. —Non, dit'le roi, nous
» ne ferons rien ; ils se détruiront eux-mêmes ; leurs ministres
» feront notre affaire ; ils les paient pour cela ; et leur guerre
» d'Amérique suffit pour obtenir ce résultat. »

Cette supposition est réalisée. Le premier ministre de la France, que je vois assis en face de moi, fait la guerre à l'Amérique pour le maintien de quelques droits insignifians. Il est sourd à la misère publique et aux supplications du peuple.

« Mais, disent les sujets, si nous ne nous en mêlons, l'An-
« gleterre triomphera sur l'Amérique. Eh bien, repond le mo-
« narque, nous interviendrons, et après les avoir trompés par
« des promesses, qu'ils auront crues ou feint de croire, nous
« frapperons le coup décisif. —Sans doute, disent les sujets, cela
« sera très-beau; mais que nous en reviendra-t-il? Une égalité de
« commerce avec l'Amérique? — Oh! dit le roi, nous ferons
« mieux; nous nous concilierons l'amitié de l'Amérique; nous
« ferons un traité avec elle, et ayant été l'instrument de son indé-
« pendance, nous la forcerons à une préférence en notre faveur. »

Tel est le langage, sans doute, que pourrait tenir un souverain qui tendrait à une monarchie universelle. Il est vrai cependant qu'après la Grande-Bretagne, il faudrait encore détruire les autres puissances maritimes. Pour cela, sans doute, le même souverain obtiendrait encore du premier ministre anglais, qui, comme je l'ai dit, serait plutôt son propre ministre, d'entrer en guerre avec ses meilleurs amis, les Hollandais. Quelque inséparables qu'ils soient de l'Angleterre par leurs intérêts, on peut néanmoins séparer ces deux peuples, et les armer l'un contre l'autre. Je le sais, un semblable plan paraîtrait inexécutable avec d'autres hommes; mais avec nos ministres tout est possible, puisqu'ils vont jusqu'à faire parler le souverain comme ils parlent eux-mêmes..

L'orateur entre dans des détails sur les événemens de la guerre en Amérique.

Je me résume, Monsieur, et je demanderai à la chambre de prononcer si elle est déterminée à poursuivre la guerre d'Amérique, cette abominable et fatale guerre. C'est aux représentans du peuple que je m'adresse, et non aux créatures des ministres: je les conjure de faire leur devoir, d'agir selon leur conscience.

Croient-ils, ces représentans du peuple, que jamais nous puissions faire la conquête de l'Amérique? Je les supplie de décider cette question la main sur la conscience. Imaginent-ils que jamais toute la puissance de l'Angleterre soit suffisante pour parvenir à ce but? Je pense que, si les membres de cette chambre ne se laissent influencer par aucune espèce de considération, les ministres resteront, pour ainsi dire, seuls pour soutenir l'adresse proposée. Je dis plus : les ministres eux-mêmes voteront contre la continuation de la guerre; ils sentiront la nécessité de consulter le peuple, et surtout ils comprendront que les membres de cette chambre connaissent l'opinion de leurs commettans. Ce sont eux, et eux seulement, qui doivent payer pour continuer cette guerre : il faut donc les consulter.

Je demande, en conséquence, qu'il soit fait un amendement à la motion. Je pourrais demander d'abord que les épithètes véhémentes qui y sont employées contre les Français en fussent retranchées, non que je les désapprouve, mais parce que je n'en vois pas l'utilité; cependant, comme c'est une chose usitée et qui paraît convenir aux ministres, sans chercher à en découvrir la véritable cause, je ne m'y opposerai pas. Ce que je ne puis accorder, est tout ce qui a rapport à la guerre contre l'Amérique.

L'amendement que je propose aurait pour but, en donnant à S. M. l'assurance du zèle et de la loyauté de ses sujets, de lui procurer le moyen de soutenir les droits de son empire d'une manière plus efficace que celle qui a été employée jusqu'à ce jour. Je propose donc de substituer ces mots :

« Et, sans aucun délai, de nous réunir pour aviser, dans cette
« crise fatale, au plus sûr moyen de remédier au mal, par un
« changement total de système. »

BURKE.

La vie politique de Burke, illustrée surtout par des souvenirs qui se lient à la révolution française, remonte cependant à une époque beaucoup plus ancienne. Son éloquence fut mêlée à presque tous les débats importans du règne de Georges III. Il parut avec éclat dans l'opposition, pendant les ministères de lord Bute, du duc de Newcastle et de lord North. Il nous suffira de rappeler en peu de mots le début et le progrès de sa carrière. Lord Chatam, nous l'avons dit, sans fortune et sans illustration de naissance, s'était élevé au pouvoir et aux grandes dignités par l'éloquence et le talent politiques. Burke, avec moins d'éclat, offre le même exemple. Né en Irlande, d'un avocat de Dublin, après d'excellentes études il vint à Londres pour s'attacher au barreau, en 1753. Il était alors âgé de vingt-trois ans. Sa pauvreté ne lui permit pas de suivre une profession longtemps infructueuse, et le força de travailler pour les journaux et les libraires.

Pour prétendre à la chambre des communes, la fortune lui manquait; mais un ministre, le marquis de Rockingham, lui fit présent d'une propriété qui le rendait éligible au parlement....

Quoique Burke fût attaché au pouvoir, puisque les ministres lui donnaient des maisons, cette situation, toujours défavorable, ne parut pas gêner son talent; et son début au parlement jeta beaucoup d'éclat. Jusqu'à lui, le langage des affaires, une discussion habile et forte, avaient presque exclusivement dominé dans la chambre des communes : les ornemens de l'imagination et du style étaient peu connus. William Pitt lui-même avait plus de grandeur et de force que d'élégance oratoire; et il venait de porter à la chambre des pairs sa haute et majestueuse éloquence.

Burke était irlandais de naissance, et l'Irlande, vous le savez, dans cette unité multiple qui fait la force et l'embarras de l'Angleterre, l'Irlande a son caractère privilégié. Enfans du Nord, les Irlandais ont quelque chose de l'imagination d'Orient. Ce n'est pas que je veuille constater par là leur origine prétendue *milésienne*. Mais, pour l'imagination et le goût, leurs orateurs, leurs écrivains offrent certainement une analogie remarquable avec ces orateurs anciens que Cicéron appelait *asiatiques*, et dont il a caractérisé le talent par des expressions assez malicieuses, quoiqu'il leur ait emprunté quelque chose.

Ce que Cicéron nomme *asianum genus*, par opposition à l'atticisme, ce *genus opimæ atque adipatæ dictionis*, cette éloquence pompeuse et brillante qui florissait dans les villes grecques de l'Asie-Mineure, semble s'être reproduite dans les modernes orateurs de l'Irlande, jusqu'au moment, du moins, où la grandeur d'une lutte récente a mêlé tant d'énergie au faste habituel de leur langage.

Burke, apportant au milieu du parlement britannique une sorte d'imagination enthousiaste, un style brillant et fleuri, une abondance presque poétique de métaphores et d'images, saisit d'abord l'attention. De plus, son influence ne se bornait pas au talent de la parole : il voulait éclairer le pouvoir qu'il servait. Les premières plaintes de l'Amérique furent accueillies par sa généreuse intervention....

Une proclamation royale venait d'ordonner un jeûne solennel pour appuyer les nouveaux armemens préparés par le ministère. La vive imagination de Burke s'empare de ce contraste, de dévotion officielle et de guerre implacable; et, après avoir énergiquement retracé les embarras de l'Angleterre :

« Dans cette situation insupportable, dit-il, on nous appelle aux
« pieds des autels du Tout-Puissant, avec la guerre et la vengeance

« dans le cœur, au lieu de la paix de notre divin Sauveur. Il nous a dit :
« *Je donne la paix*; mais nous, ce jeune public, nous le célébrons
« n'ayant dans le cœur et à la bouche que la guerre, la guerre contre nos
« frères ! Jusqu'à ce que nos églises soient purifiées de cet abominable
« office, je les regarderai, non comme les temples de Dieu, mais comme
« les synagogues de Satan. C'est un acte infâme, comme acte politi-
« que; c'est une impiété, comme acte prétendu de dévotion nationale. Eh
« quoi ! vous convoquez le peuple, avec des formes solennelles, à se
« rendre dans les églises, à participer aux sacremens et à faire un sacri-
« lége au pied de l'autel ; vous voulez qu'il commette un parjure pu-
« blic, en chargeant nos frères d'Amérique du crime de rébellion, éga-
« lement coupable soit que vous mentiez en le sachant, soit qu'igno-
« vous appeliez Dieu tout-puissant en témoignage d'une
« imposture qui devient un blasphème. »

Mais cette éloquence fastueuse, asiatique, n'était pas ce qui saisissait le plus fortement les vieux Anglais, raisonneurs opiniâtres, zélés pour la gloire de leur pays, et incapables d'être conduits autrement que par un intérêt bien montré, bien compris. Voilà peut-être par quel motif Burke n'eut pas tout-à-fait dans son pays la puissance oratoire que semblaient lui décerner les éloges des étrangers. Ce n'est pas que Fox, dans ces complaisantes réciprocités d'éloges politiques qui ne tirent pas à conséquence, ne l'ait appelé le plus beau génie de l'Angleterre au XVIII.e siècle. Mais, dans la réalité, cette parole pompeuse de Burke convenait bien moins que l'éloquence de Fox au caractère tout politique et tout pratique de l'Angleterre.   M. Villemain.

RUPTURE SOLENNELLE

ENTRE FOX ET BURKE.

Dès l'année 1790, l'imagination de Burke et son âme généreuse avaient été singulièrement émues des violences, des iniquités qui s'étaient mêlées à la régénération de la France. Quoiqu'il n'eût pas été fort zélé pour l'abolition des lois répressives rendues contre les catholiques en Irlande, cependant il avait éprouvé un vif sentiment d'indignation en voyant les rigueurs exercées contre l'Église de France. Et puis, nous l'avons dit, ce wigh, inaccessible à toute séduction du pouvoir, avait cependant, par le mouvement naturel de son imagination, une sorte d'attrait pour la grandeur, l'éclat du rang, la majesté des souvenirs ; il avait une sorte de chevalerie dans la pensée, et les violences démocratiques qui menaçaient une femme et une reine blessèrent vivement son âme généreuse. L'ouvrage qu'il publia à la fin de 1790 semblait le premier manifeste des rois, dans le silence de leurs armes encore immobiles. Cet ouvrage commença d'exciter en Angleterre la sympathie pour de grandes infortunes. En même temps, toute cette société aristocratique, puissante au nom de la liberté, se sentait inquiète pour ses pouvoirs, ses privilèges, ses bourgs-pourris, sa domination dans le parlement. Tous ces intérêts se serrèrent l'un contre l'autre à la voix de Burke.

D'une autre part, cet esprit de prosélytisme ardent qui caractérisa les troubles civils de France se manifestait en Angleterre avec une singulière et menaçante activité. Ce droit habituel de rassemblement, de discussion, qui s'exerçait en paix depuis cent années, prenait, sous l'inspiration de l'esprit français et des ardentes théories de la révolution, une énergie nouvelle. Ce n'étaient plus ces longues et lentes discussions des vieux *clubs* anglais ; c'était quelque chose qui semblait emprunté à la flamme nouvelle de la France.

Pitt se taisait encore : ses expressions graves et discrètes marquaient à peine un dissentiment public. Le parlement s'était encore peu occupé de cette question ; nulle idée de guerre contre la France ne semblait probable ni prochaine. Au contraire, la tradition politique tournait les idées anglaises vers un autre but. L'impératrice de Russie, ce colosse femelle que Shéridan, avec sa moqueuse et bouffonne éloquence, représentait un pied posé sur le rivage de la Baltique, et l'autre sur le rivage de la Mer-Noire, voulait étendre son bras jusqu'à Constantinople. Elle avait hâte de justifier l'inscription de Potemkin : *C'est ici le chemin de Bysance.* Elle ne songeait pas qu'à l'autre bout de l'Europe il se fesait un mouvement qui dérangerait sa conquête. L'Angleterre était exclusivement préoccupée du soin d'arrêter les agrandissemens de la Russie vers l'Orient, et regardait cette puissance comme seule menaçante pour la liberté de l'Europe, sans croire encore qu'un autre péril s'élevait du côté de la France.

En 1791, après la prise d'Ocksakow, Pitt proposa donc à la chambre un projet d'armement maritime, pour faire respecter la neutralité de l'Angleterre entre la Russie et la Porte, ou plutôt pour arrêter la Russie, en lui montrant la guerre prête à protéger la Turquie. Dans les débats mémorables qui suivirent le message royal, Fox fit éclater tout son enthousiasme en faveur de la révolution et des réformes politiques de la France. Il vanta le bonheur de la France, et la sécurité qu'elle donnait aux autres peuples par la sagesse de ses lois. M. Villemain.

Pourquoi, dit-il, vient-on, pour les intérêts les plus froids, les plus faux, les plus mal calculés de la politique, chercher à rallumer, par notre intervention tardive, les feux mourans d'une guerre allumée entre trois grands empires, d'une guerre déjà signalée par tant de victoires aussi stériles que sanglantes, par des massacres qui révoltent l'humanité? Une politique nouvelle va gouverner et calmer l'Europe, et c'est la révolution française, c'est ce glorieux événement, c'est la déclaration des droits de l'homme, glorieux étendard de cette révolution, qui m'en donnent l'assurance. Le vieux despotisme des Français, le despotisme fondé par Louis XIV, et qui chez lui s'alliait avec le rêve orgueilleux et barbare de la monarchie universelle, avait conservé toutes ses traditions dans le cabinet de Versailles, même durant les jours languissans d'une administration molle et désordonnée. Les intrigues parties d'un tel centre, même faiblement conduites, fesaient couler en Europe le sang de plusieurs millions d'hommes, suivant le caprice d'une favorite. Je me réjouis, pour mon pays et pour l'Europe, d'avoir vu tomber ce gouvernement fastueux, injuste et misérable. Ami de l'humanité, j'applaudis aux espérances légitimes qu'elle peut se former aujourd'hui. Ami de la liberté, j'applaudis au triomphe éclatant qu'elle remporte chez la seule nation que nous reconnaissions pour rivale, dans tous les points élevés de la civilisation.

Burke avait gardé le silence pendant ce discours; mais son cœur était déchiré. La tendre affection qu'il portait à Charles Fox ne pouvait plus résister aux alarmes que lui causaient ses doctrines et sa conduite politiques. M. DE LACRETELLE.

Il semble que les deux anciens amis avaient longtemps évité de se rencontrer, ou plutôt de se heurter, sur ce sujet nouveau, qui préoccupait toutes leurs pensées et divisait leur politique si longtemps unanime et solidaire. Ils craignaient, on le sent, de rompre publiquement cette longue et intime alliance, glorieuse à tous deux. Une fois Burke s'était levé pour répondre à son ami ; mais le cri ministériel, aux voix, poussé par habitude, l'avait maladroitement empêché de parler.

Dans une autre occasion, dans le débat sur le budget de l'armée, le dissentiment des deux amis s'était manifesté, mais avec de grands égards et une réserve mutuelle. Après avoir attaqué la nouvelle institution des gardes nationales de France, et signalé le danger de cette puissance et de cet exemple pour l'Angleterre, *Burke avait dit :*   M. VILLEMAIN.

Je regrette que mon honorable ami ait laissé échapper une expression de joie à ce sujet ; j'attribue cette opinion de sa part à son zèle reconnu pour la plus noble des causes, la liberté. C'est avec une peine inexprimable que je suis séparé, par la plus légère dissidence, de mon ami, de celui dont l'autorité devrait être toujours si grande sur moi et sur tous les hommes éclairés :

......quæ maxima semper
Censetur nobis, et erit quæ maxima semper.

Ma confiance dans mon ami était si grande, qu'elle était absolue. Je ne rougis pas d'avouer une telle docilité : quand on a bien choisi son guide, elle soutient au lieu d'affaiblir. Celui qui appelle à son aide une intelligence égale à la sienne double sa force. Celui qui trouve l'appui d'une intelligence supérieure s'élève en s'unissant à elle : j'ai obtenu le bienfait d'une telle alliance, et je ne voudrais pas m'en départir légèrement. Presque en toute occasion, je serais heureux que l'on reconnût mes propres sentimens dans les paroles de M. Fox ; je souhaiterais, comme un des plus grands biens pour mon pays, que ce très-honorable gentilhomme y fût appelé au pouvoir, parce que je sais qu'il joint à son grand et mâle génie le plus haut degré de cette modération qui est le meilleur contre-poids de la puissance, et qu'il est un des hommes les plus sincères, les plus dénués d'artifices, les plus bienveillans, désintéressé à l'excès, d'une nature douce et indulgente, même pour les fautes, sans une goutte de fiel dans toute sa personne. La chambre doit voir, dans mon empressement à remarquer une expression ou deux de mon meilleur ami, avec quelle sollicitude je voudrais empêcher que les troubles de France ne trouvassent quelque appui en Angleterre, où des personnes mal intentionnées recommandent, comme un modèle, l'esprit violemment démocratique de la réforme française.

Après cette affectueuse précaution, il avait, sans aucun ménagement, censuré les actes et l'esprit général de la révolution.

Je m'étonne, avait-il dit, que cette chose étrange, qu'on appelle révolution en France, puisse être comparée aux glorieux événemens de la révolution anglaise, et que la conduite de nos soldats, en cette occasion, soit assimilée à la mutinerie de quelques uns des régimens français. Alors le prince d'Orange, prince du sang royal d'Angleterre, était appelé par l'élite de l'aristocratie anglaise pour défendre son ancienne constitution, et non pour niveler tous les rangs. Vers ce prince ainsi appelé, les chefs de l'aristocratie qui commandaient les troupes allèrent, avec leurs soldats, comme vers le libérateur du pays. L'obéissance militaire changea d'objet; mais la discipline militaire ne fut pas un moment interrompue. Cette différence que j'indique dans la conduite de l'armée anglaise, je la trouve dans toute la nation anglaise à la même époque. En fait, la révolution anglaise et celle de France sont précisément l'opposé l'une de l'autre, dans chaque circonstance particulière, et dans le caractère général de l'événement. Chez nous, c'était une monarchie légale essayant l'arbitraire; en France c'était un monarque arbitraire commençant à légaliser son pouvoir : la première devait trouver résistance ; le second faveur et soutien..... Nous ne détruisîmes pas la monarhie; peut-être même serait-il facile de montrer que sa puissance fut augmentée. La nation conserva la même hiérarchie, les mêmes priviléges, les mêmes franchises, les mêmes règles de propriété, les mêmes subordinations, le même système de lois, de revenus, de magistratures, les mêmes lords, les mêmes communes, les mêmes corporations, les mêmes électeurs. L'Eglise ne fut pas affaiblie ; ses richesses, sa splendeur, ses rangs demeurèrent dans le même état.

Burke concluait de cette différence que la France, avec sa révolution universelle, retombait dans le chaos de la barbarie, et qu'elle avait fait une chose sans nom, comme les sorcières de Macbeth. Ce grand esprit ne remarquait pas assez la nécessité de circonstances diverses, et les caractères nécessairement opposés d'une révolution toute politique et d'une révolution à la fois politique et sociale.

Fox, ému de ces violentes invectives contre des principes qui lui étaient chers, mais plein de respect pour son ami, répondit avec une grande modération. Il déclara qu'il n'approuvait aucun système violent, qu'il était également ennemi de toutes les formes absolues de gouvernement, monarchie absolue, aristocratie absolue, démocratie absolue, et qu'il était zélateur invariable d'une constitution mixte, où les pouvoirs sont balancés ; puis, répondant par des expressions non moins flatteuses aux éloges que Burke lui avait prodigués, il ajouta :

M. VILLEMAIN.

Telle est mon admiration pour le jugement de mon très-honorable ami, telle est mon estime de ses principes, ma haute opinion de ses lumières ; tel est, à mes yeux, le prix inestimable de son amitié, que si je mettais dans la balance, d'une part tout ce que j'ai recueilli de mes lectures politiques et de l'étude, tout ce que l'expérience du monde et des affaires m'a appris, et de l'autre tout ce que j'ai tiré des conseils et des entretiens de mon ami, je ne pourrais décider à qui je dois davantage.

Mais Shéridan, avec son amère vivacité, vint aigrir ce débat paisible et mêlé de tant d'amitié. M. VILLEMAIN.

Je diffère absolument, dit-il, de mon très-honorable ami sur chaque mot qu'il a prononcé touchant la révolution française. Je la trouve semblable à notre révolution, en ce sens qu'elle a résulté d'un principe aussi juste, et d'une povocation aussi réelle.
J'admire les vues générales et la noble conduite de l'assemblée nationale. Je ne conçois pas qu'on l'accuse d'avoir renversé les lois, la justice et la fortune publique du pays. Quelles étaient ces lois ? les mandats arbitraires du despotisme. Quelle était cette justice ? les décisions partiales d'une magistrature vénale. Quel était ce revenu public ? la banqueroute autorisée. L'erreur fondamentale de mon très-honorable ami, c'est d'accuser l'assemblée nationale d'avoir créé les maux qui existaient dans toute leur difformité à l'époque de sa première réunion. . . . . Pour de tels maux, à quel remède fallait-il recourir, sinon à une réforme radicale de tout le corps de la constitution ? Ce changement n'était pas seulement l'objet et le vœu de l'assemblée nationale : c'était la demande et le cri de toute la France, unie comme un seul homme et pour un seul dessein.

Ensuite Shéridan réfuta vivement, et avec une amère ironie, la comparaison que Burke avait faite entre la France et l'Angleterre, à l'époque de leurs révolutions. Burke se montra blessé de cette réplique, et se plaignit que l'honorable gentilhomme avait cruellement défiguré ses paroles, et avait tâché de le faire paraître un avocat du despotisme ; il déclara que dès-lors l'honorable gentilhomme et lui étaient séparés dans la politique.
Tel fut le premier signe de ce dissentiment profond qui devait plus tard diviser pour toujours les deux chefs du parti Wigh. L'amitié de Shéridan fut la première sacrifiée par Burke.
Mais il lui en coûtait bien plus de rompre avec un ami de vingt ans, avec l'homme qu'il admirait le plus, disait-il. Plusieurs mois se passèrent encore. Burke et Fox continuaient de se voir habituellement, se

communiquaient leurs pensées, s'éclairaient, se soutenaient l'un l'autre dans les objections qu'ils fesaient à Pitt. Ils blâmèrent d'un commun accord le projet de guerre contre la Russie ; et, par des raisons diverses, ils entravèrent également les desseins réels ou apparens du ministre. Mais, sous cette concorde dans l'opposition, on pouvait apercevoir déjà l'affaiblissement de l'amitié. Unis encore dans une hostilité commune, ils ne l'étaient plus dans tous leurs sentimens : la brèche était faite et devait bientôt s'élargir.

Une occasion qui semblait étrangère à ce débat de principes le fit éclater dans toute sa force. M. VILLEMAIN.

Un bill que Pitt proposait pour organiser le gouvernement du Canada, et pour faire goûter aux anciens français qui étaient restés dans cette colonie quelques-uns des bienfaits de la liberté anglaise, mit en présence deux amis dont l'un se déclarait l'adversaire de la révolution française et l'autre son apologiste. M. DE LACRETELLE.

Je vais rassembler quelques détails sur cette grande scène parlementaire. En marquant une époque historique, elle vous fera bien connaître l'éloquence politique et le caractère des hommes d'état anglais. Nulle part le naturel et l'émotion des sentimens privés ne se mêlèrent davantage à la gravité d'un intérêt public.

Mais permettez-moi, avant de commencer ce récit, d'emprunter à un écrivain ingénieux, alors émigré en Angleterre, la vivante peinture qu'il a faite de l'un des deux orateurs. Elle vous mettra Burke sous les yeux, et vous concevrez mieux ensuite son éloquence, que je traduirai trop faiblement :

« L'orateur que je désirais le plus entendre était le célèbre M. Burke,
« auteur du Traité du Sublime, et souvent sublime lui-même. Il se leva
« enfin ; mais, en le considérant, je ne pouvais revenir de ma surprise.
« J'avais si souvent entendu comparer son éloquence à celle de Démos-
« thène et de Cicéron, que mon imagination, l'associant à ces grands hom-
« mes, me le représentait, comme eux, sous des traits nobles et imposans.
« Je ne m'attendais pas sans doute à le voir dans le parlement d'Angleterre
« revêtu de la toge antique; mais je n'étais nullement préparé à cet habit
« brun, si serré qu'il semblait gêner tous ses mouvemens, et surtout à
« cette petite perruque ronde et bouclée qui, malgré tous mes efforts
« pour trouver un objet de comparaison plus relevé, lui donnait l'ex-
« térieur d'un bedeau de village. Nous sommes tellement dominés par
« les idées accessoires, qu'il se passa quelque temps avant que cette
« impression désagréable pût se dissiper.

« Cependant M. Burke s'avança au milieu de la salle, contre l'usage

« ordinaire, car on parle debout et découvert, mais sans sortir de sa
« place. Pour lui, de l'air le plus simple, je dirai même le plus hum-
« ble, les bras croisés sur la poitrine, il commença son discours d'un ton
« si bas, qu'à peine pouvais-je l'entendre; mais bientôt, s'animant par
« degrés, il peignit la religion attaquée, les liens de la subordination
« rompus, la société entière menacée dans ses fondemens; et, pour
« montrer que l'Angleterre ne devait compter que sur elle-même, il traça
« à grands traits le tableau politique de l'Europe ; il peignit l'esprit
« d'ambition et de vertige qui animait la plupart des gouvernemens, l'in-
« souciance coupable des autres, la faiblesse de tous. Lorsque, dans
« cette grande revue, il en fut à l'Espagne, cette monarchie immense,
« mais qui semblait tombée en léthargie : Que peut-on en attendre ?
« s'écria-t-il : l'Espagne est une baleine échouée sur le rivage ! l'assem-
« blée entière était attentive, et tous les regards fixés sur lui. »

Tel est l'homme qui prend la parole, pour discuter le bill de *Québec*. Il en contredit quelques dispositions ; il fait ressortir l'avantage des
autres ; il insiste sur les garanties sages et modérées qui sont données
aux libertés de cette colonie; puis en même temps il pousse un cri
de joie, en disant qu'il n'y voit pas cette désastreuse et coupable déclaration des droits de l'homme, qui a mis en feu la France.

M. VILLEMAIN.

Gardons-nous, s'écrie-t-il, de donner aux anciens Français
du Canada aucune des lois fatales de la nouvelle France. Ils
apprendront à bénir leur sort, si nous les tenons affranchis
de ces droits de l'homme qui livrent aux massacres et à une
entière destrucion les plus florissantes colonies que la fortune
ait laissées à la France. Que si nous reconnaissions les principes de cette déclaration des droits de l'homme que j'ai eu la
douleur et la confusion d'entendre préconiser dans cette enceinte, nous nous occuperions bien vainement de leur donner une
législation ; nous n'aurions à leur tenir qu'un langage : Vous qui
êtes nés libres et égaux, usez d'un droit imprescriptible de la
nature ; choisissez le gouvernement qui vous convient, choisissez
même la métropole à laquelle il vous plaît d'appartenir. Ainsi
parleraient sans doute les orateurs de nos assemblées populaires
et révolutionnaires, et leur barbare humanité livrerait le Canada
à toute la félicité actuelle de la France et de ses colonies. Quelle
félicité, grand Dieu ! Se peut-il qu'en Angleterre quelques hommes l'envient ? Se peut-il qu'on propose de ramener des peuples
civilisés à toute la férocité du plus grossier état de nature ?

Ici Burke commençait une analyse raisonnée des principes de la constitution française, lorsqu'il s'entendit vivement rappeler à l'ordre par les anciens amis au milieu desquels il siégeait. Fox crut, par un ton de légèreté et même d'ironie, pouvoir modérer la chaleur des débats. M. DE LACRETELLE.

Il semble, dit-il, que c'est un jour privilégié, où chacun peut se lever et insulter tel gouvernement qu'il lui plaît. Quoique personne n'ait dit un mot sur les troubles de la France, mon honorable ami vient de prendre la parole, et de flétrir de gaîté de cœur ces mémorables événemens. Il aurait pu traiter, ce me semble, le gouvernement de la Chine, ou celui de la Turquie, ou les lois de Confucius, précisément de la même manière et avec autant d'opportunité. Chacun aurait aujourd'hui le même droit que mon honorable ami d'insulter les gouvernemens de tous les pays anciens ou modernes.

Burke reprit la parole avec cette promptitude, cette facilité soudaine, qui est la condition de l'éloquence politique.
M. VILLEMAIN.

Ce n'est point moi qui ai donné l'exemple de ces innovations, à supposer qu'il y en ait une ici, et je crois qu'on peut, à l'occasion d'une colonie tout-à-l'heure française, s'expliquer sur la constitution française avec autant d'à-propos qu'on l'a fait à l'occasion d'un armement contre la Russie. La véritable question est de savoir si la réfutation des principes les plus extravagans et les plus funestes est plus utile ici que leur apologie. Pour moi, je le déclare, nulle considération, nul des sentimens les plus chers à mon cœur, ne peut m'empêcher d'élever ma voix pour le salut de mon pays, contre l'invasion de doctrines impies et d'un fléau contagieux.

Dans ce moment lord Sheffield se leva pour proposer avec une simplicité qui peut paraître un peu malicieuse, de décider, par une motion d'ordre, que les dissertations sur la constitution française, et le narré des événemens qui se passaient en France, n'étaient pas selon l'ordre, dans un rapport exact avec les clauses du bill de Québec, qui devait être lu une seconde fois, paragraphe par paragraphe.
Fox appuya la proposition, de manière à renouveler le combat au lieu de le finir. M. VILLEMAIN.

Je suis, dit-il, sincèrement affligé de sentir que je dois appuyer une telle proposition : je le suis d'autant plus, que mon très-honorable ami l'a rendue nécessaire, en introduisant avec si peu de régularité, une discussion sans rapport avec le bill de Québec. Quant à la révolution française, je diffère entièrement de mon honorable ami. Nos opinions, je n'hésite pas à le dire, sont aussi distantes que les deux pôles. Mais qu'importe cette différence d'opinions sur un point de spéculation théorique? et qu'a-t-elle à faire avec la discussion positive qui nous occupe? Sur cette révolution je tiens à mon sentiment, et je ne rétracte pas une syllabe de ce que j'ai dit. Je pense que c'est un des événemens les plus glorieux de l'histoire du monde... Si je différais de mon honorable ami sur quelques points de l'histoire, sur la constitution d'Athènes et de Rome, faudrait-il nécessairement que notre dissentiment fût débattu dans cette chambre?

Les paroles que je viens d'entendre semblent me menacer du plus grand malheur qui puisse m'atteindre, la perte d'une amitié à laquelle j'attache ma gloire et mon bonheur. Une calomnie vient d'être articulée contre moi, et c'est un ami qui la profère. Étrange et déplorable situation que celle où je me trouve! Le trait qui m'est lancé part de trop près, et part d'une main qui m'est trop chère, pour me laisser la présence d'esprit et la vigueur avec laquelle je l'eusse repoussé s'il venait de l'un de mes adversaires accoutumés. M. Burke me réduit à la nécessité de me justifier. Au moins, dans la douleur qu'il me fait éprouver, c'est une consolation pour moi que d'être placé sur la défensive.

Si je louais la conduite du premier Brutus, si j'appelais l'expulsion des Tarquins un acte généreux et patriotique, serait-il juste de dire que je médite l'établissement du consulat dans mon pays? Si je répétais l'éloquent panégyrique de Cicéron sur le meurtre de César, la conséquence serait-elle que je suis venu ici, avec un poignard sur moi, pour tuer quelque grand homme, ou quelque orateur? Si vous dites qu'admirer une action, c'est vouloir l'imiter, montrez qu'il y a quelque analogie dans les circonstances. C'était à mon honorable ami de prouver, avant d'accuser mes paroles, que l'Angleterre était précisément dans la situation de la France, au moment de la révolution française; et alors, quelque reproche calomnieux que dût m'attirer ma déclaration, je serais prêt à dire que la révolution française devrait être imitée par ce pays.

Mais au lieu de chercher des différences d'opinions, sur des sujets qui heureusement ne sont pour l'Angleterre que spéculations et théories, venons à un fait, à une application pratique, à la discussion du bill qui nous est présenté, et que l'on voie si mes objections à ce bill étaient républicaines, et sur quel point je diffère de mon honorable ami. J'ai appris de hautes et respectables autorités qu'une petite discussion de grands événemens, sans information suffisante, ne fesait honneur ni à la plume de l'écrivain, ni aux paroles de l'orateur. Si on décide que mon honorable ami doit continuer ses argumens contre la révolution française, je quitterai la chambre; et quand un ami me fera dire que les articles du bill de Québec vont être discutés, je reviendrai pour les débattre. Ce n'est pas, de ma part, répugnance à écouter mon honorable ami: je l'ai toujours écouté avec plaisir, excepté lorsque nul résultat profitable ne peut suivre ses paroles. Quand le moment de la discussion sera venu, tout faible que je me sens si je me compare à mon honorable ami, que je puis appeler mon maître et de qui je tiens tout ce que je sais en politique, je serai prêt à défendre les principes que j'ai avancés, même contre l'éloquence supérieure de mon honorable ami; je serai prêt à soutenir que les droits de l'homme, tournés en dérision par mon ami, comme de vaines chimères, sont réellement la base de toute constitution raisonnable et de la constitution anglaise elle-même, comme le prouve le livre des statuts. Car si je comprends quelque chose au contrat originel entre le peuple anglais et son gouvernement, tel qu'il est établi dans ce livre, ce contrat est une reconnaissance des droits inhérens aux peuples, en leur qualité d'hommes; de ces droits que nulle prescription ne peut effacer, que nul accident ne peut détruire. Si de tels principes sont dangereux pour la constitution, ces principes étaient ceux de mon honorable ami, de qui je les ai appris durant la guerre d'Amérique. C'est de mon honorable ami que j'ai appris que la révolte d'un peuple entier ne pouvait pas être factice, et encouragée sous main, qu'il fallait qu'elle eût été provoquée. Telle était à cette époque la doctrine de mon honorable ami, qui disait, avec autant d'énergie que d'éloquence, qu'il ne saurait pas lancer un bill d'accusation contre un peuple. Je regrette de le voir, mon honorable ami a depuis lors appris à rédiger un pareil bill d'accusation, et à le surcharger de toutes les épithètes techniques qui défiguraient notre livre des statuts, tels que malicieux, scélérat, diabolique. Pour moi, instruit par mon honorable ami que la révolte d'un peuple n'arrive pas sans provocation, je ne puis me défendre d'un sentiment de joie, depuis que la constitution de la France est fondée sur ces droits de l'homme qui servent de base à la constitution britannique. Le nier, c'est faire un libelle contre la constitution britannique. Il n'est pas un livre, pas un discours de mon honorable ami, quelque éloquens que soient ses livres et ses discours, qui puissent me faire abandonner ou affaiblir mon opinion.

J'ai parlé avec éloge de la révolution française. Qu'a ce langage d'étonnant de la part d'un homme qui soutient depuis vingt-cinq ans des combats réguliers pour la liberté de son pays, combats qu'aucun trouble, qu'aucun désordre n'accompagne, et où le vaincu a plus souvent à se féliciter que le vainqueur? Mon cœur est trop chaud, trop sincère et trop vaste, pour ne vouloir qu'une liberté bornée à mon pays, et pour contempler avec satisfaction les chaînes qui pèsent sur d'autres peuples. Oui, j'en fais l'aveu; oui, mon patriotisme, et je ne sais s'il en est de plus ardent, mon patriotisme a pu se taire et j'ai pu me réjouir, quand j'ai vu l'émancipation de nos propres colonies et la sage liberté du peuple américain. Ce tort, si c'en est un, m'est commun avec l'ancien ami qui m'accuse. Qu'il se rappelle nos entretiens intimes et nos discours publics. Les vertus de Washington nous charmaient, et quelquefois nous avons été forcés d'applaudir à ses succès. La mort de Montgommery a fait couler nos larmes. Alors nous ne regardions pas la déclaration des droits de l'homme comme une source de fléaux pour le genre humain, comme une boîte de Pandore. Alors mon honorable ami disait avec tout le feu de son éloquence, aux opiniâtres partisans d'une guerre injuste : *Qu'on ne lance point un bill d'accusation contre tout un peuple.* Que fait-il cependant aujourd'hui lui-même? Par le discours que vous venez d'entendre, par un écrit que tout le monde a lu, ne lance-t-il pas un bill d'accusation contre tout le peuple français, et cela sans information, sans enquête, sans attendre les révélations du temps, et en n'écoutant rien qu'une prophétique fureur. Pour moi, j'admire l'émancipation d'un grand peuple. Je me réjouis de voir vingt-cinq millions d'hommes se réunir, par un effort courageux, à la famille encore trop peu nombreuse des hommes libres. Une longue suite de jours de paix, d'humanité, de tolérance, me semblent attachés à ce miraculeux événement. La déclaration des droits de l'homme ne me parait pas différente, lorsqu'elle a passé d'un hémisphère sur l'autre; loin de là, je reconnais en elle un bien patrimonial, le titre primitif de nos vieilles libertés, et je sens plus que jamais mon cœur pénétré de reconnaissance pour les auteurs de notre pétition des droits. Notre constitution n'a point d'autre base ; c'est ce que je soutiendrais contre mon illustre maître, malgré la supériorité de ses talens. Cette lutte prolongée serait pénible sans doute ; mais j'y mêlerais tellement les expressions de ma gratitude, celle d'une profonde déférence, et les souvenirs de notre ancienne amitié, que son cœur éprouverait sans doute quelques-uns des regrets par lesquels le mien est déchiré.

Cette vive réponse, où l'amitié tempérait encore l'amertume, blessa la fierté de Burke. Il se leva, et d'un ton solennel, profond et concentré :

Quoique j'aie été plusieurs fois interrompu et rappelé à l'ordre, j'ai écouté M. Fox avec le calme le plus absolu, sans l'interrompre une seule fois. Cependant, il me semble que son discours est plus irrégulier, et bien plus éloigné de l'ordre que le mien. Ma conduite publique, mes paroles, mes écrits ont été traduits et falsifiés en termes amers et durs ; mes conversations confidentielles mêmes sont livrées à la chambre, et sont commentées, pour faire ressortir ma prétendue inconstance politique. Telles sont donc les marques d'affection que je devais recevoir d'un ami que je croyais si chaud et si sincère? Fallait-il donc qu'après une intimité de vingt-deux ans, sans le moindre motif, il me blessât ainsi dans mes croyances les plus chères, et jusque dans les confidences de mon amitié ! Je ne puis concevoir que M. Fox m'accuse d'avoir parlé légèrement, sans exactitude, sans informations, sur des faits inconnus. N'a-t-il pas vu dans mes mains les livres, les pamphlets, les récits qui nous font connaître tous les malheurs, tous les crimes de la France ?

Mais ce n'est point le moment d'écouter mes regrets, de céder à l'effusion de sentimens que le discours de mon ancien ami provoque, dans quelques unes de ses parties, ni de repousser avec humeur les reproches d'instabilité et d'inconséquence qu'il renferme en même temps. Un trop profond chagrin m'oppresse, un trop pressant intérêt m'appelle à la défense de nos lois, de notre liberté vraie, forte et sage. Eh ! comment ne pas concevoir des alarmes sur notre avenir, quand la plus funeste des doctrines trouve un apologiste et presque un admirateur dans l'oracle le plus imposant de Westminster? Pour moi, j'accomplirai mon devoir, dussé-je perdre un ami, et ne cesserai de crier dans cette enceinte : fuyez la constitution française, fuyez toute révolution, fuyez surtout celle qui unit le dogmatisme le plus présomptueux à la plus grossière barbarie ! Etaient-ce donc là les caractères de cette indépendance américaine dont je ne rougis point d'avoir quelquefois désiré le succès? Ce peuple s'illustrait par des combats, et ne se déshonorait point par des massacres. Il était fidèle aux leçons du passé, à ses mœurs primitives, aux exemples et aux institutions de ses pères, à sa religion ; et je vois près de nous un bouleversement universel qui entraîne dans une ruine commune la religion, la morale, les souvenirs historiques, le respect pour toute autorité ancienne, pour toute dignité, pour toute vertu, pour tous les penchans aimables ; régénération monstrueuse ; effroyable rajeunissement du genre humain qui le ramènerait à l'état sauvage ! Voilà cependant qu'on nous promet, comme un résultat de cette révolution, une longue suite de jours de paix, de tolérance et d'humanité. *Une longue suite de jours de paix !* Dieu nous préserve d'une paix qui nous rendrait complices et victimes de tant de fureurs! Elle sera repoussée par l'Europe armée, ou l'Europe la recevra à son tour. Le torrent menace tout ; oui, je le vois, il va inonder bien des plaines voisines. Je n'aperçois nulle part des digues qui s'élèvent! *Une longue suite de jours de tolérance!* Quelle tolérance, grand Dieu! que celle qui livre d'abord à l'oubli, puis au dédain, puis à la persécution la plus cruelle, la religion qui a si heureusement changé la face du monde, et qui a fondé, sous de saintes lois, la république chrétienne! Venez rendre témoignage de la tolérance française, pontifes et pasteurs qu'elle a dépouillés, chassés et proscrits : venez parmi nous ; vous n'avez pas un moment à perdre pour fuir le martyre qui vous attend dans votre patrie. Venez aussi, filles de Saint Vincent-de-Paule, anges de la charité chrétienne, vous qui avez été arrachées des hospices où vos soins guérissent les malades, consolent les mourans, inhument les morts ; vous qui avez subi le plus infâme châtiment ; oui, venez dans notre île ; c'est ici que nos soins hospitaliers, que notre tendre vénération vous feront connaître en quoi consiste la véritable tolérance!.... *Une longue suite de jours d'humanité!* où trouverez-vous la garantie d'une telle promesse? Sera-ce dans ces meurtres populaires, si lâchement tolérés, appelés, provoqués par des hommes puissans? Sera-ce dans cette nuit infernale du 6 octobre, dans ce complot tramé contre les jours de la reine la plus aimable et autrefois la plus aimée ; dans le triomphe hideux et sanguinaire remporté sur un roi captif; enfin dans cette immense série de scènes homicides que personne n'avoue, que personne ne venge ; dans ces joies, ces fêtes et ces festins de cannibales? On m'accuse de porter un bill d'accusation contre tout un peuple. Il faut que je m'explique. Tout fier que je suis de ma patrie, je me sens le cœur français pour les victimes; je n'ai point un cœur français pour les bourreaux. On m'accuse de porter un jugement sur la constitution française avant l'expérience ; et c'est précisément l'expérience que j'invoque contre elle, mais l'expérience de tous les siècles, de tous les peuples, et celle surtout de mon pays. Quel guide plus sûr pouvais-je me proposer pour confondre la doctrine de ces législateurs nés d'hier, et qui, désavouant avec mépris tout rapport, toute conformité avec les législations anciennes et même avec la nôtre, déclarent qu'il faut tout changer, puisque tout est à renouveler, puisque rien n'est à sa place dans l'ordre social. Tant de monstrueuses innovations, on nous les présente comme des vérités absolues dans l'ordre politique. Les vérités absolues sont les trésors que Dieu s'est réservés, et qu'il ne communique pas. Que nous a-t-il laissé pour nous conduire dans l'ordre social? l'expérience. Quoi! je l'entendrai perpétuellement invoquer, cette expérience, dans les sciences naturelles et physiques ; on reconnaîtra de toute part qu'elle seule nous a donné les plus belles découvertes ; et nous la laisserons bannir des sciences morales, son premier, son éternel domaine ! Il est temps, sans doute, que je mette un terme à cette digression ; mais j'éprouve, en la finissant, un besoin impérieux qui peut seul apaiser le trouble de mon âme ; c'est Dieu lui-même que j'ose prier de veiller sur les intérêts de mon pays, et de nous maintenir, au milieu des orages qui se déclarent, une raison saine, un cœur soumis et religieux. Pour vous, mon ancien ami, pour vous avec qui je ne puis plus continuer des relations qui ont fait l'honneur et le bonheur de ma vie....

Fox, qui était ému de ces paroles, dit alors à demi-voix, assez haut pour être entendu : « Mais ce n'est pas une rupture d'amitié. »
M. VILLEMAIN.

C'est une rupture, reprit Burke. Je sais ce qu'il m'en coûte. J'ai fait mon devoir, au prix de la perte d'un ami : notre amitié est finie. Mais je vous adjure, mon ancien ami, de vous souvenir de tous ces entretiens intimes que vous venez de rappeler, et combien ils ont été conformes à la doctrine que je viens d'énoncer. Continuez avec éclat votre carrière ; soit qu'un jour vous deviez joindre vos efforts à ceux de l'illustre rival qu'avec vous j'ai si longtemps combattu, soit que l'intérêt de votre pays et de votre gloire vous prescrive de persévérer dans votre opposition, sachez toujours conspirer avec lui pour le maintien de nos lois et de nos principes. Je le conjure, je vous conjure aussi, de veiller sur notre constitution que menacent déjà ces réunions, ces clubs qui professent un amour forcené pour la révolution française. Dignes ornemens, dignes soutiens du parlement britannique, quels que soient vos débats (et puissent-ils être toujours imposans et réguliers, comme ils le sont aujourd'hui !), conservez un point commun dans votre doctrine, celui de développer et de maintenir les principes de notre admirable constitution ; fuyez tous deux, fuyez à jamais la constitution française. Je mourrai en répétant ce cri.

L'orateur mêlait à ce langage une émotion profonde ; car cette froide assemblée du parlement d'Angleterre fut vivement touchée. On fut attendri jusque sur les bancs de la Trésorerie ; et, suivant le témoignage des contemporains, plusieurs personnes pleuraient.

Fox cependant se leva pour répondre ; mais il resta plusieurs minutes, sans pouvoir parler. De grosses larmes coulaient de ses yeux ; son cœur semblait battre dans sa poitrine. Il était dans une convulsion de tristesse violente ; et cependant, comme il était orateur encore plus qu'ami, il fait effort, et il va parler.   M. VILLEMAIN.

J'espère, dit-il, que les incidens de cette nuit n'ont pas tout-à-fait changé le cœur de mon honorable ami, quoi qu'il en puisse dire. Il me serait trop pénible de me séparer d'un homme auquel je dois tant ; et malgré la sévère âpreté de ses paroles, je ne puis renoncer à l'estime et à l'amitié que je lui porte et qu'il me rendait ; je ne puis oublier que, presque enfant, j'ai été accoutumé à recevoir des marques d'affection de mon honorable ami, et que cette amitié s'est accrue avec nos années. Il y a maintenant vingt-cinq ans que je le connais ; il y a vingt ans que nous vivons ensemble familièrement, et que nous sommes dans la plus intime communication de vues, de pensées, d'espérances. J'espère qu'il voudra bien se souvenir de ces temps passés, et que, malgré quelques imprudentes paroles qui auraient pu le blesser, il ne croira pas que j'aie voulu intentionnellement l'offenser. C'est là toute mon espérance. Qu'il me permette de différer d'opinion avec lui, et qu'il ne prenne pas mon dissentiment pour un oubli de mon admiration et de mon amitié.

Et puis, il rentre dans la discussion, et il est plus énergique, plus spirituel, plus amer, plus blessant que jamais. Aussi, Burke se lève de nouveau.   M. VILLEMAIN.

La tendre affection, dit-il, que M. Fox a témoignée dans le commencement de son discours, a été bien effacée par la suite et la fin de ses paroles. Il a eu l'air de regretter avec une expression de tendresse et d'intérêt les durs procédés de cette soirée ; et je crains bien que nos ennemis ne s'en souviennent toujours, au préjudice de tous deux. Mais, sous ce masque de fausse douceur, il a recommencé ses attaques avec plus de vivacité que jamais ; il m'a reproché d'avoir abandonné mes opinions ; il m'a accusé d'une misérable inconsistance, qui me rendrait indigne de cette amitié dont il parle. Il a travesti mes opinions.

Et là, les récriminations deviennent plus amères. Cependant ces hommes avaient beaucoup de cœur l'un et l'autre. Fox avait peut-être plus d'abandon, plus de vive bienveillance, plus de cordiale franchise ; mais son génie d'orateur l'emportait, même contre son ami. Burke avait plus de gravité morale, plus de vertu sévère ; il était plus fait pour une amitié vertueuse et respectée, et, par cela même, il était plus disposé à la rompre avec hauteur et inflexibilité, le jour où il se croirait blessé dans les droits qu'elle lui donnait. Ainsi, c'est de son côté que se montre la rigueur ; et c'est du côté de Fox que sont les torts et les excuses.

Du reste, ce mémorable débat commence une grande époque dans la situation de l'Angleterre et dans la politique de Pitt. Pendant que les deux amis se blessaient et se pleuraient l'un l'autre ; pendant que ces débats doubles et triples leur donnaient le temps de se faire de mutuelles et irréparables offenses ; Pitt, impassible, regardait cette lutte, et peut-être en jouissait. Je suis tenté de le croire, quand je vois l'art habile avec lequel il se mêle à une altercation si vive et si touchante. Ne croyez pas qu'il avertisse les deux amis de tout ce qu'ils ont fait ; ne croyez pas, comme l'a dit un brillant historien, qu'il se hâte de tendre les bras à Burke, et de l'enlever à l'opposition ; non : il semble demeurer impartial et presque indifférent ; il n'a pas l'air de prévoir les résultats de cette division ; il prend la parole seulement pour une question de forme, et dit avec un sang-froid imperturbable :   M. Villemain.

La chambre se trouve dans une situation singulière par rapport à ce débat. La question principale a été abandonnée. Il est difficile de rentrer immédiatement dans la discussion des principaux articles. Quant à l'incident qui a été élevé par le très-honorable lord Sheffield, il m'est impossible de dissimuler mon opinion. Je crois que si le très-honorable préopinant s'est écarté de la discrétion, il ne s'est pas écarté de l'ordre. La discrétion est relative à la question de savoir jusqu'à quel point une discussion peut être introduite, quoique cette discussion ne soit pas en elle-même contraire à l'ordre. Ce premier point ne regarde que les expressions dont a pu se servir l'orateur. S'être écarté de l'ordre serait un tort plus grave. Je ne crois pas que ce soit ici le cas. Je pense donc qu'il ne serait pas juste de dire que le très-honorable préopinant se soit écarté de l'ordre. Et, d'un autre côté, je crois à propos de retirer la motion que lord Sheffield a proposée, pour qu'il soit décidé qu'on s'occuperait exclusivement du bill de Québec.

Après ce petit discours si court, et si habilement insignifiant, la séance fut levée. L'opposition demeura profondément et irréparablement divisée. Le génie de Pitt vit arriver à ses côtés, pour le seconder et le servir, la brillante imagination de Burke, ses grands talens, son autorité morale et sa bonne foi.   M. Villemain.

BYRON.

Lord Byron fut poëte, homme politique et orateur parlementaire. Qui ne connaît ce génie chagrin et désenchanté, presque avant d'avoir joui ; cette âme blasée si jeune, parce que, sans doute, le monde ne suffisait plus à son activité dévorante ? Qui ne connaît ses poëmes où tous les sentimens du cœur humain sont retracés avec une vérité si énergique, avec tant d'originalité et de mélancolie ? Byron méprise le monde qui l'a persécuté ; il s'en plaint en misanthrope dans les élégies sombres et amères de son *Childe-Harold;* ou bien il s'en venge par la légère et fine ironie de *Don Juan* : tantôt il blasphème avec désespoir, tantôt il adore avec un langage sublime : tour-à-tour il est matérialiste par sophisme de raison, et il croit à l'immortalité de l'âme par besoin d'avenir, par horreur du néant. Sa philosophie incertaine le laisse presque toujours dans les angoisses du doute. Son âme est vide ; elle a interrogé toutes les joies humaines, tous les sentimens humains, et elle reste vide. Le poëte se fait le héros de toutes ses pièces, et il chante tristement ses douleurs à la postérité, dans des vers qui seront immortels.

Sa vie politique fut courte, mais elle fut noble. Il s'était voué à la défense de la liberté en général ; il la servit de son bras, de ses talens et de ses richesses. « Ses vœux enthousiastes le portèrent à se joindre aux car«bonari italiens dont ses illusions embellissaient la cause, hommes fai«bles, irrésolus, sans énergie et sans foi, parmi lesquels il s'usa inutile«ment. La même pensée le conduisit en Grèce, mais pour y mourir. Elle « l'y mena terminer le drame de sa vie par une fin glorieuse, et démentir « la longue ironie de ses poëmes par un dévouement plein d'enthousiasme. « Beau dévouement, mais inutile, qui semble avoir été fait en vue de la « mort, à l'entrée de cette trente-septième année qu'on lui avait prédite « comme fatale, afin de remplir au moins les derniers jours de cette vie « dont le passé était si vide et si amer ! Byron partit pour la Grèce en « homme qui allait y dépenser ses derniers jours, et au milieu de pré« sages qu'un homme de sang-froid eût remarqués, et qui frappèrent, « sans l'abattre, son imagination superstitieuse.

« Car, il y eut en lui cela de rare, qu'il ne chercha jamais l'hypocrisie « qui pouvait le faire paraître meilleur, mais celle-là seule qui pouvait « lui nuire, celle du vice. Il gardait et couvait dans son âme l'enthousiasme

« qu'il voulait en vain y étouffer. Quelles belles paroles que celles qui lui
« échappaient, lorsqu'il était seul, jetant ses pensées sur le papier, com-
« posant un journal qui est le plus curieux et le plus intime témoignage
« de l'âme d'un homme. Voici l'instant d'agir (c'était à l'époque des trou-
« bles de l'Italie et quand il eût voulu combattre au lieu de délibérer avec
« les carbonari ses amis), et que signifie l'intérêt du *moi*, si une seule
« étincelle de ce qui seroit digne du passé peut être léguée à l'avenir pour
« ne s'éteindre jamais ? Il ne s'agit ni d'un homme, ni d'un million d'hom-
« mes, mais de la liberté qu'il faut étendre. Les vagues qui se précipitent
« contre le rivage sont brisées une à une, mais néanmoins l'Océan pour-
« suit ses conquêtes, use le roc, engloutit l'Armada; et, si l'on en croit
« les Neptuniens, il a non seulement détruit, mais créé un monde (*). »

Byron serait devenu aussi grand orateur qu'il était grand poëte, s'il n'avait eu, toute sa vie, de l'éloignement pour les affaires politiques de son pays. Il était bien jeune lorsqu'il commença sa carrière parlementaire et entra à la chambre des lords, seul, sans appui, repoussé par ses parens et par les amis de sa famille qui siégeaient sur des bancs opposés au sien. Mais, semblable à un météore brillant et passager, il ne fit, pour ainsi dire, qu'apparaître au parlement. Malgré le succès de son discours sur le *bill des métiers*, qui fut son début devant la chambre des lords; malgré la profonde sensation qu'il fit sur l'assemblée; indifférent aux triomphes de la tribune, il quitta l'Angleterre pour toujours. On n'a de lui que trois discours. Celui qu'on va lire fut dicté par une noble indignation, par une haute pensée de justice et d'amélioration humaine, à l'occasion d'un projet de loi capitale présenté à la chambre contre les ouvriers du Nottinghamshire.

« Il protesta noblement contre l'égoïsme industriel de son pays, lors-
« qu'il plaida, devant le parlement d'Angleterre, la cause des hommes de
« chair et de sang contre celle des machines de fer et de bois, se séparant,
« ce que ni wighs ni radicaux n'ont osé faire, de ce matérialisme anglais
« qui ne voit en toute chose, et dans l'homme comme dans le reste, que
« ce qu'il peut produire en argent (**). »

Le 27 février 1812, après la lecture de l'ordre du jour sur la seconde lecture du bill, il se leva et adressa la parole à leurs seigneuries, en ces termes :
E. BAGRÉ, docteur-médecin.

(*) Revue européenne, t. 5, n.° 18.
(**) Revue européenne, loc. cit.

DISCOURS DE LORD BYRON

SUR LE BILL DES MÉTIERS.

Mylords, la question soumise en ce moment à l'examen de vos seigneuries, quoique nouvelle dans cette chambre, ne l'est point pour le pays. Elle a été méditée par un grand nombre de bons esprits, longtemps avant d'avoir fixé l'attention de la législature, dont l'intervention pouvait seule régler son application et ses conséquences sociales. Étranger à cette chambre en général, et presque à chacun de ceux auxquels j'ose demander de la bienveillance, je dois prier vos seigneuries d'accueillir avec indulgence le peu d'observations que j'ai à leur présenter sur un sujet qui, je l'avouerai, excite tout mon intérêt.

Il serait superflu d'entrer dans des détails sur les désordres commis; la chambre sait déjà qu'à l'exception du meurtre, les perturbateurs n'ont épargné aucun outrage, et que les propriétaires de métiers, et toutes les personnes soupçonnées d'avoir des relations avec eux, ont été en bute à leurs excès et à leur violence. Pendant le court séjour que je fis dernièrement dans le Nottinghamshire, il n'y eut pas douze heures de calme; et le jour de mon départ, je fus informé que, la veille au soir, quarante métiers avaient été brisés, comme tous les autres, sans que personne y vint mettre obstacle, sans même qu'on connût les auteurs de cette dévastation.

Tel était alors l'état du comté, et j'ai lieu de croire que depuis il n'a pas changé. Mais, en reconnaissant que ces troubles ont pris un développement et un caractère alarmant, on ne peut nier qu'une profonde misère n'en soit la première cause. L'obstination de ces malheureux à commettre des attentats, prouve que la détresse seule a pu pousser une masse considérable de peuple, jadis honnête et industrieuse, à des excès aussi dangereux pour ceux qui les commettent, que pour leurs familles et pour tout le monde. Dans le temps auquel je fais allusion, la ville et le comté étaient encombrés de nombreux détachemens de troupes; la police était sur pied, les magistrats assemblés; cependant tous ces mouvemens civils et militaires n'ont abouti à rien. Aucun délinquant n'a été arrêté en flagrant délit, aucune charge suffisante n'a pu être produite pour faire condamner un coupable. Mais la police, quoique inutile, n'était pas pour cela dans l'inaction;

elle découvrit quelques insignes malfaiteurs, des hommes atteints et convaincus, jusqu'à la dernière évidence, du crime capital de pauvreté ; des hommes qui avaient la scélératesse de procréer légitimement des enfans, que, grâce à la prospérité du temps, ils étaient hors d'état de nourrir. J'avoue qu'on a fait un tort considérable aux propriétaires des métiers perfectionnés. Car ces machines leur permettaient de renvoyer un grand nombre d'ouvriers qui, par conséquent, étaient réduits à mourir de faim. Un seul de ces métiers remplaçait un grand nombre de bras, et ces bras languissaient à l'écart sans emploi. Il faut observer cependant que l'ouvrage ainsi exécuté était inférieur à l'autre en qualité ; il était d'un débit difficile à l'intérieur, et confectionné à la hâte pour le commun de l'exportation. Il était connu, en style de commerce, sous le nom de *toile d'araignée*. Ces ouvriers, sans travail, au lieu de se réjouir de ce progrès des arts, si avantageux au genre humain, s'imaginèrent, dans l'aveuglement de leur ignorance, qu'on les sacrifiait à des améliorations de mécanique. Dans l'endurcissement de leur cœur, ils crurent que l'entretien et le bien-être des classes pauvres étaient choses plus importantes que l'enrichissement de quelques individus par les progrès de l'art mécanique, auxquels ils devaient, eux, la ruine de leur industrie. il faut convenir que si l'application générale des procédés mécaniques à nos arts pouvait être avantageuse aux propriétaires, sans nuire aux ouvriers, à une époque où notre commerce fesait l'orgueil du pays ; dans l'état actuel de nos manufactures, aujourd'hui que nos marchandises, sans aucun débouché, restent entassées dans nos magasins, que les commandes et le nombre des ouvriers diminuent dans une égale proportion, les machines tendent matériellement à aggraver la détresse et le mécontentement de ces ouvriers en souffrance. Mais la véritable cause de ces embarras et des troubles qui en sont la suite réside ailleurs. Quand on vient nous dire que ces hommes ont conspiré ensemble contre leurs propres intérêts et contre leurs moyens immédiats de subsistance, pouvons-nous oublier que c'est cette politique hostile, cette administration désastreuse des derniers quinze ans, qui a détruit leur bien-être, le vôtre, et celui de tout le monde? Cette politique que nous devons à de *grands hommes d'état morts depuis quelque temps*, et qui leur a survécu pour devenir le fléau des vivans, jusqu'à la troisième et quatrième génération ? Ces malheureux ouvriers n'ont détruit les métiers que lorsqu'ils leur furent devenus inutiles, ou plutôt lorsqu'ils les empêchèrent matériellement de gagner leur pain quotidien. Faut-il donc s'étonner, dans des temps comme ceux-ci, où la banqueroute, la fraude évidente, peut-être même la trahison déshonorent une position sociale presque aussi élevée que celle de vos seigneuries, que la classe la plus humble et naguère la plus utile de la nation, puisse oublier ses devoirs, à force de misère, et trouver parmi ses représentans des gens plus coupables qu'elle ? Tandis que ceux-ci trouvent, dans l'élévation de leur rang, les moyens d'éluder et de braver les lois, on vient nous demander de nouvelles peines capitales, on veut nous faire dresser des échafauds pour de malheureux ouvriers que la faim seule a poussés au crime. Ils voulaient se livrer à la culture de la terre, mais elle occupait d'autres bras; ils ne rougissaient pas de demander leur pain, mais ils ne trouvaient personne qui leur en donnât; dépossédés de leurs moyens ordinaires de subsistance, exclus de toute autre profession à cause de la concurrence, leurs excès, quelque répréhensibles et quelque déplorables qu'ils soient, ne doivent surprendre personne.

Il a été dit que des particuliers, propriétaires provisoires de métiers, ont concourru à leur destruction; si l'instruction peut le prouver, il serait nécessaire que ces faits, réputés comme circonstances accessoires au crime principal, encourussent au contraire toute la rigueur du châtiment. Mais j'ai espéré que les mesures, soumises par le gouvernement de S. M. à la délibération de vos seigneuries, seraient conçues d'après ce principe; ou, si cet espoir était déçu, qu'une enquête préalable, qu'un examen préparatoire serait ordonné comme indispensable; et que nous ne serions pas appelés à porter une condamnation, sans avoir approfondi la question, et à signer des arrêts de mort en aveugles. En admettant que ces hommes n'ont eu aucun sujet de se plaindre, que leurs griefs n'avaient aucun fondement, qu'ils méritaient la plus sévère répression; de quelle impéritie, de quelle incapacité n'a-t-on pas fait preuve dans les moyens employés pour les réduire? Pourquoi n'avoir appelé la force armée que pour l'exposer aux risées générales, si toutefois il fallait la faire intervenir? Autant que la différence de la saison peut faire admettre la comparaison, elle a complètement parodié la campagne d'été du major Esturgeon; et, en vérité, toutes ces prouesses civiles et militaires ressemblent à celles du maire et de la corporation de Garratt. Que de marches et de contre-marches! de Nottingham à Bullwel, de Bullwell à Bandford, de Bandford à Mansfield! Et lorsqu'enfin le détachement arrivait à sa destination, avec toute la pompe, toute la solennité d'une guerre glorieuse, c'était toujours juste à temps pour constater le dommage et l'évasion de ceux qui l'avaient commis; pour recueillir, en guise de dépouilles opimes, les fragmens des machines, et regagner leurs garnisons, à travers les risées des vieilles femmes et les huées des enfans. Dans un pays libre, il ne faut pas que les militaires soient par trop redoutables, au moins à nous-mêmes, mais il ne faut pas que l'autorité les place dans une fausse position où ils ne peuvent être que ridicules. Comme le sabre est de tous les argumens le plus mauvais, qu'il soit toujours le dernier. Dans cette circonstance il a été le premier, c'est grâces à Dieu seulement qu'il est resté dans le fourreau. La mesure qui vous est proposée ne manquera pas de l'en faire sortir ; tandis que si, dès le commencement de ces troubles, on avait tenu des assemblées spéciales où les griefs des ouvriers et ceux de leurs patrons (*car ceux-ci avaient aussi les leurs*) eussent été examinés et appréciés avec équité, je suis convaincu que ces moyens auraient suffi pour rendre ces hommes à leurs travaux et la tranquillité au comté. Maintenant le pays gémit sous le double fléau d'une garnison désœuvrée et d'une population mourant de faim. Comment avons-nous pu rester plongés dans une si longue apathie qu'aujourd'hui seulement, pour la première fois ; la chambre a la connaissance officielle de ces troubles? Tout cela s'est passé à trente milles de Londres, et nous, bonnes gens que nous sommes, éblouis par l'éclat de notre grandeur qui s'augmente à l'étranger, nous sommes venus siéger ici pour nous réjouir de nos triomphes extérieurs, au milieu de nos calamités domestiques. Mais toutes les villes que vous avez prises, toutes les retraites que l'ennemi a faites devant vos généraux, ne sont que de frivoles hochets pour votre vanité, si la guerre civile désole votre pays ; si vos dragons et vos bourreaux sont déchaînés contre vos concitoyens. Vous appelez ces hommes une populace désespérée, dangereuse, ignorante ; et vous paraissez croire que le seul moyen d'en finir avec cette hydre aux cent têtes, est d'en couper quelques unes. Mais cette populace est bien plus facile à ramener à la raison par un mélange de fermeté et de douceur, que par des mesures et des peines irritantes. Savez-vous ce que vous devez à cette populace? C'est cette populace qui laboure vos champs, qui vous sert dans vos maisons, qui fait mouvoir vos vaisseaux, qui recrute votre armée, qui vous a mis en position de pouvoir braver le monde, et qui peut vous braver aussi lorsque vos mépris et sa misère la poussent au désespoir. Vous pouvez appeler le peuple, de la populace ou de la canaille ; mais souvenez-vous que la plupart du temps il représente les sentiments de la nation ; et ici je remarquerai avec quel empressement nous avons l'habitude de voler au secours de nos alliés malheureux, tandis que nous abandonnons les malheureux de notre pays aux soins de la Providence, ou de la paroisse.

Lors de la retraite des Français, pendant laquelle les Portugais eurent tant à souffrir, c'était à qui leur tendrait la main, leur ouvrirait sa bourse : depuis les largesses du riche jusqu'au denier de la veuve, tout leur était prodigué pour les aider à reconstruire leurs villages et à remplir leurs greniers. Et aujourd'hui, que des milliers de vos compatriotes égarés, mais malheureux, luttent contre la faim et la plus extrême misère, votre charité les repousse comme si elle s'était épuisée à l'étranger. Une somme beaucoup plus faible, la dixième partie de celles que vous avez versées en Portugal, aurait suffi pour rendre inutile la tendre compassion que vous exprimez à leur égard par la baïonnette et l'échafaud, quand bien même vous n'auriez pu leur rendre leurs travaux, ce qu'on ne doit pas admettre sans examen. Mais vous avez sans doute trop de maux à adoucir chez les étrangers, pour tourner vos regards vers ceux de votre pays, qui ne sait pas vous les mendier. J'ai traversé le théâtre de la guerre dans la Péninsule; j'ai parcouru quelques unes des provinces les plus opprimées de la Turquie; mais je n'ai pas vu, sous le gouvernement despotique et abrutissant des infidèles, autant d'avilissement et de misère que j'en vois depuis mon retour, dans ma patrie, au sein d'un pays chrétien. Et quels sont vos remèdes pour tant de douleurs? Après des mois d'inaction, après des mois d'une activité plus pernicieuse encore que l'inaction, vous en venez enfin au grand spécifique, à la panacée de tous les médecins d'état, depuis Dracon jusqu'à nos jours. Vous tâtez le pouls du patient, vous secouez la tête avec importance près de lui; et quand vous lui avez fait la prescription d'usage, l'eau chaude et la saignée, l'eau nauséabonde de votre police immorale et les lancettes de vos militaires, ses convulsions surviennent, se terminent par la mort, effet certain des ordonnances des Sangrados politiques. En fesant abstraction de l'injustice notoire, et de l'évidente impuissance du bill proposé, n'y a-t-il donc pas assez de peines capitales dans vos lois? n'y a-t-il pas assez de sang dans votre code pénal? voulez-vous en répandre encore pour qu'il monte au ciel et vous accuse devant Dieu? Et comment voulez-vous mettre le bill à exécution? pouvez-vous mettre tout un comté dans ses propres prisons? voulez-vous dresser des gibets dans tous les champs et y attacher des hommes pour servir d'épouvantails? ou bien voulez-vous décimer la population, ce qu'il faudrait faire pour rendre le bill exécutable? vous placerez donc alors le pays sous la loi martiale? vous dépeuplerez et vous ferez un désert autour de vous? vous rendrez alors la forêt de Scherwood à la couronne, à condition qu'elle reprendra ses anciens priviléges, ceux de servir aux chasses royales et d'asile aux proscrits mis hors la loi? Sont-ce là vos moyens pour réduire une population affamée et poussée au désespoir? Croyez-vous que vos potences feront peur à des misérables nécessiteux qui ont bravé vos baïonnettes? Quand la mort est la ressource, la seule ressource que vous paraissez vouloir leur offrir, croyez-vous que vos dragonnades pourront les comprimer? Ce que vos grenadiers n'ont pu faire, vos bourreaux pourront-ils l'accomplir? Si vous voulez procéder par des formes légales, où sont les preuves qui doivent justifier vos mesures? Ceux qui ont refusé de nommer leurs complices, lorsque la peine se bornait à la déportation, ne seront certes pas disposés à témoigner contre eux, lorsqu'il s'agira de peine de mort. Je respecte l'opinion des nobles lords qui sont mes adversaires dans cette question; mais je suis convaincu qu'un plus ample informé, des recherches plus étendues les amèneraient à changer d'avis. Cette mesure favorite des hommes politiques, si efficace dans de nombreuses et récentes circonstances, la temporisation, aurait dans celle-ci de grands avantages. Si l'on vous présente une question d'émancipation ou d'amélioration, vous hésitez, vous délibérez, vous temporisez pendant bien des années entières; mais s'agit-il d'un bill de mort, vous vous hâtez de le rendre, sans penser aux conséquences. Je suis certain, d'après ce que j'ai entendu et d'après ce que j'ai vu, que rendre ce bill sans enquête, sans une mûre délibération, sous l'influence des circonstances actuelles, c'est joindre l'injustice à l'irritation, la cruauté à la négligence. Les auteurs de ce bill doivent s'enorgueillir d'avoir hérité de la gloire de ce législateur athénien, dont les lois, disait-on, n'avaient pas été écrites avec de l'encre, mais avec du sang! Mais je suppose qu'il passe; je suppose qu'un de ces hommes, tels que je les ai vus, amaigri par le besoin, accablé par le désespoir, ne tenant plus à une vie que vos seigneuries estiment peut-être un peu moins que le prix d'un métier à faire des bas; je suppose cet homme entouré de ses enfans auxquels il ne peut plus fournir le pain de ses sueurs, près d'être arraché pour toujours à une famille qu'il entretenait naguère avec le produit d'une paisible industrie (et si cette industrie est ruinée, ce n'est pas sa faute); je suppose cet homme (et il y en a dix mille comme lui parmi lesquels vous pouvez choisir vos victimes); je le suppose traîné devant une cour qui doit le juger selon cette loi nouvelle, pour ce crime nouveau; deux choses vous manqueront toujours pour le convaincre et le condamner : douze bouchers pour jurés et un Jefferies pour juge.

(Traduit par le docteur Bagré.*)*

O'CONNELL.

DISCUSSION A LA CHAMBRE DES COMMUNES

SUR L'ADRESSE EN RÉPONSE AU DISCOURS DU TRÔNE,

A L'OUVERTURE DU PARLEMENT, LE 5 FÉVRIER 1833.

L'union de l'Irlande et de l'Angleterre est devenue un des articles fondamentaux de la constitution anglaise. Elle est à la fois la force et le fléau du Royaume-Uni. Si, d'une part, l'Irlande concourt à la puissance extérieure par la force matérielle et l'identité de la direction politique, de l'autre, elle en compromet chaque jour la paix intérieure et l'intégrité territoriale par ses antipathies, et par les réactions de sa nationalité contre l'Angleterre; car l'union de l'Irlande avec celle-ci n'est qu'une fiction barbare : elle lui est unie, mais par une chaîne de fer; c'est une province conquise gouvernée par un proconsul, sous le nom de secrétaire d'état. L'asservissement de son église, la tyrannie des dîmes, les exactions et les énormes bénéfices du clergé protestant, la corruption de la magistrature qui lui est imposée, l'hostilité de ses gouvernans, les lois martiales, le despotisme militaire, les brutalités de la police, enfin la misère et le désespoir qui sont les conséquences de cette oppression, en ont fait une esclave révoltée prête à se faire justice par les armes, si le parlement réformé ne la lui fait pas.

Au lieu de reconnaître la véritable cause de tant de maux, le gouvernement anglais, préoccupé de la crainte d'un démembrement, s'obstine à les attribuer aux manœuvres de quelques ambitieux, dont le but est, selon lui, d'amener la séparation de l'Irlande pour y dominer en maîtres. Pour toute réforme, le ministère, à l'ouverture de la session de 1833, propose quelques améliorations illusoires sur les dîmes et les revenus du clergé. Il ne doit pas en résulter d'allégemens de charges

pour le peuple; il s'agit seulement d'un autre mode de perception et d'une meilleure distribution. Comme s'il pressentait l'inefficacité de ces mesures pour désarmer les mécontens, il s'empresse de recourir à la violence, il annonce aux chambres l'intention de maintenir à tout prix l'union telle qu'elle existe, et le roi fait entendre cette phrase menaçante dans le discours du trône : « Je pense que vous adopterez prompte-
« ment les mesures salutaires de précaution, et que vous me confierez
« les pouvoirs extraordinaires qui seraient jugés nécessaires pour con-
« tenir et punir les perturbateurs de la tranquillité publique, et pour
« affermir l'union législative entre les deux pays, union qu'avec votre
« secours et l'appui de la Providence divine, je suis résolu à maintenir
« par tous les moyens en mon pouvoir. » Cet appel du roi fait à une majorité presque toute anglaise et écossaise, fut entendu de la chambre des communes. Elle témoigna son adhésion aux vues du gouvernement par une adresse qui fut proposée et développée par lord Ormélie. O'Connel, le redoutable adversaire du gouvernement anglais, O'Connel dont l'influence est immense en Irlande, dont la voix éloquente suffit pour soulever ce pays, indigné des nouvelles rigueurs qui menaçaient sa patrie et des invectives auxquelles le noble lord s'était livré contre lui dans la discussion, demande la parole et prononce le discours suivant, où il expose les griefs de ses compatriotes, et pose nettement la question de l'émancipation législative de l'Irlande et du rétablissement d'un parlement national. « Je ne crois pas, dit M. Michelet dans son histoire de France que, depuis Mirabeau, aucune assemblée ait entendu rien de supérieur au discours improvisé par O'Connel, le 5 février 1833. » Mais c'est de l'éloquence anglaise ; il faut la recevoir et la juger comme telle : l'allure est plus simple, la phrase plus courte, la liaison plus négligée. Chaque membre parle de sa place et prend volontiers le ton de la conversation : la tribune, chez nous, appelle la période avec tout le cortège et souvent les ambages du luxe oratoire.

E. BAGRÉ, docteur-médecin.

DISCOURS DE M. O'CONNEL

SUR L'IRLANDE.

Je m'oppose à l'adresse, elle est brutale et sanguinaire. (*Rires.*) Vous riez, Messieurs ! Cela ne m'étonne point : vos rires sont à mes yeux une véritable déclaration de guerre contre l'Irlande. Je vous le prédis, cette adresse causera bien des malheurs. Elle ressemble à celle qui a été votée au sujet de l'Amérique, où vous avez persisté, avec une si déplorable obstination, à envoyer un secrétaire-d'état pour y écrire vos ordres avec du sang : mais, aujourd'hui comme alors, votre persévérance dans ces mesures barbares vous entraînera vers une dernière catastrophe. Je vous le répète, cette adresse est brutale et sanguinaire. Je prévois le rire amer de mépris avec lequel on l'accueillera dans mon pays, ainsi que le discours du trône. On les y prendra pour ce qu'ils sont, pour une déclaration de guerre civile. Dites-moi donc, pourquoi mon pays a-t-il été jeté comme une proie à un secrétaire d'état? Le dernier discours de S. M., à la clôture du parlement, nous avait promis des mesures dont l'efficacité devait arrêter les progrès du mal. Que l'honorable secrétaire-d'état pour l'Irlande veuille bien écouter cette question. Pourquoi, dans un pays aussi favorisé du ciel que l'Irlande, qui possède, non-seulement sur l'Ecosse, mais sur l'Angleterre elle-même, une si grande supériorité d'avantages; pourquoi, dans ce pays, pour lequel la Providence a tant fait, ses gouvernans font-ils si peu ou si mal ? Comment se fait-il que ses maîtres s'y gorgent de prospérité et que ses fermiers y meurent de faim ? que son peuple soit si misérable et son église si opulente ? Après les sept siècles d'oppression qui ont pesé sur mon pays, n'y a-t-il donc point d'autres remèdes à ses maux ? Faut-il qu'il vous entende encore lui demander du sang ? Si les Irlandais s'étaient administrés eux-mêmes ; si tous ces désordres étaient nés sous une administration irlandaise, on pourrait vous pardonner d'avoir eu recours à la force ; mais quand j'entends un noble lord parler des désordres qui ont éclaté pendant que vous fesiez nos affaires : lorsque je vous entends vous plaindre de nous après sept siècles de tyrannie de votre part, je vous renvoie toutes les accusations dont vous voudriez nous charger ; c'est vous que j'accuse de notre misère, c'est sur vous que je fais retomber notre ignominie. S'il en est ainsi, si votre gouvernement prévaricateur est la cause de nos troubles ; ne voyez-vous pas que l'emploi de la force ne fera qu'augmenter le mal. Il n'y a qu'un remède, c'est la justice.

Je le demande encore, pourquoi l'Irlande a-t-elle été jetée comme une proie aux mains de l'honorable secrétaire-d'état? Le noble lord Ormélie a daigné faire un discours qui a trouvé beaucoup d'approbateurs dans cette chambre, et dans lequel il a déchargé sur moi tout le poids de sa colère..... O malheur ! il n'est personne aujourd'hui, dans quelque classe que ce soit de la société, noble ou non noble, qui n'ait un sarcasme pour l'Irlande. J'ai souffert l'attaque, mais je la repousse avec mépris..... Vous avez prodigué les moyens de rigueur : l'Irlande en est-elle maintenant plus tranquille? Les crimes ne sont-ils pas dix fois plus nombreux? Tous les partis s'accordent sur ce point. On ne peut différer d'opinion que sur la question de savoir par quelle cause les crimes ont augmenté dans une progression effrayante. Il y a deux manières de la résoudre. L'une est celle qui a été adoptée par le noble lord auquel on doit la motion de l'adresse. Il attribue toutes les fautes et les crimes de l'Irlande à moi seul, à moi l'agitateur du pays.(Ecoutez! écoutez!) Tel a été le langage du noble lord. Mes honorables adversaires ont-ils donc oublié qu'euxmêmes, il n'y a qu'un an, étaient aussi hautement accusés qu'ils m'en accusent aujourd'hui, de ce même crime de provocation à la révolte? Eh! Messieurs, l'an passé vous étiez les agitateurs du peuple anglais. Le peuple anglais, disaient vos accusateurs, n'a songé à cette réforme révolutionnaire que vous voulez introduire dans la constitution, que quand vos manœuvres l'eurent poussé à l'insurrection. (Ecoutez!) Il n'est pas une des injurieuses paroles dont le noble lord a été si prodigue à mon égard, il n'est pas une des paroles dont il a voulu me flétrir, qui n'ait été alors adressée avec la même intention et la même justesse à l'autre côté de cette chambre. Alors il accueillait ces paroles avec mépris : je les accueille de même lorsqu'elles s'adressent à moi..... Qu'on vienne encore me dire que ces crimes sont dûs à des provocations! La faute en est à votre mauvais gouvernement et non à l'agitation ; ils sont la conséquence de faits et non de paroles..... On me demande ma coopération pour pacifier l'Irlande. Est-ce à moi à la pacifier? Le noble lord sait bien que l'honorable secrétaire-d'état a habité le pays pendant deux ans ; et qu'a-t-il fait pendant une si longue période de souffrances et de crimes? Rien. Il a produit ce soir (*) quelques renseignemens sur la matière, fait quelques rodomontades sur l'organisation des grands jurys et proposé quelques mesures propres à renforcer la police. Mais que je sois ou non *un oiseau de proie* (**), je sais bien que ce n'est point avec de tels moyens qu'on pacifiera l'Irlande. Et puis, on ne s'abaissera pas, sans doute, jusqu'à demander conseil à *un oiseau de proie...*

Lorsque le noble lord aura fait pour son pays, pour l'Écosse, ce que j'ai fait pour le mien ; lorsque d'un peuple divisé par les factions, il en aura fait un peuple intimement uni ; lorsqu'il l'aura fait insurger, comme je suis heureux de penser que je l'ai fait,

(*) Les séances du parlement se prolongent pendant la nuit.
(**) Allusion à une injure de lord Ormélie.

pour d'aussi nobles motifs ; lorsqu'il aura fait tout cela, alors il lui sera permis d'attaquer avec un tel langage un homme qui vaut mieux que lui, quelle que puisse être la différence de leurs opinions politiques. Ne sait-il pas qu'en ce moment ses lazzis et ses sarcasmes sur l'Irlande courent les rues, volent de bouche en bouche, répétés par une foule de perroquets. Qu'il sache du moins que je repousse avec le mépris et l'indignation qu'elles méritent, les expressions qu'il m'a adressées. Elles prouvent l'intention de m'injurier, mais elles ne prouvent que cela. Ce qu'il dit au sujet de l'agitation n'est ni piquant ni nouveau. Les termes qu'il a employés, ainsi que d'autres beaucoup plus acerbes, étaient familiers à mes oreilles dans le temps de l'agitation. Les métaphores du noble lord, ses *oiseau de proie*, et toutes ces belles choses ne sont rien en comparaison des épithètes auxquelles on m'avait alors accoutumé. La conduite du gouvernement de S. M. me poussera encore une fois à agiter le peuple. Au reste, les ministres font eux-mêmes de l'agitation pour moi et bien plus vivement que jamais. L'Irlande est arrivée à l'état d'agonie qui précède ordinairement la mort politique d'un pays, état qui ne peut plus être guéri que par le sanglant remède de la guerre civile. Je déclare en conséquence que le rappel de l'union est une mesure devenue nécessaire, non-seulement au bien de l'Irlande, mais à la sûreté du trône.

Des honorables membres parlaient, l'an dernier, du rappel comme d'une chose si éloignée, si peu probable, si impraticable, qu'ils y fesaient à peine attention. Cette année, tous les partis la désirent. Autrefois, l'honorable secrétaire-d'état s'exprimait sur ce sujet comme s'il ne devait jamais devenir l'objet d'un examen sérieux ; aujourd'hui, tout le monde avoue qu'il appelle une prompte discussion. Il serait bien plus sage, dans la prévision de la nécessité qui nous y poussera, d'y arriver par la reconnaissance d'une vérité morale, que de s'y laisser entraîner par la force des événemens. Ceux qui attribuent l'état de l'Irlande à l'agitation, ignorent complètement ce que tout homme d'état doit savoir, c'est-à-dire l'histoire de son pays. Toute l'histoire d'Irlande prouve que l'agitation n'a jamais été la cause des malheurs qui l'ont accablée. Je pourrais le prouver par des faits anciens et modernes. Qu'ils me démontrent le contraire, ceux qui n'ont pas même lu leur histoire : s'ils ont raison, je conviens qu'il faut cesser d'agiter ; mais s'ils ont tort, est-il juste que l'on appelle encore une fois l'Angleterre à diriger ses baïonnettes et ses boulets contre ma malheureuse patrie? Qu'a-t-on fait pour l'Irlande, si ce n'est beaucoup de mal, pendant l'administration actuelle et après tant de bienveillantes promesses? Il y a eu plus de morts violentes sous cette administration que sous celle du comte de Strafford. Il n'arrive pas un courrier qui ne nous apprenne le meurtre de quelque malheureux Irlandais, assassiné en plein jour par un agent de police ou par un soldat, ou bien égorgé pendant la nuit par quelque malfaiteur. Les journaux contiennent encore aujourd'hui le récit d'un pareil attentat. Dernièrement, dans le comté de Mayo, plusieurs hommes furent tués pour avoir chanté une chanson devant quelques agens de la police. Un autre a été frappé à mort dans le comté de la Reine, sur un prétexte aussi frivole. Dans une réunion à Kanturek, des agens de police s'étaient glissés dans la foule pour exciter une collision entr'elle et les soldats. La troupe marchait le fusil chargé et armé; mais la contenance pacifique du peuple ôtait tout prétexte pour faire feu, lorsqu'un de ces agens déguisés lança une pierre à un soldat. Le soldat le poursuivit et s'en empara. Sept témoins jurèrent qu'ils l'avaient vu lancer la pierre; et cependant on eut beaucoup de peine à trouver un magistrat pour signer son mandat de dépôt, et le grand jury n'eut pas même connaissance du bill d'accusation. Voilà la justice que l'on rend à l'Irlande. Pour vous faire connaître le caractère de mes compatriotes, je vais vous raconter leur conduite à l'égard d'un corps (*) qui fait tant de mal aux Irlandais, et surtout aux basses classes du peuple; il faut que vous ayez un exemple du traitement qu'ils reçoivent trop souvent en retour de leur bonté. Un homme de la police se réfugia dans une pauvre cabane et en appela à la générosité de ses hôtes. Ils l'accueillirent, prirent soin de lui, le mirent dans leur lit. Ceux qui le poursuivaient vinrent le réclamer: on refusa de le livrer. Ils se présentèrent une seconde et une troisième fois : même refus. Ces pauvres gens éveillèrent l'homme de la police lorsque le danger fut passé, et le remirent sur son chemin. Une autre troupe de la force armée survint, et les accusa de le recéler. Elle les enchaîna, elle enchaîna aussi la femme; mais elle n'était qu'une pauvre Irlandaise, elle n'était pas Mistress Deacle. On en avait fait beaucoup moins à Mistress Deacle, et de justes plaintes avaient retenti par toute l'Angleterre.

La plus légère tentative de résistance à l'oppression, en Irlande, est le signal d'un nouveau carnage, et néanmoins on y envoie de nouvelles forces. Il n'y a parmi vous qu'un cri contre elle, et c'est un cri de sang. Des soldats et des hommes de la police ont été accusés de quatre assassinats. Je dis que le gouvernement de S. M. est la cause de tous ces crimes. Oui, j'accuse le gouvernement de S. M. du sang répandu à Newtown-Barry.

L'honorable secrétaire a déjà conquis l'Irlande par la force; il l'a conquise avec l'infanterie, la cavalerie, la marine; il a

(*) La police.

converti les casernes en magasins pour y entasser le produit des dîmes, malgré la résistance des Irlandais. La force l'a déjà fait triompher partout. Pourquoi donc parler d'envoyer de nouvelles forces ? L'honorable secrétaire prétend que les crimes et délits commis par les Blancs-Garçons (*) sont le résultat de l'agitation. C'est une erreur : les excès auxquels se sont livrés les Blancs-Garçons n'ont jamais eu de rapport avec aucune considération politique, et cependant le gouvernement y a trouvé un prétexte pour nous appliquer la loi martiale. Qu'on me dise donc enfin pourquoi les Irlandais sont traités autrement que les Anglais et les Écossais ? L'Irlandais n'est point un être stupide et dégradé, tel que vous vous plaisez à le peindre sur vos théâtres et dans vos sarcasmes. Il a de l'esprit et de la sensibilité. Sept siècles d'esclavage lui ont appris à observer l'état de l'atmosphère politique, et lorsqu'il s'aperçoit qu'il peut obtenir justice par des voies légales, il renonce aux moyens qu'il aurait employés en d'autres circonstances pour améliorer sa position. Voilà pourquoi les crimes des Blancs-Garçons et l'agitation n'existent jamais ensemble. Faites donc cesser les griefs de l'Irlande, et l'agitation cessera. Quels nouveaux motifs avez-vous d'envoyer de nouvelles forces en Irlande ? N'avez-vous pas dissipé à coups de baïonnettes, à coups de canon, les rassemblemens qui s'opposaient à la perception des dîmes ? Mais, peut-être, l'Irlande n'est-elle pas encore assez opprimée ! Ma paroisse contient 12,300 âmes, dont 75 protestans. N'est-il pas révoltant que plus de 12,200 catholiques soient contraints de payer la dîme pour l'entretien du clergé de 75 protestans ? Si l'Irlande continue à subir de telles injustices, je me considérerai comme engagé par l'honneur à entretenir l'agitation, et j'agiterai jusqu'à ce que vous ayez adopté un troisième bill semblable à vos précédentes lois de proscription. Alors seulement vous mettrez fin à mon agitation. Mais, je vous en avertis, si vous avez l'audace de le tenter, il vous faudra bien des années pour faire exécuter votre loi. Nous luttons en faveur de la liberté et contre ceux qui ont soif de notre sang. Malgré les calomnies répandues contre eux, les Irlandais sont un peuple honnête, moral et religieux. Il y a plus de religion en Irlande que dans tout autre pays, sans en excepter celui du noble lord. Mes compatriotes ne démentiront en aucun cas ce noble caractère : mais la longue énumération des griefs que je présenterai à la chambre justifiera l'appel que je fais à leur résistance, et leur fera connaître avec moi que l'insurrection et non-seulement un droit, mais un devoir pour un Irlandais, si l'on persiste à nous opprimer. D'abord, et avant tout,

(*) Whiteboys.

nous avons à nous plaindre d'une magistrature qui ne sympathise avec le peuple, ni par les sentimens, ni par la religion. Supposez un moment l'Angleterre dans cette position, souffrirait-elle patiemment une magistrature étrangère? Soyons justes pourtant: l'honorable secrétaire d'Irlande a fait quelque chose pour les Irlandais, pendant son administration ; il a réussi à les réunir tous dans un même sentiment, c'est celui de la haine; ils le haïssent tous; il n'y a de toute part qu'un cri de malédiction contre lui. Il y a lieu de croire qu'on l'a envoyé en Irlande, comme le comte de Kildare, qui, *ne pouvant être gouverné par personne, fut chargé d'aller gouverner l'Irlande.*

Je n'accuse pas les magistrats en général, mais je dis que beaucoup d'entr'eux sont coupables. Il y a en Irlande 34 magistrats nommés par le gouvernement ; lord Anglesea en nomme 26 autres : pas un d'eux n'est catholique. Sur 32 sous-inspecteurs de police, un seul est catholique ; avec une pareille magistrature, faut-il s'étonner s'il y a des soulèvemens? L'Irlande attendait avec une vive anxiété la première cession du parlement réformé. Oh ! quel cri de douleur et de détresse elle poussera à la lecture de ce discours brutal et sanguinaire?

Lord John Russel: Je demande que l'honorable membre rétracte ces dernières paroles.

M. O'Connel. Si l'orateur (*) déclare mes paroles contraires à l'ordre, je les désavouerai. Je ne veux pas donner prise contre moi. Je vas donc parler désormais avec la gentillesse d'une femme ; je retirerai mon expression, et je dirai que le discours du trône n'est ni brutal, ni sanguinaire.

Lord J. Russel : Je ne prétends pas critiquer les paroles de l'honorable gentleman ; mais je proteste contre l'application de pareilles expressions au discours prononcé par S. M.

M. O'Connel : C'est une question qu'il faut éclaircir : je ne connais pas le réglement de la chambre aussi bien que le noble lord. Si j'ai tort, je n'insisterai pas; mais si je suis dans mon droit, il m'est impossible de me rétracter. J'ai toujours cru qu'en conséquence des principes constitutionnels, le discours du trône devait être attribué au ministère, et, comme tel, livré à la critique. Si l'orateur décide que je suis dans l'erreur, si ce discours doit être considéré comme le discours du roi, je garderai un respectueux silence ; mais si j'ai raison, si ce discours est l'œuvre du ministère, certes les expressions dont je me suis servi ne sont pas assez énergiques.

L'orateur : Puisque l'honorable membre s'adresse à moi pour savoir si, en vertu des principes constitutionnels, le discours du trône doit être considéré comme l'œuvre du roi ou bien comme

(*) Le président.

celle du ministère, mon opinion est que ce discours doit être attribué à ceux qui en ont la responsabilité. L'honorable membre est donc dans son droit quant à la question de l'ordre ; mais je lui demanderai si la décence et la dignité des procédés parlementaires peut se concilier avec le langage dont il s'est servi ?

M. O'Connel se plaint de la partialité qui, depuis longtemps, en Irlande, fait exclure des emplois les hommes indépendans; exclusion qui s'étend jusqu'aux emplois judiciaires, et qui a pour effet d'influencer l'administration de la justice. L'honorable membre critique l'organisation du jury, dont il cite quelques abus, et il prouve qu'elle donne aux avocats de la couronne un pouvoir tyrannique. Il signale les corporations laïques, et surtout celle de Cork, qui dispose d'un revenu annuel de 74,000 livres sterling (*), comme la cause de beaucoup de maux en Irlande. Il se plaint de ce que la police est armée, ce qui n'a pas lieu en Angleterre, et ce qui est en Irlande la cause de fréquentes collisions pour les motifs les plus légers. Après avoir cité plusieurs exemples de l'oppression qui tient à l'excessive opulence de l'Église d'Irlande, il revendique pour lui le mérite d'avoir retardé les progrès du mal, et poursuit en ces termes :

Je sais qu'il y a ici des honorables membres fort peu avares du sang Irlandais, et qui écoutent avec un souverain mépris l'exposition de leurs griefs. Néanmoins, je dis que rien ne peut être plus dangereux que l'armement de la *yeomanry* (**) en Irlande ; il favorise les troubles dont les progrès s'accroissent tous les jours, et qui ne sont pas encore à leur apogée. Ils avaient été comprimés en partie par les fermes conseils des agitateurs que l'on calomnie ; et cependant on a renforcé la *yeomanry* ; de 22,000 hommes, on l'a portée à 31,000. Alors qu'est-il arrivé ? Que dans le nord de l'Irlande, la population catholique s'est armée elle-même ; que ce pays est devenu un volcan, et qu'une masse redoutable s'est soulevée pour entreprendre une guerre d'esclaves. Les catholiques n'en ont agi ainsi que pour se mettre sur la défensive. Je pourrais citer aux ministres le nom d'un magistrat qui, dans le courant de la semaine dernière, a vu dans le nord de l'Irlande une réunion secrète de plus de mille paysans armés. Croyez-vous qu'un acte du parlement parviendrait à détruire ces associations secrètes. Croyez-vous que ces paysans catholiques trahiraient leur cause pour de l'argent ou par une séduction quelconque ? Je dédaigne de réfuter devant la chambre les calomnies dont on a chargé les agitateurs de l'Irlande : mais

---

(*) La livre sterling vaut 25 francs.

(*) Espèce de garde nationale. Les yeomen sont, en Angleterre, les riches paysans, francs-tenanciers, fesant valoir leurs biens.

sachez bien que si vous comprimiez la voix des agitateurs par quelque acte de tyrannie légale ; que si vous les jetiez en prison en suspendant l'*habeas corpus* ; que si vous versiez leur sang sur un échafaud ; sachez bien que ces paysans s'assembleraient sous ce même échafaud, comme ils se rassemblent dans le nord de l'Irlande, et s'y trouveraient prêts à engager contre vous une guerre d'esclaves du plus terrible caractère. Il s'en suivrait une révolution ; non pas une révolution morale, non pas une révolution politique, mais une révolution armée. Et dans ces circonstances, que fait le gouvernement de S. M. ? Il s'efforce de dissiper les réunions publiques. A-t-on vu cependant une seule réunion en Irlande, de moitié aussi nombreuse que celle de Birmingham ? A une exception près, a-t-on vu la paix publique un seul instant troublée dans ces réunions ? Et cependant le gouvernement a commencé contre elle une vraie croisade.

Il me reste à insister encore sur de grandes et révoltantes injustices. La taxe des fabriques (*) n'est-elle pas un indigne abus ? N'est-ce pas un scandale que 75 protestans dans une paroisse aient le droit d'infliger le châtiment d'une taxe à 12,000 catholiques ? Dans une autre paroisse, située à dix milles de Waterford, et dans laquelle lord Duncannon est le seul protestant, tous les habitans, qui sont catholiques, subissent la même humiliation ? A Dublin, la fabrique protestante avait voté une allocation supplémentaire de 300 livres sterling pour le traitement de deux curés protestans. C'était une violation de la loi : déférée à la cour du banc du roi (*), cette affaire fut étouffée. Qu'en est-il résulté ? C'est que l'année suivante, une taxe a été levée dans la paroisse pour payer les frais du procès et compléter l'allocation arriérée. Pourquoi donc forcer les catholiques à payer le clergé des protestans ? Pourquoi les forcer à bâtir des églises protestantes ? Y a-t-il rien de plus monstrueux ? L'agitation populaire a-t-elle rien d'aussi pernicieux que ce système corrompu ? Les bénéfices du beau-frère de lord Grey ont été estimés à un revenu annuel de 30,000 livres sterling : 96,000 acres de terre en dépendent. Croyez-vous que cet énorme bénéfice soit payé par l'église d'Angleterre ? (*Écoutez !*) Non : c'est aux sectateurs d'un autre culte, c'est aux catholiques et aux presbytériens qu'on arrache cet incroyable tribut. Force, violence, voilà le principe éternel du gouvernement à l'égard de l'Irlande. Pendant quarante ans (*qu'il me soit permis de le rappeler*), le gouvernement ne cessait de tenir ce langage à l'Écosse ; mais les longues épées écossaises se tirèrent ; les Écossais connurent leurs droits ; ils se rallièrent ;

(*) Vestry-Cess.
(**) Kings Bench.

ils engagèrent la lutte et triomphèrent. (*Vifs applaudissemens*) Il ne manque qu'une seule chose à l'Irlande, c'est la justice, et jamais elle ne l'a obtenue. Le discours du trône est emprunté au règne d'Élisabeth, au temps où Raleigh massacra la garnison de Merbick. L'Angleterre n'a jamais parlé à l'Irlande que de pouvoir, que de domination ; et c'est sous cette tyrannique invocation qu'elle a toujours répandu le sang de ce peuple. Strafford paraît être le modèle que s'est proposé l'honorable secrétaire. Seulement, celui-là agissait plus en grand : il confisquait le territoire de deux provinces entières ; et, parce que les jurés ne lui paraissaient pas suffisamment convaincus, il les envoyait en prison pour deux ans au château de Dublin. Aujourd'hui, les choses se passent à peu près de même ; seulement la scène est différente, et ce sont d'autres acteurs ; mais, au fond, c'est la même moralité, la même conduite. Il n'y a ni changement, ni amélioration réelle, comme le prouve assez cette adresse que j'appelle brutale et sanguinaire.

Je propose à la chambre la création d'un comité général, dans lequel l'adresse sera mûrement examinée, et discutée ligne par ligne. Si la chambre des communes est une chambre véritablement réformée, si vous voulez réellement traiter avec impartialité la question de l'Irlande, vous adopterez ma proposition. (*Ecoutez ! écoutez !*) Le bill de réforme n'a point fait justice à mon pays. Oui, Messieurs, il faut créer un comité et changer cette adresse, cette déclaration de guerre au peuple d'Irlande. (Avec force : *Ecoutez ! écoutez !*) Que les ministres déclarent solennellement et explicitement qu'ils veulent lui rendre justice. (Cris répétés de *Ecoutez ! écoutez !*) Alors, s'ils ont besoin de force, le peuple les soutiendra, et je les seconderai de tous mes efforts. Votre refus me fera apprécier la composition de votre chambre réformée, et donnera le spectacle des honorables et libres députés de l'Angleterre votant pour le despotisme.... Il est inouï et absurde d'avoir à plaider, devant un parlement réformé, en faveur de l'Irlande.... Mais c'est en vain que ma voix s'élève pour la défendre ; je pressens votre réponse ; je n'attends que des risées pour moi, que des risées pour mon pays. Je défie pourtant qui que ce soit de pouvoir me convaincre d'avoir exagéré un seul de nos griefs. (*Ecoutez ! écoutez !*) Je défie qui que ce soit, quelque part qu'il jette ses regards, de trouver un peuple dont l'agitation, la révolte, les excès et les crimes ne trouvent pas leur excuse dans les fautes antérieures de leurs gouvernans. (Violentes rumeurs : *Ecoutez ! écoutez !*) J'ai fini, Messieurs. Je remercie la chambre de l'attention qu'elle a bien voulu me prêter : vous étiez le dernier espoir, le dernier refuge de mon pays. C'est à vous qu'il a dû en appeler contre l'autocratie de l'honorable secrétaire, contre le *sic volo*, *sic jubeo* qui fait la seule charte de l'Irlande. C'est à vous à décider si le gouvernement doit retomber entre les mains d'un seul, s'il doit continuer à être livré aux caprices de l'honorable secrétaire. Il y a sept siècles que l'Angleterre nous écrase de sa tyrannie, qu'elle nous gouverne comme Tamerlan châtiait ses sujets vaincus, et qu'elle exerce sur nous les cruautés les plus outrageantes. Que les ministres fassent plein droit aux réclamations de l'Irlande, et je voterai pour les mesures qu'ils proposeront.

L'honorable membre conclut en proposant un amendement qui crée un comité général pris dans toute la chambre, et chargé d'examiner le discours du trône et l'adresse. (*Traduit par le docteur* BAGRÉ.)

Depuis l'époque où fut prononcé le discours qu'on vient de lire, et sous l'irrésistible influence du *grand agitateur*, d'importantes réformes s'étaient opérées dans le gouvernement du Royaume uni. La faction orangiste (1), *l'infâme et sanguinaire faction*, ainsi que l'a tant de fois qualifiée O'Connel, avait été démasquée, et avait perdu, sinon tout moyen de nuire, car elle avait concentré toute sa force de résistance dans la chambre haute, du moins la direction des affaires de l'état; le ministère Tory avait été contraint de résigner le pouvoir entre les mains des Whigs, partisans déclarés de l'émancipation politique et religieuse de l'Irlande. Enfin la réforme parlementaire, et la réforme des corporations municipales avaient signalé les premiers pas du gouvernement dans une voie nouvelle. Mais le progrès des idées radicales était combattu avec acharnement par la chambre des lords, ralliée sous les étendards politiques de Peel et de Wellington, et ne comptaient encore qu'à peine une faible minorité dans la chambre des Communes, dont l'or des Torys avait soudoyé les élections.

Dans l'état actuel de la constitution, il n'y avait pour les réformistes aucun espoir de triompher de cet obstacle. Toutes leurs propositions échouaient devant le mauvais vouloir d'une majorité tout à la fois juge et partie dans le débat. C'était donc de plus haut qu'il fallait prendre le mal; il fallait le détruire dans la source même; il fallait obtenir la dissolution des deux chambres et leur recomposition par un mode qui permît aux idées progressives de s'y faire représenter, en même temps qu'il rendrait plus difficiles les menées d'embauchage et de corruption.

(1) Le point principal de ralliement de cette faction était l'intolérance religieuse : persécution aux catholiques de l'Irlande ; persécution même aux protestans dissidens.

La lutte se portait donc sur un terrain décisif; et tandis que le torysme se préparait à une résistance désespérée, le radicalisme comprit qu'il ne réussirait qu'en l'appuyant sur la volonté ferme et unanime des populations. C'était par les masses seulement en effet, que la crise pouvait se décider, c'était en mettant en mouvement ce redoutable levier des transformations gouvernementales qu'on pouvait espérer la victoire. L'entreprise était délicate et périlleuse, car l'agitation des masses est difficile à contenir. Soulevé contre des abus, trop souvent le torrent a entraîné dans sa course les imprudens qui avaient espéré le diriger, et renversé dans sa fureur aveugle, les institutions les plus sacrées. D'un soulèvement légal à une révolution sanglante il n'y a qu'un pas à franchir, et une révolution sanglante sera toujours une double calamité : calamité par les excès qui en sont l'inévitable conséquence ; calamité, parce que l'épuisement succède à la fièvre.

A une révolte ouverte, dussent les populations des trois royaumes prendre les armes contre la faction ennemie, l'Irlande ne pouvait que perdre les quelques pouces de terrain qu'elle avait conquis dans la voie de son affranchissement, et entraîner peut-être dans des malheurs communs l'Angleterre et l'Écosse. Et d'ailleurs, aux premiers symptômes de dispositions menaçantes, le gouvernement lui-même se serait trouvé dans la nécessité d'employer les moyens extrêmes pour comprimer le ferment des désordres. S'il était urgent d'opposer à l'obstination des Lords la manifestation des sympathies de la nation, il ne l'était pas moins d'empêcher que cette manifestation ne compromît la tranquillité publique, et ne nuisît à la cause qu'elle devait faire triompher.

Un seul homme pouvait accomplir une mission si dangereuse. C'était celui dont la vie tout entière, consacrée à la défense des intérêts de son pays, n'avait jamais hésité dans le chemin de l'honneur et de la loyauté; celui qui, apôtre infatigable de ses convictions politiques et religieuses, avait triomphé de toutes les amertumes dont l'avaient abreuvé ses ennemis, de toutes les calomnies dont ils avaient essayé de flétrir son dévouement; celui dont la parole hardie et puissante savait tout à la fois pénétrer dans l'âme de la multitude, en remuer tous les instincts généreux, en dominer l'exaltation, et lui imposer le frein de sa noble volonté. Cet homme, c'était O'Connel.

Plein de confiance dans ses forces et dans la sainteté de sa cause, appuyé sur son zèle pour le triomphe de sa religion, sur trente années d'une probité tant de fois éprouvée, et sur l'amour des populations ouvrières dont il s'était fait le défenseur, aux dépens de sa tranquillité, il descendit de la tribune parlementaire pour parcourir l'Angleterre et l'Écosse. Il allait demander aux peuples justice pour l'église catholique contre la haine et les persécutions du protestantisme ; il allait prêcher la croisade contre l'absolutisme intolérant et les priviléges héréditaires ; il allait, s'adressant aux masses, réclamer leur concours pour l'affranchissement civil et religieux de sa patrie ; il allait enfin leur demander ce qu'il sollicitait en vain depuis si longtemps de l'égoïsme d'une caste jalouse : liberté pour sa foi, protection pour son église, égalité de droits et de franchises pour l'Irlande, abolition des dîmes et des taxes exorbitantes imposées aux catholiques en faveur du clergé protestant. Et tous ces résultats, il les résumait dans un programme dont ils devaient être la conséquence immédiate : réforme de la chambre des lords, abréviation de la durée des parlemens, extension du mode d'élections jusqu'au vote universel.

L'accueil qui attendait l'illustre orateur n'était pas douteux. Déjà, par sa médiation, la vieille haine qui divisait l'Angleterre et l'Irlande avait fait place aux sentimens d'une sincère fraternité ; déjà les votes de l'Irlande avaient délivré les Anglais du gouvernement de Peel et de Wellington ; les préjugés d'une déplorable rivalité s'étaient effacés devant le danger commun, et, sur une des places de l'Angleterre, les applaudissemens de la multitude avaient accueilli ces belles paroles du député catholique : « Les deux peuples ne se connaissaient pas, ils se sont haïs, et l'un a opprimé l'autre. Aujourd'hui, ils se connaissent, et c'est à vos sympathies, Anglais, que je m'adresse, pour obtenir un généreux concours à l'émancipation complète de ma patrie. »

Par suite de cette alliance qu'il avait seul opérée, le défenseur de l'Irlande était devenu le protecteur des intérêts des classes manufacturières de l'Angleterre et de l'Écosse : il pouvait compter sur elles, et il ne lui restait d'autre écueil que d'être dépassé par le mouvement qu'il allait leur imprimer. Mais il a pour lui sa longue expérience et l'autorité de ses succès antérieurs. C'est en attaquant avec violence des priviléges scandaleux qu'il s'est fait l'ami des masses ; c'est en adoptant leur langage plein de rudesse et d'énergie qu'il s'est fait comprendre d'elles ; c'est en ne déviant jamais des principes naturels de l'égalité de droits et de devoirs, qu'il a acquis la confiance dont elles l'entourent, et c'est en subordonnant tous les actes de sa vie aux prohibitions des lois qu'il est resté fort et qu'il a triomphé des embûches et de la haine des partis dont il s'est déclaré l'infatigable ennemi. Dans la lice dangereuse où il va se jeter, ce sera là encore la règle de sa conduite.

En présence des populations qui accourent sur son passage, la force motrice de l'orateur sera dans sa toute puissante parole ; sa force repressive sera dans le souvenir de sa vie politique. Entraînant, par ses sarcasmes populaires et par sa fougueuse éloquence, son auditoire jusqu'au paroxisme de l'exaltation, il en reste maître comme de lui-même. Des applaudissemens frénétiques lui répondent quand, avec un mépris si amer, il a traîné l'insolence du torysme au pilori de l'opinion publique, et ces applaudissemens redoublent quand, avec la sage gravité du magistat législateur, il a ajouté : «Point d'émeutes, point d'associations secrètes, car les lois le défendent. »

Pour se rendre bien compte de l'effet que devaient produire sur son auditoire les harangues de O'Connel, pour apprécier dans toute son étendue le talent de ce grand orateur, il faut avoir étudié les mœurs et le caractère des hommes auxquels il s'adressait. Leur langage n'a rien dont nous puissions trouver chez nous un exemple ; ils se sont affranchis de cette noblesse, de cette décence d'expressions dont nous fesons la première loi à qui veut se faire écouter de nous. La tribune parlementaire retentit chaque jour d'injures et de personnalités offensantes qu'à peine nous oserions hasarder sous des généralités transparentes, et quand une image repoussante peut aider à l'intelligence de leur pensée, ils ne se croient point tenus à la farder. Au milieu du parlement d'Angleterre, on se croirait reporté à ces temps antiques où, du haut de la tribune publique, Eschine et Démosthènes s'accablaient tour-à-tour des plus flétrissantes imputations. Ce serait donc à tort que notre pudeur s'effaroucherait des épithètes outrageantes que O'Connel prodigue à ses ennemis : ce n'est ici qu'une riposte à armes égales, et la bouche des nobles lords n'a point été plus réservée que celle de l'orateur plébéien. C'est une nécessité pour juger les hommes, que de s'identifier avec eux ; pour juger O'Connel en cette circonstance, il faut se faire Anglais un moment. Mais ce que tout le monde peut comprendre, ce que tout le monde peut admirer, c'est cette étonnante flexibilité de talent qui, des plus hautes questions sociales, descend aux plus humbles details de la vie d'intérieur ; c'est cette lucidité de raisonnement qui, après avoir sondé dans toute leur portée les plus vastes questions politiques, vient sur la place publique les traduire à de pauvres ouvriers, en comparaisons empruntées à leurs métiers, à leurs habitudes de tous les jours ; c'est enfin cette soudaineté de la parole, cette puissance de l'improvisation qui frappe toujours juste, qui électrise un auditoire, qui l'entraîne ou l'arrête à son gré, et qui, par des moyens divers, a su amener tant d'hommes dissidens par leur croyance, étrangers l'un à l'autre par leur ciel et par leur genre de vie, à n'avoir plus qu'un même désir, un même but, une même volonté, le désir, le but, la volonté de Daniel O'Connel.

Ce fut après la session de 1835 du parlement d'Angleterre, session pendant laquelle l'opposition des lords avait entravé presque tous les projets des réformistes, que O'Connel se décida à entreprendre son voyage politique. L'exaspération des partis était grande à cette époque ; la lutte dans le parlement avait été une lutte à mort, et la clôture n'y avait pas mis fin, car chacun des antagonistes, loin de consacrer au repos la trève que leur avait imposée l'ordonnance royale, se hâta de la mettre à profit pour renforcer ses rangs et dresser ses batteries ; les torys en prodiguant les largesses et les promesses, les réformistes, en éclairant la nation sur ses véritables intérêts, et en rassemblant sous leur drapeau l'unanimité formidable des masses industrielles.

La lettre que O'Connel écrivit à lord Wellington quelques jours avant son départ, et qui, sous le couvert du noble duc s'adressait en réalité aux populations des trois royaumes, peut être regardée comme le frontispice de l'immense édifice moral dont il s'était fait l'architecte. C'est sa profession de foi, sa confession politique ; c'était l'expression résumée du but qu'il allait s'efforcer d'atteindre. C'était, en un mot, un manifeste dont il se fit précéder pour préparer le terrain où il allait semer sa parole, et c'est pour cela qu'il nous a paru utile d'en rapporter ici quelques passages.   Victor de Nouvion.

LETTRE DE M. O'CONNEL
AU DUC DE WELLINGTON.

« Vous prétendez que j'ai plus de pouvoir qu'aucun homme politique n'en a possédé depuis 1688. Je n'ai point de pouvoir, à proprement parler ; j'ai, il est vrai, quelque influence, si vous le voulez même, une influence considérable. J'ai découvert, dans l'occasion, que cette influence était plus grande que je ne le croyais moi-même.

« Eh bien ! vous pouvez appeler cela du pouvoir. Si vous aviez ce qui fait l'homme d'état, vous pourriez résoudre facilement en vous-même les questions suivantes : Quelle est l'origine de ce pouvoir ? à quoi tient sa durée ? et comment le détruire ? Pour répondre à ces questions, il est nécessaire de comprendre l'histoire passée et la situation présente de l'Irlande, et cela, Milord, vous ne le pouvez : il faut donc que je vous vienne en aide.

« D'abord, vous admettrez que je ne dois pas cette influence aux avantages d'une haute naissance. Quel que soit l'orgueil des anciens honneurs de ma famille, je ne suis, moi, que le fils d'un simple gentilhomme. Je ne dois pas cette influence à ma fortune : celle qui m'appartient en propre n'est pas considérable. Ce n'est pas non plus la supériorité du talent qui m'a fait ce que je suis, car les miens sont d'une espèce tout-à-fait ordinaire. A quoi suis-je donc redevable de ce que vous appelez mon pouvoir ? Je vais vous le dire, Milord duc ; c'est à vous et à tous ceux qui vous ressemblent. C'est vous et les hommes comme vous qui avez créé ce pouvoir, c'est vous qui le maintenez ; et c'est par vous, si vous n'êtes ni contrôlés, ni réprimés, qu'il s'accroîtra. C'est dans les griefs, l'oppression, les souffrances de l'Irlande, qu'il faut chercher la source de mon pouvoir.

« Vous, et les hommes comme vous, vous avez toujours gouverné l'Irlande avec de fausses vues et de sinistres intentions. Vous avez encouragé un parti et méprisé le peuple. Vous avez ménagé, caressé une faction, une secte, et vous avez insulté la nation. Voilà quelle a été la politique du gouvernement anglais envers l'Irlande depuis six cents ans. Vous et les vôtres, vous êtes encore aujourd'hui aussi ardens à commencer une nouvelle croisade d'oppression, d'insulte, de dévastation et de massacre, comme si c'était pour la première fois, comme si le mauvais gouvernement de l'Irlande était encore dans sa nouveauté.

« Voilà ce qui explique les symptômes de mon influence. C'est la persévérance dans cette voie funeste de gouvernement ; c'est l'audacieuse préférence accordée à la faction sanglante des orangistes sur la population catholique ; c'est la justice mise aux mains de magistrats, de sheriffs et de jurés hommes de parti et fanatiques ; c'est l'établissement et l'insolent triomphe d'une église sinécuriste ; c'est l'exaction des dîmes arrachées à un peuple appauvri, pour soutenir un clergé qu'il ne voit jamais et dont il est loin de réclamer l'assistance spirituelle ; ce sont les insultes prodiguées au clergé, qui sert le peuple calomnié et vilipendé sous vos auspices par les plus indignes diffamateurs, depuis le hautain évêque d'Exeter jusqu'au misérable seigneur de Kerry.

« Permettez-moi d'ajouter que la nation irlandaise connaît ma sincérité et ma probité. Elle a confiance dans mon courage moral et mon infatigable persévérance. Elle sait que je ne cesserai jamais d'agir tant qu'il restera un grief à redresser ; que toute mon énergie est consacrée au bien de ma patrie. Elle connaît les infirmités de ma nature et les limites de ma capacité ; mais elle comprend que Dieu, en se servant d'un instrument aussi faible, semble indiquer qu'après des siècles d'affliction, une époque de merci approche pour l'Irlande.

« C'est assez parler de ma personne. Quant au moyen de mettre un terme à ce que vous appelez mon pouvoir, il n'en est qu'un, un seul, c'est de faire justice à l'Irlande ; et c'est là qu'il faut en venir, quoique vous en ayez. Oui, justice à l'Irlande, et justice complète. Vous pouvez essayer d'une autre méthode, mais vous ne réussirez pas. Nous ne craignons plus votre épée menaçante. Nous n'avons nul effroi du nombre exagéré de vos orangistes : tous ensemble ils ne sont pas cent mille, en y comprenant les vieux, les jeunes, les aveugles, les boîteux. Mais supposez qu'ils soient cent mille combattans. Il y a de l'autre côté six millions et demi de catholiques, qui pourraient mettre, et qui mettront, s'il le faut, un million de combattans en campagne; un million d'hommes enchantés d'avoir une occasion de livrer bataille.

« Non, il n'y a qu'un remède, et c'est de faire justice à l'Irlande. Adoptez ce remède, et jamais il n'y aura eu un homme plus disposé que moi à abdiquer le pouvoir. Justice à l'Irlande, justice de l'Angleterre, et je suis prêt à consentir à son union législative avec l'Irlande.....

« Mais il est inutile de raisonner avec vous et les hommes emportés et ignorans qui constituent votre parti à la chambre des lords. Ils ont tenu un conseil de guerre dans votre palais, et, en sortant de cette cabale qui ressemblait plutôt à un divan de Turcs qu'à une assemblée d'Anglais, ils ont frappé de leur *veto* toute disposition législative favorable à l'Irlande. Votre coterie est arrivée au dernier terme de la folie. De qui se compose cette troupe insensée que vous menez au combat? Winchilsea plongé dans le fanatisme, Lyndhurst flottant entre la dextérité du légiste et l'apostasie politique, Newcastle balbutiant son intelligible arrogance, Kenyon enflé de rapsodies orangistes, et le sinécuriste Ellenborough rabâchant son plat torysme. Je suis fatigué de cette triste revue. Et ce seraient là les maîtres du peuple anglais ! les arbitres absolus et irresponsables de ses destinées ! Quelle absurdité de parler de libertés et de droits constitutionnels, de garanties sociales, si ces hommes doivent demeurer les régulateurs sans contrôle de tout ce qui est cher aux âmes libres !......

« Je vous le demande, quelle chance avez-vous de diminuer mon pouvoir, tant que l'espoir de l'Irlande est concentré sur ce petit nombre d'amis qu'elle sait déterminés à persévérer dans leurs efforts jusqu'à ce qu'ils aient obtenu pour elle satisfaction complète? Cette lettre même que je vous adresse est un des devoirs de ma vocation. Elle démontre au peuple anglais la perversité de ceux qui refusent à l'Irlande tout soulagement et toute justice ; elle fait comprendre aux esprits sages, aux hommes de bien de ce pays l'iniquité obstinée qui écrase l'Irlande et affaiblit sur tous les points la domination britannique.

« Je termine en vous répétant qu'il n'y a qu'un moyen de détruire le pouvoir des agitateurs en Irlande, c'est de placer ce pays sur un pied complet d'égalité de droits et de franchises avec l'Angleterre. Nous ne demandons rien de plus, nous ne voulons rien de moins.

« De vous, nous n'espérons aucun secours ; vous avez toujours détesté ou méprisé votre propre pays ; vous ne vous êtes jamais appelé un Irlandais ; vous êtes peut-être le seul homme qui ayez atteint quelque grandeur, sans avoir jamais déployé un sentiment noble et généreux : il n'y a en vous rien du *mens divinior*. On ne vous a jamais accusé d'avoir encouragé le mérite modeste ; vous n'avez jamais protégé que vos parasites et pis encore ; vous-même, on ne vous a jamais soupçonné d'une action généreuse. D'un autre côté, lisez votre histoire comme homme d'état : un jour, vous déclarez que ce serait folie à vous d'entrer au ministère, et un mois après vous êtes premier ministre ! Vous proclamiez le vieux système des bourgs-pourris comme la perfection de la sagesse humaine, et maintenant vous vous mettez à la suite du réformateur de Tamworth, qui n'attend que le pouvoir pour appliquer à toutes les branches de l'état les bienfaits de sa réforme. Quant à présent, j'ai fini avec vous : ma première épître familière sera pour votre collègue sir Robert Peel, en réponse au bavardage hypocrite qu'il a débité dernièrement à Tamworth. »

DISCOURS DE M. O'CONNEL

AUX HABITANS DE MANCHESTER.

L'arrivée de O'Connel à Manchester fut une entrée triomphale. Toute la population industrielle s'était portée au-devant de lui, le saluant de ses acclamations. Ce glorieux cortège l'a accompagné jusqu'à la place publique, poussant des vivats pleins d'enthousiasme et fesant flotter dans l'air des bannières ornées de feuillages et de rubans blancs, et sur lesquelles on lisait : *O'Connel, l'honneur de l'Irlande, le régénérateur de son pays.* Ce fut au milieu des bruyantes et universelles démonstrations de la plus vive sympathie qu'il monta sur l'estrade qui lui avait été préparée. Un profond silence ayant succédé au tumulte, O'Connel prit la parole :

Les affaires de ce pays s'approchent d'une crise, et je me réjouis de voir que la présence d'un défenseur de la grande cause de la liberté et de l'humanité, si peu important qu'il soit, ait rassemblé une multitude d'auditeurs aussi nombreuse que favorablement disposée. Je voudrais que vous entendissiez l'expression de ma gratitude. Je vous dirai comment vous en aurez des preuves : vous en aurez dans le redoublement de mes efforts pour le bien public. Je viens comme un missionnaire. Le peuple anglais parviendra au but qu'il veut atteindre. La chambre des pairs, organisée et armée aujourd'hui contre les progrès et l'amélioration sociale, doit nécessairement céder à l'influence morale qui l'entoure ; elle doit céder au vœu de l'Angleterre, et certainement elle le fera, seulement pied-à-pied et de mauvaise grâce; mais c'est là tout ce que l'Angleterre peut vouloir. Peut-être est-il plus désirable que les changemens politiques s'effectuent par degrés ; car, opérés de cette manière, ils ne sont pas souillés par les crimes que peut occasionner la violence révolutionnaire, et, quoiqu'il puisse être moins satisfaisant de n'obtenir que peu à peu ce qu'on demande, les changemens n'en deviennent pas moins utiles par l'accumulation des améliorations successives..... Je suis venu pour obtenir votre sympathie, comme celle de tant d'autres braves Anglais et Ecossais qui veulent enfin accorder justice à la vieille Irlande. Je suis venu vous dire que mon cœur et mon bras (car, quoique vieux, mon bras n'est pas énervé) sont engagés dans la grande cause des libertés de l'empire britannique : tout ce que je demande, c'est justice pour l'Irlande. Je n'accepterai jamais moins, et je ne serai satisfait que lorsque je l'aurai obtenue. Je dis au peuple anglais que nous ne lui demanderions pas cette sympathie, s'il nous avait vu nous tenir à l'écart dans sa lutte, lorsque nous pouvions lui donner assistance dans la bataille pour la liberté. Je désire qu'on m'écoute bien ; je rappelle à la mémoire de tous ceux qui m'entendent l'histoire des quatre dernières années, et je leur demande s'il y a eu un seul vote, dans le parlement, sur une mesure quelconque, tendant à diminuer les fardeaux du peuple, à augmenter ses franchises, à parvenir à l'amélioration des institutions de l'Angleterre, s'il y a eu un seul vote de cette nature qui n'ait compté en sa faveur les députés de l'Irlande.....

Mais pourquoi m'arrêter à ces souvenirs ? Est-ce par vanité ? Oh non ! Je ne les rappelle que pour montrer à nos frères anglais que nous méritons de jouir des mêmes droits qu'eux ; car si nous fûmes prêts à combattre dans leur intérêt, nous le sommes également pour les nôtres. Et je dis que nous méritons doublement ce que nous demandons ; car si nous consentions à prendre moins que l'Angleterre n'a voulu prendre, nous serions indignes de marcher de pair avec des hommes libres. Nous insistons donc pour avoir ce que vous avez, et nous ne nous contenterons jamais de moins.

Où voudrais-je amener les Anglais ? Je leur demande à tous, n'importe qu'ils jouissent des droits politiques ou non, car tous sont hommes et contribuent à former l'opinion publique ; je leur damande à tous d'insister pour qu'on rende justice à eux-mêmes et à nous ; car le parlement méprisera l'Irlande, si les Anglais ne nous assistent pas. Et je vous dis que moi, qui fus si longtemps l'avocat décidé du rappel de l'union, la seule raison qui me fesait désirer ce rappel, c'était parce que le parlement anglais nous refusait justice. Mais aussi longtemps que nous aurons l'espoir d'obtenir justice du parlement britannique, aussi longtemps je me contenterai de la lui demander. Que Wellington et Peel ferment devant moi la porte de l'espérance, et de nouveau je pousserai au rappel. Que le ciel me préserve de jamais me tenir pour satisfait tant que l'Irlande ne sera pas aussi bien gouvernée que toute autre portion de l'empire britannique !

Voilà la mission dans laquelle je suis engagé, la vocation dans laquelle je travaille ; et je crois pouvoir le dire sans profanation, je travaille à mon salut en fesant le bien de mon pays.

Mais comment puis-je parvenir à mon but ? Ce n'est pas par la force ni la violence, ce n'est pas par des associations secrètes et illégales. Rien n'est pire qu'une association secrète ; elle doit, par sa nature, être contraire aux lois, et il est de mon devoir, comme jurisconsulte et comme homme public, de vous exprimer clairement mon horreur pour toute société illégale....

Nous arrivons à une crise : sir Robert Peel s'est placé d'un côté comme défenseur de l'aristocratie. Double honte pour lui ! Son père était un respectable industriel, et travaillait dans une fabrique de coton ; il fit une noble fortune par une honorable industrie, une des plus belles choses que ce pays puisse produire ; il fit cette fortune au moyen du crédit et de l'intégrité, et s'appliqua ensuite à rendre heureux tous ceux qui l'entouraient. Il fit en réalité honneur à l'Angleterre. N'est-ce pas une honte pour le fils d'un tel homme, pour celui qui s'appelle maintenant sir Robert Peel, d'oublier le peuple ? Il se range du côté de l'aristocratie ! Si je me compare à lui comme homme d'état, je suis de peu d'importance. Je suis l'avocat du parti opposé, je suis pour le peuple, et je travaille à établir le bon gouvernement, à diminuer les charges, à introduire dans l'administration une économie aussi sévère que celle avec laquelle un avare veille à la conservation de son bien. Un gouvernement doit être parcimonieux, car c'est le bien des pauvres, après tout, qu'il dépense ; un gouvernement à bon marché est nécessaire pour les pauvres ; un bon gouvernement est doublement nécessaire pour les pauvres ; car si nous avions un bon gouvernement, la propriété foncière serait seule taxée en masse, et les articles que les classes laborieuses consomment seraient totalement exempts de taxes, comme cela doit être. Je ne serai jamais satisfait tant qu'il restera un seul *farthing* d'impôt sur la drêche, la bière, ou tout autre article qui est un objet de consommation pour le peuple. (*Applaudissemens.*)

J'en dis autant de la taxe sur le pain. Tous les biens que je possède sont en terre. On dit que la taxe sur les grains est utile aux propriétaires d'Irlande : je ne m'en inquiète pas le moins du monde. Il est injuste d'empêcher que le pain ne soit à meilleur marché qu'il n'est ; il est injuste d'empêcher une pauvre mère d'acheter un pain à deux *pences* meilleur marché pour ses enfans affamés. Je suis donc l'ennemi décidé des taxes sur les grains.

Je vais plus loin : je pense que vous n'aurez jamais un bon gouvernement, tant que la durée du parlement ne sera pas réduite. Si vous donnez à un homme une location pour sept ans, il négligera son travail pendant les quatre ou cinq premières années, dans l'espoir d'avoir une remise pour les deux ou trois dernières ; il sera un malhonnête homme au début, et il promettra d'être honnête à la fin ; mais, comme tant d'autres pénitens tardifs, le diable peut l'emporter à l'improviste. (*Rires.*) Je veux qu'on rende promptement ses comptes. Je suis prêt à me présenter devant mes commettans une fois tous les six mois, s'ils le désirent. Comme l'ancienne loi voulait que les parlemens ne fussent que de trois ans, je ne serai satisfait que lorsque nous en serons revenus à ce projet.

Vous connaîtrez alors le visage de vos représentans, comme la chose est juste ; mais sont-ce vos représentans? La masse des classes laborieuses a besoin de protection, car elle n'a pas de représentans. Rien n'est plus absurde que de donner des droits électoraux uniquement à ceux qui paient un certain taux de loyer : je suis pour le vote universel. (*Applaudissemens.*) A ce propos, je vous citerai une histoire racontée par Franklin. Nul ne pouvait voter sans posséder cinq livres sterlings. L'homme dont parle Franklin avait quatre livres en argent, et un âne qui valait une livre. Il vota deux ou trois fois ; mais, immédiatement avant une élection, l'âne mourut, et le vote de l'homme fut rejeté. L'employé qui présidait à l'élection lui dit : « Vous ne pouvez voter : « l'âne fesait partie de votre cens, et il est mort! — Ainsi donc,

« reprit l'homme, c'était l'âne qui votait en définitive. Si j'avais
« su cela, je l'aurais apporté aux hustings, et il aurait voté mort
« ou vif. » Dans notre pays, quoique l'âne ne fasse pas partie
d'un vote, il y en a beaucoup qui pensent que les ânes ont eu
voix délibérative à la chambre des lords, et probablement vous
penserez avec franchise que l'âne y a toujours droit de voter.

Par-dessus tout, mes amis, je suis décidément pour le scrutin
secret. Alors un homme peut voter pour celui qu'il préfère ;
personne ne pénètre le secret du vote ; il n'y aura plus de corruption, car si un homme est assez misérable pour se vendre, il sera
assez de mauvaise foi pour ne pas gagner son argent. Je crains de
vous retenir trop longtemps; mais, comme je suis avocat du peuple contre Peel et Cie., je pense devoir vous montrer d'abord un
côté de leur marché. Que veulent les lords? engraisser leurs fils,
beaux-fils, cousins, neveux, aux dépens de la bourse publique,
et, au lieu de leur assurer un revenu, leur distribuer une portion
des fonds de l'état.

C'est là ce qui a précipité l'Angleterre dans sa dette. Peel
est pour ce système. Le peuple d'Angleterre, d'Ecosse et d'Irlande, l'a déjà condamné une fois et le condamnera encore s'il
s'expose à son jugement.... Il a fait un discours à Tamworth,
et déclamé contre la chambre des communes. Il a dit que les
réformistes ne sont que pour une des chambres de la législature:
moi je suis pour les deux. Nous en avons une qui est honnête
et une qui ne l'est pas : moi, je veux deux chambres honnêtes ;
je n'en veux pas une noire et une blanche. Il nous en faut deux
blanches : la noire doit être renversée. Je veux une autre chambre
des lords. Que chaque comté de 200 mille habitans (et là où
ce nombre ne se trouvera pas, réunissez plusieurs comtés) élise
un lord : je ne m'y oppose pas, pourvu que ce soit un homme
honorable. Mais qu'il ne soit élu que pour trois ou six ans,
et qu'il soit responsable devant le peuple.

Du haut de ces hustings (*) je rejette sur sir Robert Peel
l'imputation calomnieuse que nous autres réformistes nous ne
voulons qu'une seule chambre du parlement. Je suis aussi
opposé que lui à un pareil changement ; car s'il n'y avait
qu'une chambre, la majorité, peut-être factieuse, deviendrait
maîtresse de toute la nation. Il y a donc une garantie dans une
seconde chambre, sur ce seul principe qu'elle agit comme mo-

(*) Le nombre des votans aux élections d'Angleterre est tellement
grand, qu'ils ne peuvent se réunir que sur les places publiques. On élève
sur ces places des estrades où les candidats à la députation se tiennent
pour haranguer la multitude, et ce sont ces estrades qu'on appelle
hustings, nom qui se donne aussi communément à la place elle-même,
tout le temps que les électeurs y sont rassemblés.

dératrice à l'égard de l'autre. Je suis pour deux chambres ; mais ces deux chambres doivent être animées de bonnes intentions.

Peel a dit que la démocratie n'a pas fleuri en Amérique. Eh quoi ! les États-Unis ont commencé leur guerre l'année de ma naissance, il y a soixante ans, et ils n'ont pas cessé de prospérer depuis lors. Quels reproches leur a adressés Peel ? Il leur a reproché d'horribles excès ; un meurtre commis sur cinq teneurs d'une maison de jeu, qui étaient venus s'établir dans une ville et avaient dupé les habitans. Il fallait leur faire prendre un bain dans la rivière et les renvoyer. Le peuple voulait en effet les expulser ; mais ils résistèrent, et dans l'attaque un médecin fut tué par eux. La foule saisit les cinq hommes et les pendit. C'est un meurtre ; et je suis aussi peu partisan que Peel de pareils procédés. Mais qu'en conclut-il ? Il attribue ces meurtres à leur forme de gouvernement. N'y a-t-il pas de meurtriers en Angleterre ? Peel n'a-t-il jamais entendu parler de Peterloo, ce qui a été appelé le massacre de Manchester ? Les auteurs des pendaisons en Amérique, commises d'après ce qu'ils appellent *la loi de Lynch*, seront punis comme ils le méritent. Je garantis que le gouvernement américain fera tous ses efforts pour les châtier, et surtout je sais qu'il ne les louera ni ne les récompensera jamais. Mais que fit le gouvernement de sir Robert Peel à l'égard des auteurs du massacre de Manchester ? Il leur rendit des actions de grâces, les récompensa et les honora. Je lui jette Peterloo à la face quand il parle d'excès par-delà l'Atlantique. Mais est-ce tout ? N'a-t-il jamais entendu parler de Rathcormac et de Rathangan, rouge du sang de la petite fille d'un homme vieux et aveugle ? N'a-t-il jamais entendu parler de Wallscourt ? Est-ce le principe démocratique qui, pour quatre schellings six deniers, a égorgé neuf hommes à Rathangan ? N'a-t-il pas entendu parler de la veuve Ryan, qui déjeuna le matin avec ses deux fils, braves jeunes gens, l'un de dix-huit, l'autre de vingt-deux ans, ni l'un ni l'autre mariés, et n'y songeant jusqu'à ce que leur sœur eût été pourvue et leur mère mise à l'abri du besoin. Un de ses fils la quitta le matin ; on lui demanda quatre schellings six deniers pour les dîmes ; les soldats firent feu ; elle s'élança pleine d'anxiété hors de chez elle : — Où sont mes fils ? Elle trouve un cadavre. Elle le prend pour voir le visage : ce n'était pas son fils ; et elle se mit à rire. La pauvre femme se mit à rire, oubliant qu'une autre mère pleurait sur ce garçon. Elle prend un second cadavre ; elle rit encore d'un rire frénétique : ce n'était pas son fils. Elle arrive au troisième corps : c'était son fils, ce fils tout-à-l'heure près d'elle, plein de vie et de santé, maintenant souillé de sang, raide, mort. Elle l'a dit elle-même : « Je ne pleurai pas ; je ne versai pas une larme ; mais mes yeux sont des charbons dans ma tête, qui ne s'éteindront jamais tant que je serai de ce côté de la tombe. » Sir Robert a-t-il entendu parler de Mooncoyne ? Y avait-il des ecclésiastiques compromis dans l'exécution de la loi de Lynch en Amérique ? Il y avait deux ecclésiastiques à Rathcormac, et je crois qu'il y avait quelques prêtres à votre massacre ici. (*Oui, oui : nous en avions !*)

Je suis ici l'avocat de la démocratie, et je dis que c'était un misérable artifice de sir Robert Peel contre ce grand principe, de parler, devant un public anglais, d'un crime commis en Amérique par la populace, et d'oublier les excès qui ont été commis en Angleterre et en Irlande par la soldatesque dirigée par les magistrats et approuvée par le gouvernement.

J'ai parlé longtemps et de beaucoup de choses. Mais faut-il que je vous exprime le principal motif qui me dirige ? c'est d'obtenir que l'Angleterre se joigne à moi pour mettre un terme aux scènes de Wallscourt, de Rathcormac et de Rathangan, et enfin au système qui force une partie du peuple à payer pour la religion d'un autre. Si quelqu'un vient vous dire : « J'ai un procès.» (chose bien folle pour un homme s'il peut faire autrement), vous répondez : «Très-bien ! que m'importe ?» — « Oh, réplique votre interlocuteur, je veux employer un légiste, et vous le paierez. ». Celui qui tiendrait un pareil discours exciterait le rire et la moquerie. Lorsqu'un malade demande un médecin, il ne charge pas son voisin, qui se porte bien, de payer pour lui. Pourquoi donc paierais-je pour des docteurs spirituels dont je n'ai que faire ? Le vrai principe est : Payez pour tout ce dont vous avez besoin, et que les autres en fassent autant. On dit qu'en Angleterre le sens commun prédomine, et c'est là un principe puisé dans le sens commun.

Il en est un autre qui peut s'appliquer aux lords. Quel titre ont-ils à faire des lois pour nous ? Ils en ont deux : la loi actuelle et la constitution. Mais la loi et la constitution ont déjà été changées ; pourquoi ne le seraient-elles pas encore ? Ce n'est donc pas un argument. Que sont les lords ? des législateurs héréditaires. Attendu que le père était regardé comme un bon législateur, le fils doit être aussi tenu pour tel ; c'est comme si un homme voulant vous faire un habit répondait à la question : Êtes-vous tailleur ? «Non, mais mon père l'était. » Est-il un seul d'entre vous qui voulût employer un tailleur héréditaire de cette espèce. Ce principe du sens commun touchant les lords deviendra populaire. Législateurs ou tailleurs héréditaires, nous ne voulons pas de pareilles gens. Et qui rend ce principe populaire ? les lords eux-mêmes, qui se montrent les pires des tailleurs. Ils ont essayé de gâter le bill de réforme des corporations.

Nous autres des communes, nous y avons mis d'aussi bons ingrédiens que nous avons pu ; mais eux, comme des enfans affamés, ils ont craché au plat pour en dégoûter les autres. Nous, nous avons purifié la liqueur de nouveau, et nous lui avons donné toutes les qualités qu'il nous a été possible de lui donner. Nous espérons que ce sera une boisson salutaire, et l'année prochaine nous essaierons d'étancher leur soif avec une plus grande dose.

Mais, pour quitter la métaphore, on m'a reproché de n'avoir pas repoussé complètement le bill, parce que les lords en avaient gâté une partie. Je ne crois pas que les Anglais m'en eussent su le moindre gré. Si vous aviez un débiteur de mauvaise foi, et qu'il vous offrît de payer dix schellings six deniers sur une dette d'une livre, ne prendriez vous pas cela comme un premier à-compte ? Ne seriez-vous pas mieux placés pour obtenir le reste, une fois que les 10 schellings 6 deniers auraient été payés ? La vraie dette nationale est la dette de l'amélioration générale. Nous avons pris 10 schellings 6 deniers sur les lords, ces mauvais débiteurs, et nous ferons tous nos efforts pour leur arracher les autres 9 schellings 6 deniers qu'ils nous doivent. Ils n'auront jamais quittance, tant qu'ils nous devront un liard ; et s'ils tardent trop, ils auront à payer aussi quelque peu d'intérêts.

C'est une mission, mes amis, dont je suis chargé. Je vais faire un tour en Angleterre et en Ecosse, pour encourager le peuple à agir sûrement et à éviter la violence ; car la violence, outre qu'elle fortifie nos ennemis, est un mal en elle-même. Je suis arrivé à un point de ma vie où il a été de mon devoir d'étudier l'histoire des grandes mutations des peuples ; et, dans les annales du monde, depuis les époques les plus anciennes jusqu'à nos jours, je défie qui que ce soit de me montrer aucun changement bienfesant produit par la violence ou par la fraude ; je défie qu'on me montre une révolution sanglante qui n'ait pas mis le pays dans un état pire qu'auparavant, et, de toutes les nations du monde, il n'en est aucune qui présente moins de scènes de violence, de carnage et de révolution que la nation anglaise.

Ce n'est pas que je m'inquiète des lords et des grands seigneurs. Ils peuvent être renversés de leurs dignités par de grands changemens, sans que j'aie pitié de leur infortune ; mais je songe à la partie la plus humble des classes ouvrières. Supposons que, par quelque convulsion dans ce pays, les fabriques de Manchester s'arrêtent pendant huit jours : que deviendront les femmes et les enfans des ouvriers ? Une nation commerciale et manufacturière ne peut, sans danger, s'exposer à une secousse révolutionnaire ; mais, grâce à Dieu, l'instruction se répand parmi vous ; les classes ouvrières sont aujourd'hui plus éclairées, je n'exagère pas, que les lords. J'ai vu des lettres de cinquante-cinq lords, et si je choisissais au hasard six hommes dans quelques institutions d'ouvriers que ce soit, je suis sûr qu'ils écriraient mieux une lettre que ces lords.

L'instruction qui se répand parmi les ouvriers leur apprendra que toute violence serait destructive pour eux et leurs familles; ils comprendront aussi que toutes les charges de la société pèseraient également sur l'ouvrier et sur le pays, et ils s'uniront à moi, pacifiquement et tranquillement, pour lutter contre l'oppression, jusqu'à ce qu'ils aient obtenu l'objet de tous leurs vœux, un bon gouvernement et un gouvernement à bon marché.

Il n'y a jamais eu de révolution faite par le sang qui n'ait infligé à un peuple un Cromwell, ou un Napoléon, ou quelque autre soldat ambitieux, surpassant leurs prédécesseurs en tyrannie.

Je suis depuis trente-cinq ans l'avocat des libertés du peuple (dans ma famille on vit quatre-vingt-seize ans) ; j'ai encore trente-cinq ans à donner à cette noble cause, et en même temps je remuerai tous les sentimens publics pour renverser la tyrannie et l'oppression. Méprisez l'homme qui vous opprime, mais ne le touchez pas ; regardez-le comme un chien enragé, mais évitez sa dent de peur qu'il ne vous communique sa rage. Que chacun de ceux qui m'écoutent se joigne à nous : nous voulons obtenir la paix et le progrès par des moyens qu'aucun homme de bien ne condamnera, et auxquels Dieu lui-même doit sourire. Que chacun de vous emporte avec lui autant qu'il pourra de l'instruction toute morale qu'il vient d'entendre. Mais surtout que les Irlandais donnent l'exemple de la paix et de l'ordre ; et alors nous aurons l'Angleterre avec nous, comme nous avons combattu à côté de ses enfans dans tant de batailles livrées contre ses ennemis. Laissez-moi terminer en insistant sur cette recommandation que je vous ai déjà faite : Évitez les sociétés secrètes ; souvenez-vous que vous avez une chambre des communes qui lutte pour les libertés. Tant que vous aurez un parlement et des ministres faits pour marcher à la tête du peuple, croyez-moi, grâce aux efforts des hommes de bien, des jours de plus en plus heureux luiront sur ce pays, et cette grande et glorieuse nation, qui a brillé au-dessus de toutes les autres à chaque ère de son histoire, sortira de cette lutte comme l'oiseau du paradis, ranimé par un long repos, et répandant de ses ailes la paix, le contentement, la prospérité, le bonheur, sur toutes les nations.

DISCOURS DE O'CONNEL A ÉDIMBOURG.

M. O'Connel avait été invité par de notables habitans d'Édimbourg à visiter cette capitale. Les corps des métiers d'Edimbourg et de Leith se portèrent à sa rencontre. Le cortége se partagea en deux portions, l'une devant et l'autre derrière la voiture de l'illustre orateur, et ce fut dans cet ordre que l'on arriva à la ville. Partout, sur son passage, M. O'Connel fut salué par les acclamations de la multitude qui encombrait les rues. Les bannières qui flottaient de toutes parts avaient été préparées pour la circonstance. La plus remarquable était un grand drapeau vert (couleur de l'Irlande), portant pour inscription: *O'Connel, le champion du peuple, éprouvé contre la tentation, renforcé dans l'adversité.* Sur toute la route que suivit le cortége, les fenêtres étaient garnies de femmes élégamment parées, dont la plupart agitaient des mouchoirs blancs. Les Irlandais unis formaient une masse assez nombreuse, et portaient plusieurs de leurs emblêmes nationaux ; ils se fesaient remarquer par l'uniformité de leur costume, et tous étaient décorés d'une écharpe verte.

Arrivé aux hustings, et chacun ayant pris sa place, M. O'Connel s'est levé : les applaudissemens ont alors recommencé avec une nouvelle force, et pendant quelques minutes il a été impossible au représentant de Dublin de prendre la parole. Un profond silence ayant succédé à cette bruyante manifestation, M. O'Connel a parlé ainsi d'une voix forte et sonore :

Écossais, je viens vous apporter des nouvelles : les torys en Angleterre disent hautement qu'ils rentreront au pouvoir; (*cris de jamais!*) ils se repentent d'avoir laissé passer le bill de réforme, et sur ce point je n'ai pas de peine à croire à la sincérité de leur repentir. (*On rit.*) Prenez-garde, tout ceci est sérieux, et je vous répète que bien que le caractère distinctif des torys soit l'hypocrisie et la duplicité, ils ne cachent pas maintenant leur ferme résolution de détruire l'effet du bill de réforme et d'imposer de nouveau à l'Angleterre leur joug despotique ; mais ils ne réussiront pas. (*Tonnerre d'applaudissemens.*) Non, j'en atteste tout ce que j'ai vu aujourd'hui ; ils ne réussiront pas. J'ai parcouru les plaines de l'Angleterre ; j'ai visité ses grandes cités commerciales, traversé les flots de ses populations industrielles, et j'ai entendu sortir de toutes les bouches ce vieux cri de liberté : « Les Bretons ne seront jamais esclaves ? » (*Bruyans applaudissemens.*)

Enfin je suis venu visiter votre contrée bien aimée. C'est hier seulement que, pour la première fois de ma vie, j'ai eu l'honneur de mettre le pied sur la terre d'Écosse, et, dès mon premier pas sur ce sol fertile, jusqu'à ce moment où je me trouve environné de cette immense multitude accourue pour saluer mon entrée dans la capitale de l'Écosse, mon cœur n'a cessé de battre de plaisir et de s'embraser d'un nouvel amour pour la liberté du genre humain. (*Applaudissemens.*) Lorsque je jette les yeux autour de moi, et que j'aperçois sur tous les visages de cette immense foule une expression de bienveillance et de sympathie, lorsque ma vue embrasse le splendide panorama qui se déroule devant moi, oh! alors, à l'aspect de pareils tableaux, moi, qui toujours ai été un amant passionné de la nature, je sens mon âme oppressée sous le poids des plus délicieuses sensations, et du fond de ma poitrine s'échappe ce cri : Quel est l'homme assez lâche pour ne pas se dévouer avec joie à combattre pour un tel pays ? (*Applaudissemens.*) Oui, je le répète, nous n'aurons rien à redouter des manœuvres des torys, tant que l'Écosse frémira à la vue de l'empreinte que les fers de Dondas (*) ont laissée sur son cou, tant qu'elle maudira la mémoire de cette race de courtisans affamés, semblables aux sangsues qui ne lâchent prise qu'après s'être gorgées de sang. Peuple d'Écosse, prends garde ! une nouvelle clique de Dondas te menace en ce moment. (*Rires et applaudissemens.*)

Je me rappelle encore le temps où un homme qui aurait osé, dans cette même ville d'Édimbourg, parler, à un meeting public, comme je parle en ce moment, n'eût pas tardé à être embarqué sur un bâtiment pour être déporté dans les parages de l'océan Pacifique, à supposer qu'il eût été assez heureux pour échapper au gibet de Grass-Market. (*Rires et cris de* C'est vrai !) Sous le règne des Dondas, tout Écossais qui laissait lire sur son front la moindre apparence de mécontentement en présence de l'oppression que l'on fesait peser sur son pays, était à l'instant puni comme coupable du crime de lèse-torysme. L'Écosse était infestée d'une nuée d'espions. D'infâmes mignons de cour, jouant le rôle d'agens provocateurs, s'attachaient aux pas des hommes connus alors par leurs sentimens libéraux, pour les pousser à des manifestations en faveur de la liberté, afin d'obtenir des récompenses en les dénonçant, et de s'enrichir en vendant le sang humain. (*Bruyans applaudissemens.*)

(*) Les Dondas étaient une ancienne famille puissante qui, en Écosse, accaparait les emplois publics et oppressait le peuple.

Écossais ! souffrirez-vous qu'un pareil état de choses se reproduise dans votre pays? (*Cris de* Non ! non !) . Non, vous ne courberez pas de nouveau vos têtes d'hommes libres sous le joug des torys: vous l'avez juré, et les Écossais n'ont jamais manqué à leur serment. Lorsque l'Angleterre voulut opprimer les consciences de vos ancêtres, ils jurèrent en face du ciel qu'ils ne le souffriraient pas, ils tirèrent l'épée, et ne la déposèrent qu'après avoir obtenu une entière liberté de religion. Peuple écossais ! non seulement vos triomphes, mais vos défaites mêmes ont prouvé que vous étiez un peuple impossible à subjuguer, et il serait aussi facile aux Peel et aux Wellington d'ébranler par sa base le rocher que j'aperçois en face de moi, que de réduire le peuple écossais lorsqu'il est décidé à obtenir la réforme. (*Applaudissemens.*) Or, vous y êtes décidés, j'en atteste la réception que vous m'avez faite aujourd'hui, à moi qui ne suis personnellement qu'un humble individu sans importance, avec un accent irlandais nécessairement peu agréable à vos oreilles (*on rit*), et professant cette religion catholique qu'on vous a appris à détester. Cependant, malgré tous vos préjugés nationaux et religieux, vous m'avez reçu avec un enthousiasme égal à celui qui aurait pu m'accueillir dans les vertes vallées de ma chère patrie. (*Applaudissemens.*) Mais ce n'est pas de l'orgueil que j'éprouve à la vue d'une pareille réception ; je ne me laisse point aller à un sentiment de vanité en attribuant à mon mérite personnel l'attention, je puis dire religieuse, avec laquelle cette immense multitude rassemblée autour de moi écoute mes paroles. Non, bien que mon cœur soit oppressé sous le poids d'une reconnaissance telle que les paroles humaines seraient insuffisantes pour l'exprimer; bien que mon âme soit en proie à des ravissemens à peine comparables aux songes enchantés du jeune poëte, et aux visions extatiques de l'anachorète, au moment où ils croient voir le ciel s'ouvrir devant eux, je ne cède pas à un vain prestige, et je reconnais que l'ovation s'adresse non à l'individu, mais au principe; non à l'avocat, mais à la cause; non au représentant d'une portion du peuple, mais à l'ami de la liberté du genre humain. (*Bruyans applaudissemens.*)

Oui, votre accueil n'a d'autre but que de me prouver que vous partagez mes principes. J'ajouterai que l'éloquente adresse que vous m'avez présentée, et dans laquelle vous avez rappelé mes services, me prouve que vous me comprenez parfaitement. Je suis du peuple, et mon ordre est celui du peuple. Vous comptez parmi les défenseurs de la liberté de hauts et puissans aristocrates ; mais vous sentez que leurs sentimens doivent nécessairement différer des vôtres. Je suis du peuple, et je soutiens qu'il doit être affranchi de toutes entraves autres que celles qui ont pour but de réprimer le crime ou le délit ; je ne cesserai jamais de réclamer un bon et économique gouvernement. (*Bruyans applaudissemens*). J'ai longtemps lutté pour la cause de la liberté religieuse. Lorsque je vins au monde, d'épais brouillards couvraient le ciel de mon pays natal. Ceux de mes compatriotes qui voulaient adorer Dieu comme leurs ancêtres l'avaient adoré, étaient proscrits et considérés comme des étrangers sur la terre où ils avaient reçu le jour. Dès ma plus tendre enfance mon cœur se souleva contre cette odieuse oppression, et je jurai de consacrer tous mes efforts à la combattre et à la renverser. J'ai longtemps lutté pour arriver à ce but, non dans la vue d'assurer le triomphe d'une secte de chrétiens sur une autre, mais afin de faire triompher le principe sacré de la liberté complète de religion et de conscience. Enfin, avec l'aide de Dieu, nous autres catholiques romains, nous sommes parvenus à faire reconnaître nos droits ; mais nous n'avons considéré notre triomphe comme complet que lorsque, l'année suivante, nous avons réussi à obtenir également l'émancipation des protestans dissidens.

Maintenant, si de mes principes religieux je passe à mes principes politiques, je dirai que j'ai toujours soutenu que les gouvernemens sont faits pour les hommes, et non les hommes pour les gouvernemens (*). (*Applaudissemens.*) Je n'ai jamais cessé de réclamer la plus grande extension possible en matière de franchises électorales.... Je ne chercherai pas à troubler la paix de la société, tant que la marche de la liberté ne sera pas réellement entravée ; mais si elle s'arrête, je n'hésiterai pas alors à pousser à la roue, au risque de renverser le char. (*Rires et applaudissemens.*) »

M. O'Connel explique ici ses vues sur la durée des parlemens, sur le vote secret, sur la responsabilité de tout fonctionnaire public. Puis, à cette occasion, il parle contre l'hérédité de la pairie. Enfin il poursuit en ces termes :

Les lords ont résolu de recouvrer leur ancienne puissance et de vous escamoter le bill de réforme. Aux dernières élections, ils ont fait une tentative désespérée sur l'Angleterre, une tentative digne de ces caporaux ridicules auxquels ils donnent le titre de généraux. Elle était digne de Wellington ; il avait essayé audacieusement de ressaisir le pouvoir, et il a presque réussi. Le fait est que, nous autres radicaux, nous

---

(*) Il est curieux de rapprocher ces paroles de ce passage d'un sermon de Massillon : « Les grands seraient inutiles sur la terre, s'il ne s'y trouvait des pauvres et des malheureux : ils ne doivent leur élévation qu'aux besoins publics ; et, loin que les peuples soient faits pour eux, ils ne sont eux-mêmes tout ce qu'ils sont que pour les peuples. »
(Massillon. *Discours sur l'humanité des grands.*)

n'étions pas assez préparés à fournir aux wighs les secours que leur position exigeait, et les whigs ne comprenaient pas assez la nécessité d'avoir le peuple pour eux. Ils avaient confiance dans une faction de cour. Ils s'imaginaient que la raison conseillerait à cette faction de laisser les whigs tranquilles, plutôt que de frayer la voie à des réformateurs d'un caractère plus décidé. Le duc fit un essai........ Nous avons remporté la victoire, mais nous avons encore la chambre des lords contre nous, et cette chambre a résolu de ne nous accorder aucune parcelle de liberté.

Les lords, usurpant le privilége du créateur, nous ont dit : Vous irez jusque-là et pas plus loin. On dit que la chambre des lords est une ancienne institution ; or, je vous le demande, si 170 dames de la cour de Georges IV, fanées et laides, venaient, comme les 170 lords, arrêter les progrès en tous genres, que feriez-vous? Je pense que, malgré votre respect pour le beau sexe, vous les chasseriez. Eh bien ! les 170 vieilles femmes en pantalon me plaisent infiniment moins que les 170 vieilles femmes en jupon. Le but de ma mission est d'exciter les Anglais et les Écossais à pousser à la roue pour chasser les 170 lords, comme nous avons déjà chassé les vieux membres des corporations.

Maintenant la chambre des communes existe comme représentation indépendante, et aussitôt que cette transformation s'est accomplie, le voile derrière lequel se cachaient les lords est tombé, et ces nobles seigneurs ont paru alors dans toute leur laideur, semblables à ce monstre d'une des comédies de Dryden, caché sous une espèce de peau humaine qui tombe à ses pieds, et alors chacun s'écrie : « Voyez la candeur virginale de Grienbald ! » (*)

De même, après la réforme de la chambre des communes, le voile qui couvrait les lords a disparu, et la candeur virginale des 170 s'est montrée dans sa difformité native. *(Rires et applaudissemens.)* Ces misérables, il faut que vous les poursuiviez incessamment. Il faut que vous rédigiez des adresses au parlement pour réclamer cette réforme ; et il faut que vos pétitions soient signées par les femmes aussi bien que par les hommes ; car pourquoi ne serait-il pas permis aux jeunes et jolies femmes de Paisley de présenter des pétitions contre les vieilles femmes de la chambre des lords. *(Bruyans éclats de rire, mêlés d'applaudissemens.)* Je vous inculque des sentimens de paix ; je n'ai pas besoin de l'arme de l'émeute ; mais je vous recommande la persévérance et une agitation

(*) C'est le nom du monstre.

continuelle, jusqu'à ce que vous ayez obtenu une amélioration de vos institutions. (*Applaudissemens.*) Ce cri traversera l'Angleterre. Chaque homme regardera son voisin et lui dira : Êtes-vous pour l'ésclavage de l'Angleterre, ou pour l'amélioration de ses institutions? Ou souffririez-vous que les Peel ou les Goulburn se jetassent sur les libertés de l'Angleterre comme sur une proie pour flétrir ce qu'ils ne sauraient détruire, et déchirer ce qu'elles ont de trop brillant et de trop glorieux pour des animaux aussi immondes? Sir Robert Peel prétend que nous voulons qu'une chambre soit composée de radicaux. En s'exprimant ainsi, il sait qu'il est loin de la vérité. Je reconnais l'utilité de deux chambres du parlement ; mais il faut qu'elles soient soumises au pays. Il faut avant tout que nous soyons unanimes, que les noms de whigs et de radicaux s'effacent devant le nom commun de réformateurs. D'ailleurs, je sais positivement que les whigs de cette année ne sont pas les whigs de l'année dernière. Maintenant qu'ils ont senti la nécessité d'être appuyés par le peuple, et qu'ils ont vu les piéges de l'aristocratie, ils sont venus se rallier à nous : nous serions des hommes sans esprit, si nous ne fesions pas quelques pas pour leur donner la main. Ils sont allés assez loin pour le moment : ils feront le reste insensiblement, si on ne les presse pas trop. Ils ont présenté deux grandes mesures, le bill de réforme des corporations municipales, et le bill destiné à assurer la tranquillité de l'Irlande. Les lords ont mutilé le premier bill ; mais ce n'est pas la faute du ministère, et nous devons le soutenir.

« Je suis bon radical, mais je suis aussi un homme d'action. Je veux pouvoir plaider en faveur de mesures utiles, qui me donnent le droit de stimuler les ministres s'ils s'arrêtaient, et de les combattre s'ils voulaient déserter la cause, ce que je ne crois nullement. Soyons unanimes : les lords le sont bien, les torys le sont aussi. Tous tendent au même but, et ils sont peu scrupuleux sur le choix des moyens. De l'union ! de l'union contre les lords, et tout est sauvé....

Après quelques mots sur la partie du discours de sir Robert Peel, apologiste intéressé, dit-il, du système du ministère français, M. O'Connel *termine ainsi :*

Messieurs, j'ai abusé de votre patience. (*Cris nombreux:* Non ! non !) J'ai pris plaisir à penser tout haut au milieu de vous. Les Irlandais apprendront avec ravissement l'accueil qui m'a été fait en Angleterre et à Edimbourg. (*Applaudissemens répétés.*) Ce cri de la reconnaissance sera répété d'un bout à l'autre de l'Irlande, et plus d'un Irlandais, à l'âme ardente, se sentira ému jusqu'aux larmes quand il saura comment l'Ecosse a reçu un humble Irlandais comme moi. A ce touchant récit, plus d'une mère irlandaise, berçant avec les airs nationaux l'enfant endormi sur son sein, s'arrêtera pour mêler aux chants de l'Irlande les chants de l'Ecosse et l'hymne des Wallaces, et, pendant le sommeil de son enfant, elle élèvera à Dieu sa prière et appellera les bénédictions célestes sur le peuple généreux qui a tendu une main secourable à l'Irlande dans les jours de sa détresse.

L'enthousiasme qui anime l'orateur se communique à l'assemblée, et des acclamations unanimes accompagnent ces dernières paroles, prononcées avec une vive émotion.

PRÉSENTATION
D'UN VASE D'ARGENT A O'CONNEL
AU NOM DES IRLANDAIS UNIS D'ÉDIMBOURG.

Le lendemain de l'entrée triomphale de M. O'Connel dans la capitale de l'Ecosse, un *meeting* (*) a été convoqué dans les salons de l'hôtel de Waterloo, à l'effet de présenter à l'illustre orateur un vase d'argent comme tribut de l'admiration des Irlandais unis, et de gratitude pour les services que l'honorable et savant gentleman a rendus à la cause de l'émancipation civile et religieuse.

A son entrée, M. O'Connel a été salué par les plus vifs applaudissemens; le président de la société a lu une adresse rédigée pour la solennité, puis il a présenté le vase et l'adresse à M. O'Connel, qui les a reçus au milieu des acclamations enthousiastes de l'assemblée. Le vase est d'une forme très-élégante et d'un travail admirable ; il pèse 50 onces, et sa valeur est de 30 liv. st. (750 fr.). Le couvercle est surmonté de la harpe (ancien emblème de l'Irlande), et sur l'un des côtés se trouve l'inscription suivante, entourée de feuilles d'acanthe: « Présenté par les Irlandais unis d'Edimbourg à Daniel O'Connel, membre du parlement, libérateur de l'Irlande et l'ami de l'humanité, comme témoignage d'attachement à sa personne et aux principes de sa vie politique ; et en reconnais-

---

(*) *Assemblée politique.* Elle était d'ordinaire l'occasion d'un repas, à la fin duquel les convives portaient de nombreux toasts en l'honneur des hommes éminens de leur parti, et des points principaux de leur profession de foi politique.

sance de ses efforts qui ont amené pour la nation irlandaise la restauration de la liberté civile et religieuse. »

Après avoir répondu à la partie politique de l'adresse, M. O'Connel a remercié l'assemblée de ces témoignages de ses honorables sympathies, et a terminé sa brillante improvisation par ces paroles prononcées d'une voix pleine d'émotion et de sensibilité :

Je montrerai bientôt à mes petits enfans, groupés autour de moi, cette superbe coupe, et, lorsqu'ils admireront la perfection du travail et la pureté de la matière, ils apprendront quel immense avantage il y a, même pour le plus humble des hommes, d'être toujours honnête, toujours énergique. Messieurs, je puis le dire, jamais je n'ai plus chéri l'Irlande ; jamais je ne me suis abandonné au repos, sans penser que dans la journée j'aurais pu être plus utile à mon pays; et, le matin, jamais je ne me lève sans adresser à la Providence d'ardentes prières pour son bonheur et sa liberté. Je pense alors, en me recueillant, à ce que je pourrais dans le jour faire pour ma patrie bien aimée, et je ne suis ici que pour accomplir cette mission.
— Si demain je descendais dans la tombe, on pourrait dire de moi que j'ai laissé mon pays dans une meilleure situation que je ne l'avais trouvé à ma naissance. La neige de soixante hivers a passé sur ma tête ; mais mon cœur est aussi jeune que quand j'ai reçu le jour. Mon courage n'est point lassé. Mais vous direz peut-être que ma langue ne se lasse pas plus que mon courage. (*Rires et applaudissemens.*) Au reste, il est une pensée bien faite pour m'animer : c'est celle de laver le christianisme, notre commune religion, de la tache de la persécution ; de prêcher à toutes les sectes la doctrine de l'affection mutuelle, et de faire entendre à tout chrétien qu'il ne pourra jamais convaincre son prochain des erreurs de sa foi en le calomniant et le persécutant, et enfin que la meilleure forme de la religion chrétienne doit être celle qui tend à produire le plus d'œuvres de charité, à porter les hommes à s'entr'aimer et à nous faire assister nos semblables, sans distinction de classe, de couleur ou de royaume.

DISCOURS DE O'CONNEL

AUX OUVRIERS DE GLASCOW.
TOAST PORTÉ A MADAME O'CONNEL.

L'accueil que M. O'Connel reçut à Glascow, surpasse encore par ses manifestations et son enthousiasme l'empressement et les honneurs dont il avait été l'objet dans les diverses villes qu'il avait déjà parcourues. Sur toute la route d'Edimbourg à Glascow, les populations accouraient pour saluer son passage. A Glascow, deux cent mille hommes se pressaient dans les rues et autour des hustings. Les corps des *Réformistes loyaux* d'Irlande et des *Ouvriers-Unis* se fesaient remarquer par la richesse de leurs bannières sur lesquelles M. O'Connel était représenté tenant à la main le bill des dîmes d'Irlande.

Tout-à-coup la voiture de M. O'Connel fut entourée par un grand nombre des assistans qui voulaient dételer les chevaux et conduire à bras le député de Dublin, mais M. O'Connel s'y est formellement refusé, et a déclaré que si l'on persistait il descendrait de voiture.

« J'ai toujours désapprouvé, dit-il, une pareille démonstration, qui ne tend à rien moins qu'à dégrader la dignité humaine, en fesant descendre les hommes au rang des bêtes de somme ; et, bien qu'en cette circonstance l'offre de traîner ma voiture soit spontanée et parte d'un sentiment dont je suis reconnaissant, je ne me départirai pas de mes principes, et je vous prie d'y renoncer. »

Cette allocution a produit l'effet désiré.

Lorsque le cortége fut parvenu aux hustings, la foule se pressait autour de l'illustre orateur. C'était à qui arriverait le plus tôt pour lui serrer la main ; les acclamations retentissaient de toutes parts. M. Graham a donné lecture de l'adresse des ouvriers de Glascow. Il a été vivement applaudi à diverses reprises, et lorsqu'il fut au passage où les ouvriers demandent l'égalité des droits pour tous ceux qui concourent au maintien du gouvernement municipal et national, M. O'Connel s'est découvert et a salué l'assemblée, qui a répondu par d'unanimes applaudissemens.

La lecture terminée, M. O'Connel se lève et s'exprime ainsi :

« Hommes de Glascow ! Que n'ai-je une puissance de voix égale à ma reconnaissance et proportionnée à mes sentimens, pour

pouvoir m'adresser à cette immense et imposante multitude !
Malheureusement, il est impossible que ma réponse ne soit pas
au-dessous d'une adresse aussi éloquente et aussi flatteuse pour
moi. Quand je vois une agrégation si considérable d'hommes
me faire l'insigne honneur de remarquer un individu aussi humble que moi ; quand j'entends cette foule de créatures de Dieu
m'adresser de pareils éloges, à moi qui ne suis qu'un pygmée,
je sens qu'il m'est impossible d'exprimer convenablement la gratitude dont mon cœur est oppressé..... »

L'orateur s'excuse sur le retard qui a été apporté à son arrivée par suite des honneurs imprévus qui l'ont accueilli sur sa route ; puis il continue :

« Maintenant je reviens à l'adresse que vous m'avez fait l'honneur de me présenter, et je déclare que j'en approuve hautement
et complètement le contenu ; à l'exception toutefois des passages qui renferment des éloges exagérés à mon égard ; (*Cris de:*
Non ! non !) et cependant je suis fier de cette exagération même,
car elle prouve la puissance des sentimens qui vous animaient
lorsque vous avez cru devoir élever un aussi frêle frontispice sur
un aussi majestueux piédestal. (*Applaudissemens.*)

« Maintenant arrivons aux choses sérieuses. Il faut que nous
renversions la chambre des lords (*Applaudissemens.*) Vous ne serez jamais que des esclaves et de misérables créatures du pouvoir, en un mot, vous ne vous appartiendrez pas à vous-mêmes,
tant que la chambre des pairs n'aura pas été complètement
réformée.

« Je me rappelle que dans une assemblée publique, à Londres, on demandait : « Qu'entendez-vous par nettoyer les écuries d'Augias de la chambre des pairs ? — Les écuries d'Augias
furent nettoyées en y fesant passer une rivière. — Ah ! je comprends maintenant. Mais, au lieu de faire entrer la rivière dans
la chambre des lords, si nous fesions passer les lords dans la
rivière ? » Mais ce plan, je le désapprouve entièrement. Ce
que je veux, et ce sur quoi je ne cesserai jamais d'insister, c'est que l'on introduise le principe de l'élection dans la
chambre des lords, et que cette chambre cesse d'être irresponsable. (*Applaudissemens.*) Jusqu'à ce jour, les lords se sont
montrés constamment ennemis de toute espèce de réforme. Si
les lois contre les coalitions étaient encore en vigueur, les nobles
lords pourraient certainement être mis en accusation comme coupables de coalition illégale. (*Rires et applaudissemens.*) Ils ont
aussi leur lieu de réunion ; ce lieu de réunion ne ressemble pas
à celui où d'honnêtes commerçans se rassemblent pour aviser à
rendre leur condition meilleure, mais bien plutôt à une caverne
où, comme dans *Gil Blas*, les voleurs se retirent pour se con-

certer sur les moyens de maintenir leur système de pillage. (*Bruyans applaudissemens*.)

« Les lords tiennent leur conciliabule à Apsley-House, dans ce palais que le peuple a acheté pour le duc de Wellington, et c'est là qu'ils décident combien de mesures salutaires pour la nation ils pourront détruire. Quand à l'opinion publique, ils ne s'en soucient pas le moins du monde. Ils sont contre le peuple, eux, ces nobles fils de leur mère, quel que puisse être leur père. (*Bruyans éclats de rires*) On demandera peut-être comment il s'est fait que le peuple ait tardé si longtemps à s'apercevoir que les lords sont une pierre d'achoppement pour la liberté, et comment il n'a pas essayé plus tôt de les réformer? A cela je répondrai qu'avant le triomphe du bill de réforme, les lords déguisaient leur puissance sous le nom de leurs créatures, les élus des bourgs-pourris de la chambre des communes. Qui ne sait, en effet, que les membres de cette chambre n'étaient que les prête-noms des lords, chargés de faire toute leur honteuse besogne? Afin de mettre leurs maîtres à couvert, ces honorables représentans avaient pris la tâche de dépouiller le peuple, tout en se réservant pour eux une partie des dépouilles. C'est ce qui fait que le peuple est resté si longtemps sans apercevoir les mauvais effets de la chambre des lords. Mais une fois le bill de réforme adopté, le principe démocratique triompha, et, le peuple étant en quelque sorte représenté, les lords se montrèrent dans toute leur perversité naturelle; car alors il leur fallut se mettre eux-mêmes en avant pour appuyer l'œuvre de la corruption, et arrêter, s'il était possible, les progrès de la liberté. (*Applaudissemens*.) Quel était l'état de l'Écosse sous la domination des Dundas? Glasgow ne comptait alors que trente-trois électeurs, lesquels n'avaient à nommer que le quart d'un représentant. (*Applaudissemens*). Mais maintenant votre antique cité est représentée par deux des plus honnêtes membres du parlement. La réforme essentielle en ce moment, c'est la réforme de la chambre des lords; sans cela, à quoi serviraient toutes celles que vous avez déjà obtenues? Voyez, en effet : les nobles seigneurs proclament l'esclavage : vous demandez la réforme. Comment cette anomalie pourrait-elle subsister?

« Dans le cours de ma mission, à travers les districts manufacturiers de l'Angleterre, j'ai lu sur la contenance mâle des milliers de citoyens accourus sur mes pas, qu'ils étaient pénétrés du sentiment exprimé dans ce passage d'un de leurs anciens chants nationaux : « Les Bretons ne seront jamais esclaves. » J'ai entendu ce cri répété sur les hauteurs de Carlton-Hill, à Édimbourg. Je viens de l'entendre retentir dans les vertes prairies de Glasgow, et je crois pouvoir vous assurer qu'il se répétera d'échos en échos depuis les montagnes de Connemara jusqu'aux collines de Howth. (*Applaudissemens.*)

« Une législature héréditaire est une absurdité. Un pair est censé connaître la confection des lois dès son berceau, et sucer la science législative avec le lait de sa nourrice. (*On rit*) Mais le temps où l'on pouvait faire croire au peuple de pareilles niaiseries est passé. Il n'est à présent aucune nation qui soit disposée à se soumettre à un corps de législateurs irresponsables. On dit que c'est une ancienne institution, et qu'à ce titre il faut la conserver. Je répondrai que ce n'est pas là une bonne raison : par cela seul que l'institution est vieille, elle doit être décrépite et avoir besoin de réparation. (*Rires et applaudissemens.*)

« S'il faut nécessairement conserver la chambre des lords, uniquement parce qu'elle est vieille ; pourquoi, par suite du même raisonnement, ne nous dirait-on pas de renoncer à la machine à filer pour reprendre la quenouille, qui est aussi une ancienne invention ; d'abandonner le gaz moderne pour l'huile à quinquet? l'huile, également, est d'institution ancienne ; c'était la lumière favorite des filous et des voleurs ; mais, maintenant, le gaz éclaire nos rues et nos allées, et j'espère que bientôt le gaz de la réforme brillera dans la demeure ténébreuse des lords. (*Applaudissemens.*) L'adresse que vous venez de me présenter exprime le vœu d'une extension des suffrages électoraux. Quant à moi, je suis, en théorie, pour le suffrage universel. (*Applaudissemens*) Je désire que l'on ne se méprenne pas sur le sens de mes paroles.

« Messieurs, en parcourant le pays, je me suis proclamé radical autant qu'aucun de vous ; mais je suis pour une alliance avec les whigs. Les whigs, si vous voulez, ont été plus voisins que nous de l'oppression, de la corruption, de l'oligarchie tyrannique, du torysme enfin ; mais ils n'ont pas pris part à l'oppression de l'Irlande, et si les lords n'étaient là pour les retenir, ils feraient du bien au pays. Je désire donc marcher de front et en bonne amitié avec les whigs dans la carrière des améliorations radicales.

« Quels trésors de consolation pour l'Irlande n'ai-je point recueillis dans ma tournée? Je dirai à ma patrie la sympathie énergique que j'ai rencontrée ici ; je lui dirai qu'ici j'ai vu un contrat d'alliance, non point de ces contrats qui avantagent l'une des parties au détriment de l'autre, mais un contrat cordial, et jamais je ne demanderai une législature séparée, si les législatures unies rendent justice à l'Irlande. (*On applaudit.*) J'aime l'Angleterre, j'aime l'Ecosse ; mais, pourquoi le cacher, l'Irlande occupe la première place dans mon cœur. (*Bruyans applaudissemens*) En Irlande, on dit : « l'Irlande tout entière à soi, ou tout le monde en feu. » Je ne voudrais pas voir le monde en feu, mais je voudrais voir l'Irlande tout entière à elle-même.

« Messieurs, toutes les fois qu'une mesure utile à l'Angleterre ou à l'Ecosse a été proposée, je lui ai donné mon appui, et j'ai embrassé toujours votre cause avec zèle et dévouement. J'ai combattu pour vous. A votre tour, hommes de Glasgow, je puis vous crier : A moi ! Mon bonheur serait que les applaudissemens avec lesquels vous m'avez accueilli eussent du retentissement jusque dans Tomwortz-House, (*Applaudissemens nouveaux*) et qu'ils fissent pâlir les torys, en leur apprenant qu'ici deux cent mille hommes se sont assemblés pour faire honneur à un homme qui le mérite si peu, honneur d'autant plus précieux qu'il annonce à cet homme que tant de sympathies sont acquises à sa cause..... »

M. O'Connel, après avoir dit que cette assemblée pouvait être féconde en enseignemens pour les propriétaires d'esclaves en Amérique, pour les Espagnols, les Portugais, et même le despote russe, meurtrier des femmes et des enfans de la Pologne, s'écrie :

« La liberté plane encore sur le monde ; les Russes eux-mêmes peuvent être appelés à devenir des hommes libres, et la tyrannie tomber pour toujours. (*Tonnerre d'applaudissemens.*)

M. O'Connel, après ce discours, s'est rendu à l'hôtel de la Tontine avec les commissaires et les corps des métiers.

A six heures, deux mille personnes ont assisté à une soirée donnée dans le Bazar, par les corps des métiers. M. O'Connel ayant paru dans cette réunion, le président a proposé un toast à Daniel O'Connel. (Triple salve d'applandissemens.)

M. Bowring porte un toast à l'Irlande, et M. O'Connel propose celui du président, le capitaine Spiers.

Le président ayant répondu par une allocution qui se termine par un toast porté à Madame O'Connel et aux membres de la famille d'O'Connel, celui-ci se lève et dit :

Ce n'est pas l'habitude en Irlande de porter des toasts de la nature de celui qu'on vient de proposer ; mais si les mœurs irlandaises se distinguent par un excès de délicatesse, il faut convenir que les mœurs de l'Ecosse sont plus conformes au bon sens. Il est beau de se souvenir ainsi, dans ses momens de loisir, de ces liens qui doivent être toujours chers à nos cœurs. Je vous dois mes remerciemens, Messieurs, pour la cordialité tout écossaise avec laquelle vous venez de porter un toast à Madame O'Connell. Je vous en remercie pour elle. Que d'obligations n'ai-je pas eues, pendant mes épreuves, à cette persévérance qui caractérise les femmes ! Que de fois, en proie au désespoir, dans les tribulations qui n'ont cessé d'agiter ma vie, j'ai dû aux conseils affectueux et sages d'une femme chérie ma persévérance dans la carrière politique, d'où, sans elle, auraient pu m'écarter tant de dégoûts dont on m'abreuvait!

ENTRÉE DE O'CONNEL A DUBLIN.

Après avoir rempli sa mission en Angleterre et en Écosse, M. O'Connel se dirigea vers la capitale de l'Irlande. Le jour où il était attendu, ses concitoyens s'étaient rassemblés en foule pour lui témoigner leur gratitude et leur admiration. Leur nombre s'augmenta encore lorsque le bâtiment qui l'apportait se montra en vue. Enfin, deux heures après il passa le long de la jetée, au milieu des acclamations et des applaudissemens des spectateurs, qui étaient en ce moment au nombre de dix mille. Après quelques minutes, M. O'Connel parut sur le pont, entouré des personnes qui l'avaient attendu et du comité de l'Union des arts et métiers. Il entra immédiatement dans une voiture attelée de quatre chevaux, que l'Union des arts et métiers lui avait offerte, et il s'achemina lentement vers Dublin, escorté par un nombreux cortége de cavaliers et par des milliers de piétons, que l'impatience, causée par l'attente, avait déterminés à se rendre à Kingstown. La voiture du libérateur était suivie d'une file de voitures qui s'étendait à plus d'un mille sur deux lignes.

M. O'Connel étant arrivé à sa maison s'empressa de se présenter sur le balcon, où il fut accueilli par de vives acclamations. Pendant qu'il prononçait un discours, M. Marcus Costello est venu lui présenter une adresse de l'Union politique des arts et métiers de Dublin. M. O'Connel l'ayant remercié, M. Costello a donné lecture de l'adresse et a été souvent interrompu par les applaudissemens de l'assemblée.

M. O'Connel, en réponse à cette adresse, s'est exprimé ainsi :

« Le premier et le principal objet de ma vie politique a toujours été et sera toujours l'Irlande, le bonheur de l'Irlande. (*Applaudissemens.*) J'ai longtemps lutté pour atteindre ce but contre diverses espèces d'adversaires et de gouvernemens, contre des gouvernemens ligués avec cette faction qui si longtemps a souillé et opprimé le sol de notre patrie. Vous avez déjà deviné, sans doute, qu'il s'agit de l'infâme et sanguinaire faction orangiste. (*Applaudissemens.*) J'ai le bonheur de pouvoir vous dire que, maintenant, le gouvernement du roi et le peuple sont identifiés d'intérêt et de but. Pour la première fois de ma vie, je vois un gouvernement réellement disposé à faire le bien de l'Irlande et voulant sincèrement placer le peuple d'Irlande sur le pied, non-seulement d'une égalité nominale, mais encore d'une égalité réelle, avec les sujets du roi habitant les autres parties des domaines britanniques. (*Bruyans applaudissemens.*) Je n'ai pas besoin de vous rappeler les actes de cet excellent vice-roi, lord Mulgrave. (*Ce nom est accueilli avec des murmures flatteurs.*) Je vote trois salves d'applaudissemens en l'honneur de lord Mulgrave. Lord Mulgrave n'a pas reculé devant la tâche hardie de démasquer la faction orangiste et de signaler son caractère illégal, factieux et déloyal.

« Le gouvernement actuel de l'Irlande est décidé à ne pas souffrir qu'aucune portion du peuple irlandais, quelle que puisse être d'ailleurs sa couleur politique, soit opprimée ; mais aussi il veut que les orangistes rentrent dans leur insignifiance primitive. (*On rit.*) Le ministère actuel est également décidé à faire tout son possible pour améliorer la condition des pauvres dans ce pays ; mais tous les bills d'une nature salutaire qu'il a proposés dans le cours de la dernière session ont été rejetés à la chambre haute par les lords, par les amis du sanguinaire grand-juge (lord Lyndhurst), par les bandits orangistes. Les lords ont rejeté toutes ces mesures, et cela sans autre bonne raison, sinon que Daniel O'Connell les avait approuvées. (*Rires et applaudissemens.*) Maintenant je vous en fais juges, n'est-ce pas plutôt là une raison pour les adopter ? (*Nouveaux applaudissemens.*)

« J'ai fait entendre au peuple d'Angleterre et d'Écosse un langage de paix ; c'est ce même langage que je viens vous adresser aujourd'hui. Nous avons déjà obtenu paisiblement une grande révolution. Nous avons, par les mêmes moyens, obtenu l'émancipation des catholiques et renversé la domination protestante. Eh bien ! le même chef marche encore à votre tête pour une autre lutte légale, et le même peuple, résolu et paisible, est toujours prêt à me seconder, à m'appuyer et à me prêter aide jusqu'à ce que nous ayons obtenu que la chambre des lords soit réformée comme celle des communes l'a été. (*Bruyans applaudissemens.*)

« Vous savez que je vous ai toujours dit : « Pas de sociétés secrètes, (*cris de :* Non ! non ! jamais !) pas de violence, pas de force brutale, pas de turbulence ; (*nouveaux cris de :* Non ! non !) mais j'espère obtenir ici, en Irlande, trois millions de signatures ; je crois même que, si je voulais, j'en obtiendrais quatre ou cinq millions au bas d'une pétition que je me propose de présenter au commencement de la prochaine session. Je suis sûr de recueillir, pour le moins, un nombre égal de signatures en Angleterre et en Écosse. Cette pétition aura pour objet de réclamer toutes les réformes appelées par le vœu de la nation : la réforme de la chambre des lords, l'abréviation de la durée des parlemens, l'extension des franchises électorales et la réforme de l'église d'Irlande.

« Il sera impossible de nous résister, si nous procédons légalement et paisiblement. Nous avons les ministres du roi avec nous, et nous pouvons compter sur leur concours toutes les fois qu'il s'agira de réformes utiles. J'ai cherché à opérer un rapprochement entre les whigs d'Angleterre et les radicaux d'Écosse, et à cimenter entr'eux un pacte d'union, et je puis dire que j'ai suffisamment réussi. J'avais promis à un membre de la chambre des communes d'opérer ce rapprochement. « Mais alors, me dit-il, le peuple irlandais ne voudra plus marcher avec vous. » Attendez un peu, et vous verrez, lui répondis-je. Je l'assurai que le peuple irlandais appuierait toujours les ministres actuels du roi. N'ai-je pas eu raison de parler ainsi ? (*Bruyans applaudissemens, et cris de :* Oui ! oui !)

« Les orangistes ne veulent pas, à la vérité, le rejet de l'union ; mais, ce qu'ils désirent, c'est de voir le peuple irlandais s'agiter à propos de ce rejet. J'aime à croire que nous connaissons trop bien nos intérêts pour leur donner satisfaction sur ce point. (*Bruyans applaudissemens.*) Quoi qu'il en soit, notre première affaire doit être d'abattre la faction orangiste.

« Je voudrais pouvoir vous exprimer l'enthousiasme et les transports de joie avec lesquels j'ai été reçu en Angleterre et en Écosse. (*Cris de*, Écoutez ! *mêlés d'applaudissemens.*) Je puis vous assurer que jamais je ne fus mieux accueilli dans cette chère Irlande même, et Dieu sait que jusqu'à ce moment je n'avais pas cru possible que je pusse être accueilli ailleurs comme je l'ai été dans ma terre natale. (*Bruyans applaudissemens.*) Vous en témoignerez votre reconnaissance en m'aidant à soutenir l'administration bienfesante que nous sommes parvenus à obtenir, en évitant toute société illégale, et généralement tout ce qui pourrait fournir des armes à vos ennemis ou affliger vos amis ; enfin, en fesant cause commune avec ces amis des deux autres portions du Royaume-Uni, dans la grande lutte constitutionnelle qui doit aboutir à rendre l'Angleterre heureuse, l'Écosse prospère et l'Irlande comme elle doit être, c'est-à-dire telle que le dit un des nos poètes nationaux : « Grande, glorieuse et libre, la plus belle fleur de la terre et le joyau le plus brillant des mers. »

M. O'Connel a quitté le balcon au milieu des applaudissemens de la foule, qui s'est ensuite séparée paisiblement.

ACADÉMIE.

IDÉE DU GENRE.

Il y a un genre d'éloquence qui est uniquement pour l'ostentation, et qui n'a d'autre but que le plaisir de l'auditeur, comme les discours académiques, les complimens qu'on fait aux puissances, certains panégyriques, et d'autres pièces semblables, où il est permis de déployer toutes les richesses de l'art et d'en étaler toute la pompe. Pensées ingénieuses, expressions frappantes, tours et figures agréables, métaphores hardies, arrangement nombreux et périodique; en un mot, tout ce que l'art a de plus magnifique et de plus brillant, l'orateur peut non-seulement le montrer, mais même en quelque sorte en faire parade, pour remplir l'attente d'un auditeur qui n'est venu que pour entendre un beau discours, et dont il ne peut enlever les suffrages qu'à force d'élégance et de beautés.

Il est pourtant nécessaire, même dans ce genre, que les ornemens soient dispensés avec une sorte de sobriété et de sagesse, et l'on doit surtout y jeter une grande variété. Cicéron insiste beaucoup sur ce principe, comme sur une des règles de l'éloquence les plus importantes. Il faut, dit-il, choisir un genre d'écrire qui soit agréable et qui plaise à l'auditeur, de sorte néanmoins que cet agrément, ce plaisir, ne viennent point enfin à lui causer du dégoût; car c'est l'effet que produisent ordinairement les choses qui frappent d'abord les sens par un vif sentiment de plaisir, sans qu'on puisse trop en rendre raison. Il en apporte plusieurs exemples tirés de la peinture, de la musique, des odeurs, des liqueurs, des viandes; et après avoir établi ce principe, que le dégoût et le rassasiement suivent de près les grands plaisirs, et que c'est ce qu'il y a de plus doux qui devient le plus tôt fade et insipide, il en conclut qu'il n'est pas étonnant que, soit en prose, soit en vers, un ouvrage, quelque grâce et quelque élégance qu'il ait d'ailleurs, s'il est trop uniforme et toujours sur le même ton, ne se fasse pas longtemps goûter. Un discours qui est partout ajusté et peigné, sans mélange et sans variété, où tout frappe, tout brille; un tel discours cause plutôt une espèce d'éblouissement qu'une véritable admiration : il lasse et il fatigue par trop de beautés, et il déplaît à la longue à force de plaire. Il faut dans l'éloquence, comme dans la peinture, des ombres pour donner du relief, et tout ne doit pas être lumière.

ROLLIN.

D'AGUESSEAU.

D'Aguesseau s'était fait par son éloquence la réputation la plus brillante. On disait de lui qu'il pensait en philosophe, et parlait en orateur. Son éloquence, pour se former, avait emprunté le secours de tous les arts et de toutes les sciences. La logique lui prêtait la méthode inventée par ce génie aussi hardi que sage, qui a été le fondateur de la philosophie moderne. La géométrie lui donnait l'ordre et l'enchaînement des vérités; la morale, la connaissance du cœur humain et des passions. L'histoire lui fournissait l'exemple et l'autorité des grands hommes; la jurisprudence, les oracles de ses lois; la poésie enfin répandait sur ses discours le charme du coloris, la chaleur du style et l'harmonie du langage. Ainsi, dans M. d'Aguesseau, aucune science n'était oisive, toutes combattaient pour la vérité. On aurait cru que chacun de ses plaidoyers était le fruit d'un long travail; cependant il n'en écrivait ordinairement que le plan, et réservait les détails et les soins d'une composition exacte pour les grandes causes, pour les réquisitoires, ou pour les mercuriales qu'il prononçait à la rentrée du parlement. Il était pour lui-même le censeur le plus rigide de ses ouvrages; et l'idée qu'il s'était formée du beau était si parfaite qu'il ne croyait jamais en avoir approché; c'est pourquoi il corrigeait sans cesse. Un jour il consulta M. d'Aguesseau, son père, sur un discours qu'il avait extrêmement travaillé, et qu'il voulait retoucher encore. Son père lui répondit avec autant de finesse que de goût : « Le défaut de votre discours « est d'être trop beau; il serait moins beau si vous le retouchiez encore. » Dans la mercuriale qu'il prononça après la mort de M. Le Nain, son ami et son successeur dans la place d'avocat-général, il plaça un portrait de ce magistrat, qui fit une si forte impression sur lui-même et sur ses auditeurs, qu'il fut obligé de s'arrêter par sa propre douleur, et par des applaudissemens qui s'élevèrent au même instant. Quel moment pour un orateur! On en compte peu de pareils dans l'histoire de l'éloquence.

Thomas.

Il n'est peut-être aucun nom plus justement et plus universellement honoré que celui du chancelier d'Aguesseau. Grand magistrat, ministre intègre et vertueux, savant profond, orateur célèbre, il a réuni les plus beaux titres d'illustration. Il semble même que la renommée, dont les erreurs ne sont jamais plus excusables que lorsqu'elle exagère le talent d'un homme de bien, a porté la réputation de son éloquence au-delà des bornes de la vérité. En effet, lorsqu'on lit les ouvrages du chancelier d'Aguesseau, en les comparant à la gloire dont il a joui dans son siècle, et surtout en les opposant au génie de ses illustres contemporains, on regrette de n'y pas trouver cet éclat de talent, cette élévation originale qui caractérisaient, dans des genres et quelquefois à des degrés différens, les grands hommes parmi lesquels il a vécu, et dont il semblait l'égal. Les ouvrages purement oratoires de d'Aguesseau, en portant l'empreinte d'une savante littérature et d'un travail ingénieux, ne sont pas en effet exempts de pompe et d'affectation. Son style qui, pour le fond du langage, tient à la meilleure époque de notre idiome, est mêlé de faux ornemens. Il porte la symétrie de l'élégance jusque dans la gravité des plus hautes fonctions du barreau, et trop souvent manque à la fois de naturel et de grandeur.

Cependant ce privilège qu'eut le chancelier d'Aguesseau de représenter presque seul, pour ses lecteurs, notre ancienne éloquence parlementaire, lui a conservé une place éminente dans les traditions du barreau et même de la littérature. Les défauts que le goût peut reprocher à ses discours publics, à ses harangues d'apparat, s'expliquent au reste presque toujours par la différence qui se trouvait entre la situation d'un avocat-général au parlement de Paris, et les souvenirs de la tribune antique, dont le talent de d'Aguesseau s'était nourri. Privé d'un grand sujet, et n'ayant pas, il est permis de le croire, cet instinct profond et naturel qui appartenait aux vrais hommes de génie de son temps, d'Aguesseau eut plutôt les artifices que les inspirations de l'éloquence, et fut un écrivain habile, mais non pas un grand écrivain. M. Villemain.

DISCOURS

SUR

L'UNION DE LA PHILOSOPHIE ET DE L'ÉLOQUENCE,

PRONONCÉ

A L'OUVERTURE DES AUDIENCES DU PARLEMENT, EN 1693.

C'est en vain que l'orateur se flatte d'avoir le talent de persuader les hommes, s'il n'a acquis celui de les connaître.

L'étude de la morale et celle de l'éloquence sont nées en même temps; et leur union est aussi ancienne dans le monde que celle de la pensée et de la parole.

On ne séparait point autrefois deux sciences qui, par leur nature, sont inséparables: le philosophe et l'orateur possédaient en commun l'empire de la sagesse; ils entretenaient un heureux commerce, une parfaite intelligence entre l'art de bien penser, et celui de bien parler; et l'on n'avait pas encore imaginé cette distinction injurieuse aux orateurs, ce divorce funeste à l'éloquence, de l'esprit et de la raison, des expressions et des sentimens, de l'orateur et du philosophe.

S'il y avait quelque différence entr'eux, elle était toute à l'avantage de l'éloquence: le philosophe se contentait de convaincre, l'orateur s'appliquait à persuader.

L'un supposait ses auditeurs attentifs, dociles, favorables: l'autre savait leur inspirer l'attention, la docilité, la bienveillance.

L'austérité des mœurs, la sévérité du discours, l'exacte rigueur du raisonnement, fesaient admirer le philosophe; la douceur d'esprit, ou naturelle ou étudiée, les charmes de la parole, le talent de l'imagination, fesaient aimer l'orateur.

L'esprit était pour l'un, et le cœur était pour l'autre. Mais le cœur se révoltait souvent contre les vérités dont l'esprit était convaincu; l'esprit, au contraire, ne refusait jamais de se soumettre aux sentimens du cœur; et le philosophe, roi légitime, se fesait souvent craindre comme un tyran, au lieu que l'orateur exerçait une tyrannie si douce et si agréable, qu'on la prenait pour la domination légitime.

Ce fut dans ce premier âge de l'éloquence que la Grèce vit autrefois le plus grand de ses orateurs jeter les fondemens de l'empire de la parole sur la connaissance de l'homme et sur les principes de la morale.

En vain la nature, jalouse de sa gloire, lui refuse ces talens extérieurs, cette éloquence muette, cette autorité visible qui surprend l'âme des auditeurs, et qui attire leurs vœux avant que l'orateur ait mérité leurs suffrages : la sublimité de son discours ne laissera pas à l'auditeur, transporté hors de lui-même, le temps et la liberté de remarquer ses défauts ; ils sont cachés dans l'éclat de ses vertus. On sentira son impétuosité, mais on ne verra point ses démarches. On le suivra comme un aigle dans les airs, sans savoir comment il a quitté la terre.

Censeur sévère de la conduite de son peuple, il paraîtra plus populaire que ceux qui le flattent ; il osera présenter à ses yeux la triste image de la vertu pénible et laborieuse, et il le portera à préférer l'honnête difficile, et souvent même malheureux, à l'utile agréable et aux douceurs d'une indigne prospérité.

La puissance du roi de Macédoine redoutera l'éloquence de l'orateur athénien ; le destin de la Grèce demeurera suspendu entre Philippe et Démosthène ; et comme il ne peut survivre à la liberté de sa patrie, elle ne pourra respirer qu'avec lui.

D'où sont sortis ces effets surprenans d'une éloquence plus qu'humaine ? Quelle est la source de tant de prodiges, dont le simple récit fait encore, après tant de siècles, l'objet de notre admiration ?

Ce ne sont point des armes préparées dans l'école d'un déclamateur. Ces foudres, ces éclairs qui font trembler les rois sur leur trône, sont formés dans une région supérieure. C'est dans le sein de la sagesse qu'il avait puisé cette politique hardie et généreuse, cette liberté constante et intrépide, cet amour invincible de la patrie ; c'est dans l'étude de la morale qu'il avait reçu des mains de la raison même cet empire absolu, cette puissance souveraine sur l'âme de ses auditeurs. Il a fallu un Platon pour former un Démosthène, afin que le plus grand des orateurs fît hommage de toute sa réputation au plus grand des philosophes.

Que si, après avoir porté les yeux sur les vives lumières de l'éloquence, nous pouvons encore soutenir la vue de nos défauts, nous aurons du moins la satisfaction d'en connaître la cause, et d'en découvrir le remède.

Ne nous étonnons point de voir en nos jours cette décadence prodigieuse de la profession de l'éloquence ; nous devrions être surpris, au contraire, si elle était florissante.

Livrés dès notre enfance aux préjugés de l'éducation et de la coutume, le désir d'une fausse gloire nous empêche de parvenir à la véritable ; et, par une ambition qui se précipite en voulant s'élever, on veut agir avant que d'avoir appris à se conduire, juger avant que d'avoir connu, et, si nous osons même le dire, parler avant que d'avoir pensé.

On méprise la connaissance de l'homme comme une spéculation stérile, plus propre à dessécher qu'à enrichir l'esprit, comme l'occupation de ceux qui n'en ont point, et dont le travail, quelque éclatant qu'il soit par la beauté de leurs ouvrages, n'est regardé que comme une illustre et laborieuse oisiveté.

Mais l'éloquence se venge elle-même de cette témérité : elle refuse son secours à ceux qui la veulent réduire à un simple exercice de paroles ; et, les dégradant de la dignité d'orateurs, elle ne leur laisse que le nom de déclamateurs frivoles, ou d'historiens souvent infidèles du différend de leurs parties.

Vous qui aspirez à relever la gloire de votre ordre, et à rappeler en nos jours au moins l'ombre et l'image de cette ancienne éloquence, ne rougissez point d'emprunter des philosophes ce qui était autrefois votre propre bien ; et, avant que d'approcher du sanctuaire de la justice, contemplez avec des yeux attentifs ce spectacle continuel que l'homme présente à l'homme même.

Que son esprit attire vos premiers regards, et attache pour un temps toute votre application.

La vérité est son unique objet ; il la cherche dans ses plus grands égaremens ; elle est la source innocente de ses erreurs, et le mensonge même ne saurait lui plaire que sous l'image et sous l'apparence trompeuse de la vérité.

L'orateur n'a qu'à la montrer, il est sûr de la victoire. Il a rempli le premier et le plus noble de ses devoirs, quand il a su éclairer, instruire, convaincre l'esprit, et présenter aux yeux de ses auditeurs une lumière si vive et si éclatante, qu'ils ne puissent s'empêcher de reconnaître à ce caractère auguste la présence de la vérité.

Qu'il ne se laisse pas éblouir par les succès passagers de cette vaine éloquence qui cherche à surprendre les suffrages par des grâces étudiées, et non pas à les mériter par les beautés solides d'un raisonnement victorieux : l'auditeur flatté, sans être convaincu, condamne le jugement de l'orateur dans le temps qu'il loue son imagination ; et, lui accordant à regret le triste éloge d'avoir su plaire sans avoir su persuader, il préfère, sans hésiter, une éloquence grossière et sauvage, mais convaincante et persuasive, à une politesse languissante, énervée, et qui ne laisse aucun aiguillon dans l'âme des auditeurs.

Celui qui aura bien connu la nature de l'esprit humain, saura trouver un juste milieu entre ces deux extrémités. Instruit dans l'art difficile de montrer la vérité aux hommes, il sentira que, pour leur plaire même, il n'est point de moyen plus sûr que de les convaincre; mais attentif à ménager la superbe délicatesse de l'auditeur, qui veut être respecté dans le temps même qu'on l'instruit, la vérité ne dédaignera pas d'emprunter dans sa bouche les ornemens de la parole.

Il la dévoilera avec tant d'art, que ses auditeurs croiront qu'il n'a fait que dissiper le nuage qui la cachait à leurs yeux ; et ils joindront à ce plaisir, de découvrir la pure lumière de la vérité, celui de se flatter en secret qu'ils partagent avec l'orateur l'honneur de cette découverte.

Persuadé que, sans l'art du raisonnement, la rhétorique est un fard qui corrompt les beautés naturelles, le parfait orateur en épuisera toutes les sources ; il découvrira tous les canaux par lesquels la vérité peut entrer dans l'esprit de ceux qui l'écoutent, et il ne négligera pas même ces sciences abstraites que le commun des hommes ne méprise que parce qu'il les ignore.

La connaissance de l'homme lui apprendra qu'elles sont comme les routes naturelles, et, si l'on peut s'exprimer ainsi, les avenues de l'esprit humain. Mais, attentif à ne pas confondre les moyens avec la fin, il ne s'y arrêtera pas trop longtemps ; il se hâtera de les parcourir avec l'empressement d'un voyageur qui retourne dans sa patrie : on ne s'apercevra point de la sécheresse des pays par lesquels il aura passé ; il pensera comme un philosophe, et il parlera comme un orateur. Par un secret enchaînement de propositions également simples et évidentes, il conduira l'esprit de vérités en vérités, sans jamais ni lasser, ni partager son attention, et, dans le temps même que ses auditeurs s'attendent encore à une longue suite de raisonnemens, ils seront surpris de voir que, par un artifice innocent, la simple méthode a servi de preuve, et l'ordre seul a produit la conviction.

Mais ce sera peu pour lui de convaincre: il voudra persuader, et il découvrira d'abord dans l'étude du cœur humain les caractères différens de la conviction et de la persuasion.

Pour convaincre, il suffit de parler à l'esprit : pour persuader il faut aller jusqu'au cœur. La conviction agit sur l'entendement, et la persuasion sur la volonté; l'une fait connaître le bien, l'autre le fait aimer ; la première n'emploie que la force du raisonnement, la dernière y ajoute la douceur du sentiment ; et si l'une règne sur les pensées, l'autre étend son empire sur les actions mêmes.

Tous les cœurs sont capables de sentir et d'aimer ; tous les esprits ne le sont pas de raisonner et de connaître.

Pour apercevoir distinctement la vérité, il faut quelquefois autant de lumière que pour la découvrir aux autres. La preuve devient inutile, si l'esprit de celui qui l'écoute n'est capable de la comprendre ; et un grand orateur demande souvent un grand auditeur pour suivre le progrès de son raisonnement.

Mais pour régner par la force ou par la douceur des passions, il suffit de parler avec des hommes : leur amour-propre prête à l'orateur des armes pour les combattre ; sa première vertu est de connaître les défauts des autres ; sa sagesse consiste à découvrir leurs passions, et sa force à savoir profiter de leurs faiblesses.

C'est par là qu'il achève de surmonter les obstacles qui s'opposent au succès de son éloquence. Les âmes les plus rebelles, ces esprits opiniâtres sur lesquels la raison n'a point de prise, et qui résistaient à l'évidence même, se laissent entraîner par l'attrait de la persuasion. La passion triomphe de ceux que la raison n'avait pu dompter ; leur voix se mêle avec celle des génies d'un ordre supérieur. Les uns suivent volontairement la lumière que l'orateur leur présente ; les autres sont enlevés par un charme secret dont ils éprouvent la force, sans en connaître la cause. Tous les esprits convaincus, tous les cœurs persuadés, paient également à l'orateur ce tribut d'amour et d'admiration qui n'est dû qu'à celui que la connaissance de l'homme a élevé au plus haut degré de l'éloquence.

Maître dans l'art de parler au cœur, ne craignez pas de manquer jamais de figures, d'ornemens, et de tout ce qui compose cette innocente volupté dont l'orateur doit être l'artisan.

Ceux qui n'apportent à la profession de l'éloquence qu'une connaissance imparfaite, pour ne pas dire une ignorance entière de la morale, peuvent craindre de tomber dans ce défaut : destitués du secours des choses, ils recherchent ambitieusement celui des expressions comme un voile magnifique à la faveur duquel ils espèrent cacher la disette de leur esprit, et paraître dire beaucoup plus qu'ils ne pensent.

Mais ces mêmes paroles, qui fuient ceux qui les cherchent uniquement, s'offrent en foule à un orateur qui s'est nourri pendant longtemps de la substance des choses mêmes. L'abondance des pensées produit celle des expressions ; l'agréable se trouve dans l'utile ; et les armes qui ne sont données au soldat que pour vaincre deviennent son plus bel ornement.

Avouons maintenant qu'il est une science de plaire, différente de celle d'émouvoir les passions. L'orateur ne touche pas toujours : son sujet y résiste souvent ; mais l'orateur doit toujours plaire : l'intérêt de sa cause le demande toujours.

Telle est la nature de l'esprit humain, qu'il veut que la raison même s'assujettisse à lui parler le langage de l'imagination. La vérité simple et négligée trouve peu d'adorateurs : le commun des hommes la méconnaît dans sa simplicité, ou la méprise dans sa négligence. Leur entendement se fatigue en vain à tracer les premiers traits du tableau qui se peint dans leur âme. Si l'imagination ne lui prête ses couleurs, l'ouvrage de l'entendement n'est souvent pour eux qu'une figure morte et inanimée : l'imagination lui donne la vie et le mouvement. La conception pure, quelque lumineuse qu'elle soit, fatigue l'attention de l'esprit ; l'imagination le délasse, et revêt tous les objets de qualités sensibles, dans lesquels il se repose agréablement.

Il s'élève presque toujours contre ceux qui osent prendre une route nouvelle, et qui veulent aller à l'entendement sans passer par l'imagination : accoutumé à ne recevoir les impressions de la vérité que quand elles sont accompagnées de ce plaisir secret qu'il prend pour un de ses caractères, il préfère souvent un mensonge agréable à une austère vérité ; et son imagination, indignée du mépris de l'orateur qui s'est contenté de parler à l'intelligence, s'en venge souvent sur l'orateur même, et détruit en secret cette conviction qu'il se flattait d'avoir su produire.

Que cette disposition est favorable aux orateurs ! et qu'il est vrai de dire que c'est l'imagination qui a élevé l'empire de l'éloquence, qui lui a soumis tous les hommes !

C'est par son moyen que l'orateur sait approcher si près de notre âme les images de tous les objets ; elle substitue, pour ainsi dire, les choses aux paroles : ce n'est plus l'orateur, c'est la nature qui parle ; l'imitation devient si parfaite qu'elle se cache elle-même ; et, par une espèce d'enchantement, ce n'est plus une description ingénieuse, c'est un objet véritable que l'auditeur croit voir, croit sentir, et se peindre lui-même.

Ces miracles de l'art sont des effets de ce pouvoir naturel que la connaissance de l'imagination donne à l'orateur sur l'imagination même. Il n'appartient qu'à lui de faire ce choix si difficile entre les beautés différentes, de savoir quitter le bien pour prendre le mieux ; d'enlever, pour ainsi dire, et de cueillir la première fleur des objets qu'il présente à l'esprit, et d'attraper, dans la peinture qui se fait par la parole, ce jour, cette lumière, ce moment heureux que le grand peintre saisit, et que le peintre médiocre cherche inutilement après qu'il a passé.

Il possède le talent encore plus rare de connaître jusqu'où il faut aller pour savoir garder la modération dans le bien même, de ne passer jamais les bornes presque imperceptibles qui séparent ce qui convient de ce qui ne convient pas, et d'observer en tout l'exacte rigueur de la bienséance.

C'est cette dernière science qui sait embellir tout ce que l'orateur touche, qui donne des grâces à sa négligence même, et qui fait aimer jusqu'à ses défauts ; c'est une secrète sympathie qui, attachant l'âme à tous les objets extérieurs, lui fait sentir tous les rapports qui les unissent et toutes les différences qui les séparent ; ou, si l'on veut, c'est une justesse d'oreille que la moindre dissonnance blesse, et qui sent toute la beauté de l'harmonie : ou plutôt, c'est ce que l'on comprend et que l'on ne saurait presque définir ; ce que l'on cherche toujours, que l'on trouve rarement, et que l'on perd souvent, même en voulant le chercher ; et, pour tout dire en un mot, c'est le chef-d'œuvre de l'art des rhéteurs ; et c'est néanmoins ce que l'art des rhéteurs ne saurait apprendre.

La nature donne à l'orateur ce génie heureux, cet instinct secret, ce goût sûr et délicat qui sent, comme par inspiration, ce qui sied et ce qui ne sied pas.

La morale y ajoute la connaissannee des sujets sur lesquels il doit exercer ses talens naturels, et, après lui avoir découvert les préceptes généraux de la rhétorique dans l'étude de l'homme en général, elle lui présente l'homme en particulier, comme un second tableau dans lequel il doit chercher les règles particulières de la bienséance.

Attentif à se connaître lui-même, s'il veut prévenir la censure du public, qu'il soit le premier censeur de ses défauts. Le caractère le plus ordinaire de ceux qui déplaisent aux autres est de se plaire trop à eux-mêmes. Heureux celui qui a commencé par se déplaire pendant longtemps, qui a pu être frappé plus vivement de ses défauts que ses propres ennemis, et qui a éprouvé, dans les premieres années de sa vie, l'utile déplaisir de ne pouvoir jamais se contenter lui-même ! Il semble que la nature ne lui donne cette inquiétude que pour lui faire mieux goûter le plaisir du succès, et que ce soit à ce prix qu'elle lui fasse acheter la gloire qu'elle lui prépare.

Il joint à ce dégoût de lui-même une heureuse défiance de ses forces. Sa modestie fait sans peine ce discernement, si pénible à l'amour-propre, des sujets qui lui sont proportionnés ; ou plutôt, par un amour-propre plus éclairé, pour réussir dans tout ce qu'il entreprend, il n'entreprend rien qui soit audessus de lui ; et il n'oublie jamais que, quelque grand que l'on soit, on paraît toujours médiocre quand on est inférieur à son sujet, et qu'au contraire on paraît toujours assez grand quand on a pu remplir toute l'étendue de sa cause.

Si le caractère de son esprit lui refuse la noblesse des expressions, la véhémence des figures, la rapidité de la déclamation, il ne préférera point, vainement ambitieux, un sublime mal soutenu à une sage et précieuse médiocrité ; la justesse d'esprit, la pureté du discours, la dignité de la prononciation feront son partage ; l'égalité de son style suppléera ce qui manque à son élévation ; il s'insinuera par la douceur dans l'âme de ceux qui se révoltaient contre la fierté dominante des orateurs véhémens ; il saura mettre à profit jusqu'à ses imperfections ; elles ne serviront qu'à rendre l'auditeur moins défiant et plus facile à être touché : sa faiblesse deviendra sa force, et fera partie de son éloquence.

Il n'affectera point la gloire d'une vaste érudition, si la multitude de ses occupations ne lui a pas permis de l'acquérir ; ou, s'il est assez heureux pour l'avoir acquise, elle perdra dans sa bouche cet air sauvage et impérieux que les savans lui prêtent, pour reprendre ce caractère de douceur et de modestie que la nature lui avait donné ; et, par une adroite dissimulation de ses forces, il jouira du précieux avantage d'avoir su mériter l'estime sans exiter la jalousie, et de s'être fait aimer des hommes dans le temps même qu'il les forçait à l'admirer.

Cette noble modestie relève l'éclat de toutes ses vertus ; c'est elle qui embellit, pour ainsi dire, la beauté même, qui répand une bienséance générale sur toutes les paroles de l'orateur, et qui intéresse si fortement ceux qui l'écoutent au succès de son action, qu'au lieu d'en être les juges ils en deviennent les protecteurs. Ornement naturel de ceux qui commencent, plus estimable encore dans ceux qui sont plus avancés, elle est la vertu de tous les temps et de tous les âges, qui doit accompagner l'orateur dans tout le cours de sa réputation, quoique la même éloquence ne lui convienne pas toujours, et que le progrès de son style doive imiter celui de ses années.

La jeunesse peut se permettre pour un temps l'abondance des figures, la richesse des ornemens, et tout ce qui compose la pompe et le luxe de l'éloquence : cette heureuse témérité, ces efforts hardis d'une éloquence naissante sont les défauts de ceux qui sont destinés aux grandes vertus. Un style sec et aride est odieux dans la jeunesse, par la seule affectation d'une sévérité prématurée. Malheur à ces génies ingrats et stériles qui prennent la sécheresse pour la justesse d'esprit, la disette pour la modération, la faiblesse pour le bon usage de ses forces, et qui croient que la vertu consiste à n'avoir point de vices !

Il viendra un âge plus avancé qui retranchera cette riche superfluité ; le style de l'orateur vieillira avec lui, ou, pour mieux dire, il acquerra toute la maturité de la vieillesse, sans perdre la vigueur de la jeunesse. Il ne manquera pas même alors de grâces et d'ornemens ; mais ces grâces seront austères, ces ornemens seront graves et majestueux.

Mais il ne connaîtrait qu'imparfaitement, s'il se contentait de cette connaissance dans une profession qui se consacre toute au service des autres.

Étudier les inclinations de ses parties, pour les suivre si elles sont justes, et pour les réprimer si elles sont déréglées ; connaître leur vertu pour prévenir les juges en leur faveur, et leurs défauts pour détruire ou pour affaiblir le préjugé qui leur est contraire ; examiner avec attention leur naissance et leur état, leur réputation et leur dignité, pour ménager avec art ces avantages équivoques qui peuvent exciter ou la faveur ou l'envie, souvent plus à craindre pour ceux qui les ont qu'à désirer pour ceux qui ne les ont pas ; c'est le devoir commun de tous ceux qui portent le nom d'avocat ; mais ce n'est encore qu'une légère idée des obligations de l'orateur.

S'il veut être toujours sûr de plaire et de réussir, il faut que, sans prendre ni les passions ni les erreurs de ses parties, il se transforme, pour ainsi dire, en elles-mêmes, et que, les exprimant avec art dans sa personne, il paraisse aux yeux du public, non tel qu'elles sont, mais tel qu'elles devraient être.

Qu'il imite l'adresse de ces peintres qui savent prêter des grâces à ce que la nature a de plus affreux, et qui, diminuant les défauts sans toucher à la ressemblance, donnent aux personnes la joie de se reconnaître et de se plaire dans leurs portraits.

C'est par le moyen de cette fiction ingénieuse, et sous cette personne empruntée, que l'orateur, animé, pénétré, agité des mêmes mouvemens que sa partie, ne dira jamais rien qui ne lui convienne parfaitement ; il réunira la douceur et la sagesse de la raison avec la force et l'impétuosité de la passion ; ou plutôt, la passion de la partie deviendra raisonnable dans la bouche de son défenseur, et, se renfermant dans l'usage auquel la nature l'avait destinée, elle saura toucher les cœurs sans offenser l'esprit.

Ce ne sera plus un seul homme dont le style, toujours le même, ne fait que changer de sujet sans changer de ton.

Il se multipliera, pour ainsi dire ; il empruntera autant de formes différentes qu'il aura de causes et de parties d'un caractère différent.

Tantôt sublime et pompeux, son style imitera la rapidité d'un torrent impétueux ou la majesté d'un fleuve tranquille : tantôt simple et modeste, il saura descendre sans s'abaisser, et, par des grâces naïves et des ornemens naturels, délasser l'attention de ceux qui l'avaient à peine suivi dans son élévation.

Il refusera d'orner ce qui ne demande que d'être expliqué. En portant la lumière dans les longues obscurités d'une procédure ennuyeuse, il se contentera d'arracher les épines qui lui sont naturelles, sans vouloir y mêler mal-à-propos des fleurs étrangères.

Souvent la véhémence et la triste sévérité de son discours protégera la vertu opprimée, et fera trembler le vice triomphant : quelquefois, plus facile et plus doux en apparence, mais plus redoutable en effet, il ne s'attachera pas tant à rendre le vice odieux, qu'à le rendre méprisable ; mais la nécessité autorisera son ironie, ou du moins l'utilité la fera excuser ; la vérité lui servira toujours de fondement, et la sagesse en saura modérer et adoucir l'usage.

Ainsi, prenant toujours toutes sortes de caractères, né pour tous, et réussissant dans chacun comme s'il n'était point né pour celui-là seul, il ne lui restera plus qu'à souhaiter que ce personnage étranger que la nécessité de son ministère lui impose, n'exige jamais rien de l'avocat, qui soit contraire au devoir de l'homme de bien.

Mais s'il éprouve quelquefois ce combat intérieur entre lui-même et sa partie, sa vertu seule le décidera, ou plutôt elle saura le prévenir. Elle rougirait d'avoir pu hésiter un moment entre l'honnête et l'utile. Jaloux de sa réputation, il l'estimera trop pour la sacrifier à sa partie, et, sagement infidèle, il acquerra plus de vraie et de solide gloire par un silence judicieux, qu'il n'aurait fait par tous les efforts de son éloquence. Plus heureux en cet état que les anciens orateurs, il n'aura pas besoin de connaître le caractère particulier de ses juges, pour être assuré de leur plaire.

Dans ce temps d'une liberté ennemie de la justice, où la qualité de juge était un présent de la naissance plutôt qu'un prix du mérite ; dans ces assemblées tumultueuses où la raison, vaincue par le nombre, devait s'estimer heureuse si elle n'était que méprisée sans être punie, l'orateur, qui comptait souvent ses propres ennemis dans le nombre de ses juges, ne pouvait presque espérer un succès favorable s'il ne s'appliquait à couvrir les erreurs du peuple, pour le tromper ; ses passions, pour le séduire ; ses caprices, pour le flatter ; son faible, pour l'entraîner.

Et lorsque la fortune, lassée de présider aux jugemens populaires, voulut remettre l'empire du monde entre les mains d'un seul, pour régner par un homme sur tous les autres hommes, l'orateur trouva souvent tous les défauts du peuple réunis dans son juge, avec une autorité encore plus absolue.

Ce fut, à la vérité, un jour de triomphe, non-seulement pour l'orateur, mais encore pour l'éloquence même, que celui où la fortune prit plaisir à commettre deux héros d'un caractère différent, ces grands hommes qui ont eu tous deux pour but de régner et de vaincre, l'un par la force des armes, l'autre par les charmes de la parole.

Le conservateur de la république, celui que Rome libre appela le père de la patrie, parle devant l'usurpateur de l'empire et le destructeur de la liberté. Il défend un de ces fiers républicains qui avaient porté les armes contre César, et il a César même pour juge.

C'est peu de parler pour un ennemi vaincu en présence du victorieux, il parle pour un ennemi condamné, et il entreprend de le justifier devant celui qui a prononcé sa condamnation avant que de l'entendre, et qui, bien loin de lui donner l'attention d'un juge, ne l'écoute plus qu'avec la maligne curiosité d'un auditeur prévenu.

Mais il connaît la passion dominante de son juge ; et c'en est assez pour le vaincre. Il flatte sa vanité pour désarmer sa vengeance, et, malgré son indifférence obstinée, il sait l'intéresser si vivement à la conservation de celui qu'il voulait perdre, que son émotion ne peut plus se contenir au-dedans de lui-même. Le trouble extérieur de son visage rend hommage à la supériorité de l'éloquence ; il absout celui qu'il avait déjà condamné ; et Cicéron mérite l'éloge qu'il donne à César, d'avoir su vaincre le vainqueur, et triompher de la victoire.

Quels éloges aurait-il donnés à la modération d'un prince aussi grand que César, mais plus maître de lui-même ; qui se rend, non à l'éloquence, mais à la justice, et qui ne partage avec personne la gloire de savoir se vaincre lui-même, sans trouble, sans efforts, par la seule supériorité d'une vertu qui a tellement dompté les passions, qu'elle règne sans violence et qu'elle triomphe sans combat !

Heureux les orateurs qui parlent devant des juges animés de cet esprit et soutenus par ce grand exemple !

Vous savez qu'ils sont juges, et c'est en savoir assez pour les connaître parfaitement. Ils n'ont point d'autre caractère que celui qu'ils portent dans le tribunal de la justice souveraine ; aucun mélange de passions, d'intérêt, d'amour-propre, n'a jamais troublé la pureté des fonctions de leur ministère. On les a définis quand on a défini la justice ; et la personne privée ne se laisse jamais entrevoir sous le voile de la personne publique.

Ne travaillez donc point à concilier leur attention par les vaines figures d'une déclamation étudiée : un motif plus noble et plus élevé, une vue plus sainte et plus efficace les rend attentifs. Ne recherchez point leur faveur par des artifices superflus : la raison seule peut la mériter ; la bienséance à leur égard est la même chose que le devoir, et rien n'est plus éloquent auprès d'eux que la vertu.

Assuré de leur approbation, ne doutez point de celle du public. Ce peuple, cette multitude qui, dans le temps qu'elle exerçait elle-même les jugemens, se fesait craindre aux parties par son caprice, n'est plus terrible qu'aux orateurs, par la juste sévérité d'une censure rigoureuse. Ceux qui abusaient de leur ministère dans le temps qu'ils étaient juges, ne se trompent presque plus depuis qu'ils sont devenus simples spectateurs ; et le caractère de l'infaillibilité est presque toujours attaché au sentiment de la multitude.

C'est elle qui fait le partage de la réputation entre les grands hommes, et qui, par un juste discernement du mérite, donne des éloges différens aux différentes qualités de ceux de vos confrères dont vous regrettez la perte.

Elle loue dans l'un (*) l'étendue de la science et la profondeur de l'érudition; dans l'autre (**), une parfaite intelligence des affaires, et une expérience consommée. Elle plaint une justesse d'esprit, une force de raisonnement peu commune dans celui (***) qu'une mort précipitée a enlevé au milieu de sa course ; et elle admire dans le dernier (****) ce mérite qui n'a paru que parfait, cette élévation dont on n'a remarqué ni le commencement ni le progrès, cette réputation subite qui est sortie tout éclatante de l'obscurité de sa retraite laborieuse.

C'est donc ce jugement, cette approbation du public, qui donne le privilége de l'immortalité à vos ouvrages. Vous jouissez auprès de lui du même avantage qu'auprès de vos juges. Incapable d'être corrompu, il n'applaudit constamment qu'au véritable mérite ; mais il applaudit toujours. Un grand orateur n'accuse jamais son siècle d'injustice : il sait toujours le rendre juste. La connaissance de l'homme lui fait mépriser ces goûts passagers qui n'entraînent que les orateurs et les auditeurs médiocres. Elle lui inspire ce goût général et universel, ce goût de tous les temps et de tous les pays, ce goût de la nature qui, malgré les efforts d'une fausse éloquence, est toujours sûr d'enlever l'estime des hommes et de forcer leur admiration.

La chaste sévérité de son éloquence se contente de ne pas déplaire à l'auditeur, en attaquant avec violence une erreur qui le flatte; mais elle ne cherche jamais à lui plaire par des vices agréables : elle trouve une route plus sûre pour arriver à son cœur ; et, redressant son goût sans le combattre, elle lui met devant les yeux de véritables beautés, pour lui apprendre à rejeter les fausses.

C'est ainsi que la connaissance de l'homme rend l'orateur supérieur aux jugemens des hommes : c'est par là qu'il devient l'arbitre du bon goût, le modèle de l'éloquence, l'honneur de son siècle, et l'admiration de la postérité ; enfin c'est par là que son cœur, aussi élevé que son esprit, réunit la science de bien vivre à celle de bien parler, et qu'il rétablit entr'elles cette ancienne intelligence sans laquelle le philosophe est inutile aux autres hommes, et l'orateur à soi-même.

(*) M. Chuppé. (**) M. Billard. (***) M. de Tessé. (****) M. Husson.

GUÉNARD.

Le jeune Père Guénard avait incomparablement plus de talent pour l'éloquence que tous ses émules et confrères jésuites, Millot, Courtois et Cérutti, qui remportaient à cette époque des prix d'éloquence dans nos sociétés littéraires. On admira, en lisant son unique ouvrage imprimé, une grande étendue et une égale justesse d'esprit, réunies à une métaphysique neuve et profonde qui n'attiédit jamais la chaleur dont sa composition est susceptible. Mais on eut lieu de regretter que l'écrivain, beaucoup trop resserré, par l'inexcusable programme de l'Académie, dans les bornes d'une demi-heure de lecture sur une si vaste matière, ne les eût pas franchies, au lieu de sacrifier son sujet à cette loi du concours, et qu'il se fût réduit à une ébauche, en appliquant uniquement les rapports de l'esprit philosophique à la religion, à l'éloquence et à la poésie, tandis qu'il aurait dû en étendre les effets à l'agriculture et aux beaux-arts, à l'administration, à la société, enfin à tous les autres objets scientifiques, moraux, politiques, législatifs, littéraires, mécaniques, etc., sur lesquels s'exerce visiblement son influence. L'auteur lui-même se plaint avec raison, et à plusieurs reprises, *de ne pouvoir*, dit-il, *qu'indiquer en courant une foule de choses qu'il faudrait approfondir, et de jeter à l'écart la plus grande partie de son sujet*. Cet écrit a donc le singulier défaut, ou, si l'on veut, le rare mérite d'être évidemment trop court. C'est l'unique reproche qu'on peut faire à l'orateur, ou plutôt à ses juges, auxquels il aurait dû désobéir par un chef-d'œuvre, en traitant complètement la question proposée, au lieu de restreindre son travail à une simple, mais sublime esquisse....

On ne conçoit pas qu'un écrivain dont le début autorisait de si hautes espérances et proclamait un orateur qui semblait consacré à la chaire, où alors il n'eût point trouvé de rivaux, ne se soit plus ensuite signalé par de nouveaux succès, ni dans le même genre, ni dans aucun autre.

Guénard était né en 1726 à Damblin, village du département des Vosges, près Bourmont. Dès l'âge de seize ans il entra chez les jésuites, après avoir fait son cours d'étude avec le succès le plus brillant dans leur collège de Pont-à-Mousson. Ses instituteurs l'affilièrent à leur province de Champagne. Il était d'une faible complexion, et il eut toujours une mauvaise santé. Durant les orages de la révolution, ce vertueux écrivain se crut malheureusement obligé, pour conserver sa vie, de brûler, sous le régime de la terreur, l'unique manuscrit d'un grand ouvrage sur la religion auquel il travaillait depuis vingt-cinq ans : c'est une perte irréparable. On exaltait depuis plusieurs années cette *Apologie du Christianisme*, comme l'un des chefs-d'œuvre du siècle. Je le crois aisément sur la foi d'un si beau talent et des dernières pages de son discours où il traite le même sujet d'une manière neuve, avec une dialectique et une éloquence qui rappellent les écrits polémiques de Bossuet. Guénard est mort en Lorraine, à l'âge de quatre-vingts ans.

C'est une vraie calamité pour notre littérature qu'il ait vécu entièrement ignoré dans sa retraite, en Lorraine, pendant quarante années; et c'est aussi une étrange fatalité qu'il soit mort dans l'obscurité la plus profonde, après avoir illustré sa jeunesse par un triomphe si mémorable. Le temps manqua sans doute aux jésuites pour déployer en faveur du père Guénard l'esprit de corps, ou plutôt de famille, qu'on leur attribuait à un si rare degré, et leur ardente sollicitude à développer par la plus habile destination, comme à prôner avec le zèle le plus officieux, tous les talens dignes de rehausser l'éclat de leur compagnie. Eh! quel lustre ne devait pas attendre en effet d'un tel disciple cette fameuse société, *le seul corps*, dit l'abbé Raynal, *qui ait jamais aimé la gloire*. MAURY.

DISCOURS

QUI A REMPORTÉ LE PRIX D'ÉLOQUENCE

A L'ACADÉMIE FRANÇAISE,

EN L'ANNÉE 1755, SUR CETTE QUESTION :

EN QUOI CONSISTE L'ESPRIT PHILOSOPHIQUE, conformément à ces paroles: *Non plus sapere quàm oportet sapere*. Ep. ad. Rom. c. 12, v. 3.

Les siècles, de même que les hommes, ont un caractère qui les distingue. On se pique aujourd'hui de philosophie : voilà le goût dominant, et, j'oserai dire, la passion générale de notre siècle. Le sujet qu'on propose, intéressant par sa nature, devient donc, par les circonstances, plus intéressant encore; et ce discours serait d'une utilité véritable, si, dans un peuple d'esprits qui veulent être philosophes, il pouvait convaincre les uns qu'ils ne le seront jamais, et montrer aux autres comment ils le doivent être: deux connaissances aussi rares que nécessaires. Sans espérance de procurer un si grand avantage, essayons cependant de traiter la question relativement à ce double objet. Traçons d'abord les caractères qui distinguent l'esprit philosophique de toute autre sorte d'esprit, et posons ensuite, après l'Apôtre, les bornes qu'il ne doit jamais franchir.

PREMIÈRE PARTIE.

Avant d'exposer en détail les propriétés essentielles de l'esprit philosophique, qu'il me soit permis de le définir, en deux mots, *le talent de penser*. Cette notion me paraît juste et naturelle. Ouvrons cette idée, et développons ce qu'elle renferme. Le premier trait que j'en vois sortir, c'est l'esprit de réflexion, le génie d'observation; caractère plus grand, plus singulier qu'il ne semble d'abord, et qu'on doit regarder comme la racine même du talent de penser, comme le germe unique de la vraie philosophie.

Assemblez autour de vous les maîtres et les docteurs; dévorez tous ces volumes qui promettent la science de penser; appelez au secours de votre intelligence toutes ces règles si vantées dans les écoles, qui séparent, dit-on, les ténèbres de la lumière : votre mémoire est enflée de ces richesses, et vous voyez sans doute le peuple ignorant sous vos pieds. Cependant, si vous n'avez cette activité, cette force de raison qui fait réfléchir profondément, et qui d'une seule idée sait tirer, en la creusant, mille autres idées cachées dans la première; si vous êtes dépourvus de ce génie d'observation dont le caractère est d'examiner sans cesse, d'étudier tous les objets qui passent devant lui, comparant tout ce qu'il voit, remontant d'une chose à l'autre par un raisonnement vif et naturel, saisissant rapidement ces rapports intimes et cachés qui enchaînent les différentes parties du monde physique ou moral; si la nature vous a refusé cette grande qualité, ne vous flattez point d'être véritablement philosophes, et d'en avoir l'esprit : non, vous serez toujours peuple; vous ne penserez jamais, malgré tous les secours de l'art, que d'une manière faible et commune. En vain posséderez-vous le pénible secret de captiver vos pensées dans une forme plus régulière; en vain serez-vous remplis de cette philosophie morte, pour ainsi dire, qui n'est point née de votre raison, mais qui vient d'un livre ou d'un maître : tout cela vous laisse encore dans l'ordre vulgaire. Par quel endroit l'esprit philosophique s'élève-t-il donc au-dessus de la foule, au-dessus même de tous les philosophes ordinaires? C'est par le coup d'œil observateur qu'il d'écouvre à tout moment dans les objets des propriétés, des analogies, des différences, un nouvel ordre de choses, un nouveau monde, que l'œil du vulgaire n'aperçoit jamais ; c'est par le talent singulier, non de raisonner avec plus de méthode, mais de trouver les principes mêmes sur lesquels on raisonne ; non de compasser ses idées, mais d'en faire de nouvelles et de les multiplier sans cesse par une réflexion féconde : talent unique et sublime, don précieux de la nature, que l'art peut aider quelquefois, mais qu'il ne saurait ni donner, ni suppléer par lui-même. Voilà le génie qui créa les siences; et lui seul pourra les élever à la perfection. Que sont en effet toutes les siences humaines? un assemblage de connaissances réfléchies et combinées. Il n'appartient donc qu'aux génies inventeurs et toujours pensans d'ajouter à ce trésor public, et d'augmenter les anciennes richesses de la raison. Tous les autres philosophes, peuple stérile et contentieux, ne feront jamais que secouer, pour ainsi dire, et tourmenter les vérités que les grands génies vont chercher au fond des abîmes : ils ont un art qui les fait parler éternellement, quand d'autres ont pensé pour eux, et qui les rend tout d'un coup muets, quand il s'agit de trouver une seule idée nouvelle.

Au génie de réflexion, comme à son principe, doit se rapporter cette liberté et cette hardiesse de penser, cette noble indépendance des idées vulgaires, qui forme, selon moi, un des plus beaux traits de l'esprit philosophique.

Penser d'après soi-même : caractere plein de force et de grandeur, qualité la plus rare peut-être et la plus précieuse de toutes les qualités de l'esprit. Qu'on y réfléchise; on verra que tous les hommes, à la réserve d'un très-petit nombre, pensent les uns d'après les autres, et que leur raison tout entière est en quelque sorte composée d'une foule de jugemens qu'ils ramassent autour d'eux. C'est ainsi que les opinions bizarres des peuples, les dogmes souvent absurdes de l'école, l'esprit des corps avec tous ses préjugés, le génie des sectes avec toutes ses extravagances, se perpétuent d'âge en âge, et ne meurent presque jamais avec les hommes ; parce que toutes ces idées, en sortant de l'âme des vieillards et des maîtres, entrent aussitôt dans celle des enfans et des disciples, qui les transmettront de même à leurs crédules successeurs. Oui, je le répète : juger par ses propres yeux, être l'auteur véritable de ses pensées, c'est une qualité singulière, et qui prouve la supériorité de l'intelligence. Rien de plus commun que le défaut opposé, même dans les philosophes. Toute leur science, ordinairement, est-elle autre chose qu'un amas d'opinions empruntées, auxquelles ils s'attachent par faiblesse, comme le peuple à ses traditions? Il est aisé de compter les hommes fameux qui n'ont pensé d'après personne, et qui ont fait penser d'après eux le genre humain. Seuls, et la tête levée, on les voit marcher sur les hauteurs : tout le reste des philosophes suit comme un troupeau. N'est-ce pas cette lâcheté d'esprit qu'il faut accuser d'avoir prolongé l'enfance du monde et des sciences? Adorateurs stupides de l'antiquité, les philosophes ont rampé durant vingt siècles sur les traces des premiers maîtres ; la raison condamnée au silence laissait parler l'autorité : aussi rien ne s'éclaircissait dans l'univers, et l'esprit humain, après s'être traîné deux mille ans sur les vestiges d'Aristote, se trouvait encore aussi loin de la vérité.

Voici sous quelles couleurs le Père Guénard a su peindre Descartes, qui, par les deux nouvelles et sublimes conceptions d'appliquer l'algèbre à la géométrie, et d'expliquer tous les phénomènes de la nature en les soumettant aux règles de la mécanique, se montra le premier homme d'un génie créateur dont la France pût s'honorer depuis la renaissance des lettres.

MAURY.

Enfin parut en France un génie puissant et hardi qui entreprit de secouer le joug du prince de l'école. Cet homme nouveau vint dire aux autres hommes que, pour être philosophe, il ne suffisait pas de croire, mais qu'il fallait penser. A ces paroles toutes les écoles se troublèrent. Une vieille maxime régnait encore : *ipse dixit* ; le maître l'a dit. Cette maxime d'esclave irrita tous les esprits faibles contre le père de la philosophie pensante ; elle le persécuta comme novateur et comme impie, le chassa de royaume en royaume ; et l'on vit Descartes s'enfuir, emportant avec lui la vérité, qui, par malheur, ne pouvait être ancienne tout en naissant. Cependant, malgré les cris et les fureurs de l'ignorance, il refusa toujours de jurer que les anciens fussent la raison souveraine ; il prouva même que ses persécuteurs ne savaient rien, et qu'ils devaient désapprendre ce qu'ils croyaient savoir. Disciple de la lumière, au lieu d'interroger les morts et les dieux de l'école, il ne consulta que les idées claires et distinctes, la nature et l'évidence. Par ses méditations profondes il tira presque toutes les sciences du chaos, *et, par un coup de génie plus grand encore, il montra le secours mutuel qu'elles devaient se prêter, les enchaîna toutes ensemble, les éleva les unes sur les autres ; et, se plaçant ensuite sur cette hauteur, il marchait, avec toutes les forces de l'esprit humain, ainsi rassemblées, à la découverte de ces grandes vérités que d'autres plus heureux sont venus enlever après lui, mais en suivant les sentiers de lumière que Descartes avait tracés.* Ce fut donc le courage et la fierté d'esprit d'un seul homme qui causèrent dans les sciences cette heureuse et mémorable révolution, dont nous goûtons aujourd'hui les avantages avec une superbe ingratitude. Il fallait aux sciences un homme de caractère, un homme qui osât conjurer, tout seul avec son génie, contre les anciens tyrans de la raison ; qui osât fouler aux pieds ces idoles que tant de siècles avaient adorées. Descartes se trouvait enfermé dans le labyrinthe avec tous les autres philosophes ; *mais il se fit lui-même des ailes et s'envola, frayant ainsi de nouvelles routes à la raison captive* (*).

Seconde propriété de l'esprit philosophique : ajoutons encore un trait qui achève de le caractériser.

Je le trouve dans le talent de saisir les principes généraux, et d'enchaîner les idées entr'elles par la force des analogies : c'est véritablement le talent de penser en grand. Ce brillant caractère me frappe d'abord dans tous les ouvrages marqués au coin de la vraie philosophie. Je sens un génie supérieur qui m'enlève au-dessus de ma sphère ; et qui, m'arrachant aux petits objets autour desquels ma raison se traînait lentement, me place tout d'un coup dans une région élevée, d'où je contemple ces vérités premières auxquels sont attachées, comme autant de rameaux à leur tige, mille vérités particulières dont les rapports m'étaient inconnus : il me semble alors que mon esprit se multiplie et devient plus grand qu'il n'était. Les philosophes d'un génie vulgaire sont toujours noyés dans les détails : incapables de remonter aux principes d'où l'on voit sortir les conséquences, comme une eau vive et pure de la source, ils se fatiguent à suivre le cours de mille petits ruisseaux qui se troublent à tout moment, qui les égarent dans leurs détours, et les abandonnent ensuite au milieu du désert aride. Ces esprits étroits et rampans prennent toujours les choses une à une, et ne les voient jamais comme elles sont, parce qu'ils n'ont pas saisi l'ensemble qui montre clairement l'usage et l'harmonie des parties différentes : sciences confuses, amas de poussière, qui ne fait qu'aveugler la raison et la charger d'un poids inutile. Jetons hors de notre âme cette foule de petites idées, et voyons, s'il est possible, comme le vrai philosophe, par ces grandes vues qui embrassent les rapports éloignés, et décident à la fois une infinité de questions, en montrant l'endroit où mille ob-

---

(*) J'ai souligné, entre tant de beautés du premier ordre qui font ressortir dans ce mémorable portrait le génie créateur et en action de Descartes, quelques aperçus plus frappans par la nouveauté, la profondeur et la vérité des pensées, et en même temps les images les plus remarquables par la sublimité du style.   MAURY.

jets viennent se toucher en secret par un côté, tandis que, par un autre, ils paraissent s'éloigner à l'infini et ne pouvoir jamais se rapprocher. Il n'appartient qu'à ces génies rapides qui s'élancent tout d'un coup aux premières causes, de traiter les sciences, les arts et la morale, d'une manière également noble et lumineuse. Ecartant avec dédain toutes ces minuties scholastiques qui remplissent l'esprit sans l'éclairer, ils vous porteront d'abord au centre où tout vient aboutir, et vous mettront à la main le nœud, pour ainsi dire, de toutes les vérités de détail; lesquelles, à le bien prendre, ne sont réellement des vérités que pour ceux qui en connaissant l'étendue et les affinités secrètes. Aussitôt toutes vos observations s'éclairent mutuellement, toutes vos idées se rassemblent en un corps de lumière; il se reforme, de toutes vos expériences, un grand et unique fait, et de toutes vos vérités une seule et grande vérité qui devient comme le fil de tous les labyrinthes. Nous le voyons, c'est un petit nombre de principes généraux et féconds qui a donné la clef de la nature, et qui, par une mécanique simple, explique l'ordre de l'architecture divine. Voilà le sceau de l'esprit philosophique.

Rassemblons ici toutes les qualités essentielles. Un esprit vaste et profond, qui voit les choses dans leurs principes; un esprit naturellement fier et courageux, qui dédaigne de penser d'après les autres; un esprit observateur, qui découvre des vérités partout et les développe par une réflexion continuelle: telles sont les propriétés du sublime talent de penser; telles sont les grands caractères qui distinguent l'esprit philosophique de toute autre sorte d'esprit.

Après avoir exposé ce qu'il est en lui-même, essayons de montrer, suivant la parole de l'Apôtre, les écueils qu'il doit éviter et les bornes qu'il doit se prescrire, relativement aux divers objets dont il s'occupe.

SECONDE PARTIE.

Sciences, beaux-arts, littérature, société, mœurs et religion: c'est de tous les objets qu'il faudrait ici rapprocher l'esprit philosophique, pour mettre dans tout son jour l'usage et l'abus de ce talent précieux, pour fixer les limites en-deçà desquelles il est sagesse, au-delà desquelles il devient déraison et folie. On verrait que partout il a besoin du conseil exprimé dans ces paroles, *Non plus sapere quàm oportet*, et que l'oubli d'une règle si nécessaire à la raison humaine le conduit à mille excès dans tous les genres. On verrait que les qualités mêmes qui forment son caractère, qualités inutiles et brillantes quand elles sont réglées, dégénèrent toujours, quand on les pousse trop loin, en défauts grossiers, ridicules, et souvent dangereux. Mais il faut se hâter, et je ne pourrai qu'indiquer en courant une foule de choses qui voudraient chacune un discours. Jetant donc à l'écart la plus grande partie de mon sujet, je m'attache à celle qui me paraît demander une attention particulière.

C'est par rapport aux ouvrages de goût, c'est par rapport à la religion surtout, que la sagesse défend de laisser à l'esprit philosophique une liberté trop étendue. Séparons de la foule ces deux objets importans.

C'est l'imagination du Pline français que le Père Guénard va nous retracer (mais, si j'ose le dire, sans aucun de ces systèmes romanesques, et même avec plus de verve oratoire que n'en avait montré le philosophe de Montbar), au moment où le jeune candidat célèbre, en l'expliquant avec toute la perspicacité et la compréhension du génie, le talent, éminemment propre à l'esprit philosophique, d'appeler l'esprit humain vers les affinités secrètes des grandes idées, et de les enchaîner toutes par l'attraction et la force des analogies. Assigner à un athlète qui entre dans la lice de l'éloquence un tel rival dans l'art d'écrire, c'est élever bien haut, je l'avoue, mes objets de comparaison. Mais il est à désirer, ce me semble, pour la gloire du père Guénard, que l'on confronte la théorie profonde et vraiment oratoire de ce tableau tracé par son imagination, aux morceaux de ce genre que notre historien de la nature a écrits avec le plus d'éclat et de sagacité, et précisément sur la même matière, par exemple, dans le discours de réception de Buffon. J'oserai donc soumettre avec confiance l'esquisse couronnée par l'Académie à l'épreuve d'un si honorable parallèle. Le nouvel orateur se distingue déjà par ce grand caractère du véritable talent, qui consiste à dire toujours assez dans chaque phrase, et à n'y dire jamais rien de trop. Ses expressions ont de la hardiesse et de la pompe, mais sans enflure et sans déclamation, et il enchaîne ses idées avec cet ordre et cette progression qui dénotent la sagesse de l'esprit, la fécondité de la pensée et la maturité du goût.

MAURY.

Par rapport aux ouvrages de goût. Si j'osais dire que le génie des beaux-arts est tellement ennemi de l'esprit philosophique, qu'il ne peut jamais se réconcilier avec lui, combien d'ouvrages immortels, où brillent une savante raison parée de mille attraits enchanteurs, élèveraient ici la voix de concert, et pousseraient un cri contre moi? Je l'avouerai donc: les grâces accompagnent quelquefois la philosophie, et répandent sur ses traces les fleurs à pleines mains. Mais qu'il me soit permis de répéter une parole de la sagesse au philosophe sublime qui possède l'un et l'autre talent: Craignez d'être trop sage, craignez que l'esprit philosophique n'éteigne, ou du moins n'amortisse en vous le feu sacré du génie. Sans cesse il vient accuser de témérité, et lier par de nobles conseils la noble hardiesse du pinceau créateur : naturellement scrupuleux, il pèse et mesure toutes ses pensées, et les attache les unes aux autres par un fil grossier qu'il veut toujours avoir à la main. Il voudrait ne vivre que de réflexions, ne se nourrir que d'évidence ; il abattrait, comme ce tyran de Rome, la tête des fleurs qui s'élèvent au-dessus des autres. Observateur éternel, il vous montrera tout autour de lui des vérités, mais des vérités sans corps, pour ainsi dire, qui sont uniquement pour la raison, et qui n'intéresseraient ni le sens, ni le cœur humain. Rejetez donc ces idées, ou changez-les en images ; donnez-leur une teinture plus vive. Libre des opinions vulgaires, et pensant d'une manière qui n'appartient qu'à lui seul, il parle un langage, vrai dans le fond, mais nouveau et singulier, qui blesserait l'oreille des autres hommes. Vaste et profond dans ses vues, et s'élevant toujours par ces notions abstraites et générales, qui sont pour lui comme des livres abrégés, il échappe à tout moment aux regards de la foule, et s'envole fièrement dans les régions supérieures. Profitez de ses idées originales et hardies : c'est la source du grand et du sublime Mais donnez du corps à ses pensées trop subtiles ; adoucissez par le sentiment la fierté de ses traits ; abaissez tout cela jusqu'à la portée de nos sens : nous voulons que les objets viennent se mettre sous nos yeux ; nous voulons un vrai qui nous saisisse d'abord, et qui remplisse toute notre âme de lumière et de chaleur. Il faut que la philosophie, quand elle veut nous plaire dans un ouvrage de goût, emprunte le coloris de l'imagination, la voix de l'harmonie, la vivacité de la passion. Les beaux-arts, enfants et pères du plaisir, ne demandent que la fleur et la plus douce substance de votre sagesse : *Non plus sapere quàm oportet.*

Ne reconnaît-on pas le langage et l'inspiration d'un talent du premier ordre sous le pinceau d'un écrivain qui sait exalter avec tant de raison, d'enthousiasme et de goût, les triomphes du génie et de la vérité ? On peut croire, en admirant un pareil style, entendre, durant plusieurs pages de ce discours, les sublimes accens de Jean-Jacques Rousseau, toutes les fois qu'il ne prostitue point son éminent mérite oratoire à la versatilité du paradoxe, dans son éloquent plaidoyer contre les sciences et les lettres, couronné cinq ans auparavant par l'Académie de Dijon. C'est le même charme, en effet, c'est la même puissance de raison et de sentiment que déploie le père Guénard, quand il développe la funeste influence de l'esprit philosophique, si naturellement enclin à la sécheresse et aux abstractions métaphysiques, sur le style des écrivains et même des prédicateurs qui avaient alors le plus de vogue et de célébrité.

MAURY.

C'est ainsi que j'appliquerai cette maxime à ceux qui joignent l'esprit philosophique au génie. Mais si la nature, en vous accordant le talent de penser en philosophe, vous a refusé cette heureuse sensibilité qui saisit le beau avec transport, et le reproduit avec force; si vous n'êtes qu'un esprit toujours réfléchissant, la règle devient plus sévère à votre égard, et vous bannit de l'empire du goût; éloignez-vous : la raison séparée des grâces n'est qu'un docteur ennuyeux qu'on laisse tout seul au milieu de son école. Vous n'apportez que des vérités tranquilles, un tissu de réflexions inanimées : cela peut éclairer l'esprit; mais le cœur, qui veut être remué, l'imagination, qui veut être échauffée, demeurent dans une triste et fatigante inaction. Une poésie morte et des discours glacés, voilà tout ce que l'esprit philosophique pourra tirer de lui-même : il enfante, et ne peut donner la vie.

Quel est ce philosophe téméraire qui ose toucher avec le compas d'Euclide la lyre délicate et sublime de Pindare et d'Homère? Blessée par une main barbare, cette lyre divine, qui renfermait autrefois dans son sein une si ravissante harmonie, ne rend plus que des sons aigres et sévères : je vois naître des poëmes géométriquement raisonnés, et j'entends une pesante sagesse chanter en calculant tous ses tons. Nouveau délire de la philosophie ! Elle chausse le brodequin, et montant sur un théâtre consacré à la joie, où Molière instruisait autrefois toute la France en riant, elle y va porter de savantes analyses du cœur humain, des sentences profondément réfléchies, un traité de morale en dialogue.

Je pourrais, en parcourant tous les genres, montrer partout les beaux-arts en proie à l'esprit philosophique; mais il faut se borner. Plaignons cependant ici la triste destinée de l'éloquence, qui dégénère et périt tous les jours, à mesure que la philosophie s'avance à la perfection. Il est vrai que la passion des faux brillans et de la vaine parure a flétri sa beauté naturelle à force de la farder; il est vrai que le bel esprit a ravagé presque toutes les parties de l'empire littéraire; mais voici un autre fléau plus terrible encore : c'est la raison elle-même; je dis cette raison géométrique qui dessèche, qui brûle, pour ainsi dire, tout ce qu'elle ose toucher. Elle renouvelle aujourd'hui la tyrannie de ce faux atticisme qui calomniait autrefois l'orateur romain, et dont la lime sévère persécutait l'éloquence, déchirant tous ses ornemens, et ne lui laissant qu'un corps décharné, sans coloris, sans grâces, et presque sans vie. Une justesse superstitieuse, qui s'examine sans cesse et compose toutes ses démarches ; une fière précision qui se hâte d'exposer froidement ses vérités, et ne laisse sortir de l'âme aucun sentiment, parce que les sentimens ne sont pas des raisons ; l'art de poser des principes, et d'en exprimer une longue suite de conséquences également claires et glaçantes ; des idées neuves et profondes, qui n'ont rien de sensible et de vivant, mais qu'on emporte avec soi, pour les méditer à loisir ; voilà l'éloquence des orateurs formés à l'école de la philosophie. D'où vient encore cette métaphysique distillée que la multitude dévore, sans pouvoir se nourrir d'une substance si déliée, et qui devient, pour les intelligens eux-mêmes, un exercice laborieux où l'esprit se fatigue à courir après des pensées qui ne laissent aucune prise à l'imagination ? Tous ces discours pleins, si l'on veut, d'une sublime raison, mais où l'on ne trouve point cette chaleur et ce mouvement qui vient de l'âme, ne sortent-ils pas manifestement de ce génie de discussion et d'analyse accoutumé à tout décomposer, à tout réduire en abstractions idéales, à dépouiller les objets de leurs qualités particulières, pour ne leur laisser que des qualités vagues et générales qui ne sont rien pour le cœur humain ? Je le dirai : ce n'est pas corrompre l'éloquence, comme a fait le bel esprit ; c'est lui arracher le principe même de sa force et de sa beauté. Ne sait-on pas qu'elle est presque tout entière dans le cœur et l'imagination, et que c'est là qu'elle va prendre ses charmes, sa foudre même et son tonnerre ? Lisons les anciens : nous trouvons des peintures vives et frappantes qui semblent faire entrer les objets eux-mêmes dans l'esprit ; des tours hardis et véhémens qui donnent aux pensées des ailes de feu, et les jettent comme des traits brûlans dans l'âme du lecteur ; une expression touchante, des sentimens et des mœurs qui se répandent dans tout le discours, comme le sang dans les veines, et lui communiquent, avec une chaleur douce et continue, un air naturel et toujous animé ; une variété charmante de couleurs et de tons, qui représente les nuances et les divers changemens du sujet : tous ces grands caractères de l'antique éloquence, pourrait-on les retrouver aujourd'hui dans ces discours si pensés, si méthodiques, si bien raisonnés, dont l'esprit philosophique est le père et l'admirateur ? Défendons-lui donc de sortir de la sphère des sciences, et de porter dans les arts de goût sa tristesse et son austérité naturelle, son style aride et affamé : *Non plus sapere quàm oportet.*

Bossuet aurait estimé un tableau ainsi tracé et colorié ; il aurait surtout applaudi à la magnificence de style que fait briller l'apologiste des vrais principes littéraires dans ce morceau plein de raison et d'intérêt. Quoique l'orateur comptât Fontenelle parmi ses juges, il n'en défendit pas avec moins de franchise et de force la cause du talent et du goût, contre les invasions et les ravages du bel esprit, en présence de l'auteur ingénieux *de la Pluralité des Mondes.* Après l'avoir peint au milieu de ce tableau, où l'adresse et la circonspection des égards n'altérèrent jamais la vérité de la ressemblance, il venge courageusement l'éloquence et la poésie de la sécheresse que les froids calculs de la philosophie voudraient substituer, dans ces deux riches domaines, aux mouvemens de l'âme et aux élans de l'imagination.

Après avoir analysé l'esprit philosophique, et en avoir exposé le caractère et les propriétés, savoir, l'esprit de réflexion et le génie d'observation qu'il appelle *les racines du talent de penser librement et en grand, en remontant aux principes les plus généraux et les plus féconds de la vérité,* le père Guénard dévoile les abus, et assigne les limites de ces puissantes facultés de la pensée dans les ouvrages de goût, ainsi que dans les matières de religion. Rien peut-être, en fait d'éloquence de raisonnement, n'est supérieur au tableau dans lequel il expose la témérité et les écarts de la raison sur les objets sacrés de la foi.

MAURY.

Mais c'est dans la religion surtout que cette parole doit servir de frein à la raison, et tracer autour d'elle un cercle étroit, d'où le philosophe ne s'échappe jamais.

Il est vrai que la sagesse incarnée n'est pas venue défendre à l'homme de penser, et qu'elle n'ordonne point à ses disciples de s'aveugler eux-mêmes : aussi réprouvons-nous ce zèle amer et ignorant qui crie d'abord à l'impiété, et qui se hâte toujours d'appeler la foudre et l'anathème quand un esprit éclairé, séparant les opinions humaines des vérités sacrées de la religion, refuse de se prosterner devant les fantômes sortis d'une imagination faible et timide à l'excès, qui veut tout adorer, et, comme dit un ancien, mettre Dieu dans les moindres bagatelles. Croire tout sans discernement, c'est donc stupidité, je l'avoue ; mais un autre excès plus dangereux encore, c'est l'audace effrénée de la raison, cette curiosité inquiète et hardie, qui n'attend pas, comme la crédulité stupide, que l'erreur vienne la saisir ; mais qui s'empresse d'aller au-devant des périls ; qui se plaît à rassembler des nuages, à courir sur le bord des précipices, à se jeter dans les filets que la justice divine a tendus, pour ainsi dire, aux esprits téméraires : là vient ordinairement se perdre l'esprit philosophique.

Libre et hardi dans les choses naturelles, et pensant toujours d'après lui-même ; flatté depuis longtemps par le plaisir délicat de goûter des vérités claires et lumineuses, qu'il voyait sortir, comme autant de rayons, de sa propre substance, ce roi des sciences humaines se révolte aisément contre cette autorité qui veut captiver toute intelligence sous le joug de la foi, et qui ordonne aux philosophes mêmes, à bien des égards, de redevenir enfans : il voudrait porter dans un nouvel ordre d'objets sa manière de penser ordinaire ; il voudrait encore ici marcher de principe en principe, et former de toute la religion une chaîne d'idées générales et précises que l'on pût saisir d'un coup d'œil ; il voudrait trouver, en réfléchissant, en creusant en lui-même, en interrogeant la nature, des vérités que la raison ne saurait révéler, et que Dieu avait cachées dans les abîmes de sa sagesse; il voudrait même ôter, pour ainsi dire, aux événemens leur propre nature, et que des choses dont l'histoire seule et la tradition peuvent être les garans, fussent revêtues d'une espèce d'évidence dont elles ne sont point susceptibles ; de cette évidence toute rayonnante de lumière, qui brille à l'aspect d'une idée, pénètre tout d'un coup l'esprit, et l'enlève rapidement. Quelle absurdité ! quel délire ! mais c'est une raison ivre d'orgueil qui s'évanouit dans ses pensées, et que Dieu livre à ses illusions. Craignons une intempérance si funeste, et retenons dans une exacte sobriété cette raison qui ne connaît plus de retour quand une fois elle a franchi les bornes.

Quelles sont donc, en matière de religion, les bornes où doit se renfermer l'esprit philosophique ? Il est aisé de le dire : la nature elle-même l'avertit à tout moment de sa faiblesse, et lui marque, en ce genre, les étroites limites de son intelligence. Ne sent-il pas, à chaque instant, quand il veut avancer trop avant, ses yeux s'obscurcir et son flambeau s'éteindre ? C'est là qu'il faut s'arrêter. La foi lui laisse tout ce qu'il peut comprendre ; elle ne lui ôte que les mystères et les objets impénétrables. Ce partage doit-il irriter la raison ? Les chaînes qu'on lui donne ici sont aisées à porter, et ne doivent paraître trop pesantes qu'aux esprits vains et légers. Je dirai donc aux philosophes : Ne vous agitez point contre ces mystères que la raison ne saurait percer ; attachez-vous à l'examen de ces vérités qui se laissent approcher, qui se laissent en quelque sorte toucher et manier, et qui vous répondent de toutes les autres : ces vérités sont des faits éclatans et sensibles, dont la religion s'est comme enveloppée tout entière, afin de frapper également les esprits grossiers et subtils. On livre ces faits à votre curiosité : voilà les fondemens de la religion. Creusez donc autour de ces fondemens ; essayez de les ébranler ; descendez avec le flambeau de la philosophie jusqu'à cette pierre antique, tant de fois rejetée par les incredules, et qui les a tous écrasés; mais lorsque, arrivés à une certaine profondeur, vous aurez trouvé la main du Tout-Puissant, qui soutient, depuis l'origine du monde, ce grand et majestueux édifice toujours affermi par les orages mêmes et le torrent des années, arrêtez-vous enfin, et ne creusez pas jusqu'aux enfers. La philosophie ne saurait vous mener plus loin sans vous égarer : vous entrez dans les abîmes de l'infini; elle doit ici se voiler les yeux comme le peuple, adorer sans voir, et remettre l'homme avec confiance entre les mains de la foi. La religion ressemble à cette nuée miraculeuse qui servait de guide aux enfans d'Israël dans le désert : le jour est d'un côté, et la nuit de l'autre. Si tout était ténèbres, la raison, qui ne verrait rien, s'enfuirait avec horreur loin de cet affreux objet; mais on vous donne assez de lumière pour satisfaire à un œil qui n'est pas curieux à l'excès. Laissez donc à Dieu cette nuit profonde où il lui plaît de se retirer, avec sa foudre et ses mystères. Mais vous direz peut-être : Je veux entrer avec lui dans la nue ; je veux le suivre dans les profondeurs où il se cache ; je veux déchirer ce voile qui me fatigue les yeux, et regarder de plus près ces objets mystérieux qu'on écarte avec tant de soin. C'est ici que votre sagesse est convaincue de folie, et qu'à force d'être philosophe vous cessez d'être raisonnable. Téméraire philosophe, pourquoi vouloir atteindre à des objets plus élevés au-dessus de toi que le ciel ne l'est au-dessus de la terre ? Pourquoi ce chagrin superbe de ne pouvoir comprendre l'infini ? Ce grain de sable que je foule aux pieds est un abîme que tu ne peux sonder, et tu voudrais mesurer la hauteur et la profondeur de la sagesse éternelle! et tu voudrais forcer l'être qui renferme tous les êtres à se faire assez petit pour se laisser embrasser tout entier par cette pensée trop étroite pour embrasser un atome? La simplicité crédule du vulgaire igorant fut-elle jamais aussi déraisonnable que cette orgueilleuse raison qui veut s'élever contre la science de Dieu?

Tel est cependant le génie des sages de notre siècle. Plus fière et plus indocile que jamais, la philosophie, autrefois vaincue par la foi, semble vouloir se venger aujourd'hui, et triompher d'elle à son tour. Hélas! ses tristes victoires ne sont que trop rapides. Oserai-je le dire? elle traite aujourd'hui Jésus-Christ et sa doctrine avec la même hauteur qu'elle a traité les anciens philosophes et leurs systèmes; elle s'érige en juge souverain ; et, citant à son tribunal Dieu même et toutes ces vérités adorables qui furent apportées du ciel, elle entreprend, comme dit l'apôtre, avec les principes et les élémens grossiers du siècle présent, de juger les objets invisibles et surnaturels du siècle à venir. Il faudrait que Dieu, pour se conformer à son goût, eût soumis tous ses mystères au calcul, et qu'il eût réduit en géométrie une religion touchante dans ses preuves comme dans sa morale, qu'il voulait, pour ainsi dire, faire entrer dans l'âme par tous les sens.

Verbe incarné, vous en qui sont cachés tous les trésors de la science et de la sagesse, vous qui frappez les superbes d'aveuglement, et qui révélez aux humbles les secrets de l'éternité, guérissez l'esprit humain de cette vaine philosophie qui le rend fier et savant contre vous ; ôtez-nous ces fausses lumières qui nous égarent, et remplissez-nous de cette foi simple et prudente qui donne aux enfans mêmes la sagesse de Dieu!

L'hommage que je rends au père Guénard me paraît d'autant plus juste, que le portrait sublime de Descartes et plusieurs autres tableaux de ce discours, sont des créations originales du talent de l'orateur, qui, en ralliant si habilement à l'éloquence l'examen approfondi de l'esprit philosophique, sut préserver son ouvrage de toute abstraction, et de toute sécheresse. Le sujet bien médité renfermait sans doute l'idée génératrice de ces beautés oratoires ; mais il n'eût offert à une imagination vulgaire qu'une discussion inanimée, dépourvue d'intérêt, concentrée dans la sphère de cette justesse ou de cette finesse d'esprit, également incapables de soupçonner jamais l'alliance intime et féconde de toutes ces richesses accessoires avec la question proposée par l'Académie. La plupart des juges du concours eux-mêmes ne s'attendaient probablement point à la doctrine fière et courageuse de ce discours, qu'ils ne purent cependant pas s'empêcher de couronner. MAURY.

THOMAS.

Ce n'est que par ses écrits que l'on peut se former une haute idée de son caractère. C'est là que l'on trouve partout l'empreinte d'un cœur droit, d'une âme élevée ; c'est là que se montrent le courage de la vérité, l'amour de la justice, l'éloquence de la vertu.

L'Académie française jeta les fondemens de la réputation de Thomas, en proposant, pour le prix d'éloquence, les éloges de nos grands hommes. Personne, dans cette carrière, ne put le passer ni l'atteindre, et il se surpassa lui-même dans l'*Éloge de Marc-Aurèle*. L'élévation et la profondeur étaient les caractères de sa pensée. Jamais orateur n'a mieux embrassé ni mieux pénétré ses sujets. Avant d'entamer un éloge, il commençait par étudier la profession, l'emploi, l'art dans lequel son héros s'était signalé, et c'est ainsi qu'il louait Maurice de Saxe en militaire instruit ; Duguay-Trouin, en homme de mer ; Descartes, en physicien ; d'Aguesseau, en jurisconsulte ; Sully, en administrateur ; Marc-Aurèle, en philosophe moraliste ; égal en sagesse à Apollonius et à Marc-Aurèle lui-même. C'est ainsi qu'en ne voulant faire qu'une préface à ses *Éloges*, il composa, sous le nom d'*Essai*, le plus savant et le plus beau traité de morale historique, à propos des éloges donnés dans tous les temps, avec plus ou moins de justice et de vérité, selon les mœurs des siècles et le génie des orateurs : ouvrage qui n'a pas la célébrité qu'il mérite.

Vous concevez qu'une tension continuelle et une hauteur monotone devaient être le défaut des écrits de Thomas. Il manquait à son éloquence ce qui fait le charme de l'éloquence de Fénélon et de Massillon dans la prose ; de l'éloquence de Virgile et de Racine dans les vers ; l'effusion d'une âme sensible et l'intérêt qu'elle répand. Son style était grave, imposant, et n'était point aimable. On y admirait tous les caractères d'une beauté virile ; les femmes y auraient désiré quelques traits de la leur. Il avait de l'ampleur, de la magnificence, jamais de la variété, de la facilité ; jamais la souplesse des grâces ; et ce qui le rendait admirable quelques momens, le rendait fatiguant et pénible à la longue. On lui reprochait particulièrement d'épuiser ses sujets, et de ne rien laisser à penser au lecteur ; ce qui pourrait bien être en lui un manque de goût et d'adresse, mais ce qui n'en était pas moins un très-rare excès d'abondance. MARMONTEL.

Il y a, dans l'histoire des belles-lettres et de l'esprit humain, des époques frappantes où un écrivain d'un talent distingué ramène l'attention publique vers les genres abandonnés, et entraîne la génération qui le suit dans la carrière où il s'est lui-même signalé par des succès mémorables. Telle a été parmi nous l'heureuse destinée de M. Thomas. Il a concouru puissamment à accréditer la nouvelle institution académique, qui a ranimé le goût du public pour la composition des éloges, dans lesquels il a déployé plus de pompe et d'éloquence que Fontenelle, dont il ne pouvait atteindre la finesse et la sagacité. MAURY.

Le succès des *éloges du maréchal de Saxe, du chancelier d'Aguesseau, de Duguay-Trouin, de Sully*, fut principalement dû à la supériorité de ces sujets sur tous ceux qu'on avait couronnés depuis cent ans. Sans doute l'auteur annonçait du talent, mais encore plus de mauvais goût. Son style est dur, raide, tendu, monotone; il a de la force, mais elle est pénible; de l'élévation, mais elle est emphathique: il ne sait que procéder tour-à-tour ou par de petites phrases coupées, ou par l'énumération et l'analyse, et l'un et l'autre fatiguent également. L'accumulation continuelle des termes abstraits dessèche et obscurcit sa diction, et les expressions parasites surchargent ses phrases; il a encore plus de tournures sentencieuses que de pensées, et cherche trop souvent à enfler des idées communes, ou à répéter avec prétention ce qui avait été bien dit. Le terme propre et l'idée juste lui échappent fréquemment. Il ne connaît ni l'art de lier ses phrases, ni celui d'enchaîner les objets dans un bel ordre, ni de passer de l'un à l'autre par des transitions heureuses, ni de faire de l'ensemble d'un discours un titre où tout se tienne, et qui attache le lecteur; en un mot il est dépourvu de trois qualités essentielles au genre oratoire, de sensibilité, de variété et de grâce. Tel fut, pendant douze ou quinze années, cet écrivain, qui ne montrait encore que beaucoup d'esprit et de connaissances, et qui cultivait l'un et l'autre par un travail opiniâtre. Il n'ignorait pas les reproches que lui fesaient les gens de goût, et l'impression fort différente que produisaient ses ouvrages, lorsqu'on en fesait la lecture publique dans des assemblées, que quelques traits brillans ou énergiques peuvent si aisément séduire, et lorsqu'on les lisait ensuite avec une attention tranquille. Il était passionné pour la gloire, mais noblement; et il faut le compter parmi les écrivains dont l'exemple a prouvé qu'une belle âme embellit et enrichit le talent, et ce que des efforts soutenus et réfléchis peuvent arracher à la nature... L'auteur apprit enfin à connaître des teintes plus douces et des formes plus flexibles: son style se détendit, sa phrase se désenfla, et le premier de ses ouvrages que l'on put lire sans fatigue fut celui où il n'avait plus d'autre palme à prétendre que l'estime des connaisseurs. Cette estime alla bientôt jusqu'à l'admiration lorsqu'il publia l'*Éloge de Marc-Aurèle*. La Harpe.

L'éloge vraiment dramatique de Marc-Aurèle, encore plus éloquent, surtout plus original que la troisième partie même de l'éloge de Descartes, qu'on trouve un peu trop souvent mêlé à des fictions épiques, est généralement estimé comme le chef-d'œuvre oratoire de Thomas. C'est une création heureuse, quoiqu'on y aperçoive beaucoup plus de recherche et de travail que d'inspiration et de verve : c'est un nouveau genre dans l'éloquence des éloges; c'est l'ouvrage d'un orateur. Je conviens cependant qu'on ne saurait y trouver ni l'ardente sensibilité de Rousseau, ni l'imagination pittoresque de Buffon. Le goût sain de l'antiquité demanderait que les pénibles efforts de l'écrivain y fussent moins visibles au lecteur, qui regrette de ne pas découvrir autant de facilité et de naturel dans le style, qu'il admire souvent de nerf et d'élévation dans les idées. <small>MAURY.</small>

La louange nous lasse aisément, et c'est un des inconvéniens du panégyrique. La raison se défie toujours d'un homme qui dit : Je vais louer. S'il exagère, c'est un artiste qui remplit une tâche de flatterie, et qui en fait un jeu d'esprit, et le plus grand nombre des panégyriques n'est guère autre chose. Ce qui est le plus à désirer, c'est un sujet où l'orateur puisse se passionner sans affectation et sans intérêt, et soit sûr de retrouver pour son héros, dans le cœur de ceux qui l'écoutent, la même sensibilité que dans le sien. S'il la porte jusqu'au point de faire oublier l'art, et d'occuper entièrement de l'homme qu'il célèbre sans que la vérité sévère puisse le démentir, il a obtenu un beau triomphe. L'orateur n'est jamais plus puissant que lorsqu'on peut le supposer pénétré de la chose dont il parle. Que sera-ce s'il l'est et doit l'être en effet ? S'il faut louer un grand prince, qui le louera mieux qu'un sage qui a été son maître et son ami, et qui vient près de son cercueil pour rendre hommage à sa mémoire en présence de tout un peuple ? C'est cette idée si heureuse que saisit Thomas ; c'est cette forme absolument neuve qui fait de l'éloge de Marc-Aurèle un drame si animé, si attachant, si pathétique, et la beauté du style en fait un drame sublime.

La manière dont l'auteur établit le lieu de la scène est intéressante et dramatique. Un pareil début s'empare d'abord de l'âme, et vous transporte sur une scène de douleur. Ces descriptions locales étaient familières aux anciens, qui s'attachaient à parler aux sens, ou à l'imagination qui les supplée.

Un philosophe stoïcien ne connaît point l'adulation ; aussi l'auteur qui le fait parler n'a-t-il mis dans son discours aucune de ces flatteries qui se mêlent à l'éloge des meilleurs princes. Jamais la louange ne fut plus austère, jamais la vérité ne fut plus sainte. Apollonius retrace l'éducation sévère que reçut Marc-Aurèle loin de Rome et de la cour, et il prend cette occasion pour reprocher aux Romains que cette éducation mâle commence à dégénérer parmi eux. Il observe que la philosophie fut le caractère distinctif de Marc-Aurèle. Il fait connaître au peuple romain le précis de la philosophie de cet empereur, qui est parvenu jusqu'à nous. Dans ce précis, que l'auteur fait lire par Apollonius, il a saisi l'esprit général des ouvrages de Marc-Aurèle. Il s'attache à faire voir surtout de quel œil ce grand homme regardait le trône et l'humanité ; le respect qu'il ressentait pour l'une, et l'effroi que lui inspirait l'autre. Marc-Aurèle a devant les yeux le jugement qu'il doit subir dans la postérité, s'il ne règne pas pour le bonheur des hommes. Un moment d'une singulière beauté, c'est celui où Marc-Aurèle est représenté s'entretenant avec lui-même, prêt à abdiquer l'empire dont le fardeau l'épouvante. Le grand peintre Tacite n'aurait pas employé des couleurs plus vraies, plus touchantes. Un morceau d'un autre genre et d'une imagination poétique, c'est le songe de Marc-Aurèle. Viennent ensuite les députés de toutes les nations de l'empire, qui, en rappelant les bienfaits que chacune de ces nations a reçu de l'empereur, apportent successivement à sa cendre les hommages des trois parties du monde. Cette cérémonie est imposante ; mais cette formule répétée, « j'apporte à la cendre de Marc-« Aurèle les hommages de l'Afrique ; j'apporte à la cendre de Marc-« Aurèle les hommages de l'Italie, etc. » a un air d'arrangement peu fait pour la noble simplicité qui règne dans cet ouvrage. Il eût été facile de remédier à ce défaut, en fesant parler tour-à-tour les représentans de chaque peuple, qui raconteraient ce que Marc-Aurèle fit pour eux, et tous, se réunissant ensuite, s'écriraient d'une voix unanime: Nous apportons à la cendre de Marc-Aurèle les hommages de l'univers.

On voudrait aussi supprimer ou corriger quelques phrases qui manquent de justesse ou de naturel, par exemple celle qui se trouve au commencement du discours d'Apollonius. « Il ne faut pleurer que sur « la cendre des méchans, car ils ont fait le mal et ne peuvent plus le ré-« parer. » Cette idée n'est nullement vraie. On dirait avec beaucoup plus de fondement : Il faut pleurer sur la cendre des hommes vertueux, car ils ne peuvent plus faire le bien ; et ce début, même dans la bouche du stoïcien Apollonius, serait beaucoup plus intéressant et plus adapté au sujet. Mais ces taches sont rares, et une foule de beautés du premier ordre placent cet ouvrage au rang des chefs-d'œuvre de l'éloquence française.
La Harpe.

ÉLOGE DE MARC-AURÈLE.

Après un règne de vingt ans, Marc-Aurèle mourut à Vienne. Il était alors occupé à faire la guerre aux Germains. Son corps fut rapporté à Rome, où il entra au milieu des larmes et de la désolation publiques. Le sénat en deuil avait été au-devant du char funèbre. Le peuple et l'armée l'accompagnaient. Le fils de Marc-Aurèle suivait le char. La pompe marchait lentement en silence. Tout-à-coup un vieillard s'avança dans la foule. Sa taille était haute et son air vénérable. Tout le monde le reconnut : c'était Apollonius, philosophe stoïcien, estimé dans Rome, et plus respecté encore par son caractère que par son grand âge. Il avait toutes les vertus rigides de sa secte, et de plus avait été le maître et l'ami de Marc-Aurèle. Il s'arrêta près du cercueil, le regarda tristement; et tout-à-coup élevant sa voix :

Romains, dit-il, vous avez perdu un grand homme, et moi j'ai perdu un ami. Je ne viens pas pleurer sur sa cendre : il ne faut pleurer que sur celle des méchans ; car ils ont fait le mal, et ne peuvent plus le réparer. Mais celui qui a été soixante ans vertueux, et qui, vingt ans de suite, a été utile aux hommes ; celui qui, dans tout le cours de sa vie, n'a point eu d'erreur, et qui, sur le trône, n'a point eu de faiblesse ; celui qui a toujours été bon, juste, bienfesant, généreux, pourquoi le plaindre ? Romains, la pompe funèbre de l'homme juste est le triomphe de la vertu qui retourne à l'Être-Suprême. Consacrons cette fête par nos éloges : je sais que la vertu n'en a pas besoin ; mais ils seront l'hommage de notre reconnaissance. Il en est des grands hommes comme des dieux. Comblés de leurs bienfaits, nous n'avons pas pour eux des récompenses, mais nous avons des hymnes. Puissé-je, au bout de ma carrière, en parcourant la vie de Marc-Aurèle, honorer à vos yeux les derniers momens de la mienne ! Et toi, qui es ici présent, toi ton successeur et son fils, écoute les vertus et les actions de ton père: tu vas régner ; la flatterie t'attend pour te corrompre. Une voix libre, pour la dernière fois peut-être, se fait entendre à toi. Ton père, tu le sais, ne m'a point accoutumé à parler en esclave. Il aimait la vérité: la vérité va faire son éloge. Puisse-t-elle de même un jour faire le tien !

Toutes les fois qu'on loue les morts, on commence par les louer de leurs ancêtres ; comme si le grand homme avait besoin d'une origine ! comme si celui qui ne l'est pas était relevé par un mérite qui n'est point à lui ! Gardons-nous, Romains, d'outrager la vertu jusqu'à croire qu'elle ait besoin de la naissance. Votre famille des César vous a donné quatre tyrans de suite ; et Vespasien, qui le premier releva votre empire, était le petit-fils d'un centurion.

Le bisaïeul de Marc-Aurèle naquit aux bords du Tage. Il apporta pour distinction dans Rome des vertus que l'on ne trouve plus que loin de Rome, la simplicité et les mœurs antiques. Cet héritage se conserva dans sa maison. Voilà quelle fût la vraie noblesse de Marc-Aurèle. Je sais qu'il fût le parent d'Adrien ; mais il regarda cet honneur, si c'en est un, comme un danger. Je sais qu'on voulut le faire descendre de Numa ; mais il fut assez grand pour dédaigner cette chimère de l'orgueil : il mit sa gloire à être juste.

Remercions les dieux de ce qu'il ne fut point d'abord désigné pour le trône : le rang suprême a plus corrompu d'âmes qu'il n'en a élevé. Né pour être un simple citoyen, il devint grand. Peut-être, s'il fût né prince, n'eût-il été qu'un homme vulgaire. Tout concourut à le former. Il reçut d'abord cette première éducation à laquelle vos ancêtres ont toujours mis un si grand prix, et qui prépare à l'âme un corps robuste et sain. Il ne fut donc point amolli, en naissant, par le luxe ; on ne l'entoura point d'une foule d'esclaves qui, observant ses moindres signes, se seraient honorés d'obéir à ses caprices. On lui laissa sentir qu'il était homme ; et l'habitude de souffrir fut la première leçon qu'il reçut. La course, la lutte, les danses militaires achevèrent de développer ses forces : il se couvrait de poussière sur ce même champ de Mars où s'étaient exercés vos Scipion, vos Marius et vos Pompée. Je vous rappelle cette partie de son éducation, Romains, parce que cette mâle institution commence à se perdre parmi vous. Déjà vous imitez ces peuples de l'Orient chez qui la mollesse dégrade l'homme dès sa naissance, et vos âmes se trouvent presque énervées avant de se connaître. Romains, on vous outrage en vous flattant : c'est en vous disant la vérité que je vous témoigne mon respect.

Cette première éducation n'eût fait de Marc-Aurèle qu'un soldat : on y joignit celle des connaissances. La langue de Platon lui devint familière comme la sienne : l'éloquence lui apprit à parler aux hommes ; l'histoire lui apprit à les juger ; l'étude des lois lui montra la base et le fondement des états : il parcourut toutes les législations, et compara ensemble les lois de tous les peuples. Il ne fut donc pas élevé comme ceux que l'on flatte déjà lorsqu'ils sont encore ignorans et faibles ; un lâche respect ne craignit point de le fatiguer par des efforts ; une discipline sévère assujettit son enfance au travail ; et, parent du maître du monde, il fut forcé à s'éclairer comme le dernier citoyen.

Ainsi commençait à se former le prince qui devait vous gouverner ; mais c'est l'éducation morale qui achève l'homme et constitue sa grandeur : c'est elle qui a fait Marc-Aurèle. Cette éducation commença avec sa naissance : la frugalité, la douceur, la tendre amitié, voilà les objets qu'il aperçut en sortant du berceau. Que dis-je ? on l'arracha de Rome et de la cour ; on craignit pour lui un spectacle funeste. Eh ! comment dans Rome, où tous les vices se rassemblent des extrémités de l'univers, aurait pu se former une âme qui devait être austère et pure ? Eût-il appris à dédaigner le faste, où le luxe corrompt jusqu'à la pauvreté ? à mépriser la richesse, où la richesse est la mesure de l'honneur ? à devenir humain, où tout ce qui est puissant écrase tout ce qui est faible ? à avoir des mœurs, où le vice a même perdu la honte? Les dieux, protecteurs de votre empire, dérobèrent Marc-Aurèle à ce danger : son père le transporta, à trois ans, dans une retraite où il fut mis en dépôt sous la garde des mœurs. Loin de Rome, il apprit à faire un jour le bonheur de Rome. Loin de la cour, il mérita d'y revenir pour commander.

L'héritier avare compte avec plaisir tous ceux qui lui ont transmis des richesses. Marc-Aurèle, plus avancé en âge, comptait tous ceux à qui, dans son enfance, il avait dû l'exemple d'une vertu. Mon père, nous disait-il, m'apprit à n'avoir rien de lâche ni d'efféminé ; ma mère, à éviter jusqu'à la pensée du mal ; mon aïeul, à être bienfesant ; mon frère, a préférer la vérité à tout. Voilà de quoi, Romains, il rend grâce aux dieux, à la tête de l'ouvrage où il a déposé tous les sentimens de son cœur. Bientôt des maîtres lui enseignèrent tous les devoirs de l'homme, mais en les pratiquant. On ne lui disait pas : aime les malheureux ! mais on soulageait devant lui ceux qui l'étaient. Personne ne lui dit : mérite d'avoir des amis ! mais il vit l'un de ses maîtres sacrifier sa fortune à un ami opprimé. J'ai vu un guerrier qui, pour lui donner des leçons de valeur, lui montra son sein tout couvert de blessures. C'est ainsi qu'on lui parlait de douceur, de magnanimité, de justice, de fermeté dans ses desseins. J'eus moi-même la gloire d'être associé à ces maîtres illustres. Appelé à Rome du fond de la Grèce, et chargé de l'instruire, on m'ordonna de me rendre au palais. S'il n'eût été qu'un simple citoyen, je me serais rendu chez lui ; mais je crus que la première leçon que je devais à un prince était celle de la dépendance et de l'égalité : j'attendis qu'il vînt chez moi. Pardonne, ô Marc-Aurèle, je pensais alors que tu n'étais qu'un prince ordinaire : je te connus bientôt ; et tandis que tu me demandais des leçons, je m'instruisais souvent auprès de toi.

Il n'était pas encore sorti de l'enfance, que déjà l'enthousiasme de la vertu était dans son cœur. A douze ans, il s'était consacré au genre de vie le plus austère ; à quinze, il avait cédé à sa sœur unique tout le bien de son père ; à dix-sept, il fut adopté par Antonin ; et (je ne vous rapporte que ce que j'ai vu moi-même) il pleura sur sa grandeur. O jour qui, après quarante années, m'est encore présent ! il se promenait dans les jardins de sa mère ; j'étais auprès de lui ; nous parlions ensemble des devoirs de l'homme, lorsqu'on vint lui annoncer son élévation : je le vis changer de couleur, et il parut longtemps inquiet et triste. Sa maison cependant l'environnait avec des transports de joie. Etonnés de sa douleur, nous lui en demandâmes la cause. Pouvez-vous me la demander, dit-il ? je vais régner.

Antonin dès-lors devint pour lui un nouveau maître qui l'instruisait à de plus grandes vertus. Le sang des hommes respecté, les lois florissantes, Rome tranquille, l'univers heureux ; telles furent les nouvelles leçons que Marc-Aurèle reçut pendant vingt ans.

Elles suffisaient pour former un grand homme; mais ce grand homme devait avoir un caractère qui le distinguât de tous vos empereurs; et c'est la philosophie seule qui le lui a donné. A ce mot de philosophie, je m'arrête. Quel est ce nom, sacré dans certains siècles, et abhorré dans d'autres; objet tour-à-tour et du respect et de la haine, que quelques princes ont persécuté avec fureur, que d'autres ont placé à côté d'eux sur le trône ? Romains, oserai-je louer la philosophie dans Rome, où tant de fois les philosophes ont été calomniés, d'où ils ont été bannis tant de fois? C'est d'ici, c'est de ces murs sacrés, que nous avons été relégués sur des rochers et dans des îles désertes; c'est ici que nos livres ont été consumés par les flammes; c'est ici que notre sang a coulé sous les poignards : l'Europe, l'Asie et l'Afrique nous ont vus, errans et proscrits, chercher un asile dans les antres des bêtes féroces, ou condamnés à travailler, chargés de chaînes, parmi les assassins et les brigands. Quoi donc ! la philosophie serait-elle l'ennemi des hommes et le fléau des états? Romains, croyez-en un vieillard qui depuis quatre-vingts ans étudie la vertu et cherche à la pratiquer. La philosophie est l'art d'éclairer les hommes pour les rendre meilleurs; c'est la morale universelle des peuples et des rois, fondée sur la nature et sur l'ordre éternel. Regardez ce tombeau : celui que vous pleurez était un sage. La philosophie sur le trône a fait vingt ans le bonheur du monde : c'est en essuyant les larmes des nations qu'elle a réfuté les calomnies des tyrans.

Votre empereur, dès son enfance, fut passionné pour elle. Il ne chercha point à s'égarer dans des connaissances inutiles à l'homme : il vit bientôt que l'étude de la nature était un abîme, et rapporta la philosophie tout entière aux mœurs. D'abord il promena ses regards sur les différentes sectes qui étaient autour de lui; il en distingua une qui apprenait à l'homme à s'élever au-dessus de lui-même : elle lui découvrit, pour ainsi dire, un monde nouveau, où le plaisir et la douleur sont comme anéantis, où les sens ont perdu tout leur pouvoir sur l'âme, où la pauvreté, les richesses, la vie, la mort ne sont rien, où la vertu existe seule. Romains, c'est cette philosophie qui vous a donné Caton et Brutus; c'est elle qui les soutint au milieu des ruines de la liberté ; elle s'étendit ensuite, et se multiplia sous vos tyrans.

Il me semble qu'elle était devenue comme un besoin pour vos ancêtres opprimés, dont la vie incertaine était sans cesse sous la hache du despotisme. Dans ce temps d'opprobre, seule elle conserva la dignité de la nature humaine ; elle apprenait à vivre, elle apprenait à mourir ; et tandis que la tyrannie dégradait les âmes, elle les relevait avec plus de force et de grandeur. Cette mâle philosophie fut faite de tout temps pour les âmes fortes : Marc-Aurèle s'y livra avec transport. Dès ce moment il n'eut qu'une passion, celle de se former aux vertus les plus pénibles : tout ce qui pouvait l'aider dans ce dessein était pour lui un bienfait du ciel. Il remarqua comme un des jours les plus heureux de sa vie celui de son enfance où il entendit, pour la première fois, parler de Caton ; il garda avec reconnaissance les noms de ceux qui lui avaient fait connaître Brutus et Thraséas ; il remercia les dieux d'avoir pu lire les maximes d'Épictète : son âme s'unissait à ces âmes extraordinaires qui avaient existé avant lui. Recevez-moi, disait-il, parmi vous ; éclairez mon esprit, élevez mes sentimens : que j'apprenne à n'aimer que ce qui est vrai, à ne faire que ce qui est juste. Pour mieux affermir la vertu dans son cœur, il voulût pénétrer lui-même jusqu'à la source de ses devoirs : il voulut découvrir, s'il était possible, le vrai dessin de la nature sur l'homme. Ici, Romains, va s'offrir à vous tout le développement de l'âme de Marc-Aurèle, l'enchaînement de ses idées, les principes sur lesquels il appuya sa vie morale. Ce n'est pas moi qui vous offrirai ce tableau, c'est Marc-Aurèle lui-même. Je vais vous lire un écrit qu'il a tracé de ses mains, il y a plus de trente ans : il n'était point encore empereur. Tiens, me dit-il, Apollonius, prends cet écrit ; et si jamais je m'écarte des sentimens que ma main a tracés, fais-moi rougir aux yeux de l'univers. Romains, et toi son successeur et son fils, vous allez juger si Marc-Aurèle a conformé sa conduite à ces grandes idées, et s'il s'est écarté une seule fois du plan qu'il a cru lire dans la nature.

Ici le philosophe s'arrêta un moment. La foule innombrable des citoyens qui l'entouraient se serra pour l'entendre de plus près. A un grand mouvement succéda bientôt un grand silence. Seul entre le peuple et le philosophe, le nouvel empereur était inquiet et pensif. Apollonius avait une main appuyée sur la tombe ; de l'autre il tenait un papier écrit de la main de Marc-Aurèle. Il prit la parole et lut ce qui suit :

ENTRETIEN DE MARC-AURÈLE AVEC LUI-MÊME.

« Je méditais pendant la nuit : je cherchais en quoi consiste ce qui est bon, sur quoi est fondé ce qui est juste. Marc-Aurèle, me disais-je, jusqu'à présent tu as été vertueux, ou du moins tu as voulu l'être ; mais qui te garantit que tu le voudras toujours ?

qui t'a dit même que ce que tu nommes vertu l'est en effet? Je fus effrayé de ce doute, et résolus de remonter, s'il était possible, jusqu'aux premiers principes, pour m'assurer de moi-même, et reconnaître la route que l'homme doit suivre. Le lieu et le temps favorisaient mes réflexions. La nuit était profonde et calme. Tout reposait autour de moi. J'entendais seulement près de mon palais les eaux du Tibre un peu agitées, mais ce bruit continu et sourd était lui-même favorable à la pensée, et je me livrai aux méditations suivantes.

« Pour savoir ce que c'est que la vertu, il faut savoir d'abord ce que c'est que l'homme. Je me demandai : qui suis-je? Je reconnus en moi des sens, une intelligence et une volonté ; et je me vis jeté comme au hasard, et par une main inconnue, sur la surface de la terre. Mais d'où viens-je? et qui m'a placé ici? Pour me répondre, je fus obligé de sortir de moi-même, et d'interroger la nature. Alors mes yeux se promenèrent autour de moi, et je contemplai l'univers. En voyant cet assemblage infini d'êtres qui le composent, ces mondes ajoutés à des mondes, et moi si petit et si faible, relégué dans un coin de la terre et comme perdu dans l'immensité, je fus découragé un moment. Quoi donc! me disais-je à moi-même, suis-je quelque chose dans la nature? Le souvenir de mon intelligence me ranima tout-à-coup : Marc-Aurèle, ce qui pense ne peut être perdu dans la foule. Alors je continuai mes recherches ; et, observant tout, j'examinai la marche de l'univers. Je fus frappé de l'harmonie que j'apercevais partout. Je vis que dans les cieux, sur la terre, tous les êtres se prêtent mutuellement des secours. L'univers, me disais-je, est donc un tout immense dont toutes les parties se correspondent. La grandeur et la simplicité de cette idée éleva mon âme. Bientôt cette harmonie me fit naître l'idée nécessaire d'une cause. Pour combiner tant de moyens, et, de tant d'êtres séparés, ne former, pour ainsi dire, qu'un être unique, il faut une âme intelligente. J'appelai cette âme, l'âme universelle, je l'appelai Dieu. A ce nom, j'éprouvai une émotion religieuse, et l'univers me parut quelque chose de sacré. J'avais trouvé un point d'appui, je m'y arrêtai. J'attribuai à cette cause tous les effets. Je vis que c'est elle qui a imprimé un caractère d'unité à tout ce qui existe. C'est elle qui a donné à cette foule inombrable d'êtres, ou inanimés ou sensibles, la loi qui les unit, pour les faire servir à la fois, et au bien l'un de l'autre, et à l'harmonie de l'ensemble. Mais c'est surtout dans les êtres intelligens que cette loi primitive me parut agir avec plus de force. Les hommes, par un instinct secret, se cherchent et s'attirent. En vain l'intérêt des passions les divise, une force plus impérieuse les rapproche. Il semble que l'être qui pense soit abandonné et solitaire au milieu de l'univers physique, et la pensée a besoin du commerce de la pensée. Une seconde chaîne vint s'offrir à moi, ce fut celle des besoins. Enfin je vis les hommes réunis d'une manière plus étroite encore. Il n'y a pour toutes les âmes qu'une même raison, comme pour tous les êtres physiques qu'une même lumière. S'il n'y a qu'une raison, il n'y a qu'une loi. Les hommes de tous les pays et de tous les siècles sont donc soumis à la même législation. Ils sont tous concitoyens de la même ville: cette ville est l'univers. Alors je crus voir tomber autour de moi toutes les barrières qui séparent les nations, et je ne vis plus qu'une famille et qu'un peuple.

« J'étais parvenu à voir que, par l'ordre même de la nature, il y a société entre tous les hommes. Dès ce moment je me considérai sous un double rapport. Je me vis comme une faible partie de l'univers, englouti dans le tout, entraîné par le mouvement général qui entraîne tous les êtres : je me regardai ensuite comme détaché de ce tout immense, et lié par un rapport particulier avec les hommes. Comme partie du tout, Marc-Aurèle, tu dois recevoir sans murmure ce qui est une suite de l'ordre général : de là naît la constance dans les maux, et le courage qui n'est que la soumission d'une âme forte. Comme partie de la société, tu dois faire tout ce qui est utile à l'homme : de-là, tous les devoirs d'ami, d'époux, de père, de citoyen. Souffrir ce que la nature de l'univers t'impose, faire ce que ta nature d'homme exige, voilà tes deux règles. Je conçus alors ce que c'était que la vertu, et je ne craignis plus de m'égarer. »

Ici Apollonius s'interrompant, s'adressa au fils de Marc-Aurèle.

Empereur, s'écria-t-il, ce que tu viens d'entendre convient à tous les hommes, et pouvait être la philosophie d'Epictète, comme celle de ton père ; mais ce qui suit t'appartient: c'est la philosophie du prince ; c'est celle de tous les hommes qui seront dignes de régner: puisse-t-elle devenir la tienne! Ecoute ton prédécesseur et ton père.

Alors il reprit ainsi :

« Bientôt, ramenant toutes mes idées à moi-même, je voulus appliquer ces principes à ma conduite. J'avais reconnu quelle était ma place dans l'univers; je regardai quelle était ma place dans la société : je vis avec effroi que j'y occupais le rang de prince. Marc-Aurèle, si tu étais confondu dans la foule, tu n'aurais à répondre à la nature que de toi; mais des millions d'hommes t'obéiront un jour : le degré de bonheur dont chacun peut jouir est marqué ; tout ce qui manquera par ta faute à ce bonheur sera ton crime.

Si, dans le monde entier, il coule une larme que tu aies pu prévenir, tu es coupable. La nature indignée te dira : Je t'ai confié mes enfans pour les rendre heureux ; qu'en as-tu fait ? Pourquoi ai-je entendu des gémissemens sur la terre ? Pourquoi les hommes ont-ils levé leurs mains vers moi, pour me prier d'abréger leurs jours ? Pourquoi la mère a-t-elle pleuré sur son fils qui venait de naître ? Pourquoi la moisson que j'avais destinée à nourrir le pauvre, a-t-elle été arrachée de sa cabane ? Que répondras-tu ? Les maux des hommes déposeront contre toi, et la justice, qui t'observe, gravera ton nom parmi les noms des mauvais princes. »

Ici le peuple se mit à crier : *Jamais ! jamais !* Mille voix s'élevèrent ensemble. L'un disait : *Tu as été notre père !* un autre : *tu ne souffris jamais d'oppresseurs !* d'autres : *tu as soulagé tous nos maux !* et des milliers d'hommes à la fois : *nous t'avons béni : nous te bénissons !* **O** *sage, ô clément, ô juste empereur, que ta mémoire soit sainte, qu'elle soit adorée à jamais !*

Elle le sera, reprit Apollonius, et le sera dans tous les siècles : mais c'est en s'effrayant lui-même des maux qu'il aurait pu vous causer, qu'il est parvenu à vous rendre heureux, et à mériter ces acclamations qui retentissent sur sa tombe. Ecoutez ce qu'il ajoute :

« Pour empêcher que ton nom ne soit flétri, connais tes devoirs : ils embrassent toutes les nations, ils renaissent à chaque heure et à chaque instant. La mort seule d'un citoyen finit tes obligations envers lui ; mais la naissance de chaque citoyen t'impose un nouveau devoir. Tu dois travailler le jour, parce que le jour est destiné à l'action pour l'homme ; souvent tu dois veiller la nuit, parce que le crime veille, tandis que le prince dort. Il faut protéger la faiblesse ; il faut enchaîner la force. Marc-Aurèle, ne parle pas de délassemens ; il n'y en a plus pour toi que lorsqu'il n'y aura plus sur la terre de malheureux ni de coupables.

« Epouvanté de mes devoirs, je voulus connaître les moyens que j'avais pour les remplir, et mon effroi redoubla. Je vis que mes obligations étaient au-dessus d'un homme, et que mes facultés n'étaient que celles d'un homme. Il faudrait que l'œil du prince pût embrasser ce qui est à des distances immenses de lui, et que tous les lieux de son empire fussent rassemblés, en un seul point, sous son regard. Il faudrait que son oreille pût être frappée à la fois de tous les gémissemens, de toutes les plaintes, de tous les cris de ses sujets. Il faudrait que sa force fût aussi prompte que sa volonté, pour détruire et combattre sans cesse toutes les forces qui luttent contre le bien général : mais le prince a des organes aussi faibles que le dernier de ses sujets. Marc-

Aurèle, entre la vérité et toi, il y aura continuellement des fleuves, des montagnes, des mers; souvent tu n'en seras séparé que par les murs de ton palais, elle ne parviendra point jusqu'à toi. Tu emprunteras des secours, mais ces secours ne seront qu'un remède imparfait à ta faiblesse. L'action confiée à des bras étrangers, ou se ralentit, ou se précipite, ou change d'objet: rien ne s'exécute comme le prince l'a conçu; rien ne lui est dit comme il l'aurait vu lui-même. On exagère le bien, on diminue le mal, on justifie le crime; et le prince toujours faible ou trompé, exposé à l'infidélité ou à l'erreur de tous ceux qu'il a chargés de voir et d'entendre, se trouve continuellement placé entre l'impuissance de connaître et la nécessité d'agir.

« De l'examen de mes sens, je passai à celui de ma raison, et je la comparai encore à mes devoirs. Je vis que, pour bien gouverner, j'aurais besoin d'une intelligence presque divine, qui aperçût d'un coup d'œil tous les principes et leur application; qui ne fût dominée ni par son pays, ni par son siècle, ni par son rang, qui jugeât tout d'après la vérité, rien d'après les conventions. Est-ce donc là la raison d'un homme? Est-ce la mienne?

« Enfin, je me demandai si j'étais sûr de ma volonté. Demande-toi donc si tout ce qui t'environne n'a pas de prise sur ton âme pour la corrompre ou l'égarer? Marc-Aurèle (et ici Apollonius fixa un moment les yeux sur le nouvel empereur), tremble surtout quand tu seras sur le trône. Des milliers d'hommes chercheront à t'arracher ta volonté pour te donner la leur; ils mettront leurs passions viles à la place de tes passions généreuses. Que seras-tu alors? le jouet de tous. Tu obéiras en croyant commander: tu auras le faste d'un empereur et l'âme d'un esclave. Oui, ton âme ne sera plus à toi; elle sera à l'homme méprisable et hardi qui voudra s'en saisir.

« Ces réflexions me jetèrent presque dans le désespoir. O Dieu! m'écriai-je, puisque la race des hommes, que tu as jetée sur la terre, avait besoin d'être gouvernée, pourquoi ne leur as-tu donné que des hommes pour régner sur eux? Etre bienfesant, je réclame ici ta pitié pour les princes: ils sont peut-être plus à plaindre que les peuples; car il est plus affreux sans doute de faire le mal que de le souffrir. Dans ce moment, je délibérai si je ne renoncerais pas à ce pouvoir dangereux et terrible; et je fus un instant résolu: oui, je fus résolu d'abdiquer l'empire.... »

A ces mots, les Romains, qui écoutaient dans un profond silence, parurent effrayés, comme s'ils étaient menacés de perdre leur empereur; ils oubliaient que ce grand homme n'était plus. Bientôt cette illusion se dissipa. On eût dit qu'alors ils le perdaient une seconde fois. Dans un mouvement tumultueux, ils s'inclinèrent tous vers sa tombe: femmes, enfans, vieillards, tout se précipita de ce côté; tous les cœurs étaient émus, tous les yeux versaient des larmes; un bruit confus de douleur errait sur cette immense assemblée. Apollonius lui-même se troubla; le papier qu'il tenait tomba de sa main; il embrassa le cercueil. La vue de ce vieillard désolé parut augmenter le trouble général. Peu-à-peu le murmure se ralentit. Apollonius se releva comme un homme qui sortait d'un songe ; et, l'œil encore à demi égaré par la douleur, il reprit le papier sur la tombe, et continua ainsi d'une voix altérée :

« Je ne m'arrêtai pas longtemps à ce projet de renoncer à l'empire. Je vis que l'ordre des dieux m'appelait à servir la patrie, et que je devais obéir. Eh quoi! me dis-je, on punit de mort un soldat qui quitte son poste, et toi tu quitteras le tien? Est-ce la nécessité d'être vertueux sur le trône qui t'épouvante? Alors je crus entendre une voix secrète qui me dit: Quoi que tu fasses, tu seras toujours un homme; mais conçois-tu bien à quel degré de perfection un homme peut s'élever? Vois la distance qui est d'Antonin à Néron. Je repris courage; et, ne pouvant agrandir mes sens, je résolus de chercher tous les moyens d'agrandir mon âme, c'est-à-dire de perfectionner ma raison et d'affermir ma volonté. Je trouvai ces moyens dans l'idée même de mes devoirs. Marc-Aurèle, quand Dieu te met à la tête du genre humain, il t'associe pour une partie au gouvernement du monde. Pour bien gouverner, tu dois donc prendre l'esprit de Dieu même. Elève-toi jusqu'à lui, médite ce grand être ; va puiser dans son sein l'amour de l'ordre et du bien général; que l'harmonie de l'univers t'apprenne quelle doit être l'harmonie de ton empire. Les préjugés et les passions qui dominent tant d'hommes et de princes s'anéantiront pour toi : tu ne verras plus que tes devoirs et Dieu, et cette raison suprême qui doit être ton modèle et ta loi; mais la volonté de la suivre en tout ne te suffit pas; il faut que l'erreur ne puisse t'égarer.

« Alors je commençai à faire la revue de toutes mes opinions, et je comparai chacune de mes idées avec l'idée éternelle du vrai et du juste. Je vis qu'il n'y avait de bien que ce qui était utile à la société et conforme à l'ordre ; de mal, que ce qui leur était contraire. J'examinai les maux physiques ; je n'y aperçus que l'effet inévitable des lois de l'univers. Bientôt je voulus méditer sur la douleur : la nuit était déjà avancée; le besoin du sommeil fatiguait ma paupière; je luttai quelque temps; enfin je fus obligé de céder, et je m'assoupis ; mais dans cet intervalle je crus avoir un songe. Il me sembla voir dans un vaste portique une multitude d'hommes rassemblés ; ils avaient tous quelque chose d'auguste et de grand. Quoique je n'eusse jamais vécu avec eux, leurs traits pourtant ne m'étaient pas étrangers ; je crus me rappeler que j'avais souvent contemplé leurs statues dans Rome. Je les regardais tous, quand une voix terrible et forte retentit sous le portique : *Mortels, apprenez à souffrir !* Au même instant, devant l'un je vis s'allumer des flammes, et il y posa la main. On apporta à l'autre du poison ; il but, et fit une libation aux dieux. Le troisième était debout auprès d'une statue de la liberté brisée ; il tenait d'une main un livre, de l'autre il prit une épée dont il regardait la pointe. Plus loin, je distinguais un homme tout sanglant, mais calme, et plus tranquille que ses bourreaux ; je courus à lui en m'écriant : O Régulus, est-ce toi ? Je ne pus soutenir le spectacle de ses maux, et je détournai mes regards. Alors j'aperçus Fabrice dans la pauvreté, Scipion mourant dans l'exil, Epictète écrivant dans les chaînes, Sénèque et Thraséas les veines ouvertes, et regardant d'un œil tranquille leur sang couler. Environné de tous ces grands hommes malheureux, je versais des larmes : ils parurent étonnés. L'un d'eux, ce fut Caton, s'approcha de moi et me dit : Ne nous plains pas, mais imite-nous ; et toi aussi, apprends à vaincre la douleur. Cependant il me parut prêt à tourner contre lui le fer qu'il tenait à la main : je voulus l'arrêter ; je frémis et je m'éveillai. Je réfléchis sur ce songe, et je conçus que ces prétendus maux n'avaient pas le droit d'ébranler mon courage ; je résolus d'être homme, de souffrir et de faire le bien. »

Mais il est, dit Apollonius, des maux plus sensibles et qui touchent l'âme de plus près ; c'est l'ingratitude, c'est l'offense, c'est la calomnie, ce sont les vices des méchans, qui nous tourmentent et nous fatiguent. Marc-Aurèle se demande si tous ces hommes vils ou cruels méritent qu'on leur fasse du bien.

Philosophe, dit brusquement le jeune empereur, *et moi aussi je te fais la même demande.*

Empereur, dit Apollonius, je vais te lire la réponse de ton prédécesseur et de ton père. Il pèse en silence tous les maux que l'homme fait à l'homme, et se dit à lui-même :

« La source de tes actions doit être dans ton âme, et non dans l'âme des autres. On t'offense ! qu'importe ? Dieu est ton législateur et ton juge. Il y a des méchans ! Ils te sont utiles : sans eux, qu'aurais-tu besoin de vertus ? Tu te plains des ingrats ! imite la nature ; elle donne tout aux hommes, et n'en attend rien. Mais l'outrage ? L'outrage avilit celui qui le fait, et non celui qui le reçoit. Et la calomnie ? Remercie les Dieux de ce que tes ennemis, pour dire du mal de toi, ont recours au mensonge. Mais la honte? Est-il de la honte pour l'homme juste? »

Il résolut donc, s'il le fallait, de déplaire aux hommes pour les servir; il consentit à leur être odieux pour leur être utile.

Il avait pesé les maux; il voulut peser les biens.

« Je me demandai, dit-il, ce que c'était que la réputation? un cri qui s'élève et qui meurt dans un coin de la terre. Et les louanges des cours? un tribu de l'intérêt au pouvoir, ou de la bassesse à l'orgueil. Et l'autorité? le plus grand des malheurs pour qui n'est pas le plus vertueux des hommes. Et la vie?... En ce moment, j'aperçus dans le lieu où je méditais un de ces instrumens de sable qui mesurent le temps: mon œil s'y fixa; je regardai ces grains de poussière qui, en tombant, marquaient les portions de la durée. Marc-Aurèle, me dis-je, le temps t'a été donné pour être utile aux hommes : qu'as-tu déjà fait pour eux? La vie s'enfuit, les années se précipitent, elles tombent les unes sur les autres comme ces grains de sable. Hâte-toi : tu es placé entre deux abîmes; celui du temps qui t'a précédé, et celui du temps qui doit te suivre. Entre ces deux abîmes, ta vie est un point; qu'elle soit marquée par tes vertus. Sois bienfesant, aie l'âme libre, méprise la mort. »

En prononçant ce mot (il me l'a dit souvent lui-même), il sentit son âme étonnée, il réfléchit un moment, et continua :

« Quoi la mort t'épouvante? Va ! mourir n'est qu'une action de la vie, et la plus aisée peut-être. La mort est la fin des combats; elle est le moment où tu pourras dire : enfin ma vertu m'appartient; c'est elle qui t'affranchira du plus grand des dangers, celui de devenir méchant. Marc-Aurèle, tu es embarqué, suis ta route ; et quand tu verras approcher le terme, sors du vaisseau, et remercie les Dieux sur le rivage. »

C'est ainsi qu'il parcourut successivement presque tous les objets qui agitent et troublent l'homme, pour apprendre à les juger, et conformer en tout ses vues aux vues de la nature.

Il s'était mis en garde contre les opinions; il voulut se mettre en garde contre ses sens. Prince, il semble en effet que l'homme se combatte et soit opposé à lui-même. Ma raison fait ma force; mes sens font ma faiblesse. C'est ma raison qui m'élève jusqu'aux idées de l'ordre et du bien général : ce sont mes sens qui me rabaissent aux vues personnelles, et me font descendre jusqu'à moi. Ainsi, ma raison m'ennoblit, et mes sens m'avilissent. Ton père, pour se rendre libre, voulut donc les rendre esclaves. Dès ce moment, il se dévoua à un genre de vie austère, et il se dit :

« Je dompterai mes passions, et de toutes la plus terrible, parce qu'elle est la plus douce, l'amour des voluptés. La vie est un combat; il faut lutter sans cesse. Je fuirai le luxe, parce que le luxe énerve l'âme par tous les sens : je le fuirai, parce que, chez un prince, le luxe épuise des trésors pour satisfaire à des caprices. Je vivrai de peu, comme si j'étais pauvre : quoique prince, je n'ai que les besoins d'un homme. Je ne donnerai au sommeil que le temps que je pourrai lui ravir. Je me dirai tous les matins : Voici l'heure où les crimes assoupis s'éveillent, où les passions et les vices s'emparent de l'univers, où le malheureux renaît au sentiment de ses maux, où l'opprimé, en s'agitant dans sa prison, retrouve le poids de ses chaînes. C'est à la vertu, c'est à la bienfesance, c'est à l'autorité sacrée des lois à s'éveiller au même instant. Que les travaux seuls soient le délassement de mes travaux. Si l'étude et les affaires remplissent toutes mes heures, le plaisir n'en trouvera aucune de vide pour s'en emparer. »

Ici Commode, d'une voix émue, interrompit encore Apollonius : *Eh quoi! tous les plaisirs sont-ils interdits à un prince ?*

Ton père s'est dit la même chose, reprit le philosophe; et voici ce qu'il s'est répondu :

« Non, Marc-Aurèle, tu ne seras pas privé de tous les plaisirs; et les Dieux t'ont réservé les plus touchans et les plus purs. Tes plaisirs seront de consoler la douleur, d'adoucir l'infortune. Tes plaisirs seront de soulager d'un mot une province, de pouvoir tous les jours rendre deux cents nations heureuses. Dis-moi, préférerais-tu, ou les langueurs des voluptés, ou les spectacles des gladiateurs, ou l'amusement barbare de voir combattre dans l'arène des hommes contre des bêtes féroces? Chaque instant est marqué par un devoir; chaque devoir doit être pour toi la source d'un plaisir. »

Prince, telle fut la réponse de ton père à la question que tu m'as faite.

Il s'arrêta, il avait vu ce que la nature exigeait de lui; il avait connu Dieu, son âme, sa raison, sa place dans l'univers, sa place dans la société, ses devoirs d'homme, ses devoirs de prince. Il avait tâché de fortifier son âme contre tous les obstacles qui pourraient un jour la retarder dans sa marche. Alors il éleva ses mains vers le ciel et dit : Et toi aussi, jeune empereur, dis avec lui :

« O Dieu, tu n'as pas fait les rois pour être oppresseurs, ni les peuples pour être opprimés. Je ne te demande pas que tu me rendes meilleur : n'ai-je pas une volonté active pour me perfectionner, me combattre et me vaincre? Mais je te demande ce que je ne puis me donner à moi-même : de connaître et d'entendre la vérité; je te demande le bien le plus nécessaire aux rois : des amis. Fais que Marc-Aurèle meure avant de cesser d'être juste. »

Il revint à lui-même : il s'aperçut que la nuit était écoulée, et que le soleil s'élevait sur l'horizon. Déjà le peuple en foule remplissait les rues de Rome; déjà il entendait les acclamations qui annonçaient qu'Antonin marchait vers la place publique.

« Je sortis, ajoute-t-il, pour m'aller joindre à mon père. Dans tout le cours de ses actions, je vis qu'il pratiquait ce que j'avais résolu de faire, et je me sentis encore plus encouragé à la vertu. »

Les romains avaient écouté dans un profond silence. Pendant cette lecture, les cœurs étaient remplis tour-à-tour de regrets, d'admiration et de tendresse. Ils avaient vu agir ce grand homme; ils avaient été pendant quarante ans témoins de ses vertus; mais ils ignoraient ses principes. Leurs yeux, avec plus de douleur, se fixèrent sur sa cendre; et bientôt, comme par un mouvement involontaire, se portèrent presque en même temps sur le fils de Marc-Aurèle, qui devait être trop indigne de ce nom, et qui baissa la vue.

Fils de Marc-Aurèle, s'écria Apollonius, ces regards tournés sur toi te demandent si tu seras semblable à ton père. N'oublie pas les larmes que tu vois couler.

Et se tournant vers le peuple :

Suspendons nos regrets pour achever de rendre hommage à ses vertus. Je ne vous ai offert que la moitié de lui-même; il faut le voir, fidèle à ses principes, suivre le plan qu'il s'est tracé, et appliquer pendant vingt ans au bonheur du monde, les idées de morale que la philosophie lui avait suggérées loin du trône. Marc-Aurèle a vu que la nature a mis un esprit général de société entre les hommes; il en voit naître l'idée de la liberté, parce qu'il n'y a point de société où il n'y a qu'un maître et des esclaves; de propriété, parce que, sans l'assurance des possessions, il n'est plus d'ordre social; de justice, parce que la justice seule peut rétablir l'équilibre que les passions tendent à rompre; enfin de bienveillance universelle, parce que les hommes étant tous associés, il n'y a point d'homme vil aux yeux de la nature, et que si tous n'ont pas droit au même rang, ils ont tous droit au même bonheur. Tel a été le plan général de son règne.

Je commence par la liberté, Romains, parce que la liberté est le premier droit de l'homme, le droit de n'obéir qu'aux lois et de ne craindre qu'elles. Malheur à l'esclave qui craindrait de prononcer son nom! Malheur au pays où le prononcer serait un crime! C'en était un sous vos tyrans : mais qu'ont produit leurs vaines fureurs? Ont-elles étouffé dans le cœur de vos pères ce sentiment généreux? On pourra le combattre, on ne peut le détruire ; il subsiste partout où il y a des âmes fortes; il se conserve dans les chaînes ; il vit dans les prisons, renaît sous les haches des licteurs.

Tant que vous l'aurez, ô Romains, vous aurez le courage et les vertus. Marc-Aurèle, en montant sur le trône, connut ce droit sacré : il vit que l'homme, né libre, mais avec le besoin d'être gouverné, s'était soumis à des lois, jamais aux caprices d'un maître ; que nul homme n'a le droit de commander arbitrairement à un autre ; que qui usurpe ce pouvoir détruit son pouvoir même. Il avait vu dans vos annales les maux de vos ancêtres sous les Tibère et les Néron, le despotisme de ces monstres sous lesquels il n'y avait d'autre vertu que de savoir mourir ; le despotisme aussi odieux et plus lâche encore des affranchis; l'oppression dans l'empire; l'univers esclave ; un homme, sous le nom d'empereur, qui anéantissait tout, parce qu'il se fesait le centre de tout, et qui semblait dire aux nations: Vos biens et votre sang, tout est à moi: souffrez et mourez. Je sais, Romains, que jamais vous n'avez donné, ni pu donner ces droits odieux à vos empereurs ; mais puisqu'ils sont à la fois princes, magistrats, pontifes et généraux, qui mettra des barrières à leur pouvoir, s'ils n'en mettent pas eux-mêmes? O Dieux! faut-il que deux cents nations puissent être malheureuses, s'il arrive qu'un seul homme ne soit pas vertueux? Marc-Aurèle, armé de toute la force du despotisme, s'en dépouille librement. Pour ne pas abuser de sa puissance, il la limite de toute part. Il augmente l'autorité des lois, que trop d'empereurs avaient voulu anéantir ; il fait valoir celle des magistrats, qui trop souvent n'avaient été que des fantômes ou des esclaves. Jamais, sous son empire, un sénateur, jamais un lâche citoyen osa-t-il avancer que le prince n'était pas soumis aux lois? « Malheureux, lui au« rait dit Marc-Aurèle, que t'ai-je fait pour que tu m'avilisses ? « Apprends que cette soumission m'honore; apprends que le « pouvoir de faire ce qui est injuste est faiblesse. » Romains, je ne crains pas de le dire, jamais, dans les plus beaux temps de Rome, jamais sous vos consuls même, vos ancêtres n'ont été plus libres que vous. Qu'importe d'être gouverné ou par un seul ou par plusieurs? Rois, dictateurs, consuls, décemvirs, empereurs, tous ces noms différens n'expriment qu'une même chose, les ministres de la loi: la loi est tout. La constitution des états peut changer ; les droits du citoyen sont toujours les mêmes. Ils sont indépendans, et de l'ambitieux qui usurpe, et du lâche qui se vend : fondés sur la nature, ils sont inaltérables comme elle.

Je puis donc vous attester tous, et vous demander si Marc-Aurèle a jamais opprimé un citoyen ? S'il y en a un seul, qu'il se lève, et qu'il me démente.

Tout le peuple se mit à crier : *Aucun ! aucun !*

Je puis vous demander encore si, sous son règne, jamais un seul d'entre vous a été opprimé par ces affranchis du palais qui se font esclaves pour être tyrans, commandent avec d'autant plus d'orgueil qu'ils obéissent, et, armés d'un pouvoir qui n'est point à eux, avides d'en jouir, incertains de sa durée, en forcent tous les ressorts et précipitent la servitude publique ? Dites, Romains, en a-t-il existé un seul sous son règne ?

Ils crièrent encore tous ensemble : *Aucun ! aucun !* — Il continua.

Grâces aux Dieux immortels, vous eûtes un prince, et ce prince n'eut pas de maître. Pour que vous fussiez toujours libres, il ne se laissa ni asservir, ni commander : il défendit votre liberté contre lui-même ; il la défendit contre tous ceux qui environnaient le trône.

Mais que vous eût servi cette liberté, si dans le même temps la propriété de vos biens ne vous eût été assurée ? Que dis-je ? Où l'une manque, l'autre n'est qu'un fantôme. Hélas ! il a été un temps où Rome et l'empire étaient en proie au brigandage ; un temps où les confiscations arbitraires, les exactions odieuses, les prodigalités sans cause et sans but, les rapines sans cesse renaissantes, désolaient les familles, épuisaient les provinces, appauvrissaient le pauvre, et fesaient dévorer presque toutes les richesses de l'empire par un maître avide, ou par quelques favoris qui daignaient partager ces richesses avec leur maître : voilà une faible partie des maux que vos ancêtres ont soufferts. Eh quoi ! si de tels maux subsistaient toujours sur la terre, ne vaudrait-il pas mieux aller errans dans les bois, et partager les retraites des bêtes sauvages ? Du moins une main avide n'y viendrait pas arracher à l'homme affamé sa nourriture. L'antre qu'il aurait choisi lui servirait d'asile, et il pourrait dire : Ici le rocher qui me couvre, et l'eau qui me désaltère sont à moi ; ici je ne paie point l'air que je respire. Nul de vous, Romains, sous l'empire de Marc-Aurèle, n'a été réduit à former de pareils vœux. Il commence par réprimer la tyrannie sourde du fisc envers les citoyens, espèce de guerre où souvent l'on fait combattre la loi contre la justice, et le souverain contre les sujets. Toute accusation qui ne peut tendre qu'à grossir ses revenus, est écartée ; tout droit de son trésor qui peut être équivoque, est décidé contre lui. Il rejette les confiscations, comme un abus barbare qui punit le fils innocent des crimes du père, comme un abus dangereux qui fait désirer de trouver des coupables partout où il y a des riches. Il ne veut pas que les crimes des citoyens soient le patrimoine du prince, et que celui qui est le chef de la patrie trouve un profit honteux dans ce qui afflige la patrie.

Cette modération s'étend jusqu'au trésor public. Vous l'avez vu, dans les besoins pressans, remettre tout ce qui était dû, quand il en crut la levée trop onéreuse. C'est dans les temps où se multipliaient les besoins, qu'il multipliait les bienfaits envers les peuples. Mais je rougis d'employer, en parlant de Marc-Aurèle, le langage que la flatterie a consacré pour les princes. Ce que j'appelle des bienfaits, il l'appelait une injustice. Non, l'état n'a point de droit sur la misère ; il serait aussi honteux que barbare de vouloir s'enrichir de la pauvreté même, et de ravir à celui qui a peu, pour donner à celui qui a tout. Sous lui, le laboureur fut respecté ; l'homme qui n'avait que ses bras put jouir du nécessaire que ses bras lui avaient donné ; la mollesse et le luxe payèrent en richesses ce que la pauvreté payait en travaux. Il donne un plus grand exemple. Placé entre des ennemis ardens et des peuples accablés, c'est sur lui-même, Romains, qu'il lève les impositions que vous n'auriez pu payer sans vous appauvrir. On lui demande où sont les trésors pour la guerre : les voici, dit-il, en montrant les meubles de son palais. Dépouillez ces murs ; enlevez ces statues et ces tableaux ; portez ces vases d'or sur la place publique ; que tout soit vendu au nom de l'état; que ces vains ornemens, qui servaient de décoration aux palais des empereurs, servent à la défense de l'empire. J'étais auprès de lui dans le temps qu'il donnait et qu'on exécutait ces ordres: je parus étonné. Il se tourna vers moi : « Apollonius, me dit-il, « eh quoi! tu admires aussi comme le peuple ! Faudrait-il donc, « au lieu de ces vases d'or, faire vendre l'argile du pauvre, et le « blé qui nourrit ses enfans? Mon ami, me dit-il un moment « après, peut-être toutes ces richesses ont-elles coûté des larmes « à vingt nations : cette vente sera une faible expiation des maux « faits à l'humanité. » Romains, ces appartemens dépouillés, ces murailles presque nues, avaient pour vous plus d'éclat et de grandeur que les palais d'or de vos tyrans. La maison de Marc-Aurèle, dans cet état, ressemblait à un temple auguste qui n'a d'autre ornement que la divinité qui l'habite.

C'est peu de se dépouiller lui-même ; il eut le courage de refuser aux autres ce qu'il n'avait pas le droit de donner. Il apprit à se défendre de cette générosité qui est quelquefois la maladie des grandes âmes : séduction d'autant plus dangereuse qu'elle ressemble à la vertu ; mais qui, pour le bonheur d'un homme, fait quelquefois le malheur de deux mille.

Les mauvais empereurs corrompaient les camps pour s'en faire un appui contre Rome ; et l'or, prodigué dans les armées, servait à forger des chaînes que le despotisme étendait sur l'univers. Marc-Aurèle eût rougi d'acheter les armées de l'empire contre l'empire même. Il leur accorde au nom de l'état tout ce que l'état leur doit, mais il ne leur donne rien au nom du prince; il ne veut pas qu'enrichis par ses mains, ils s'accoutument à séparer la qualité de citoyens de celle de soldats.

Apollonius allait poursuivre, lorsqu'un centurion, qui était près de lui, l'interrompit tout-à-coup.

Philosophe, dit-il, permets à un soldat de citer sur notre grand empereur un trait que tu ignores peut-être. Nous étions en Germanie, et il venait de remporter une victoire. Nous lui demandâmes une distribution d'argent : voici ce qu'il nous répondit (Je m'en souviens; c'était sur le champ de bataille, et il tenait à la main son casque percé de javelots) : « *Mes amis*, nous dit-il, *nous avons vaincu; mais s'il faut*
« *vous donner la dépouille des citoyens, qu'importe à l'état votre*
« *victoire? Tout ce que je vous donnerai au-delà de ce qui vous est*
« *dû sera tiré du sang de vos proches et de vos pères.* » *Nous rougîmes, et nous ne demandâmes plus rien.*

Je savais cette réponse de Marc-Aurèle, dit le vieillard au soldat; mais j'aime mieux que ce soit toi qui l'ait apprise au peuple romain.

Alors Apollonius reprit son discours ; il parla de la justice, et de la manière dont Marc-Aurèle la fesait exécuter dans Rome.

Qu'importe, dit-il, que le chef ne soit ni oppresseur, ni tyran, si les citoyens oppriment les citoyens ? Le despotisme de chaque particulier, s'il était sans frein, ne serait pas moins terrible que le despotisme du prince. Partout l'intérêt personnel attaque l'intérêt de tous; toutes les fortunes se nuisent ; toutes les passions se choquent : c'est la justice qui combat et qui prévient cette anarchie. Romains, s'écria-t-il, pourquoi faut-il que, chez les hommes, tout ce qui est la source d'un bien puisse être la source d'un mal? Cette justice sainte, l'appui et le garant de la société, était devenue, sous vos tyrans, le principe même de sa destruction. Il s'était élevé dans vos murs une race d'hommes qui, sous prétexte de venger les lois, trahissaient toutes les lois, vivant d'accusations et trafiquant de calomnies, et toujours prêts à vendre l'innocence à la haine, ou la richesse à l'avarice : alors tout était crime d'état. C'était un crime de réclamer les droits des hommes, de louer la vertu, de plaindre les malheureux, de cultiver les arts qui élèvent l'âme; c'était un crime d'invoquer le nom sacré des lois : les actions, les paroles, le silence même, tout était accusé. Que dis-je? On interprétait jusqu'à la pensée ; on la dénaturait pour la trouver coupable. Ainsi l'art des délations empoisonnait tout, et les délateurs étaient comblés des richesses de l'empire, et l'on proportionnait l'excès de leurs dignités à l'excès même de leur honte. Quelle ressource dans un état, lorsqu'on y égorge l'innocence au nom des lois qui doivent la défendre ? Souvent même on ne daignait pas recourir à la vaine formalité des lois : la puissance arbitraire emprisonnait, exilait ou fesait mourir à son gré. Romains, vous savez si Marc-Aurèle eut en horreur cette justice tyrannique, qui met la volonté d'un homme à la place de la décision de la loi ; qui fait dépendre ou d'une surprise ou d'une erreur la vie et la fortune d'un citoyen; dont les coups sont d'autant plus terribles que souvent ils sont sourds et cachés ; qui ne laisse que sentir au malheureux le trait qui le perce, sans qu'il puisse voir la main d'où il part ; ou qui, le séparant de l'univers entier, et ne le condamnant à vivre que pour mourir sans cesse , l'abandonne sous le poids des chaînes , ignorant à la fois son accusateur et son crime, loin de la liberté dont l'auguste image est pour jamais voilée à ses yeux, loin de la loi qui, dans la prison ou dans l'exil, doit toujours répondre au cri du malheureux qui l'invoque. Marc-Aurèle regardait toutes les formalités des lois comme autant de barrières que la prudence a élevées contre l'injustice. Sous lui disparurent ces crimes de lèse-majesté , qui ne se multiplient que sous les mauvais princes. Toute délation était renvoyée à l'accusé, avec le nom du délateur : c'était un frein pour les hommes vils; c'était un rempart pour ceux qui n'ont rien à redouter, dès qu'ils peuvent se défendre.

Citoyens, le malheureux que l'on poursuit va se réfugier dans les temples, où il embrasse les autels des Dieux. Sous Marc-Aurèle, vos asiles et vos temples ont été les tribunaux de vos magistrats. Que tous ceux, disait-il, qui redoutent l'oppression se retirent sous cet abri sacré : là, et j'en atteste les Dieux, si jamais je vous opprime, je veux, Romains, que vous trouviez un asile contre moi-même.

Et avec quelle dignité ce grand homme parlait aux magistrats et aux juges de leur devoir! « Si vous avez à juger votre ennemi, « félicitez-vous ; vous avez en même temps et une passion à vain-

« cre, et une grande action à faire. Si la faveur veut vous cor-
« rompre, mettez, d'un côté, le prix qu'on vous offre, de l'au-
« tre, la vertu et le droit de vous estimer vous-mêmes. Si on
« vous intimide...... Mais qui pourriez-vous craindre? Est-ce à
« moi que vous craignez de déplaire en fesant le bien? Haïs de
« votre empereur, parce que vous auriez été justes, c'est vous
« qui seriez grands, c'est moi qui serais malheureux et coupa-
« ble. » Ainsi l'esprit de Marc-Aurèle animait tous les tribunaux
de l'empire.

Sous lui, la justice ne fut donc ni vénale, ni corrompue, ni trop précipitée, ni trop lente; il ne fallut point l'acheter par des présens; il ne fallut point l'arracher par des importunités. Un abus funeste avait multiplié les jours où les tribunaux étaient fermés, comme si dans ces jours-là on avait défendu au riche d'usurper, au puissant de nuire, au malheureux d'avoir le sentiment de ses peines. Romains, le temps coulait pour les divisions et pour les crimes, et son cours était suspendu pour le rétablissement de l'ordre. Marc-Aurèle réforma cet abus: il crut que dans des jours même sacrés, la justice rendue aux hommes ne pouvait offenser les dieux; et le plus saint des trésors, le temps, fut rendu à la patrie.

Occupé de l'administration générale, il savait encore trouver des moyens pour juger lui-même les affaires des citoyens.

Philosophe, dit tout-à-coup un homme qui était dans la foule, *je respecte et admire Marc-Aurèle comme toi; mais crois-tu que la puissance de juger puisse n'être jamais redoutable dans le prince?*

Je le sais, reprit Apollonius; on doit craindre qu'accoutumé à la marche du pouvoir, il ne veuille être en même temps et le magistrat et la loi; que s'il prononce seul, il ne soit trompé; que s'il préside dans les tribunaux, son autorité, malgré lui, ne corrompe les juges, et que la flatterie n'immole la loi à celui qui peut tout : mais ces abus, qui se sont fait sentir plus d'une fois sous nos tyrans, tiennent à l'homme qui les souffre ou qui les fait naître. Le pouvoir de juger, dans le prince, a aussi ses avantages, quand le prince a des vertus. J'oserai le dire; il est alors plus près du peuple, il voit les détails du malheur des hommes; il apprend à plier sa pensée sous la loi; et la volonté absolue, toujours impétueuse, s'accoutume à sentir une chaîne qui la retient. Tel était l'esprit de Marc-Aurèle dans ses jugemens. Je ne me lasse pas de parler de la justice de ce grand homme. Je l'ai vu passer plusieurs nuits de suite à étudier une affaire importante qu'il devait décider: nous travaillions ensemble; je voulus l'engager à prendre du repos. « Apollonius, me dit-il, don-

« nons un exemple à tous ces hommes avides de plaisirs et fa-
« tigués d'affaires, qui prétendent séparer les honneurs et les
« travaux. » Ne vous étonnez pas de ce langage; il est conforme
au système du prince qui était juste par ses principes, et qui, par
devoir aimant tous les hommes, s'occupait également des intérêts
de tous.

Ici le philosophe s'arrêta : il parut rempli d'un sentiment douloureux
et profond.

Romains, je vous l'avouerai, dit-il, il y a une idée qui m'accable et qui m'a fait gémir plus d'une fois ; c'est l'inégalité immense que l'orgueil a mise entre les hommes. La nature, toujours bienfesante, avait créé des êtres égaux et libres ; la tyrannie est venue, qui a créé des faibles et des malheureux. Alors un petit nombre s'est emparé de tout ; il a envahi l'univers, et le genre humain s'est trouvé déshérité. De là est né le mépris insultant et le dédain altier, et la domination féroce, et la pitié de l'orgueil, plus cruelle encore que le mépris. C'était à la philosophie sur le trône à venger ces insultes faites au genre humain. O vous qui n'êtes ni praticiens, ni sénateurs, ni riches, mais qui êtes des citoyens et des hommes, je ne crains pas que vos imprécations secrètes se mêlent aux louanges dont j'honore la mémoire de votre empereur ! Sa bonté compatissante ne voyait dans tous les ordres de l'état qu'une société nombreuse de frères, de parens et d'amis. Que de fois vous l'avez vu s'attendrir sur vos besoins, les adoucir par ses largesses, pénétrer, pour les connaître, jusque dans l'enceinte de vos familles ! Pour vous consoler de vos travaux, il vous prodiguait les divertissemens et les fêtes ; et, par l'attrait des spectacles, arrachant le pauvre à lui-même, il suspendait le sentiment de ses maux, ou lui fesait oublier, quelques instans du moins, les biens dont il ne jouissait pas. Sous lui, le nom le plus obscur ne fut point une exclusion aux charges et aux dignités de l'empire. Pour distinguer les rangs, Marc-Aurèle consulte les préjugés; pour apprécier les hommes, il ne juge que les hommes. Des mains qui avaient conduit le soc de la charrue, ont guidé sous lui les gardes prétoriennes ; et, pour choisir un époux à sa fille, il jeta les yeux sur Pompéien, qui, au lieu d'ancêtres, n'avait que du mérite : l'alliance avec la vertu, disait-il, ne peut déshonorer le maître du monde.

Dans ce moment Apollonius, en promenant ses regards sur l'assemblée du peuple romain, aperçut Pertinax ; c'était un guerrier célèbre par des victoires; et son mérite devait l'élever un jour à l'empire. Il venait de rentrer dans Rome avec une partie de l'armée, accompagnant le corps de Marc-Aurèle. Il était un peu éloigné de la foule, les mains appuyées sur sa lance et adossé tristement contre une colonne. Tout-à-coup Apollonius, lui adressant la parole :

C'est toi que j'atteste encore, ô Pertinax ! dit-il ; tu as le courage d'avouer que ton père avait été esclave, et mourut affranchi ; tu n'en as que plus de droit à nos respects. J'ose te rappeler ici une disgrace qui ne t'honore pas moins que ton empereur. Tu fus accusé, il fut surpris, et tu parus coupable. Bientôt ton innocence éclata ; Marc-Aurèle fut assez grand pour te pardonner l'outrage qu'il t'avait fait. Il te nomma sénateur et consul ; des hommes qui se croyaient tes rivaux osèrent dire que la gloire du consulat était avilie par ta naissance. « Eh quoi ! s'écria Marc-« Aurèle, la place des Scipions avilie par un guerrier qui leur ressemble ! »

Celui qui élevait ainsi les plébéiens illustres ne pouvait oublier la noblesse de l'empire ; mais il veut qu'elle appuie ses titres par ses actions. Si elle n'est que fastueuse, il la dédaigne ; si elle a des vertus, il l'honore ; si elle est pauvre, il la soutient : il ne veut point que dans une ville corrompue par le luxe, des âmes dont le devoir est d'être généreuses, descendent à des moyens honteux de s'enrichir.

En parlant de la protection que Marc-Aurèle accorda aux hommes utiles de tous les rangs, puis-je oublier, Romains, celle qu'il nous accordait à nous-mêmes et à tous ceux qui, comme lui, cultivaient leur raison par l'étude ? Je prends les dieux à témoin que ce n'est point le souvenir d'un lâche intérêt qui dans ce moment me fait louer mon empereur. Si, pendant soixante ans, je n'ai ni aspiré à des honneurs, ni brigué des richesses ; si, aimé de Marc-Aurèle, j'ai justifié mon pouvoir par ma conduite ; si, outragé quelquefois, je n'ai jamais répondu à la haine que par des bienfaits, et à la calomnie que par mes actions, j'ai peut-être le droit de parler de tout ce que ce grand homme a fait pour la philosophie et pour les lettres. Je ne sais si elles auront encore un jour des ennemis dans Rome ; je ne sais si la proscription et l'exil deviendront encore notre partage ; mais, dans aucun temps, on ne pourra étouffer en nous le cri de la nature qui nous avertit que les peuples ont le droit d'être heureux. Nous pleurerons les maux du genre humain ; et lorsque, en quelque partie du monde, il s'élèvera un prince comme Marc-Aurèle, qui annoncera qu'il veut placer avec lui sur le trône la morale et les lumières, du fond de nos retraites nous lèverons tous ensemble nos mains pour remercier les dieux. Ici je voudrais pouvoir ranimer ma voix tremblante. Marc-Aurèle, du haut du Capitole, donne le signal. Tous ceux qui, dans toutes les parties de l'empire, aiment et cherchent la vérité, accourent autour de lui. Il les encourage, il les protége. Vous l'avez vu, même étant empereur, se rendre plus d'une fois dans les écoles publiques pour s'y instruire; on eût dit qu'il venait dans la foule chercher la vérité qui fuit les rois. Sous son règne nous étions utiles. Cette gloire nous eût suffit : ce grand homme voulut y ajouter les honneurs. Il a élevé plusieurs de nous aux premières places de l'empire, et leur a fait ériger des statues à côté des Caton et des Socrate. Romains, si vos tyrans pouvaient sortir de leurs tombeaux, et reparaître dans vos murs, combien ils seraient étonnés en voyant leurs propres statues mutilées et abattues dans Rome, et à leur place les successeurs de ces mêmes hommes, qu'ils fesaient traîner dans les prisons, et dont ils fesaient couler le sang sous les haches.

Marc-Aurèle, en parcourant toutes les classes des citoyens, abaisse ses regards sur ceux qui sont assez malheureux pour méconnaître la vertu. Des lois sages arrêtent les déréglemens ; mais la première loi fut son exemple. Son austérité étonna la mollesse. Les âmes faibles eurent le courage de la vertu; les âmes ambitieuses eurent des mœurs par intérêt. Ceux qu'il ne peut corriger, il les plaint, il les blâme, mais il ne peut se résoudre à les haïr. Austère pour lui seul, il avait cette douce humanité si propre à notre faiblesse. Des hommes lâches osèrent l'offenser: il dédaignait une vengeance qui lui eût été facile, et le philosophe oubliait l'injure faite au prince.

Ici Commode fit un mouvement ; on vit de l'altération sur son visage, et ses yeux s'enflammer. Il parut prêt à rompre le silence, mais il s'arrêta, et le philosophe poursuivit :

La bonté fesait le caractère de ce grand homme; elle était dans ses discours, dans ses actions; elle était peinte sur tous les traits de son visage. Que dis-je ? elle fut l'objet de son culte. Voyez ce Capitole où sa main lui a élevé un temple. O Dieu de l'univers, dans presque tous les pays du monde on t'a outragé, même en t'adorant! Partout la superstition barbare a eu ses autels où elle t'offrait, pour t'apaiser, les gémissemens et les cris des victimes humaines. Marc-Aurèle t'invoquait sous l'idée d'un être bon ; il te peignait aux hommes, comme tu étais peint dans son cœur. Non, je ne l'oublierai jamais, ce jour, ce moment solennel, où un prince, souverain pontife comme empereur de son pays, entra pour la première fois dans ce temple dédié *à la bonté*, et brûla le premier encens sur l'autel, au milieu des acclamations et de la joie d'un peuple qui semblait le prendre lui-même pour la divinité du temple. Romains, il fut impossible à vos ancêtres de condamner Manlius coupable, tant qu'ils eurent sous les yeux le Capitole que ce guerrier célèbre avait sauvé : et moi je fais ici des vœux pour que la vue de ce nouveau temple, dans ce même Capitole, arrête vos empereurs toutes les fois qu'ils voudront faire une action cruelle ou tyrannique. Peuples, que tous ceux qui règneront sur vous, viennent jurer à cet autel d'être bons comme Marc-Aurèle; qu'ils s'accoutument à penser, comme lui, que tout bienfait accordé aux hommes est un acte de religion envers la divinité.

Dans cette assemblée du peuple romain était une foule d'étrangers et de citoyens de toutes les parties de l'empire : les uns se trouvaient depuis longtemps à Rome; les autres avaient suivi des différentes provinces le char funèbre, et l'avaient accompagné par honneur. Tout-à-coup l'un d'eux (c'était le premier magistrat d'une ville située au pied des Alpes) éleva sa voix :

Orateur, dit-il, tu nous a parlé du bien que Marc-Aurèle a fait à des particuliers malheureux; parle-nous de celui qu'il a fait à des villes et à des nations entières. Souviens-toi de la famine qui a désolé l'Italie. Nous entendions les cris de nos femmes et de nos enfans qui nous demandaient du pain. Nos campagnes stériles et nos marchés déserts ne nous offraient plus de ressources. Nous avons invoqué Marc-Aurèle, et la famine a cessé.

Alors il approcha, il toucha la tombe, et dit :

J'apporte à la cendre de Marc—Aurèle les hommages de l'Italie.

Un autre homme parut. Son visage était brûlé par un soleil ardent ; ses traits avaient je ne sais quoi de fier, et sa tête dominait sur toute l'assemblée. C'était un africain. Il éleva sa voix, et dit :

« Je suis né à Carthage. J'ai vu un embrasement général dévorer nos
« maisons et nos temples. Échappés de ces flammes et couchés plusieurs
« jours sur des ruines et des monceaux de cendres, nous avons invoqué
« *Marc-Aurèle:* Marc-Aurèle a réparé nos malheurs. Carthage a remer-
« cié une fois les dieux d'être Romaine. »

Il approcha, toucha la tombe et dit :

« J'apporte à la cendre de Marc-Aurèle les hommages de l'Afrique. »

Trois des habitans de l'Asie s'avancèrent. Ils tenaient d'une main de l'encens, et de l'autre des couronnes de fleurs. L'un d'eux prit la parole :

« Nous avons vu, dans l'Asie, le sol qui nous portait s'écrouler sous nos
« pas, et nos trois villes renversées par un tremblement de terre. Du
« milieu de ces débris nous avons invoqué *Marc-Aurèle*, et nos villes
« sont sorties de leurs ruines. »

Ils posèrent sur la tombe l'encens et les couronnes, et dirent :

« Nous apportons à la cendre de Marc-Aurèle les hommages de
« l'Asie. »

Enfin, il parut un homme des rives du Danube Il portait l'habillement des barbares, et tenait une massue à la main. Son visage cicatrisé était mâle et terrible ; mais ses traits à demi sauvages semblaient adoucis dans ce moment par la douleur. Il s'avança et dit :

« Romains, la peste a désolé nos climats. On dit qu'elle avait par-
« couru l'univers, et qu'elle était venue des frontières des Parthes jus-
« qu'à nous. La mort était dans nos cabanes ; elle nous poursuivait dans
« nos forêts. Nous ne pouvions plus ni chasser ni combattre ; tout pé-
« rissait. J'éprouvai moi-même ce fléau terrible, et je ne soutenais plus
« le poids de mes armes. Dans cette désolation nous avons invoqué
« *Marc-Aurèle:* Marc-Aurèle a été notre Dieu conservateur. »

Il approcha, posa sa massue sur la tombe, et dit :

« J'apporte à ta cendre l'hommage de vingt nations que tu as sauvées. »

Vous entendez, Romains, reprit Apollonius ; ses soins s'étendaient sur toutes les parties du monde. Dans l'espace de vingt ans la terre éprouva tous les fléaux ; mais la nature avait donné Marc-Aurèle à la terre.

Et ce grand homme a eu des ennemis ! Faut-il donc.... est-ce un arrêt éternel que la vertu jamais ne puisse désarmer la haine ! Romains, vos meilleurs empereurs ont vu les poignards aiguisés contre eux. Nerva s'est vu attaqué dans son palais. On a conspiré contre Titus. Antonin et Trajan ont été obligés de pardonner à des conjurés ; et Marc-Aurèle, oui Marc-Aurèle, a combattu pour sa vie. Déjà vous pensez à la révolte de Cassius, à cet homme fier, audacieux, austère avec fureur, voluptueux avec emportement, voulant tantôt être Catilina, et tantôt Caton, extrême dans ses vertus comme dans ses vices ; et le barbare, en se révoltant, prononçait les mots de vertu et de patrie, et il parlait d'abus, de réforme, de mœurs : car, dans tous les temps, le bien public a servi de prétexte au crime ; et en opprimant les hommes, on les a entretenus du bonheur de l'état.

Je voudrais pouvoir mettre ici sous vos yeux ces temps de vos annales où vos tyrans découvraient une conspiration, ou triomphaient d'une révolte. Vous vous en souvenez : la proscription était un droit ; la raison d'état justifiait le meurtre ; nul citoyen n'était innocent dès qu'il avait connu un coupable ; les plus doux sentimens de la nature passaient pour un crime ; on épiait la larme secrète qui s'échappait de l'œil d'un ami sur le cadavre de son ami ; et la mère était entraînée au supplice pour avoir pleuré la mort de son fils. Il faut rappeler de temps en temps ces crimes à la terre, pour que les princes, par l'excès de leurs vengeances, apprennent à redouter l'excès de leur pouvoir. Voici maintenant la conduite de Marc-Aurèle. On lui porte la tête de l'usurpateur qui a péri par la main de ses complices ; il détourne les yeux, et ordonne que ces tristes restes soient inhumés avec honneur. Maître des révoltés, il leur pardonne ; il sauve la vie à tous ceux qui avaient voulu lui ravir son empire. Que dis-je, il devient leur protecteur ! Le sénat veut venger son prince ; il implore auprès du sénat la grâce de ses ennemis : « Je vous conjure, au nom des dieux, de ne pas verser de sang : que les exilés reviennent, qu'on rende les biens à ceux qu'on a dépouillés, et plût au ciel, ajouta-t-il, que je puisse ouvrir les tombeaux ! » Vous ne vous étonnez donc pas, Romains, si la famille même de Cassius, qui, dans d'autres temps, n'eût attendu que la proscription et la mort, ait recouvré tout l'éclat de son ancienne fortune. Tournez les yeux de ce côté.

Le peuple regarda. Il vit à la porte d'un palais une femme d'une figure noble, et dont la beauté n'était point encore effacée par l'âge. Elle était près d'un portique, un peu élevée au-dessus de la foule, la tête à demi couverte d'un voile. Autour d'elle on voyait des enfans de différens âges ; c'étaient la femme et les enfans de Cassius. Trop loin de la foule, ils ne pouvaient entendre ce que disait le philosophe ; mais ils regardaient ce grand spectacle. Quelquefois la mère fixait des yeux attendris sur ses enfans ; puis tout-à-coup, tendant les bras vers la tombe, semblait remercier Marc-Aurèle de les lui avoir conservés.

Peuple, dit Apollonius, voilà les témoins de sa clémence. Après avoir tout pacifié dans Rome, il marche en Asie pour raffermir les provinces ébranlées ; il va montrer partout ce maître bienfesant, ce prince philosophe, dont quelques villes coupables avaient osé méconnaître l'empire. On lui présente les papiers des rebelles ; il les brûle sans les lire. Je ne veux pas, dit-il, être forcé de haïr. Tout tombe à ses pieds ; il pardonne aux villes et aux provinces ; les rois de l'Orient viennent lui rendre hommage ; il maintient ou rétablit la paix, et fait partout admirer cette philosophie digne du trône. Enfin, après huit ans, il reparut sur les bords du Tibre. Avec quels transports il fut reçu ! Jamais tant de vertus ensemble n'avaient paru dans Rome : il unissait aux lumières d'Adrien l'âme de Titus ; il avait gouverné comme Auguste, combattu comme Trajan, pardonné comme Antonin : le

peuple était heureux ; le sénat était grand ; ses ennemis mêmes
l'adoraient ; les guerres étrangères étaient terminées par la victoire, la guerre civile par la clémence ; du Danube à l'Euphrate,
et du Nil à la Grande-Bretagne, les troubles avaient cessé : tout
était calme ; l'Europe, l'Asie et l'Afrique reposaient en paix.
Alors il triompha pour la seconde fois. Les hommes de toutes
les nations et les ambassadeurs de tous les rois relevaient cette
pompe ; le sang des victimes coulait dans tous les temples ; l'encens fumait sur tous les autels ; le peuple entourait à grands cris
ses statues et les ornait de fleurs ; tout retentissait d'acclamations ;
et lui, au milieu de tant d'éclat, dans la marche du triomphe,
tranquille et sans faste, jouissait en silence de la félicité de Rome
et de l'empire, et, du haut du Capitole, semblait jeter un œil
serein sur l'univers. Qui de vous, Romains, ne fesait alors des
vœux pour que ce grand homme fut immortel, ou que les dieux
lui accordassent du moins une longue vieillesse? Quoi! les âmes
bienfesantes sont si rares, et la terre en jouit si peu! Quoi! les
maux nous environnent, ils nous assiégent, et lorsqu'il s'élève
un prince dont l'unique soin est de les adoucir, quand le genre
humain, flétri par l'infortune, se relève et commence à retrouver le bonheur, l'appui qui le soutenait lui échappe, et avec un
homme périt la félicité d'un siècle! Marc-Aurèle resta encore
deux ans parmi nous. Quand les ennemis éternels de cet empire
le rappelèrent pour la troisième fois au fond de la Germanie,
alors, malgré une santé languissante, il retourna aux rives du
Danube. C'est au milieu de ces travaux que nous l'avons perdu.
Ses derniers momens (j'en ai été témoin, et je puis vous en rendre compte) ont été ceux d'un grand homme et d'un sage. La
maladie dont il fut attaqué ne le troubla point. Accoutumé depuis
cinquante ans à méditer sur la nature, il avait appris à connaître
ses lois et à s'y soumettre. Je me souviens qu'un jour il me disait : « Apollonius, tout change autour de moi ; l'univers d'au-
« jourd'hui n'est plus celui d'hier, et celui de demain ne sera
« point le même. Parmi tous ces mouvemens, puis-je seul res-
« ter immobile? Il faut aussi que le torrent m'entraîne. Tout
« m'avertit qu'un jour je cesserai d'être. Le sol où je marche a
« été foulé par des milliers d'hommes qui ont disparu. Les an-
« nales des empires, les ruines des villes, les urnes, les statues,
« qu'est-ce que tout cela, que des images de ce qui n'est plus?
« Ce soleil que tu vois ne luit que sur des tombeaux.... » Ainsi
ce prince philosophe exerçait d'avance et affermissait son âme.
Quand le dernier terme approcha, il ne fut donc point étonné.
Je me sentais élevé par ses discours. Romains, le grand homme
mourant a je ne sais quoi d'imposant et d'auguste : il semble qu'à
mesure qu'il se détache de la terre, il prend quelque chose de

cette nature divine et inconnue qu'il va rejoindre. Je ne touchais ses mains défaillantes qu'avec respect ; et le lit funèbre où il attendait la mort me semblait une espèce de sanctuaire. Cependant l'armée était consternée ; le soldat gémissait sous ses tentes ; la nature elle-même semblait en deuil ; le ciel de la Germanie était plus obscur ; des tempêtes agitaient la cîme des forêts qui environnaient le camp, et ces objets lugubres semblaient ajouter encore à notre désolation. Il voulut quelque temps être seul, soit pour repasser sa vie en présence de l'Être-Suprême, soit pour méditer encore une fois avant que de mourir. Enfin, il nous fit appeler. Tous les amis de ce grand homme et les principaux de l'armée vinrent se ranger autour de lui : il était pâle, les yeux presque éteints, et ses lèvres à demi glacées. Cependant nous remarquâmes tous une tendre inquiétude sur son visage. Prince, il parut se ranimer un moment pour toi : sa main mourante te présenta à tous ces vieillards qui avaient servi sous lui ; il leur recommanda ta jeunesse. Servez-lui de père, leur dit-il, ah ! servez-lui de père ! Alors il te donna des conseils, tels que Marc-Aurèle mourant devait les donner à son fils ; et bientôt après Rome et l'univers le perdirent.

A ces mots tout le peuple romain demeura morne et immobile. Apollonius se tut ; ses larmes coulèrent. Il se laissa tomber sur le corps de Marc-Aurèle ; il le serra longtemps entre ses bras ; et se relevant tout-à-coup :

Mais toi qui vas succéder à ce grand homme, ô fils de Marc-Aurèle ! ô mon fils ! permets ce nom à un vieillard qui t'a vu naître et qui t'a tenu enfant dans ses bras ; songe au fardeau que t'ont imposé les dieux ; songe aux devoirs de celui qui commande, aux droits de ceux qui obéissent. Destiné à régner, il faut que tu sois ou le plus juste, ou le plus coupable des hommes : le fils de Marc-Aurèle aurait-il à choisir ? On te dira bientôt que tu es tout-puissant ; on te trompera : les bornes de ton autorité sont dans la loi. On te dira encore que tu es grand, que tu es adoré de tes peuples. Ecoute : quand Néron eût empoisonné son frère, on lui dit qu'il avait sauvé Rome ; quand il eût fait égorger sa femme, on loua devant lui sa justice ; quand il eût assassiné sa mère, on baisa sa main parricide, et l'on courut au temple remercier les dieux. Ne te laisse pas non plus éblouir par les respects. Si tu n'as des vertus, on te rendra des hommages et l'on te haïra. Crois-moi, on n'abuse point les peuples ; la justice outragée veille dans tous les cœurs. Maître du monde, tu peux m'ordonner de mourir, mais non de t'estimer. O fils de Marc-Aurèle ! pardonne ; je te parle au nom des Dieux, au nom de l'univers qui t'est confié : je te parle pour le bonheur des hommes et pour le tien. Non, tu ne seras point insensible à une gloire si pure. Je touche au terme de ma vie ; bientôt j'irai rejoindre ton père. Si tu dois être juste, puissé-je vivre encore assez pour contempler tes vertus. Si tu devais un jour...

Tout-à-coup Commode, qui était en habit de guerrier, agita sa lance d'une manière terrible. Tous les Romains pâlirent. Apollonius fut frappé des malheurs qui menaçaient Rome. Il ne put achever. Ce vénérable vieillard se voila le visage. La pompe funèbre, qui avait été suspendue, reprit sa marche. Le peuple suivit consterné et dans un profond silence ; il venait d'apprendre que Marc-Aurèle était tout entier dans le tombeau.

BUFFON.

Les premiers travaux de M. de Buffon furent des traductions ; anecdote singulière que n'a encore présentée la vie d'aucun homme destiné à une grande renommée. Il désirait se perfectionner dans la langue anglaise, s'exercer à écrire dans la sienne, étudier dans Newton le calcul de l'infini, dans Hales les essais d'une physique nouvelle, dans Tull les premières applications des sciences à l'agriculture ; il ne voulait pas en même temps qu'un travail nécessaire à son instruction retardât l'instant où il commencerait à fixer sur lui les regards du public, et il traduisit les livres qu'il étudiait.

Chacune de ces traductions est précédée d'une préface. M. de Buffon a obtenu depuis, comme écrivain, une célébrité si grande et si méritée, que les essais de sa jeunesse doivent exciter la curiosité. Il est naturel d'y chercher les premiers traits de son talent, de voir ce que les observations et l'exercice ont pu y ajouter ou y corriger, de distinguer en quelque sorte les dons de la nature et l'ouvrage de la réflexion. Mais on ne trouve dans ces préfaces qu'un des caractères du style de M. de Buffon, cette gravité noble et soutenue qui ne l'abandonne presque jamais. Son goût était déjà trop formé pour lui permettre de chercher des ornemens que le sujet eût rejetés, et son nom trop connu pour le risquer. La timidité et la hardiesse peuvent être également le caractère du premier ouvrage d'un homme de génie ; mais la timidité, qui suppose un goût inspiré par la nature et une sagesse prématurée, a été le partage des écrivains qui ont montré le talent le plus pur et le plus vrai. Rarement ceux dont une crainte salutaire n'a point arrêté les pas au commencement de la carrière, ont pu en atteindre le terme et ne pas s'y égarer.....

Si M. de Buffon est plus abondant que précis, cette abondance est plutôt dans les choses que dans les mots : il ne s'arrête pas à une idée simple, il en multiplie les nuances ; mais chacune d'elles est exprimée avec précision. Son style a de la majesté, de la pompe ; mais c'est parce qu'il présente des idées vastes et de grandes images. La force et l'énergie lui paraissent naturelles; il semble qu'il lui ait été impossible de parler, ou plutôt de penser autrement....

On peut diviser en deux classes les grands écrivains dont les ouvrages excitent une admiration durable, et sont lus encore lorsque les idées qu'ils renferment, rendues communes par cette lecture même, ont perdu leur intérêt et leur utilité. Les uns, doués d'un tact fin et sûr, d'une âme sensible, d'un esprit juste, ne laissent dans leurs ouvrages rien qui ne soit écrit avec clarté, avec noblesse, avec élégance, avec cette propriété de termes, cette précision d'idées et d'expressions qui permet au lecteur d'en goûter les beautés sans fatigue, sans qu'aucune sensation pénible vienne troubler son plaisir.

Quelque sujet qu'ils traitent, quelques pensées qui naissent dans leur esprit; quelque sentiment qui occupe leur âme, ils l'expriment tel qu'il est avec toutes ses nuances, avec toutes les nuances qui l'accompagnent. Ils ne cherchent point l'expression, elle s'offre à eux ; mais ils savent en éloigner tout ce qui nuirait à l'harmonie, à l'effet, à la clarté : tels furent Despréaux, Racine, Fénélon, Massillon, Voltaire. On peut sans danger les prendre pour modèles. Comme le grand secret de leur art est de bien exprimer ce qu'ils pensent ou ce qu'ils sentent, celui qui l'aura saisi dans leurs ouvrages, qui aura su se le rendre propre, s'approchera d'eux, si ses pensées sont dignes des leurs ; l'imitation ne paraîtra point servile, si ses idées sont à lui, et il ne sera exposé ni à contracter des défauts, ni à perdre de son originalité.

Dans d'autres écrivains, le style paraît se confondre davantage avec les pensées. Non-seulement, si on cherche à les séparer, on détruit les beautés, mais les idées elles-mêmes semblent disparaître, parce que l'expression leur imprimait le caractère particulier de l'âme et de l'esprit de l'auteur, caractère qui s'évanouit avec elle : tels furent Corneille, Bossuet, Montesquieu, Rousseau, tel fut M. de Buffon.

Ils frappent plus que les autres, parce qu'ils ont une originalité plus grande et plus continue ; parce que, moins occupés de la perfection et des qualités du style, ils voilent moins leur hardiesse ; parce qu'ils sacrifient moins l'effet au goût et à la raison ; parce que leur caractère, se montrant sans cesse dans leurs ouvrages, agit à la longue plus fortement et se communique davantage ; mais en même temps ils peuvent être des modèles dangereux. Pour imiter leur style, il faudrait avoir leurs pensées, voir les objets comme ils les voient, sentir comme ils sentent : autrement, si le modèle vous offre des idées originales et grandes, l'imitateur vous présentera des idées communes, chargées d'expressions extraordinaires ; si l'un ôte aux vérités abstraites leur sécheresse en les rendant par des images brillantes, l'autre présentera des demi-pensées que des métaphores bizarres rendent inintelligibles. Le modèle a parlé de tout avec chaleur, parce que son âme était toujours agitée : le froid imitateur cachera son indifférence sous des formes passionnées. Dans ces écrivains, les défauts tiennent souvent aux beautés, ont la même origine, sont plus difficiles à distinguer ; et ce sont ces défauts que l'imitateur ne manque jamais de transporter dans ses copies. Veut-on les prendre pour modèles? il ne faut point chercher à saisir leur manière, il ne faut point vouloir leur ressembler, mais se pénétrer de leurs beautés, aspirer à produire des beautés égales, s'appliquer comme eux à donner un caractère original à ses productions, sans copier celui qui frappe ou qui séduit dans les leurs.

Il serait donc injuste d'imputer à ces grands écrivains les fautes de leurs enthousiastes, de les accuser d'avoir corrompu le goût, parce que des gens qui en manquaient les ont parodiés en croyant les imiter. Ainsi l'on aurait tort de reprocher à M. de Buffon ces idées vagues, cachées sous des expressions ampoulées, ces images incohérentes, cette pompe ambitieuse du style, qui défigurent tant de productions modernes ; comme on aurait tort de vouloir rendre Rousseau responsable de cette fausse sensibilité, de cette habitude de se passionner de sang-froid, d'exagérer toutes les opinions, enfin de cette manie de parler de soi sans nécessité, qui sont devenues une espèce de mode, et presque un mérite. Ces erreurs passagères dans le goût d'une nation cèdent facilement à l'empire de la raison et à celui de l'exemple : l'enthousiasme exagéré, qui fait admirer jusqu'aux défauts des hommes illustres, donne à ces maladroites imitations une vogue momentanée ; mais à la longue il ne reste que ce qui est vraiment beau ; et comme Corneille et Bossuet ont contribué à donner à notre langue, l'un plus de force, l'autre plus d'élévation et de hardiesse, M. de Buffon lui aura fait acquérir plus de magnificence et de grandeur, comme Rousseau l'aura instruite à former des accens plus fiers et plus passionnés.

Le style de M. de Buffon n'offre pas toujours le même degré de perfection ; mais dans tous les morceaux destinés à l'effet, il a cette correction, cette pureté, sans lesquelles, lorsqu'une langue est une fois formée, on ne peut atteindre à une célébrité durable....

C'était par un long travail qu'il parvenait à donner à son style ce degré de perfection, et il continuait de le corriger jusqu'à ce qu'il eût effacé les traces du travail, et qu'à force de peine il lui eût donné de la facilité ; car cette qualité si précieuse n'est, dans un écrivain, que l'art de cacher ses efforts, de présenter ses pensées, comme s'il les avait conçues d'un seul jet, dans l'ordre le plus naturel ou le plus frappant, revêtues des expressions les plus propres ou les plus heureuses ; et cet art, auquel le plus grand charme du style est attaché, n'est cependant que le résultat d'une longue suite d'observations fugitives et d'attentions minutieuses.   CONDORCET.

Les délices d'une composition où le talent et le goût se prêtent un mutuel éclat, ont été profondément senties et pompeusement exaltées par l'un de nos plus illustres contemporains. Buffon, ce peintre sublime, qui s'est montré, je ne dirai pas un orateur du premier rang, mais le pompeux historien et quelquefois le poëte enchanteur de la nature, prononça un discours très-brillant sur le style, le jour de sa réception à l'Académie française. Il appartenait sans doute à un si grand écrivain de parler de son plus beau titre de gloire, devant l'élite de notre littérature. Son ouvrage est resté, et il a même fait époque dans ce genre de harangues, qui n'avait guère fourni avant lui que des remerciemens ou des complimens de circonstance, trop souvent sans intérêt pour le lecteur.

L'imagination de Buffon, beaucoup plus favorable à son pinceau qu'à ses systèmes, brilla de tout son éclat dans une occasion si solennelle. Ce grand maître présente des idées neuves indiquées d'une manière vaste et lumineuse sur la composition, sur la nécessité de posséder pleinement son sujet, sur les premiers aperçus, sur les principales conceptions, sur les linéamens préparatoires du plan d'un ouvrage, dont l'esprit doit s'occuper, avant de rechercher les beautés accessoires qui rempliront plus ou moins heureusement le canevas, selon qu'elles seront plus ou moins fécondes. Cette théorie d'une composition originale est très-imposante sans doute, quoiqu'il ne soit pas aisé de s'élever à la hauteur de ses conceptions, de décomposer sa méthode après en avoir été ébloui, et d'étudier en détail cette métaphysique abstraite, pour mettre en pratique les règles, les procédés et les leçons d'un si grand maître. Buffon ne prétendait et ne devait pas faire un traité de rhéteur en présence de l'Académie.

Ce pompeux ouvrage, écrit avec une hauteur singulière d'expressions fastueuses, à la manière de Platon, suppose des conjectures imposantes, de longues méditations, des conceptions originales, un esprit dont l'essor aspire à de nouvelles créations pour étendre l'empire de la parole, et il annonce beaucoup de vues sur la propagation et l'enchaînement des idées, quelquefois même sur les savantes combinaisons de l'art d'écrire, qui exige le concours de l'imagination, de l'esprit, de l'âme, du goût, et l'exercice simultané de toutes les facultés intellectuelles. Un pareil tableau dessiné par une main si habile, me semble néanmoins beaucoup plus propre à exciter l'enthousiasme qu'à éclairer l'imitation. C'est l'hymne du génie qui raconte ses jouissances et exalte sa gloire ; ce n'est pas la confidence d'un talent supérieur qui nous révèle son secret ; et, après l'avoir lu, je regrette, dans mon ignorance, de ne pas me trouver mieux instruit de ma route par le récit d'un tel voyageur qui m'éblouit de sa magnificence, en me parlant d'un pays que je voudrais parcourir à sa suite, et d'où il a rapporté tant de richesses qu'il étale à ma vue, sans m'apprendre à les conquérir. MAURY.

DISCOURS SUR LE STYLE,

PRONONCÉ

DEVANT L'ACADÉMIE FRANÇAISE

PAR M. DE BUFFON,

LE SAMEDI 25 AOUT 1753, JOUR DE SA RÉCEPTION.

Messieurs,

Vous m'avez comblé d'honneur en m'appelant à vous ; mais la gloire n'est un bien qu'autant qu'on en est digne ; et je ne me persuade pas que quelques essais sans art et sans autre ornement que celui de la nature, soient des titres suffisans pour oser prendre place parmi les maîtres de l'art, parmi les hommes éminens qui représentent ici la splendeur littéraire de la France, et dont les noms, célébrés aujourd'hui par la voix des nations, retentiront encore avec éclat dans la bouche de nos derniers neveux. Vous avez eu, Messieurs, d'autres motifs, en jetant les yeux sur moi ; vous avez voulu donner à l'illustre compagnie à laquelle j'ai l'honneur d'appartenir depuis longtemps, une nouvelle marque de considération. Ma reconnaissance, quoique partagée, n'en sera pas moins vive. Mais comment satisfaire au devoir qu'elle m'impose en ce jour? Je n'ai, Messieurs, à vous offrir que votre propre bien : ce sont quelques idées sur le style que j'ai puisées dans vos ouvrages ; c'est en vous lisant, c'est en vous admirant qu'elles ont été conçues ; c'est en les soumettant à vos lumières qu'elles se produiront avec quelque succès.

Il s'est trouvé dans tous les temps des hommes qui ont su commander aux autres par la puissance de la parole : ce n'est que dans les siècles éclairés que l'on a bien écrit et bien parlé. La véritable éloquence suppose l'exercice du génie et la culture de l'esprit. Elle est bien différente de cette facilité naturelle de parler qui n'est qu'un talent, une qualité accordée à tous ceux dont les passions sont fortes, les organes souples, et l'imagination prompte. Ces hommes sentent vivement, s'affectent de même, le marquent fortement au dehors ; et, par une impression purement mécanique, ils transmettent aux autres leur enthousiasme et leurs affections. C'est le corps qui parle au corps ; tous les mouvemens, tous les signes concourent et servent également. Que faut-il pour émouvoir la multitude et l'entraîner ? que faut-il pour ébranler la plupart des autres hommes, et les persuader? un ton véhément et pathétique, des gestes expressifs et fréquens, des paroles rapides et sonnantes ; mais pour le petit nombre de ceux dont la tête est ferme, le goût délicat et le sens exquis, et qui, comme vous, Messieurs, comptent pour peu le ton, les gestes et le vain son des mots, il faut des choses, des pensées, des raisons ; il faut savoir les présenter, les nuancer, les ordonner : il ne suffit pas de frapper l'oreille et d'occuper les yeux, il faut agir sur l'âme, et toucher le cœur en parlant à l'esprit.

Le style n'est que l'ordre et le mouvement qu'on met dans ses pensées. Si on les enchaîne étroitement, si on les serre, le style devient fort, nerveux et concis. Si on les laisse se succéder lentement, et ne se joindre qu'à la faveur des mots, quelque élégans qu'ils soient, le style sera diffus, lâche et traînant.

Mais avant de chercher l'ordre dans lequel on présentera ses pensés, il faut s'en être fait un autre plus général, où ne doivent entrer que les premières vues et les principales idées. C'est en marquant leur place sur ce plan qu'un sujet sera circonscrit, et que l'on en connaîtra l'étendue; c'est en se rappelant sans cesse ces premiers linéamens, qu'on déterminera les justes intervalles qui séparent les idées principales, et qu'il naîtra des idées accessoires et moyennes qui serviront à les remplir. Par la force du génie, on se représentera toutes les idées générales et particulières sous leur véritable point de vue ; par une grande finesse de discernement, on distinguera les pensées stériles des idées fécondes; par la sagacité que donne la grande habitude d'écrire, on sentira d'avance quel sera le produit de toutes ces opérations de l'esprit. Pour peu que le sujet soit vaste ou compliqué, il est bien rare qu'on puisse l'embrasser d'un coup d'œil, ou le pénétrer en entier d'un seul et premier effort du génie ; et il est rare encore qu'après bien des réflexions on en saisisse tous les rapports. On ne peut donc trop s'en occuper ; c'est même le seul moyen d'affermir, d'étendre et d'élever ses pensées; plus ou leur donnera de substance et de force, plus il sera facile ensuite de les réaliser par l'expression.

Ce plan n'est pas encore le style, mais il en est la base ; il le soutient, il le dirige, il règle son mouvement, et le soumet à des lois. Sous cela, le meilleur écrivain s'égare, sa plume marche sans guide, et jette à l'aventure des traits et des figures discordantes. Quelque brillantes que soient les couleurs qu'il emploie, quelque beautés qu'il sème dans les détails, comme l'ensemble choquera ou ne se fera point sentir, l'ouvrage ne sera point construit ; et en admirant l'esprit de l'auteur, on pourra soupçonner qu'il manque de génie : c'est par cette raison que ceux qui écrivent comme ils parlent, quoiqu'ils parlent très-bien, écrivent mal ; que ceux qui s'abandonnent au premier feu de leur imagination, prennent un ton qu'ils ne peuvent soutenir; que ceux qui craignent de perdre des pensées isolées, fugitives, et qui écrivent en différens temps des morceaux détachés, ne les réunissent jamais sans des transitions forcées ; qu'en un mot, il y a tant d'ouvrages faits de pièces de rapport, et si peu qui soient fondus d'un seul jet. Cependant tout sujet est un, et quelque vaste qu'il soit, il peut être renfermé dans un seul discours : les interruptions, les repos, les sections ne devraient être d'usage que quand on traite des sujets différens, ou lorsque, ayant à parler de choses grandes, épineuses et disparates, la marche du génie se trouve interrompue par la multiplicité des obstacles, et contrainte par la nécessité des circonstances ; autrement, le grand nombre de divisions, loin de rendre un ouvrage plus solide, en détruit l'assemblage ; le livre paraît plus clair aux yeux, mais le dessein de l'auteur demeure obscur ; il ne peut faire impression sur l'esprit du lecteur ; il ne peut même se faire sentir que par la continuité du fil, par la dépendance harmonique des idées, par un développement successif, une gradation soutenue, un mouvement uniforme que toute interruption détruit et fait languir.

Pourquoi les ouvrages de la nature sont-ils si parfaits? C'est que chaque ouvrage est un tout, et qu'elle travaille sur un plan éternel dont elle ne s'écarte jamais : elle prépare en silence les germes de ses productions, elle ébauche, par un acte unique, la forme primitive de tout être vivant, elle la développe, elle la perfectionne par un mouvement continu et dans un temps prescrit. L'ouvrage étonne, mais c'est l'empreinte divine dont il porte les traits qui doit nous frapper. L'esprit humain ne peut rien créer ; il ne produira qu'après avoir été fécondé par l'expérience et la méditation : ses connaissances sont les germes de ses productions. Mais s'il imite la nature dans sa marche et dans son travail, s'il s'élève par la contemplation aux vérités les plus sublimes, s'il les réunit, s'il les enchaîne, s'il en forme un système par la réflexion, il établira sur des fondemens inébranlables des monumens immortels.

C'est faute de plan, c'est pour n'avoir pas assez réfléchi sur son objet qu'un homme d'esprit se trouve embarrassé, et ne sait par où commencer à écrire : il aperçoit à la fois un grand nombre d'idées ; comme il ne les a ni comparées, ni subordonnées, rien ne le détermine à préférer les unes aux autres ; il demeure donc dans la perplexité ; mais, lorsqu'il se sera fait un plan, lorsqu'une fois il aura rassemblé et mis en ordre toutes les idées essentielles à son sujet, il s'apercevra aisément de l'instant auquel il doit prendre la plume, il sentira le point de maturité de la production de l'esprit, il sera pressé de la faire éclore, il n'aura même que du plaisir à écrire ; les pensées se succéderont aisément, et le style sera naturel et facile ; la chaleur naîtra de ce plaisir, se répandra partout, et donnera la vie à chaque expression. Tout s'animera de plus en plus : le ton s'élèvera, les objets prendront de la couleur, et le sentiment, se joignant à la lumière, l'augmentera, la portera plus loin, la fera passer de ce que l'on dit à ce que l'on va dire ; et le style deviendra intéressant et lumineux.

Rien ne s'oppose plus à la chaleur que le désir de mettre partout des traits saillans. Rien n'est plus contraire à la lumière, qui doit faire un corps et se répandre uniformément dans un écrit, que ces étincelles que l'on ne tire que par force en choquant les mots les uns contre les autres, et qui ne vous éblouissent pendant quelques instans que pour vous laisser ensuite dans les ténèbres. Ce sont des pensées qui ne brillent que par l'opposition : l'on ne présente qu'un côté de l'objet, on met dans l'ombre toutes les autres faces, et ordinairement ce côté qu'on choisit est une pointe, un angle sur lequel on fait jouer l'esprit avec d'autant plus de facilité, qu'on l'éloigne davantage des grandes faces sous lesquelles le bon sens a coutume de considérer les choses.

Rien n'est encore plus opposé à la véritable éloquence que l'emploi de ces pensées fines et la recherche de ces idées légères, déliées, sans consistance, et qui, comme les feuilles du métal battu, ne prennent de l'éclat qu'en perdant de la solidité. Aussi, plus on mettra de cet esprit mince et brillant dans un écrit, moins il aura de nerf, de lumière, de chaleur et de style, à moins que cet esprit ne soit lui-même le fond du sujet, et que l'écrivain n'ait pas eu d'autre objet que la plaisanterie : alors l'art de dire de petites choses devient peut-être plus difficile que l'art d'en dire de grandes.

Rien n'est plus opposé au beau naturel que la peine qu'on se donne pour exprimer des choses ordinaires ou communes d'une manière singulière ou pompeuse ; rien ne dégrade plus l'écrivain. Loin de l'admirer, on le plaint d'avoir passé tant de temps à faire de nouvelles combinaisons de syllabes pour ne dire que ce que tout le monde dit. Ce défaut est celui des esprits cultivés, mais stériles. Ils ont des mots en abondance, point d'idées ; ils travaillent donc sur les mots, et s'imaginent avoir combiné des idées, parce qu'ils ont arrangé des phrases, et avoir épuré le langage, quand ils l'ont corrompu, en détournant les acceptions. Ces écrivains n'ont point de style, ou, si l'on veut, ils n'en ont que l'ombre : le style doit graver des pensées, ils ne savent que tracer des paroles.

Pour bien écrire, il faut donc posséder pleinement son sujet : il faut y réfléchir assez pour y voir clairement l'ordre de ses pensées, et en former une suite, une chaîne continue, dont chaque point représente une idée ; et lorsqu'on aura pris la plume, il faudra la conduire successivement sur ce premier trait, sans lui permettre de s'en écarter, sans l'appuyer trop inégalement, sans lui donner d'autre mouvement que celui qui sera déterminé par l'espace qu'elle doit parcourir. C'est en cela que consiste la sévérité du style ; c'est aussi ce qui en fera l'unité, et ce qui en réglera la rapidité, et cela seul aussi suffira pour le rendre précis et simple, égal et clair, vif et suivi. A cette première règle dictée par le génie, si l'on joint de la délicatesse et du goût, du scrupule sur le choix des expressions, de l'attention à ne nommer les choses que par les termes les plus généraux, le style aura de la noblesse (*). Si l'on y joint encore de la défiance pour son premier mouvement, du mépris pour tout ce qui n'est que brillant, et une répugnance constante pour l'équivoque et la plaisanterie, le style aura de la gravité, il aura même de la majesté. Enfin, si l'on écrit comme l'on pense, si l'on est convaincu de ce que l'on veut persuader, cette bonne foi avec soi-même, qui fait la bienséance pour les autres et la vérité du style, lui fera produire tout son effet, pourvu que cette persuasion intérieure ne se marque pas par un enthousiasme trop fort, et qu'il y ait partout plus de candeur que de confiance, plus de raison que de chaleur.

C'est ainsi, Messieurs, qu'il me semblait, en vous lisant, que vous me parliez, et que vous m'instruisiez. Mon âme, qui recueillait avec avidité ces oracles de la sagesse, voulait prendre l'essor et s'élever jusqu'à vous. Vains efforts ! Les règles, disiez-vous encore, ne peuvent suppléer au génie ; s'il manque, elles seront inutiles. Bien écrire, c'est tout à la fois bien penser, bien sentir et bien rendre ; c'est avoir en même temps de l'esprit, de l'âme et du goût. Le style suppose la réunion et l'exercice de toutes les facultés intellectuelles : les idées seules forment le fond du style ; l'harmonie des paroles n'en est que l'accessoire, et ne dépend que de la sensibilité des organes. Il suffit d'avoir un peu d'oreille pour éviter les dissonnances des mots, et de l'avoir exercée, perfectionnée par la lecture des poëtes et des orateurs, pour que, mécaniquement, on soit porté à l'imitation de la cadence poétique et des tours oratoires. Or jamais l'imitation n'a

---

(*) On se tromperait étrangement sans doute, on interpréterait très-mal la pensée de Buffon, en se fesant un principe de goût d'une pareille généralité d'expressions, qui rendrait le style inanimé, vague et déclamatoire. Ce serait un système absolument opposé à la méthode des anciens, qui, loin de préférer les *termes généraux*, se fesaient au contraire une règle de tout individualiser dans le choix des mots. La richesse de leurs idiomes pittoresques et de leurs noms composés se prêtait merveilleusement à cette excellente manière, et, quand le vocabulaire manquait au besoin de l'idée ou de l'image intellectuelle qu'ils voulaient exprimer ou peindre, ils avaient le talent d'y suppléer par le plus magnifique emploi des métaphores.

Lorsque Buffon recommandait ainsi l'usage des *termes les plus généraux*, comme le principal moyen de donner de l'élévation au style, il était probablement attiré à son insu vers les objets ordinaires de ses travaux et de ses études ; il voulait parler spécialement de l'histoire naturelle qu'il composait alors, et dont les détails souvent bas et dégoûtans, surtout dans le règne animal, ont sans cesse besoin d'être relevés par les expressions les plus génériques qui sont toujours les plus nobles....

Une pareille méthode ne s'appliquerait pas, à beaucoup près, si heureusement à l'éloquence. Aussi Bossuet a-t-il une toute autre règle. MAURY.

rien créé. Aussi cette harmonie des mots ne fait ni le fond, ni le ton du style, et se trouve souvent dans des écrits d'idées.

Le ton n'est que la convenance du style à la nature du sujet; il ne doit jamais être forcé : il naîtra naturellement du fond même de la chose, et dépendra beaucoup du point de généralité auquel on aura porté ses pensées. Si l'on s'est élevé aux idées les plus générales, si l'objet en lui-même est grand, le ton paraîtra s'élever à la même hauteur : et si, en le soutenant à cette élévation, le génie fournit assez pour donner à chaque objet une forte lumière, si l'on peut ajouter la beauté du coloris à l'énergie du dessein, si l'on peut, en un mot, représenter chaque idée par une image vive et bien terminée, et former de chaque suite d'idées un tableau harmonieux et mouvant, le ton sera non-seulement élevé, mais sublime.

Ici, Messieurs, l'application ferait plus que la règle; les exemples instruiraient mieux que les préceptes : mais comme il ne m'est pas permis de citer les morceaux sublimes qui m'ont si souvent transporté en lisant vos ouvrages, je suis contraint de me borner à des réflexions. Les ouvrages bien écrits seront les seuls qui passeront à la postérité. La multitude des connaissances, la singularité des faits, la nouveauté même des découvertes, ne sont point de sûrs garans de l'immortalité. Si les ouvrages qui les contiennent ne roulent que sur de petits objets, s'ils sont écrits sans goût, sans noblesse et sans génie, ils périront, parce que les connaissances, les faits et les découvertes s'enlèvent aisément, se transportent, et gagnent même à être mis en œuvre par des mains plus habiles. Ces choses sont hors de l'homme; le style est l'homme même. Le style ne peut donc ni s'enlever, ni se transporter, ni s'altérer. S'il est élevé, noble, sublime, l'auteur sera également admiré dans tous les temps; car il n'y a que la vérité qui soit durable et même éternelle. Or, un beau style n'est tel en effet que par le nombre infini de vérités qu'il présente. Toutes les beautés intellectuelles qui s'y trouvent, tous les rapports dont il est composé, sont autant de vérités aussi utiles, et peut-être plus précieuses pour l'esprit humain que celles qui peuvent faire le fond du sujet.

Le sublime ne peut être que dans les grands sujets. La poésie, l'histoire et la philosophie ont toutes le même objet, et un très-grand objet, l'homme et la nature. La philosophie décrit et dépeint la nature, la poésie la peint et l'embellit; elle peint aussi les hommes, elle les agrandit, elle les exagère, elle crée les héros et les dieux. L'histoire ne peint que l'homme, et le peint tel qu'il est. Ainsi, le ton de l'historien ne deviendra sublime que quand il fera le portrait des plus grands hommes, quand il exposera les plus grandes actions, les plus grands mouvemens, les plus grandes révolutions; et partout ailleurs il suffira qu'il soit majestueux et grave. Le ton du philosophe pourra devenir sublime toutes les fois qu'il parlera des lois de la nature, des êtres en général, de l'espace, de la matière, du mouvement et du temps, de l'âme, de l'esprit humain, des sentimens, des passions : dans le reste, il suffira qu'il soit noble et élevé. Mais le ton de l'orateur ou du poëte, dès que le sujet est grand, doit toujours être sublime, parce qu'il est le maître de joindre à la grandeur du sujet autant de couleur, autant de mouvement, autant d'illusion qu'il lui plaît, et que devant toujours peindre et toujours agrandir les objets, il doit aussi partout employer toute la force et déployer toute l'étendue de son génie.

Que de grands objets, Messieurs, frappent ici mes yeux ! Et quel style, et quel ton faudrait-il employer pour les peindre et les représenter dignement? L'élite des hommes est assemblée : la sagesse est à leur tête ; la gloire, assise au milieu, répand ses rayons sur chacun, et les couvre tous d'un éclat toujours le même et toujours renaissant. Des traits d'une lumière plus vive encore partent de la couronne immortelle, et vont se réunir sur le front auguste du plus puissant et du meilleur des rois. Je le vois ce héros, ce prince adorable, ce maître si cher. Quelle noblesse dans tous ses traits! quelle majesté dans toute sa personne ! que d'âme et de douceur naturelle dans tous ses regards ! Il les tourne vers vous, Messieurs, et vous brillez d'un nouveau feu; une ardeur vive vous embrâse ; j'entends déjà vos divins accens et les accords de vos voix. Vous les réunissez pour célébrer ses vertus, pour chanter ses victoires, pour applaudir à notre bonheur; vous les réunissez pour faire éclater votre zèle, exprimer votre amour, et transmettre à la postérité des sentimens dignes de ce grand roi et de ses descendans. Quels concerts! ils pénètrent mon cœur; ils seront immortels comme le nom de Louis.

Dans le lointain, quelle autre scène de grands objets ! Le génie de la France qui parle à Richelieu, et lui dicte à la fois l'art d'éclairer les hommes et de faire régner les rois. La justice et la science qui conduisent Séguier, et l'élèvent de concert à la première place de leurs tribunaux. La victoire qui s'avance à grands pas, et précède le char triomphal de nos rois, où Louis-le-Grand, assis sur des trophées, d'une main donne la paix aux nations vaincues, et de l'autre rassemble dans ce palais les Muses dispersées. Et près de moi, Messieurs, quel autre objet intéressant ! La religion en pleurs qui vient emprunter l'organe de l'éloquence, et semble m'accuser de suspendre trop longtemps vos regrets sur une perte que nous devons tous ressentir avec elle.

J.-J. ROUSSEAU.

Rousseau commença tard à écrire, et ce fut pour lui un avantage réel qu'il dut à des circonstances malheureuses. Condamné depuis l'enfance à mener une vie pauvre, laborieuse et agitée, il eut tout le temps d'exercer son esprit par l'étude, et son cœur par les passions; et l'un et l'autre débordaient pour ainsi dire d'idées et de sentimens, lorsqu'il se présenta une occasion de les répandre. Ainsi parut-il riche parce qu'il avait amassé longtemps; et cette terre qui était neuve, n'en fut que plus féconde.....

On a voulu comparer Rousseau à Voltaire, à qui l'on comparait aussi, pendant un temps, Crébillon, Piron, et d'autres écrivains. Celui à qui l'on oppose tous les autres, est incontestablement le premier.

Laissons-là cette manie trop commune de rapprocher des hommes qui n'ont aucun point de contact. Laissons Voltaire dans une place qui sera longtemps unique : contentons-nous de placer Rousseau parmi nos plus grands prosateurs. C'est au temps, à la postérité, à marquer le rang qu'il doit occuper dans le petit nombre d'hommes qui ont joint à une tête pensante une imagination sensible, et l'éloquence à la philosophie.

Les deux auteurs dont Rousseau paraît avoir le plus profité, sont Sénèque et Montaigne. Il a quelquefois les tournures franches et naïves de l'un, et l'ingénieuse abondance de l'autre, mais en général ce qui distingue son style, c'est la chaleur et l'énergie ; cette chaleur véritable a fait une foule de mauvais imitateurs qui n'en avaient que l'affectation et la grimace, et qui, en répétant sans cesse ce mot devenu parasite, ne mettaient plus aucune différence entre la déraison et la chaleur ; et l'on ne sait jusqu'où cet abus aurait été porté, si l'on n'en eût pas fait sentir le ridicule. Bernardin de St.-Pierre.

Le premier ouvrage de Rousseau est celui qu'il a le plus élégamment écrit, et c'est le moins estimable de tous. On sait qu'une question singulière, proposée par une Académie, et qui peut-être n'aurait pas dû l'être, donna lieu à ce fameux discours qui commença la réputation de Rousseau, et qui ne prouvait que le talent assez facile de mettre de l'esprit dans un paradoxe. Ce discours, où l'on prétendait que les arts et les sciences avaient corrompu les mœurs, n'était qu'un sophisme continuel, fondé sur cet artifice si commun et si aisé, de ne présenter qu'un côté des objets, et de les montrer sous un faux jour. Il est ridicule d'imaginer que l'on puisse corrompre son âme en cultivant sa raison. Le principe d'erreur qui règne dans tout le discours, consiste à supposer que le progrès des arts et la corruption des mœurs, qui vont ordinairement ensemble, sont l'un à l'autre comme la cause est à l'effet. Point du tout. L'homme n'est point corrompu parce qu'il est éclairé ; mais quand il est corrompu, il peut se servir, pour ajouter à ses vices, de ces mêmes lumières qui pouvaient ajouter à ses vertus. La corruption vient à la suite de la puissance et des richesses, et la puissance et les richesses produisent en même temps les arts qui embellissent la société. Or, il est de la nature de l'homme d'user de sa force en tout sens. Ainsi, les moyens de dépravation ont dû se multiplier avec ses connaissances, comme la chaleur qui fait circuler la sève forme en même temps les vapeurs qui font naître les orages. Ce sujet, ainsi considéré, pouvait être très-philophique, mais l'auteur ne voulait être que singulier. C'était le conseil que lui avait donné un homme de lettres célèbre, avec lequel il était fort lié. *Quel parti prendrez-vous*, dit-il au Genevois qui allait composer pour l'académie de Dijon. *Celui des lettres*, dit Rousseau. — *Non, c'est le pont aux ânes, prenez le parti contraire, et vous verrez quel bruit vous ferez.*

Il en fit beaucoup en effet. Il eut l'honneur assez rare d'être réfuté par un souverain (*) ; ensuite il eut le bonheur de trouver, dans un professeur de Nancy un adversaire très-maladroit ; ainsi il lui arriva ce qu'il y a de plus heureux dans une mauvaise cause : sa thèse fut célèbre et mal combattue. Il battit avec l'arme du ridicule des adversaires qui avaient raison de mauvaise grâce. D'ailleurs, la discussion valait mieux que le discours, et Rousseau se trouvait dans son élément, qui était la controverse. Il vint pourtant un dernier adversaire (M. Bordes de Lyon), qui défendit la vérité avec éloquence ; mais le public fit moins d'accueil à ces raisons qu'aux paradoxes de Rousseau. La même chose arriva lorsque deux excellens écrivains réfutèrent d'une manière victorieuse sa *lettre sur les spectacles*. Malgré tout leur mérite, suffisamment prouvé d'ailleurs par tant de titres reconnus, le public, qui aime mieux être amusé qu'instruit, et remué que convaincu, parut goûter plus les écarts et l'enthousiasme de Rousseau que la raison supérieure de ses adversaires. En général, le paradoxe doit avoir cette espèce de vogue, et entre les mains d'un homme de talent, il offre de grands attraits à la multitude ; d'abord celui de la nouveauté ; ensuite il est assez naturel que l'auteur à

(*) Le feu roi de Pologne, Stanislas.

paradoxes, mette plus de chaleur et d'intérêt dans sa cause, que n'en peuvent mettre dans la leur ceux qui le réfutent. On se passionne volontiers pour l'opinion qu'on a créée ; on la défend comme son propre bien, au lieu que la vérité est à tout le monde.

Cependant tel fut l'objet de la première dispute de Rousseau, sur les arts et les sciences, que cette opinion, qui d'abord n'était pas la sienne, et qu'il n'avait embrassée que pour être extraordinaire, lui devint propre à force de la soutenir. Après avoir commencé par écrire contre les lettres, il prit de l'humeur contre ceux qui les cultivaient. Il était possible qu'il eût déjà contre eux un levain d'animosité et d'aigreur. Ce premier succès, plus grand qu'il ne l'avait attendu, lui avait fait sentir sa force, qui ne se développait qu'après avoir été vingt ans étouffée dans l'obscurité et la misère. Ces vingt ans passés à n'être rien, pouvaient tourmenter alors son amour-propre dans ses premières jouissances ; car pour l'homme qui se sent au-dessus des autres, c'est un fardeau sans doute que d'en être longtemps méconnu. Rousseau ne commençait que bien tard à être à sa place, et peut-être est-ce là le principe de cette misanthropie qui, depuis, ne fit que s'accroître et se fortifier. Il se souvenait (et cette anecdote est aussi certaine qu'elle est remarquable) que lorsqu'il était commis chez M. Dupin, il ne dînait pas à table le jour que les gens de lettres s'y rassemblaient. Ainsi Rousseau rentrait dans le champ de la littérature, comme Marius rentrait dans Rome, respirant la vengeance et se souvenant des marais de Minturne.

La Harpe.

Pendant l'été de 1749, Rousseau allant visiter son ami Diderot, détenu au donjon de Vincennes, lut dans le Mercure de France, qu'il portait pour se distraire en route, la question proposée par l'académie de Dijon : *Si le progrès des sciences et des arts a contribué à corrompre ou à épurer les mœurs ?* « Si jamais quelque chose, dit Rousseau, « a ressemblé à une inspiration, c'est le mouvement qui se fit en moi à « cette lecture ; tout à coup je me sens l'esprit ébloui de mille lumiè-« res, et ma tête prise par un étourdissement semblable à l'ivresse ; « une violente palpitation m'oppresse, soulève ma poitrine. Ne pouvant « plus respirer en marchant, je me laisse tomber sous un des arbres « de l'avenue, et j'y passe une demi-heure dans une telle agitation, « qu'en me relevant je vis mes vêtemens mouillés de mes larmes, sans « avoir senti que j'en répandais. » Revenu de son extase, il écrivit au crayon, sous le même chêne, la prosopopée de Fabricius, qu'il s'empressa de montrer à Diderot. Celui-ci l'engage de concourir pour le prix, et lui conseille de soutenir, comme plus neuve et plus piquante l'opinion contraire aux lettres. Jean-Jacques se met à l'œuvre, et compose cette brillante déclamation qui a tant fait de bruit, et dont l'auteur porte lui-même ce jugement : « Cet ouvrage, plein de chaleur et « de force, manque absolument d'ordre et de logique ; de tous ceux « qui sont sortis de ma plume, c'est le plus faible de raisonnement, et « le plus pauvre de nombre et d'harmonie ; mais avec quelque talent « qu'on puisse être né, l'art d'écrire ne s'apprend pas tout d'un coup. »

FAVIER.

Le jugement de Maury sur ce discours est bien loin d'être aussi sévère que celui de Rousseau : « On put croire, dit-il, en parlant du discours « du père Guénard sur l'esprit philosophique, on put croire entendre « durant plusieurs pages de ce discours les sublimes accens de Jean-« Jacques Rousseau, toutes les fois qu'il ne prostitue point son éminent « mérite oratoire à la versatilité du paradoxe, dans son éloquent plaidoyer « contre les sciences et les lettres, couronné cinq ans auparavant par « l'académie de Dijon. C'est le même charme en effet, c'est la même « puissance de raison et de sentiment que déploie le père Guénard. »

MAURY.

DISCOURS

QUI A REMPORTÉ LE PRIX A L'ACADÉMIE DE DIJON,

EN L'ANNÉE 1750, SUR CETTE QUESTION :

Si le rétablissement des sciences et des arts a contribué à épurer les mœurs?

Barbarus hic ego sum quia non intelligor illis.
OVID.

Le rétablissement des sciences et des arts a-t-il contribué à épurer ou à corrompre les mœurs? Voilà ce qu'il s'agit d'examiner. Quel parti dois-je prendre dans cette question ? Celui, Messieurs, qui convient à un honnête homme qui ne sait rien, et qui ne s'en estime pas moins.

Il sera difficile, je le sens, d'approprier ce que j'ai à dire au tribunal où je comparais. Comment oser blâmer les sciences devant une des plus savantes compagnies de l'Europe, louer l'ignorance dans une célèbre académie, et concilier le mépris pour l'étude avec le respect pour les vrais savans ? J'ai vu ces contrariétés, et elles ne m'ont point rebuté. Ce n'est point la science que je maltraite, me suis-je dit ; c'est la vertu que je défends devant des hommes vertueux. La probité est encore plus chère aux gens de bien, que l'érudition aux doctes. Qu'ai-je donc à redouter ? les lumières de l'assemblée qui m'écoute ? je l'avoue ; mais c'est pour la constitution du discours, et non pour le sentiment de l'orateur. Les souverains équitables n'ont jamais balancé à se condamner eux-mêmes dans des discussions douteuses ; et la position la plus avantageuse au bon droit, est d'avoir à se défendre contre une partie intègre et éclairée, juge en sa propre cause.

A ce motif qui m'encourage, il s'en joint un autre qui me détermine ; c'est qu'après avoir soutenu, selon ma lumière naturelle, le parti de la vérité, quel que soit mon succès, il est un prix qui ne peut me manquer ; je le trouverai dans le fond de mon cœur.

PREMIÈRE PARTIE.

C'est un grand et beau spectacle de voir l'homme sortir en quelque manière du néant par ses propres efforts, dissiper par les lumières de sa raison les ténèbres dans lesquelles la nature l'avait enveloppé, s'élever au-dessus de lui-même, s'élancer par l'esprit jusque dans les régions célestes, parcourir à pas de géant, ainsi que le soleil, la vaste étendue de l'univers, et, ce qui est encore plus grand et plus difficile, rentrer en soi pour y étudier l'homme et connaître sa nature, ses devoirs et sa fin. Toutes ces merveilles se sont renouvelées depuis peu de générations.

L'Europe était retombée dans la barbarie des premiers âges. Les peuples de cette partie du monde, aujourd'hui si éclairée, vivaient, il y a quelques siècles, dans un état pire que l'ignorance. Je ne sais quel jargon scientifique, encore plus méprisable que l'ignorance, avait usurpé le nom du savoir, et opposait à son retour un obstacle presqu'invincible. Il fallait une révolution pour ramener les hommes au sens commun ; elle vint enfin du côté d'où on l'aurait le moins attendue. Ce fut le stupide musulman, ce fut le fléau des lettres qui les fit naître parmi nous. La chute du trône de Constantin porta dans l'Italie les débris de l'ancienne Grèce. La France s'enrichit à son tour de ces précieuses dépouilles. Bientôt les sciences suivirent les lettres ; à l'art d'écrire se joignit l'art de penser : gradation qui paraît étrange et qui n'est peut-être que trop naturelle : et l'on commença à sentir le principal avantage du commerce des muses, celui de rendre les hommes plus sociables, en leur inspirant le désir de se plaire les uns aux autres par des ouvrages dignes de leur approbation mutuelle.

L'esprit a ses besoins ainsi que le corps. Ceux-ci font les fondemens de la société (*), les autres en font l'agrément. Tandis que le gouvernement et les lois pourvoient à la sûreté et au bien-être des hommes assemblés, les sciences, les lettres et les arts, moins despotiques et plus puissans peut-être, étendent des guirlandes de fleurs sur les chaînes de fer dont ils sont chargés, étouffent en eux le sentiment de cette liberté originelle pour laquelle ils semblaient être nés, leur font aimer leur esclavage, et en forment ce qu'on appelle les peuples policés. (*) Le besoin éleva les trônes ; les sciences et les arts les ont affermis. Puissances de la terre, aimez les talens, et protégez ceux qui les cultivent. Peuples policés, cultivez-les : heureux esclaves : vous leur devez ce goût délicat et fin dont vous vous piquez, cette douceur de caractère et cette urbanité de mœurs qui rendent

---

(*) L'assertion est gratuite, la négation pourrait l'être.

Il serait honteux pour UN HONNÊTE HOMME de réduire tous nos besoins à ceux du corps. Ce n'est pas sans doute l'intention de Rousseau ; mais il doit alors soutenir que l'homme isolé peut parvenir à la connaissance de Dieu, s'instruire de ses devoirs et de ses destinées ; il doit soutenir que l'homme, pour être heureux, n'a pas besoin de communiquer ses sentimens, et qu'*il est bon que l'homme soit seul* ; ou il doit avouer que l'âme de l'homme le conduit à la société.

(*) *Les sciences, les lettres et les arts étouffent dans les hommes le sentiment de cette* LIBERTÉ ORIGINELLE *pour laquelle ils semblaient être nés.* Par *liberté originelle*, Rousseau entend-il une liberté entière qui exclue toute obéissance, et qui soit incompatible avec l'état de société ? Il est évident que l'homme doit en faire le sacrifice, pour entrer dans la société, et Rousseau le reconnaît dans son contrat social. Si les lettres et les arts ne font qu'adoucir ce sacrifice, ils ne font que rendre l'homme sociable : or la société est son état naturel, puisque partout et toujours il a vécu en société ; puisque la société est nécessaire au développement de ses facultés, au moins, à la conservation de sa vie. Par *liberté originelle*, l'orateur veut-il entendre le droit de faire ce qui ne nuit à personne ? Il est faux de dire que les arts, les sciences et les lettres fassent oublier cette liberté : au contraire, elles la font aimer ; car il est d'expérience que la liberté se répand avec les lumières. D'ailleurs, qu'on compare l'Europe avec l'Asie.

parmi vous le commerce si liant et si facile ; en un mot, les apparences de toutes les vertus, sans en avoir aucune (*).

C'est par cette sorte de politesse, d'autant plus aimable qu'elle affecte moins de se montrer, que se distinguèrent autrefois Athènes et Rome dans les jours si vantés de leur magnificence et de leur éclat; c'est par elle, sans doute, que notre siècle et notre nation l'emporteront sur tous les temps et sur tous les peuples. Un ton philosophique sans pédanterie, des manières naturelles et pourtant prévenantes, également éloignées de la rusticité tudesque et de la pantomime ultramontaine : voilà les fruits du goût acquis par de bonnes études et perfectionné dans le commerce du monde.

Qu'il serait doux de vivre parmi nous, si la contenance extérieure était toujours l'image des dispositions du cœur; si la décence était la vertu; si nos maximes nous servaient de règles; si la véritable philosophie était inséparable du titre de philosophe ! Mais tant de qualités vont trop rarement ensemble, et la vertu ne marche guère en si grande pompe. La richesse de la parure peut annoncer un homme opulent, et son élégance un homme de goût; l'homme sain et robuste se reconnaît à d'autres marques : c'est sous l'habit rustique d'un laboureur, et non sous la dorure d'un courtisan, qu'on trouvera la force et la vigueur du corps. La parure n'est pas moins étrangère à la vertu, qui est la force et la vigueur de l'âme (**). L'homme de bien est un athlète qui se plaît à combattre nu : il méprise tous ces vils ornemens qui gêneraient l'usage de ses forces, et dont la plupart n'ont été inventés que pour cacher quelque difformité.

Avant que l'art eût façonné nos manières et appris à nos passions à parler un langage apprêté, nos mœurs étaient rustiques, mais naturelles, et la différence des procédés annonçait au premier coup-d'œil celle des caractères. La nature humaine, au fond, n'était pas meilleure; mais les hommes trouvaient leur sécurité dans la facilité de se pénétrer réciproquement (***) ; et cet avantage dont nous ne sentons plus le prix, leur épargnait bien des vices.

Aujourd'hui que des recherches plus subtiles et un goût plus fin ont réduit l'art de plaire en principes, il règne dans nos mœurs une vile et trompeuse uniformité, et tous les esprits sem-

(*) C'est une calomnie envers les peuples policés, chez lesquels on trouve encore plus de vertus que chez les sauvages.

(**) Où est la preuve ? La civilisation détruit-elle la vertu en y ajoutant la décence ?

(***) Si la culture de l'esprit peut favoriser quelquefois la dissimulation, ne fournit-elle pas en proportion des moyens pour la démasquer ?

blent avoir été jetés dans un même moule. Sans cesse la politesse exige, la bienséance ordonne ; sans cesse on suit des usages, jamais son propre génie : on n'ose plus paraître ce qu'on est ; et dans cette contrainte perpétuelle, les hommes qui forment ce troupeau qu'on appelle société, placés dans les mêmes circonstances, feront tous les mêmes choses, si des motifs plus puissans ne les en détournent. On ne saura donc jamais bien à qui l'on a affaire ; il faudra donc, pour connaître son ami, attendre les grandes occasions, c'est-à-dire, attendre qu'il n'en soit plus temps, puisque c'est pour ces occasions mêmes qu'il eût été essentiel de le connaître.

Quel cortége de vices n'accompagnera point cette incertitude ? Plus d'amitiés sincères, plus d'estime réelle, plus de confiance fondée. Les soupçons, les ombrages, les craintes, la froideur, la réserve, la trahison, se cacheront sans cesse sous ce voile uniforme et perfide de politesse, sous cette urbanité si vantée que nous devons aux lumières de notre siècle. On ne profanera plus par des juremens le nom du maître de l'univers, mais on l'insultera par des blasphêmes, sans que nos oreilles scrupuleuses en soient offensées. On ne vantera pas son propre mérite ; mais on rabaissera celui d'autrui. On n'outragera point grossièrement son ennemi, mais on le calomniera avec adresse (*).

Les haines nationales s'éteindront, mais ce sera avec l'amour de la patrie. A l'ignorance méprisée, on substituera un dangereux pyrrhonisme. Il y aura des excès proscrits, des vices déshonorés; d'autres seront décorés du nom de vertus ; il faudra ou les avoir, ou les affecter. Vantera qui voudra la sobriété des sages du temps ; je n'y vois, pour moi, qu'un raffinement d'intempérance aussi indigne de mon éloge que leur artificieuse simplicité.

Telle est la pureté que nos mœurs ont acquise ; c'est ainsi que nous sommes devenus gens de bien : c'est aux lettres, aux sciences et aux arts à revendiquer ce qui leur appartient dans un si salutaire ouvrage. J'ajouterai seulement une réflexion : c'est qu'un habitant de quelques contrées éloignées qui chercherait à se former une idée des mœurs européennes, sur l'état des sciences parmi nous, sur la perfection de nos arts, sur la bienséance de nos spectacles, sur la politesse de nos manières, sur l'affabilité de nos discours, sur nos démonstrations perpétuelles de bienveillance, et sur ce concours tumultueux d'hommes de tout âge et de tout état qui semblent empressés depuis le lever de l'aurore jusqu'au coucher du soleil à s'obliger réciproquement, c'est que

---

(*) L'homme policé sait lancer une épigramme : l'homme sauvage fait couler le sang de son ennemi : d'où nous est venu le duel ? Où trouve-t-on les antropophages, etc. ?

cet étranger, dis-je, devinerait exactement de nos mœurs le contraire de ce qu'elles sont.

Où il n'y a nul effet, il n'y a point de cause à chercher : mais ici l'effet est certain, la dépravation réelle, et nos âmes se sont corrompues à mesure que nos sciences et nos arts se sont avancés à la perfection (*). Dira-t-on que c'est un malheur particulier à notre âge? Non, Messieurs : les maux causés par notre vaine curiosité sont aussi vieux que le monde. L'élévation ou l'abaissement journalier des eaux de l'Océan n'ont pas été plus régulièrement assujettis au cours de l'astre qui nous éclaire durant la nuit, que le sort des mœurs et de la probité au progrès des sciences et des arts. On a vu la vertu s'enfuir à mesure que leur lumière s'élevait sur notre horizon, et le même phénomène s'est observé dans tous les temps et dans tous les lieux.

Voyez l'Égypte, cette première école de l'univers, ce climat si fertile sous un ciel d'airain, cette contrée célèbre, d'où Sésostris partit autrefois pour conquérir le monde ; elle devient la mère de la philosophie et des beaux-arts, et bientôt après, la conquête de Cambyse, puis celle des Grecs, des Romains, des Arabes, et enfin des Turcs.

Voyez la Grèce, jadis peuplée de héros qui vainquirent deux fois l'Asie, l'une devant Troie, et l'autre dans leurs propres foyers : les lettres naissantes n'avaient point porté encore la corruption dans les cœurs de ses habitans ; mais le progrès des arts, la dissolution des mœurs et le joug du Macédonien se suivirent de près ; et la Grèce, toujours savante, toujours voluptueuse, et toujours esclave, n'éprouva plus dans ses révolutions que des changemens de maîtres. Toute l'éloquence de Démosthène ne put jamais ranimer un corps que le luxe et les arts avaient énervé.

C'est au temps des Ennius et des Térence que Rome, fondée par un pâtre, et illustrée par des laboureurs, commence à dégénérer. Mais après les Ovide, les Catulle, les Martial, et cette foule d'auteurs obscènes, dont les noms seuls alarment la pudeur, Rome, jadis le temple de la vertu, devient le théâtre du crime, l'opprobre des nations et le jouet des barbares. Cette capitale du monde tombe enfin sous le joug qu'elle avait imposé à tant de peuples, et le jour de sa chute fut la veille de celui où l'on donna à l'un de ses citoyens le titre d'arbitre du bon goût.

Que dirai-je de cette métropole de l'empire d'Orient, qui par sa position semblait devoir l'être du monde entier, de cet asile des sciences et des arts proscrits du reste de l'Europe, plus peut-être par sagesse que par barbarie ? Tout ce que la débauche

---

(*) La Harpe a réfuté le sophisme développé dans les pages suivantes.

et la corruption ont de plus honteux; les trahisons, les assassinats et les poisons de plus noir; le concours de tous les crimes de plus atroce : voilà ce qui forme le tissu de l'histoire de Constantinople; voilà la source pure d'où nous sont émanées les lumières dont notre siècle se glorifie.

Mais pourquoi chercher dans des temps reculés des preuves d'une vérité dont nous avons sous nos yeux des témoignages subsistans? Il est en Asie une contrée immense où les lettres honorées conduisent aux premières dignités de l'état. Si les sciences épuraient les mœurs, si elles apprenaient aux hommes à verser leur sang pour la patrie, si elles animaient le courage, les peuples de la Chine devraient être sages, libres et invincibles. Mais s'il n'y a point de vice qui ne les domine, point de crime qui ne leur soit familier; si les lumières des ministres, ni la prétendue sagesse des lois, ni la multitude des habitans de ce vaste empire n'ont pu le garantir du joug du Tartare ignorant et grossier, de quoi lui ont servi tous ses savans? Quel fruit a-t-il retiré des honneurs dont ils sont comblés? Serait-ce d'être peuplé d'esclaves et de méchans?

Opposons à ces tableaux celui des mœurs du petit nombre de peuples qui, préservés de cette contagion des vaines connaissances, ont, par leurs vertus, fait leur propre bonheur et l'exemple des autres nations. Tels furent les premiers Perses, nation singulière, chez laquelle on apprenait la vertu comme chez nous on apprend la science; qui subjugua l'Asie avec tant de facilité, et qui seule a eu cette gloire que l'histoire de ces institutions ait passé pour un roman de philosophie : tels furent les Scythes, dont on nous a laissé de si magnifiques éloges; tels les Germains, dont une plume, lasse de tracer les crimes et les noirceurs d'un peuple instruit, opulent et voluptueux, se soulageait à peindre la simplicité, l'innocence et les vertus. Telle avait été Rome, même dans les temps de sa pauvreté et de son ignorance. Telle enfin s'est montrée jusqu'à nos jours cette nation rustique si vantée pour son courage que l'adversité n'a pu abattre, et pour sa fidélité que l'exemple n'a pu corrompre.

Ce n'est point par stupidité que ceux-ci ont préféré d'autres exercices à ceux de l'esprit. Ils n'ignoraient pas que, dans d'autres contrées, des hommes oisifs passaient leur vie à disputer sur le souverain bien, sur le vice et sur la vertu, et que d'orgueilleux raisonneurs, se donnant à eux-mêmes les plus grands éloges, confondaient les autres peuples sous le nom méprisant de Barbares; mais ils ont considéré leurs mœurs et appris à dédaigner leur doctrine.

Oublierai-je que ce fut dans le sein même de la Grèce qu'on vit s'élever cette cité aussi célèbre par son heureuse ignorance que par la sagesse de ses lois ; cette république de demi-dieux plutôt que d'hommes, tant leurs vertus semblaient supérieures à l'humanité? O Sparte! opprobre éternel d'une vaine doctrine! tandis que les vices conduits par les beaux-arts s'introduisaient ensemble dans Athènes, tandis qu'un tyran y rassemblait avec tant de soin les ouvrages du prince des poëtes, tu chassais de tes murs les arts et les artistes, les sciences et les savans.

L'évènement marqua cette différence. Athènes devint le séjour de la politesse et du bon goût, le pays des orateurs et des philosophes. L'élégance des bâtimens y répondait à celle du langage. On y voyait de toute part le marbre et la toile animés par les mains des maîtres les plus habiles. C'est d'Athènes que sont sortis ces ouvrages surprenans qui serviront de modèles dans tous les âges corrompus. Le tableau de Lacédémone est moins brillant. *Là*, disaient les autres peuples, *les hommes naissent vertueux, et l'air même du pays semble inspirer la vertu.* Il ne nous reste de ses habitans que la mémoire de leurs actions héroïques. De tels monumens vaudraient-ils moins pour nous que les marbres curieux qu'Athènes nous a laissés.

Quelques sages, il est vrai, ont résisté au torrent général, et se sont garantis du vice dans le séjour des Muses. Mais qu'on écoute le jugement que le premier et le plus malheureux d'entre eux portait des savans et des artistes de son temps.

« J'ai examiné, dit-il, les poëtes, et je les regarde comme des
« gens dont le talent en impose à eux-mêmes et aux autres, qui
« se donnent pour sages, qu'on prend pour tels, et qui ne sont
« rien moins.

« Des poëtes, continue Socrate, j'ai passé aux artistes. Per-
« sonne n'ignorait plus les arts que moi; personne n'était plus
« convaincu que les artistes possédaient de fort beaux secrets :
« cependant, je me suis aperçu que leur condition n'est pas
« meilleure que celle des poëtes, et qu'ils sont, les uns et les
« autres, dans le même préjugé. Parce que les plus habiles d'en-
« tre eux excellent dans leur partie, ils se regardent comme les
« plus sages des hommes. Cette présomption a terni tout-à-fait
« leur savoir à mes yeux, de sorte que, me mettant à la place de
« l'oracle, et me demandant ce que j'aimerais le mieux être, ce
« que je suis ou ce qu'ils sont, savoir ce qu'ils ont appris ou
« savoir que je ne suis rien, j'ai répondu à moi-même et au dieu :
« Je veux rester ce que je suis.

« Nous ne savons, ni les sophistes, ni les poëtes, ni les ora-
« teurs, ni les artistes, ni moi, ce que c'est que le vrai, le bon
« et le beau. Mais il y a entre nous cette différence que, quoique
« ces gens ne sachent rien, tous croient savoir quelque chose, au
« lieu que moi, si je ne sais rien, au moins je n'en suis pas en

« doute. De sorte que toute cette supériorité de sagesse qui m'est
« accordée par l'oracle se réduit seulement à être bien convaincu
« que j'ignore ce que je ne sais pas. »

Voilà donc le plus sage des hommes, au jugement des dieux, et le plus savant des Athéniens, au sentiment de la Grèce entière, Socrate fesant l'éloge de l'ignorance! Croit-on que, s'il ressuscitait parmi nous, nos savans et nos artistes lui feraient changer d'avis? Non, Messieurs, cet homme juste continuerait de mépriser nos vaines sciences; il n'aiderait point à grossir cette foule de livres dont on nous inonde de toutes parts, et ne laisserait, comme il a fait, pour tout précepte à ses disciples et à nos neveux que l'exemple et la mémoire de sa vertu : c'est ainsi qu'il est beau d'instruire les hommes.

Socrate avait commencé dans Athènes; le vieux Caton continua dans Rome de se déchaîner contre ces Grecs artificieux et subtils qui séduisaient la vertu et amollissaient le courage de ses concitoyens; mais les sciences, les arts et la dialectique prévalurent encore : Rome se remplit de philosophes et d'orateurs; on négligea la discipline militaire; on méprisa l'agriculture; on embrassa des sectes, et l'on oublia la patrie. Aux noms de liberté, de désintéressement, d'obéissance aux lois, succédèrent les noms d'Épicure, de Zénon, d'Arcésilas. *Depuis que les savans ont commencé à paraître parmi nous*, disaient leurs propres philosophes, *les gens de bien se sont éclipsés.* Jusqu'alors les Romains s'étaient contentés de pratiquer la vertu : tout fut perdu quand ils commencèrent à l'étudier.

O Fabricius! qu'eût pensé votre grande âme, si, pour votre malheur, rappelé à la vie, vous eussiez vu la face pompeuse de cette Rome sauvée par vos bras, et que votre nom respectable avait plus illustrée que toutes ses conquêtes? « Dieux! eussiez-
« vous dit, que sont devenus ces toits de chaume et ces foyers
« rustiques qu'habitaient jadis la modération et la vertu? quelle
« splendeur funeste a succédé à la simplicité romaine? quel est
« ce langage étranger? quelles sont ces mœurs efféminées? que
« signifient ces statues, ces tableaux, ces édifices? Insensés,
« qu'avez-vous fait? Vous, les maîtres des nations, vous vous
« êtes rendus les esclaves des hommes frivoles que vous aviez vain-
« cus? ce sont des rhéteurs qui vous gouvernent! c'est pour en-
« richir des architectes, des peintres, des statuaires et des his-
« trions, que vous avez arrosé de votre sang la Grèce et l'Asie!
« les dépouilles de Carthage sont la proie d'un joueur de flûte!
« Romains, hâtez-vous de renverser ces amphithéâtres; brisez
« ces marbres; brûlez ces tableaux, chassez ces esclaves qui
« vous subjuguent, et dont les funestes arts vous corrompent. Que
« d'autres mains s'illustrent par de vains talens : le seul talent

« digne de Rome est celui de conquérir le monde, et d'y faire
« régner la vertu. Quand Cynéas prit notre sénat pour une assem-
« blée de rois, il ne fut ébloui ni par une pompe vaine, ni par
« une élégance recherchée, il n'entendit point cette éloquence
« frivole, l'étude et le charme des hommes futiles. Que vit donc
« Cynéas de majestueux? O citoyens ! il vit un spectacle que ne
« donneront jamais vos richesses ni tous vos arts, le plus beau
« spectacle qui ait jamais paru sous le ciel : l'assemblée de deux
« cents hommes vertueux, dignes de commander à Rome et de
« gouverner la terre. »

Mais franchissons la distance des lieux et des temps, et voyons ce qui s'est passé dans nos contrées et sous nos yeux ; ou plutôt écartons des peintures odieuses qui blesseraient notre délicatesse, et épargnons-nous la peine de répéter les mêmes choses sous d'autres noms. Ce n'est point en vain que j'évoquais les mânes de Fabricius; et qu'ai-je fait dire à ce grand homme, que je n'eusse pu mettre dans la bouche de Louis XII ou de Henri IV? Parmi nous, il est vrai, Socrate n'eût point bu la ciguë; mais il eût bu dans une coupe encore plus amère, la raillerie insultante, et le mépris, pires cent fois que la mort.

Voilà comment le luxe, la dissolution, et l'esclavage, ont été de tout temps le châtiment des efforts orgueilleux que nous avons faits pour sortir de l'heureuse ignorance où la sagesse éternelle nous avait placés. Le voile épais dont elle a couvert toutes ses opérations, semblait nous avertir assez qu'elle ne nous a point destinés à de vaines recherches. Mais est-il quelqu'une de ses leçons dont nous ayons su profiter, ou que nous ayons négligée impunément? Peuples, sachez donc une fois que la nature a voulu vous préserver de la science, comme une mère arrache une arme dangereuse des mains de son enfant; que tous les secrets qu'elle vous cache sont autant de maux dont elle vous garantit, et que la peine que vous trouvez à vous instruire n'est pas le moindre de ses bienfaits. Les hommes sont pervers : ils seraient pires encore s'ils avaient eu le malheur de naître savans.

Que ces réflexions sont humiliantes pour l'humanité! que notre orgueil en doit être mortifié! Quoi! la probité serait fille de l'ignorance ! la science et la vertu seraient incompatibles! Quelles conséquences ne tirerait-on point de ces préjugés! Mais, pour concilier ces contrariétés apparentes, il ne faut qu'examiner de près la vanité et le néant de ces titres orgueilleux qui nous éblouissent, et que nous donnons si gratuitement aux connaissances humaines. Considérons donc les sciences et les arts en eux-mêmes. Voyons ce qui doit résulter de leurs progrès; et ne balançons plus à convenir de tous les points où nos raisonnemens se trouveront d'accord avec les inductions historiques.

SECONDE PARTIE.

C'était une ancienne tradition passée de l'Égypte en Grèce, qu'un dieu ennemi du repos des hommes était l'inventeur des sciences. Quelle opinion fallait-il donc qu'eussent d'elles les Égyptiens mêmes, chez qui elles étaient nées ? C'est qu'ils voyaient de près les sources qui les avaient produites. En effet, soit qu'on feuillette les annales du monde, soit qu'on supplée à des chroniques incertaines par des recherches philosophiques, on ne trouvera pas aux connaissances humaines une origine qui réponde à l'idée qu'on aime à s'en former. L'astronomie est née de la superstition ; l'éloquence, de l'ambition, de la haine, de la flatterie, du mensonge ; la géométrie, de l'avarice ; la physique, d'une vaine curiosité ; toutes, et la morale même, de l'orgueil humain. Les sciences et les arts doivent donc leur naissance à nos vices : nous serions moins en doute sur leurs avantages s'ils la devaient à nos vertus (*).

Le défaut de leur origine ne nous est que trop retracé dans leurs objets. Que ferions-nous des arts, sans le luxe qui les nourrit ? Sans les injustices des hommes, à quoi servirait la jurisprudence ? Que deviendrait l'histoire, s'il n'y avait ni tyrans, ni guerres, ni conspirateurs ? Qui voudrait en un mot passer sa vie à de stériles contemplations, si chacun, ne consultant que les devoirs de l'homme et les besoins de la nature, n'avait du temps que pour la patrie, les malheureux et ses amis ? Sommes-nous donc faits pour mourir attachés sur les bords du puits où la vérité s'est retirée ? Cette seule réflexion devrait rebuter dès les premiers pas tout homme qui chercherait sérieusement à s'instruire par l'étude de la philosophie.

Que de dangers ! que de fausses routes dans l'investigation des sciences ! Par combien d'erreurs, mille fois plus dangereuses que la vérité n'est utile, ne faut-il point passer pour arriver à elle ? Le désavantage est visible ; car le faux est susceptible d'une infinité de combinaisons ; mais la vérité n'a qu'une manière d'être. Qui est-ce d'ailleurs qui la cherche bien sincèrement ? Même avec la meilleure volonté, à quelle marque est-on sûr de la reconnaître ? Dans cette foule de sentimens différens, quel sera notre *criterium* pour en bien juger ? et ce qui est le plus difficile, si par bonheur nous la trouvons à la fin, qui de nous en saura faire un bon usage ?

Si nos sciences sont vaines dans l'objet qu'elles se proposent,

---

(*) Il serait bien plus raisonnable d'attribuer à la nécessité l'invention des arts. S'ils ont été amenés par les vices, ils l'ont été comme les remèdes par les maladies.

elles sont encore plus dangereuses par les effets qu'elles produisent. Nées dans l'oisiveté, elles la nourrissent à leur tour; et la perte irréparable du temps est le premier préjudice qu'elles causent nécessairement à la société (*). En politique, comme en morale, c'est un grand mal que de ne point faire le bien, et tout citoyen inutile peut être regardé comme un homme pernicieux. Répondez-moi donc, philosophes illustres, vous par qui nous savons en quelles raisons les corps s'attirent dans le vide ; quelles sont, dans les révolutions des planètes, les rapports des aires parcourues en temps égaux; quelles courbes ont des points conjugués, des points d'inflexion et de rebroussement; comment l'homme voit tout en Dieu ; comment l'âme et le corps correspondent sans communication, ainsi que feraient deux horloges ; quels astres peuvent être habités ; quels insectes se reproduisent d'une manière extraordinaire? Répondez-moi, dis-je, vous de qui nous avons reçu tant de sublimes connaissances : quand vous ne nous auriez jamais rien appris de ces choses, en serions-nous moins nombreux, moins bien gouvernés, moins redoutables, moins florissans ou plus pervers (**)? Revenez donc sur l'importance de vos productions ; et si les travaux les plus éclairés de nos savans et de nos meilleurs citoyens nous procurent si peu d'utilité, dites-nous ce que nous devons penser de cette foule d'écrivains obscurs et de lettrés oisifs, qui dévorent en pure perte la substance de l'état (***)?

Que dis-je, oisifs? et plût à Dieu qu'ils le fussent en effet ! les mœurs en seraient plus saines et la société plus paisible. Mais ces vains et futiles déclamateurs vont de tous côtés, armés de leurs funestes paradoxes, sapant les fondemens de la foi, et anéantissant la vertu. Ils sourient dédaigneusement à ces vieux mots de patrie et de religion, et consacrent leurs talens et leur philosophie à détruire et avilir tout ce qu'il y a de sacré parmi les hom-

(*) Il serait plus vrai de dire que les arts et les sciences exténuent l'homme par les travaux. Dans la civilisation, tout vit, tout est en mouvement ; il n'y a que l'état sauvage qui nous présente ces immenses solitudes, où, ne vivant que d'une proie facile, l'homme retombe dans l'oisiveté dès qu'il a apaisé sa faim : et c'est tellement vrai que, pour prouver que cet état est l'état naturel de l'homme, Rousseau s'efforce ailleurs de prouver que l'homme est naturellement paresseux.

(**) Il n'y a rien d'inutile dans les sciences : telle proposition qui paraît oiseuse aux ignorans, sert de lemme pour conduire à une vérité importante ; telle découverte qui paraissait d'abord sans utilité, a été appliquée plus tard d'une manière profitable au progrès des sciences. Rousseau savait tout cela ; mais il n'a pas voulu sacrifier sa plaisanterie.

(***) Rousseau, dites-moi combien vous avez fait venir de boisseaux de blé.

mes. Non qu'au fond ils haïssent ni la vertu ni nos dogmes : c'est de l'opinion publique qu'ils sont ennemis ; et pour les ramener aux pieds des autels, il suffirait de les reléguer parmi les athées. O fureur de se distinguer, que ne pouvez-vous point !

C'est un grand mal que l'abus du temps. D'autres maux pires encore suivent les lettres et les arts. Tel est le luxe, né comme eux de l'oisiveté et de la vanité des hommes. Le luxe va rarement sans les sciences et les arts, et jamais ils ne vont sans lui. Je sais que notre philosophie, toujours féconde en maximes singulières, prétend, contre l'expérience de tous les siècles, que le luxe fait la splendeur des états ; mais, après avoir oublié la nécessité des lois somptuaires, osera-t-elle nier encore que les bonnes mœurs ne soient essentielles à la durée des empires, et que le luxe ne soit diamétralement opposé aux bonnes mœurs ? Que le luxe soit un signe certain des richesses ; qu'il serve même si l'on veut à les multiplier ; que faudra-t-il conclure de ce paradoxe si digne d'être né de nos jours, et que deviendra la vertu, quand il faudra s'enrichir à quelque prix que ce soit ? Les anciens politiques parlaient sans cesse de mœurs et de vertu ; les nôtres ne parlent que de commerce et d'argent. L'un vous dira qu'un homme vaut en telle contrée la somme qu'on le vendrait à Alger ; un autre, en suivant ce calcul, trouvera des pays où un homme ne vaut rien, et d'autres où il vaut moins que rien. Ils évaluent les hommes comme des troupeaux de bétail. Selon eux, un homme ne vaut à l'état que la consommation qu'il y fait ; ainsi un Sybarite aurait bien valu trente Lacédémoniens. Qu'on devine donc laquelle de ces deux républiques, de Sparte et de Sybaris, fut subjuguée par une poignée de paysans, et laquelle fit trembler l'Asie.

La monarchie de Cyrus a été conquise avec trente mille hommes par un prince plus pauvre que le moindre des satrapes de Perse ; et les Scythes, le plus misérable de tous les peuples, ont résisté aux plus puissans monarques de l'univers. Deux fameuses républiques se disputèrent l'empire du monde ; l'une était très-riche, l'autre n'avait rien, et ce fut celle-ci qui détruisit l'autre. L'empire romain, à son tour, après avoir englouti toutes les richesses de l'univers, fut la proie de gens qui ne savaient pas même ce que c'était que richesse. Les Francs conquirent les Gaules, les Saxons l'Angleterre, sans autres trésors que leur bravoure et leur pauvreté. Une troupe de pauvres montagnards, dont toute l'avidité se bornait à quelques peaux de moutons, après avoir dompté la fierté autrichienne, écrasa cette redoutable maison de Bourgogne, qui fesait trembler les potentats de l'Europe. Enfin toute la puissance et toute la sagesse de l'héritier de Charles-Quint, soutenues de tous les trésors des

Indes, vinrent se briser contre une poignée de pêcheurs de harengs. Que nos politiques daignent suspendre leurs calculs pour réfléchir à ces exemples, et qu'ils apprennent une fois qu'on a de tout avec de l'argent, hormis des mœurs et des citoyens (*).

De quoi s'agit-il donc précisément dans cette question du luxe? De savoir lequel importe le plus aux empires, d'être brillans et momentanés, ou vertueux et durables. Je dis brillans ; mais de quel éclat ? Le goût du faste ne s'associe guère dans les mêmes âmes avec celui de l'honnête. Non, il n'est pas possible que des esprits dégradés par une multitude de soins futiles s'élèvent jamais à rien de grand ; et quand ils en auraient la force, le courage leur manquerait.

Tout artiste veut être applaudi : les éloges de ses contemporains sont la partie la plus précieuse de sa récompense. Que fera-t-il donc pour les obtenir, s'il a le malheur d'être né chez un peuple et dans des temps où les savans, devenus à la mode, ont mis une jeunesse frivole en état de donner le ton ; où les hommes ont sacrifié leur goût aux tyrans de leur liberté ; où l'un des sexes n'osant approuver que ce qui est proportionné à la pusillanimité de l'autre, on laisse tomber des chefs-d'œuvre de poésie dramatique, et où des prodiges d'harmonie sont rebutés ? Ce qu'il fera, Messieurs, il rabaissera son génie au niveau de son siècle, et aimera mieux composer des ouvrages communs qu'on admire pendant sa vie, que des merveilles qu'on n'admirerait que longtemps après sa mort. Dites-nous, célèbre Arouet, combien vous avez sacrifié de beautés mâles et fortes à notre fausse délicatesse, et combien l'esprit de la galanterie, si fertile en petites choses, vous en a coûté de grandes.

C'est ainsi que la dissolution des mœurs, suite nécessaire du luxe, entraîne à son tour la corruption du goût. Que si, par hasard, entre les hommes extraordinaires par leurs talens, il s'en trouve quelqu'un qui ait de la fermeté dans l'âme, et qui refuse de se prêter au génie de son siècle et de s'avilir par des productions puériles, malheur à lui ! il mourra dans l'indigence et dans l'oubli. Que n'est-ce ici un pronostic que je rapporte ! *Carle Pierre*, le moment est venu où ce pinceau destiné à aug-

---

(*) Ce qui précède se réduit à dire que le luxe perd les états : qui en doute ? Tout ce qu'on pourrait ajouter de vrai, c'est que le luxe trouve toujours moyen d'abuser des sciences et des arts, à quelque faible degré de perfection qu'ils soient parvenus ; mais de quoi n'abuse-t-on pas ? Au reste, sans les sciences et les arts, où est la société ? et sans la société, où est l'homme ? Si les sciences étaient la cause directe de la corruption, la corruption serait moindre chez les ignorans Asiatiques que chez nous.

menter la majesté de nos temples par des images sublimes et saintes, tombera de vos mains, ou sera prostitué à orner de peintures lascives les panneaux d'un vis-à-vis. Et toi, rival des Praxitèle et des Phidias, toi, dont les anciens auraient employé le ciseau à leur faire des dieux capables d'excuser à nos yeux leur idolâtrie, inimitable Pigal, ta main se résoudra à ravaler le ventre d'un magot, ou il faudra qu'elle demeure oisive (*).

On ne peut réfléchir sur les mœurs, qu'on ne se plaise à se rappeler l'image de la simplicité des premiers temps. C'est un beau rivage, paré des seules mains de la nature, vers lequel on tourne incessamment les yeux, et dont on se sent éloigné à regret. Quand les hommes innocens et vertueux aimaient à avoir les dieux pour témoins de leurs actions, ils habitaient ensemble sous les mêmes cabanes; mais bientôt, devenus méchans, ils se lassèrent de ces incommodes spectateurs, et les reléguèrent dans des temples magnifiques. Ils les en chassèrent enfin pour s'y établir eux-mêmes, ou du moins les temples des dieux ne se distinguèrent plus des maisons des citoyens. Ce fut alors le comble de la dépravation; et les vices ne furent jamais poussés plus loin que quand on les vit, pour ainsi dire, soutenus, à l'entrée des palais des grands, sur des colonnes de marbre, et gravés sur des chapiteaux corinthiens.

Tandis que les commodités de la vie se multiplient, que les arts se perfectionnent et que le luxe s'étend, le vrai courage s'énerve, les vertus militaires s'évanouissent, et c'est encore l'ouvrage des sciences et de tous ces arts qui s'exercent dans l'ombre du cabinet. Quand les Goths ravagèrent la Grèce, toutes les bibliothèques ne furent sauvées du feu que par cette opinion semée par l'un d'entr'eux, qu'il fallait laisser aux ennemis des meubles si propres à les détourner de l'exercice militaire et à les amuser à des occupations oisives et sédentaires (**). Charles VIII se vit maître de la Toscane et du royaume de Naples sans avoir presque tiré l'épée; et toute sa cour attribua cette facilité inespérée à ce que les princes et la noblesse d'Italie s'amusaient plus à se rendre ingénieux et savans, qu'ils ne s'exerçaient à devenir vigoureux et guerriers. « En effet, dit l'homme de sens qui rap-

(*) *La corruption dépravé le goût et amène l'ignorance*; c'est vrai: donc les sciences et les arts amènent la corruption : Où est la conséquence?

(**) Sans doute ils avaient intérêt à voir se former chez leurs ennemis des Archimède ou des Vauban, des Epaminondas, des Alexandre, des Scipion, des César, des Turenne et des Condé. Oh! ils raisonnaient bien, les Goths!

« porte ces deux traits, tous les exemples nous apprennent qu'en
« cette martiale police et en toutes celles qui lui sont sembla-
« bles, l'étude des sciences est bien plus propre à amollir et ef-
« féminer les courages, qu'à les affermir et les animer. »

Les romains ont avoué que la vertu militaire s'était éteinte parmi eux, à mesure qu'ils avaient commencé à se connaître en tableaux, en gravures, en vases d'orfévrerie, et à cultiver les beaux-arts; et comme si cette contrée fameuse était destinée à servir sans cesse d'exemple aux autres peuples, l'élévation des Médicis et le rétablissement des lettres ont fait tomber de rechef, et peut-être pour toujours, cette réputation guerrière que l'Italie semblait avoir recouvrée il y a quelques siècles (*).

Les anciennes républiques de la Grèce, avec cette sagesse qui brillait dans la plupart de leurs institutions, avaient interdit à leurs citoyens tous ces métiers tranquilles et sédentaires, qui, en affaissant et corrompant le corps, énervent sitôt la vigueur de l'âme. De quel œil, en effet, pense-t-on que puissent envisager la faim, la soif, les fatigues, les dangers et la mort, des hommes que le moindre besoin accable, et que la moindre peine rebute? Avec quel courage des soldats supporteront-ils des travaux excessifs dont ils n'ont aucune habitude? Avec quelle ardeur feront-ils des marches forcées, sous des officiers qui n'ont pas même la force de voyager à cheval! Qu'on ne m'objecte point la valeur renommée de tous ces modernes guerriers si savamment disciplinés. On me vante bien leur bravoure en un jour de bataille; mais on ne me dit point comment ils supportent l'excès du travail, comment ils résistent à la rigueur des saisons et aux intempéries de l'air. Il ne faut qu'un peu de soleil ou de neige, il ne faut que la privation de quelques superfluités pour fondre et détruire en peu de jours la meilleure de nos armées. Guerriers intrépides, souffrez une fois la vérité qu'il vous est si rare d'entendre : vous êtes braves, je le sais; vous eussiez triomphé avec Annibal à Cannes et à Trasimène; César, avec vous, eût passé le Rubicon et asservi son pays; mais ce n'est point avec vous que le premier eût traversé les Alpes, et que l'autre eût vaincu vos aïeux.

Les combats ne font pas toujours les succès de la guerre, et il est pour les généraux un art supérieur à celui de gagner des batailles. Tel court au feu avec intrépidité, qui ne laisse pas d'être un très-mauvais officier; dans le soldat même, un peu plus de

(*) C'est sûrement par la même raison qu'on trouve de si mauvais soldats en Europe, principalement en France, surtout depuis le siècle de Louis XIV!

force et de vigueur serait peut-être plus nécessaire que tant de bravoure, qui ne le garantit pas de la mort ; et qu'importe à l'état que ses troupes périssent par la fièvre et le froid, ou par le fer de l'ennemi (*)?

Si la culture des sciences est nuisible aux qualités guerrières, elle l'est encore plus aux qualités morales. C'est dès nos premières années qu'une éducation insensée orne notre esprit et corrompt notre jugement. Je vois de toutes parts des établissemens immenses, où l'on élève à grands frais la jeunesse pour lui apprendre toutes choses, excepté ses devoirs. Vos enfans ignoreront leur propre langue, mais ils en parleront d'autres qui ne sont en usage nulle part ; ils sauront composer des vers qu'à peine ils pourront comprendre ; sans savoir démêler l'erreur de la vérité, ils posséderont l'art de les rendre méconnaissables aux autres argumens spécieux; mais ces mots de magnanimité, d'équité, de tempérance, d'humanité, de courage, ils ne sauront ce que c'est : ce doux nom de patrie ne frappera jamais leur oreille ; et s'ils entendent parler de Dieu, ce sera moins pour le craindre que pour en avoir peur. J'aimerais autant, disait un sage, que mon écolier eût passé le temps dans un jeu de paume ; au moins le corps en serait plus dispos. Je sais qu'il faut occuper les enfans, et que l'oisiveté est pour eux le danger le plus à craindre. Que faut-il donc qu'ils apprennent? Voilà certes une belle question ! Qu'ils apprennent ce qu'ils doivent faire étant hommes, et non ce qu'ils doivent oublier.

Nos jardins sont ornés de statues, et nos galeries de tableaux. Que penseriez-vous que représentent ces chefs-d'œuvre de l'art exposés à l'admiration publique? les défenseurs de la patrie ? ou ces hommes plus grands encore qui l'ont enrichie par leurs vertus? Non. Ce sont des images de tous les égaremens du cœur et de la raison, tirées soigneusement de l'ancienne mythologie, et présentées de bonne heure à la curiosité de nos enfans, sans doute afin qu'ils aient sous les yeux des modèles de mauvaises actions, avant même que de savoir lire.

D'où naissent tous ces abus, si ce n'est de l'inégalité funeste introduite entre les hommes par la distinction des talens et par l'avilissement des vertus (**)? Voilà l'effet le plus évident de toutes

---

(*) Et qu'importe à des sauvages qu'ils résistent à la fièvre et au froid, si la science militaire d'un peuple policé les écrase dans un jour de combat? Mais quoi ! nos laboureurs, nos forgerons et la plupart de nos artisans, ne sont-ils pas endurcis par le travail ? Attaquez les arts de luxe, à la bonne heure ; mais c'est changer la question.

(**) La question est de savoir si la distinction des talens conduit à l'avilissement des vertus.

nos études, et la plus dangereuse de toutes leurs conséquences. On ne demande plus d'un homme s'il a de la probité, mais s'il a des talens; ni d'un livre s'il est utile, mais s'il est bien écrit (*). Les récompenses sont prodiguées au bel esprit, et la vertu reste sans honneurs. Il y a mille prix pour les beaux discours, aucun pour les belles actions. Qu'on me dise, cependant, si la gloire attachée au meilleur des discours qui seront couronnés dans cette Académie est comparable au mérite d'en avoir fondé le prix (**).

Le sage ne court point après la fortune; mais il n'est pas insensible à la gloire, et quand il la voit si mal distribuée, sa vertu, qu'un peu d'émulation aurait animée et rendue avantageuse à la société, tombe en langueur, et s'éteint dans la misère et dans l'oubli. Voilà ce qu'à la longue doit produire partout la préférence des talens agréables sur les talens utiles, et ce que l'expérience n'a que trop confirmé depuis le renouvellement des sciences et des arts. Nous avons des physiciens, des géomètres, des chimistes, des astronomes, des poëtes, des musiciens, des peintres; nous n'avons plus de citoyens; ou, s'il nous en reste encore, dispersés dans nos campagnes abandonnées, ils y périssent indigens et méprisés. Tel est l'état où sont réduits, tels sont les sentimens qu'obtiennent de nous ceux qui nous donnent du pain et qui donnent du lait à nos enfans (***).

Je l'avoue, cependant, le mal n'est pas aussi grand qu'il aurait pu le devenir. La prévoyance éternelle, en plaçant, à côté de diverses plantes nuisibles, des simples salutaires, et, dans la substance de plusieurs animaux malfesans, le remède à leurs blessures, a enseigné aux souverains, qui sont ses ministres, à imiter sa sagesse. C'est à son exemple que du sein même des sciences et des arts, sources de mille déréglemens, ce grand monarque, dont la gloire ne fera qu'acquérir d'âge en âge un nouvel éclat, tira ces sociétés célèbres, chargées à la fois du dangereux dépôt des connaissances humaines, et du dépôt sacré des mœurs; par l'attention qu'elles ont d'en maintenir chez elles toute la pureté, et de l'exiger dans les membres qu'elles reçoivent.

(*) Est-ce un ouvrage bien utile pour les mœurs, que la Nouvelle Eloïse? *Non*, dit Rousseau, *celui qui ouvrira le livre sera déjà corrompu.*

(**) Quel mérite d'avoir fondé *un prix pour les beaux discours, aucun pour les belles actions?*

(***) Très-bien, attaquer les abus! mais, encore une fois, c'est changer la question.

Ces sages institutions, affermies par son auguste successeur, et imitées par tous les rois de l'Europe, serviront du moins de frein aux gens de lettres, qui tous, aspirant à l'honneur d'être admis dans les académies, veilleront sur eux-mêmes, et tâcheront de s'en rendre dignes par des ouvrages utiles et des mœurs irréprochables. Celles de ces compagnies qui, pour les prix dont elles honorent le mérite littéraire, feront un choix de sujets propres à ranimer l'amour de la vertu dans les cœurs des citoyens, montreront que cet amour règne parmi elles, et donneront au peuple ce plaisir si rare et si doux de voir des sociétés savantes se dévouer à verser sur le genre humain, non-seulement des lumières agréables, mais aussi des instructions salutaires.

Qu'on ne m'oppose donc point une objection qui n'est pour moi qu'une nouvelle preuve. Tant de soins ne montrent que trop la nécessité de les prendre, et l'on ne cherche point de remèdes à des maux qui n'existent pas. Pourquoi faut-il que ceux-ci portent encore par leur insuffisance le caractère des remèdes ordinaires? Tant d'établissemens faits à l'avantage des savans n'en sont que plus capables d'en imposer sur les objets des sciences, et de tourner les esprits à leur culture. Il semble, aux précautions qu'on prend, qu'on ait trop de laboureurs, et qu'on craigne de manquer de philosophes. Je ne veux point hasarder ici une comparaison de l'agriculture et de la philosophie: on ne la supporterait pas. Je demanderai seulement qu'est-ce que la philosophie? que contiennent les écrits des philosophes les plus connus? quelles sont les leçons de ces amis de la sagesse? A les entendre, ne les prendrait-on pas pour une foule de charlatans criant, chacun de son côté, sur une place publique: Venez à moi; c'est moi seul qui ne trompe point? L'un prétend qu'il n'y a point de corps, et que tout est en représentation; l'autre qu'il n'y a d'autre substance que la matière, ni d'autre Dieu que le monde. Celui-ci avance qu'il n'y a ni vertus ni vices, et que le bien et le mal moral sont des chimères; celui-là, que les hommes sont des loups et peuvent se dévorer en sûreté de conscience. O grands philosophes! que ne réservez-vous pour vos amis et pour vos enfans ces leçons profitables! vous en recevriez bientôt le prix, et nous ne craindrions pas de trouver dans les nôtres quelqu'un de vos sectateurs.

Voilà donc les hommes merveilleux à qui l'estime de leurs contemporains a été prodiguée pendant leur vie, et l'immortalité réservée après leur trépas! Voilà les sages maximes que nous avons reçues d'eux, et que nous transmettons d'âge en âge à nos descendans! Le paganisme, livré à tous les égaremens de la raison humaine (*), a-t-il laissé à la postérité rien qu'on puisse

(*) Retenez cela de la bouche de Rousseau.

comparer aux monumens honteux que lui a préparés l'imprimerie, sous le règne de l'Évangile! Les écrits impies des Leucippe et des Diagoras sont péris avec eux. On n'avait point encore inventé l'art d'éterniser les extravagances de l'esprit humain ; mais, grâce aux caractères typographiques et à l'usage que nous en fesons, les dangereuses rêveries des Hobbes et des Spinosa resteront à jamais. Allez, écrits célèbres dont l'ignorance et la rusticité de nos pères n'auraient point été capables, accompagnez chez nos descendans ces ouvrages plus dangereux encore d'où s'exhale la corruption des mœurs de notre siècle, et portez ensemble aux siècles à venir une histoire fidèle du progrès et des avantages de nos sciences et de nos arts. S'ils vous lisent, vous ne leur laisserez aucune perplexité sur la question que nous agitons aujourd'hui ; et, à moins qu'ils ne soient plus insensés que nous, ils lèveront les mains au ciel, et diront dans l'amertume de leur cœur : « Dieu tout-puissant, toi qui tiens dans tes mains les es-
« prits, délivre-nous des lumières et des funestes arts de nos
« pères, et rends-nous l'ignorance, l'innocence et la pauvreté,
« les seuls biens qui puissent faire notre bonheur, et qui soient
« précieux devant toi! »

Mais si le progrès des sciences et des arts n'a rien ajouté à notre véritable félicité ; s'il a corrompu nos mœurs, et si la corruption des mœurs a porté atteinte à la pureté du goût, que penserons-nous de cette foule d'auteurs élémentaires qui ont écarté du temple des muses les difficultés qui défendaient son abord, et que la nature y avait répandues comme une épreuve des forces de ceux qui seraient tentés de savoir? Que penserons-nous de ces compilateurs d'ouvrages, qui ont indiscrètement brisé la porte des sciences, et introduit dans leur sanctuaire une populace indigne d'en approcher ; tandis qu'il serait à souhaiter que tous ceux qui ne pouvaient avancer loin dans la carrière des lettres, eussent été rebutés dès l'entrée, et se fussent jetés dans les arts utiles à la société? Tel qui sera toute sa vie un mauvais versificateur, un géomètre subalterne, serait peut-être devenu un grand fabricateur d'étoffes. Il n'a point fallu de maître à ceux que la nature destinait à faire des disciples. Les Vérulam, les Descartes et les Newton, ces précepteurs du genre humain, n'en ont point eu eux-mêmes ; et quels guides les eussent conduits jusqu'où leur vaste génie les a portés? Des maîtres ordinaires n'auraient pu que rétrécir leur entendement en le resserrant dans l'étroite capacité du leur : c'est par les premiers obstacles qu'ils ont appris à faire des efforts, et qu'ils se sont exercés à franchir l'espace immense qu'ils ont parcouru. S'il faut permettre à quelques hommes de se livrer à l'étude des sciences et des arts, ce n'est qu'à ceux qui se sentiront la force de marcher seuls sur leurs traces, et de les devancer; c'est à ce petit nombre qu'il appartient d'élever des monumens à la gloire de l'esprit humain. Mais si l'on veut que rien ne soit au-dessus de leur génie, il faut que rien ne soit au-dessus de leurs espérances : voilà l'unique encouragement dont ils ont besoin. L'âme se proportionne insensiblement aux objets qui l'occupent, et ce sont les grandes occasions qui font les grands hommes. Le prince de l'éloquence fut consul de Rome, et le plus grand peut-être des philosophes, chancelier d'Angleterre. Croit-on que si l'un n'eût occupé qu'une chaire dans quelque université, et que l'autre n'eût obtenu qu'une modique pension d'académie ; croit-on, dis-je, que leurs ouvrages ne se sentiraient pas de leur état? Que les rois ne dédaignent donc pas d'admettre dans leurs conseils les gens les plus capables de les bien conseiller ; qu'ils renoncent à ce vieux préjugé inventé par l'orgueil des grands, que l'art de conduire les peuples est plus difficile que celui de les éclairer ; comme s'il était plus aisé d'engager les hommes à bien faire de leur bon gré, que de les y contraindre par la force ; que les savans du premier ordre trouvent dans leurs cours d'honorables asiles ; qu'ils y obtiennent la seule récompense digne d'eux, celle de contribuer par leur crédit au bonheur des peuples à qui ils auront enseigné la sagesse : c'est alors seulement qu'on verra ce que peuvent la vertu, la science et l'autorité animées d'une noble émulation, et travaillant de concert à la félicité du genre humain. Mais tant que la puissance sera seule d'un côté, les lumières et la sagesse seules d'un autre, les savans penseront rarement de grandes choses, les princes en feront plus rarement de belles, et les peuples continueront d'être vils, corrompus et malheureux (*).

Pour nous, hommes vulgaires, à qui le ciel n'a point départi de si grands talens, et qu'il ne destine pas à tant de gloire, restons dans notre obscurité ; ne courons point après une réputation qui nous échapperait, et qui, dans l'état présent des choses, ne nous rendrait jamais ce qu'elle nous aurait coûté, quand nous aurions tous les titres pour l'obtenir. A quoi bon chercher notre bonheur dans l'opinion d'autrui, si nous pouvons le trouver en nous-mêmes? Laissons à d'autres le soin d'instruire les peuples de leurs devoirs, et bornons-nous à bien remplir les nôtres : nous n'avons pas besoin d'en savoir davantage.

O vertu! science sublime des âmes simples, faut-il donc tant de peine et d'appareil pour te connaître? tes principes ne sont-ils pas gravés dans tous nos cœurs? et ne suffit-il pas, pour apprendre tes lois de rentrer en soi-même, et d'écouter la voix de

(*) L'orateur, comme on le voit, a bien ménagé les conséquences : le voilà tout d'un coup dans les bornes du vrai.

sa conscience dans le silence des passions? Voilà la véritable philosophie : sachons nous en contenter ; et, sans envier la gloire de ces hommes célèbres qui s'immortalisent dans la république des lettres, tâchons de mettre entr'eux et nous cette distinction glorieuse qu'on remarquait jadis entre deux grands peuples : que l'un savait bien dire, et l'autre bien faire.

FIN DU SECOND VOLUME.

VIC (MEURTHE), IMPRIMERIE DE MARCEL AÎNÉ.

TABLE DES MATIÈRES.

TRIBUNE.

Idée du genre. 1

TRIBUNE FRANÇAISE.

Tableau de l'assemblée constituante.	10
Jugement sur Mirabeau.	15
Sanction royale. — Introduction.	25
Opinion de Mirabeau. — Discours.	26
Contribution du quart. — Introduction.	36
Opinion de Mirabeau. — Premier discours.	ib.
Second discours du même sur le même sujet.	39
Troisième discours du même sur le même sujet.	42
Droit de paix et de guerre. — Introduction.	46
Opinion de Mirabeau. — Premier discours.	47
Second discours du même sur le même sujet.	67
Jugement sur Maury.	78
Vente des biens du clergé d'Alsace.	80
Discours de l'abbé Maury.	81
Constitution civile du clergé. — Introduction.	87
Opinion de l'abbé Maury. — Discours.	88
Tableau de la Convention.	108
Jugement sur Vergniaud.	109
Procès de Louis XVI. — Introduction.	113
Opinion de Vergniaud pour l'appel au peuple.	116
Attaque de Robespierre contre les Girondins.—Introduction.	130
Réponse de Vergniaud.	131
Jugement sur Foy.	140
Opinion du général Foy sur l'indemnité des émigrés.	145
Jugement sur Camille Jordan.	155

Rapport de Camille Jordan au conseil des Cinq-Cents sur la
    liberté des cultes. 158
Affectation des bois de l'état à la caisse d'amortissement. 176
Opinion de M. DE BONALD. 177
Réponse de Camille-Jordan au discours de M. de Bonald. 186
Loi du sacrilége. — Introduction. 200
Opinion de M. ROYER-COLLARD. 201
Secours aux réfugiés espagnols. — Introduction. 212
Opinion de M. LAINÉ. — Discours. 213
Débats sur l'élection de l'abbé Grégoire. — Introduction
    aux quatre discours sur ce sujet. 216
Discours de M. Lainé. 217
Discours de BENJAMIN CONSTANT. 222
Discours de M. DE LA BOURDONNAYE. 224
Discours de MANUEL. 227
Discussion de la loi d'élection de 1820. — Introduction. 232
Fragmens d'un discours de M. Royer-Collard dans cette
    circonstance. 233
Discours de DE SERRE en réponse à un discours du général
    Lafayette, dans la même discussion. 237
Réponse de Benjamin Constant au discours de de Serre. 239
Fragment d'un discours de M. FITZ-JAMES, dans la discussion
    de la loi d'élections de 1817. 242
Cent jours. Proclamation de Napoléon II. 244
Opinion de Manuel sur les droits du fils de Napoléon. 245
M. DE CHATEAUBRIAND jugé par lui-même. 249
Débats sur la déclaration de la vacance du trône, en 1830.
    — Discours de M. DE CONNY, à la chambre des députés. 250
Discours de M. de Chateaubriand à la chambre des pairs,
    sur les droits du duc de Bordeaux. 254
Politique du cabinet du 13 mars. — Introduction. 260
Discours de CASIMIR PERRIER. 261
Réponse du même aux interpellations de l'opposition. 269
Discours du général LAMARQUE sur la réunion de la Belgique
    à la France. 279

Discours du même, sur le refus de la couronne de Belgique, offerte au duc de Nemours. 284
Discours du même, sur la politique des ministres. 290
Discours du même, en réponse aux explications données par M. Sébastiani, sur l'interpellation de M. Mauguin. 298
Loi sur les associations. Opinion de M. Pagès (de l'Arriége). 306
Second discours du même sur le même sujet. 314
Discours de Manuel, à l'occasion de l'entrée à Paris des troupes alliées. 318
Discussion du projet de loi sur l'instruction secondaire. 319
Discours de M. Arago sur ce sujet. 321
Discours de M. de Lamartine sur le même sujet. 328
Crise ministérielle. Opinion sur M. Guizot. 334
Discours de M. Odilon-Barrot, sur ce sujet. 337
Discours de M. Guizot sur le même sujet. 344

TRIBUNE ANGLAISE.

De la tribune anglaise. 352
Guerre d'Amérique. — Jugement sur lord Chatam. — Introduction. 354
Premier discours de lord Chatam. 360
Second discours. 362
Troisième discours. 369
Quatrième discours. 378
Jugement sur Fox. 380
Opinion de Fox contre la guerre d'Amérique. 381
Jugement sur Burke. 387
Rupture solennelle entre Fox et Burke. — Discours de ces deux orateurs. 389
Jugement sur lord Byron. 406
Opinion de lord Byron sur le bill des métiers. 408
O'Connel. — Introduction. 414
Discours de M. O'Connel sur l'Irlande. 415
Lettre de M. O'Connel au duc de Wellington. 429

Discours de M. O'Connel aux habitans de Manchester. 432
Discours de M. O'Connel à Edimbourg. 441
Présentation d'un vase d'argent à O'Connel au nom des Irlandais unis d'Édimbourg. 447
Discours de M. O'Connel aux ouvriers de Glascow. Toast porté à Madame O'Connel. 449
Entrée de M. O'Connel à Dublin. 454

ACADÉMIE.

Idée du genre. 457
Jugement sur d'AGUESSEAU. 458
Discours du chancelier d'Aguesseau sur l'union de la philosophie et de l'éloquence. 460
Jugement sur GUÉNARD. 472
Discours du P. Guénard sur l'esprit philosophique. 473
Jugement sur THOMAS. 486
Éloge de Marc-Aurèle. 490
Jugement sur BUFFON. 519
Discours de Buffon sur le style. 523
Jugement sur J.-J. ROUSSEAU. 531
Discours de J.-J. Rousseau sur les sciences et les arts. 534

FIN DE LA TABLE.

www.ingramcontent.com/pod-product-compliance
Lightning Source LLC
Chambersburg PA
CBHW060758230426
43667CB00010B/1622